Thirty Lectures on Contract Practice

Systematic Thinking and Application

# 合同实务三十讲

## 体系化思维与运用

陈龙业 著

法律出版社
LAW PRESS · CHINA
北京

**图书在版编目（CIP）数据**

合同实务三十讲：体系化思维与运用 / 陈龙业著.
北京：法律出版社，2025（2025.11 重印）. -- ISBN 978-7-5197-9601-3

Ⅰ. D923.04

中国国家版本馆 CIP 数据核字第 2024GN6221 号

**合同实务三十讲:体系化思维与运用**
**HETONG SHIWU SANSHI JIANG:TIXIHUA SIWEI YU YUNYONG**

陈龙业 著

策划编辑 李 群 陈昱希
责任编辑 陈昱希
装帧设计 鲍龙卉

**出版发行** 法律出版社
**编辑统筹** 法规出版分社
**责任校对** 张红蕊
**责任印制** 耿润瑜
**经　　销** 新华书店

**开本** 710 毫米×1000 毫米 1/16
**印张** 38 **字数** 602 千
**版本** 2025 年 2 月第 1 版
**印次** 2025 年 11 月第 3 次印刷
**印刷** 北京盛通印刷股份有限公司

地址:北京市丰台区莲花池西里 7 号(100073)
网址:www.lawpress.com.cn
投稿邮箱:info@lawpress.com.cn
举报盗版邮箱:jbwq@lawpress.com.cn

销售电话:010-83938349
客服电话:010-83938350
咨询电话:010-63939796



**书号**:ISBN 978-7-5197-9601-3
**定价**:128.00 元

凡购买本社图书,如有印装错误,我社负责退换。电话:010-83938349

## 作　者　简　介

### 陈龙业

最高人民法院研究室民事处处长、审判员，中国人民大学民商法学博士。全面深入参与民法典编纂研究和贯彻实施工作，主要从事民商事综合司法解释或者规范性文件起草工作，长期开展合同和侵权领域法律适用规则的研究，是《最高人民法院关于适用〈中华人民共和国民法典〉合同编通则若干问题的解释》《最高人民法院关于适用〈中华人民共和国民法典〉总则编若干问题的解释》《最高人民法院关于审理使用人脸识别技术处理个人信息相关民事案件适用法律若干问题的规定》等司法解释的主要起草人。

执笔起草了《最高人民法院关于审理医疗损害责任纠纷案件适用法律若干问题的解释》《最高人民法院关于适用〈中华人民共和国民法典〉时间效力的若干规定》等5部司法解释；共同或者深度参与起草《最高人民法院关于适用〈中华人民共和国民事诉讼法〉的解释》《最高人民法院关于综合治理类司法建议工作若干问题的规定》等10余部司法解释；承办起草《最高人民法院关于依法妥善审理高空抛物、坠物若干问题的意见》等10余个重要规范性文件。

在《环球法律评论》《法学家》《法学评论》《法律适用》等期刊发表文章50余篇，出版个人专著《民法典侵权责任编的创新发展与规则适用》，参与编写《民法典理解与适用》《民法典合同编通则司法解释理解与适用》《医疗损害责任司法解释理解与适用》《环境侵权责任司法解释理解与适用》等著作10余部。

# 序言

合同制度是社会主义市场经济的基本法律制度。合同覆盖人民群众的衣食住行，覆盖经济交往的每一个链条。合同编在《民法典》中占据“半壁江山”，而合同编通则不仅是合同编的“纲”与“魂”，更是民法典中最活跃的“一般规定”，在海量合同案件中直接发挥规范作用，甚至对非合同之债、身份关系协议也具有一般适用、参照适用的效力。正因如此，《民法典》合同编的切实实施，对于在法治轨道上发展社会主义市场经济、增进人民福祉具有重大意义。《民法典合同编通则解释》的制定与施行，是人民法院切实实施《民法典》的有机组成部分，对于统一相关案件裁判尺度，规范法官裁量权行使，引导合同交易行为，乃至服务经济高质量发展，必将发挥重要作用。幸逢新时代，恰遇民法典。能够参加到《民法典》编纂研究和贯彻实施的工作热潮中，参与到合同编通则解释起草的全部论证、反复推敲中，不仅收获良多，更是倍感荣幸。特别是在这一过程中能够近距离聆听法学大师的谆谆教诲，面对面学习身边战友、业内同仁们的真知灼见，真是我一生莫大的福分。这些日夜奋战的日子值得铭记，更为我孤灯下的写作注入了不竭动力。

本书有我多年研习合同法的心路积累，有我工作中遇到合同疑难争议问题的思考感悟，有我在国家法官学院、一些地方高院等讲授交流的启发总结，更有我在《民法典》合同编编纂与实施、《民法典合同编通则解释》起草过程中的点滴记录、心得体会。概括起来，本书具有以下特点：

一是注重原意解读。吃透立法精神，是准确适用法律的基础，也是做好司法解释起草工作的基础。只有准确理解法律适用规则本意，才能在解决具体法律问题的征途上行稳致远。把对《民法典》合同编立法原意的理解写出来，把司法解释起草的所思、所想写出来，是本书写作的基本目的。书中关于预约与本约的区别、格式合同的细化、代位权规则的完善、合同解除的适用等诸多内容，无不是在解读《民法典》的立法精神，无不是在解读合同编与《民法典合同编通则解释》在法律适用规则方面的有机衔接。

二是注重释疑解惑。《民法典合同编通则解释》对于长期困扰民商事审判的疑难问题，以及《民法典》合同编规定的新增亮点制度的司法适用，在广泛征求意见的基础上作了规定，这些问题也是本书细化解读的重点内容。比如，合同效力的甄别认定与责任承担、人章关系的法律适用、代位权的行使与仲裁协议之间的衔接、撤销权的法律效果、债权的多重转让、可得利益损失的计算等问题；第三人代为履行、情势变更、合同僵局等亮点制度。强烈的问题导向和解题意识，是本书写作的目标追求。正因如此，本书在形式上不追求大而全，尽可能地做到小而精。遵循这样的写作思路，本书也将我多年来对部门规章及合同效力的影响、以物抵债调解书对物权变动效果的影响、合同解除权的行使与解除条件成就之间的关系等问题的研究成果予以吸收和深化，以期对相关实务问题的解决乃至有关研究有所助益。

三是注重体系逻辑。体系化适用法律的方法，是科学适用民法典条文规范的基本方法，也是本书写作的一大主线。合同编通则上承总则编，特别是要发挥债法总则的作用，是民法典体系化的集大成者。理解好、运用好合同编通则以及司法解释的规则内容，更需要体系逻辑的支撑。本书关于以物抵债规则的阐释、代表与代理规则的适用、债务加入追偿权的分析、抵销与诉讼时效的衔接，都是体系化适用民法典有关法律规定的典型代表。同时，本书也将《民法典合同编通则解释》最终未作规定的体系化适用合同编通则规定的基本逻辑作了解读，力求发挥一般指引的作用。

四是注重场景思维。按照特定场景来分析问题，可以使有关法律适用规则更加鲜活、生动、更有可操作性。采用场景化的方法解释合同编通则的实务问题，是本书写作的一大偏好。本书在有关具体问题解决的阐述中力求还原具体的诉讼场景，以求有关解题思路更加立体、形象的呈现。同时，本书运用了大量案例，尤其是引用了最高人民法院的裁判案例、入库案例、指导性案例，比如关于恶意串通的认定、“阴阳合同”和“名实不符”的处理、债权转让通知的方式与效力、恶意违约者一般不能调整违约金的适用等，以便对有关规则的解读更加接地气、有实效。而且，本书采取“三十讲”的定位，不仅是我这些年有幸讲解合同编通则实务问题的场景还原，也是为了给读者思维上的带入感，更好进入授课交流的“场景”。

五是注重前沿思索。经济社会在不断发展进步，新的法律适用问题也会不断出现。一部法律、一部司法解释不可能“一对一”对号入座式地解决所有问题，这就需要不停思考、研究。正因如此，对于前沿疑难法律问题的思索，是本书写作的一个基本态度。诸如刑民交叉场景下合同效力以及法律效果归属、撤销权与代位权的衔接适用、债权多重让与中的利益平衡、显著轻微违约与约定解除权的行使、替代交易法与其他违约损害赔偿计算方法之间的关系以及与有关违约责任形态的衔接、违约金类型及其与其他违约损害赔偿责任的衔接等争议颇大或者规则空白的问题，都是本书重点探讨的内容。

本书的写作历时三年多，成稿于今年3月，后又有个别调整修改。因工作繁忙、学艺不精等原因，中间有过搁置、有过困惑、有过畏难。或许年过四十，更加感觉光阴飞逝，时不我待，最终坚持下来。回顾过往，这本书不仅是我学习合同法律实务的思考、总结和探索，更是对《民法典》合同编和《民法典合同编通则解释》的致敬，对一路走来教诲、提携、关心我的领导、老师、挚友的感恩！最后特别感谢法律出版社的李群、陈昱希两位女士，没有你们大方给予机会、默默辛勤付出，这本书可能没有这么快且高质量地面世。最后，必须实事求是地讲，因为我的学识、能力、精力所限，本书谬误、不足之处定然不少，恳请读者不吝赐教，多多批评指正。

陈龙业

2024年11月10日

# 缩略语表

| 全　　称 | 简　　称 |
| --- | --- |
| 《最高人民法院关于适用〈中华人民共和国民法典〉合同编通则若干问题的解释》 | 《民法典合同编通则解释》 |
| 《最高人民法院关于适用〈中华人民共和国民法典〉总则编若干问题的解释》 | 《民法典总则编解释》 |
| 《最高人民法院关于适用〈中华人民共和国合同法〉若干问题的解释（二）》 | 《合同法解释（二）》 |
| 《最高人民法院关于适用〈中华人民共和国民事诉讼法〉的解释》 | 《民诉法解释》 |
| 《最高人民法院关于民事诉讼证据的若干规定》 | 《民诉证据规定》 |
| 《最高人民法院关于适用〈中华人民共和国民法典〉有关担保制度的解释》 | 《民法典担保制度司法解释》 |
| 《最高人民法院关于审理商品房买卖合同纠纷案件适用法律若干问题的解释》 | 《商品房买卖合同解释》 |
| 《最高人民法院关于审理买卖合同纠纷案件适用法律问题的解释》 | 《买卖合同司法解释》 |
| 《最高人民法院关于适用〈中华人民共和国保险法〉若干问题的解释（二）》 | 《保险法解释（二）》 |
| 《全国法院民商事审判工作会议纪要》 | 《九民会议纪要》 |
| 《最高人民法院关于审理民间借贷案件适用法律若干问题的规定》 | 《民间借贷规定》 |

续表

| 全　　称 | 简　　称 |
| --- | --- |
| 《最高人民法院关于人民法院办理执行异议和复议案件若干问题的规定》 | 《执行异议复议规定》 |
| 《最高人民法院关于适用〈中华人民共和国合同法〉若干问题的解释（一）》 | 《合同法解释（一）》 |
| 《全国法院贯彻实施民法典工作会议纪要》 | 《民法典会议纪要》 |
| 《最高人民法院关于适用〈中华人民共和国民法典〉时间效力的若干规定》 | 《民法典时间效力规定》 |
| 《最高人民法院关于当前形势下审理民商事合同纠纷案件若干问题的指导意见》 | 《民商事合同纠纷指导意见》 |
| 《最高人民法院关于适用〈中华人民共和国担保法〉若干问题的解释》 | 《担保法解释》 |

# 目录

## 第二十八讲 违约金调整的酌增与酌减



## 第二十九讲 定金规则的细化完善与具体适用



## 第三十讲 《民法典合同编通则解释》的时间效力

## 附录

# 第一讲

# 合同解释与合同编通则的体系化适用

一、合同解释的基本原则

二、合同解释的基本方法

三、合同解释的特别规则

四、合同编通则的体系化适用

合同解释对于准确理解合同条款含义，依法妥善处理合同纠纷具有重要意义。在合同的缔结过程中，当事人的任何意思表示都需要以语言、文字、行为等外在形式表现出来，而这些外在表现形式与表意人的内心真实意思表示并非完全一致，往往因表意人的表达能力或者表达方式的不同、语言文字本身的多义性和模糊性以及现代社会交易的日益复杂化等因素而出现差异。[1] 由此就需要合同解释，而这自然离不开合同解释的方法。《民法典》第466条第1款援引第142条第1款规定，将有相对人的意思表示解释的规则作为合同的解释规则，即“应当按照所使用的词句，结合相关条款、行为的性质和目的、习惯以及诚信原则，确定意思表示的含义”，由此确立了我国合同解释的基本原则和解释方法。但是由于合同解释本身具有抽象性，以及有关解释方法的逻辑顺序及体系化适用存有一定争议，《民法典合同编通则解释》在《民法典》第466条第1款规定的基础上，对合同解释的原则、方法和规则作出了细化规定，其第1条规定：“人民法院依据民法典第一百四十二

〔1〕 参见黄薇主编：《中华人民共和国民法典释义》（上），法律出版社2020年版，第278页。

条第一款、第四百六十六条第一款的规定解释合同条款时，应当以词句的通常含义为基础，结合相关条款、合同的性质和目的、习惯以及诚信原则，参考缔约背景、磋商过程、履行行为等因素确定争议条款的含义。有证据证明当事人之间对合同条款有不同于词句的通常含义的其他共同理解，一方主张按照词句的通常含义理解合同条款的，人民法院不予支持。对合同条款有两种以上解释，可能影响该条款效力的，人民法院应当选择有利于该条款有效的解释；属于无偿合同的，应当选择对债务人负担较轻的解释。”合同解释具有一定的抽象性，需要把握好相应的法律适用规则。与此同时，在《民法典》框架下，体系化适用尤为重要；《民法典》合同编通则中关于债权债务的规定实际上发挥了债法总则的作用，其体系化适用的问题在《民法典》中尤为典型，这应该是合同编适用中最基本又绕不开的问题。而且这一内容在《民法典合同编通则解释》起草过程中做过大量论证，故在本讲将这一重要问题予以释解。

## 一、合同解释的基本原则

关于合同解释，原《合同法》第 125 条第 1 款规定：“当事人对合同条款的理解有争议的，应当按照合同所使用的词句、合同的有关条款、合同的目的、交易习惯以及诚实信用原则，确定该条款的真实意思。”《民法典》第 142 条第 1 款规定：“有相对人的意思表示的解释，应当按照所使用的词句，结合相关条款、行为的性质和目的、习惯以及诚信原则，确定意思表示的含义。”第 466 条第 1 款规定：“当事人对合同条款的理解有争议的，应当依据本法第一百四十二条第一款的规定，确定争议条款的含义。”相较于原《合同法》第 125 条的规定，《民法典》将合同解释的目标从“条款的真实意思”调整为“意思表示的含义”或“争议条款的含义”。对合同条款解释，现代法奉行表示主义，应按当事人表示出来的意思对合同条款加以解释。所谓当事人之真意，不是指当事人主观内心之意思，而是从意思表示受领人立场去认定之“客观表示价值”。但由于主客观方面的原因，合同用语时常不能准确地反映当事人的真实意思，有时甚至相反，这就要求解释合同不能拘泥于合同文字，而应全面考虑与交易有关的环境因素，包括书面文件、口头陈述、各方表现其意思的行为以及当事人缔约前的谈判活动和交易过程、履约过程或惯例。总之，以客观主义为主，主观主义为辅，是我国应采取的合同解释的原则之一。[1]

延续这一思路，《民法典合同编通则解释》第1条第1款规定人民法院在解释合同条款时，应当“以词句的通常含义为基础”并“结合相关条款、合同的性质和目的、习惯以及诚信原则，参考缔约背景、磋商过程、履行行为等因素确定争议条款的含义”。以“词句的通常含义”为基础的解释规则，又称避免荒谬解释规则，即以相对客观的标准，以文义解释为基础，结合特定交易背景，以一般理性人的理解能力作出的理解。[2] 因合同词句是由表意人和相对人双方形成的，涉及对相对人信赖利益的保护，因此绝不能抛开词句对意思表示进行完全的主观解释。[3] 同时，本条第2款规定“误载无害真意”规则，强调在当事人存在共同真意时，该共同真意优先于文义解释，又在一定程度上体现了主观主义的精神。

## 二、合同解释的基本方法

《民法典》第142条规定了合同解释的基本方法，即文义解释、体系解释、性质和目的解释、习惯解释以及依诚信原则解释。这些解释方法直接规范法官或仲裁员的裁判或仲裁行为，不能由当事人通过协商加以改变，亦不允许当事人通过约定排除适用。学界主流观点赞同文义解释在合同解释方法中的基础性地位，当事人就合同条款含义发生争议时，应当先按照文义解释的方法，对该条款进行解释。[4] 综合学界意见和审判实践经验，《民法典合同编通则解释》第1条第1款规定：“人民法院依据民法典第一百四十二条第一款、第四百六十六条第一款的规定解释合同条款时，应当以词句的通常含

〔1〕 参见最高人民法院民法典贯彻实施工作领导小组编著：《中国民法典适用大全·合同卷（一）》，人民法院出版社2022年版，第42－43页。

〔2〕 参见最高人民法院民法典贯彻实施工作领导小组编著：《中国民法典适用大全·总则卷（二）》，人民法院出版社2022年版，第1218－1219页。

〔3〕 参见黄薇主编：《中华人民共和国民法典合同编释义》，法律出版社2020年版，第16页。

〔4〕 参见王利明主编：《中国民法典释评·合同编·通则》，中国人民大学出版社2020年版，第31页。

义为基础，结合相关条款、合同的性质和目的、习惯以及诚信原则，参考缔约背景、磋商过程、履行行为等因素确定争议条款的含义。”这一规定首先强调了文义解释在有相对人意思表示的解释中的基础地位，即应当以通过文义解释确定的争议条款所使用词句的通常含义为基础进行解释。除文义解释方法外，体系解释、性质和目的解释、习惯解释以及依诚信原则解释等解释方法对于合同解释也起到重要作用。

在合同解释过程中应当先进行文义解释，文义解释不能得出结论的，再按照体系解释、目的解释、习惯解释、依诚信原则解释的方法进行解释。司法实践中也有典型案例对此支持。例如，在**淄博万杰医院与中国银行股份有限公司淄博博山支行、淄博博易纤维有限公司、万杰集团有限责任公司借款担保合同纠纷管辖权异议案**〔1〕中，最高人民法院认为，只有在文义解释不能确定该条款的含义时，才能运用其他解释方法去确定合同条款的含义和填补合同的漏洞。需要注意的是，文义解释在众多解释方法中处于基础性地位，绝不能脱离文义来解释合同条款，但这并不意味着文义解释结论有绝对优先性。合同由合同词句的相互结合构成，但为了理解和确定合同的文义，又不能孤立地探寻合同词句的一般意思，而必须将合同中的词句联系起来置于整体之中以确定各方当事人的真意。〔2〕因此，就需要综合运用体系解释、性质和目的解释、习惯解释、依诚信原则解释的方法，而不能硬性地给这些解释方法排出适用顺序。

在合同解释过程中，除《民法典》规定的文义解释、体系解释、性质和目的解释、习惯解释以及依诚信原则解释的方法外，其他解释方法，尤其是历史解释方法，对于确定合同条款的含义也能发挥重要作用。〔3〕但是，由于《民法典》第 142 条第 1 款对合同解释方法采用了封闭的列举模式，并无“等”字为其他解释方法预留空间，《民法典合同编通则解释》也就并未对合

〔1〕参见淄博万杰医院与中国银行股份有限公司淄博博山支行、淄博博易纤维有限公司、万杰集团有限责任公司借款担保合同纠纷管辖权异议案［最高人民法院民事判决书，（2007）民二终字第 99 号］，载《最高人民法院公报》2007 年第 12 期。

〔2〕参见崔建远：《合同解释与合同订立之司法解释及其评论》，载《中国法律评论》2023 年第 6 期。

〔3〕参见［德］维尔纳·弗卢梅：《法律行为论》，迟颖译，法律出版社 2013 年版，第 367 页。

同解释方法进行扩充，而是在既有规定框架内将缔约背景、磋商过程、履行行为等作为合同解释的参考因素。

## 三、合同解释的特别规则

除文义解释、体系解释、目的解释等合同解释方法外，理论和实务中针对不同合同适用的场景，还有一些特别规则。《民法典合同编通则解释》在总结审判实务经验、借鉴域外做法〔1〕的基础上，明确规定了共同理解规则、有效解释规则和无偿合同中对债务人有利解释规则。

### （一）共同理解规则

共同理解规则的核心要义就是双方当事人在订立合同时对合同条款有不同于词句字面含义的其他共同理解的，应当按照该共同理解，即按照表意人和受领人一致表示的意义确定合同条款含义。在合同解释过程中，必须明确当事人的真实意思，如果相对人在合同订立时已经知道了表意人的真实意思，那么即便合同条款所使用的词句的真实含义有别于通常理解，也应按照双方当事人共同的真实意思对合同进行解释。如果表意人与相对人在缔约时的真实意思不一致或者无法判断其真实意思，则应当按照词句的通常含义即理性人标准进行解释。进言之，如果根据体系解释、目的解释等其他解释方法能够确定各方当事人在缔约时共同赋予合同词句的含义，且该含义不同于通常理解的，也不应依通常理解而应适用本规则来确定争议条款的含义。〔2〕

### （二）有效解释规则

有效解释规则，又被称为合法解释规则，是指当合同存在多种解释的可能性时，原则上应避免选择使法律行为无效的解释。如果某合同条款可能有两种合理的解释，其中一种解释不违反法律的规定，另一种解释则相反，那

---

〔1〕 比如，《国际商事合同通则》第4.1条第1款规定："合同应根据当事人各方的共同意思予以解释。"《西班牙民法典》第1281条第2款规定："若合同的文字表述与当事人双方的意图明显相反，则明显意图优于文字表述。"

〔2〕 参见崔建远：《合同解释与合同订立之司法解释及其评论》，载《中国法律评论》2023年第6期。

么宜用使该合同条款合法的方式解释该合同或其条款。[1] 有效解释规则在比较法上被广为承认。例如，《意大利民法典》[2]《智利民法典》[3]《国际商事合同通则》《欧洲合同法原则》等对此均有规定。[4]《民法典合同编通则解释》第1条第3款前段明确了有效解释规则。通常而言，当事人一般均期望通过有效合同实现其合同目的，采用法律上有效的手段追求合法结果更符合当事人的利益。[5] 因此，当合同条款的歧义影响合同条款有效性时，应当认为作出有利于合同发生效力的解释，更为符合当事人的真实意思和合同目的。但需要注意的是，该当事人的目的应当是双方当事人的共同目的而非单方的合同目的，或者至少是为对方当事人所明知或者应知的一方当事人的合同目的。属于合同动机的，不得作为解释依据。[6]

当然，有效解释规则并非在所有合同解释过程中均可绝对适用，实践中需要注意以下几个问题：其一，在合同条款只能有一个合理解释但该解释情形损害公序良俗或违反强制性法律规定的情况下，则不得适用有效解释规则。[7] 其二，如果导致法律行为无效或者不成立的规则旨在保护一方当事人利益，则不能轻易以有效解释规则排斥此类规则的适用；反之，如果此类规则旨在保护公共秩序或者公共利益，则可以依此规则在数个可能且合理的解释中选择不违反此类规则的解释。如果解释为有效时一方当事人获得的利益与他方所受损失明显不成比例，或者一方当事人的利益迫切需要得到保护，则应当例外地选择使法律行为无效的解释。[8]

---

〔1〕 参见崔建远：《合同解释规则及其中国化》，载《中国法律评论》2019年第1期。

〔2〕《意大利民法典》第1367条规定："在有疑问的情况下，不是将契约或个别条款解释为无任何效力，而是在得有一定效力的意思内进行解释。"

〔3〕《智利民法典》第1562条规定："条款中能产生某种效力的含义优先于不能产生某种效力的含义。"

〔4〕 参见杨良宜：《合约的解释：规则与应用》，法律出版社2015年版，第255页。

〔5〕 参见杨代雄：《法律行为论》，北京大学出版社2021年版，第251页。

〔6〕 参见梁慧星：《合同通则讲义》，人民法院出版社2021年版，第36页。

〔7〕 参见崔建远：《合同解释规则及其中国化》，载《中国法律评论》2019年第1期。

〔8〕 See Vgl Reinhard Bork, *Allgemeiner Teil des Bilrgerlichen Gesetzbuchs*, 4. Aufl. 2016, S. 216 (Rn. 556).

### （三）无偿合同中对债务人有利解释规则

《民法典合同编通则解释》第 1 条第 3 款后段规定："属于无偿合同的，应当选择对债务人负担较轻的解释。"无偿合同中对债务人有利解释规则，从债的关系角度是指作出令债务人责任负担较轻的解释。实践中，无偿合同系单务合同，此类合同一般是基于情谊发生，当事人之间并不发生给付交换。基于无偿合同的特性，《民法典》通常采取减轻债务人责任的做法，如无偿保管人仅负担较低程度的注意义务（《民法典》第897 条）以及赠与人享有任意撤销权（《民法典》第658 条第1 款）等。鉴于债务负担与当事人的利益状态密切相关，而债务负担的轻重实际上决定利益变动的多少，故在对无偿合同之债务负担条款存有争议时，对债务负担作出从轻解释符合公平原则。这在学理上属于通说，在比较法上亦是通例。[1] 值得注意的是，《民法典合同编通则解释》只是明确了无偿合同作有利于债务人的解释，因此对有偿合同则应按照对双方都较为公平的含义去解释。因为在有偿合同场合，应当遵循公平原则合理确定双方权利义务关系。[2]

在《民法典合同编通则解释》起草过程中，曾对不利于起草者解释规则作了规定。不利于起草者解释规则已成为我国格式条款的重要解释规则之一。[3] 这一规则能否上升至合同领域的通用规则，学界存有争议。特别是对于非格式条款适用不利于起草者解释规则，既超越了《民法典》将这一规则限定在格式条款中的立法精神，又给起草者造成过重的负担，也不利于合同起草的规范化。最终《民法典合同编通则解释》对这一规则未作规定，由此也就是将不利于起草者解释规则继续限定在格式条款的解释范畴内。

---

〔1〕 参见刘少阳、戴宇鑫：《论合同解释的利于债务人规则》，载《人民司法（应用）》2018 年第 31 期。

〔2〕 参见梁慧星：《民法总论》，法律出版社2017 年版，第200 页。

〔3〕《民法典》第498 条规定："对格式条款的理解发生争议的，应当按照通常理解予以解释。对格式条款有两种以上解释的，应当作出不利于提供格式条款一方的解释。格式条款和非格式条款不一致的，应当采用非格式条款。"

## 四、合同编通则的体系化适用

《民法典》的颁布标志着我国民事立法进入法典化时代。在法律适用层面，要牢固树立法典化思维，准确把握《民法典》各编之间的关系，充分认识“总则”与“分则”、“原则”与“规则”、“一般”与“特殊”的逻辑体系。对此，《民法典总则编解释》第1条规定：“民法典第二编至第七编对民事关系有规定的，人民法院直接适用该规定；民法典第二编至第七编没有规定的，适用民法典第一编的规定，但是根据其性质不能适用的除外。就同一民事关系，其他民事法律的规定属于对民法典相应规定的细化的，应当适用该民事法律的规定。民法典规定适用其他法律的，适用该法律的规定。民法典及其他法律对民事关系没有具体规定的，可以遵循民法典关于基本原则的规定。”由此明确了民事法律规范体系化适用的一般规则。这一基本规定精神在合同编中也同样适用，为合同编通则发挥债法总则作用提供了指引。

### （一）合同编通则规定对非合同之债的一般适用与参照适用

依据《民法典》第468条的规定，非因合同产生的债权债务关系，适用有关该债权债务关系的法律规定；没有规定的，适用合同编通则的有关规定，但是根据其性质不能适用的除外。依此规定进行逻辑推演，人民法院审理因侵权行为、无因管理、不当得利等非合同产生的债权债务关系纠纷案件，应当适用《民法典》及其他法律关于该债权债务关系的具体规定；没有具体规定的，适用《民法典》合同编通则有关债权债务关系的规定，但是根据其性质不能适用的除外。在审判实务中，吴某芳、钟某德等与某财产保险股份有限公司某支公司债权人代位权纠纷案〔1〕中，法院生效裁判明确了在有关侵权之债的保全场合，人民法院可以适用代位权制度。在陈某某、沈某某等与卿炳某某债权人撤销权纠纷案〔2〕，潘某军与汤某珍、梁某航股东损害公司债权

〔1〕 参见江西省玉山县人民法院民事判决书，(2016) 赣1123民初字第2283号。
〔2〕 参见湖南省永州市中级人民法院民事判决书，(2017) 湘11民终字第2647号。

人利益责任纠纷案[1]，亢某军与刘某凡债权人撤销权纠纷案[2]等案件中，法院的生效裁判均明确了债权人撤销权可以直接适用于侵权之债。至于在性质上不能适用的情形，比如关于双务合同的抗辩权，《民法典》第525条至第527条虽然使用了“债务”的表述，但此类抗辩权的行使受双务性和牵连性的限制，通常只能适用于双务合同，连在合同法领域能否普遍适用都尚存疑问，更不用说适用于整个债法领域。[3]

从合同编通则的法律规范表述上看，还有一种情形是直接规定“合同权利义务关系”而非使用“债权”“债务”的表述。原则上，这些规定只适用于合同之债。但是从有关规范适用本质共通性出发，也存在例外情形。比如，同为损害赔偿的问题，有些违约损害赔偿的规则对于其他领域的损害赔偿就具有参照适用的作用。《民法典》第591条、第592条第2款使用“违约”的表述，似应只适用于合同之债，但实际上该规则的实质是关于防止损失扩大义务、过失相抵义务的规定，也可以适用于非合同之债。[4] 也就是说，对于非合同之债，就合同编通则的规定适用而言，在没有关于“债权”“债务”规定的情形下，可以参照适用合同编通则有关合同权利义务关系的规定，但是根据其性质不能参照适用的除外。

参照适用合同编通则有关合同权利义务关系规定的情形大致有：(1)《民法典》第509条、第510条关于合同履行规则的规定。合同履行规则对于非合同之债的履行同样有适用价值。[5] (2)《民法典》第590条第1款包含两个内容：一是不可抗力免责；二是通知义务。前者与《民法典》第180条第1款精神一致，对于非合同之债也有适用价值。当然实践中也可以直接引用《民法典》第180条第1款。后者是关于受不可抗力影响的合同一方应当及时

---

〔1〕 参见广东省中山市中级人民法院民事判决书，(2015)中法民二终字第257号。

〔2〕 参见河南省许昌市中级人民法院民事判决书，(2017)豫10民终字第2822号。

〔3〕 参见朱广新、谢鸿飞主编：《民法典评注·合同编·通则》，中国法制出版社2020年版，第51页；韩世远：《合同法总论》(第4版)，法律出版社2018年版，第385－387页；崔建远：《合同法》(第2版)，北京大学出版社2013年版，第134－135页。

〔4〕 参见王利明主编：《中国民法典释评·合同编·通则》，中国人民大学出版社2020年版，第43页。

〔5〕 参见王利明主编：《中国民法典释评·合同编·通则》，中国人民大学出版社2020年版，第42页。

通知对方的规定，该规定同样适用于非合同之债。在侵权、无因管理、不当得利等情形下，同样存在因不可抗力而不能履行的问题，因而也就存在适用通知义务的必要性。第 590 条第 2 款规定迟延履行不免除违约责任。非合同之债迟延履行后发生不可抗力的，也可以产生其他责任，如损害赔偿责任等。（3）《民法典》第 591 条关于非违约方防止损失扩大义务的规定。防止损失扩大义务除了在合同之债中存在，在侵权、不当得利等情形下同样存在，这一规定对非合同之债也具有参照适用的价值。（4）《民法典》第 592 条第 2 款关于过失相抵的规定，对于不当得利等情形也有参照适用价值。

值得注意的是，上述直接适用和参照适用《民法典》合同编通则相关规定的前提条件是《民法典》关于侵权责任、不当得利等没有具体规定。如果在《民法典》相应的编章有具体规定，还是应当依据《民法典总则编解释》第 1 条的规定，直接适用该规定。比如，有关过失相抵的规则，在侵权责任编中有明确规定（《民法典》第 1173 条），侵权责任纠纷中涉及过失相抵规则的，当然要直接适用这一规定。

### （二）合同纠纷的体系化适用

合同纠纷的体系化适用因有名合同和无名合同而有所不同，具体阐述如下：

#### 1. 有名合同

就有名合同而言，《民法典》合同编所规定的有名合同，在法律适用上要遵循具体规定优先适用的规则。具体而言，在处理某一合同纠纷案件时，先要到《民法典》合同编的典型合同分编中查找是否存在与该合同有关的特别规定。如果有，就要优先适用特别规定，只有在没有找到特别规定时，才能适用《民法典》合同编通则部分的规定；也只有在《民法典》合同编通则部分没有相应规定时，才能适用《民法典》总则编的有关规定。比如，涉及法律行为效力的，则适用《民法典》总则编第六章“民事法律行为”的规定。有名合同相关规则的适用，有时会更加复杂，这集中体现在某一有名合同需要适用或者参照适用其他合同的规则。比如，《民法典》在“建设工程合同”一章中规定“本章没有规定的，适用承揽合同的有关规定”，这是因为，建设工程合同是一种特殊的承揽合同，《民法典》虽然将其作为典型合同予以规定，但也根据“总—分”的思路，先规定承揽合同，再规定建设工程合同，且明确规定了二者在法律适用上的关系。但在文义上，该指引性规定仍然属于“对特定类型的合同关系有专门规定的”情形。

关于其他类型的有名合同。除了《民法典》合同编规定的合同类型，还有大量在《民法典》其他分编和其他法律中规定的有名合同类型。换言之，并非因合同产生的民事关系仅受《民法典》合同编调整。[1] 例如，《民法典》物权编中的土地承包经营合同、抵押合同、质押合同，人格权编中的人格利益许可使用合同等，以及其他单行法律规定的合同，如《旅游法》规定的旅游服务合同，《保险法》规定的保险合同等。由此，就会产生这些合同规则与《民法典》合同编通则以及《民法典》合同编规定的相类似有名合同规则之间的衔接适用问题。对此，应当依照《民法典总则编解释》第1条的规定，适用法律为此类合同直接规定的具体规则，即适用具体规定优先适用的规则。只有在法律没有具体规定时，才适用《民法典》合同编的一般规则及《民法典》的其他规则。[2] 比如，《个人信息保护法》第21条对信息处理者委托他人处理信息作了规定，该规定应当优先适用。如该委托合同不生效、无效、被撤销或者终止，受托人应当将个人信息返还个人信息处理者或者予以删除，不得保留。故当委托合同终止时，受托人负有将个人信息返还个人信息处理者或者予以删除的法定义务。受托人不履行的，委托人有权请求其履行。对于《个人信息保护法》未涉及的内容，比如，认定委托合同终止的问题，则应当适用《民法典》第934条的规定。进言之，委托合同不生效、无效、被撤销等，涉及的法律行为效力问题，则应当适用《民法典》总则编的相应规定。

**2. 无名合同**

无名合同是指法律尚未特别规定，也没有赋予一定名称的合同。[3] 学理

---

〔1〕 参见王利明主编：《中国民法典释评·合同编·通则》，中国人民大学出版社2020年版，第31页。

〔2〕 参见李永军：《合同法》（第5版），中国人民大学出版社2020年版，第19页。

〔3〕 参见韩世远：《合同法总论》（第4版），法律出版社2018年版，第71页。

上，无名合同分为三类：（1）纯粹无名合同，即以法律全无规定的事项为内容的合同。（2）联立合同，即数个有名或者无名合同具有相互结合的关系。（3）混合合同，是指由数个有名或者无名合同的部分构成的合同。[1] 也有学者把无名合同分为纯粹无名合同、混合无名合同、准混合合同。[2] 其中后二者大致相当于第一种分类中的合同联立。

关于无名合同，《民法典》第467条第1款规定："本法或者其他法律没有明文规定的合同，适用本编通则的规定，并可以参照适用本编或者其他法律最相类似合同的规定。"对于纯粹无名合同，直接依据《民法典》第467条规定确定适用的法律即可。对此，实践中也没有争议，均认为应当适用《民法典》合同编通则及《民法典》总则编的规定。[3] 只是在具体适用时应优先适用与其最为类似的典型合同的特别规定。如果没有特别规定，再适用《民法典》合同编通则部分的规定以及《民法典》总则编关于法律行为和代理的一般规定。[4] 比如，对于有偿无名合同而言，这就涉及与《民法典》第646条[5]的衔接问题。对此，无论是典型合同还是无名合同，根据《民法典》第646条的规定，在没有关于该合同的特别规定时，如果该合同是有偿合同，还应在适用《民法典》合同编通则之前，优先适用《民法典》关于买卖合同的规定。[6]这也是对具体规定优先适用的遵循。

对于联立合同与混合合同，总体上也应遵循这一思路，只是符合有名合同的部分应当适用相应的具体规定，无名合同部分适用《民法典》合同编通则以及可以类推适用《民法典》分则或者其他法律最相类似的规定。[7]实务中不乏这方面的典型案例，比如，在**新疆某化学股份有限公司与上海某银行**

---

〔1〕 参见韩世远：《合同法总论》（第4版），法律出版社2018年版，第73页。

〔2〕 参见王利明主编：《中国民法典释评·合同编·通则》，中国人民大学出版社2020年版，第34页。

〔3〕 参见王利明主编：《中国民法典释评·合同编·通则》，中国人民大学出版社2020年版，第37页。

〔4〕 参见刘贵祥：《民法典适用的几个重大问题》，载《人民司法》2021年第1期。

〔5〕《民法典》第646条规定："法律对其他有偿合同有规定的，依照其规定；没有规定的，参照适用买卖合同的有关规定。"

〔6〕 参见刘贵祥：《民法典适用的几个重大问题》，载《人民司法》2021年第1期。

〔7〕 参见朱广新、谢鸿飞主编：《民法典评注·合同编·通则》，中国法制出版社2020年版，第41页；朱广新：《合同法总则》（第2版），中国人民大学出版社2012年版，第20-21页。

股份有限公司乌鲁木齐分行、新疆某股份有限公司等合同纠纷案[1]中，法院生效裁判即认为，联立合同中有名合同部分适用与其相应的规定，无名合同部分适用《民法典》合同编通则以及可以类推适用《民法典》分则或其他法律最相类似的规定。在赖某望与于都县某置业有限责任公司、深圳市某实业集团有限公司股权转让合同纠纷案[2]中，最高人民法院裁判认为，混合合同由各个有名合同组成的，可以分别适用有名合同的具体规则。

〔1〕 参见新疆维吾尔自治区高级人民法院民事判决书，(2016) 新民终 257 号。
〔2〕 参见最高人民法院民事判决书，(2019) 最高法民再字第 108 号。

# 第二讲

# 交易习惯的具体认定与细化适用

一、从事实意义上的习惯到法源意义上的习惯

二、交易习惯的性质认识与适用效力

三、适用交易习惯时的举证责任与审查认定

习惯是人民群众长期生活交往经验的总结，是生产生活实践中的一种惯行。[1] 交易习惯作为一种典型的习惯类型在合同领域长期普遍存在，按照交易习惯确定合同条款的具体含义，是国际贸易中普遍承认的原则。而且，交易习惯对于解决法律适用争议发挥了积极作用，比如在当事人就合同条款发生争议时，按照交易习惯进行解释。按照交易习惯来解释当事人的真实意思已为理论界和实务界广泛接受。但是由于交易习惯的界定在法律层面并无明确规定，影响了其在审判实践中的具体适用，正因如此，《合同法解释（二）》（已失效）第7条规定了人民法院在案件审理中认定交易习惯的规则，确定了交易习惯的举证责任。《民法典合同编通则解释》第2条基本承袭了这一规定精神。比如，延续“交易习惯是事实问题”的基本思路，遵循“谁主张，谁举证”的原则，明确交易习惯由提出主张的当事人一方承担举证责任；同时，根据《民法典》的相关规定精神明确了交易习惯不得违背公序良俗的要求，并且，从具体适用的角度，规定了交易习惯的内容顺序，更加突出当事人之间的交易习惯的地位。相较于原《民法通则》、原《合同法》的规定，《民法

〔1〕 参见王利明：《我国民法典重大疑难问题之研究》（第2版），法律出版社2016年版，第116页。

典》第10条明确规定了法源意义上的习惯及其适用规则，由此也就引出了交易习惯如何在《民法典》的有机体系内统一适用的问题，这自然就会涉及交易习惯与通常意义上的习惯乃至法源意义上的"习惯"的关系认定问题，也就离不开对《民法典》第10条规定的适用问题的探讨。

## 一、从事实意义上的习惯到法源意义上的习惯

### （一）《民法典》第10条规定的习惯

习惯，是指在某区域、行业范围内，基于长期的生产生活实践而为社会公众所知悉并普遍遵守的民间习俗和惯常做法。所谓民间习俗，主要是指生活习惯，即人们在长期的生活中形成的习惯；所谓惯常做法，主要是指交易习惯。民事习惯作为人民群众处理相互之间民事关系的惯常做法，是民事关系处理规则的积累，被公众认可并在民间具有巨大的说服力，被民众信服，因此在解决民间纠纷和民事争议中具有重要的作用。〔1〕我国司法实践历来承认习惯可以作为民法渊源。〔2〕《民法典》第10条确认了习惯作为民事法律渊源的地位。此种习惯即为习惯法，也就是从事实上的习惯上升为法源意义上的习惯。民事生活纷繁复杂，法律很难做到面面俱到，习惯可以在一定程度上弥补法律的不足。而且根据习惯裁判更贴近社会生活，有利于定分止争。〔3〕从实质意义上看，《民法典》第10条中的习惯，是经过实践经验筛选并符合现行《民法典》精神的，因为其被赋予法源地位。〔4〕作为法源意义上的习惯就意味着，该习惯之所以成为习惯法，要有严格的条件限制以及发挥功能作用的空间；同时，其一旦被适用，在某种意义上就具有强行法的作用。换言之，如果应当适用习惯而没有适用习惯，就会构成适用法律错误，也正因如此，有关习惯的认定就显得很重要。《民法典总则编解释》在此基础上，对民事习惯的认定及有关法律适用规则作出了细化规定，其第2条第1款规定："在一定地域、行业范围内长期为一般人从事民事活动时普遍遵守的民间

〔1〕参见杨立新：《民法总则》（第3版），法律出版社2020年版，第79页。

〔2〕参见王利明：《民法总则》（第3版），中国人民大学出版社2022年版，第47页。

〔3〕参见黄薇主编：《中华人民共和国民法典释义》（上），法律出版社2020年版，第30页。

〔4〕参见陈甦主编：《民法总则评注》（上册），法律出版社2017年版，第75页。

习俗、惯常做法等，可以认定为民法典第十条规定的习惯。”为避免将法源意义上的习惯与仅在当事人之间形成的习惯（如交易习惯）相混淆，本条强调可以作为法源意义上的习惯，通常表现为民间习俗、惯常做法或者商业惯例等，其核心要义在于能够在一定范围内为特定群体长期确信并自觉遵守。

作为法源意义上的习惯，习惯法在适用时必须遵循补充适用规则，即在法律有具体规定的情况下，应当适用该法律规定，而不能直接适用该习惯。进言之，若成文法中已有与习惯相同或近似的规定，说明成文法已吸纳习惯之内容，无须适用习惯；若成文法中已有与习惯不同甚至相反的规定，原则上当然应以成文法为渊源。[1] 只有在没有具体法律规则时，才可以适用该习惯。作为此一般规则之例外，是在法律明文规定“如另有习惯”则不适用该法律规定的情形。[2] 从某种意义上讲，这也为交易习惯在《民法典》规定的框架体系内的有机统一适用提供了衔接通道。

### （二）法源意义上的习惯须具备的条件

对于某一事实习惯能否成为法源意义上的习惯，需要体系化适用《民法典》第10条和《民法典总则编解释》第2条的规定，进行相应的法律价值判断，自然也要蕴含价值导向的考量。根据这两条规定，事实意义上的习惯成为法源意义上的习惯须符合下列条件：

其一，法律规范对于某一具体权利义务关系的范畴没有相应的规定，也就是说，没有相应的完全法条或者不完全法条甚至参照适用的法条对该权利义务关系进行具体调整，而此情形正好有相应的习惯存在。当然，这一习惯要以符合《民法典总则编解释》第2条第1款规定的内涵和外延为前提条件。

其二，习惯要转化为习惯法并成为裁判的依据，必须经过“合法性的判断”[3]。这其中当然蕴含不得违反法律的强制性规定的要求，但是由于作为法源意义上的习惯在适用时要以法律没有规定为前提，这时该习惯违反法律强制性规定的可能性并不大，故此“合法性”抑或“适法性”判断中最重要

---

〔1〕 参见谭启平主编：《中国民法学》（第3版），法律出版社2021年版，第19页。

〔2〕 参见梁慧星：《民法总则讲义》（修订版），法律出版社2021年版，第23页。

〔3〕 参见王利明主编：《中国民法典释评·总则编》，中国人民大学出版社2020年版，第36页。

的就是不得违反公序良俗，此亦为《民法典》第10条所明文规定。习惯不得违背公序良俗，有力遏制了不符合社会公共利益的习惯进入民法，为习惯法提供了过滤器，同时为有益于社会的习惯进入民法提供了通道。[1] 公序良俗原则的核心价值是强调习惯和民事法律行为需要遵守社会公共道德，倡导优良社会风尚，抑制伤风败俗行为，建立和谐稳定社会秩序。公序良俗原则作为强行法的补充，具有配合各种具体的强行法规则调控民事活动的作用，其司法意义是对习惯进行调控、对法律行为进行效力判断。公序良俗原则作为意识形态的价值观演化为法律层面有约束力的条文规范后，就成为对习惯是否可以适用、民事法律行为效力如何进行判断的依据，并赋予法官相应的裁量权，在遇有损害国家利益、社会公共利益和道德秩序的行为，而又缺乏相应的禁止性法律规定时，法官可以直接适用公序良俗原则判定不得适用该习惯，或判定行为无效。[2] 只有当习惯符合本地和全社会主流、正统的价值观、道德伦理，有利于维护公共秩序时，才能作为人民法院裁判的依据。[3] 以公序良俗原则作为判断习惯适法性的标准，可以使习惯的适用符合人民群众的普遍认知和情感判断，使经济活动与伦理道德有机契合。

其三，按照《民法典总则编解释》第2条第3款的规定，人民法院应当依法审查习惯是否违背社会主义核心价值观。社会主义核心价值观是国家的共同价值，是法治建设的道德基础。国家治理的重要使命，就是以核心价值观引领法治，提升法律政策的合理性、认可性和权威性，促进道德的规范性、约束性和自觉性，将法治和德治紧密结合与统一。[4] 《民法典》在第1条立法宗旨中规定弘扬社会主义核心价值观，这是完善弘扬社会主义核心价值观的法律政策体系的有力措施，实现了核心价值观入法，树立了民事立法正确的价值导向。将是否违背社会主义核心价值观作为习惯适用的重要标准，符

---

〔1〕 参见梁慧星编：《中国民法典草案建议稿附理由·总则编》，法律出版社2013年版，第20页。

〔2〕 参见最高人民法院民法典贯彻实施工作领导小组编著：《最高人民法院民法典总则编司法解释理解与适用》，人民法院出版社2022年版，第76页。

〔3〕 参见杜万华主编：《中华人民共和国民法典实施精要》，法律出版社2021年版，第37页。

〔4〕 参见最高人民法院民法典贯彻实施工作领导小组编著：《最高人民法院民法典总则编司法解释理解与适用》，人民法院出版社2022年版，第78页。

合《民法典》的立法宗旨，有利于全面发挥社会主义核心价值观在司法审判中的价值判断和价值引领作用。

## 二、交易习惯的性质认识与适用效力

### （一）交易习惯的性质认识

交易习惯在经济社会生活中普遍存在，以至于反映在《民法典》中，涉及“交易习惯”一词的条文占涉及“习惯”一词条文的比重相当大。《民法典》中提到“习惯”一词共计19处，涉及18个条文，其中交易习惯就有14处，涉及条文14条。〔1〕关于交易习惯的界定，有学者认为其是一种在特定区域、行业存在的或者仅在双方当事人之间长期存在的稳定的行为模式。〔2〕通行于全国或全行业的习惯是一般习惯，适用于某个地区或者某个特殊群体的习惯是特殊习惯。〔3〕《合同法解释（二）》（已失效）第7条将其界定为在特定地域、行业范围内通行的交易习惯以及当事人之间形成的交易习惯，《民法典合同编通则解释》第2条对此予以沿用，只是将表述顺序进行了调换。其中，该条第1款第1项规定了当事人之间形成的习惯，主要是指当事人之间在交易活动中的惯常做法；第2项规定在特定地域、行业范围内通行的交易习惯，主要是指在交易行为当地或者某一领域、某一行业通常采用并为交易对方订立合同时所知道或者应当知道的做法。

对于“交易习惯”与一般意义上的“习惯”的关系，理论上一直有争议：一种观点认为，《民法典》第10条规定的习惯，即习惯法是国家承认的习惯，属法律范畴，一般意义上的“习惯”则是社会通行的单纯的事实。〔4〕另一种观点则认为，两处习惯皆是“适法习惯”，并非习惯法。〔5〕“交易习

〔1〕《民法典》中提到“交易习惯”的14个条文包括合同编12个条文（分别是第480条、第484条、第509条、第510条、第515条、第558条、第599条、第622条、第680条、第814条、第888条、第891条），其他的在总则编1条（第140条）、物权编1条（第321条）；提到“习惯”的条文除了上述14条，还有总则编2条（第10条和第142条）、物权编1条（第289条）、人格权编1条（第1015条）。

〔2〕参见杨代雄：《意思表示解释的原则》，载《法学》2020年第7期。

〔3〕参见崔建远：《合同解释的三原则》，载《国家检察官学院学报》2019年第3期。

〔4〕参见杨立新：《网络交易规则研究》，载《甘肃社会科学》2016年第4期。

〔5〕参见魏治勋：《民间法思维》，中国政法大学出版社2010年版，第240-248页。

惯”其实就是习惯法。[1] 应该说，上述观点都有一定道理，《民法典》第10条规定的习惯在事实层面包括交易习惯，而交易习惯在合同领域，又融入了意思自治优先的理念，往往具有优先适用或者约定不明时直接适用的效力。比如，在东营市某林业苗木有限公司与白某昌土地承包合同纠纷案[2]中，法院生效裁判认为：在案涉合同约定不明确的情况下，根据土地承包合同的性质、目的和交易习惯分析，一般情况下，往往是先付款后种地。因此东营市某林业苗木有限公司应该在每年年底前付清下一年度承包费。

概言之，从法律适用的角度来看，《民法典》第10条中的“习惯”，作为法源意义上的习惯，其本身属于广义“法律”的范畴，即上述的习惯法，而《民法典》合同编等规定的“交易习惯”则属于一般意义上的事实习惯。习惯与习惯法一为事实，一为法律；一为社会所遵行，一为国家所承认；一则须当事人自己援用，一则审判官有适用之义务。[3] 从某种意义上讲，习惯法源于习惯，但并非所有习惯都能上升为习惯法，成为行为规范的规则。从行为规则来看，只有能够作为裁判规则而且能够成为行为规范的规则才能成为民法的渊源，交易习惯等可以作为法院审理合同案件、解决合同纠纷的依据，但不宜作为行为规则适用，因此，不能成为民法的渊源。[4] 交易习惯的法律适用特别是其法律效果源于法律规定，此在《民法典》合同编的相关规定中比较典型。当然，也应当看到，交易习惯在符合《民法典》第10条规定以及《民法典总则编解释》第2条规定时仍可以和其他事实习惯一样，成为法源意义上的习惯。虽然这一情形在实务中并不多见，但从法理逻辑及体系化适用《民法典》第10条规定出发，自然能得出这一结论。

此外，交易习惯与法源意义上的习惯在基本内涵上也有重要区别：法源意义上的习惯强调的是“在一定地域、行业范围内长期为一般人从事民事活动时普遍遵守”；而交易习惯首先可以是当事人之间在交易活动中的惯常做法，而且，就某一领域、行业通常采用的做法而言，还要强调交易对方知道

---

〔1〕 参见朱庆育：《民法总论》，北京大学出版社2013年版，第41页。

〔2〕 参见山东省东营市中级人民法院民事判决书，(2004) 东民四终字第66号。

〔3〕 参见梅仲协：《民法要义》，中国政法大学出版社1998年版，第29页。

〔4〕 参见王利明主编：《中国民法典释评·总则编》，中国人民大学出版社2020年版，第34页。

或者应当知道。一方面，这体现了事实上的习惯的特征，即其包含的类型更加丰富，适用门槛更低，因其无须将“习惯法”作为“法源”而更具普遍约束力；另一方面，也体现了交易领域的特点，即对当事人之间惯常做法的认可，从更深层次讲也彰显了意思自治的理念。

### （二）交易习惯的基本类型

依据《民法典合同编通则解释》第2条第1款规定，交易习惯可以分为当事人之间的交易习惯和特定地域（行业）的交易习惯。

当事人之间的交易习惯，即当事人之间在交易活动中的惯常做法，一般是指在一个固定的交易关系当中或者在特定的交易圈子中的通行做法。[1] 与通常所言的交易习惯不同，此类习惯实际上是特定当事人之间的惯常做法。在没有明确约定的情况下，一般应当理解为当事人还会继续沿用过去的做法。故而，在合同漏洞补充上与交易习惯一样，系列交易能够为法官提供探求当事人合意的依据。[2] 在具体适用上，有必要通过当事人主张按照双方经常使用的习惯做法确定合同没有约定或者约定内容不明确的，应当从当事人之间是否形成了此种经常使用的习惯做法、当事人是否具有受其约束的内心确信以及此种习惯做法是否合法有效等方面加以审查认定。[3] 比如，此惯常做法一般情况下指的是某种“以前”交易中反复使用的做法，如果仅仅在当事人先前的交易中出现过一次，显然不能认定为交易习惯。

对于特定地域（行业）的交易习惯，应当符合两个条件：一个是客观要件，即“在交易行为当地或者某一领域、某一行业通常采用”，这体现了交易习惯地域性和行业性的特点。另一个是主观要件，即“为交易对方订立合同时所知道或者应当知道”。据此，如果某种惯常做法仅是在交易行为当地或者某一领域、某一行业被采用，则该种惯常做法并不足以被认定为交易习惯。交易习惯的认定强调该种惯常做法主观上为交易对方订立合同时所知道或者

---

〔1〕 参见［德］迪特尔·施瓦布：《民法导论》，郑冲译，法律出版社2006年版，第347页。

〔2〕 参见王利明主编：《中国民法典释评·合同编·通则》，中国人民大学出版社2020年版，第226页。

〔3〕 参见上海市高级人民法院民事判决书，（2022）沪民再12号。

应当知道，即不能约束不知道该做法的对方当事人。这一考虑也主要是基于限制交易习惯的实践需要——交易习惯没有经过当事人的同意，如果不加限制地直接适用很可能会产生对某一方不合理的异化效应，排除交易弱势群体一方的合理利益和期待。同时，也会大大增加司法者利用交易习惯的不确定性进行任意擅断的风险。当事人对该交易习惯的明知，则构成了交易习惯用来填补合同漏洞的正当性基础。[1]

就此主观要件，即“知道或者应当知道”的要求，意味着：一方面，交易对方只有在“知道或者应当知道”的情况下才受到该惯常做法的约束；另一方面，交易对方对该交易习惯的认知也仅限于“知道或者应当知道”，而并非明示的“同意”。在构成要素上，要以交易相对方在交易时的认知为判断基准，以交易习惯补充合同漏洞，只能以合同发生纠纷时存在的习惯为依据，而不能以过去的或者已经过时的习惯为依据。[2] 当然，此“知道或者应当知道”应当根据双方的具体交易情况，比如是否先前进行多次相同或者类似交易，结合给该交易类型所属行业、所在地域的常人认知来进行认定。

### （三）交易习惯的适用效力

交易习惯一旦要予以适用，就发生针对相应的特定权利义务关系的约束力，在适用上就具有了与具体法律规范相类似的地位。此在实务中已有相应的典型案例，比如，在**陆某芳诉中国人寿保险股份有限公司太仓支公司保险合同纠纷案**[3]中，法院生效裁判认为，人寿保险合同未约定具体的保费缴纳方式，投保人与保险人之间长期以来形成了较为固定的保费缴纳方式的，应视为双方成就了特定的交易习惯。保险公司单方改变交易习惯，违反最大诚信原则，致使投保人未能及时缴纳保费的，不应据此认定保单失效，保险公司无权中止合同效力并解除保险合同。

---

〔1〕参见王利明主编：《中国民法典释评·合同编·通则》，中国人民大学出版社2020年版，第226页。

〔2〕参见王利明主编：《中国民法典释评·合同编·通则》，中国人民大学出版社2020年版，第227页。

〔3〕参见陆某芳诉中国人寿保险股份有限公司太仓支公司保险合同纠纷案，载《最高人民法院公报》2013年第11期。

由此，在拘束力方面，被适用的交易习惯实质上与法源意义上的习惯是类似的，但是在适用顺位上，通常情形下的交易习惯又与作为后位的法律规定适用的法源意义上的习惯有很大不同。有意见认为，交易习惯体现的也是意思自治的理念，其与法源意义上的习惯的不同就在于要优先于法律规定适用。这一观点有一定道理，但仔细甄别《民法典》所规定的"交易习惯"情形，就会发现其实并不尽然，而且这其中还涉及与当事人的约定是否优先的问题，需要就具体情形作具体分析，特别是要遵循《民法典》的体系化适用逻辑，比如《民法典》合同编典型合同中有特别规定的，就优先于《民法典》合同编通则中的一般规定适用。就此，笔者拟从基本文义和体系化适用两个层面予以分析。

**1. 基本文义层面**

从基本文义层面来看，《民法典》中关于"交易习惯"的法条共有14条，分别分布在总则编、物权编、合同编通则以及合同编典型合同中，交易习惯在适用顺位上可以分为以下几种情形：

一是专门规定优先于法律规定而适用的情形。《民法典》第891条〔1〕关于保管人出具保管凭证义务的规定，即是此类。

二是专门规定优先于当事人约定而适用的情形。《民法典》第622条〔2〕规定根据标的物的性质和交易习惯，判断约定的检验期限对于隐蔽瑕疵的检验是否过短。该条文不仅直接将交易习惯作为法律适用的依据，更是明确了交易习惯优先于当事人约定而适用的情形。

三是法律规定直接适用交易习惯的情形。这时，该交易习惯的适用既无具体的法律规则相对应，又无当事人的约定相对照，而是直接规定就某一事项适用交易习惯，即将交易习惯融为法律规则的一部分。比如，《民法典》第

〔1〕《民法典》第891条规定："寄存人向保管人交付保管物的，保管人应当出具保管凭证，但是另有交易习惯的除外。"

〔2〕《民法典》第622条规定："当事人约定的检验期限过短，根据标的物的性质和交易习惯，买受人在检验期限内难以完成全面检验的，该期限仅视为买受人对标的物的外观瑕疵提出异议的期限。约定的检验期限或者质量保证期短于法律、行政法规规定期限的，应当以法律、行政法规规定的期限为准。"

509 条第 2 款[1]关于履行附随义务的规定；《民法典》第 558 条[2]规定的后合同义务，即直接依照交易习惯来确定当事人在债权债务终止后的义务。另外，《民法典》第 599 条[3]关于其他单证及资料的交付义务的规定则是同时将当事人约定和交易习惯作为法律规则的一部分。

四是交易习惯与当事人约定、法律特别规定相并列的情形。《民法典》第 140 条[4]关于意思表示作出方式的规定、第 515 条[5]关于选择之债中债务人选择权的规定均将法律的特别规定（或“法律另有规定”）、当事人约定、交易习惯在适用顺序上予以并列。

五是交易习惯与当事人约定为“或者”关系但优先于法律规定而适用的情形。此种情形下的交易习惯作为法律规定的例外，要优先于法律规定而适用。《民法典》第 480 条[6]关于承诺作出方式的规定，第 484 条[7]关于承诺生效的规定，第 814 条[8]关于客运合同成立时间的规定，第 888 条[9]关于保管合同界定的规定，均提到了交易习惯与当事人约定、要约之间的“或者”关系，将交易习惯作为法定规则的例外情形予以规定，实际上是明确了优先适用的规则。

---

〔1〕《民法典》第 509 条第 2 款规定：“当事人应当遵循诚信原则，根据合同的性质、目的和交易习惯履行通知、协助、保密等义务。”

〔2〕《民法典》第 558 条规定：“债权债务终止后，当事人应当遵循诚信等原则，根据交易习惯履行通知、协助、保密、旧物回收等义务。”

〔3〕《民法典》第 599 条规定：“出卖人应当按照约定或者交易习惯向买受人交付提取标的物单证以外的有关单证和资料。”

〔4〕《民法典》第 140 条规定：“行为人可以明示或者默示作出意思表示。沉默只有在有法律规定、当事人约定或者符合当事人之间的交易习惯时，才可以视为意思表示。”

〔5〕《民法典》第 515 条规定：“标的有多项而债务人只需履行其中一项的，债务人享有选择权；但是，法律另有规定、当事人另有约定或者另有交易习惯的除外。享有选择权的当事人在约定期限内或者履行期限届满未作选择，经催告后在合理期限内仍未选择的，选择权转移至对方。”

〔6〕《民法典》第 480 条规定：“承诺应当以通知的方式作出；但是，根据交易习惯或者要约表明可以通过行为作出承诺的除外。”

〔7〕《民法典》第 484 条规定：“以通知方式作出的承诺，生效的时间适用本法第一百三十七条的规定。承诺不需要通知的，根据交易习惯或者要约的要求作出承诺的行为时生效。”

〔8〕《民法典》第 814 条规定：“客运合同自承运人向旅客出具客票时成立，但是当事人另有约定或者另有交易习惯的除外。”

〔9〕《民法典》第 888 条规定：“保管合同是保管人保管寄存人交付的保管物，并返还该物的合同。寄存人到保管人处从事购物、就餐、住宿等活动，将物品存放在指定场所的，视为保管，但是当事人另有约定或者另有交易习惯的除外。”

六是将交易习惯作为对约定和法律规定的补充。《民法典》第 321 条[1]关于孳息归属的规定、第 510 条[2]关于合同事项约定不明处理规则的规定、第 680 条[3]关于借款合同利息的规定，都强调了在当事人没有约定或者约定不明且不能达成补充协议时，交易习惯补充适用的规则。其中，第 680 条规定在将交易习惯补充适用时，仅是将交易习惯作为其中一个酌定因素予以规定。与此相类似的是，《民法典合同编通则解释》也有两处将交易习惯作为重要酌定因素予以规定，分别是第 23 条第 2 款[4]关于法定代表人或者代理人与相对人恶意串通订立合同纠纷举证责任的规定、第 63 条第 1 款[5]关于可预见性规则适用的规定。

**2. 体系化适用**

就体系化适用而言，其核心要义就是要把握好《民法典》各编之间的逻辑关系对于交易习惯适用的影响，重点注意以下几个问题：

一是注意《民法典》合同编内部的“总—分”关系。有关交易习惯的适用，在合同编典型合同部分有规定的，要优先适用该规定；没有规定的，要适用合同编通则部分关于交易习惯的规定，但要注意该部分关于交易习惯的

---

〔1〕《民法典》第 321 条规定：“天然孳息，由所有权人取得；既有所有权人又有用益物权人的，由用益物权人取得。当事人另有约定的，按照其约定。法定孳息，当事人有约定的，按照约定取得；没有约定或者约定不明确的，按照交易习惯取得。”

〔2〕《民法典》第 510 条规定：“合同生效后，当事人就质量、价款或者报酬、履行地点等内容没有约定或者约定不明确的，可以协议补充；不能达成补充协议的，按照合同相关条款或者交易习惯确定。”

〔3〕《民法典》第 680 条规定：“禁止高利放贷，借款的利率不得违反国家有关规定。借款合同对支付利息没有约定的，视为没有利息。借款合同对支付利息约定不明确，当事人不能达成补充协议的，按照当地或者当事人的交易方式、交易习惯、市场利率等因素确定利息；自然人之间借款的，视为没有利息。”

〔4〕《民法典合同编通则解释》第 23 条第 2 款规定：“根据法人、非法人组织的举证，综合考虑当事人之间的交易习惯、合同在订立时是否显失公平、相关人员是否获取了不正当利益、合同的履行情况等因素，人民法院能够认定法定代表人、负责人或者代理人与相对人存在恶意串通的高度可能性的，可以要求前述人员就合同订立、履行的过程等相关事实作出陈述或者提供相应的证据。其无正当理由拒绝作出陈述，或者所作陈述不具合理性又不能提供相应证据的，人民法院可以认定恶意串通的事实成立。”

〔5〕《民法典合同编通则解释》第 63 条第 1 款规定：“在认定民法典第五百八十四条规定的‘违约一方订立合同时预见到或者应当预见到的因违约可能造成的损失’时，人民法院应当根据当事人订立合同的目的，综合考虑合同主体、合同内容、交易类型、交易习惯、磋商过程等因素，按照与违约方处于相同或者类似情况的民事主体在订立合同时预见到或者应当预见到的损失予以确定。”

适用情形，比如《民法典》第 510 条规定仅针对合同事项约定不明的问题涉及习惯的适用，不可随意扩大，至于其他情形能否参照这一规定处理习惯的适用顺序问题，则属于另外的法律适用方法上需要讨论的问题。

二是区分对待《民法典》总则编和物权编规定情形。总则编中关于意思表示作出方式的规定（《民法典》第 140 条）在体系上更属于一般规定的范畴，应当遵循一般适用的基本规则；而物权编中关于孳息归属的规定（《民法典》第 321 条），属于孳息领域的特别规定，应优先适用，但是在如何具体适用时，涉及与《民法典》第 510 条规定衔接问题。对此，笔者倾向于认为，相较于处于《民法典》合同编通则位置的第 510 条规定而言，第 321 条的规定也属于特定领域中的特别规定，如果该条没有规定，则应当适用第 510 条的规定，这里比较典型的就是“补充协议”的适用问题。由此得出的结论是，在第 321 条规定的“没有约定或者约定不明确的”情形下，应当允许当事人就此订立补充协议；当事人不能达成补充协议的，按照交易习惯取得。

三是注意与《民法典》第 10 条规定的衔接适用问题。从客观情况来看，实务中存在的交易习惯绝不限于《民法典》所列举的上述情形，其中有一部分交易习惯会直接落入《民法典》第 10 条所规定的法源意义上的习惯的范畴。对此情形就应当遵循上述有关法源意义上的习惯的适用规则，此从体系上讲也符合《民法典》“总—分”的逻辑适用关系。

## 三、适用交易习惯时的举证责任与审查认定

### （一）适用交易习惯时的举证责任

在审判实践中，事实查明十分重要，而举证责任分配问题是准确认定事实的关键。对于交易习惯而言，有关举证责任分配的问题首先取决于交易习惯究竟是法律问题还是事实问题。如上文所述，作为法源意义上的习惯，其首先是一个事实意义上的习惯，具体适用时要以查明习惯是否存在以及习惯具体内容为前提，但同时作为上升为裁判规范乃至行为规范意义上的习惯，其又具有法律适用方面的属性，由此就涉及案件事实认定与习惯查明的有机结合问题，自然也就涉及当事人举证证明以及人民法院依职权调查取证的问题。对此，《民法典总则编解释》第 2 条第 2 款规定：“当事人主张适用习惯

的，应当就习惯及其具体内容提供相应证据；必要时，人民法院可以依职权查明。”也就是说，当事人主张适用习惯的，根据《民事诉讼法》第67条的规定，其有责任提供证据；同时考虑到作为法源意义上的习惯，不仅涉及案件事实认定问题，更涉及人民法院如何具体适用习惯的问题，因此，人民法院也有相应的查明职责。考虑到我国幅员辽阔、风俗多样的实际情况以及人民法院案多人少的客观情况，《民法典总则编解释》采用了以当事人主张并提供证据为主，必要时人民法院依职权查明的方式。

与法源意义上的习惯不同，交易习惯属于事实习惯的范畴，作为事实认定问题，有关举证责任规则应当遵循民事诉讼中的一般规则。对此，《合同法解释（二）》（已失效）第7条关于证明责任分配的规定仍应被坚持。[1] 在综合各方意见的基础上，《民法典合同编通则解释》第2条第2款沿用了《合同法解释（二）》（已失效）第7条第2款的规定，遵循“谁主张，谁举证”的原则，明确了“对于交易习惯，由提出主张的当事人一方承担举证责任”。就该款规定的适用，需要把握的是：

其一，主张适用交易习惯的当事人要对能够成立交易习惯的事实承担举证责任，比如对于双方当事人反复多次使用的事实予以举证。如果主张依据特殊地域（行业）交易习惯，则提出主张的一方当事人不仅需要证明地域习惯或者行业习惯的存在，还需要证明对方当事人在订立合同时知道或者应当知道该习惯，或者举证已经向对方告知、说明此交易习惯，否则，主张一方应负举证不能及不能强制对方接受此交易习惯的不利后果。[2] 有学者将证明特殊地域（行业）交易习惯存在的主要证据归纳为六类，值得参考：一是法律法规之外的规范性文件的规定，如行政主管机关颁布的在辖区内施行的规范性文件中的内容；二是规定在行业内部自治规范汇编中的内容及行业标准等；三是为生效判决或裁决所认可的涉及本地区本行业的交易习惯；四是两个以上的同业或同区域从事相同交易的当事人认可该交易习惯的证据；五是交易当事人一方或双方曾以该交易习惯与他人进行同种交易的证据；六是当

〔1〕 参见陈彦晶：《商事习惯之司法功能》，载《清华法学》2018年第1期。
〔2〕 参见樊涛：《我国民商事司法中的交易习惯》，载《法律适用》2014年第2期。

地行业协会、工商联合会或地方商会及市场管理等相关部门证明该交易习惯存在的证据。[1]

其二，就整体上有关交易习惯的举证责任法律适用而言，需要体系化适用《民事诉讼法》和《民诉法解释》《民诉证据规定》等司法解释的有关规定，不能仅仅孤立地依据《民法典合同编通则解释》第 2 条第 2 款的规定进行裁判。例如，在证明标准上须达到“高度盖然性”的程度；又如，有关人民法院依职权调查取证的问题，要遵循严格法定的规则，只有符合《民诉法解释》第 96 条[2]规定的五种情形方可适用，此与上述法源意义上的习惯的依职权调查取证不尽相同。

### （二）人民法院对于交易习惯的审查认定

对于交易习惯的适用，离不开对于交易习惯的审查认定。主要包括以下几个方面：

#### 1. 证据事实的审查认定

对于当事人举证以及人民法院依法调查取证的事实，人民法院应当围绕《民法典合同编通则解释》第 2 条第 1 款所规定的交易习惯类型及其内涵、外延，根据相应的证明标准、证明规则等予以认定。对于众所周知的事实或者根据已知事实和日常生活经验法则，能推定出的交易习惯，当事人无须举证，并推定对方知道、应当知道此交易习惯。[3]

#### 2. 适法性审查

《民法典合同编通则解释》第 2 条对于交易习惯的适法性问题没有规定，但如上文所述，交易习惯一旦被适用，其产生的效果就会与法源意义上的习

---

〔1〕 参见田有赫：《国内仲裁法律适用》，法律出版社 2018 年版，第 283 页。

〔2〕《民诉法解释》第 96 条规定：“民事诉讼法第六十七条第二款规定的人民法院认为审理案件需要的证据包括：（一）涉及可能损害国家利益、社会公共利益的；（二）涉及身份关系的；（三）涉及民事诉讼法第五十八条规定诉讼的；（四）当事人有恶意串通损害他人合法权益可能的；（五）涉及依职权追加当事人、中止诉讼、终结诉讼、回避等程序性事项的。除前款规定外，人民法院调查收集证据，应当依照当事人的申请进行。”

〔3〕 参见陈文华：《交易习惯的性质及其方法——以我国合同法为视角》，载谢晖、陈金钊主编：《民间法》（第 12 卷），厦门大学出版社 2013 年版，第 332 页。

惯相类似。交易习惯也只有在符合法律制度的价值标准的情况下才具有意义。[1] 这里的适法性在理解上应当包括不得违背公序良俗，而且这一结论可以从《民法典》第10条习惯不得违背公序良俗的精神中得出。[2] 具体而言：一方面，交易习惯不得违反法律、行政法规的强制性规定；另一方面，交易习惯能否在人民法院审理具体案件时予以适用，也要依照公序良俗原则和社会主义核心价值观进行审查。由此引申，结合交易领域的特点，诚信原则、公平原则的遵循情况也是交易习惯能否适用的重要考量标准。

---

〔1〕 参见［德］卡尔·拉伦茨：《德国民法通论》（上册），王晓晔等译，法律出版社2003年版，第18页。

〔2〕 参见最高人民法院研究室编著：《〈全国法院贯彻实施民法典工作会议纪要〉条文及适用说明》，人民法院出版社2021年版，第42页。

# 第三讲

# 合同成立规则的细化完善和具体适用

一、合同条款与合同成立

二、以竞价方式订立合同

三、合同订立中的第三人责任

合同成立是合同法律适用规则的基础，合同的成立离不开合同的形式与合同条款，这些直接影响合同的效力乃至后续合同履行、违约责任等系列问题。合同成立离不开合同的订立过程，而合同订立当中就涉及合同形式、要约、承诺、缔约过失责任等内容。这些内容在《民法典》中已有相应规定，不仅在《民法典》合同编通则部分有所体现，在《民法典》总则编的民事法律行为部分也有明确规定，如关于意思表示的规定，即是《民法典》体系化的典型表现，在研习具体法律规则、处理具体案件时要做好相应的衔接适用工作。

就合同成立问题，《民法典合同编通则解释》在《民法典》规定的基础上，针对理论和实务中长期存在争议的普遍性问题，比如，合同的主要条款主要包括哪些内容、以竞价方式订立合同的成立时间以及合同订立中的第三人责任、预约合同等问题作了明确细化的规定，对于统一相关案件的裁判尺度、明晰相应的法律适用规则具有重要的指导意义。在具体适用中，也要注意《民法典》相关规定与《民法典合同编通则解释》相关规定的体系化适用。

## 一、合同条款与合同成立

依据《民法典合同编通则解释》第3条的规定，合同条款与合同成立主要包括两个方面的问题：一是合同主要条款的范围以及合同其他条款欠缺时如何处理的问题；二是合同成立与否在相关诉讼中的重要地位及具体处理问题。

### （一）合同主要条款与非主要条款的法律适用

合同条款是当事人合意的外在表现，是合同内容的固定化。合同条款对当事人具有非常重要的意义，条款应当明确、肯定、完整，条款之间不能相互矛盾，条款约定得越清晰，越利于当事人履行和防止发生争议。约定不全面或者约定不明确，都容易产生分歧。[1] 通常而言，合同的主要条款直接影响合同的成立与否，而合同的成立需要当事人意思表示一致，即要有“合意”，此合意主要通过要约与承诺来体现。对此，要约的内容应当是明确具体的，承诺的内容则要与要约的内容保持一致，如此方可达成合意，合同成立。理论上讲，《民法典》对于合意的认定采取要约与承诺“完全一致规则”，如果受要约人对要约的内容作出实质性变更，则应当视为新要约（《民法典》第488条）。

#### 1. 主要条款影响合同成立

由于社会生活复杂多样，要约和承诺乃至合同文本上的具体条款通常仍会存在一些条款或者事项上的欠缺，其所反映的当事人的意思表示并不能完全包含《民法典》第488条所列举的全部内容（如有关合同标的、数量、质量、价款或者报酬、履行期限、履行地点和方式、违约责任和解决争议方法等）。这时，是否认定双方当事人已经达成合意，欠缺内容如何补正，尤其是哪些内容不能欠缺就成为判断合同成立与否至关重要的问题。基于尊重意思自治、鼓励交易的价值导向，一般认为，对于成立合同所须达成的“合意”，

---

〔1〕 参见最高人民法院民法典贯彻实施工作领导小组主编：《中华人民共和国民法典合同编理解与适用》，人民法院出版社2020年版，第56页。

当事人达成合同的主要条款即可。

合同的主要条款，或称合同的必备条款，是指欠缺此类条款合同即无法成立的条款。[1]《民法典》第470条继受原《合同法》第12条，规定了合同一般包括的条款，但未明确规定合同成立必须具备的条款。对此，《合同法解释（二）》（已失效）第1条第1款规定："当事人对合同是否成立存在争议，人民法院能够确定当事人名称或者姓名、标的和数量的，一般应当认定合同成立。但法律另有规定或者当事人另有约定的除外。"这一规定将当事人名称或者姓名、标的和数量作为合同成立的一般要件，但同时规定"法律另有规定或者当事人另有约定的除外。"《民法典合同编通则解释》沿袭了这一思路，其第3条第1款规定："当事人对合同是否成立存在争议，人民法院能够确定当事人姓名或者名称、标的和数量的，一般应当认定合同成立。但是，法律另有规定或者当事人另有约定的除外。"这些条款是一般合同成立必须具备的条款。但是对此不能机械地理解为，任何合同的成立只要具备上述三项内容，就足够了；而应理解为，它们只是成立合同必要但并不一定充分的条件。除此之外，如果法律另有规定或者当事人另有约定，额外要求必备条款，也是有可能的；依事物的性质，本身也可能有额外的要求，比如，对于买卖合同而言，价款便属于不可缺少的要素。在当事人未约定价款且无法依法律的一般规定加以补充的场合（买卖的标的物是没有市场价格的特定物）只能认定合同不成立。[2] 具体而言，对于这一规定需要注意以下几个问题：

一是在一般规则层面当事人姓名或者名称、标的和数量等事项能够直接影响合同成立，欠缺对这些事项的约定将难以认定当事人对该合同内容已达成合意。也可以理解为，这些事项的欠缺是无法通过合同条款欠缺的补救措施解决的，也难以认定合同成立。

二是对这一问题的理解要与对合同的解释结合起来。如果通过对合同条款的解释能够确定上述相应事项，如标的、数量等，可以根据当事人的缔约目的结合以往的交易惯例解释，这时不宜认定该合同不成立。当然，对于合

---

〔1〕 参见韩世远：《合同法总论》（第4版），法律出版社2018年版，第115页。

〔2〕 参见韩世远：《合同法总论》（第4版），法律出版社2018年版，第115页。

同成立与否的认定，要融入对意思自治原则和鼓励交易原则的尊重和遵循。

三是尊重当事人的约定。在订立合同的过程中，如果一方当事人坚持合同的订立以对特定事项达成协议为条件，则双方当事人对这些特定事项未达成协议前，合同不成立。例如，买卖合同中关于交货地点的条款，如一方提出必须就该条款达成协议，它就是主要条款。[1] 如果当事人各方在订立合同时，有意将一项合同的内容留待进一步商定，则尽管这一条款没有确定，也不妨碍合同的成立。[2]

四是对于一些特别的合同，可能还需要具备其他要件方能成立。对于要物合同，在合意之外尚须有物的交付：在要式合同场合，除了合意之外，还应当符合特定的方式，如采用书面合同形式。如果不符合此类特别要件，作为其法律后果，除非当事人另有约定或者法律另有规定，原则上宜认定为合同不成立。[3] 例如，张某与李某签订一份借款合同，张某出借给李某 10 万元。王某同意担任保证人，但未在合同上签字，也未另外签订书面保证合同。后李某不还款，且下落不明。张某遂起诉王某要求其承担保证责任。对此情形宜认定保证合同不成立。这是因为《民法典》第 685 条明确规定了“保证合同可以是单独订立的书面合同，也可以是主债权债务合同中的保证条款。第三人单方以书面形式向债权人作出保证，债权人接收且未提出异议的，保证合同成立”。据此，保证合同属于要式合同，当事人未以书面形式订立保证合同的，保证合同不成立。

**2. 欠缺非主要条款时的补正**

从经济社会生活中交易的具体情况来看，大量的合同并不具备《民法典》第 470 条列举的合同范本中的所有内容，对于欠缺非主要条款的内容如何补正，也有必要明晰相应的法律适用规则。对此，《民法典合同编通则解释》第 3 条第 2 款规定：“根据前款规定能够认定合同已经成立的，对合同欠缺的内容，人民法院应当依据民法典第五百一十条、第五百一十一条等规定予以确定。”此沿袭了《合同法解释（二）》（已失效）第 1 条第 2 款的思路，遵循

〔1〕 参见崔建远：《合同法》（第 4 版），北京大学出版社 2021 年版，第 68 页。

〔2〕 参见黄薇主编：《中华人民共和国民法典释义》，法律出版社 2020 年版，第 903 页。

〔3〕 参见韩世远：《合同法总论》（第 4 版），法律出版社 2018 年版，第 105 页。

了体系化适用的逻辑，将这一问题指向有关合同约定事项不明确如何处理的法律规则。反言之，如果某些事项可以通过合同约定事项不明时的补救规则解决，就不是合同的主要条款，也就不影响合同的成立。根据《民法典》第510条的规定，合同生效后，当事人就质量、价款或者报酬、履行地点等内容没有约定或者约定不明确的，可以协议补充；不能达成补充协议的，按照合同相关条款或者交易习惯确定。此外，即使当事人无法根据《民法典》第510条来解决合同内容的确定问题，也可以根据《民法典》第511条的规定来确定合同的内容。

值得注意的是，实务中还存在无法依照《民法典》第510条、第511条等规定确定合同内容的情形。例如，在买卖合同中，当事人对于价款没有进行约定，又无法达成补充协议，按照合同相关条款或者交易习惯也无法确定，且不存在订立合同时履行地的市场价格以及政府定价或者政府指导价，此种情形应如何处理？对此，笔者认为，标的物的价款应当属于买卖合同中的主要条款，只是在合同一般规则层面不好如此概括，因为还有大量无偿合同，如赠与等。当然，具体到买卖合同层面，此价款如果没有约定或者约定不明，可以通过《民法典》第510条、第511条规定进行补救，但是也会存在上述无法确定的问题。这时，价款作为买卖合同的个性要素，通常会影响合同的成立，尤其是人们将磋商过程通俗地称为“讨价还价”，也足以表明价格或者报酬在交易中的重要性。如果当事人对于价款或者报酬存在争议且无法通过上述途径予以解决，则只能认为当事人未达成合意，因而合同不成立。[1]

### （二）合同成立与否的问题应当作为案件争议焦点进行审理

对此，《民法典合同编通则解释》第3条第3款规定：“当事人主张合同无效或者请求撤销、解除合同等，人民法院认为合同不成立的，应当依据《最高人民法院关于民事诉讼证据的若干规定》第五十三条的规定将合同是否成立作为焦点问题进行审理，并可以根据案件的具体情况重新指定举证期

---

〔1〕 参见最高人民法院民事审判第二庭、研究室编著：《最高人民法院民法典合同编通则司法解释理解与适用》，人民法院出版社2023年版，第65页。

限。”之所以这样规定，是因为：一是合同成立与否是一个事实判断问题，而该问题又是解决后续合同纠纷的基础；二是合同成立与否与合同解除或者被撤销在事由上有明显不同，不可混淆。特别是有必要厘清合同不成立与合同效力（主要涉及合同不生效与无效方面的区分）之间的关系，否则合同不成立的问题将被简单融入合同效力判断的范畴当中。

就合同成立与合同生效而言，《民法典》第502条规定：“依法成立的合同，自成立时生效，但是法律另有规定或者当事人另有约定的除外。依照法律、行政法规的规定，合同应当办理批准等手续的，依照其规定……”根据该条规定可以发现，合同成立和生效是两个不同的概念，需要加以区分。合同欠缺有效要件（一般生效要件），将导致合同无效、可撤销或者效力待定，而合同欠缺特别生效要件，则将导致合同不生效。就此而言，合同无效、可撤销或者效力待定，都是与合同有效相对应的概念，但合同不生效，则是指合同有效但却未生效的状态。以须经批准的合同为例，在合同得到批准前，其可能已经“依法”成立，因而对当事人产生了“法律约束力”（《民法典》第465条第2款），当事人不仅不能擅自变更或者解除合同（《民法典》第136条第2款），还须履行报批义务（《民法典》第502条），但不能发生当事人追求的法律效力，即任何一方当事人不能请求对方履行合同约定的主要义务。可见，《民法典》不仅区分合同的成立要件和合同的生效要件，还将合同的生效要件进一步区分为有效要件（一般生效要件）和特殊生效要件，从而为准确认定须经批准合同的效力以及附生效条件、附期限的合同的效力等提供了法律基础。[1] 而且，从法律效果上看，合同成立具有独立的价值，比如合同一旦成立，当事人不得随意变更或者解除合同；在上述履行报批义务的问题上，即使合同未生效，当事人也负有履行该义务以及承担与此相应的违约责任的问题。

就合同成立与合同无效而言，合同的成立要件主要涉及用于判断当事人是否已经达成合意的积极事实（如是否存在要约、承诺等意思表示）并与人民法院对合同内容的认定密切相关，而合同的有效要件（一般生效要件）则

〔1〕 参见刘贵祥、吴光荣：《关于合同效力的几个问题》，载《中国应用法学》2021年第6期。

旨在归纳影响合同效力的消极事实（如合同须不存在违反法律、行政法规强制性规定或公序良俗的情形，也须不存在欺诈、胁迫等事实）并与人民法院对已经确定的合同内容进行司法审查密切相关。[1] 而且，合同不成立与合同因欠缺有效要件（一般生效要件）而无效在后果上并无区别，因为合同成立但无效，同样不能产生任何法律约束力。但在实践中，存在当事人未区分合同的成立要件和有效要件（一般生效要件）而以合同欠缺法定书面形式为由请求人民法院确认合同无效的情形，有人主张对此应以书面形式系合同的成立要件而非有效要件（一般生效要件）为由驳回当事人的诉讼请求。[2] 但是，这样一来会造成程序空转，导致当事人诉累，不利于保护当事人的合法权益，也会浪费有限的司法资源。是故，《民法典合同编通则解释》经过反复论证，最终采取了指引适用《民诉证据规定》第53条的路径。

《民诉证据规定》第53条规定："诉讼过程中，当事人主张的法律关系性质或者民事行为效力与人民法院根据案件事实作出的认定不一致的，人民法院应当将法律关系性质或者民事行为效力作为焦点问题进行审理。但法律关系性质对裁判理由及结果没有影响，或者有关问题已经当事人充分辩论的除外。存在前款情形，当事人根据法庭审理情况变更诉讼请求的，人民法院应当准许并可以根据案件的具体情况重新指定举证期限。"这是民事诉讼处分原则的具体体现。当然，在司法实践中，可能存在当事人因种种原因坚持原诉讼请求而不愿变更的情形，根据处分原则，如果当事人坚持原来的主张，人民法院不得要求当事人必须变更诉讼请求，并且应当及时作出裁判，但这并不妨碍当事人今后再以人民法院认定的法律关系或者民事行为效力为基础另行起诉。[3] 实务中，及时裁判往往涉及人民法院是否要行使释明权的问题，对此，理论界和实务界都存在较大争议，《民诉证据规定》第53条采取了较

---

〔1〕 参见刘贵祥：《关于合同成立的几个问题》，载《法律适用》2022年第4期。

〔2〕 参见最高人民法院民事审判第二庭、研究室编著：《最高人民法院民法典合同编通则司法解释理解与适用》，人民法院出版社2023年版，第68页。

〔3〕 参见最高人民法院民事审判第一庭编著：《最高人民法院新民事诉讼证据规定理解与适用》（下），人民法院出版社2020年版，第499页。

为科学稳妥的方案，对2001年的《民诉证据规定》第35条[1]进行了适当修改，取消了人民法院应当告知当事人变更诉讼请求的规定，解决了人民法院应如何进行适当告知的实务操作难题，避免了对当事人处分权和审判中立原则造成不当冲击，同时为了防止法院“突袭裁判”，兼顾当事人诉讼权利的保障和法院裁判的正当性、合法性，明确规定了人民法院应当将法律关系性质和民事行为效力的问题列为争议焦点进行审理，以保障当事人能够充分行使辩论权，对法律关系性质和民事行为效力问题有充分发表意见的机会，实现保障当事人合法权益、最大限度节约司法资源以及促进人民法院依法审判的有机结合。[2]至于举证期限的指定问题，依据《民诉证据规定》第53条的规定，人民法院可以根据案件的具体情况重新指定举证期限，比如结合当事人的举证能力、案件的复杂程度、双方当事人之间的矛盾尖锐程度等因素确定。当然，对此也要衔接适用好《民事诉讼法》以及《民诉法解释》有关举证时限的规定。[3]

## 二、以竞价方式订立合同

### （一）招投标、拍卖等领域中合同成立时间的确定

《民法典》及有关特别法对招投标、拍卖等领域中合同成立时间并无具体规定。比如，《招标投标法》第45条第2款规定：“中标通知书对招标人和中标人具有法律效力。中标通知书发出后，招标人改变中标结果的，或者中标人放弃中标项目的，应当依法承担法律责任。”第46条规定：“招标人和中标人应当自中标通知书发出之日起三十日内，按照招标文件和中标人的投标文

---

〔1〕《民诉证据规定》第35条规定：“诉讼过程中，当事人主张的法律关系的性质或者民事行为的效力与人民法院根据案件事实作出的认定不一致的，不受本规定第三十四条规定的限制，人民法院应当告知当事人可以变更诉讼请求。当事人变更诉讼请求的，人民法院应当重新指定举证期限。”

〔2〕参见最高人民法院民事审判第一庭编著：《最高人民法院新民事诉讼证据规定理解与适用》（下），人民法院出版社2020年版，第502页。

〔3〕比如，《民诉法解释》第99条规定：“人民法院应当在审理前的准备阶段确定当事人的举证期限。举证期限可以由当事人协商，并经人民法院准许。人民法院确定举证期限，第一审普通程序案件不得少于十五日，当事人提供新的证据的第二审案件不得少于十日。举证期限届满后，当事人对已经提供的证据，申请提供反驳证据或者对证据来源、形式等方面的瑕疵进行补正的，人民法院可以酌情再次确定举证期限，该期限不受前款规定的限制。”

件订立书面合同……”但在实务中，常常发生招标人或者中标人在中标通知书发出后拒绝签订书面合同的情形，从而引发一系列问题。比如，中标通知书发出后合同是否成立，成立的时间如何确定，拒绝签订书面合同的招标人或者中标人应当承担违约责任还是缔约过失责任等。

围绕《招标投标法》上述规定以及上述问题，理论界及实务界对此争议较大。主要存在以下几种观点：第一种观点系合同未成立说。此观点认为，中标通知书到达中标人时合同尚未成立，不产生约束招标人、中标人的法律后果；在招标人和中标人签署书面合同之后，合同才成立并同时生效。因此，拒绝签订书面合同的招标人或者中标人仅需承担缔约过失责任。第二种观点系合同成立但未生效说。该说认为，中标通知书到达中标人时合同成立但未生效，招标人、中标人按照招标文件、投标文件、中标通知书签订合同后，通过招投标程序成立的合同方才生效。该说将合同的签订视为招标人、中标人通过招投标程序订立的合同的生效要件。第三种观点系成立预约合同说。该说认为，中标通知书到达中标人时，招标人和投标人之间已经成立书面合同并生效，但成立的是预约合同，违反合同应承担违反预约合同的违约责任。第四种观点系合同成立并生效说。该说认为，通过招投标程序以及发出中标通知书，招标人和投标人在要约和承诺方面已经达成一致，书面合同成立并生效，当事人悔标、拒不承认中标结果、拒不签订合同的，应当承担未按合同约定履行的违约责任。

应该说，第一种观点、第二种观点难以成立，且与《招标投标法》第45条、第46条规定的中标后的法律效果存在冲突，实际上否认了招投标程序的约束力。第三种观点较前述观点更有利于保护当事人的交易安全和合理预期，也更符合合同成立的基本理论，但忽视了预约合同是当事人约定将来在一定期限内订立本约合同，而非法律规定当事人在一定期限内订立书面合同，且在招投标的过程中，当事人并没有先订立预约合同再订立本约合同的意思。实践中之所以常常将书面合同理解为合同（本约）的成立要件，是因为误将书面合同认为是《民法典》第469条规定的书面形式或者《民法典》第135条规定的特定形式。事实上，投标文件、中标通知书都是书面形式，因此，即使法律、行政法规规定某种合同应当采用书面形式（如建设工程合同），投标文件和中标通知书也已经满足书面形式的要求。[1] 第四种观点既符合《招标投标法》等法律规定的立法精神，也有利于解决实际问题，故《民法典合同编通则解释》采取了上述第四种观点，其第4条第1款规定："采取招标方式订立合同，当事人请求确认合同自中标通知书到达中标人时成立的，人民法院应予支持。合同成立后，当事人拒绝签订书面合同的，人民法院应当依据招标文件、投标文件和中标通知书等确定合同内容。"

### （二）采取招标方式订立合同

采取招投标方式订立合同，通常可以分为招标、投标、评标、定标几个阶段，形成招标文件、投标文件、中标通知书等重要文件，由此也与后续的另行订立的合同相衔接。从合同的角度来看，这三份文件也正好体现了要约与承诺的过程。招标文件是建设单位向投标单位发出的供其参加投标使用的一切情况的汇总。比如，从招标文件的组成来看，其主要内容为招标公告，主要目的是希望投标人向招标人发出订立建设工程合同要约的表示，此即属于《民法典》第473条规定的要约邀请。投标人获悉招标公告或者收到投标邀请书后，从招标人处领取招标文件，编制投标文件，组织投标，其目的是向招标人作出希望与招标人订立合同的意思表示。此投标行为即属于《民法典》第472条规定的要约。中标通知书则是在投标有效期内，招标人以书面形式向中标人发出中标通知的文件，在向中标人发出中标通知书时，招标人还需将中标结果通知未中标的投标人。招标人一旦向投标人发出中标通知书，其法律效果就是招标人对投标人发出的要约予以认可，由此形成当事人之间的合意。

基于上述分析，招投标所涉合同的成立问题应当与发出中标通知书这一环节密切相关。《招标投标法》第45条第2款规定，"中标通知书发出后，招标人改变中标结果的，或者中标人放弃中标项目的，应当依法承担法律责任"。中标通知书自招标人发出时起发生法律效力，即在中标通知书的生效规

〔1〕参见最高人民法院民事审判第二庭、研究室编著：《最高人民法院民法典合同编通则司法解释理解与适用》，人民法院出版社2023年版，第74页。

则上采取的是发出主义。我国《民法典》对于特定相对人以非对话方式作出的意思表示的生效规则采到达主义。[1] 对于通过招投标程序订立的合同的成立及生效问题，重点涉及该时点是中标通知书发出时还是中标通知书到达中标人时。《民法典》第 484 条第 1 款规定："以通知方式作出的承诺，生效的时间适用本法第一百三十七条的规定。"笔者认为，在《招标投标法》对于招投标合同成立时间也就是承诺的具体时间没有具体规定时，应当适用《民法典》的一般规定，即适用《民法典》关于承诺生效的规则。中标通知书的法律性质是招标人出具的书面承诺，其意思表示方式属于对特定相对人（中标人）以非对话方式（书面通知方式）作出，采到达主义生效规则更符合法理。[2] 故《民法典合同编通则解释》第 4 条第 1 款规定，"采取招标方式订立合同，当事人请求确认合同自中标通知书到达中标人时成立的，人民法院应予支持"，明确了中标通知书自到达中标人时发生法律效力。同时，这就意味着中标通知书自到达中标人时成立了本约合同，而非预约合同。而且，此中标通知书已经包含了当事人权利义务的具体内容，此也与《民法典》第 495 条规定的"当事人约定在将来一定期限内订立合同的认购书、订购书、预订书等"存在明显不同。

由此，在法律后果上自然可以得出的结论有二：一是在合同成立时间的判断上，不能以后续订立合同的时间作为招投标合同的成立时间，而且，依据《招标投标法》第 46 条第 1 款的规定，"招标人和中标人应当自中标通知书发出之日起三十日内，按照招标文件和中标人的投标文件订立书面合同。招标人和中标人不得再行订立背离合同实质性内容的其他协议"。第 59 条又进一步规定："招标人与中标人不按照招标文件和中标人的投标文件订立合同的，或者招标人、中标人订立背离合同实质性内容的协议的，责令改正；可以处中标项目金额千分之五以上千分之十以下的罚款。"是故，对于招投标合

---

〔1〕《民法典》第 137 条第 2 款规定："以非对话方式作出的意思表示，到达相对人时生效。以非对话方式作出的采用数据电文形式的意思表示，相对人指定特定系统接收数据电文的，该数据电文进入该特定系统时生效；未指定特定系统的，相对人知道或者应当知道该数据电文进入其系统时生效。当事人对采用数据电文形式的意思表示的生效时间另有约定的，按照其约定。"

〔2〕参见最高人民法院民事审判第二庭、研究室编著：《最高人民法院民法典合同编通则司法解释理解与适用》，人民法院出版社 2023 年版，第 76 页。

同所涉实质性合同权利义务的判断，也应当遵循《招标投标法》的上述规定，依据有关中标通知书的内容来进行判断。二是中标通知书送达中标人后，该中标人违反中标通知书上所载明的义务的，就要承担违约责任，而非缔约过失责任。

### （三）采取拍卖等方式订立的合同

依据《拍卖法》第3条的规定，拍卖是指以公开竞价的形式，将特定物品或者财产权利转让给最高应价者的买卖方式。既然是一种特殊的买卖形式，在法律适用上当然也要遵循特别规定优先适用、一般规定补充适用的基本规则。特别是对于合同的成立、效力、实质性条款的问题，要做好《拍卖法》与《民法典》合同编相关规定的衔接适用。《民法典合同编通则解释》第4条第2款即明确规定，采取拍卖等公开竞价方式订立合同，合同自拍卖师落槌、电子交易系统确认成交时成立，之后当事人拒绝签订成交确认书的，也应当承担违约责任。

根据《拍卖法》第45条、第47条、第46条的规定，拍卖人应当于拍卖日7日前发布拍卖公告；拍卖公告应当通过报纸或者其他新闻媒介发布；拍卖公告应当载明下列事项：拍卖的时间、地点，拍卖标的，拍卖标的展示时间、地点，参与竞买应当办理的手续，需要公告的其他事项。第48条还规定，拍卖人应当在拍卖前展示拍卖标的，并提供查看拍卖标的的条件及有关资料。应该说，拍卖人在拍卖前刊登或者以其他形式发出的拍卖公告应属于《民法典》第473条规定的要约邀请。在拍卖活动中，竞买人提出的应价，应属于要约的范畴，而且依据《拍卖法》第36条的规定，“竞买人一经应价，不得撤回，当其他竞买人有更高应价时，其应价即丧失约束力”。此时，提出最高价应价从而购得拍卖标的的竞买人就成了拍卖标的的买受人。竞买人的最高应价经拍卖师落槌或者以其他公开表示买定的方式确认后，拍卖成交，也即作出承诺，这时应当认定此买卖合同成立。

《拍卖法》第39条第1款规定：“买受人应当按照约定支付拍卖标的的价款，未按照约定支付价款的，应当承担违约责任，或者由拍卖人征得委托人的同意，将拍卖标的再行拍卖。”第51条也仅规定了“落槌成交”的规则，由此就会引发对于后续拍卖成交确认书的效力问题的争议：一种观点认为，签订拍卖成交确认书后拍卖合同才成立；另一种观点认为，传统拍卖中，拍卖师落槌后拍卖合同就成立了，拍卖成交确认书只是一个书面凭证。对于该争议，有观点认为，不宜将拍卖成交确认书看作一个独立合同，主要理由是：拍卖本质上是一种买卖，一个买卖合同会涉及多个方面的内容，包括合同双方当事人的基本情况、合同标的、标的数量、标的质量、价款、佣金、履行期限、履行地点和方式、违约责任和争议解决方法等。每个方面都需要通过合同双方用要约和承诺的方式来确定，上述内容均确定后合同才成立。在拍卖过程中，通过公开竞价实际上只能确定合同的价款，剩下的内容，如合同标的、数量、质量、佣金、履行期限、履行地点和方式、违约责任和解决争议方法等都是需要再行确定的。因此，拍卖成交确认书仅是拍卖成交的书面证明，并不是一个独立的合同，不能因为没有签署成交确认书就免除买受人的违约责任。当然，特定情形下，拍卖成交确认书也可视为拍卖合同。比如，有的拍卖机构将拍卖标的的名称、数量、成交价格、佣金等内容均写在了拍卖成交确认书中，拍卖成交确认书事实上起到了记载拍卖当事人权利义务的作用，可视为拍卖合同。[1]

值得注意的是，对于司法强制拍卖，实务中有观点认为，商业任意拍卖在本质上属于民事买卖，根据买卖合同成立的一般原理，将拍定时间作为拍卖合同成立时间固无不妥，但是司法强制拍卖毕竟是法院行使国家公权力的一种执行措施，拍卖成交的时间应当有所不同。司法强制拍卖只是在程序性事项上与一般的拍卖不同，但在拍卖物权利的变更、转移方面，仍应依据有关买卖合同的一般规则处理，在法律效果上与商业任意拍卖并无不同，故《民法典合同编通则解释》第 4 条第 2 款的规定同样可以适用于司法强制拍卖乃至人民法院网络司法拍卖的情形。

至于拍卖所涉的违约责任的承担，也要体系化适用好《拍卖法》与《民法典》的相关规定，比如，《拍卖法》第39 条规定：“买受人应当按照约定支

[1] 参见最高人民法院民事审判第二庭、研究室编著：《最高人民法院民法典合同编通则司法解释理解与适用》，人民法院出版社 2023 年版，第 80 页。

付拍卖标的价款，未按照约定支付价款的，应当承担违约责任，或者由拍卖人征得委托人的同意，将拍卖标的再行拍卖。拍卖标的再行拍卖的，原买受人应当支付第一次拍卖中本人及委托人应当支付的佣金。再行拍卖的价款低于原拍卖价款的，原买受人应当补足差额。”就违约责任的承担本身而言，《民法典》合同编有关违约责任的适用，尤其是对于买受人的违约责任而言，往往更加聚焦违约损害赔偿的规则。由于《拍卖法》没有作进一步具体规定，《民法典》第584条以及《民法典合同编通则解释》有关违约损害赔偿的规定都可直接适用。

此外，产权交易所等机构主持拍卖、挂牌交易时，公布有交易规则或规程，专门就合同成立的要件和时间点作出了规定，这时应当有别于拍卖师落槌合同即成立的逻辑。《民法典合同编通则解释》第4条第3款是针对前两款原则性规定所作的特殊规定，“产权交易所等机构主持拍卖、挂牌交易，其公布的拍卖公告、交易规则等文件公开确定了合同成立需要具备的条件，当事人请求确认合同自该条件具备时成立的，人民法院应予支持”。换言之，产权交易所等机构公布的拍卖公告、交易规则等文件公开确定了合同成立需要的相应条件，则该合同在这些条件具备时方可成立。

## 三、合同订立中的第三人责任

### （一）《民法典合同编通则解释》条文规定概况

关于第三人欺诈和第三人胁迫两种情形下的合同效力，《民法典》第149条规定：“第三人实施欺诈行为，使一方在违背真实意思的情况下实施的民事法律行为，对方知道或者应当知道该欺诈行为的，受欺诈方有权请求人民法院或者仲裁机构予以撤销。”第150条规定：“一方或者第三人以胁迫手段，使对方在违背真实意思的情况下实施的民事法律行为，受胁迫方有权请求人民法院或者仲裁机构予以撤销。”就法律后果而言，《民法典》第157条规定：“民事法律行为无效、被撤销或者确定不发生效力后，行为人因该行为取得的财产，应当予以返还；不能返还或者没有必要返还的，应当折价补偿。有过错的一方应当赔偿对方由此所受到的损失；各方都有过错的，应当各自承担相应的责任。法律另有规定的，依照其规定。”上述规定虽然并未明确规定第三人欺诈、胁迫时该第三人的责任承担问题，但是根据《民法典》第 157 条的文义，特别是其中“各方都有过错的，应当各自承担相应的责任”的表述，意味着该第三人也应对因此受到损失的当事人承担赔偿责任。而且，从法理上讲，如果该第三人不承担责任，那么对缔约双方当事人来说，就会面临无救济途径、严重有失公平的问题。为明晰相应的法律适用规则，统一裁判尺度，《民法典合同编通则解释》对于第三人欺诈、胁迫情形下的民事责任承担问题进行了明确，第 5 条规定：“第三人实施欺诈、胁迫行为，使当事人在违背真实意思的情况下订立合同，受到损失的当事人请求第三人承担赔偿责任的，人民法院依法予以支持；当事人亦有违背诚信原则的行为的，人民法院应当根据各自的过错确定相应的责任。但是，法律、司法解释对当事人与第三人的民事责任另有规定的，依照其规定。”

### （二）第三人责任的认定

关于第三人欺诈，因为此种情形同样会使一方当事人陷入意思表示不真实，其法律后果应当与当事人欺诈的情形相同，这也是《民法典》第 149 条规定之本意。该条未对“第三人”的范围作出明确规定，但依立法目的和相关学说，在司法实践中应当对“第三人”作狭义解释，并非概括地指法律行为当事人以外的任何人，应当将法律行为一方当事人的代理人、法定代表人和缔约辅助人等排除在外，仅限于与该当事人毫无关系的纯粹的第三人。[1] 此外，在有些情况下，实施欺诈行为的第三人既不是意思表示受领人的代理人，也不是其所委托从事合同谈判工作的人，但如果该第三人在利益方面与其有密切的联系，也应当被排除在该条“第三人”的范围之外。例如，因受骗而买了货物的人，借钱支付了货款，不能以卖方骗他进行买卖为由宣告贷款合同无效。买卖与贷款是相互独立的合同，受欺诈而订立其中一个合同，并不导致当事人有理由宣告另一个合同无效。[2] 再者，从第三人特征来看，

---

〔1〕 参见最高人民法院民法典贯彻实施工作领导小组编著：《中国民法典适用大全·总则卷（三）》，人民法院出版社 2022 年版，第 1303 页。

〔2〕 参见最高人民法院民法典贯彻实施工作领导小组编著：《中国民法典适用大全·总则卷（三）》，人民法院出版社 2022 年版，第 1304 页。

第三人需为在从事的法律行为中获得当事人特别信赖之人；此特别信赖体现为，第三人对意思表示的真实性做了“担保”，并对相对人作出决定发生了重要影响。[1]

第三人胁迫导致当事人意思表示不自由，故与当事人胁迫适用产生相同法律后果的规则。依据《民法典》第150条的规定，针对第三人胁迫，无论相对人是否知道或应当知道向其发出的意思表示受到了第三人的胁迫，作出意思表示的人都可以撤销其意思表示，此与第三人欺诈不同。如上文所述，《民法典》第149条和第150条仅就第三人欺诈、胁迫情形下的合同效力问题作了规定，但对于该第三人该承担何种责任则没有规定。普遍认为，这时受到损失的当事人可以向第三人请求赔偿，否则将严重违背公平原则。由此也就引发了对此请求权基础的争议。

从理论上讲，对此显然不能适用违约责任，否则会与合同相对性严重相悖。对于能不能适用侵权责任的问题，有观点认为，债权人不能以侵权责任为请求权的基础。因为《民法典》中的侵权责任所调整的范围仅限于普通关系，并且根据条文列举的具体权利，缔约当事人的这种信赖利益并不受侵权责任相关规定的保护。第三人介入合同订立过程时，其已与缔约当事人产生了法律上的联系，其应当依据诚信原则履行自己的保护义务。因此，缔约当事人主张侵权责任依据不足。[2] 这一观点较有道理，这种情形主要是针对信赖利益的损害进行赔偿。此损失是无辜的缔约人承受合同项下的债务（在无偿合同的场合），或者承受债务扣除合同项下的权益之后的负担。此类债务、负担不是缔约前就存在的，而是因第三人实施欺诈或胁迫的行为而不得已地缔约所新增的。它们均因该合同成立甚至有效而产生，故属交易领域的利益，而非固有利益。从第三人作为侵权行为人的视角来看，第三人行为侵害的缔约人的权益，不是固有利益，而是交易领域的利益。在《民法典》第七编“侵权责任”未设债权为侵权行为的对象的背景下，该缺陷显现得更加明

---

〔1〕 参见孙娟：《第三人缔约过失的责任性质及规则适用》，载《财经法律》2023年第5期。

〔2〕 参见最高人民法院民事审判第二庭、研究室编著：《最高人民法院民法典合同编通则司法解释理解与适用》，人民法院出版社2023年版，第87页。

显。[1] 多数意见认为此情况可以认定为第三人缔约过失责任。[2]

比较法上，《德国民法典》第241条第2款、第311条第2款和第3款对第三人缔约过失责任进行了规定。第241条第2款规定："债务关系可以在内容上使任何一方负有顾及另一方的权利、法益和利益的义务。"[3] 第311条第2款规定："以第241条第2款所规定的义务为内容的债务关系，也因下列情形之一而发生：1. 合同磋商的开始。2. 合同的准备，而在准备合同时，鉴于可能的法律行为上的关系，一方将影响自己的权利、法益和利益的可能性给予另一方；或将自己的权利法益和利益托付给另一方。3. 类似交易上的接触。"该条第3款又进一步规定："以第241条第2款所规定的义务为内容的债务关系，也可以对自己不应成为合同当事人的人发生。该第三人特别地要求对自己的信赖，且因此而大大影响合同磋商或合同订立的，尤其发生此种债务关系。"[4]

依照一般的民法理论，构成缔约过失责任后，就在双方当事人之间形成损害赔偿的权利义务关系。在先契约阶段因相信合同已经成立而遭受损失的一方当事人，是损害赔偿的权利人，享有损害赔偿权利。因过失使受损害的当事人相信合同成立的另一方当事人，是损害赔偿的义务主体，负有损害赔偿义务。[5] 作为一种法定之债，缔约过失责任基于法律产生，也就是说，在合同无效或被撤销后，原订立合同的双方当事人之间的权利义务关系并不是基于合同，而是基于诚信原则对信赖利益的保护。同样，第三人在合同当事人缔约过程中也应当遵循诚信原则。如果一方当事人受到第三人的欺诈或胁迫，导致合同被撤销，第三人损害了缔约当事人的信赖利益，违反了应遵守

---

〔1〕 参见崔建远：《合同解释与合同订立之司法解释及其评论》，载《中国法律评论》2023年第6期。

〔2〕 笔者认为，基于对过错责任的体系化适用的考虑，结合《民法典》第157条和《民法典合同编通则解释》第5条的文义，将此纳入过错责任这一侵权责任一般条款的细化适用的范畴中似也无不妥之处，只是在赔偿范围问题上有其特殊之处，这也正是一般意义上的侵权责任与缔约过失责任在界限上探讨的焦点问题。当然，从实务适用的角度，则可以直接适用《民法典合同编通则解释》第5条规定。

〔3〕《德国民法典》，陈卫佐译注，法律出版社2004年版，第73页。

〔4〕《德国民法典》，陈卫佐译注，法律出版社2004年版，第95-96页。

〔5〕 参见杨立新：《合同法》（第2版），北京大学出版社2022年版，第342页。

的诚信原则，为法律所否定，那么，第三人与合同当事人也产生了债权债务关系，第三人成为债务人。多数学者认为，第三人缔约过失责任并不违背债的相对性原则，而是遵循了债的相对性原理。[1]

### （三）第三人欺诈、胁迫的认定

#### 1. 第三人欺诈

《民法典总则编解释》第 21 条规定，“故意告知虚假情况，或者负有告知义务的人故意隐瞒真实情况，致使当事人基于错误认识作出意思表示的，人民法院可以认定为民法典第一百四十八条、第一百四十九条规定的欺诈”。通常而言，关于第三人欺诈的构成要件：一是应当是当事人以外的第三人实施欺诈行为。若实施欺诈行为的是当事人或者代理人，则应当适用《民法典》第 148 条关于当事人欺诈的规定。二是受欺诈方基于第三人实施的欺诈行为陷入错误认识而实施了订立合同的行为。此亦包含着因果关系的要素。也就是说，如果该第三人没有实施欺诈行为，则受欺诈方不会陷入错误判断并作出相应的民事法律行为。三是合同中的相对人知道或应当知道一方实施民事法律行为是因第三人实施了欺诈行为。该要件是为了平衡合同双方当事人的利益而确立。在现代商业社会的背景之下，保障交易安全日益成为核心的法律价值。由于受欺诈方行使撤销权会对相对人权利造成重大影响，为实现利益平衡，防止道德风险，第三人是否构成欺诈以相对人是否善意无过失为判断标准。相对人应当知道即相对人应知，也称“因过失而不知”，以相对人本应或本会知道第三人的欺诈为前提。相对人若应知，则足以否定其对合同有效的正当合理的信赖。[2]

#### 2. 第三人胁迫

《民法典总则编解释》第 22 条规定了胁迫的认定标准，“以给自然人及其近亲属等的人身权利、财产权利以及其他合法权益造成损害或者以给法人、

[1] 参见最高人民法院民事审判第二庭、研究室编著：《最高人民法院民法典合同编通则司法解释理解与适用》，人民法院出版社 2023 年版，第 88 页。

[2] 参见最高人民法院民法典贯彻实施工作领导小组编著：《中国民法典适用大全·总则卷》，人民法院出版社 2022 年版，第 1301－1302 页。

非法人组织的名誉、荣誉、财产权益等造成损害为要挟，迫使其基于恐惧心理作出意思表示的，人民法院可以认定为民法典第一百五十条规定的胁迫”。一般认为，只要能够使受胁迫人达到产生恐惧的程度就可以构成胁迫，不需要考虑胁迫行为所造成的危害是否重大。[1] 第三人胁迫的构成要件如下：

首先，第三人胁迫的主体是当事人以外的第三人。其次，胁迫是向对方预告将来的损害，并且声称自己有能力令损害发生之行为。胁迫行为包括以下两种情形：一是以将要发生的损害相威胁；二是胁迫者以直接面临的损害相威胁。需要注意的是，将来发生的损害必须是受胁迫者可以相信将要发生的情况，并足以使受胁迫者感到恐惧。如果一方所实施的将要造成损害的威胁毫无根据，或者受胁迫者根本不相信会发生，则不构成胁迫。根据《民法典总则编解释》第 22 条规定的胁迫的认定标准，直接或者将来发生的损害既可以指向当事人本人，亦可指向当事人的近亲属等。只要以对生命、身体、健康、名誉、荣誉、隐私、财产造成损害相要挟，就可构成胁迫行为。最后，胁迫人在实施胁迫行为时应当具有胁迫的故意。胁迫行为都是基于故意而实施的，过失不构成胁迫。胁迫故意应当由两个意思构成：其一，使被胁迫人产生恐惧心理的意思；其二，使被胁迫人基于该恐惧心理而为意思表示的意思。此外，胁迫的构成当然也要考虑因果关系的因素，即该第三人的胁迫行为使受胁迫人产生恐惧心理，受胁迫人由于此恐惧心理作出违背真实意思的意思表示。

### （四）关于损害赔偿

确定第三人欺诈、胁迫时承担的损害赔偿责任可以直接以《民法典》第 157 条、《民法典合同编通则解释》第 5 条规定为依据。就具体适用层面，需要注意以下两点：

其一，在赔偿范围上与一般的缔约过失责任相同。缔约过失的救济方法是赔偿损失。这种损失赔偿应当以信赖利益的损失为赔偿的基本范围。信赖

---

〔1〕 参见最高人民法院民事审判第二庭、研究室编著：《最高人民法院民法典合同编通则司法解释理解与适用》，人民法院出版社 2023 年版，第 91 页。

利益损失主要是直接损失，也包括间接损失，是指基于信赖合同成立而支出的各种费用，包括：(1) 因信赖对方要约邀请或有效要约而与对方联系、赴实地考察以及检查标的物所支出的各种合理费用；(2) 因信赖对方将要缔结合同，为缔约做各种准备工作所支出的各种费用；(3) 为谈判支出的劳务费用；(4) 为支出上述各种费用所失去的利息等。[1] 与其他的损失赔偿问题一样，应当遵循全面赔偿原则或填平原则的要求，缔约过失的损害赔偿义务人应对赔偿权利人的全部损失予以赔偿。确定缔约过失的损害赔偿责任，应当遵守信赖利益不能超过履行利益原则，即有过错的一方所赔偿的信赖利益不应该超过合同有效或者合同成立时的履行利益。[2]

其二，关于"相应的责任"的理解，依据《民法典合同编通则解释》第5条的规定，"当事人亦有违背诚信原则的行为的，人民法院应当根据各自的过错确定相应的责任"。对此应当从两个方面理解：一是相对于受害一方当事人而言，对方当事人有过错的，也应承担相应的责任；在符合法律规定或者当事人约定（此限于上述的第三人与对方当事人）应当承担连带责任的情况下，还应当承担连带责任，比如该当事人与第三人恶意串通的情形，除此之外，该当事人应当承担按份责任。二是该受害的一方当事人也有过错的，应当适用过失相抵规则。

此外，法律、司法解释对此有特别规定的，应当依照该特别规定处理。比如，《民法典担保制度司法解释》第17条规定："主合同有效而第三人提供的担保合同无效，人民法院应当区分不同情形确定担保人的赔偿责任：(一) 债权人与担保人均有过错的，担保人承担的赔偿责任不应超过债务人不能清偿部分的二分之一；(二) 担保人有过错而债权人无过错的，担保人对债务人不能清偿的部分承担赔偿责任；(三) 债权人有过错而担保人无过错的，担保人不承担赔偿责任。主合同无效导致第三人提供的担保合同无效，担保人无过错的，不承担赔偿责任；担保人有过错的，其承担的赔偿责任不应超过债务

---

〔1〕 参见杨立新：《合同法》（第2版），北京大学出版社2022年版，第342页。

〔2〕 参见王利明：《合同法研究》（第1卷）（修订版），中国人民大学出版社2011年版，第367－368页。

人不能清偿部分的三分之一。”《最高人民法院关于审理涉及会计师事务所在审计业务活动中民事侵权赔偿案件的若干规定》第5条[1]、第6条[2]也有类似规定，实务中遇到相应情形应当直接适用这些规定。

---

〔1〕《最高人民法院关于审理涉及会计师事务所在审计业务活动中民事侵权赔偿案件的若干规定》第5条规定：“注册会计师在审计业务活动中存在下列情形之一，出具不实报告并给利害关系人造成损失的，应当认定会计师事务所与被审计单位承担连带赔偿责任：（一）与被审计单位恶意串通；（二）明知被审计单位对重要事项的财务会计处理与国家有关规定相抵触，而不予指明；（三）明知被审计单位的财务会计处理会直接损害利害关系人的利益，而予以隐瞒或者作不实报告；（四）明知被审计单位的财务会计处理会导致利害关系人产生重大误解，而不予指明；（五）明知被审计单位的会计报表的重要事项有不实的内容，而不予指明；（六）被审计单位示意其作不实报告，而不予拒绝。对被审计单位有前款第（二）至（五）项所列行为，注册会计师按照执业准则、规则应当知道的，人民法院应认定其明知。”

〔2〕《最高人民法院关于审理涉及会计师事务所在审计业务活动中民事侵权赔偿案件的若干规定》第6条规定：“会计师事务所在审计业务活动中因过失出具不实报告，并给利害关系人造成损失的，人民法院应当根据其过失大小确定其赔偿责任。注册会计师在审计过程中未保持必要的职业谨慎，存在下列情形之一，并导致报告不实的，人民法院应当认定会计师事务所存在过失：（一）违反注册会计师法第二十条第（二）、（三）项的规定；（二）负责审计的注册会计师以低于行业一般成员应具备的专业水准执业；（三）制定的审计计划存在明显疏漏；（四）未依据执业准则、规则执行必要的审计程序；（五）在发现可能存在错误和舞弊的迹象时，未能追加必要的审计程序予以证实或者排除；（六）未能合理地运用执业准则和规则所要求的重要性原则；（七）未根据审计的要求采用必要的调查方法获取充分的审计证据；（八）明知对总体结论有重大影响的特定审计对象缺少判断能力，未能寻求专家意见而直接形成审计结论；（九）错误判断和评价审计证据；（十）其他违反执业准则、规则确定的工作程序的行为。”

# 第四讲

## 预约合同规则的细化与适用

一、关于预约合同的认定

二、违反预约合同的认定

三、违反预约合同的违约责任

随着经济社会的发展，预约合同在市场交易中的适用越来越广泛。从经济性原则出发，当事人通常可直接订立本约合同，无须先签订预约合同，而之所以订立预约合同，是因为当事人遇到某些事实和法律上的障碍暂时不能订立本约合同，或者是为了防止一方当事人将来不订立本约合同，订立预约合同可使一方当事人预先受到订立本约合同义务的拘束。〔1〕在法律适用层面，缔约过失责任逐渐难以满足市场主体在缔约阶段的权利保护需要。预约合同作为规制当事人在缔约阶段权利义务的特别契约，成为弥补上述缺陷的重要手段。〔2〕在此背景下，最高人民法院相关司法解释在买卖合同领域中对预约合同已经作了一定的探索。《商品房买卖合同解释》第4条对商品房买卖预约合同作了隐性规定，“出卖人通过认购、订购、预订等方式向买受人收受定金作为订立商品房买卖合同担保的，如果因当事人一方原因未能订立商品房买卖合同，应当按照法律关于定金的规定处理；因不可归责于当事人双方的事由，导致商品房买卖合同未能订立的，出卖人应当将定金返还买受人”。

〔1〕 参见郑玉波：《民法债编总论》，中国政法大学出版社2004年版，第30页。

〔2〕 参见宋晓明、张勇健、王闯：《〈关于审理买卖合同纠纷案件适用法律问题的解释〉的理解与适用》，载《人民司法》2012年第15期。

2012 年《买卖合同司法解释》第 2 条[1]对一般买卖预约合同作了明确规定，“当事人签订认购书、订购书、预订书、意向书、备忘录等预约合同，约定在将来一定期限内订立买卖合同，一方不履行订立买卖合同的义务，对方请求其承担预约合同违约责任或者要求解除预约合同并主张损害赔偿的，人民法院应予支持”。在此基础上，《民法典》第 495 条将预约合同作为一个基本的合同类型予以规定，对于指引和规范预约合同的法律适用，发挥了积极作用。但是，尽管如此，由于经济社会生活复杂多变，这一规定相对于多样化的纠纷，在规则适用的供给侧仍显得单薄，有些问题还需要进一步细化，特别是对于预约合同的认定、违反预约合同的判断标准以及当事人违反预约合同应承担什么违约责任，实务中均存在难以把握的问题。正因如此，《民法典合同编通则解释》第 6 条至第 8 条就预约合同的法律适用问题作出了系统全面的细化规定。

## 一、关于预约合同的认定

所谓预约合同，是指当事人约定将来订立一定合同（本约合同）的合同。[2] 预约合同为未来订立本约合同所用，本约合同成立之日，预约合同便“功成身退”。[3]《民法典》第 495 条第 1 款规定：“当事人约定在将来一定期限内订立合同的认购书、订购书、预订书等，构成预约合同。”从这一规定来看，立法上采用了独立契约说的观点，认为预约合同是一种相对于本约合同的独立的合同。[4] 这一规定相比 2012 年《买卖合同司法解释》第 2 条的内容，仅将后者中的认购书、订购书、预订书予以列举，而未提及意向书、备忘录，实践中不免产生两方面的疑虑：其一，当事人订立认购书、订购书、预定书的，是否一定就构成预约合同？其二，当事人签订的意向书或者备忘

〔1〕 该条已失效。

〔2〕 参见史尚宽：《债法总论》，中国政法大学出版社 2000 年版，第 12 页；郑玉波：《民法债编总论》，中国政法大学出版社 2004 年版，第 31 页。

〔3〕 参见崔建远：《合同解释与合同订立之司法解释及其评论》，载《中国法律评论》2023 年第 6 期。

〔4〕 关于预约合同的法律性质，常有前契约说、从合同说、附停止条件本约说和独立契约说等学说争议。我国学界通说采独立契约说，认为预约合同有自身的合同标的，当事人负有订立本约合同的权利义务。

录，是否就不再是预约合同？预约合同的成立需要具备哪些要件？针对这些问题，《民法典合同编通则解释》第 6 条分 3 款对预约合同的认定作出规定。其中，第 1 款对预约合同成立的一般规则作了规定："当事人以认购书、订购书、预订书等形式约定在将来一定期限内订立合同，或者为担保在将来一定期限内订立合同交付了定金，能够确定将来所要订立合同的主体、标的等内容的，人民法院应当认定预约合同成立。"第 2 款对以意向书或者备忘录等方式订立预约合同作了规定："当事人通过签订意向书或者备忘录等方式，仅表达交易的意向，未约定在将来一定期限内订立合同，或者虽然有约定但是难以确定将来所要订立合同的主体、标的等内容，一方主张预约合同成立的，人民法院不予支持。"第 3 款对于名为预约实为本约的问题作了规定："当事人订立的认购书、订购书、预订书等已就合同标的、数量、价款或者报酬等主要内容达成合意，符合本解释第三条第一款规定的合同成立条件，未明确约定在将来一定期限内另行订立合同，或者虽然有约定但是当事人一方已实施履行行为且对方接受的，人民法院应当认定本约合同成立。"

### （一）预约合同的成立

基于预约合同属于合同的基本逻辑，有关合同成立的规则也可以适用于预约合同，这其中最基本的就是要以要约、承诺方式对合同的基本内容达成一致意见。对此，应当遵循《民法典合同编通则解释》第 3 条的规定，即具备合同当事人名称或者姓名、标的和数量的，一般可以认为合同成立。但在认定预约合同是否成立时，不应以本约合同的标的和数量为判断标准。尽管实践中许多预约合同中已就本约合同的主要内容作了约定，但预约合同的成立并不要求必须具备本约合同的主要内容，"意思表示应当仅是对于未来订立某种类型而作出的表示，而不应当包含此类合同的主要内容"〔1〕。根据《民法典》第 495 条第 1 款的规定，预约合同的标的系在将来一定期限内订立合同，故而，只要当事人约定在将来一定期限内订立合同，且将来所要订立的

〔1〕 王利明：《预约合同若干问题研究——我国司法解释相关规定述评》，载《法商研究》2014 年第 1 期。

合同的主体和标的能够明确，即可认定内容具体确定且表明当事人须受到意思表示的约束，符合合同的一般成立要件，便可认定预约合同成立。[1] 反之，如仅为记录谈判过程及结果的备忘录等进程性文件，或仅含双方继续磋商订立合同的订约意向的意向书，本身并不具备法律约束力，自然不构成预约合同。如当事人明确约定应当订立本约合同，但对于在什么期限内订立并没有作出约定，亦很难认定预约合同成立。[2] 因此，预约合同虽常以认购书、订购书、预订书等形式出现，但认购书、订购书、预订书并不当然是预约合同，关键还是要看当事人是否就在将来一定期限内订立本约合同达成合意；意向书或者备忘录中包含在将来一定期限内订立本约合同的意思的，也可能构成预约合同。预约合同的核心特征在于：当事人在赋予阶段性谈判结果以法律约束力的同时，要求就共同关注的全部实质性内容达成一致才能完成交易。[3] 由此，《民法典合同编通则解释》第6条第1款将当事人为在将来一定期限内订立合同而达成的合意是否具备将来所要订立的合同的主体、标的等内容，作为判断该合意是否构成预约合同的标准。[4] 如果根据当事人签订的认购书、订购书、预订书等，能够确定将来所要订立合同的主体、标的等内容，应当认定预约合同已经成立；结合该条第2款的规定，如果当事人签订的意向书或者备忘录等仅表达交易的意向，未约定在将来一定期限内订立合同，或者虽然有约定但是难以确定将来所要订立合同的主体、标的，就不能认定预约合同已经成立。

此外，根据审判实践中的经验做法，当事人为将来订立本约合同交付立约定金的，应当解释为当事人之间存在预约合同关系。《民法典合同编通则解释》第6条第1款后段规定，如果当事人为担保在将来一定期限内订立合同交付了定金，能够确定将来所要订立合同的主体、标的等内容，人民法院就

---

〔1〕 参见最高人民法院民法典贯彻实施工作领导小组主编：《中华人民共和国民法典总则编理解与适用》，人民法院出版社2020年版，第98页。

〔2〕 参见王利明：《预约合同若干问题研究——我国司法解释相关规定述评》，载《法商研究》2014年第1期。

〔3〕 参见汤文平：《论预约在法教义学体系中的地位——以类型序列之建构为基础》，载《中外法学》2014年第4期。

〔4〕 参见《民法典合同编通则解释》起草工作组：《〈最高人民法院关于适用《中华人民共和国民法典》合同编通则若干问题的解释〉重点问题解读》，载《法律适用》2024年第1期。

应当认定预约合同成立。故当事人一旦交付立约定金，就应当认定相应的预约合同成立，这时立约定金实质上变成了预约合同的违约定金，当然要适用《民法典合同编通则解释》第68条关于定金罚则的规定。另外，2020年修正的《商品房买卖合同解释》第4条〔1〕也对商品房买卖有关的立约定金的适用作了规定，涉及此类情形，可直接适用该条规定。

值得注意的是，如果当事人在协议中明确约定不受意思表示的约束，或者明确约定该文件不具有法律约束力，则即使当事人意思表示的内容具体明确，也不能认为构成预约合同。从实践的情况来看，意向书、备忘录等通常情形下仅仅表明当事人有订立合同的意向，不构成预约合同。但是，如果意向书、备忘录等具备前述预约合同的成立要件，也应认定构成预约合同。〔2〕

### （二）预约合同与本约合同的区分

预约合同区别于本约合同的关键之处，应是当事人是否约定将来仍须另行订立合同才能最终完成交易。〔3〕如果预约合同实际上已具备本约合同之要点而无须另订本约合同者，应视为本约合同；〔4〕反之，必须另行订立合同，才能实现各自的缔约目的，则属于预约合同。〔5〕为此，《民法典合同编通则解释》第6条第3款前段明确了当事人订立的认购书、订购书、预订书等已就合同标的、数量、价款或者报酬等主要内容达成合意，符合合同成立条件，且未明确约定在将来一定期限内另行订立合同的，人民法院应当认定本约合同成立。例如，在房屋买卖合同中，即使当事人在合同中约定，为办理过户手续将来还须另行根据登记机构的要求订立网签合同，但由于当事人订立网

---

〔1〕《商品房买卖合同解释》第4条规定："出卖人通过认购、订购、预订等方式向买受人收受定金作为订立商品房买卖合同担保的，如果因当事人一方原因未能订立商品房买卖合同，应当按照法律关于定金的规定处理；因不可归责于当事人双方的事由，导致商品房买卖合同未能订立的，出卖人应当将定金返还买受人。"

〔2〕参见《民法典合同编通则解释》起草工作组：《〈关于适用民法典合同编通则若干问题的解释〉的理解与适用》，载《人民司法》2024年第1期。

〔3〕参见黄薇主编：《中华人民共和国民法典释义》，法律出版社2020年版，第949页。

〔4〕参见林诚二：《民法债编各论》（上），中国人民大学出版社2007年版，第32页。

〔5〕参见梁慧星：《对买卖合同司法解释（法释〔2012〕8号）的解读和评论》，载中国法学创新网，www.fxcxw.org.cn/dyna/content.php?id=10289，最后访问日期：2024年10月16日。

签合同是为履行房屋买卖合同而必须完成的手续，性质上应为当事人的法定义务，因此不能将房屋买卖合同理解为预约合同，再将根据登记机构的要求签订的网签合同理解为本约合同。也就是说，如果有证据证明当事人就全部需要协商并达成一致的内容已经形成合意，且从合同解释的角度来看，当事人并无在将来签订合同时再进一步磋商的意思，则应将当事人约定将来订立的合同理解为仅是当事人为了进一步明确权利义务关系而要求在意思表示达成一致后以特定形式（如书面合同）将合同内容予以重新表达，而非再另行订立本约合同。〔1〕 又如，在房屋订购书中，约定了房屋坐落位置、面积、总价款、付款方式等内容，而买方也支付了绝大部分房款，此类合同被倾向于认定为本约合同。〔2〕 即使当事人没有就其关注的全部实质性内容达成一致，但合同成立的要件已经具备，且当事人打算将未决事宜交给此后的补充协议来完成或者允许法官通过对合同进行解释、对合同漏洞进行补充来进行完善，而无必须通过签订本约合同的方式予以解决的意思，则当事人之间的约定就应认定为本约而非预约。〔3〕 比较法上，依德国民法通说，在无法认定当事人的意思表示究竟是订立预约合同还是本约合同时，应推定当事人之间成立的是本约合同关系。《法国民法典》第 1589 条第 1 款规定了买卖预约，明确在双方当事人对标的物与价金已相互同意时，即等于买卖。这与我国实务中承认的预约合同的转化效力原理相通。〔4〕

实务中一个典型的例子是，当事人在商品房买卖合同中既约定了每平方米的单价，又约定了最终价格须在交房时经双方审议并根据测量的实际面积确定，而双方因价格无法达成一致发生纠纷。对此有三种不同的观点：第一种观点认为，因价格约定不清楚，合同不成立；第二种观点认为，合同已经成立，价格可根据《民法典》第 511 条确定；第三种观点认为，本约合同不

---

〔1〕 参见最高人民法院民事审判第二庭、研究室编著：《最高人民法院民法典合同编通则司法解释理解与适用》，人民法院出版社 2023 年版，第 101 页。

〔2〕 参见最高人民法院民法典贯彻实施工作领导小组编著：《中国民法典适用大全·合同卷（一）》，人民法院出版社 2022 年版，第 301 页。

〔3〕 参见刘贵祥：《关于合同成立的几个问题》，载《法律适用》2022 年第 4 期。

〔4〕 参见江必新主编：《中华人民共和国民法典适用与实务讲座》（上册），人民法院出版社 2020 年版，第 310 页。

成立，但成立预约合同。笔者认为，在适用《民法典》第511条对合同漏洞进行填补前，须先对意思表示进行解释，因此，关于合同是否成立以及成立的究竟是预约合同还是本约合同，取决于对“最终价格须在交房时经双方审议并根据测量的实际面积确定”这一约定的理解：如果认为当事人关于最终价格须双方审议的约定不仅否定了当事人关于单价的约定，而且应理解为当事人意图排除《民法典》第511条的适用，则在当事人就最终价格无法达成一致时，应认为合同不成立；如果当事人关于最终价格须经双方审议的约定仅在于否定当事人关于单价的约定，而不应理解为当事人意在排除《民法典》第511条的适用的，则应认定合同已经成立，在无法通过《民法典》第510条确定价格时，可依据《民法典》第511条确定价格；如果认为当事人关于最终价格的审议无意否定当事人关于单价的约定，且应理解为当事人约定的单价仅仅是暂定价格，则应理解为本约合同未成立，但成立预约合同。〔1〕

此外，依据《民法典》第490条的规定，“……在签名、盖章或者按指印之前，当事人一方已经履行主要义务，对方接受时，该合同成立。法律、行政法规规定或者当事人约定合同应当采用书面形式订立，当事人未采用书面形式但是一方已经履行主要义务，对方接受时，该合同成立”。这一规则在当事人订立预约合同而尚未签订本约合同时也同样适用。也就是说，虽然当事人订立的是预约合同，但如果一方已经根据本约合同履行了义务且为对方所接受，则应认为当事人通过履行主要义务的行为已订立本约合同。对此，在司法解释层面也有相应规定，2020年修正的《商品房买卖合同解释》第5条规定：“商品房的认购、订购、预订等协议具备《商品房销售管理办法》第十六条规定的商品房买卖合同的主要内容，并且出卖人已经按照约定收受购房款的，该协议应当认定为商品房买卖合同。”之所以如此规定，是因为收受购房款的行为是履行本约合同而非预约合同的行为，既然预约合同在内容上已经具备本约合同的成立条件，且当事人已经依据本约合同履行义务且被对方接受，则应认定本约合同成立。〔2〕 由于《民法典》第490条之本意在于判断

〔1〕 参见刘贵祥：《关于合同成立的几个问题》，载《法律适用》2022年第4期。

〔2〕 参见《民法典合同编通则解释》起草工作组：《〈最高人民法院关于适用《中华人民共和国民法典》合同编通则若干问题的解释〉重点问题解读》，载《法律适用》2024年第1期。

合同是否成立，并无区分预约合同与本约合同之意，且有关履行主要合同义务的行为就是为了订立本约合同，并无将来订立合同的意思表示，故在解释论上应当指的就是本约。由此可以进一步认为，合同一方当事人履行主要合同义务且为对方接受的情形，即使发生在订立预约合同之前，亦可“穿透”这一个阶段，直接认定本约合同成立。

## 二、违反预约合同的认定

当事人之所以先订立预约合同而不直接订立本约合同，很可能是当事人一方面想将阶段化的谈判成果固定下来并赋予其法律约束力，另一方面又想将未能协商一致的内容留待将来进一步磋商，从而保留最终是否完成交易的决策权。由于当事人对是否将交易推进到订立本约合同阶段享有选择权，因此，如何认定当事人是否违反预约合同一直以来都是实务中的难题。这既是经济社会复杂多变所致，也是预约合同自身特点所致，当事人订立预约合同的目的就是为是否订立本约合同预留回旋的空间，保留思考、磋商乃至最终决定的机会。如此一来，判断该当事人是违反了预约合同，还是未能磋商订立本约合同，就成了比较困难的事情。

综合实务中的具体情形，当事人违反预约合同的表现主要有两种：一是明确拒绝订立本约合同；二是在磋商订立本约合同的过程中违背诚信原则导致本约合同未能订立。《民法典合同编通则解释》第 7 条第 1 款规定：“预约合同生效后，当事人一方拒绝订立本约合同或者在磋商订立本约合同时违背诚信原则导致未能订立本约合同的，人民法院应当认定该当事人不履行预约合同约定的义务。”

如上文所述，实务中较难认定的是在磋商订立本约合同的过程中违背诚信原则导致本约合同未能订立的情形。一般认为，当事人在签订预约合同后，虽然保留对是否最终完成交易的决策权，但也负有诚信磋商的义务，否则预约合同的订立就没有意义。[1] 有别于《民法典》第 500 条规定的先合同义务，此处的当事人所负的诚信磋商义务，更要求当事人积极促成本约合同的

---

〔1〕 参见陆青：《〈买卖合同司法解释〉第 2 条评析》，载《法学家》2013 年第 3 期。

订立。因此，判断当事人是否诚信磋商，应以其是否已经付出合理的努力促成本约合同的订立为标准。此“合理的努力”的表现就是在磋商过程中对有关合同主要条款的讨价还价不能明显偏离此领域交易一般人的正常认识。为此，《民法典合同编通则解释》第7条第2款规定：“人民法院认定当事人一方在磋商订立本约合同时是否违背诚信原则，应当综合考虑该当事人在磋商时提出的条件是否明显背离预约合同约定的内容以及是否已尽合理努力进行协商等因素。”

订立预约合同之后，双方当事人在磋商订立本约合同的过程中，仍应尽到合理的努力促成本约合同的订立，否则，即可认定当事人违反诚信磋商义务。只有在经过诚信磋商仍无法就未决事项达成一致导致本约合同未能订立的，才能认定当事人未违反预约合同。〔1〕实践中，判断当事人磋商过程中所提条件是否合理，主要是看其是否明显背离预约合同的内容。这里所述预约合同的内容，既包括当事人在预约合同中就本约合同的内容已经明确作出的约定，也包括根据合同解释、合同漏洞填补的方法可以获得的内容。如果当事人所提条件明显背离预约合同的约定或者与根据合同解释、合同漏洞填补规则获得的内容明显不一致，即可认定当事人未尽合理努力促成本约合同订立，有违诚信磋商义务。〔2〕如果当事人在预约合同中没有约定价款或者报酬，则意味着当事人应根据市场价格或者政府指导价磋商订立本约合同。如果当事人一方的报价明显超过市场价格或者政府指导价，并最终导致本约合同未能订立，就应认定该当事人违背诚信原则。〔3〕当然，有的当事人提出的价格虽然高于市场价格，但不能据此认定当事人在磋商订立本约合同的过程中存在不诚信行为，因为既然是磋商，就应允许讨价还价，而报价适当高于市场价格也是讨价还价的前提和基础。〔4〕不过，如果在此后的磋商过程中当事人拒绝讨价还价，或者拒绝采取与订立合同密不可分的举措，导致合同不

---

〔1〕参见陆青：《〈买卖合同司法解释〉第2条评析》，载《法学家》2013年第3期。

〔2〕参见许德风：《意向书的法律效力问题》，载《法学》2007年第10期。

〔3〕参见《民法典合同编通则解释》起草工作组：《〈最高人民法院关于适用《中华人民共和国民法典》合同编通则若干问题的解释〉重点问题解读》，载《法律适用》2024年第1期。

〔4〕参见最高人民法院民事审判第二庭、研究室编著：《最高人民法院民法典合同编通则司法解释理解与适用》，人民法院出版社2023年版，第112页。

能订立，这时就可以认定当事人未尽合理努力促成本约合同的订立。比如，某《以股权抵偿债权合同》约定，乙公司欠甲公司的 2 亿元的债务，以乙公司在丙公司中的股权代为偿付，至于该股权的价值评估由中立的第三方评估机构为之，评估机构的确定必须由双方一致同意。在合同履行过程中，无论甲公司提出哪家评估机构，乙公司都不同意；甲公司请乙公司提出评估机构，直至诉讼开始，乙公司也没有提出。乙公司所为应属当事人未尽合理努力进行协商。〔1〕

## 三、违反预约合同的违约责任

根据预约合同，当事人负缔结某个合同的义务，如果一方当事人违反预约合同，属于不履行合同的行为，应按违约责任处理。〔2〕关于违反预约合同的违约责任，历来存在应当磋商说和必须缔约说两种不同的观点。前者旨在落实意思自治，认为预约合同仅产生继续磋商义务，不能强制当事人订立本约合同；后者则旨在防止不诚信行为，认为预约合同可产生意定强制缔约的效力，可由法院的判决代替当事人的意思表示，并赋予强制执行的效力。《民法典合同编通则解释》第 8 条没有明确规定当事人违反预约合同是否可以采取强制履行的救济方式，仅对违反预约合同的损害赔偿责任进行规定，主要是考虑到强制执行法仍在起草过程中，现行法并无对意思表示进行强制执行的规定。此外，如何计算违反预约合同的损失赔偿额，也是实践中一个较难解决的问题。一种观点认为，为凸显预约合同和本约合同的区别，可以参照本约合同的信赖利益计算违反预约合同的损失赔偿额；另一种观点认为，为保护当事人的合理预期，可以参照本约合同的履行利益计算违反预约合同的损失赔偿额。〔3〕在总结审判实践经验、综合各方意见、凝聚最大共识的基础上，《民法典合同编通则解释》第 8 条对这一问题分两款作了规定。其中，第 1 款就违反预约合同的违约损害赔偿责任作了规定："预约合同生效后，当事

〔1〕参见崔建远：《合同解释与合同订立之司法解释及其评论》，载《中国法律评论》2023 年第 6 期。

〔2〕参见王利明：《合同法新问题研究》（修订版），中国社会科学出版社 2011 年版，第 135 页。

〔3〕参见《民法典合同编通则解释》起草工作组：《〈关于适用民法典合同编通则若干问题的解释〉的理解与适用》，载《人民司法》2024 年第 1 期。

人一方不履行订立本约合同的义务，对方请求其赔偿因此造成的损失的，人民法院依法予以支持。”第2款则进一步就损害赔偿的计算问题作了规定：“前款规定的损失赔偿，当事人有约定的，按照约定；没有约定的，人民法院应当综合考虑预约合同在内容上的完备程度以及订立本约合同的条件的成就程度等因素酌定。”

### （一）违反预约合同的违约损失赔偿

根据《民法典》第495条第2款的规定，违反预约合同造成损害的，应当承担违约损害赔偿责任。但如何计算违反预约合同的损失赔偿额，是实践中一个较难解决的问题。一种观点认为，违反预约合同的行为既可以是预约合同违约行为，也可以视为本约合同之缔约过失行为，[1] 可将预约合同违约的损失在总体上限于本约合同的缔约过失责任范围内，即参照本约合同的信赖利益计算违反预约合同的损失赔偿额；另一种观点认为，将违反预约合同的赔偿范围界定为订立本约合同的信赖利益，不足以实现预约合同的规范目的，为保障当事人的交易安全，应根据本约合同的履行利益界定违反预约合同的赔偿范围。[2] 上述观点都有一定道理，但也有值得商榷之处。如果按照第一种观点，则可能导致预约合同的功能作用难以发挥，因为即使没有预约合同，根据《民法典》第500条的规定，当事人在订立本约合同的过程中存在不诚信的行为且给对方造成损失的，也须就对方的信赖利益承担赔偿责任；[3] 而按照第二种观点同样会导致预约合同被架空，这时候违反预约合同和违反本约合同在赔偿范围上已没有任何区别。为此，《民法典合同编通则解释》第8条第2款采取了更为稳妥的方案，即规定在违反预约合同的情况下，应由法院在本约合同的信赖利益与履行利益之间，根据交易的成熟度进行酌定。预约合同所体现的交易成熟度越高，越接近本约合同，赔偿的范围也就越接近本约合同的履行利益；相反，预约合同所体现的交易成熟度越低，离

---

〔1〕参见最高人民法院民事审判第二庭编著：《最高人民法院关于买卖合同司法解释理解与适用》，人民法院出版社2012年版，第58页。

〔2〕参见叶锋：《论预约合同的出路——以类型系列的构建为分析视角》，载《法律适用》2015年第9期。

〔3〕参见陆青：《〈买卖合同司法解释〉第2条评析》，载《法学家》2013年第3期。

订立本约合同越远，赔偿的范围也就越接近订立本约合同的信赖利益。[1] 考虑到预约合同是交易阶段化的表现，预约合同的内容越完整，就意味着当事人已经达成的共识越充分，在订立本约合同时保留的决策空间越窄，交易的成熟度也就越高。相反，如果预约合同的内容很简单，就意味着当事人需要在订立本约合同时进行协商一致的事项很多，当事人保留的决策空间更大，交易的不确定性更高，因此交易的成熟度也更低。[2]

所谓预约合同的内容的完备程度，是指预约合同就将来所要订立的本约合同的内容是否进行了约定以及约定是否全面细致。如果预约合同不仅就将来所要订立的本约合同的主体、标的进行了约定，而且就本约合同所涉标的的数量、价格等进行了约定，甚至对履行期限、履行方式、履行地点以及争议解决的方式等都作了明确约定，则意味着该预约合同所体现的交易成熟度较高；相反，如果预约合同仅就本约合同的主体和标的进行了约定，未涉及本约合同所涉标的物的数量、价格等，则意味着预约合同所体现的交易成熟度较低。[3] 实务中，有些预约合同已经就将来所要订立的本约合同的主要内容达成一致，虽然约定了将来还要订立本约合同，但当事人之间的谈判空间已经很小，甚至只等最后签字。这时，就应该参照本约合同的履行利益来界定违反预约合同的赔偿范围。[4] 但是，如果预约合同非常简单，比如，仅就本约合同的当事人和标的物作了约定，这时就应当认定双方当事人仅处于订立合同的初始阶段，应当适用类似订立本约合同的信赖利益即缔约过失责任的赔偿范围来进行赔偿。

此外，预约合同所体现的交易成熟度还取决于订立本约合同的条件是否已经成就，如果当事人先订立预约合同是因为订立本约合同的条件尚不成就，则意味着预约合同的交易成熟度不高。反之，如果订立预约合同时已经具备

---

〔1〕 参见《民法典合同编通则解释》起草工作组:《〈关于适用民法典合同编通则若干问题的解释〉的理解与适用》，载《人民司法》2024 年第 1 期。

〔2〕 参见《民法典合同编通则解释》起草工作组:《〈最高人民法院关于适用《中华人民共和国民法典》合同编通则若干问题的解释〉重点问题解读》，载《法律适用》2024 年第 1 期。

〔3〕 参见最高人民法院民事审判第二庭、研究室编著:《最高人民法院民法典合同编通则司法解释理解与适用》，人民法院出版社 2023 年版，第 121 页。

〔4〕 参见陆青:《〈买卖合同司法解释〉第 2 条评析》，载《法学家》2013 年第 3 期。

订立本约合同的条件，则意味着预约合同的成熟度较高。[1] 当然，无论成熟度多高，都不能超过违反本约合同的履行利益的赔偿范围。

### （二）关于继续履行的责任承担方式能否适用的争议

关于违反预约合同的违约责任，能否适用继续履行这一违约责任承担方式的问题，实质上涉及缔约义务能否强制执行的问题，抑或涉及能否赋予强制缔约义务的问题。一种观点认为，预约合同仅产生继续磋商义务，不能强制当事人订立本约合同。比较法上有国家认为这种责任承担方式有违公平原则。[2] 另一种观点则认为，预约合同可产生意定强制缔约的效力，可由法院的判决代替当事人的意思表示，并赋予其强制执行的效力。德国、日本以及我国台湾地区认可这一做法。由于这两种观点各有其理，但也都有争议，于是产生了折中观点，认为应根据预约合同在内容上的具体程度来确定究竟是否可以采取继续履行的救济方式：如果预约合同已经具备本约合同的全部实质性内容，则应赋予当事人请求继续履行预约合同的权利，以防止当事人违背诚信原则通过拒绝订立本约合同逃避债务；如果预约合同仅具备本约合同的部分内容，其他内容仍须当事人协商确定，则不应赋予当事人请求继续履行预约合同的权利，守约方只能请求违约方承担违反预约合同的损失赔偿责任，否则，就会架空意思自治原则。[3]

我国司法实践中认为违反预约合同不应将继续履行作为救济方式的有之，认为违反预约合同可将继续履行作为救济方式的亦有之。[4] 《民法典合同编通则解释》没有明确规定当事人违反预约合同是否可以采取强制履行的救济方式，但是由于《民法典合同编通则解释》第 8 条第 1 款仅规定“预约合同生效后，当事人一方不履行订立本约合同的义务，对方请求其赔偿因此造成

---

〔1〕 参见《民法典合同编通则解释》起草工作组：《〈最高人民法院关于适用《中华人民共和国民法典》合同编通则若干问题的解释〉重点问题解读》，载《法律适用》2024 年第 1 期。

〔2〕 参见钱玉林：《预约合同初论》，载《甘肃政法学院学报》2003 年第 4 期。

〔3〕 参见刘承韪：《预约合同层次论》，载《法学论坛》2013 年第 6 期；韩强：《论预约的效力与形态》，载《华东政法学院学报》2003 年第 1 期。

〔4〕 参见耿利航：《预约合同效力和违约救济的实证考察与应然路径》，载《法学研究》2016 年第 5 期。

的损失的，人民法院依法予以支持”，因此，也就间接表达了不支持继续履行的态度。[1] 如果允许对违反预约合同的违约行为采取继续履行的救济措施，无异于承认意定的强制缔约，显然不符合当事人真实的意思表示，也将可能导致预约合同的规范功能丧失殆尽。[2] 但是，在涉及依国家订货任务、指令性任务订立合同及强制要约、强制承诺的情形中，当事人如果订立预约合同，则应强制订立本约合同。对此，《民法典》第494条规定：“国家根据抢险救灾、疫情防控或者其他需要下达国家订货任务、指令性任务的，有关民事主体之间应当依照有关法律、行政法规规定的权利和义务订立合同。依照法律、行政法规的规定负有发出要约义务的当事人，应当及时发出合理的要约。依照法律、行政法规的规定负有作出承诺义务的当事人，不得拒绝对方合理的订立合同要求。”在该条情形中，涉及当事人已订立预约合同的，就要依据这一规定适用强制订立本约合同的规则。

当然，如果当事人在预约阶段就对整个交易的主要内容通过谈判达成一致，对本约的内容无须过多协商，那么对于预约合同，要求当事人承担“继续履行”的违约责任，即订立本约合同的责任也就有实现的空间。在此基础上更进一步的是，如果订立预约合同在整个交易环节中的位置非常重要，预约合同的订立及预约合同的履行（即本约合同的订立）就完成了整个交易的绝大部分，使整个交易达到比较高的成熟度，本约合同义务的履行在整个交易环节中只占有非常小的分量，非常容易实现，那么对预约合同的违约损害赔偿范围就可以很接近于本约合同的违约损害赔偿范围。订立预约合同在整个交易环节中的位置，预约合同的订立及履行使整个交易达到的成熟度，都应当在计算预约合同违约损害赔偿范围时予以体现，不能僵化适用某一种解决思路。[3] 由于经济社会复杂多变，有时违反预约合同的损害赔偿不能与本约合同被违反时的损害赔偿直接挂钩。例如，某演员与某剧场签订预约合同，约定双方将于10日后签订演出合同。但此后该演员因故未签订演出合同。于

---

〔1〕 参见《民法典合同编通则解释》起草工作组：《〈最高人民法院关于适用《中华人民共和国民法典》合同编通则若干问题的解释〉重点问题解读》，载《法律适用》2024年第1期。

〔2〕 参见最高人民法院民事审判第二庭、研究室编著：《最高人民法院民法典合同编通则司法解释理解与适用》，人民法院出版社2023年版，第118页。

〔3〕 参见黄薇主编：《中华人民共和国民法典合同编释义》，法律出版社2020年版，第82页。

此场合，追究该演员违反预约合同的违约责任，不得按照该演员履行演出合同会给剧场带来多少利润来计算违约损害赔偿的数额，只能按照该演员耽误了该剧场聘请另外的相同重量级的演员造成的损失计算违约损害赔偿的数额，这往往只是演员出场费的差额。[1]

### （三）有关违约责任的规则对预约合同的适用

预约合同也是一种合同，有关合同法律适用的一般规则对于预约合同同样适用。预约合同作为一种独立的合同，对合同当事人具有法律约束力，当事人违反合同约定的，也应承担违约责任。《民法典》第 495 条第 2 款规定，“当事人一方不履行预约合同约定的订立合同义务的，对方可以请求其承担预约合同的违约责任”，明确了违反预约合同的违约责任。对于具备法定或者约定解除条件的，可以解除预约合同。预约合同的违约责任承担问题，应当适用《民法典》《民法典合同编通则解释》关于违约责任的规定。

从实务经验来看，也正是因为违反预约合同的违约损害赔偿数额难以确定，当事人往往通过预先支付一定数额的定金的方式为将来订立合同提供保障，也可以在对方当事人不再订立合同时，便于确定损害赔偿数额，即适用定金罚则，约定收取定金一方如果拒绝订立本约合同，须双倍返还定金；支付定金的一方如果拒绝订立本约合同，则无权请求返还定金。也正因如此，如果当事人交付了立约定金，即使当事人未签订书面预约合同，也应认为当事人之间已经存在预约合同关系。由于立约定金的交付意味着当事人之间存在预约合同关系，因此在法律适用上，立约定金也可以看作预约合同的违约定金，自应根据相关事由是否可归责于当事人来确定是否适用定金罚则。[2]

因不可归责于双方的原因解除合同的，预约合同终止，双方承担恢复原状义务，已经交付的定金应当予以返还，但不适用双倍返还罚则。[3] 如最高

---

〔1〕 参见崔建远：《合同解释与合同订立之司法解释及其评论》，载《中国法律评论》2023 年第 6 期。

〔2〕 参见刘贵祥：《关于合同成立的几个问题》，载《法律适用》2022 年第 4 期。

〔3〕 参见杜万华主编：《民法典实施精要》（中），法律出版社 2022 年版，第 36 页。

人民法院公报案例戴某飞诉华新公司商品房订购协议定金纠纷案[1]中，法院裁判认为，“如果双方在公平、诚信原则下继续进行了磋商，只是基于各自利益考虑，无法就其他条款达成一致的意思表示，致使本约不能订立，则属于不可归责于双方的原因，不在预约合同所指的违约情形内。这种情况下，预约合同应当解除，已付定金应当返还。”此外，在预约合同订立后，如果发生不可抗力导致此预约合同目的不能实现的，当事人可根据《民法典》第 563 条第 1 款第 1 项的规定主张解除合同，且无须承担违约责任。进言之，对预约合同的违约责任承担问题通常是要考虑当事人过错这一因素的，比如只要未订立本约合同不可归责于一方当事人，其就不承担违约责任。

---

〔1〕 参见戴某飞诉华新公司商品房订购协议定金纠纷案，载《最高人民法院公报》2006 年第 8 期。

# 第五讲

## 格式条款的细化完善与具体适用

一、格式条款的一般规则

二、格式条款界定中的争议处理

三、格式条款中提示说明义务的细化适用

四、审判实践中需要注意的其他重点问题

《民法典》通过对格式条款的规制，为包括消费者在内的处于弱势地位的当事人提供了一般性保护，从而为实现实质意义上的平等提供了法律基础。其中，第496条[1]对格式条款的定义及其订入合同的控制问题作了规定；第497条[2]对格式条款的效力认定作了特别规定；第498条[3]对格式条款的解释作了特别规定，对于依法规范格式条款的运用，维护当事人的意思自治发挥了积极作用。但是实践中仍然存在当事人以未实际重复使用、双方已明确约定该条款不是格式条款，或者合同系根据行政机关、行业协会等制定的

---

〔1〕《民法典》第496条规定："格式条款是当事人为了重复使用而预先拟定，并在订立合同时未与对方协商的条款。采用格式条款订立合同的，提供格式条款的一方应当遵循公平原则确定当事人之间的权利和义务，并采取合理的方式提示对方注意免除或者减轻其责任等与对方有重大利害关系的条款，按照对方的要求，对该条款予以说明。提供格式条款的一方未履行提示或者说明义务，致使对方没有注意或者理解与其有重大利害关系的条款的，对方可以主张该条款不成为合同的内容。"

〔2〕《民法典》第497条规定："有下列情形之一的，该格式条款无效：（一）具有本法第一编第六章第三节和本法第五百零六条规定的无效情形；（二）提供格式条款一方不合理地免除或者减轻其责任、加重对方责任、限制对方主要权利；（三）提供格式条款一方排除对方主要权利。"

〔3〕《民法典》第498条规定："对格式条款的理解发生争议的，应当按照通常理解予以解释。对格式条款有两种以上解释的，应当作出不利于提供格式条款一方的解释。格式条款和非格式条款不一致的，应当采用非格式条款。"

合同示范文本订立等为由，主张一方事先拟定且未与对方协商的条款不是格式条款的争议，这往往涉及对于《民法典》规定的“为了重复使用”“未与对方协商”等的理解以及当事人能否事先约定排除格式条款适用的问题。《民法典合同编通则解释》专门对此作了明确规定，其第 9 条规定：“合同条款符合民法典第四百九十六条第一款规定的情形，当事人仅以合同系依据合同示范文本制作或者双方已经明确约定合同条款不属于格式条款为由主张该条款不是格式条款的，人民法院不予支持。从事经营活动的当事人一方仅以未实际重复使用为由主张其预先拟定且未与对方协商的合同条款不是格式条款的，人民法院不予支持。但是，有证据证明该条款不是为了重复使用而预先拟定的除外。”同时，提示、说明义务的履行是格式条款法律适用规则中的关键内容，与原《合同法》关于提示义务或者说明义务的规定有所不同的是，《民法典》将提示和说明义务限制在“免除或者减轻其责任等与对方有重大利害关系的条款”。实践中，不少法院提出司法解释最好对“与对方有重大利害关系的条款”作出规定。笔者认为，合同中与对方有重大利害关系的条款可能有很多，如标的、数量、质量、价款或者报酬等涉及权利义务关系实质性内容的条款都可能是与对方有重大利益关系的条款，但如果都要提示，就可能导致满页都是提示内容，从而使提示义务的履行流于形式。因此，应将“与对方有重大利害关系的条款”限制在“异常条款”。从《民法典》将“免除或者减轻其责任”作为需要提示的条款要求来看，此类异常条款还应包括“排除或者限制对方权利”的条款，因为《民法典》第 497 条将“提供格式条款一方不合理地免除或者减轻其责任、加重对方责任、限制对方主要权利”“提供格式条款一方排除对方主要权利”规定为格式条款无效的情形，因此，即使是格式条款合理地排除或者限制对方权利，也应提示对方注意，否则，就不能成为合同的内容。[1] 此还涉及举证责任分配等问题，有必要在司法解释中予以明确。在此基础上，《民法典合同编通则解释》第 10 条规定：“提供格式条款的一方在合同订立时采用通常足以引起对方注意的文字、符号、字体

〔1〕 参见最高人民法院民事审判第二庭、研究室编著：《最高人民法院民法典合同编通则司法解释理解与适用》，人民法院出版社 2023 年版，第 133 页。

等明显标识，提示对方注意免除或者减轻其责任、排除或者限制对方权利等与对方有重大利害关系的异常条款的，人民法院可以认定其已经履行民法典第四百九十六条第二款规定的提示义务。提供格式条款的一方按照对方的要求，就与对方有重大利害关系的异常条款的概念、内容及其法律后果以书面或者口头形式向对方作出通常能够理解的解释说明的，人民法院可以认定其已经履行民法典第四百九十六条第二款规定的说明义务。提供格式条款的一方对其已经尽到提示义务或者说明义务承担举证责任。对于通过互联网等信息网络订立的电子合同，提供格式条款的一方仅以采取了设置勾选、弹窗等方式为由主张其已经履行提示义务或者说明义务的，人民法院不予支持，但是其举证符合前两款规定的除外。”现将有关法律适用问题解读如下：

## 一、格式条款的一般规则

### （一）格式条款概述

依据《民法典》第496条第1款的规定，格式条款是当事人为了重复使用而预先拟定，并在订立合同时未与对方协商的条款。格式条款是20世纪合同法发展的重要标志。[1] 从实践的情况来看，尽管缔约各方的法律地位是平等的，意思表示也是自由的，然而从谈判能力上看，具体合同中的当事人的缔约地位可能是有差异的。[2] 原《合同法》对格式条款的有关事项作出规定，主要明确了格式条款的定义和使用者的提示说明义务、格式条款无效的情形以及格式条款的解释规则。《消费者权益保护法》《保险法》等法律对格式条款的有关事项也作了规定，比如《消费者权益保护法》第26条规定：“经营者在经营活动中使用格式条款的，应当以显著方式提请消费者注意商品或者服务的数量和质量、价款或者费用、履行期限和方式、安全注意事项和风险警示、售后服务、民事责任等与消费者有重大利害关系的内容，并按照消费者的要求予以说明。经营者不得以格式条款、通知、声明、店堂告示等

〔1〕 参见王利明：《合同法新问题研究》（修订版），中国社会科学出版社2011年版，第210页。
〔2〕 参见刘贵祥、吴光荣：《〈民法典〉合同编法律适用中的思维方法——以合同编通则解释为中心》，载《法学家》2024年第1期。

方式，作出排除或者限制消费者权利、减轻或者免除经营者责任、加重消费者责任等对消费者不公平、不合理的规定，不得利用格式条款并借助技术手段强制交易。格式条款、通知、声明、店堂告示等含有前款所列内容的，其内容无效。”

格式条款一般具有以下特点：一是交易对象具有广泛性，格式条款往往都是面向社会公众使用的。二是格式条款具有持久性。格式条款一般是经过认真研究拟定的，在一个相当长的时期内不会改变。三是格式条款具体细致。格式条款往往内容繁复，条款甚多，具体细致。四是格式条款由占有优势的一方提出。[1] 有观点将格式条款的特点归纳为：第一，格式条款是由制定方为了反复使用而预先制定的。第二，格式条款的相对方通常是不特定的。第三，格式条款的内容具有定型化的特点。第四，相对人在订约中居于附从地位。[2] 此外，有学者认为格式条款还必须具备书面性，即使用格式条款的合同可以用不同的但必须是明确的书面形式表达出来。[3]

格式条款在交易活动中具有自身优势：一方面，从经济角度分析，其简捷、省时的特点，对于降低交易成本、提高交易效率具有重要意义。另一方面，从安全角度分析，其重复使用、预先拟定的特点，对于防范交易风险、推进交易规范化具有积极意义。但是在实践中，会出现拟订条款一方利用其市场优势地位预先订立一些对其有利而对对方不利的条款，尤其是一些免责条款、限制责任条款和排除对方权利的条款，如果不加以规制会导致双方利益明显失衡，形成名为维护合同自由实为违背意思自治的局面。

### （二）《民法典》对格式合同的规制

对格式条款的规制重点在于保护实质意义上的合同自由，维护合同正义：一是通过规定格式条款无效的情形，避免某些不合理的免责条款、限责条款或者加重对方责任的条款损害相对人利益，从而保护相对人。《民法典》第

---

〔1〕 参见石宏主编：《〈中华人民共和国民法典〉释解与适用·合同编》，人民法院出版社 2020 年版，第 65 页。

〔2〕 参见王利明：《合同法通则》，北京大学出版社 2022 年版，第 176 页。

〔3〕 参见杨立新编著：《中华人民共和国民法典条文要义》，中国法制出版社 2024 年版，第 364 页。

497 条就规定了格式条款无效的情形。二是规定格式条款提供方的特别提示和说明义务来保护相对人，尽可能使相对人在充分知悉相应信息的情况下订立合同。《民法典》第 496 条第 2 款就格式条款提供方的特别提示和说明义务以及未尽义务的法律后果作出规定。三是通过设定特别的解释方法，来限制格式条款对相对人造成不公平结果。《民法典》第 498 条规定采用客观解释方法和不利于提供格式条款一方的解释规则。

## 二、格式条款界定中的争议处理

### （一）“重复使用”对格式条款认定的影响

从比较法上看，普遍认为格式条款是制定方为了重复使用而预先制定的。例如，《国际商事合同通则》第 2. 1. 19 条第 2 款将格式条款界定为：“格式条款是指一方为通常和重复使用的目的而预先准备的条款，并在实际使用时未与对方协商”。该款明确强调重复使用目的在认定格式条款时的重要性。如果是为了一次交易而制定的条款，则并非格式条款。我国原《合同法》第 39 条采纳这一经验，《民法典》合同编也将重复使用和预先制定作为格式条款的判断标准。[1]

《民法典》关于格式条款的定义中包含了“为了重复使用”的描述。可以说，“为了重复使用”，是格式条款的显著特征。然而在司法实践中，很多格式条款的提供者以合同没有进行重复使用而主张不适用关于格式条款的法律规定。以“重复使用”为必要要件，在实践中容易导致本应受到限制的格式条款逃脱应有的法律规制，对于非格式条款提供方有失公平。在解释格式条款的定义时，不能将“反复使用”作为格式条款的特征，因为反复使用并不是格式条款的本质特征，而仅仅是为了说明预先制定的目的。“反复使用”是不能作为单独的特征存在的，原因是有的格式条款仅使用一次，并没有重复使用。“反复使用”只是其经济功能，而不是其法律特征。[2] 审判实务中也有相同的观点，认为审判实践不应过分强调重复使用的特征，“重复使用”

〔1〕 参见王利明：《合同法通则》，北京大学出版社 2022 年版，第 176 页。

〔2〕 参见王利明：《对〈合同法〉格式条款规定的评析》，载《政法论坛》1999 年第 6 期。

并非司法认定格式条款的必要条件。[1] 在《民法典》编纂过程中，有意见提出，“为了重复使用”只是格式条款的通常表现形式，并不是其本质特征，格式条款的本质特征在于“未与对方协商”，因此即使不是“为了重复使用”，只要相对方无法对合同条款施加影响、没有对合同条款进行修改的余地，都可以称为“格式条款”。基于此，提交全国人大常委会审议的合同编草案一审稿、二审稿、三审稿在格式条款的定义中删去了“为了重复使用”。对此，又有不同意见提出，原《合同法》关于格式条款的定义中，将“为了重复使用”与“未与对方协商”并用，有利于将其实质特征与外在表现较好地统一起来，判断标准明确、易于操作。实践中很多合同，都是一方提供、另一方签字确认，如果删去“为了重复使用”，就会使如何认定“未与对方协商”变得标准模糊、不易掌握。并且，如果仅是过于强调相对方对条款内容没有修改余地，还可能使格式条款制度与《民法典》总则编关于民事法律行为显失公平的制度之间的关系不易厘清。经反复研究考虑，《民法典》关于格式条款的定义最终又恢复到了原《合同法》的表述，保留了“为了重复使用”的表达。[2] 但此处的“为了重复使用”，不能僵化理解，不是要当事人去证明真正实际重复使用了多次，只要格式条款提供方具有重复使用的目的，无论使用的次数多少，都可认定为“为了重复使用”。[3] 另有学者指出，比较法上，《德国民法典》在第305条关于“一般交易条件”的定义中亦有“为大量合同而制作”之意，但并不要求事实上运用多次，我国在实践中也不应将《民法典》规定的“为了重复使用”作为格式条款规则适用的必要要件。[4]

关于“为了重复使用”的举证责任分配问题，由于“为了重复使用”属于主观判断，假如合同的相对方需要承担证明对方提供格式条款系为了重复使用的责任，会不合理地增加合同相对方的举证难度。因此，应由格式条款

〔1〕 参见最高人民法院民法典贯彻实施工作领导小组主编：《中华人民共和国民法典合同编理解与适用》，人民法院出版社2020年版，第245页。

〔2〕 参见石宏主编：《〈中华人民共和国民法典〉释解与适用·合同编》，人民法院出版社2020年版，第66页。

〔3〕 参见黄薇主编：《中华人民共和国民法典合同编释义》，法律出版社2020年版，第84页。

〔4〕 参见朱庆育主编：《中国民法典评注·条文选注》（第2册），中国民主法制出版社2021年版，第8页。

的提供方证明合同条款不是为了重复使用而拟定，合同条款具有可协商性。格式条款提供方仅以未实际重复使用为由主张其预先拟定且未与对方协商的合同条款不是格式条款的，人民法院不予支持。[1] 但是，格式条款的提供方确有证据证明该合同条款不是为了重复使用而预先拟定的，则另当别论。

### （二）“预先拟定”与“未与对方协商”

#### 1. 关于“预先拟定”

一般认为，“预先拟定”是认定格式条款的关键。[2] “预先拟定”从格式条款产生的角度揭示其不是当事人磋商而成，而是一方意志的主要体现，在合同订立的形式上具有不公平性。[3] 但对于一方当事人使用的行业协会或者政府部门主导制定的示范文本是否属于格式条款，实践中存在一定争议。事实上，格式条款的起源跟一些行业的发展相关，这些行业一般是发展较快且具有一定规模，往往具有垄断性，如水、电、热力、燃气、邮电、电信、保险、铁路、航空、公路、海运等行业。该行业既有公用事业单位，也有一般的大企业。[4] 多数观点普遍认为，行业协会的示范文本属于格式条款。有关企业直接采用，并且相对人无法对内容进行修改的示范合同文本，属于格式条款。[5] 笔者认为，这一观点较有道理，是否属于格式条款，究其实质，还是要看合同文本或者条款是否符合格式条款的基本特征。格式条款的基本特征是“预先拟定，并在订立合同时未与对方协商”，因此，即使合同条款依据合同示范文本制作，也不意味着不是格式条款。[6]

---

〔1〕 参见最高人民法院民事审判第二庭、研究室编著：《最高人民法院民法典合同编通则司法解释理解与适用》，人民法院出版社2023年版，第128页。

〔2〕 参见朱庆育主编：《中国民法典评注·条文选注》（第2册），中国民主法制出版社2021年版，第3页。

〔3〕 参见朱广新、谢鸿飞主编：《民法典评注·合同编·通则》，中国法制出版社2020年版，第246页。

〔4〕 参见石宏主编：《〈中华人民共和国民法典〉释解与适用·合同编》，人民法院出版社2020年版，第65页。

〔5〕 参见王利明：《合同法研究》（第3版）（第1卷），中国人民大学出版社2015年版，第407页。

〔6〕 参见刘贵祥、吴光荣：《〈民法典〉合同编法律适用中的思维方法——以合同编通则解释为中心》，载《法学家》2024年第1期。

合同示范文本是指由有关行政部门或行业协会主导制定，为当事人订立合同提供参考的合同文本。有学者认为，使用格式条款的合同与示范合同不同，示范合同对双方当事人没有强制约束力，当事人可以参照，也可以不参照，可以修改示范合同的条款和格式，也可以增减示范合同的条款；而使用格式条款的合同是对方当事人没有选择余地、只能接受的合同。[1] 合同示范文本的推广对完善合同条款、明确当事人权利义务、减少因当事人欠缺合同法知识而产生的纠纷均具有积极意义。但实际上，这并不意味着合同提供方采用的合同示范文本一定不属于格式条款[2]。换言之，格式条款"预先拟定"意味着合同提供方在合同条款磋商之前已经拟定好了合同条款的具体内容，至于格式条款是合同提供方本人拟定还是由行政机关、行业协会、公证机关等第三方制定并不影响对预先拟定因素的判断。格式条款的基本特征是"预先拟定，并在订立合同时未与对方协商"，依规范意旨，"预先拟定"包含了合同相对人无法对条款的内容进行变更之意，拟定的方法为自己拟定或采用示范文本，并无不同，均不改变条款未经磋商而预先形成的事实，即使合同条款依据合同示范文本制作，也不意味着不是格式条款。例如，在签订合同时，合同相对人是否可以就合同示范文本的条款内容进行协商，如果合同示范文本不具有可协商性，合同相对人不能够自由地协商合同条款，那么，合同示范文本就属于格式条款；反之，合同示范文本不属于格式条款。因此，当事人仅以合同系依据合同示范文本制作为由主张该条款不是格式条款的，人民法院不予支持。简言之，在判断合同示范文本是否为格式条款的问题上，仍应回到格式条款本身的法律属性上来。

**2. 关于"未与对方协商"**

应该说，未与对方协商是格式条款的核心特征，亦为认定格式条款最为重要的标准。[3] 未与对方协商，是指格式条款提供方没有就条款内容与相对

---

〔1〕 参见杨立新编著：《中华人民共和国民法典条文要义》，中国法制出版社 2024 年版，第 365 页。

〔2〕 参见最高人民法院民事审判第二庭、研究室编著：《最高人民法院民法典合同编通则司法解释理解与适用》，人民法院出版社 2023 年版，第 130 页。

〔3〕 参见朱广新：《合同法总则研究》，中国人民大学出版社 2018 年版，第 140 页。

方进行实质上的磋商，相对方对条款内容并没有进行实际修改的余地。[1] 还有学者将其定义为不允许对方修改预先拟定的合同条款，对方只能“要么全盘接受，要么走开”（take it or leave it）。[2] 这些见解都非常形象，可以给实务中的适用提供有益参考。

“预先拟定”和“未与对方协商”同样也是外在表现和实质特征的关系。格式条款通常在订立合同之前已经预先拟定，这些预先拟定的条款反映了合同内容未经磋商而预先形成的事实，故合同相对人无协商之可能。“预先拟定”是格式条款的外在表现，格式条款的“预先拟定”是为了证明格式条款“未与对方协商”，而“未与对方协商”是格式条款的实质特征。但需要注意的是，格式条款的最终认定不应简单以一方“预先拟定”为标准，单方事先拟定好条款也并不等同于合同订立未经过平等协商。[3]

### （三）当事人能否通过约定排除格式条款规则的适用

民法规范根据能否被当事人借助意思自治排除适用，分为任意性规范和强制性规范。[4] 任意性规范是指可以借助意思自治排除适用的规范。强制性规范是指因涉及公共利益等原因不得被排除适用的规范。因此，判断格式条款相关规定是否可以排除适用，核心在于对格式条款规范性质的认定。从规制角度出发，如果合同当事人约定合同条款不属于格式条款，实质上是自行排除了《民法典》关于格式条款规定的适用，对于保护交易弱势方权益、营造公平合理的市场秩序将产生不利影响。总之，无论合同条款本身的效力如何，当事人仅以双方已经明确约定合同条款不属于格式条款为由主张该条款不是格式条款的，人民法院均不应予以支持。

---

〔1〕 参见石宏主编：《〈中华人民共和国民法典〉释解与适用·合同编》，人民法院出版社 2020 年版，第 65 页。

〔2〕 参见朱广新、谢鸿飞主编：《民法典评注·合同编·通则》，中国法制出版社 2020 年版，第 247 页。

〔3〕 参见最高人民法院民事审判第二庭、研究室编著：《最高人民法院民法典合同编通则司法解释理解与适用》，人民法院出版社 2023 年版，第 129 页。

〔4〕 参见王轶：《行政许可的民法意义》，载《中国社会科学》2020 年第 5 期。

## 三、格式条款中提示说明义务的细化适用

### （一）格式条款提供方的提示说明义务概述

为了让相对人能注意并理解格式条款的内容，格式条款提供方对与对方有重大利害关系的条款应承担提示、说明义务。对此，依据《民法典》第496条第2款的规定，采用格式条款订立合同的，提供格式条款的一方应当遵循公平原则确定当事人之间的权利和义务，并采取合理的方式提示对方注意免除或者减轻其责任等与对方有重大利害关系的条款，按照对方的要求，对该条款予以说明。提供格式条款的一方未履行提示或者说明义务，致使对方没有注意或者理解与其有重大利害关系的条款的，对方可以主张该条款不成为合同的内容。这一规定中增加了概括性的表述即“与对方有重大利害关系的条款”，对格式条款提供方提示说明的义务范围进行了扩张。[1] 司法解释层面，《合同法解释（二）》（已失效）第6条[2]就提示义务和说明义务的履行进行了规定，《保险法解释（二）》第11条至第13条[3]就保险合同中提示说明义务的履行和举证责任进行了规定。《民法典合同编通则解释》吸收了上述司法解释的有益经验。同时，针对目前电子交易越发常见的情况，为保护消费者等特殊主体的交易安全，《保险法解释（二）》在第10条对有关提示说明义务作了细化规定。

### （二）提供格式条款的一方提示义务的履行

关于提示义务的对象，《民法典合同编通则解释》第10条将提供格式条

---

〔1〕 参见朱庆育主编：《中国民法典评注·条文选注》（第2册），中国民主法制出版社2021年版，第9页。

〔2〕《合同法解释（二）》第6条规定：“提供格式条款的一方对格式条款中免除或者限制其责任的内容，在合同订立时采用足以引起对方注意的文字、符号、字体等特别标识，并按照对方的要求对该格式条款予以说明的，人民法院应当认定符合合同法第三十九条所称‘采取合理的方式’。提供格式条款一方对已尽合理提示及说明义务承担举证责任。”

〔3〕《保险法解释（二）》第13条规定：“保险人对其履行了明确说明义务负举证责任。投保人对保险人履行了符合本解释第十一条第二款要求的明确说明义务在相关文书上签字、盖章或者以其他形式予以确认的，应当认定保险人履行了该项义务。但另有证据证明保险人未履行明确说明义务的除外。”

款的一方履行提示义务的对象明确为“免除或者减轻其责任、排除或者限制对方权利等与对方有重大利害关系的异常条款”。所谓“与对方有重大利害关系的异常条款”，比较法上常常称为“异常条款”，它是指相对人不能合理预见到，且对当事人的权利、义务、责任等有重大影响的条款。有学者将该类条款的特点归纳如下：一是通常情形下，当事人难以预见到该条款会在合同中出现，这一条款的出现严重有悖于当事人的合理预期。二是该条款对于当事人的权利义务具有重大影响。三是与当事人协商内容或者与广告内容描述不一致或与口头或书面的条款不一致的格式条款。[1] “有重大利害关系的条款”，一般来说主要包括但不限于格式条款提供方免除或者减轻其责任、加重对方责任、限制或者排除对方主要权利等条款。“有重大利害关系的条款”的认定要视格式条款的具体情况而定。[2] 比如，依照《消费者权益保护法》第26条的规定，经营者在经营活动中使用格式条款的，应当以显著方式提请消费者注意“商品或者服务的数量和质量、价款或者费用、履行期限和方式、安全注意事项和风险警示、售后服务、民事责任等与消费者有重大利害关系的内容”。

需要注意的是，《民法典》合同编第一分编“通则”是我国民商事领域共同的基础性法律制度，相当于发挥着“债法总则”的重要作用，属于一般法。因此，像《消费者权益保护法》《保险法》《民用航空法》《海商法》等法律中关于相应合同的规定，属于特别法。以消费者为买方、经营者为卖方的买卖合同纠纷中涉及的提供格式条款一方的提示义务、说明义务为例，《消费者权益保护法》第26条的相关规定属于特别规定，应当遵循特别规定优先适用，一般规定补充适用的规则。对此，要做好《消费者权益保护法》与《民法典》合同编以及与之配套的《民法典合同编通则解释》之间的衔接适用。例如，《消费者权益保护法》没有规定对于经营者未尽到提示、说明义务的法律后果，这时就应当适用《民法典》合同编以及与之配套的《民法典合同编通则解释》的有关规定。据此，消费者可以主张这些与消费者具有重大

〔1〕 参见王利明：《合同法通则》，北京大学出版社2022年版，第179页。

〔2〕 参见黄薇主编：《中华人民共和国民法典合同编释义》，法律出版社2020年版，第85页。

利害关系的条款不成为合同的内容。[1]

关于提示的方式。提供格式条款的一方提示对方注意免除或者减轻其责任、排除或者限制对方权利等与对方有重大利害关系的异常条款的方式，可以是在合同文本中使用特殊的文字、符号、字体等明显标识。当然，从措辞上看，《合同法解释（二）》（已失效）第6条规定的提示方式包括“足以引起对方注意的文字、符号、字体等特别标识”，《民法典合同编通则解释》第10条将“特别标识”修改为“明显标识”，更准确，也更符合立法本意。[2]

关于提示义务的履行须达到的标准。提供格式条款的一方提示对方注意免除或者减轻其责任、排除或者限制对方权利等与对方有重大利害关系的异常条款，需要达到“通常足以引起对方注意”的程度。如何准确把握“通常足以引起对方注意”，需要结合提示义务的对象、提示方式以及具体案情进行综合判断。比如，实务中提供格式条款的一方在合同文本中对异常条款配以区别于普通条款的字体、字号，但其字号明显小于普通条款，而且相关条款被放在合同文本并不显眼的位置，就无法达到“通常足以引起对方注意”的程度，也就不能认定提供格式条款的一方履行了相应的提示义务。如果没有其他证据证明对方当事人注意到该异常条款并理解该条款含义，交易对方主张该条款不成为合同内容的，人民法院应予支持。

另外，对于是否履行提示义务实践中也要结合消费、保险等特别领域的具体规定予以判断。比如保险领域，就可以参考《保险法》第17条以及《保险法解释（二）》第11条来理解。《保险法解释（二）》第11条第1款规定了履行提示义务的认定标准在于“对保险合同中免除保险人责任的条款，以足以引起投保人注意的文字、字体、符号或者其他明显标志作出提示”，该条第2款规定了履行说明义务的认定标准在于“保险人对保险合同中有关免除保险人责任条款的概念、内容及其法律后果以书面或者口头形式向投保人作出常人能够理解的解释说明”。[3]

---

〔1〕参见石宏主编：《〈中华人民共和国民法典〉释解与适用·合同编》，人民法院出版社2020年版，第68页。

〔2〕参见最高人民法院民事审判第二庭、研究室编著：《最高人民法院民法典合同编通则司法解释理解与适用》，人民法院出版社2023年版，第134页。

〔3〕参见朱广新：《合同法总则研究》，中国人民大学出版社2018年版，第251页。

### （三）提供格式条款的一方说明义务的履行

关于说明的内容和方式。对于说明的内容，至少应包括免除或者减轻格式条款提供方责任等与对方有重大利害关系条款的基本含义、对双方当事人责任的影响，并以对方能够理解和接受的方式进行。[1]《民法典合同编通则解释》第10条第2款明确了如果交易对方要求，提供格式条款的一方需对与对方有重大利害关系的条款的概念、内容及其法律后果进行解释说明。这种解释说明的方式一般不应作过多的限定，可以灵活处理，比如在方式上可以是书面形式，也可以是口头形式；又如在解释说明的载体上，可以通过网页、音频、视频等数字化手段进行。

关于说明义务的履行须达到的标准。格式条款往往运用于诸多特殊行业，而交易相对方往往没有相关专业知识背景，一旦涉及大量专业术语，交易相对方很有可能难以理解，甚至违背交易相对方的真实意愿和交易目的。因此，在交易相对方没有相关专业背景的情况下，提供格式条款一方对相关条款的说明必须达到使交易相对方通常能够理解的程度，否则此类异常条款很可能违背了交易相对方的交易目的和真实意思。提供格式条款一方未适当履行说明义务而使交易相对方没有理解与其有重大利害关系的条款的，该交易相对方有权主张该条款不成为合同的内容，其不受该条款约束。[2]

### （四）对已尽提示、说明义务的举证证明责任

对与交易相对方有重大利害关系的格式条款，提供格式条款的一方负有提示和说明义务，其作为相关义务履行一方更接近能够证明其适当履行了义务的相关证据，也有责任证明其完成了提示和说明的法定义务。如果提供格式条款的一方当事人举证不足，即可确认其未尽此注意义务。[3] 为保护消费者等特殊主体的交易安全，即使经营者采取了设置勾选、弹窗等方式，仍应

〔1〕参见最高人民法院民法典贯彻实施工作领导小组主编：《中华人民共和国民法典合同编理解与适用》，人民法院出版社2020年版，第247－248页。

〔2〕参见最高人民法院民事审判第二庭、研究室编著：《最高人民法院民法典合同编通则司法解释理解与适用》，人民法院出版社2023年版，第135页。

〔3〕参见杨立新：《合同法》（第2版），北京大学出版社2022年版，第110页。

举证证明其已依据《民法典合同编通则解释》第10条第1款、第2款的规定履行了提示义务或者说明义务，不宜简单以经营者只要采取了设置勾选、弹窗等方式就认定经营者已经履行了提示义务或者说明义务。这时，无论是消费合同还是商事合同，均应由条款的提供者承担证明其经过个别协商的举证责任。[1] 这一规则在通过互联网等信息网络方式订立电子合同的情形下也同样适用。因为在这一场景下，仅有勾选、弹窗的方式，消费者除非高度注意，否则也不能实际作出最符合自己本意的选择。[2]

实务中值得注意的是，金融领域通常存在要求金融消费者手抄一段文字，或者在相关文件上签字、盖章，甚至通过录音、录像的方式，来表明该消费者对提供格式条款一方已履行了提示、说明义务进行了确认的情况。提供格式条款一方当事人通常也以前述证据证明其履行了提示、说明义务。考虑到格式条款本身的便捷优势作用的发挥以及对当事人意思通过外在行为来反映的考量，在没有相反证据证明提供格式条款一方未履行提示和说明义务的情况下，人民法院可以根据提供格式条款一方提供的前述文件、音视频资料等认定其已经尽到提示和说明义务。[3]

## 四、审判实践中需要注意的其他重点问题

结合《民法典》的相关规定精神，对于格式条款的适用，需要注意以下问题：

### （一）关于格式条款无效与格式条款不成为合同内容的衔接适用问题

就未尽到提示说明义务的法律后果，《民法典》第496条第2款中规定“对方可以主张该条款不成为合同的内容”；就不合理免除或者减轻自己责任、加重对方责任、限制对方主要权利以及排除对方主要权利的格式条款，《民法

〔1〕 参见朱庆育主编：《中国民法典评注·条文选注》（第2册），中国民主法制出版社2021年版，第13页。

〔2〕 参见最高人民法院民事审判第二庭、研究室编著：《最高人民法院民法典合同编通则司法解释理解与适用》，人民法院出版社2023年版，第136页。

〔3〕 参见最高人民法院民事审判第二庭、研究室编著：《最高人民法院民法典合同编通则司法解释理解与适用》，人民法院出版社2023年版，第135－136页。

典》第 497 条规定了“该格式条款无效”的法律后果。实务中对于此二者的衔接存有较大争议。

有观点认为,《民法典》第 496 条第 2 款是关于订入控制的条款,性质上属于格式条款的效力判断规则。判断“与对方有重大利害关系的条款”非订入控制所能承受之重,关于合同的实质性审查应该交给具有效力控制功能的《民法典》第 497 条,因为这种规定不但有越俎代庖之嫌,更会造成两个条文的冲突。[1] 因此,司法实务中不应将此作为格式条款认定之实质要件,是否公平的问题应为第 497 条审查范围。也有观点指出,《民法典》第 496 条第 2 款规定“对方可以主张该条款不成为合同的内容”,总体上将格式条款的问题归属于合同订立的范畴。《民法典》第 497 条规定的格式条款无效情形,属于合同成立后的效力评价层面,属于合同效力的范畴。还需要强调一点,第 496 条第 2 款规定的“该条款不成为合同的内容”,只能由相对方主张,格式条款提供方无权主张,这也是从制度设计上对相对方所作的倾斜性保护。[2] 《合同法解释(二)》(已失效)第 9 条对此采取的思路是,明确“提供格式条款的一方当事人违反合同法第三十九条第一款关于提示和说明义务的规定,导致对方没有注意免除或者限制其责任的条款,对方当事人申请撤销该格式条款的,人民法院应当支持”。这种处理方式实际上是赋予了当事人选择权,既不认为不构成合同内容,也不认为一律无效,由当事人决定该格式条款的效力,对于充分保护格式条款接受一方利益具有开创性意义。《民法典》最终采可主张不订入合同的模式,既借鉴了《合同法解释(二)》(已失效)赋予接受格式条款一方选择权的创新,又回归到合同订立的阶段,在后果上与司法解释规定没有明显差异。[3]

在具体适用中要注意的是,《民法典》第 497 条规定的格式条款无效的情形是格式条款当然无效的事由,此不以是否尽到《民法典》第 496 条规定的提示说明义务为前提。此亦包括《民法典》第 506 条规定的合同免责条款无

---

〔1〕 参见朱庆育主编:《中国民法典评注·条文选注》(第 2 册),中国民主法制出版社 2021 年版,第 16 页。

〔2〕 参见石宏主编:《〈中华人民共和国民法典〉释解与适用·合同编》,人民法院出版社 2020 年版,第 67 页。

〔3〕 参见杜万华主编:《民法典实施精要》(中),法律出版社 2022 年版,第 40 页。

效的情形以及《民法典》第153条规定的民事法律行为无效的情形，违反这些规定的，都是自始无效、绝对无效。但对于除了法律明确规定的格式条款无效的情形，都要落入《民法典》第496条所规定的提示说明义务履行的范畴：如果尽到相应的提示说明义务，则该格式条款有效；如果没有尽到提示说明义务，则应当认定此条款不成为该合同的内容。由此涉及的损害赔偿问题，应当适用缔约过失责任的规则。

### （二）关于格式条款解释的规则的适用

《民法典》第498条规定了格式条款的解释。当事人双方对格式条款的理解发生争议，就需要对格式条款进行合理的解释，以平衡双方利益。格式条款具有为了重复使用、单方事先拟定、对方未参与协商等特点，相对于一般合同条款有其特殊性。《民法典》第498条针对格式条款的特点，对格式条款规定了专门的解释规则。

一是按照通常理解予以解释。这相当于普通法上的平易明白（plain）规则。平易明白规则要求，法院应赋予每一书面的词与短语以自己所含有的平易明白、符合语法的意思，除非肯定出现下述情形：通过整个合同证明，这样的意思会反对当事人双方的意思。〔1〕格式条款是为了重复使用而拟定的，因此对格式条款也应当按照通常理解予以解释，即既不按照提供格式条款一方的理解予以解释，也不按照个别的相对方的理解予以解释，而是按照可能订立该格式条款的一般人的理解予以解释，这对保护相对方的利益是公平的。

二是不利解释规则。对格式条款有两种以上解释的，应当如何处理？格式条款提供方往往处于优势地位，相对方不能实际参与格式条款内容的拟定与磋商，无法对格式条款内容施加影响，因此在对格式条款内容有两种以上解释时，有必要给予相对方倾斜性保护，即作出不利于提供格式条款一方的解释。合同既有格式条款，也有非格式条款的，如果格式条款和非格式条款不一致，应当如何处理？非格式条款优先采信规则已经成为国际上普遍采用的规则。格式条款是单方拟定并提供给相对方使用、相对方未实际参与协商

〔1〕参见崔建远：《合同法》（第4版），北京大学出版社2021年版，第443页。

的条款，不能充分体现相对方的真实意愿。非格式条款是双方当事人自由协商的结果，与格式条款相比，更能体现双方当事人的真实意愿。优先采用非格式条款更符合民法上的自愿原则，对当事人也更为公平。[1] 据此，《民法典》第 498 条中规定，格式条款和非格式条款不一致的，应当采用非格式条款。有学者进一步指出，在格式条款经过行政规制或行业规制，所反映的利益关系比较公平合理的情况下，条款利用人利用其优势地位强行与用户或消费者“个别商议”，形成不利于用户或消费者的所谓非格式条款，于此场合，该非格式条款不得具有优先性，甚至应被依法确认为无效，或被撤销。[2] 此法理上的逻辑起点也是基于维护实质意义上的意思自治的需要，实现真正意义上的合同正义，值得在实务中参考适用。

此外，对于不构成格式条款的情形，比如仅是当事人一方草拟合同而并不符合格式条款“为了重复适用”以及“未与对方协商”等要件要求，这时在解释时也不宜适用格式条款的解释规则，否则在导向上不利于鼓励当事人积极主动拟定合同、不利于合同的规范化，进而不利于减少纠纷。对此类合同条款在理解上存有争议的，应当适用《民法典合同编通则解释》第 1 条的规定进行解释。

---

〔1〕 参见石宏主编：《〈中华人民共和国民法典〉释解与适用·合同编》，人民法院出版社 2020 年版，第 70 页。

〔2〕 参见崔建远主编：《合同法》（第 7 版），法律出版社 2021 年版，第 279 页。

# 第六讲

## 批准生效合同具体适用中的难点问题

一、未履行报批义务与合同效力之间的关系

二、违反报批义务的法律后果

三、已批准合同效力对法律行为无效、可撤销规则的体系化适用

四、作为可撤销事由的“显失公平”认定规则的细化

《民法典》第502条第2款〔1〕就经批准生效的合同进行了规定。根据这一规定，在法律、行政法规规定的批准手续影响合同生效的情形下，批准前的合同为未生效合同。关于未生效合同的法律地位及其救济途径，长期以来，理论界和实务界均存在认识上的分歧。《九民会议纪要》第37条至第40条对这一问题作了系统规定，很好地发挥了统一法律适用的作用，但是，理论界对此有关的争议还在继续。比如，在未履行报批义务的情形下，当事人承担的责任是否就是违约责任的问题；又如，在批准机关未予以批准的情形下，此时是赋予守约方可解除合同的权利还是合同确定不生效也值得讨论。此外，有些内容，比如《九民会议纪要》第38条有关报批义务及相关违约条款独立生效之规定，《民法典》第502条已经对此作出了明确规定，无须再在司法解释中规定。《民法典合同编通则解释》遵循《民法典》第502条规定精神，对

〔1〕《民法典》第502条第2款规定：“依照法律、行政法规的规定，合同应当办理批准等手续的，依照其规定。未办理批准等手续影响合同生效的，不影响合同中履行报批等义务条款以及相关条款的效力。应当办理申请批准等手续的当事人未履行义务的，对方可以请求其承担违反该义务的责任。”

《九民会议纪要》中的有益内容作了沿用，同时针对实务中的突出问题，作了相应规定。其中，《民法典合同编通则解释》第 12 条第 1 款就未履行报批义务时的法律责任作了规定，该款规定："合同依法成立后，负有报批义务的当事人不履行报批义务或者履行报批义务不符合合同的约定或者法律、行政法规的规定，对方请求其继续履行报批义务的，人民法院应予支持；对方主张解除合同并请求其承担违反报批义务的赔偿责任的，人民法院应予支持。"第 2 款进一步就判决履行报批义务后仍不履行时的损害赔偿责任作了明确规定，该款规定："人民法院判决当事人一方履行报批义务后，其仍不履行，对方主张解除合同并参照违反合同的违约责任请求其承担赔偿责任的，人民法院应予支持。"第 3 款就在此情形下的人民法院释明权的行使作了明确规定，该款规定："合同获得批准前，当事人一方起诉请求对方履行合同约定的主要义务，经释明后拒绝变更诉讼请求的，人民法院应当判决驳回其诉讼请求，但是不影响其另行提起诉讼。"第 4 款则就报批机关不予批准时的赔偿责任作了规定，该款规定："负有报批义务的当事人已经办理申请批准等手续或者已经履行生效判决确定的报批义务，批准机关决定不予批准，对方请求其承担赔偿责任的，人民法院不予支持。但是，因迟延履行报批义务等可归责于当事人的原因导致合同未获批准，对方请求赔偿因此受到的损失的，人民法院应当依据民法典第一百五十七条的规定处理。"

## 一、未履行报批义务与合同效力之间的关系

法律、行政法规对合同规定了批准等手续的，当事人应当依法办理批准等手续。法律、行政法规对相当一些合同规定了批准等手续，比如《商业银行法》《保险法》《企业国有资产监督管理暂行条例》等法律、行政法规对此都有相应规定。[1] 对于未经批准合同的法律适用问题，《合同法解释（二）》

---

〔1〕《商业银行法》第 28 条规定："任何单位和个人购买商业银行股份总额百分之五以上的，应当事先经国务院银行业监督管理机构批准。"根据《保险法》第 84 条的规定，变更出资额占有限责任公司资本总额 5% 以上的股东，或者变更持有股份有限公司股份 5% 以上的股东，应当经保险监督管理机构批准。《企业国有资产监督管理暂行条例》第 24 条规定："所出资企业投资设立的重要子企业的重大事项，需由所出资企业报国有资产监督管理机构批准的，管理办法由国务院国有资产监督管理机构另行制定，报国务院批准。"

（已失效）第8条规定了经批准才能生效的合同，未办理批准手续属于原《合同法》第42条第3项规定的“其他违背诚实信用原则的行为”，人民法院可以根据案件的具体情况和相对人的请求，判决相对人自行办理报批手续，由怠于履行报批义务的当事人承担相关费用及损失。但是实务中，相对人自行办理报批手续往往很难获得主管部门的批准，故这一规定的实际效果并不理想。2010年出台的《最高人民法院关于审理外商投资企业纠纷案件若干问题的规定（一）》（已修正）第一次明确规定了报批条款及相关条款独立生效，在此基础上完善了未生效合同向有效合同转化的机制。这一思路也被后来的《最高人民法院关于审理矿业权纠纷案件适用法律若干问题的解释》所采纳。〔1〕《九民会议纪要》在吸收上述做法的基础上，进一步总结审判实务经验，系统规定了未经批准的合同效力问题。比如，《九民会议纪要》第37条规定：“法律、行政法规规定某类合同应当办理批准手续生效的，如商业银行法、证券法、保险法等法律规定购买商业银行、证券公司、保险公司5%以上股权须经相关主管部门批准，依据《合同法》第44条第2款的规定，批准是合同的法定生效条件，未经批准的合同因欠缺法律规定的特别生效条件而未生效。实践中的一个突出问题是，把未生效合同认定为无效合同，或者虽认定为未生效，却按无效合同处理。无效合同从本质上来说是欠缺合同的有效要件，或者具有合同无效的法定事由，自始不发生法律效力。而未生效合同已具备合同的有效要件，对双方具有一定的拘束力，任何一方不得擅自撤回、解除、变更，但因欠缺法律、行政法规规定或当事人约定的特别生效条件，在该生效条件成就前，不能产生请求对方履行合同主要权利义务的法律效力。”第38条第1句又进一步规定：“须经行政机关批准生效的合同，对报批义务及未履行报批义务的违约责任等相关内容作出专门约定的，该约定独立生效。”一方面，这些规定为《民法典》第502条第2款规定的出台奠定了很

〔1〕《最高人民法院关于审理矿业权纠纷案件适用法律若干问题的解释》第10条规定：“自然资源主管部门不予批准矿业权转让申请致使矿业权转让合同被解除，受让人请求返还已付转让款及利息，采矿权人请求受让人返还获得的矿产品及收益，或者探矿权人请求受让人返还勘查资料和勘查中回收的矿产品及收益的，人民法院应予支持，但受让人可请求扣除相关的成本费用。当事人一方对矿业权转让申请未获批准有过错的，应赔偿对方因此受到的损失；双方均有过错的，应当各自承担相应的责任。”

好的基础；另一方面，这些与《民法典》第502条第2款规定精神不冲突的规定，可以在实务中继续适用。至于与报批义务相关的条款，主要是合同中专门约定的报批义务人怠于履行报批义务时将承担违约责任的约定，此种约定有别于主合同约定的违约责任条款。当然，“相关条款”并不限于与报批义务相关的违约责任条款，还包括其他与报批义务有关的条款，比如，在股权转让场合，双方约定受让人先支付一定比例的价款时转让人才履行报批义务。〔1〕

《民法典》第502条第2款专门对未办理批准等手续影响合同生效的情形作了规定。“未办理批准等手续影响合同生效”是指只有办理了批准等手续，合同才能生效；反之，未办理批准等手续，合同不生效。对于未办理批准等手续影响合同生效的情形，如果当事人未办理批准等手续，该合同整体不生效。如果此类合同中存在履行报批等义务条款及相关条款，这些条款对报批等义务的履行甚至违反报批义务的责任等作了专门约定。这类报批条款的履行是整个合同生效的前提和基础，合同生效后，才能进入合同的履行环节，当事人一方才能请求对方履行合同义务。〔2〕故《民法典》第502条明确将履行报批等义务条款以及相关条款作为一种特殊的条款予以独立对待，合同整体因未办理批准等手续不生效的，也不影响合同中履行报批等义务条款以及相关条款的效力。一方面，未经批准的合同的效力状态为成立但未生效，可以理解为合同中有关报批义务的条款单独生效，权利人可依据报批义务违反之情事主张相应的民事责任，而其他条款尚未生效。〔3〕另一方面，合同未生效仅仅意味着合同不具有履行效力，即任何一方当事人都无权请求对方履行合同约定的主要义务，但不意味着合同不产生其他效力，如未生效合同应具有法律约束力。〔4〕

具体来说：一是具有形式拘束力。未生效合同已经依法成立，双方当事

---

〔1〕参见最高人民法院民事审判第二庭、研究室编著：《最高人民法院民法典合同编通则司法解释理解与适用》，人民法院出版社2023年版，第160页。

〔2〕参见黄薇主编：《中华人民共和国民法典合同编释义》，法律出版社2020年版，第96页。

〔3〕参见刘贵祥：《论行政审批与合同效力——以外商投资企业股权转让为线索》，载《中国法学》2011年第2期；杨永清：《批准生效合同若干问题探讨》，载《中国法学》2013年第6期。

〔4〕参见吴光荣：《行政审批对合同效力的影响：理论与实践》，载《法学家》2023年第1期。

人非经协商或具有法定事由，不得任意撤销、变更或解除合同，也不得恶意阻止办理批准手续。换言之，如果具有法定事由，另一方可以请求人民法院撤销或变更合同。二是不具有实质效力。合同未生效属于欠缺生效要件的合同，有别于有效合同，一方直接请求另一方履行合同或者承担合同约定的违约责任，不应予以支持。三是通过办理批准手续能够促成合同生效。是故，未生效合同仍有通过办理批准手续而生效的可能，故也不同于无效合同。当事人直接请求确认合同无效的，亦不能予以支持。[1]

## 二、违反报批义务的法律后果

如果当事人违反报批义务，应当承担何种责任？一种观点是缔约过失责任，有学者认为，在一方没有履行或者拒绝履行报批义务时，另一方应当享有两项请求权：一是请求人民法院强制要求负有报批义务的一方履行报批义务；二是请求缔约过失的损害赔偿，因为在报批之前，合同尚未生效，一方不能依据合同主张违约损害赔偿请求权，只能依据诚信原则主张缔约过失责任。[2] 一般而言，缔约过失责任的所受损失包括：缔约费用、准备履行所需费用、已给付金钱的利息等；所失利益主要是丧失订约机会之损害。另一种观点是违约损害赔偿责任，认为未经行政审批的合同既非无效合同，又非未生效合同，而是已生效合同，对当事人不仅具有形式拘束力，还具有实质拘束力，即负有报批义务的一方如果不履行报批义务，就应承担相应的违约责任。也就是说，未经行政审批的合同虽然不具有履行的效力，即一方当事人不得请求另一方当事人履行合同约定的义务，但却具有约束当事人并使其承担报批义务的效力。[3] 为进一步解决这一问题，《九民会议纪要》第40条中规定，“人民法院判决一方履行报批义务后，该当事人拒绝履行，经人民法院强制执行仍未履行，对方请求其承担合同违约责任的，人民法院依法予以支

〔1〕 参见最高人民法院民法典贯彻实施工作领导小组主编：《中华人民共和国民法典合同编理解与适用（一）》，人民法院出版社2020年版，第296页。

〔2〕 参见王利明：《合同法新论》，中国社会科学出版社2011年版，第134页。

〔3〕 参见刘贵祥：《论行政审批与合同效力——以外商投资企业股权转让为线索》，载《中国法学》2011年第2期；吴光荣：《行政审批对合同效力的影响：理论与实践》，载《法学家》2013年第1期。

持”。为了明确表达拒不履行法院判决的报批义务一方承担的是合同的违约责任而非报批义务条款的违约责任，特意使用了“合同违约责任”一词。《九民会议纪要》采违约责任说的理由是，“此时可以参照适用《合同法》第45条‘当事人为自己的利益不正当地阻止条件成就的，视为条件已成就’的规定，认为合同所附的法定条件因报批义务人不正当地阻止条件成就而拟制成就，从而使另一方享有违约损害赔偿请求权”〔1〕。《民法典》第502条最终没有对违反报批义务规定“违约责任”，而是规定“办理申请批准等手续的当事人未履行义务的，对方可以请求其承担违反该义务的责任”。这一规定明确将责任限定为“违反该义务的责任”，基于报批条款的独立性，应仅解释为违反报批义务的责任，而非违反合同履行义务的责任。〔2〕

### （一）请求继续履行报批义务的情形

既然合同中履行报批等义务条款以及相关条款独立生效，负有报批义务的一方当事人未履行义务的，另一方当事人可以参照合同违约责任，包括以继续履行等责任形式要求其承担责任〔3〕，即负有履行报批手续义务的一方仍然应当负担履行报批手续的义务，继续报批。〔4〕从责任形式上看，对履行报批义务的判决，既可以依请求判决约定的或者法定的报批义务方履行报批义务，又可以依请求判决请求方自行办理报批手续，法律有规定的情况下，请求方也可以诉请第三人承担报批义务。对法院判决报批义务人实际履行报批义务的判决，应如何执行？最高人民法院2019年发布的指导案例123号“于某岩与锡林郭勒盟隆兴矿业有限责任公司执行监督案”〔5〕在裁判要点中明确指出：“生效判决认定采矿权转让合同依法成立但尚未生效，判令转让方按照合同约定办理采矿权转让手续，并非对采矿权归属的确定，执行法院依此向

〔1〕最高人民法院民事审判第二庭编著：《〈全国法院民商事审判工作会议纪要〉理解与适用》，人民法院出版社2019年版，第288页。

〔2〕参见杜万华主编：《民法典实施精要》（中），法律出版社2022年版，第57页。

〔3〕参见黄薇主编：《中华人民共和国民法典合同编释义》，法律出版社2020年版，第96页。

〔4〕参见杨立新：《合同法》（第2版），北京大学出版社2022年版，第117页。

〔5〕参见于某岩与锡林郭勒盟隆兴矿业有限责任公司执行监督案，最高人民法院执行裁定书，指导案例123号（2019年）。

相关主管机关发出协助办理采矿权转让手续通知书，只具有启动主管机关审批采矿权转让手续的作用，采矿权能否转让应由相关主管机关依法决定。申请执行人请求变更采矿权受让人的，也应由相关主管机关依法判断。”此类判决应当先由义务方自行履行，如果义务方拒不履行，人民法院可以向审批机关发送协助执行通知，但该通知只有启动审批程序的作用，而非强制审批机关办理批准手续。当然，对报批义务方拒不执行生效判决的，人民法院可以根据民事诉讼法规定给予相应的制裁。[1] 有观点认为，报批义务需要义务人有所作为，而义务人是否从事某种行为涉及行为自由问题，不具有可执行性，因而不能强制执行报批义务。这一观点实际上是混淆了人身自由与行为自由的界限。现代法治尊重个人人格，因此不能以人格为执行标的，即不能通过侵害义务人物质性人格权（即生命健康权）、贬损精神性人格权或剥夺人身自由（人格权层面的自由权）的方式来迫使其履行债务。但这并不意味着不能将义务人的行为（包括作为和不作为）作为执行标的。事实上，当义务人怠于履行其义务时，权利人完全可以通过法院强制义务人作出某种行为，如请求义务人继续交付标的物或价金，这就是强制实际履行可以作为违约责任形态的基本法理。要求转让人履行报批义务尽管在一定程度上限制了义务人的行为自由，但并未侵害其人身自由，因而可以请求强制实际履行。[2]

### （二）请求解除合同并予以赔偿损失的情形

法律、行政法规规定批准生效的合同，未办理批准等手续的，该合同不生效。对于不生效的合同，是否可以解除，司法解释的立场是一贯的。《最高人民法院关于审理外商投资企业纠纷案件若干问题的规定（一）》第 5 条规定，“外商投资企业股权转让合同成立后，转让方和外商投资企业不履行报批义务，经受让方催告后在合理的期限内仍未履行，受让方请求解除合同并由转让方返还其已支付的转让款、赔偿因未履行报批义务而造成的实际损失的，人民法院应予支持”。《九民会议纪要》第 38 条进一步将这一解释规定扩展到

〔1〕 参见杜万华主编：《民法典实施精要》（中），法律出版社 2022 年版，第 60 页。

〔2〕 参见最高人民法院民事审判第二庭、研究室编著：《最高人民法院民法典合同编通则司法解释理解与适用》，人民法院出版社 2023 年版，第 161 页。

其他合同类型，“一方因另一方不履行报批义务，请求解除合同并请求其承担合同约定的相应违约责任的，人民法院依法予以支持”。《民法典合同编通则解释》第 12 条第 1 款、第 2 款对这一思路作了沿用。

从法理上讲，依法成立的合同对当事人有约束力，合同解除并不以合同生效为前提。[1] 至于行使解除权的条件，应当体系化适用《民法典》有关合同解除的规定，比如第 564 条[2]关于解除权行使期限的规定。同时，有必要明确只有经催告后负有报批义务的一方当事人在合理期限内仍未履行报批义务时，对方当事人才能解除合同。在未生效合同中，报批义务本身具有促成合同生效的意义。根据鼓励交易原则，应尽量地促成当事人履行报批义务，而不宜轻易地以报批义务人没有报批为由解除合同，故行使解除权的条件要更加严格。[3] 对此，在法律适用上，有必要对《民法典》第 563 条第 1 款第 3 项进行目的性扩张，将未履行报批义务纳入该项规定的迟延履行的范畴。至于未履行报批义务的损害赔偿责任，如果当事人对此有约定违约金，则基于此报批义务及相关条款独立生效的原理，可以对此适用相应的违约金责任，并适用相应的违约金调整规则。

在直接请求解除合同场合，报批义务人承担的责任视合同是否专门针对报批义务约定独立的违约责任而有所不同：专门针对报批义务约定违约责任的，此种违约责任条款独立生效，当事人在解除合同的同时，可以基于约定请求报批义务人承担违约责任。反之，合同未专门针对报批义务约定违约责任的，如果未约定违约金，根据办理批准等手续才能生效的合同的具体情况的不同，违反报批义务的赔偿额也会有所不同。在确定赔偿额时，要将报批义务放到交易整体中予以考虑，综合考量办理报批手续在整个交易中的重要性、报批后批准的难易度、报批义务履行后整个交易的完成度和成熟度等因素。如果办理报批手续是整个交易最关键的环节，并且报批后予以批准的可

---

〔1〕 参见马新彦：《论民法对合同行政审批的立法态度》，载《中国法学》2016 年第 6 期。

〔2〕《民法典》第 564 条规定：“法律规定或者当事人约定解除权行使期限，期限届满当事人不行使的，该权利消灭。法律没有规定或者当事人没有约定解除权行使期限，自解除权人知道或者应当知道解除事由之日起一年内不行使，或者经对方催告后在合理期限内不行使的，该权利消灭。”

〔3〕 参见最高人民法院民事审判第二庭、研究室编著：《最高人民法院民法典合同编通则司法解释理解与适用》，人民法院出版社 2023 年版，第 163 页。

能性非常高，报批义务履行后当事人之间就完成了整个交易的绝大部分，整个交易就能达到很高的完成度和成熟度，那么违反报批义务的赔偿额就应当更高甚至可以很接近于整体合同的履行利益，但不能超过整体合同的履行利益。[1] 至于人民法院判决当事人一方履行报批义务后，其仍不履行的情形，对方主张解除合同并参照违反合同的违约责任请求其承担赔偿责任的，人民法院应予支持。

上述情形实际上仅是在法定解除的框架下对有关解除权行使规则的体系化适用，并未涉及协议解除的问题。基于意思自治原则加之报批义务及其相关条款的独立生效的法理，当事人可以专门针对报批义务约定解除权，也可以通过协议的方式对此合同予以解除。但是对于此解除规则能否延伸到行政机关不予批准的情形，《九民会议纪要》第40条中规定，“一方依据判决履行报批义务，行政机关予以批准，合同发生完全的法律效力，其请求对方履行合同的，人民法院依法予以支持；行政机关没有批准，合同不具有法律上的可履行性，一方请求解除合同的，人民法院依法予以支持”。《民法典合同编通则解释》第12条第4款对此情形并未采纳这一思路，仅是规定非违约方原则上不能请求另一方承担赔偿责任，此在实务适用中要予以注意。依照该款规定，如果负有报批义务的当事人履行了报批义务，但审批机关没有批准，此时合同将确定不发生当事人追求的法律效力，而继续维持合同的法律约束力亦无必要，应允许当事人请求解除合同。此时，报批义务人不应承担赔偿责任。但是，如果负有报批义务的当事人对于合同没有获得批准有过错，则应根据《民法典》第157条的规定承担缔约过失责任。[2] 当事人不履行报批义务与合同未获批准的法律责任应当被区别对待。前者因不履行经过法院判决的强制执行报批义务而产生合同解除权，且损害赔偿范围以合同生效的履行利益为限；后者直接产生合同解除权，并以《民法典》第157条为依据，

〔1〕 参见黄薇主编：《中华人民共和国民法典合同编释义》，法律出版社2020年版，第96－97页。

〔2〕 参见《民法典合同编通则解释》起草工作组：《〈关于适用民法典合同编通则若干问题的解释〉的理解与适用》，载《人民司法》2024年第1期。

按照当事人是否存在过错确定法律责任。[1]

值得注意的是，对于以批准作为合同生效条件的情形，不宜类推适用《民法典》第159条有关“附条件的民事法律行为，当事人为自己的利益不正当地阻止条件成就的，视为条件已经成就；不正当地促成条件成就的，视为条件不成就”的规定，因为是否批准的问题涉及行政权力的行使问题，往往也涉及公共利益保护的问题，此并不属于意思自治的范畴，不可类推适用上述以意思自治原则为出发点的《民法典》第159条有关附条件的民事法律行为“视为条件已经成就”的规则。在此情形下，负有报批义务的当事人不配合甚至恶意阻止办理报批事务的，对方当事人只能依照《民法典合同编通则解释》第12条第1款、第2款的规定向该负有报批义务的当事人主张解除合同并请求其承担违反报批义务的赔偿责任。如果生效判决已经判令该负有报批义务的当事人履行报批义务，其仍拒不履行的，这时对方当事人可以主张解除合同并参照违反合同的违约责任让该负有报批义务的当事人承担违约损害赔偿责任。

此外，对于未履行报批义务的合同当事人坚持诉请履行主要合同义务的问题，《九民会议纪要》第39条规定了在此情形下人民法院应进行必要的释明，即“须经行政机关批准生效的合同，一方请求另一方履行合同主要权利义务的，人民法院应当向其释明，将诉讼请求变更为请求履行报批义务。一方变更诉讼请求的，人民法院依法予以支持；经释明后当事人拒绝变更的，应当驳回其诉讼请求，但不影响其另行提起诉讼”。《民法典合同编通则解释》第12条第3款吸收了《九民会议纪要》这一规定精神。实务中还有一种情形是当事人直接请求确认合同无效的，人民法院也应当向其释明，告知其将诉讼请求变更为解除合同；经释明后当事人仍拒绝变更诉讼请求的，可以驳回其诉讼请求。[2]

---

〔1〕 参见谭佐财：《未经批准合同的效力认定与责任配置——〈民法典〉第502条第2款解释论》，载《法学》2022年第4期。

〔2〕 参见最高人民法院民事审判第二庭编著：《〈全国法院民商事审判工作会议纪要〉理解与适用》，人民法院出版社2019年版，第285页。

## 三、已批准合同效力对法律行为无效、可撤销规则的体系化适用

实务中，不少中基层法院的法官对于将合同在有关行政管理部门办理备案、批准手续或者依据合同办理财产权利变更登记、转移登记等对于合同效力的影响仍存在认识上的误区，特别是对于批准生效合同的情形，有的简单认为只要就该合同办理了批准手续，就应当认为该合同生效。其实这里面有一个体系化适用的问题，也就是该合同除了要批准生效外，还要满足合同生效的一般规则，即体系化适用民事法律行为效力的规定。换句话说，批准生效解决的是特别生效要件是否成就的问题，而此合同本身还要受到是否无效方面的价值评判。即使是须批准才生效的合同，批准也只是合同生效的特别要件，除了特别生效要件外，合同还必须具备一般生效要件，即有效要件。由于批准机关并不对合同的有效要件进行全面审查，因此，如果合同存在无效或者可撤销的情形，则即使合同已经批准，也不能据此认为合同有效。

正因如此，《民法典合同编通则解释》第 13 条规定："合同存在无效或者可撤销的情形，当事人以该合同已在有关行政管理部门办理备案、已经批准机关批准或者已依据该合同办理财产权利的变更登记、移转登记等为由主张合同有效的，人民法院不予支持。"这一规定系从反面角度明确了合同存在无效、可撤销事由，合同不因已经批准机关批准而被径行认定为有效。行政机关在作出批准行为之前需要对此合同内容进行合法性审查，在此场合，行政机关通过审查合同的内容是否合法，作出批准或者不批准的决定，进而影响合同的效力。但是，某些特定合同的生效除了行政批准这一特别生效要件外，还必须具备一般生效要件，这些要件通常涉及当事人意思表示是否真实的问题，不在行政机关的审查职权范围之内。行政机关之所以不能审查意思表示的真实性，是出于维护意思自治原则以及依法行政原则的双重需要，因为如果允许公权力机关可以通过审批而审查意思表示自身的真实性，则意思自治原则可能会受到公权力的侵害，既违背意思自治原则，又有违依法行政原则。换言之，意思表示是否自愿、真实，只能由表意人自己或人民法院来判断，

行政机关不能也无权进行此种判断。[1] 对于意思表示是否真实的问题，则应当通过适用《民法典》有关可撤销法律行为的规则处理。比如，在欺诈、胁迫、显失公平等情形下，当事人可以依法向人民法院主张撤销该合同，这也是维护意思自治的体现。

至于合同备案的情形，比如《民法典》第706条规定："当事人未依照法律、行政法规规定办理租赁合同登记备案手续的，不影响合同的效力。"从行政管理的角度看，相较于"批准"而言，"备案"是较为柔性的手段；从民法的角度来看，未经备案通常不影响合同的效力。也就是说，此"备案"不属于合同的特别生效要件。按照"举重以明轻"的逻辑，对于批准生效的合同尚需要考虑合同的一般生效要件，对于备案不影响合同效力的合同当然也要考虑合同的一般生效要件，即对于此类合同，存在无效、可撤销事由的，可以被依法判决无效或者予以撤销。

至于办理登记的情形，登记作为公示方法，往往是不动产物权变动的生效要件；动产的公示方法是交付，但在动产和权利担保中，登记也为有效的公示方法，只不过是对抗要件。但无论是作为对抗要件还是生效要件，基于区分原则，登记或交付等不影响作为物权变动原因的合同的效力，故不能以未完成登记为由否定合同效力。[2] 因此，涉及登记情形的合同与备案的情形类似，登记机关只对相关合同作形式审查，并不进行实质审查，即使依据该合同办理了财产权利的变更登记、移转登记，也不意味着合同就是确定有效的，此合同的效力也应当根据《民法典》关于民事法律行为无效、可撤销的相关规定以及《民法典合同编通则解释》的有关规定进行判断。

值得探讨的是，如果当事人特别约定备案或者登记作为合同生效的要件，在此约定本身不存在无效、可撤销事由的情况下，应当认可其效力。以租赁合同为例，如果当事人将办理房屋租赁合同的登记备案手续作为合同生效条件在合同中明确约定，而当事人未办理相关登记备案手续，则合同约定的生

---

〔1〕 参见最高人民法院民事审判第二庭、研究室编著：《最高人民法院民法典合同编通则司法解释理解与适用》，人民法院出版社2023年版，第168页。

〔2〕 参见最高人民法院民事审判第二庭、研究室编著：《最高人民法院民法典合同编通则司法解释理解与适用》，人民法院出版社2023年版，第170页。

效条件未得到满足，合同便处于未生效状态。此法律依据是《民法典》第158条规定的“民事法律行为可以附条件，但是根据其性质不得附条件的除外。附生效条件的民事法律行为，自条件成就时生效。附解除条件的民事法律行为，自条件成就时失效”。但是，在此情形下，当事人一方履行了合同主要义务，对方接受的，则应当认定租赁合同发生效力。此法律依据是《民法典》第490条第2款规定的“法律、行政法规规定或者当事人约定合同应当采用书面形式订立，当事人未采用书面形式但是一方已经履行主要义务，对方接受时，该合同成立”。该款规定虽然仅写了“合同成立”的效果，但是在实务中只要此合同义务不存在违反法律、行政法规强制性规定的情形，就应当认为此合同成立并生效。

## 四、作为可撤销事由的“显失公平”认定规则的细化

从一般意义上讲，可撤销法律行为的规则在案件处理中具有普适性，有关可撤销事由适用的细化对于统一相关案件的法律适用就显得十分重要。根据实务需要，结合《民法典》及有关司法解释的既有规定，比如《民法典总则编解释》第19条至第22条〔1〕分别就重大误解、欺诈、胁迫认定作了细化规定，目前亟须对《民法典》第151条规定的显失公平的认定问题予以细化规定，而这其中最为重要的是对“缺乏判断能力”的认定予以进一步明确。《民法典合同编通则解释》在总结审判实务经验的基础上，运用动态系统论的方法，对这一问题作了规定。其第11条规定：“当事人一方是自然人，根据该当事人的年龄、智力、知识、经验并结合交易的复杂程度，能够认定其对

---

〔1〕《民法典总则编解释》第19条规定：“行为人对行为的性质、对方当事人或者标的物的品种、质量、规格、价格、数量等产生错误认识，按照通常理解如果不发生该错误认识行为人就不会作出相应意思表示的，人民法院可以认定为民法典第一百四十七条规定的重大误解。行为人能够证明自己实施民事法律行为时存在重大误解，并请求撤销该民事法律行为的，人民法院依法予以支持；但是，根据交易习惯等认定行为人无权请求撤销的除外。”第20条规定：“行为人以其意思表示存在第三人转达错误为由请求撤销民事法律行为的，适用本解释第十九条的规定。”第21条规定：“故意告知虚假情况，或者负有告知义务的人故意隐瞒真实情况，致使当事人基于错误认识作出意思表示的，人民法院可以认定为民法典第一百四十八条、第一百四十九条规定的欺诈。”第22条规定：“以给自然人及其近亲属等的人身权利、财产权利以及其他合法权益造成损害或者以给法人、非法人组织的名誉、荣誉、财产权益等造成损害为要挟，迫使其基于恐惧心理作出意思表示的，人民法院可以认定为民法典第一百五十条规定的胁迫。”

合同的性质、合同订立的法律后果或者交易中存在的特定风险缺乏应有的认知能力的，人民法院可以认定该情形构成民法典第一百五十一条规定的‘缺乏判断能力’。”

传统民法理论中的显失公平，需要同时具备客观和主观两项要件。客观上，双方的权利义务要达到显失均衡的状态；主观上，这种权利义务失衡的状态系由于一方利用对方缺乏经验和判断能力以及急迫、轻率等不利的情境所最终达成的结果。这种主、客观条件须同时具备的显失公平又被称为“暴利行为”，为继受传统民法理论的部分国家和地区的立法例所采用。[1] 所谓缺乏判断能力，主要是指欠缺一般的生活经验或者交易经验，如金融机构的从业人员向城市里文化水平较低的老年人兜售风险较高的理财产品，由于缺乏判断能力，其购买风险较高理财产品的行为，就可能构成显失公平。通常而言，显失公平中的缺乏判断能力，并不包括欠缺特殊的判断能力。[2] 就缺乏判断能力情形下的显示公平的认定，根据《民法典》第151条、《民法典合同编通则解释》第11条的规定，需要注意以下要件。

其一，在主体上，依据《民法典合同编通则解释》第11条的规定，此缺乏判断能力的主体只能限于自然人。至于该自然人的行为能力，并不排除其是完全民事行为能力人的情形。因为显失公平制度与民事行为能力分属于不同的制度架构，如果具备完全民事行为能力就能够反证不缺乏判断能力，那么《民法典》第151条将“缺乏判断能力”规定为构成显失公平的情形之一也就没有任何意义了。实际上，正是因为行为人并不存在行为能力方面的欠缺，法律才设置显失公平制度作为补足，所以“恰恰是尚不属于限制民事行为能力人，但因一定程度智力障碍而判断能力较低的民事主体，可能被劝诱订立明显不公平的合同，这应作为利用缺乏判断能力型显失公平的主要情形之一”[3]。

其二，在时间上，缺乏判断能力的时间点应当是合同成立之时。依照

---

〔1〕 参见黄薇主编：《中华人民共和国民法典总则编释义》，法律出版社2020年版，第401页。

〔2〕 参见最高人民法院民法典贯彻实施工作领导小组主编：《中华人民共和国民法典总则编理解与适用》，人民法院出版社2020年版，第747页。

〔3〕 [德] 迪特尔·施瓦布：《民法导论》，郑冲译，法律出版社2006年版，第480页。转引自武腾：《显失公平规定的解释论构造——基于相关裁判经验的实证考察》，载《法学》2018年第1期。

《民法典》第151条的规定，只有在“致使民事法律行为成立时显失公平”，受损害方才有权行使撤销权请求撤销。换言之，如果不是在合同成立之时缺乏判断能力，而只是在合同成立之前或者之后缺乏相应的判断能力，对是否构成显失公平的判断并无影响。

其三，在主观上，“缺乏判断能力是指行为人明显缺乏理智考虑而实施民事法律行为或正确评判双方对待给付与民事法律行为经济后果之能力”〔1〕。在司法实践中，主观要件应考虑当事人的主体情况。比如发生在商事主体之间的交易，由于双方当事人均为商事主体且应当具备必要的知识和技能，对主观要件的认定应当更为严格。〔2〕

其四，在客观上，需有“缺乏判断能力”被对方当事人利用这一要件。构成显失公平不仅需要满足受损害方处于危困状态或缺乏判断能力等不利情形的条件，还必须存在有利方有意地利用该不利情形的情况。〔3〕易言之，如果只是行为人一方缺乏判断能力，而相对方并不知晓其不具备应有的认知能力，当然也就谈不上“利用”该不利因素，所以即便能够认定行为人缺乏判断能力，由于缺少构成显失公平主观要件两个必要条件中的一个，也就当然不能构成显失公平。〔4〕

---

〔1〕王利明主编：《中国民法典释评·合同编·通则》，中国人民大学出版社2020年版，第366页。

〔2〕参见最高人民法院民法典贯彻实施工作领导小组编著：《中国民法典适用大全·总则卷（三）》，人民法院出版社2022年版，第1325页。

〔3〕参见［德］卡尔·拉伦茨：《德国民法通论》（下册），王晓晔等译，法律出版社2003年版，第623页。

〔4〕参见最高人民法院民事审判第二庭、研究室编著：《最高人民法院民法典合同编通则司法解释理解与适用》，人民法院出版社2023年版，第141页。

# 第七讲

# “阴阳合同”与“名实不符”

一、从《民法典》第146条规定的适用谈起

二、“阴阳合同”的法律适用

三、“名实不符”与合同效力

实践中，当事人之间就同一交易订立多份合同的情形屡见不鲜，这其中有的是当事人的真实意思表示，有的仅仅是通谋虚伪行为。“阴阳合同”也被称为“黑白合同”“抽屉协议”等，是指当事人为规避行政监管等，以虚假的意思表示订立一份合同用于备案、批准或者办理财产权利的变更登记、移转登记等，再私下以真实意思表示订立一份合同用于实际履行。“名实不符”也是交易中较为普遍存在的法律现象，大致可以分为两种情形：一种情形是合同名称与合同约定的内容不一致，如“名为买卖、实为借贷”“名为买卖、实为抵债”；另一种情形是当事人主张的法律关系与合同约定的权利义务不一致。此两种情形在法律属性上是不同的：前者涉及合同解释问题，即如何理解当事人在合同中的特殊约定，如名为联营实为借贷、名为合作开发实为借贷等，往往涉及对保底条款的认定和理解；后者涉及当事人以虚假的意思表示隐藏真实意思表示的问题，往往存在双方虚构交易标的进行交易或者为规避监管而采取虚假的意思表示，如在名为融资租赁实为借贷的情形中，就可能是通过虚构交易标的来实现，而在一些融资性贸易、票据清单交易的情形

中，则可能存在当事人为规避监管而采取虚假的意思表示的情况。[1] 无论是“阴阳合同”还是“名实不符”的合同，在法律适用上，都绕不开《民法典》第146条规定的适用。

## 一、从《民法典》第146条规定的适用谈起

### （一）通谋虚伪与隐藏的民事法律行为效力的一般规则

《民法典》第146条就以虚假的意思表示实施的民事法律行为的效力以及隐藏的民事法律行为的效力作了规定。其中第1款就虚伪的表面行为效力问题进行了明确规定：“行为人与相对人以虚假的意思表示实施的民事法律行为无效。”第2款则就隐藏的民事法律行为的效力问题进行了明确规定：“以虚假的意思表示隐藏的民事法律行为的效力，依照有关法律规定处理。”

就《民法典》第146条第1款的适用而言，双方通过虚假的意思表示实施的民事法律行为是无效的。之所以对通过虚假的意思表示实施的民事法律行为的效力予以否定，是因为这一“意思表示”所指向的法律效果并非双方当事人的内心真意，双方对此相互知晓，如果认定其为有效，则有悖于意思自治原则。例如，为逃避债务而与相对人设立赠与合同，造成自己没有财产清偿债务的假象，就是以虚假的意思表示实施的民事法律行为，一律无效。[2] 该款虽未明确规定行为人与相对人须通谋而为虚假的意思表示，但实际上双方对虚假的意思表示达成一致的结果反映出二者必须有一个意思联络的过程。这也是虚假的意思表示区别于真意保留的重要一点，真意保留的相对人并不知晓行为人表示的是虚假意思。[3] 所谓真意保留，是指在双方作出意思表示时，一方对自己真实的意思表示有所保留，但对方当事人对此并不知晓，即相对人并不知晓行为人表示的是虚假意思。为了保护相对人的合理信赖，不能按照表意人的内心真意来确定该行为的效力，而应该按照表示出

〔1〕 参见《民法典合同编通则解释》起草工作组：《〈关于适用民法典合同编通则若干问题的解释〉的理解与适用》，载《人民司法》2024年第1期。

〔2〕 参见杨立新：《合同法》（第2版），北京大学出版社2022年版，第123页。

〔3〕 参见黄薇主编：《中华人民共和国民法典总则编释义》，法律出版社2020年版，第386页。

来的意思确定民事法律行为的内容。[1]

《民法典》第146条第2款规定的是隐藏的民事法律行为，是指被虚假的意思表示所隐藏，双方当事人真心所欲达成的民事法律行为。对于隐藏的民事法律行为的效力，根据该款规定，应当依据有关法律的规定区分不同情况处理：如果隐藏的民事法律行为本身有效，那么按有效处理。如果隐藏的民法律行为本身无效，那么按照无效处理。如果隐藏的民事法律行为本身为可撤销的民事法律行为，那么按照可撤销的民事法律行为处理。[2] 比如在名为赠与实为买卖的场合，这时作为以虚假的意思表示作出的赠与合同应当被认定为无效，但作为隐藏的民事法律行为达成的买卖合同则不能当然被认定为无效，其效力如何，应当依据《民法典》有关合同无效、可撤销以及批准生效情形的规定处理。虚假的意思表示背后隐藏的民事法律行为，体现了双方当事人的真实意思，原则上不应否定其效力。但隐藏的民事法律行为的效力最终如何，仍然应当根据该行为自身的效力要件予以判断，不宜不加限制地一律承认其效力，此既体现了对双方意思自治的充分认可，又对隐藏的民事法律行为的效力发生施加了必要的限定，即根据民事法律行为具体类型的有关规定予以判断。[3]

### （二）通谋虚伪、真意保留不能对抗善意第三人

在《民法总则（草案）》编纂过程中，曾有但书规定，即“双方当事人不得以通谋虚伪表示之无效对抗善意第三人”，但此后被删除。对于这一问题，在以往的审判实践中，已有先例。最高人民法院（2014）民二终字第271号民事判决即认为：“根据民法基本原理，双方当事人通谋所为的虚伪意思表示，在当事人之间发生绝对无效的法律后果。但在虚伪表示的当事人与第三人之间，则应视第三人是否知道或应当知道该虚伪意思表示而发生不同的法律后果：当第三人知道该当事人之间的虚伪意思表示时，虚伪表示的无

〔1〕 参见最高人民法院民法典贯彻实施工作领导小组主编：《中华人民共和国民法典总则编理解与适用》，人民法院出版社2020年版，第730页。

〔2〕 参见最高人民法院民法典贯彻实施工作领导小组主编：《中华人民共和国民法典总则编理解与适用》，人民法院出版社2020年版，第730页。

〔3〕 参见黄薇主编：《中华人民共和国民法典总则编释义》，法律出版社2020年版，第387页。

效可以对抗该第三人，当第三人不知道当事人之间的虚伪意思时，该虚伪意思表示的无效不得对抗善意第三人。据此，在基础合同因债权人和债务人双方通谋实施的虚伪意思表示而无效的情况下，保理业务合同并不当然因此而无效。”这一判决的裁判要点被《民法典》第763条关于保理合同的规定吸收，该条规定：“应收账款债权人与债务人虚构应收账款作为转让标的，与保理人订立保理合同的，应收账款债务人不得以应收账款不存在为由对抗保理人，但是保理人明知虚构的除外。”应该说，“通谋虚伪表示无效不得对抗善意第三人”作为基本法理，并无实质性分歧认识。但从体系上看，结合立法背景分析，《民法典》第146条规定未设但书条款，是有意而为，并非疏漏。而在对保理合同的规定中明确“通谋虚伪表示无效不得对抗善意第三人”，这种立法设计应当是以商事行为中对交易效率的侧重保护为基础的特定考量。[1] 在《民法典总则编解释》起草过程中，曾根据实践需要，就通谋虚伪表示不得对抗善意第三人作出具体规定，“行为人与相对人以虚假的意思表示实施民事法律行为后，又以该民事法律行为无效为由，主张对抗善意第三人的，人民法院不予支持。民法典及其他法律对善意相对人的保护另有规定的，依照其规定。”后因各种考虑而删除。应该说，真意保留和通谋虚伪表示不得对抗善意第三人作为基本法理并无不当，虽然最终未成为法律和司法解释条文，但有关原理仍可经由诚信原则、禁止权利滥用规则等得出。当事人故意作出虚假的意思表示，在对方当事人请求履行时，其又以构成真意保留为由对抗善意相对人的，该抗辩权的行使显然违背了诚信原则，不应得到人民法院支持。[2]

## 二、“阴阳合同”的法律适用

### （一）“阴阳合同”的合同效力与法律后果

#### 1. “阴阳合同”的合同效力认定

对于“阴阳合同”的效力问题，应严格适用《民法典》第146条关于虚

〔1〕 参见最高人民法院民法典贯彻实施工作领导小组编著：《中国民法典适用大全·总则卷（三）》，人民法院出版社2022年版，第1263页。

〔2〕 参见最高人民法院民法典贯彻实施工作领导小组编著：《最高人民法院民法典总则编司法解释理解与适用》，人民法院出版社2022年版，第101页。

伪表示与隐藏行为的规定。对此，《民法典合同编通则解释》第 14 条第 1 款规定："当事人之间就同一交易订立多份合同，人民法院应当认定其中以虚假意思表示订立的合同无效。当事人为规避法律、行政法规的强制性规定，以虚假意思表示隐藏真实意思表示的，人民法院应当依据民法典第一百五十三条第一款的规定认定被隐藏合同的效力；当事人为规避法律、行政法规关于合同应当办理批准等手续的规定，以虚假意思表示隐藏真实意思表示的，人民法院应当依据民法典第五百零二条第二款的规定认定被隐藏合同的效力。"根据这一规定，当事人以虚假意思表示订立的"阳合同"应无效，但被隐藏的"阴合同"，则应依据有关法律规定处理：如果当事人规避的是法律、行政法规的强制性规定，则应当依据《民法典》第 153 条第 1 款认定隐藏的民事法律行为的效力；如果当事人规避的是法律关于合同须经批准方可生效的规定，则应当依据《民法典》第 502 条、《民法典合同编通则解释》第 12 条的规定认定被隐藏合同的效力。如此一来，被隐藏的合同既有可能有效，也有可能无效或者不生效。在"阴阳合同"均被认定无效或者确定不发生效力的情形下，原则上应当以体现当事人真实意思表示的"阴合同"为处理当事人之间权利义务关系的事实基础，以防止发生不诚信的行为，除非法律另有特别规定。[1]

比如，对于"名为买卖，实为担保"的问题，《民间借贷规定》第 23 条规定："当事人以订立买卖合同作为民间借贷合同的担保，借款到期后借款人不能还款，出借人请求履行买卖合同的，人民法院应当按照民间借贷法律关系审理。当事人根据法庭审理情况变更诉讼请求的，人民法院应当准许。按照民间借贷法律关系审理作出的判决生效后，借款人不履行生效判决确定的金钱债务，出借人可以申请拍卖买卖合同标的物，以偿还债务。就拍卖所得的价款与应偿还借款本息之间的差额，借款人或者出借人有权主张返还或者补偿。"这一规定系为了规制民间借贷审判实务中经常出现的这样的问题：出借人为了避免借款人无力偿还借款，往往在与借款人订立民间借贷合同的同

---

〔1〕 参见刘贵祥、吴光荣：《〈民法典〉合同编法律适用中的思维方法——以合同编通则解释为中心》，载《法学家》2024 年第 1 期。

时，又订立一份买卖合同（实务中以商品房买卖合同为典型），出借人为买受人，借款人为出卖人，约定借款人不能偿还借款本息的，则履行买卖合同，以买卖合同标的物抵债。在借款人不能偿还借款本息时，出借人往往主张履行买卖合同，请求出卖人办理房屋过户登记。对于这一情形，杨立新教授形象地概括为“后让与担保”，此发生担保作用的不是商品房买卖合同的债权，而是商品房买卖合同的标的物即房屋及其所有权，其中也包括商品房的地基及建设用地使用权。在签订商品房买卖合同作为担保的时候，担保标的物的所有权并没有转移，房屋也没有交付，仅仅是约定了交付担保标的物的债权。如果债务人不履行债务，债权人即可主张履行商品房买卖合同，交付担保标的物的所有权以清偿债务，显然是以约定的商品房所有权的后转让作为担保。〔1〕 笔者认为，对于此类情形，涉及对当事人真实意思的探究问题，有必要考察双方订立买卖合同的真实意思是为民间借贷合同设定担保，还是为了通过支付对价获得买卖合同标的物的所有权。如果当事人之间订立买卖合同的真实目的是担保民间借贷合同的履行，比如双方约定当借款人（名义上的出卖人）不能清偿债务时，则要将买卖合同标的物——商品房所有权转让给出借人的，则就构成了“名为买卖，实为担保”的情形。从“实为担保”的角度出发，应当审查认定有关担保法律关系，而担保合同抑或担保物权具有从属性，由此，作为其对应的主债权合同关系即借款合同就要作为审理认定有关案件事实的基础。而且，出借人对于买卖合同的标的物并没有买卖的意思，其真实意思是要求借款人返还借款本金和利息。如果出借人的意思发生了转化，希望能够履行买卖合同，两者之间可以通过协商以物抵债，或者重新订立一个真实的买卖合同等方式予以解决。在双方对此未达成一致的情形下，如果直接审理买卖合同，不仅违背当事人的真实意思，还会陷入案件主要事实无法查清的地步。〔2〕

〔1〕 参见杨立新：《后让与担保：一个正在形成的习惯法担保物权》，载《中国法学》2013 年第 3 期。

〔2〕 参见最高人民法院民事审判第一庭编著：《最高人民法院新民间借贷司法解释理解与适用》，人民法院出版社 2021 年版，第 347 页。

### 2. “阴阳合同”的法律后果

“阴阳合同”的法律后果取决于被隐藏合同的效力。如果被隐藏合同有效，则应当按照合同有效的规则处理，如果被隐藏合同需要办理报批手续，则基于报批义务条款独立生效的规则，负有报批义务的一方当事人应当履行该义务，否则就应当承担相应的赔偿责任。如果该被隐藏合同无效、被撤销以及无法办理报批手续、所附生效条件确定无法成就等，则应当依法适用合同无效以及合同确定不发生效力的规则。对此，《民法典合同编通则解释》第14条第2款规定：“依据前款规定认定被隐藏合同无效或者确定不发生效力的，人民法院应当以被隐藏合同为事实基础，依据民法典第一百五十七条的规定确定当事人的民事责任。但是，法律另有规定的除外。”

《民法典》第157条规定了民事法律行为无效、被撤销或确定不发生效力的法律后果。该条规定：“民事法律行为无效、被撤销或者确定不发生效力后，行为人因该行为取得的财产，应当予以返还；不能返还或者没有必要返还的，应当折价补偿。有过错的一方应当赔偿对方由此所受到的损失；各方都有过错的，应当各自承担相应的责任。法律另有规定的，依照其规定。”依据这一规定，被隐藏的合同被确定无效或者不生效后，有下列责任承担方式：

一是返还财产。民事法律行为无效、被撤销或者确定不发生效力后，行为人对所取得的财产已没有合法占有的根据，双方的财产状况应当恢复到民事法律行为实施前的状态。当然，返还财产主要适用于民事法律行为已经实际履行的情况，如果民事法律行为被宣告无效、被撤销或者确定不发生效力时尚未履行，或者财产并未交付，则不适用这种方式。需要说明的是，返还财产的目的在于使双方的财产关系恢复到民事法律行为实施前的状态，因此无论双方是否存在过错，都负有返还财产的义务。一方存在过错的，相对方可以通过主张损失的赔偿来维护其利益。[1] 返还财产根据实际情况可以分为单方返还和双方返还。双方均已实际履行的，应当互负返还财产的义务，在一方已经履行而另一方尚未履行的情况下，仅接受履行的一方当事人负有向对方返还财产的义务。双务合同中，双方各自的给付构成对待给付。即便在

〔1〕 参见黄薇主编：《中华人民共和国民法典总则编释义》，法律出版社2020年版，第416页。

合同无效、确定不发生效力的情况下，双方各自负有的返还义务仍然构成对待给付，这时应当适用同时履行的规则，其基本原理在于，当事人之间未有特别约定的情况下，在当事人一方主张对方给付而自己未提出给付前，对方可以拒绝此请求。在审判执行过程中，应当适用《民法典合同编通则解释》第 31 条的规定。

二是折价补偿。对于不能返还财产的，包括法律上的不能返还和事实上的不能返还，或者没有必要返还的，应当折价补偿。例如，当事人接受的财产是劳务或者利益，在性质上不能恢复原状，或者一方当事人是通过使用对方的知识产权获得利益的，因知识产权属于无形财产，也无法返还对方当事人，都应当折价补偿。[1]

三是赔偿损失。有过错的一方当事人应当赔偿对方因此所受到的损失；双方都有过错的，应当各自承担相应的赔偿责任。涉及第三人欺诈、胁迫等情形的，该第三人也要根据其过错承担相应的赔偿责任，对此要适用《民法典合同编通则解释》第 5 条的规定。需要注意的是：第一，原物返还或者折价补偿与赔偿损失是并行的后果。也就是说，原物返还或者折价补偿后，如果当事人还有损失，对方当事人应当根据过错责任承担。第二，赔偿损失的原则是过错责任原则。当事人有过错的，才承担赔偿责任。当事人没有过错的，就不承担赔偿责任，即便造成了对方损失。[2] 第三，法律另有规定的，则就应当依照相应的法律规定处理。例如，对于买卖违禁物品的情形，应没收、收缴的就要依法没收、收缴。

此外，当事人签订“阴阳合同”，不仅损害了国家利益，扰乱了正常的市场经济秩序，还破坏了社会对合法交易、诚信履约的信心，给合同双方带来了巨大的风险和隐患。无论在具体案例中对“阴阳合同”的法律效力如何认定，只要合同中存在违法犯罪行为，都必须依法承担相应的责任。[3]

---

〔1〕 参见最高人民法院民事审判第二庭、研究室编著：《最高人民法院民法典合同编通则司法解释理解与适用》，人民法院出版社 2023 年版，第 176 页。

〔2〕 参见最高人民法院民法典贯彻实施工作领导小组主编：《中华人民共和国民法典总则编理解与适用》，人民法院出版社 2020 年版，第 787 页。

〔3〕 参见张树习：《“阴阳合同”的法律效力》，载《学习时报》2018 年 6 月 25 日，第 3 版。

## （二）“阴阳合同”与合同变更

与“阴阳合同”不同的是，合同变更以前一合同有效为前提，因此，在不存在虚假的意思表示隐藏真实意思表示的场合，应考察当事人之间是否发生合同变更。尽管《民法典》对于合同变更采取变更自由原则，即当事人协商一致可以变更合同内容，但一些法律、行政法规（如《招标投标法》第 46 条第 1 款〔1〕）禁止当事人对合同作出变更。因此，即使合同发生变更，该变更也应被认定无效。〔2〕对此，《民法典合同编通则解释》第 14 条第 3 款规定：“当事人就同一交易订立的多份合同均系真实意思表示，且不存在其他影响合同效力情形的，人民法院应当在查明各合同成立先后顺序和实际履行情况的基础上，认定合同内容是否发生变更。法律、行政法规禁止变更合同内容的，人民法院应当认定合同的相应变更无效。”

### 1. 合同变更的界定

《民法典》第 543 条规定：“当事人协商一致，可以变更合同。”概言之，合同变更是指合同成立后，当事人对合同的内容进行修改或者补充。至于变更的范围，可以包括合同标的物质量、数量，履行条件，合同价款，违约责任等，至于是主合同义务还是合同的从给付义务在所不问，但是不能包括合同主体的变化。合同是当事人经协商一致达成的，合同成立后，就对当事人具有法律约束力，任何一方未经对方同意，都不得改变合同的内容。〔3〕但是，在合同订立后，当事人本着协商的原则，就合同内容变更的事项达成了一致，则变更后的合同内容就取代了原合同的内容，当事人就应当按照变更后的内容履行合同。

实务中，还应注意合同变更与相关概念的区别，避免混淆。例如，合同更改，是指合同关系的主体保持不变，合同关系的内容发生非要素改变，仍

---

〔1〕《招标投标法》第 46 条第 1 款规定：“招标人和中标人应当自中标通知书发出之日起三十日内，按照招标文件和中标人的投标文件订立书面合同。招标人和中标人不得再行订立背离合同实质性内容的其他协议。”

〔2〕参见《民法典合同编通则解释》起草工作组：《〈关于适用民法典合同编通则若干问题的解释〉的理解与适用》，载《人民司法》2024 年第 1 期。

〔3〕参见黄薇主编：《中华人民共和国民法典合同编释义》，法律出版社 2020 年版，第 184 页。

然保持合同关系同一性的合同内容更改，这一定义突出的是一个“改”字；合同更新，是指合同关系的主体保持不变，合同关系的内容发生要素改变，新合同与原合同的性质未发生改变的合同内容更改，其突出的是一个“新”字；合同更替，是指合同关系的主体保持不变，合同关系的内容发生要素改变，并使新合同的性质不同于原合同的合同内容更改，其突出的是一个“替”字。〔1〕应该说，这些概念都属于合同变更范畴下的子概念。

需要说明的是，依据《民法典》第544条的规定，当事人对合同变更的内容约定不明确的，推定为未变更。这一制度还被称为合同变更禁止推定规则，它包括四层基本含义：一是合同变更须以明示的方式进行约定；二是合同变更虽然未明示，默示但不含糊的更新意图属于默示的合同变更意思表示；三是任何推定合同变更主观意图的做法都是违反法律的；四是合同变更不得推定规则对主体的拘束效力。〔2〕如果后面合同的内容对合同相关条款是否变更意思表示不明确，应推定为未变更，如对部分条款变更的约定是明确的，但另一部分条款的变更约定不明确，这两类条款可以分开的，则约定明确的部分条款变更有效，而约定不明确的部分推定为未变更；这两类条款在内容上关联密切、不可分割的，则应当推定整个合同条款未变更。这些合同变更的一般规则，在《民法典合同编通则解释》第14条第3款规定的范围内具有一般适用的作用。

**2. 合同变更后的法律适用**

人民法院在判断合同是否发生变更时，应当根据合同成立先后顺序和合同实际履行情况，认定合同是否发生变更。一般而言，应认定在后的合同为对在先合同的变更。〔3〕实务中，对于先后签署的多份合同，除法律另有规定外，通常以签署在后的合同为准，并参考合同的履行情况，这更加符合当事人的意思表示。但是实务中有时还存在同时签署的多份合同，如果合同均系

---

〔1〕参见杨立新：《广义合同变更规则研究——〈合同变更案件法律适用指引〉的内容及依据》，载《法治研究》2019年第3期。

〔2〕参见杨立新：《合同变更禁止推定规则及适用》，载《国家检察官学院学报》2019年第6期。

〔3〕参见最高人民法院民事审判第二庭、研究室编著：《最高人民法院民法典合同编通则司法解释理解与适用》，人民法院出版社2023年版，第176页。

有效合同，应优先从合同解释的角度，按照多份合同所使用的词句，结合相关条款、行为的性质和目的、习惯以及诚信原则，确定意思表示的含义，尽量通过合同解释避免合同之间存在冲突。如果从文义上确实存在不一致的地方，则要结合合同相关条款之间的关系、当事人订立合同的目的、交易习惯等来确定后来的合同是否构成对原合同的变更。对于一方当事人按照在先的合同内容履行了相应义务且对方接受的情形，则应参照适用《民法典》第490条第1款“在签名、盖章或者按指印之前，当事人一方已经履行主要义务，对方接受时，该合同成立”的规定，按照当事人实际履行情况来判断合同是否发生变更。

实务中较为普遍存在的情形是，双方签订的合同都是真实意思表示，特别是在后面签订的合同也是合法有效的情况下，这时并非“阴阳合同”，不能按照“阴阳合同”的规则处理，而应当遵循意思自治原则的要求，按照变更后的当事人的约定处理。在最高人民法院发布的第72号指导案例**汤某、刘某龙、马某太、王某刚诉新疆鄂尔多斯某房地产开发有限公司商品房买卖合同纠纷案**的裁判要点中明确：“借款合同双方当事人经协商一致，终止借款合同关系，建立商品房买卖合同关系，将借款本金及利息转化为已付购房款并经对账清算的，不属于《中华人民共和国物权法》第一百八十六条规定禁止的情形，该商品房买卖合同的订立目的，亦不属于《最高人民法院关于审理民间借贷案件适用法律若干问题的规定》第二十四条规定的‘作为民间借贷合同的担保’。在不存在《中华人民共和国合同法》第五十二条规定情形的情况下，该商品房买卖合同具有法律效力。但对转化为已付购房款的借款本金及利息数额，人民法院应当结合借款合同等证据予以审查，以防止当事人将超出法律规定保护限额的高额利息转化为已付购房款。”在此情形下，终止借款合同关系与建立商品房买卖合同关系同时发生、互为因果，且债的要素与债的性质发生了根本变化，符合债的更改的构成要件。[1] 值得注意的是，实务中在前有出借人借款，后有出借人向借款人购房行为（即出借人以买受人身

---

〔1〕 参见景光强：《债务清偿期届满后以物抵债案件的裁判路径与改进方向》，载麻昌华主编：《私法研究》（第25卷），法律出版社2020年版。

份向借款人购买其房屋）的情况下，此用出借款转化为购房款的情形，则可能构成“名为买卖，实为抵债”的问题，而这自然就要涉及以物抵债的法律适用问题。对此就要考虑、探究当事人的真实意思表示，当然这需要结合全案证据予以认定。如果此购房行为在先，由于相应款项已经实际支付给卖房人（此前的借款人），基于当事人意思表示的变更，此本质上就是支付购房款的行为，显然不是以物抵债，不能适用以物抵债的规则。又如，在涉采矿权“阴阳合同”的场景，最高人民法院亦有判决认为，“阴合同”系煤矿全部资产转让的合同，“阳合同”是煤矿采矿权转让的合同，是履行“阴合同”的必然结果，而不是对前合同的否定。〔1〕此类裁判的逻辑为：为调和“阴阳合同”之间真实意思与行政审批的强制要求的矛盾，将“阳合同”视为履行“阴合同”的合同，因“阴阳合同”符合双方的真实意思表示，故价款采用“阴合同”的约定，再借助已经完成行政审批的“阳合同”的补充和完善，“阴阳合同”作为一个整体最终均有效。〔2〕

## 三、“名实不符”与合同效力

“名实不符”的合同在界定上有广义和狭义之分。广义上讲，“名实不符”的合同，可以包括名义上的合同与实际上的合同不同的情形，故可以将“阴阳合同”的情形包括在内。狭义上讲的“名实不符”的合同，则仅是合同内容与合同名称不符的情形。在此情形下“名实不符”合同，与“阴阳合同”不同，这时当事人之间仅仅签订了一份合同，而非两份以上的合同。针对“名实不符”的合同效力问题，《民法典合同编通则解释》第15条规定：“人民法院认定当事人之间的权利义务关系，不应当拘泥于合同使用的名称，而应当根据合同约定的内容。当事人主张的权利义务关系与根据合同内容认定的权利义务关系不一致的，人民法院应当结合缔约背景、交易目的、交易结构、履行行为以及当事人是否存在虚构交易标的等事实认定当事人之间的实际民事法律关系。”质言之，“名实不符”合同认定规则是“穿透式审判思

〔1〕 参见最高人民法院民事判决书，（2015）民一终字第216号。

〔2〕 参见杨锐：《采矿权转让阴阳合同效力的司法认定》，载《人民司法（应用）》2018年第4期。

维”的具体应用，不拘泥合同名称的约定，通过查明当事人的真实意思，探求真实法律关系。[1] 正确理解和适用《民法典合同编通则解释》第15条的规定，需要注意以下问题：

**1. 运用“穿透式审判思维”依法妥善处理好“名实不符”的合同效力问题**

《九民会议纪要》明确指出要“通过穿透式审判思维，查明当事人的真实意思，探求真实法律关系”。“穿透式审判思维”是把哲学上“透过现象看本质”的思维方式运用到司法办案当中，具有破除“机械司法”、实质化解纠纷、避免“程序空转”的功效。[2] 虽然合同名称是合同类型的高度概括，但是在合同名称与合同内容不一致时应当遵照实质大于形式的原则，根据当事人对合同权利义务的具体约定来认定合同的性质，此亦符合探究当事人真实意思的基本要求。进言之，当事人主张的合同权利义务关系与根据合同内容认定的权利义务关系不一致的，人民法院应当结合缔约背景、交易目的、交易结构、履行行为以及当事人是否存在虚假交易等事实认定实际的法律关系性质。例如，《最高人民法院关于审理涉及国有土地使用权合同纠纷案件适用法律问题的解释》第21条至第24条[3]规定了合同的性质应当以当事人真实意思及合同内容为准，不能简单地以当事人自行约定的合同名称来认定。又如，对于买卖型担保，应结合案件具体情况，认定为“名为买卖、实为担保”或者“名为买卖、实为抵债”，买卖合同因构成通谋虚伪表示而无效，当事人担保或者抵债的真实意思是否有效，还应接受流担保禁止规则和以物抵债规

---

〔1〕 参见张桦：《“穿透式审判思维”的功能与边界刍议》，载《人民法院报》2021年3月18日，第3版。

〔2〕 参见黄海龙、潘玮璘：《论“穿透式审判”的基本内涵与实践方法》，载《法律适用》2023年第7期。

〔3〕《最高人民法院关于审理涉及国有土地使用权合同纠纷案适用法律问题的解释》第21条规定：“合作开发房地产合同约定提供土地使用权的当事人不承担经营风险，只收取固定利益的，应当认定为土地使用权转让合同。”第22条规定：“合作开发房地产合同约定提供资金的当事人不承担经营风险，只分配固定数量房屋的，应当认定为房屋买卖合同。”第23条规定：“合作开发房地产合同约定提供资金的当事人不承担经营风险，只收取固定数额货币的，应当认定为借款合同。”第24条规定：“合作开发房地产合同约定提供资金的当事人不承担经营风险，只以租赁或者其他形式使用房屋的，应当认定为房屋租赁合同。”

则的检验。[1] 再如，在银行采取过桥方式从事票据业务的过程中，出资银行与过桥银行之间签订的虽然是票据贴现合同，但从当事人的履行情况来看，资金的流转与票据的流转在顺序上不同于正常的票据贴现，存在出资银行“倒打款”、过桥银行不垫资等情形。此时，就应严格审查出资银行与过桥银行之间的法律关系究竟是票据贴现关系，还是资金通道服务关系，并参考《九民会议纪要》第103条[2]、第104条[3]的规定处理当事人之间的法律关系，而不能断章取义，仅以出资银行与过桥银行签订的是票据贴现合同，即认为当事人之间是票据贴现关系。[4]

**2. 准确把握有名合同和无名合同的关系**

相较于物权领域的类型与内容强制，即当事人仅能在法定物权类型中作选择并“一揽子”承受各类型中的具体内容，合同领域双方当事人则享有合同自由：既包括类型自由，不必限于《民法典》规定的典型合同类型；又包

---

〔1〕 参见景光强：《以物抵债疑难法律问题精释》，中国法制出版社2020年版，第251－252页。

〔2〕《九民会议纪要》第103条系关于票据清单交易、封包交易案件中的票据权利的规定，“审判实践中，以票据贴现为手段的多链条融资模式引发的案件应当引起重视。这种交易俗称票据清单交易、封包交易，是指商业银行之间就案涉票据订立转贴现或者回购协议，附以票据清单，或者将票据封包作为质押，双方约定按照票据清单中列明的基本信息进行票据转贴现或者回购，但往往并不进行票据交付和背书。实务中，双方还往往再订立一份代保管协议，约定由原票据持有人代对方继续持有票据，从而实现合法、合规的形式要求。出资银行仅以参与交易的单个或者部分银行为被告提起诉讼行使票据追索权，被告能够举证证明票据交易存在诸如不符合正常转贴现交易顺序的倒打款、未进行背书转让、票据未实际交付等相关证据，并据此主张相关金融机构之间并无转贴现的真实意思表示，抗辩出资银行不享有票据权利的，人民法院依法予以支持。出资银行在取得商业承兑汇票后又将票据转贴现给其他商业银行，持票人向其前手主张票据权利的，人民法院依法予以支持”。

〔3〕《九民会议纪要》第104条系关于票据清单交易、封包交易案件的处理原则的规定，“在村镇银行、农信社等作为直贴行，农信社、农商行、城商行、股份制银行等多家金融机构共同开展以商业承兑汇票为基础的票据清单交易、封包交易引发的纠纷案件中，在商业承兑汇票的出票人等实际用资人不能归还票款的情况下，为实现纠纷的一次性解决，出资银行以实际用资人和参与交易的其他金融机构为共同被告，请求实际用资人归还本息、参与交易的其他金融机构承担与其过错相适应的赔偿责任的，人民法院依法予以支持。出资银行仅以整个交易链条的部分当事人为被告提起诉讼的，人民法院应当向其释明，其应当申请追加参与交易的其他当事人作为共同被告。出资银行拒绝追加实际用资人为被告的，人民法院应当驳回其诉讼请求；出资银行拒绝追加参与交易的其他金融机构为被告的，人民法院在确定其他金融机构的过错责任范围时，应当将未参加诉讼的当事人应当承担的相应份额作为考量因素，相应减轻本案当事人的责任。在确定参与交易的其他金融机构的过错责任范围时，可以参照其收取的‘通道费’‘过桥费’等费用的比例以及案件的其他情况综合加以确定”。

〔4〕 参见刘贵祥、吴光荣：《〈民法典〉合同编法律适用中的思维方法——以合同编通则解释为中心》，载《法学家》2024年第1期。

括内容自由，即可以进行个性化的约定，不必囿于《民法典》规定的典型权利义务。[1] 如前文所述，"名实不符"的合同主要包括合同名称、合同性质等"名实不符"。无论是合同名称还是合同性质，对于"名为甲合同，实为乙合同"的情形，应按照实际合同类型进行效力认定和权利义务关系的界定。实务中还有更加复杂的情形，需要在不同的合同文本、繁多且相互交织的条款中识别真实权利义务、合同关系以及交易目的。由于这方面思维方法的理论和实践准备不足，在进入交易结构的"合同迷宫"后，容易陷入"识别陷阱"，导致合同理解和解释的偏差。[2] 概言之，对于既有"甲合同"部分属性又有"乙合同"部分属性的合同，目前审判实务中的解决方法主要有三种：吸收说、结合说、类推适用说。[3] 应该说，不管采用哪种方法，都要避免将合同机械归入某一有名合同，应更加尊重当事人的真实意思，这也给当事人保留更多的意思自治空间，更好地鼓励当事人进行交易模式创新。

**3. 做好与有关程序规则的衔接适用**

实务中当事人主张的法律关系与合同约定的权利义务不一致的情形也经常出现。这种情形在法律属性上系当事人以虚假的意思表示隐藏真实意思表示。值得说明的是，近年来，实践中逐渐产生了多重虚假意思表示的表现形态。当事人出于分散风险的目的，拉长交易链条，权利义务主体分散进入交易环节，制造了多个主体间的多重虚假意思表示行为，可称为当事人主张的法律关系与交易结构不一致的情形。显然，对于当事人以虚假的意思表示隐藏真实意思表示的情形，应适用《民法典》第 146 条的规定。应注意的是，与"阴阳合同"不同的是，在此种"名实不符"的情况下，由于当事人之间订立的仅是一份合同，而非两份以上的合同，因此，人民法院在判断是否构成虚假意思表示时，存在较大难度。[4] 鉴于此，对于"名实不符"合同纠纷的审理，更要做好与有关程序规则的衔接适用。对此，《民诉证据规定》第

〔1〕 参见付荣：《"名实不符"合同的规范解构与裁判回应》，载《清华法学》2023 年第 5 期。

〔2〕 参见最高人民法院民事审判第二庭、研究室编著：《最高人民法院民法典合同编通则司法解释理解与适用》，人民法院出版社 2023 年版，第 183 页。

〔3〕 参见廖盛林：《混合合同法律适用问题的类型化研究》，载《福建法学》2012 年第 1 期。

〔4〕 参见最高人民法院民事审判第二庭、研究室编著：《最高人民法院民法典合同编通则司法解释理解与适用》，人民法院出版社 2023 年版，第 182 页。

53 条规定："诉讼过程中，当事人主张的法律关系性质或者民事行为效力与人民法院根据案件事实作出的认定不一致的，人民法院应当将法律关系性质或者民事行为效力作为焦点问题进行审理。但法律关系性质对裁判理由及结果没有影响，或者有关问题已经当事人充分辩论的除外。存在前款情形，当事人根据法庭审理情况变更诉讼请求的，人民法院应当准许并可以根据案件的具体情况重新指定举证期限。"在审理涉及"名实不符"合同纠纷的情形，要注意与这一规定的衔接适用。而且，在依据《民法典合同编通则解释》第 15 条规定认定当事人的真实意思表示后再认定真实意思表示订立合同的效力的过程中，也可能存在形式上的合同虽然是一方的真实意思表示，但并非另一方真实意思表示的情形，此时，则既可能涉及合同被撤销（重大误解），又可能导致合同不成立。当事人主张合同无效或者请求撤销、解除合同，而人民法院经审理需要认定合同不成立的，这时不能简单驳回当事人的诉讼请求，而应当依据《民诉证据规定》第 53 条的规定处理。

# 第八讲

# 强制性规定的违反与公序良俗的违背

一、影响合同效力的强制性规定的识别

二、违背公序良俗的认定

三、审判实务中需要注意的其他重点问题

《民法典》第153条规定："违反法律、行政法规的强制性规定的民事法律行为无效。但是，该强制性规定不导致该民事法律行为无效的除外。违背公序良俗的民事法律行为无效。"这一规定构成了认定法律行为尤其是合同无效的最重要的法律依据，[1] 同时也是《民法典》适用中难度最大的条文之一。就违反强制性规定的合同是否无效的问题而言，这是世界各国民事法律适用中存在的普遍性难题。继原《合同法》第52条将影响合同效力的强制性规定严格限定为法律、行政法规的强制性规定后，《合同法解释（二）》（已失效）第14条又进一步将导致合同无效的强制性规定限制为效力性强制性规定。《民法典》第153条第1款虽然没有采用效力性强制性规定的表述，但在思路上是一致的，即违反法律、行政法规的强制性规定并不必然导致合同无效。在《民法典》起草过程中，曾一度保留了"效力性强制性规定"这一表述。应该说，效力性强制性规定并不意味着该强制性规定没有管理的功能。相反，之所以称为"效力性强制性"，是因为行为人违反该规定，不仅可能要

[1] 除此之外，在一般规则层面还有《民法典》第144条规定："无民事行为能力人实施的民事法律行为无效。"第154条规定："行为人与相对人恶意串通，损害他人合法权益的民事法律行为无效。"

承担公法上的责任，还会导致合同无效的后果。与效力性强制性相对应的，为非效力性强制性，即行为人违反该规定，仅须承担公法上的责任，不能以此认定合同无效。

同时，为了更好地指导各级法院的法官对效力性强制性规定进行识别，《民法典合同编通则解释》在起草过程中也曾在总结审判经验的基础上，就判断效力性强制性规定所需考量的因素进行了规定，曾表述为："合同违反法律、行政法规的效力性强制性规定的，人民法院应当依据民法典第一百五十三条第一款认定无效。在判断法律、行政法规的强制性规定是否为效力性强制性规定时，人民法院应当综合考量强制性规定的目的、当事人是否属于强制性规定保护的范围、强制性规定规制的是一方当事人还是双方当事人、违反强制性规定的社会后果等因素。"但是，在后续征求意见过程中，有不少意见仍然反对效力性强制性规定的提法，甚至不少人认为凡是带有"管理"字样的法律、行政法规，其规定都是管理性强制性规定，不是效力性强制性规定，从而不加分析就直接认定合同不因违反效力性强制性规定而无效；也有不少意见认为上述规定内容仍然过于抽象，不能有针对性地认定影响合同效力的强制性规定的范围，有必要对此认定强制性规定的具体因素再作进一步细化。在此基础上，经过反复研究修改和征求意见，《民法典合同编通则解释》第 16 条第 1 款就影响合同效力的强制性规定的判断问题规定如下："合同违反法律、行政法规的强制性规定，有下列情形之一，由行为人承担行政责任或者刑事责任能够实现强制性规定的立法目的的，人民法院可以依据民法典第一百五十三条第一款关于'该强制性规定不导致该民事法律行为无效的除外'的规定认定该合同不因违反强制性规定无效：（一）强制性规定虽然旨在维护社会公共秩序，但是合同的实际履行对社会公共秩序造成的影响显著轻微，认定合同无效将导致案件处理结果有失公平公正；（二）强制性规定旨在维护政府的税收、土地出让金等国家利益或者其他民事主体的合法利益而非合同当事人的民事权益，认定合同有效不会影响该规范目的的实现；（三）强制性规定旨在要求当事人一方加强风险控制、内部管理等，对方无能力或者无义务审查合同是否违反强制性规定，认定合同无效将使其承担不利后果；（四）当事人一方虽然在订立合同时违反强制性规定，但是在合同订立后其已经具备补正违反强制性规定的条件却违背诚信原则不予补正；（五）法律、司法解释规定的其他情形。”

同时，有关合同效力的认定需要与履行行为违法的问题相区别，是故，《民法典合同编通则解释》第16条第2款规定：“法律、行政法规的强制性规定旨在规制合同订立后的履行行为，当事人以合同违反强制性规定为由请求认定合同无效的，人民法院不予支持。但是，合同履行必然导致违反强制性规定或者法律、司法解释另有规定的除外。”此外，就合同行为违反强制性规定的问题，即使在此情形下不影响合同效力，但对此违法行为应当由有关机关处理，特别是对于涉嫌犯罪的，应当依法追究其刑事责任，为了实现司法上对有关民事案件的裁判与有关违法犯罪处理所涉及公权力行使方面的衔接，《民法典合同编通则解释》第16条第3款规定：“依据前两款认定合同有效，但是当事人的违法行为未经处理的，人民法院应当向有关行政管理部门提出司法建议。当事人的行为涉嫌犯罪的，应当将案件线索移送刑事侦查机关；属于刑事自诉案件的，应当告知当事人可以向有管辖权的人民法院另行提起诉讼。”

就违背公序良俗原则问题的认定，适用的难点主要有二：一是公序良俗原则本身具有抽象性，如何对此进行类型化、具体化概括乃至避免对公序良俗原则适用的泛化，一直以来便是个难题；二是违背公序良俗原则与违反地方性法规、行政规章等之间的关系究竟如何，此二者是否就是泾渭分明的关系，由此引申出地方性法规、行政规章等是否一概不能对合同效力的认定产生影响等问题，此在实务中颇具普遍性，亟须明晰相应的法律适用规则。针对这些问题，《民法典合同编通则解释》第17条第1款规定：“合同虽然不违反法律、行政法规的强制性规定，但是有下列情形之一，人民法院应当依据民法典第一百五十三条第二款的规定认定合同无效：（一）合同影响政治安全、经济安全、军事安全等国家安全的；（二）合同影响社会稳定、公平竞争秩序或者损害社会公共利益等违背社会公共秩序的；（三）合同背离社会公德、家庭伦理或者有损人格尊严等违背善良风俗的。”第2款进一步规定：“人民法院在认定合同是否违背公序良俗时，应当以社会主义核心价值观为导向，综合考虑当事人的主观动机和交易目的、政府部门的监管强度、一定期限内当事人从事类似交易的频次、行为的社会后果等因素，并在裁判文书中充分说理。当事人确因生活需要进行交易，未给社会公共秩序造成重大影响，且不影响国家安全，也不违背善良风俗的，人民法院不应当认定合同无效。”

## 一、影响合同效力的强制性规定的识别

### （一）识别强制性规定需要考量的事项

在民事法律行为有效的三项要件中，不违反法律、行政法规的强制性规定以及不违背公序良俗是其中能够体现对个人意思自治与行为限制的一项重要条件。民事法律行为虽然是彰显合同自由、保障权利实现的主要制度，但这种自由必须被限定在不损害国家利益、社会公共利益的范围内。民事主体的民事法律行为一旦超越法律和道德所容许的限度，构成对国家利益、社会公共利益的侵害，其效力就必须被否定。而法律、行政法规的强制性规定以及公共秩序和善良风俗，是对民事主体意思自治施加的限制。但是，民事法律行为违反强制性规定而无效有一种例外，即当该强制性规定本身并不导致民事法律行为无效时，民事法律行为并不无效。这里实际上涉及对具体强制性规定的性质判断问题。某些强制性规定尽管要求民事主体不得违反，但其并不导致民事法律行为无效。违反该法律规定的后果应由违法一方承担，对没有违法的当事人不应承受一方违法的后果。例如，一家经营水果的商店出售种子，农户购买了该种子，则该商店违法经营种子，必须承担相应违法责任，但出于保护农户的目的，不宜认定该买卖行为无效。[1]

学理上，对于效力性强制性规定的判断，主要有以下几个观点：

（1）王利明教授的“三分法”。首先，法律、法规规定违反该规定将导致合同无效或不成立的，该规定为当然的效力性规定；其次，法律、法规虽然没有规定违反该规定将导致合同无效或不成立，但在违反该规定的情况下，若合同继续有效将损害国家利益和社会公共利益，该规定也应属效力性规定；最后，法律、法规没有规定违反该规定将导致合同无效或不成立，在违反该规定的情况下若合同继续有效并不损害国家利益和社会公共利益，只是损害

〔1〕 参见黄薇主编：《中华人民共和国民法典总则编释义》，法律出版社2020年版，第408页。

当事人利益，该规定属于取缔规范。[1]

（2）王轶教授的形式区分和实质区分法。所谓形式区分，是指某项禁止性规范如果在形式上属于“禁止任何人、在任何时间、在任何地点，以任何方式从事某类交易行为”，该规范即属于效力性禁止性规范；如果在形式上属于“禁止特定人，或者禁止在特定时间，或者禁止在特定地点，或者禁止以特定方式从事某类交易行为”，该规范属于管理性禁止性规范。在这种区分方法下，效力性禁止性规范，禁止的是交易行为本身，其目的在于禁绝此类交易行为的存在；管理性禁止性规范，并非禁止某种类型的交易行为，但禁止当事人在未取得交易资格或禁止当事人在某一时间、某一地点以某种方式从事此类交易行为。所谓实质区分，是指运用文义解释、体系解释、历史解释及目的解释方法，尤其是运用后两种解释方法，以确定禁止性规范的规范目的。如果某项禁止性规范的目的在于直接维护或保护国家利益或社会公共利益，则该规范即属于效力性禁止性规范；如果某项禁止性规范的目的在于直接维护特定管理秩序，并不直接涉及国家利益或社会公共利益的维护或保护，则该规范即属于管理性禁止性规范。[2]

（3）正反标准识别法。在肯定性识别上，首先，判断标准是该强制性规定是否明确规定了违反后果是无效的，如果规定了违反的后果是导致合同无效，则该规定属于效力性强制性规定；其次，法律、法规虽然没有规定违反将导致合同无效，但在违反该规定的情形下，使合同继续有效将损害国家利益和社会公共利益，也应认定该规定为效力性强制性规范。在否定性识别上，法律、法规的强制性规定仅涉及当事人、仅是为了行政管理或纪律管理需要的，一般都不属于效力性强制性规定，具体可从两方面考虑：一方面，从强制性规定的立法目的判断。倘若其目的是实现管理的需要，并非针对行为内容本身，则可认为不属于效力性强制性规定。另一方面，可从强制性规定的调整对象来判断。一般而言，效力性强制性规定针对的都是行为内容，而管

〔1〕 参见王利明：《合同法研究》（第1卷）（第3版），中国人民大学出版社2015年版，第629-630页。

〔2〕 参见王轶：《论物权法的规范配置》，载《中国法学》2007年第6期。

理性强制性规定很多时候单纯限制的是主体的行为资格。[1]

在总结吸收上述研究成果及实务经验的基础上，就法律、行政法规中强制性规定的识别，《九民会议纪要》第30条作了明确规定：《合同法》施行后，针对一些人民法院动辄以违反法律、行政法规的强制性规定为由认定合同无效，不当扩大无效合同范围的情形，《合同法解释（二）》第14条将原《合同法》第52条第5项规定的“强制性规定”明确限于“效力性强制规定”。[2] 此后，《民商事合同纠纷指导意见》进一步提出了“管理性强制性规定”的概念，指出违反管理性强制性规定的，人民法院应当根据具体情形认定合同效力。随着这一概念的提出，审判实践中又出现了另一种倾向：有个别人民法院认为凡是行政管理性质的强制性规定都属于“管理性强制性规定”，不影响合同效力。这种望文生义的认定方法，应予纠正。人民法院在审理合同纠纷案件时，要依据原《民法总则》第153条第1款[3]和《合同法解释（二）》第14条的规定慎重判断“强制性规定”的性质，特别是要在考量强制性规定所保护的法益类型、违法行为的法律后果以及交易安全保护等因素的基础上认定其性质，并在裁判文书中充分说明理由。下列强制性规定，应当认定为“效力性强制性规定”：强制性规定涉及金融安全、市场秩序、国家宏观政策等公序良俗的；交易标的禁止买卖的，如禁止人体器官、毒品、枪支等买卖；违反特许经营规定的，如场外配资合同；交易方式严重违法的，如违反招投标等竞争性缔约方式订立的合同；交易场所违法的，如在批准的交易场所之外进行期货交易。关于经营范围、交易时间、交易数量等行政管理性质的强制性规定，一般应当认定为“管理性强制性规定”。

上述规则对于指导审判实务发挥了很好的作用，对当时的《合同法解释（二）》第14条的规定形成了有益补充和细化。鉴于强制性规定对于合同效力

---

〔1〕 参见最高人民法院研究室编著：《最高人民法院关于合同法司法解释（二）理解与适用》，人民法院出版社2009年版，第112页。

〔2〕 在此需要说明的是，虽然《民法典合同编通则解释》在司法解释语言上没有继续使用“效力性强制性规定”的表述，但是鉴于这一概念已经被普遍适用，且在学理上都已认可，故为了与有关理论和实务中的论证相衔接，在此对于能够影响合同效力的强制性规定仍然采用“效力性强制性规定”的表述，与之相对的不影响合同效力的强制性规定，仍用“管理性强制性规定”的表述，当然此仅限于学理探讨和表述方便。

〔3〕 对应《民法典》第153条第1款。

影响的重要性以及这一问题在审判实务中的普遍性，《民法典合同编通则解释》第16条第1款在《九民会议纪要》规定的基础上，对强制性规定的识别作了明确规定。对该款规定的适用，需要注意的是，对于强制性规定影响合同效力的问题，在《民法典》第153条既有规定的前提下，应当明确虽然违反强制性规定并不当然导致合同无效，但无效是原则，而有效则是例外。[1]在此前提下，对有关强制性规定不影响合同效力的情形明确相应的识别考量因素，更具可操作性。具体而言，需要把握以下考量因素：

其一，某些具体的强制性规定虽然旨在维护社会公共秩序，但是合同的实际履行对社会公共秩序造成的影响显著轻微，且认定合同无效将导致案件处理结果有失公平公正的情形。这是比例原则在民法上的适用，也与《刑法》第13条关于"情节显著轻微危害不大的，不认为是犯罪"的规定具有内在的一致性。[2] 比如个体工商户少量买卖不符合食品安全标准的豆芽等蔬菜、特产小吃等情形，通过有关行政处罚能够达到制裁或者预防此类行为、维护公共利益的效果的，则不宜再去否定该民事合同的效力。

其二，某些具体的强制性规定不是为了维护合同当事人的民事权益，而是旨在维护政府的税收、土地出让金等国家利益或者其他民事主体的合法利益，认定合同有效不会影响该规范目的的实现的情形。例如，《城市房地产管理法》第39条第1款将受让方已经按照出让合同约定支付全部土地使用权出让金并取得土地使用权证书作为转让国有土地使用权的条件。该条旨在实现国家利益，并非为了维护合同当事人的利益。尤其应该看到，认定合同有效并不影响国家利益的实现：一是因为在转让方缺少资金的情况下，承认合同的有效性更有利于国有土地使用权的流通，更能发挥其价值；二是因为即使承认合同有效，国家利益的实现也还可以通过办理登记手续予以保障。[3]

其三，某些强制性规定旨在要求当事人一方加强风险控制、内部管理等，

---

〔1〕 参见贺小荣：《意思自治与公共秩序——公共秩序对合同效力的影响及其限度》，载《法律适用》2021年第2期。

〔2〕 参见《民法典合同编通则解释》起草工作组：《〈关于适用民法典合同编通则若干问题的解释〉的理解与适用》，载《人民司法》2024年第1期。

〔3〕 参见最高人民法院民事审判第二庭、研究室编著：《最高人民法院民法典合同编通则司法解释理解与适用》，人民法院出版社2023年版，第196页。

对方无能力或者无义务审查合同是否违反强制性规定，认定合同无效将使其承担不利后果的情形。如果强制性规定规制的是一方当事人而非双方当事人，且在一方违反强制性规定的情况下，对方无能力或者无义务知道其存在违反强制性规定的情况下，认定合同因违反强制性规定而无效就可能导致一方违法的后果由对方来承担，这显然是不公平的。[1] 特别是未被规制一方对对方的违法行为不知情也不应当知情，由未被规制一方承担合同无效的后果，显然不利于保障正常的交易秩序。[2] 从公法的角度来看，取得相应资质或者许可往往是一方当事人的法定义务，若该当事人本可取得相应资质或者许可，但因合同被认定无效对其更加有利而不申请相应资质或者许可，再以没有取得相应资质或者许可为由主张合同无效，就是极其不诚信的行为，法律自无保护的必要。[3] 换言之，对于强制性规定的识别有必要考察该强制性规定究竟是规制一方当事人还是同时规制双方当事人，以防违法一方通过合同无效将违法后果“转嫁”给对方来承担。比如，银行违反《商业银行法》第39条规定的资产负债比例发放贷款，因该规定旨在要求银行加强内部管理和风险控制，借款人无从获知银行是否违反该规定，自然不应仅因银行违反该规定就认定合同无效，否则，借款人的交易安全将无法获得有效保障。

其四，当事人一方虽然在订立合同时违反强制性规定，但是在合同订立后已经具备补正违反强制性规定的条件却违背诚信原则不予补正的情形。例如，开发商未取得预售许可证明即签订商品房买卖合同，但在合同订立后，其已经具备申请预售许可证明的条件，却违背诚信原则不向行政管理部门提交申请，而是因房价上涨受利益驱动主张合同无效，则不应获得支持。[4] 对此，《最高人民法院关于审理建设工程施工合同纠纷案件适用法律问题的解释

---

〔1〕 参见《民法典合同编通则解释》起草工作组：《〈最高人民法院关于适用《中华人民共和国民法典》合同编通则若干问题的解释〉重点问题解读》，载《法律适用》2024年第1期。

〔2〕 参见姚明斌：《“效力性”强制规范裁判之考察与检讨以〈合同法解释二〉第14条的实务进展为中心》，载《中外法学》2016年第5期。

〔3〕 参见刘贵祥、吴光荣：《关于合同效力的几个问题》，载《中国应用法学》2021年第6期。

〔4〕 参见《民法典合同编通则解释》起草工作组：《〈关于适用民法典合同编通则若干问题的解释〉的理解与适用》，载《人民司法》2024年第1期。

(一)》第3条[1]对此也有类似规定。

其五，法律、司法解释规定的其他情形。这是一个兜底性的规定，目的在于保持在这一问题上法律适用的开放性、前瞻性。比较典型的情况是，当事人虽然违反强制性规定，但人民法院还要结合其他法律规定对行为性质进行认定，再在此基础上认定合同效力。例如，当事人违反《民法典》第399条关于有些财产不得抵押的规定作出处分，就需要根据具体情形结合其他法律的规定判断行为究竟是无权处分还是违反法律、行政法规的强制性规定，再据此认定合同效力。[2] 对此，要遵循比例原则的要求，按照动态系统论的方法，考量该强制性规定的规范目的是否需要通过否定合同效力、该强制性规定的保护范围、有关民事案件中的当事人是否属于该强制性规定所规制或者保护的对象，以及要考虑违反强制性规定的社会后果是否严重，是否可以通过其他手段或者补救措施来消除不良后果。

### （二）履行行为违反强制性规定不能影响合同效力

法律、行政法规的强制性规定的规范目的仅是约束合同履行行为而非合同内容的，当事人的履行行为违反该强制性规定，原则上也不能导致合同无效。比如，就货车不得超载的问题而言，此就是典型的约束承运人运输行为的事项，承运人在履行该合同时违反了不得超载的强制性规定，则不应认定货物运输合同无效，因为该强制性规定针对的是合同履行行为，在没有其他事实因素的情况下，此行为不能影响运输合同本身的效力。不过，虽然法律、行政法规的强制性规定针对的是合同的履行行为，但是，当事人在订立合同时知道或者应当知道合同的履行必然会违反强制性规定的，则应认定合同无效。比如，当事人在订立合同时就知道或者应当知道承运人只有违反不得超

---

〔1〕《最高人民法院关于审理建设工程施工合同纠纷案件适用法律问题的解释（一）》第3条规定："当事人以发包人未取得建设工程规划许可证等规划审批手续为由，请求确认建设工程施工合同无效的，人民法院应予支持，但发包人在起诉前取得建设工程规划许可证等规划审批手续的除外。发包人能够办理审批手续而未办理，并以未办理审批手续为由请求确认建设工程施工合同无效的，人民法院不予支持。"

〔2〕参见刘贵祥、吴光荣：《〈民法典〉合同编法律适用中的思维方法——以合同编通则解释为中心》，载《法学家》2024年第1期。

载的规定才能履行货物运输合同的，则该货物运输合同也应被认定无效。[1]

## 二、违背公序良俗的认定

公序良俗是公共秩序和善良风俗的简称，属于不确定概念。民法学说一般采取类型化研究的方式，将裁判实务中依据公序良俗裁判的典型案件，区别为若干违反公序良俗的行为类型。[2] 关于公序良俗，司法适用中存在以一般道德标准替代公序良俗、概念混用和割裂公共秩序与善良风俗等公序良俗界定问题，也包括判断对象错误、向一般条款逃逸等适用不规范问题。[3] 为了更加准确地适用公序良俗原则来认定合同效力，比较法上，各国也都对违背公序良俗原则的行为作了类型化方面的努力。比如，法国的司法实践中，形成了“公序”与“良俗”为中心的两种类型。其“公序”的类型主要为：政治公共秩序，包括国家机构与公共服务机构的利益、家庭的利益，以及经济公共秩序。违反“良俗”的主要合同类型为：违反性道德合同，包括赌博合同、为获取其他不道德的利益而订立的合同、限制人身自由的合同、违背家庭伦理的合同等。[4] 德国学者就该国判例作出以下分类：一是过分限制契约当事人之人格及经济自由之契约；二是利用优势或垄断地位而缔约；三是诈害债权人之担保契约；四是娼馆买卖或租赁契约；五是贿赂契约相对人之职员以订立有利之契约；六是以诉讼结果依诉讼标的之成数支付律师公费。[5] 日本学者将公序良俗分为以下两类：第一类是法令型公序良俗。根据法令的政策目的不同，又分为实现政策型公序良俗和保护基本权利型公序良俗。第二类是裁判型公序良俗，又分为对职业自由的侵害，如竞业禁止特约，以及对契约自由的侵害，如灵感、商业方法等。[6] 我国学理上对此也多有探

---

〔1〕 参见最高人民法院民事审判第二庭、研究室编著：《最高人民法院民法典合同编通则司法解释理解与适用》，人民法院出版社 2023 年版，第 198 页。

〔2〕 参见黄薇主编：《中华人民共和国民法典总则编释义》，法律出版社 2020 年版，第 408 页。

〔3〕 参见蔡唱：《公序良俗在我国的司法适用研究》，载《中国法学》2016 年第 6 期。

〔4〕 参见尹田：《法国现代合同法：契约自由与社会公正的冲突与平衡》，法律出版社 2009 年版，第 196 – 207 页。

〔5〕 参见王泽鉴：《民法总则》，北京大学出版社 2009 年版，第 233 页。

〔6〕 参见［日］山本敬三：《民法讲义Ⅰ·总则》，解亘译，北京大学出版社 2004 年版，第 182 – 186 页。

讨，主流观点认为违背公序良俗原则的行为类型包括但不限于：（1）危害国家政治、经济、财政、税收、金融、治安等秩序类型；（2）危害家庭关系行为类型；（3）违反性道德行为类型；（4）违反人权和人格尊重行为类型；（5）限制经济自由行为类型；（6）违反公正竞争行为类型；（7）违反消费者保护行为类型；（8）违反劳动者保护行为类型；等等。[1]

《民法典合同编通则解释》第 17 条第 1 款在吸收上述理论研究成果的基础上，结合我国的审判实践，将公序良俗类型化为合同影响政治安全、经济安全、军事安全等国家安全，或者存在影响社会稳定、公平竞争秩序或损害社会公共利益等违背社会公共秩序的情形，或者存在违背社会公德、家庭伦理或有损人格尊严等违背善良风俗的情形，对此，人民法院都应当依据《民法典》第 153 条第 2 款的规定认定无效。我们需要充分认识到，维护公序良俗是构建法律秩序的重要目的之一，因此，人民法院应当依职权审查合同是否存在违背公序良俗的情形。同时，也要考虑公序良俗本身是一个高度抽象的概念，如同合同违反强制性规定是否应当认定无效必须考虑社会后果是否显著轻微一样，合同违背公序良俗也有一个程度的问题。因此，为避免公序良俗原则的适用过于泛化，在认定合同是否因违背公序良俗无效时也应坚持比例原则。[2]《民法典合同编通则解释》第 17 条第 2 款在强调要以社会主义核心价值观为导向的前提下，即运用动态系统论的方法对判断是否违背公序良俗的因素进行了列举。动态系统论与传统的构成要件论的最大区别在于，构成要件论秉持“全有全无”的原则，认为构成要件是法律后果的必要且充分条件，当要件全部满足时，结论一定发生；当条件有一个不能满足时，结论就不会发生。而动态系统论则与此不同，在个案中，并不要求每一个因素满足到特定程度，甚至不要求一定具备全部因素，而是要求考量不同的因素，确定这些因素满足到什么程度，根据案件的具体情况对各个因素进行综合考量。因素与效果之间的关系不再是“全有全无”，而是“或多或少”。[3]《民

---

〔1〕 参见黄薇主编：《中华人民共和国民法典总则编释义》，法律出版社 2020 年版，第 408 页。

〔2〕 参见刘贵祥、吴光荣：《〈民法典〉合同编法律适用中的思维方法——以合同编通则解释为中心》，载《法学家》2024 年第 1 期。

〔3〕 参见王利明：《民法典人格权编中动态系统论的采纳与运用》，载《法学家》2020 年第 4 期。

法典合同编通则解释》第 17 条第 2 款明确判断是否违背公序良俗的具体的因素包括当事人的主观动机和交易目的、政府部门的监管强度、一定期限内当事人从事类似交易的频次、行为的社会后果等，并以社会主义核心价值观为整体导向，增强了公序良俗在实践中的可操作性，有利于规范裁量权的行使，促进裁判尺度统一。

## 三、审判实务中需要注意的其他重点问题

### （一）犯罪行为对合同效力的影响

实务中有时会存在这样的误区，即只要是订立合同以及与订立合同密切相关的行为构成犯罪的，就一律认定该合同无效。其实，对此应当区别对待。这其中最需要注意的是，判断犯罪行为是否影响合同效力，要先区分犯罪行为指向的是合同本身尤其是合同标的，还是订立合同的手段或者方式。如果是合同标的违反强制性规定或者公序良俗导致当事人须承担刑事责任，如当事人订立买卖毒品的合同，则此合同应被认定无效，由此体现民事法律与刑事法律在法秩序保护的评价上的一致性。但是，如果合同标的并不违反强制性规定或者公序良俗，而是当事人在订立合同的过程中实施的其他行为违反刑法而承担刑事责任，则不能简单认定该合同无效。比如，当事人一方在订立合同的过程中实施了诈骗行为，则不能简单地认为合同因违反强制性规定而无效。道理很简单，此时犯罪行为影响的仅仅是当事人一方意思表示的真实性，自然应根据《民法典》关于意思表示瑕疵的规定认定合同效力，而不能根据《民法典》第 153 条第 1 款认定合同效力。[1] 对此，在司法解释层面，《民间借贷规定》第 12 条的规定具有典型性。该条规定："借款人或者出借人的借贷行为涉嫌犯罪，或者已经生效的裁判认定构成犯罪，当事人提起民事诉讼的，民间借贷合同并不当然无效。人民法院应当依据民法典第一百四十四条、第一百四十六条、第一百五十三条、第一百五十四条以及本规定第十三条之规定，认定民间借贷合同的效力。担保人以借款人或者出借人的

---

〔1〕 参见最高人民法院民事审判第二庭、研究室编著：《最高人民法院民法典合同编通则司法解释理解与适用》，人民法院出版社 2023 年版，第 199－200 页。

借贷行为涉嫌犯罪或者已经生效的裁判认定构成犯罪为由，主张不承担民事责任的，人民法院应当依据民间借贷合同与担保合同的效力、当事人的过错程度，依法确定担保人的民事责任。”

值得注意的是，实务中还要注意刑事犯罪主体与民事合同主体上的不同也会影响合同的效力。此在民刑交叉案件中已属于典型问题。一般而言，不是同一主体所为之行为，如法定代表人或者负责人在代表法人或者非法人组织订立合同时实施犯罪行为，必然构成越权代表，但这不构成有关法律事实中的同一事实，这时涉及的民事案件与刑事案件应当分开审理。分开审理时，民事案件中涉及判断合同效力的，则应区分承担刑事责任的主体与合同的主体，适用《民法典》第153条和《民法典合同编通则解释》第16条、第17条、第18条等规定判断。比如，就越权代表而言，如果构成表见代表，则合同对该法人或者非法人组织发生效力；如果不构成表见代表，则法人或者非法人组织可以主张合同对其不发生效力。

### （二）违反地方性法规、行政规章与合同效力之间的关系

对违反地方性法规、行政规章与合同效力之间关系的认识在以往的认识甚至实践中经历了从一概认为违反地方性法规、行政规章不影响合同效力到以违反地方性法规、行政规章的行为以是否违背公序良俗作为通道来判断合同效力的过程。如果说善良风俗是道德伦理进入司法裁判的桥梁，公共秩序就是公共政策、部门规章进入司法裁判的通道。从世界范围来看，各国和地区的民事立法原则上均将违反公共秩序的行为确定为无效，我国也不例外。[1] 在合同违反地方性法规或者行政规章的强制性规定时，人民法院虽然不能以违法为由认定合同无效，但如果合同违背公序良俗，也应认定合同无效。这就说明，有些公序良俗虽然未通过法律、行政法规的强制性规定维护，但可以通过地方性法规或者行政规章的强制性规定维护。如果地方性法规或者行政规章的强制性规定旨在维护公序良俗，则合同违反地方性法规或者行

〔1〕参见贺小荣：《意思自治与公共秩序——公共秩序对合同效力的影响及其限度》，载《法律适用》2021年第2期。

政规章的强制性规定，也就意味着合同违背公序良俗，自应适用《民法典》第153条第2款认定合同无效。[1]

近年来，最高人民法院的系列裁判，将违反行政规章或者国家政策的合同效力认定理由，转换为是否构成“违背公序良俗”的要件，进而认定合同的效力。例如，在**福建某投资有限公司与福州某实业有限公司以及原审第三人某人寿股份有限公司营业信托纠纷案**[2]中，最高人民法院裁判认为，当事人签订的《信托持股协议》违反了中国保险监督管理委员会2014年《保险公司股权管理办法》（已失效）第8条关于“任何单位或者个人不得委托他人或者接受他人委托持有保险公司的股权”的规定，损害了社会公共利益，依法应认定为无效。具体而言，从代持保险公司股权的危害后果来看，允许隐名持有保险公司股权，将使真正的保险公司投资人游离于国家有关职能部门的监管之外，如此势必加大保险公司的经营风险，妨害保险行业的健康有序发展。加之由于保险行业涉及众多不特定被保险人的切身利益，保险公司这种潜在的经营风险在一定情况下还将危及金融秩序和社会稳定，进而直接损害社会公共利益。

又如，在**杨某某诉林某某股权转让纠纷案**[3]中，最高人民法院裁判认为，根据相关监管规定，上市公司股权不得隐名代持，拟上市公司股权必须清晰，否则对于上市公司的系列信息披露要求、关联交易审查、高管人员任职回避等监管举措必然落空，必然损害广大非特定投资者的合法权益，从而损害资本市场基本交易秩序与基本交易安全，损害金融安全与社会稳定，从而损害社会公共利益。依据原《合同法》第52条第4项等规定，案涉协议应认定为无效。

在我国审判实践中，将未达到法律、行政法规层次的行政规章或者国家政策转换为公共秩序，并作为裁判民事法律行为效力的依据，是在建立中国特色社会主义市场经济体制过程中更好发挥政府作用的必然要求，应当在司

〔1〕 参见最高人民法院民事审判第二庭、研究室编著：《最高人民法院民法典合同编通则司法解释理解与适用》，人民法院出版社2023年版，第206页。

〔2〕 参见最高人民法院民事裁定书，(2017) 最高法民终529号。

〔3〕 参见最高人民法院民事裁定书，(2017) 最高法民申2454号。

法实践中认真加以解决。[1] 在总结审判实践经验的基础上，《九民会议纪要》第31条规定："违反规章一般情况下不影响合同效力，但该规章的内容涉及金融安全、市场秩序、国家宏观政策等公序良俗的，应当认定合同无效。人民法院在认定规章是否涉及公序良俗时，要在考察规范对象基础上，兼顾监管强度、交易安全保护以及社会影响等方面进行慎重考量，并在裁判文书中进行充分说理。"《民法典合同编通则解释》第17条在起草过程中还曾有第3款规定："当事人主张合同因违反地方性法规、行政规章的强制性规定无效的，人民法院不予支持。但是，合同违背公序良俗，当事人仅以地方性法规、行政规章的强制性规定不应作为认定合同无效的依据为由主张合同有效的，人民法院不予支持。"此后在讨论中认为，这一内容可以通过对该条第2款规定进行解读得出相应的结论，加之《九民会议纪要》对此规定已比较明确，故《民法典合同编通则解释》最终对此未作规定。但这不能影响这一思路在审判实践中的适用。以借名购房为例，如果当事人以营利为目的，通过借名购房的方式违反"房住不炒"的政策要求，或者所购房屋属政策性保障性住房，则应以违反公序良俗为由认定借名购房协议无效，以全面落实国家对房地产市场的宏观调控。[2] 而且有观点认为，有不少公序良俗尚未通过法律、行政法规的强制性规定进行保护，如对于当事人约定的"天价"违约金，实际上构成暴利行为，人民法院自然应依职权认定违约金条款无效，无须当事人主张调整。[3]

当然，违反地方性法规或者行政规章的强制性规定也并不必然都导致对公序良俗的违背。因此，不能简单地认为，只要合同违反地方性法规或者行政规章的强制性规定，就都可以通过适用《民法典》第153条第2款否定合同效力。否则，就会与《民法典》将影响合同效力的强制性规定限制在法律、行政法规的初衷不符，也与合同即使违反法律、行政法规的强制性规定也不

---

〔1〕 参见贺小荣：《意思自治与公共秩序——公共秩序对合同效力的影响及其限度》，载《法律适用》2021年第2期。

〔2〕 参见刘贵祥、吴光荣：《关于合同效力的几个问题》，载《中国应用法学》2021年第6期。

〔3〕 参见最高人民法院民事审判第二庭、研究室编著：《最高人民法院民法典合同编通则司法解释理解与适用》，人民法院出版社2023年版，第205页。

一定无效的规定相冲突[1]，从而导致民事立法以及相关司法解释严格限制违法无效范围的目的落空。[2] 而且，如果地方性法规、行政规章的强制性规定系为了落实法律、行政法规的强制性规定而制定的具体规定，则违反地方性法规或者行政规章的强制性规定，也就等于违反了法律、行政法规的强制性规定，此时就应依据《民法典》第 153 条第 1 款认定合同效力，而无须适用《民法典》第 153 条第 2 款。[3]

---

〔1〕 参见李建伟：《行政规章影响商事合同效力的司法进路》，载《法学》2019 年第 9 期。

〔2〕 参见刘贵祥、吴光荣：《关于合同效力的几个问题》，载《中国应用法学》2021 年第 6 期。

〔3〕 参见最高人民法院民事审判第二庭、研究室编著：《最高人民法院民法典合同编通则司法解释理解与适用》，人民法院出版社 2023 年版，第 207 页。

# 第九讲

# 无权处分的合同效力与物权变动

一、从《合同法》到《民法典》有关无权处分合同效力的演变

二、《民法典合同编通则解释》对无权处分规则的细化完善

三、以"设定财产权利为目的订立的合同"对无权处分规则的适用

无权处分问题曾被学者称为"法学上之精灵"〔1〕，与之有关的法律适用问题一直是理论界和实务界热衷的课题。原《合同法》第51条第一次在立法上明确规定了无权处分的一般规则，"无处分权的人处分他人财产，经权利人追认或者无处分权的人订立合同后取得处分权的，该合同有效"。在体系上，将无权处分纳入了效力待定合同的范畴。此后对于无权处分的法律后果尤其是有关合同效力的问题的争论从未停止。2012年《买卖合同司法解释》（法释〔2012〕8号）在第3条明确了出卖他人之物合同的效力。该条规定："当事人一方以出卖人在缔约时对标的物没有所有权或者处分权为由主张合同无效的，人民法院不予支持。出卖人因未取得所有权或者处分权致使标的物所有权不能转移，买受人要求出卖人承担违约责任或者要求解除合同并主张损害赔偿的，人民法院应予支持。"这一规定在实践中很好地解决了无权处分所涉买卖合同的效力问题，《民法典》编纂时将此规定吸收。但是，与此同时，《民法典》删除了原《合同法》第51条有关无权处分的一般规定，而是在买卖合同部分的第597条作了规定。该条第1款规定："因出卖人未取得处分权

〔1〕 参见王泽鉴：《民法学说与判例研究》（第4册），中国政法大学出版社1998年版，第160页。

致使标的物所有权不能转移的，买受人可以解除合同并请求出卖人承担违约责任。”这一规定明确了出卖人未取得处分权不影响其承担违约责任，但在与原《合同法》第51条的衔接方面，缺少了“权利人追认”这一情形；在范围上，《民法典》所规定的无权处分也仅规定在买卖合同部分，对于其他有偿合同的情形，需要按照《民法典》第646条[1]的规定，参照适用《民法典》第597条第1款的规定。

此外，在物权变动方面，有关无权处分的法律后果也要与《民法典》第311条关于善意取得的规定做好体系化适用，以确保法律适用的科学性、稳定性。这一问题有必要予以进一步细化明确，以满足审判实务中统一相关案件裁判规则的要求，而且这一问题又极具普遍性，有必要在司法解释中予以规定。是故，《民法典合同编通则解释》第19条分两款对无权处分的合同效力及其物权变动的法律后果作了规定。其中，第1款明确规定：“以转让或者设定财产权利为目的订立的合同，当事人或者真正权利人仅以让与人在订立合同时对标的物没有所有权或者处分权为由主张合同无效的，人民法院不予支持；因未取得真正权利人事后同意或者让与人事后未取得处分权导致合同不能履行，受让人主张解除合同并请求让与人承担违反合同的赔偿责任的，人民法院依法予以支持。”第2款进一步规定：“前款规定的合同被认定有效，且让与人已经将财产交付或者移转登记至受让人，真正权利人请求认定财产权利未发生变动或者请求返还财产的，人民法院应予支持。但是，受让人依据民法典第三百一十一条等规定善意取得财产权利的除外。”

## 一、从《合同法》到《民法典》有关无权处分合同效力的演变

所谓无权处分，是指无所有权或者处分权的人对他人之物进行的处分。作为法律术语的处分“包括事实上的处分和法律上的处分。事实上的处分是指对物进行实质上的变形、改造或毁损等物理上的事实行为，如拆除房屋、撕毁书籍等。而法律上的处分，则指使标的物所有权发生移转、限制或消灭，

---

[1] 《民法典》第646条规定：“法律对其他有偿合同有规定的，依照其规定；没有规定的，参照适用买卖合同的有关规定。”

从而使所有权发生变动的法律行为。例如，买卖中的所有权移转，抵押权、质权之设定等，皆为法律上的处分”〔1〕。在学理上，法律上的处分又可分为负担行为和处分行为。处分行为与负担行为是一对概念，负担行为就是债权行为或者债务行为，处分行为就是转移物权的行为，又称为物权行为。负担行为是产生债权请求权的法律行为，处分行为是产生物权变动后果的法律行为（如所有权的转移、抵押权的设定、所有权的抛弃）和准物权行为（如债权转让和债务免除等）。〔2〕处分行为是最狭义的处分。德国民法理论认为，负担行为仅在作为权利享有者和义务承担者的权利人和义务人之间建立一个债法上的拘束，权利客体在法律上的地位并不直接发生变化。〔3〕以德国为典型代表的国家承认物权行为的独立性和无因性，物权行为与债权行为相互独立，产生债权请求权的合同本身无处分行为意思在内，为物权变动时，当事人之间另有物权行为。法国、意大利和日本等国的民法不采用物权行为理论，一个买卖合同中既有债权行为的效果意思又有处分行为的效果意见，采用负担行为和处分行为合一模式。由于各国学说和立法不同，无权处分的合同效力及由此产生的物权变动等法律效果问题长期以来有较大争议。

在《民法典合同编通则解释》起草过程中，对“无权处分合同”特别是“无权处分合同的效力”和“无权处分的合同效力”的表述，有观点认为无权处分合同中的处分行为发生于合同履行阶段，而无权处分的合同效力问题是合同订立阶段的问题，如此表述相当于把两个不同合同阶段的问题联系在一起，不够妥当。但是，“无权处分合同”作为一个概念持续至今已经使用二十余年。〔4〕或许是何为无权处分合同已经是常识，无须界定，或许是界定起来过于复杂，难以界定。鉴于实践中对此问题有不同认识，对何为无权处分合同尚无统一认识，在司法解释条文中，也未出现“无权处分合同”的表述，

---

〔1〕梁慧星、陈华彬编著：《物权法》，法律出版社 1997 年版，第 115－116 页。

〔2〕参见王泽鉴：《民法学说与判例研究》（第 4 册），中国政法大学出版社 1998 年版，第 136－137 页。

〔3〕参见［德］哈里·韦斯特曼：《德国民法基本概念》，张定军、葛平亮、唐晓琳译，中国人民大学出版社 2014 年版，第 54 页。

〔4〕参见田韶华、包雯：《论我国合同法上的无权处分合同及其效力——〈合同法〉第 51 条再探讨》，载《法学家》2002 年第 2 期。

但是为了讨论的方便，也为了明确讨论的对象，有必要对“无权处分合同”加以界定：无权处分合同，指的是在订立合同时，行为人对合同标的物无所有权或处分权，而约定将标的物的物权转移给相对人或为相对人设定新的物权的合同。[1]

如上文所述，原《合同法》明确了无权处分的合同为效力待定合同，如果经权利人追认或者事后取得处分权，则合同有效，否则合同无效。[2] 2007年《物权法》出台后，在以其第15条[3]规定的物权变动与其原因行为的区分原则为基础，接续第106条[4]规定了善意取得制度后，就构成了无权处分体系化适用的规则。这一期间理论界和实务界也对无权处分合同的效力问题作了进一步反思，反映在司法解释层面，2009年《合同法解释（二）》（已失效）第15条规定：“出卖人就同一标的物订立多重买卖合同，合同均不具有合同法第五十二条规定的无效情形，买受人因不能按照合同约定取得标的物所有权，请求追究出卖人违约责任的，人民法院应予支持。”由于出卖人一物数卖，出卖人将标的物交付后进行的第二次出卖属于无权处分行为，因此，该条规定实际上承认了出卖他人之物的合同的有效性。[5] 以此为基础，2012年《买卖合同司法解释》第3条明确了出卖他人之物合同不能以出卖人在缔约时对标的物没有所有权或者处分权为由认定合同无效；出卖人未取得所有权或者处分权致使标的物所有权不能转移，买受人可以请求出卖人承担违约

---

〔1〕参见最高人民法院民事审判第二庭、研究室编著：《最高人民法院民法典合同编通则司法解释理解与适用》，人民法院出版社2023年版，第238－239页。

〔2〕参见王利明：《论无权处分》，载《中国法学》2001年第3期；杨立新：《合同法总则》，法律出版社1999年版，第147页；梁慧星：《物权变动与无权处分》，载《判解研究》（第1卷），第49页。

〔3〕原《物权法》第15条规定：“当事人之间订立有关设立、变更、转让和消灭不动产物权的合同，除法律另有规定或者合同另有约定外，自合同成立时生效；未办理物权登记的，不影响合同效力。”

〔4〕原《物权法》第106条规定：“无处分权人将不动产或者动产转让给受让人的，所有权人有权追回；除法律另有规定外，符合下列情形的，受让人取得该不动产或者动产的所有权：（一）受让人受让该不动产或者动产时是善意的；（二）以合理的价格转让；（三）转让的不动产或者动产依照法律规定应当登记的已经登记，不需要登记的已经交付给受让人。受让人依照前款规定取得不动产或者动产的所有权的，原所有权人有权向无处分权人请求赔偿损失。当事人善意取得其他物权的，参照前两款规定。”

〔5〕参见最高人民法院民事审判第二庭编著：《最高人民法院关于买卖合同司法解释理解与适用》，人民法院出版社2012年版，第86页。

责任。这一规则实际上也是遵循了物权变动与作为其原因行为的合同效力认定相区分的原则，即物权变动的问题适用物权法律规则，而合同效力的判断，尤其是合同无效的判断应当适用有关合同无效的规定处理，如果不具备无效的法定事由，该合同就应当被认定有效。《民法典》第597条第1款吸收了这一规定内容。也正因如此，2020年修正的《买卖合同司法解释》将这一规定删除。

当然，对于这一问题实务界和学界一般用不影响合同效力说来表述。[1]笔者也认为采取这一表述更加准确，比如在适用《民法典》的场景下，有关合同无效的问题应当适用《民法典》第153条、第154条的规定，违反法律、行政法规的强制性规定，违背公序良俗，合同双方恶意串通损害他人合法权益的合同无效。在具体判决时，当然也要适用《民法典合同编通则解释》第16条至第18条的规定。

此外，依照《民法典》第597条第1款的规定，在出卖人未取得处分权致使标的物所有权不能转移的情形下，买受人有权解除合同并请求出卖人承担违约责任。此违约责任的承担系基于有效的债权合同关系而产生。这时的违约责任承担方式应当适用履行不能情形下的相关规则，即适用违约责任赔偿相关的方式，而不能采用继续履行的方式。至于物权变动问题，则要适用《民法典》物权编的有关规则，此规范基础当然就是上述区分原则。但值得注意的是，区分原则强调的是物权变动与合同效力的区分，即合同效力不受物权变动的影响；但若合同无效，则物权变动亦无效。[2]

## 二、《民法典合同编通则解释》对无权处分规则的细化完善

《民法典》第597条系在对原《合同法》第51条、第132条以及2012年《买卖合同司法解释》第3条修改、综合、完善的基础上，对出卖人无权处分行为的法律后果作出了规定。[3]《民法典合同编通则解释》第19条用两款明

---

〔1〕 参见最高人民法院民事审判第二庭编著：《最高人民法院关于买卖合同司法解释理解与适用》，人民法院出版社2012年版，第72页；王利明：《论无权处分》，载《中国法学》2001年第3期。

〔2〕 参见房绍坤：《论民法典物权编与合同编的立法协调》，载《现代法学》2018年第6期。

〔3〕 参见黄薇主编：《中华人民共和国民法典合同编释义》，法律出版社2020年版，第323页。

确了关于无权处分的合同效力、相关权利人的救济和权利变动三个问题，围绕着《民法典》第597条的规定精神展开。其中，第1款前半句明确让与人在订立合同时未取得所有权或处分权的，不影响合同效力；第1款后半句规定了受让人的权利救济，在受让人不能取得所有权的情形下，因让与人不能履行转移所有权的义务，如受让人主张解除合同并请求让与人承担违约责任，人民法院依法应予支持。第2款明确合同有效并不当然导致所有权转移，无权处分者不能转移所有权，原则上受让人也不能取得所有权，例外是符合善意取得要件的，受让人取得所有权。[1]

### （一）无权处分的合同效力与违约责任的承担

#### 1. 无权处分的合同效力

《民法典合同编通则解释》第19条无权处分的合同效力的细化完善，主要表现在：原有规定仅限于“当事人一方”以出卖人在缔约时对标的物没有所有权或者处分权为由主张合同无效的，人民法院不予支持。至于合同当事人以外的其他人是否有权主张没有明确，这也涉及该合同效力仅是相对有效的问题。对此，2014年《最高人民法院对“〈关于审理买卖合同纠纷案件适用法律问题的解释〉第三条中的‘当事人’是否为合同缔约方”问题的答复》指出，2012年《买卖合同司法解释》第3条是关于出卖人对出卖的标的物无所有权或处分权时，买卖合同是否无效的规定。基于物权变动的原因行为与物权变动的结果相分离的原则，该条规定出卖人在订立买卖合同时，对出卖的标的物没有所有权或处分权，并不影响作为原因行为的买卖合同的效力，但出卖物是否能够因买卖合同而发生所有权转移的物权变动效果，则要依出卖人此后能否取得标的物的所有权或处分权等予以确定。该条解释中的“当事人”，应为因买卖合同发生争议而起诉到人民法院的案件当事人，其既可以为买卖合同的缔约方，又可以为合同缔约方以外的与买卖合同或出卖物有利害关系的其他人。例如，买受人与出卖人签订买卖合同后，得知出卖人

〔1〕 参见最高人民法院民事审判第二庭、研究室编著：《最高人民法院民法典合同编通则司法解释理解与适用》，人民法院出版社2023年版，第232页。

对出卖物无权处分，因而起诉主张确认买卖合同无效的，该当事人即为合同缔约方（买受人）。另外的情形，比如，出卖人对出卖的标的物无权处分，但却与买受人签订了买卖合同（出卖他人之物），物的所有权人或处分权人得知后，提起诉讼，请求确认买卖合同无效，此时的当事人虽不是买卖合同的缔约方，但有权提起诉讼，人民法院仍应按本条规定处理。《民法典合同编通则解释》第19条第1款吸收这一经验做法，在“当事人”之后增加了“真正权利人”这一主体，使该款规则更加严谨科学。

无权处分的合同效力与物权变动模式密切相连。讨论无权处分的合同效力问题离不开对与之关联的物权变动模式的探讨。在意思主义模式下，当事人的意思表示直接导致物权变动效果发生的内涵决定了无权处分合同只能是无效的，此以法国法为典型；在折中主义模式下，合同效力与物权变动效力相区分，合同行为仅产生债权关系，并不能引起物权变动，此特点也就指向了无权处分合同应该是有效的，此以奥地利法为典型；而德国的物权形式主义模式采用的是物权行为无因性理论，债权行为（合同行为）仅产生负担义务而并不导致物权变动效果发生的实质，决定了无权处分合同必然是有效的。通过以上三种物权变动模式下无权处分合同效力之考察可以发现，从逻辑上讲，物权变动模式决定着无权处分合同的效力。〔1〕我国《民法典》第215条延续了原《物权法》第15条的规定，将物权变动与其原因行为相区分，由此构成了解决无权处分合同效力问题的法律规范基础。

依照法理分析，订立以转移所有权为目的的买卖合同行为系负担行为。对于出卖人而言，在该合同成立、生效的前提下，其负有将权利客体即买卖标的物交付买受人的义务。该标的物所有权发生移转是合同履行的法律后果，至于是否发生物权变动的后果，应当依据物权法律规则确定。比如，标的物是动产的，应当交付；标的物是不动产的，应当办理所有权移转登记。由此可见，理论上有关买卖合同的负担行为与物权变动的处分行为具有可分性，买卖合同的效力问题应当依据合同法律规则来确定。至于出卖人有无处分权，

---

〔1〕参见李军：《无权处分合同效力与物权变动模式之关联》，中国政法大学2011年博士学位论文。

会影响受让人能否取得该标的物的所有权，但不能影响先前的买卖合同效力。出卖人的有权处分当然会发生标的物所有权移转的后果，无权处分则不能发生所有权移转的后果，但是以此处分权的有无来判断买卖合同的效力，会使现实中的大量合同比如交易中普遍存在的将来物买卖合同的效力被置于不确定的状态，从而严重影响交易安全，背离鼓励交易的目的。是故，将合同效力的问题交由合同规则处理，既符合基本法理，又符合客观实际。易言之，以转让或者设定财产权利为目的订立的合同，当事人或者真正权利人仅以让与人在订立合同时对标的物没有所有权或者处分权为由主张合同无效的，人民法院不予支持。

此外，从权益保护的角度言之，无权处分合同是否有效，对受让人的损失能否得到充分的赔偿将会产生实质影响。如果基于无效的买卖关系，无处分权人和相对人之间只能相互返还财产，这对于因信赖合同有效而进行交易的相对人的保护是极为不利的，相对人的履行利益无法获得赔偿。[1]《民法典》第597条采用有效说，在出卖人未取得处分权或者已经丧失了处分权的情况下，无权处分合同不能履行，买受人可以解除合同并请求出卖人承担违约责任，这有利于充分保护交易相对人的合法权益，达到鼓励交易的目的，也符合诚信原则的要求。

**2. 违约责任的承担**

至于《民法典合同编通则解释》第19条第1款后半段所规定的“因未取得真正权利人事后同意或者让与人事后未取得处分权导致合同不能履行，受让人主张解除合同并请求让与人承担违反合同的赔偿责任的，人民法院依法予以支持”，这里的解除合同规则与《民法典》第563条第1款[2]规定的合同目的不能实现而解除合同的规则一致，实际也与《民法典》第580条第1款规定的法律上不能履行的规则一致。在法律后果上自然也与《民法典》第

---

〔1〕参见最高人民法院民事审判第二庭编著：《最高人民法院关于买卖合同司法解释理解与适用》，人民法院出版社2012年版，第84页。

〔2〕《民法典》第563条第1款规定：“有下列情形之一的，当事人可以解除合同：（一）因不可抗力致使不能实现合同目的；（二）在履行期限届满前，当事人一方明确表示或者以自己的行为表明不履行主要债务；（三）当事人一方迟延履行主要债务，经催告后在合理期限内仍未履行；（四）当事人一方迟延履行债务或者有其他违约行为致使不能实现合同目的；（五）法律规定的其他情形。”

566 条第 2 款规定的“合同因违约解除的，解除权人可以请求违约方承担违约责任”的规则一致，在适用上当然也要与该款规定保持一致性，包括《民法典》第 566 条第 2 款的但书规定，即如果出现“当事人另有约定”的情形，只要该约定不存在法定无效的情形，就应当依照该约定处理。这里的违约责任，如上文所述，应当与履行不能情形下的违约责任承担方式一致，以适用违约损害赔偿为典型，故《民法典合同编通则解释》第 19 条第 1 款后半段采取了“承担违反合同的赔偿责任”的表述。

### （二）无权处分的典型情形

除了典型的无权处分他人财产订立买卖合同的情形外，实务中较为普遍存在的还有部分共有人单独处分共有物的情形。理论上对此种情形是否构成无权处分有争议。但主流观点认为，共有人虽为财产所有人之一，但财产属于“共有”而非“区分所有”；对于共有财产的处分，其权利必须由全体共有人共同行使，任何单个共有人都没有单独处分共有物的权利。因此，共有人之一擅自处分共有物，仍属于无权处分。[1] 司法实务历来承认共有物处分可以构成无权处分。在王某诉孙某珍、姜某光房屋买卖合同纠纷案中，法院生效裁判认为，“当事人未经他人同意，擅自处分共有财产，侵犯了他人的共有权利的，构成无权处分”。[2] 依据《民法典》第 301 条的规定，在共同共有中，部分共有人未经其他共有人同意处分共同共有财产的，构成无权处分；在按份共有中，未达到 2/3 以上份额的部分共有人未经其他共有人同意处分按份共有财产的，构成无权处分。

至于赠与合同的情形，由于此合同并非双务有偿合同，故不可参照适用《民法典》第 646 条的规定，也不符合《民法典》第 311 条规定的善意取得的构成要件，自然应当另当别论。

### （三）无权处分与善意取得的衔接适用

无权处分行为通常会涉及权利人、无处分权人及相对人三方，这时就需

---

〔1〕 参见韩世远：《无权处分与合同效力》，载《人民法院报》1999 年 11 月 23 日，第 3 版。
〔2〕 北京市第二中级人民法院民事判决书，（2013）二中民终字第 10214 号。

要进行利益平衡的考量，当然，此在《民法典》第 311 条与第 597 条的规定中已经有所体现。对此作场景化分析，相对人能否取得物权，不受无权处分合同是否有效的影响，而取决于受让人行为是否符合善意取得的构成要件。也就是说，买卖合同有效不意味着买受人在完成交付或者登记等公示方式后必然可以取得标的物的所有权，买受人能否取得标的物的所有权，仍取决于是否满足善意取得的条件（也就是说，处分权的欠缺虽然不影响合同效力，但会影响物权的变动，否则善意取得制度就会失去价值和意义）。〔1〕 在符合善意取得构成要件的前提下，无论买卖合同是否有效，受让人均可取得标的物所有权。这时，根据“一物一权”的原则，标的物的原所有权人不能取得标的物的所有权，而只能通过向无处分权人主张侵权责任或者违约责任（此要以有合同约定为前提，如保管合同等）。如果不符合善意取得的构成要件，则相对人不能取得标的物所有权，此时所有权人基于物权请求权可以请求返还该标的物，即使该标的物已经交由相对人占有，这时所有权人当然可以主张确定该标的物的权属归其所有。如果该标的物毁损灭失，无权处分人要依照其与所有权人的约定或者侵权责任向所有权人承担赔偿责任。相对人占有该标的物，因其过错导致标的物毁损灭失的，则其要向所有权人承担损害赔偿责任。由此引申，无权处分行为人这时就要向相对人承担违约损害赔偿责任，即回到了《民法典合同编通则解释》第 19 条第 1 款规定的适用。

就善意取得的衔接适用问题，《民法典合同编通则解释》第 19 条第 2 款第 2 句用了“受让人依据民法典第三百一十一条等规定善意取得财产权利的除外”的表述，此“等”外，应是《民法典》第 311 条、第 312 条〔2〕、第 313 条〔3〕以及其他关于物的善意取得的规定，如《最高人民法院、最高人民

---

〔1〕 参见《民法典合同编通则解释》起草工作组：《〈关于适用民法典合同编通则若干问题的解释〉理解与适用》，载《人民司法》2024 年第 1 期。

〔2〕《民法典》第 312 条规定：“所有权人或者其他权利人有权追回遗失物。该遗失物通过转让被他人占有的，权利人有权向无处分权人请求损害赔偿，或者自知道或者应当知道受让人之日起二年内向受让人请求返还原物；但是，受让人通过拍卖或者向具有经营资格的经营者购得该遗失物的，权利人请求返还原物时应当支付受让人所付的费用。权利人向受让人支付所付费用后，有权向无处分权人追偿。”

〔3〕《民法典》第 313 条规定：“善意受让人取得动产后，该动产上的原有权利消灭。但是，善意受让人在受让时知道或者应当知道该权利的除外。”

检察院关于办理诈骗刑事案件具体应用法律若干问题的解释》（法释〔2011〕7号）第10条规定："行为人已将诈骗财物用于清偿债务或者转让给他人，具有下列情形之一的，应当依法追缴：（一）对方明知是诈骗财物而收取的；（二）对方无偿取得诈骗财物的；（三）对方以明显低于市场的价格取得诈骗财物的；（四）对方取得诈骗财物系源于非法债务或者违法犯罪活动的。他人善意取得诈骗财物的，不予追缴。"《最高人民法院关于刑事裁判涉财产部分执行的若干规定》（法释〔2014〕13号）第11条规定："被执行人将刑事裁判认定为赃款赃物的涉案财物用于清偿债务、转让或者设置其他权利负担，具有下列情形之一的，人民法院应予追缴：（一）第三人明知是涉案财物而接受的；（二）第三人无偿或者以明显低于市场的价格取得涉案财物的；（三）第三人通过非法债务清偿或者违法犯罪活动取得涉案财物的；（四）第三人通过其他恶意方式取得涉案财物的。第三人善意取得涉案财物的，执行程序中不予追缴。作为原所有人的被害人对该涉案财物主张权利的，人民法院应当告知其通过诉讼程序处理。"

实务中，在涉及与善意取得制度衔接适用的情形下，还有一个争议问题是，真正权利人主张所有权返还请求权时，相对人能否以其已经实际占有标的物进行抗辩。笔者认为，对于这一问题的讨论，要以此无权处分下的物权变动不构成善意取得为前提。如果构成善意取得，相对人取得了该标的物的所有权，原所有权人自然无权向其主张；但在不构成善意取得的情况下，相对人占有该标的物通常也不具备合法性基础，故也难以得到支持。在**郭某海与赵某昌物权保护纠纷案**[1]中，法院生效裁判认为，郭某海是真正权利人，郭某金擅自出卖房屋构成无权处分。赵某昌购房时尽到注意义务，房屋买卖合同合法有效。虽然该合同已经生效判决认定为有效，但无权处分行为效力待定，即郭某金尚不具备转移占有的处分权，其转移占有于赵某昌的行为效力待定。出卖人不享有处分权，该转移占有系无权处分，故依法支持了郭某海的退房请求，并指出赵某昌可在另案中向郭某金主张相应违约责任。本案中，赵某昌依据合法的买卖合同取得房屋并装修，但未办理过户手续，故案

〔1〕 参见北京市第一中级人民法院民事判决书，（2017）京01民终8935号。

涉房屋所有权并未转移，不能适用善意取得制度取得房屋所有权。赵某昌对房屋的占有是基于合法有效的买卖合同，具有正当依据。但判断其占有为有权占有还是无权占有，不能仅从合同依据上看，还要看其取得的占有是否有权利来源，即转让人是否有权处分。因出卖人属于无权处分，处分行为效力待定，占有作为处分内容，其效力也为待定状态。后因权利人主张腾房，对该处分行为未予以追认，故赵某昌之占有没有效力，仍属于无权占有，不能对抗真正权利人的返还请求权。

## 三、以“设定财产权利为目的订立的合同”对无权处分规则的适用

通常而言，无权处分的规则对于设定用益物权、担保物权等情形下的合同都具有参照适用的效力。此在解释通道上系遵循了《民法典》第646条的规定。在《民法典合同编通则解释》起草过程中，在第19条曾专门拟定了第3款的规定：“在他人的不动产或者动产上设定用益物权、担保物权订立的合同，适用前两款规定；转让他人的其他财产权利或者在他人的其他财产权利上设定担保物权订立的合同，参照适用前两款规定。”在最终的司法解释条文中，上述内容被《民法典合同编通则解释》第19条第1款吸收，即采用了“以转让或者设定财产权利为目的订立的合同”的表述，从而直接将“参照适用”的方法融入司法解释的起草过程，使无权处分的规则涵盖“转让”财产权利和“设定”财产权利两种情形。

对于无处分权“设定”财产权利的情形主要包括无所有权而设定抵押、质押以及出租等。在此以抵押为例，最高人民法院的一个典型案例〔1〕裁判指出，虽然当事人仅抵押其自有的土地使用权，但根据“地随房走，房随地走”的原则，应视为土地使用权与地面建筑物所有权一并抵押。

在具体法律适用上，《民法典》第406条第1款规定：“抵押期间，抵押人可以转让抵押财产。当事人另有约定的，按照其约定。抵押财产转让的，抵押权不受影响。”对“当事人另有约定的，按照其约定”的规定在实践中如

〔1〕 参见最高人民法院民事判决书，(2007）民二终字第222号。转引自中国信达资产管理公司西安办事处与陕西省粮油食品进出口公司西安中转冷库、陕西省粮油食品进出口公司借款担保合同纠纷案，载《最高人民法院公报》2009年第12期。

何把握，《民法典担保制度司法解释》第43条规定："当事人约定禁止或者限制转让抵押财产但是未将约定登记，抵押人违反约定转让抵押财产，抵押权人请求确认转让合同无效的，人民法院不予支持；抵押财产已经交付或者登记，抵押权人请求确认转让不发生物权效力的，人民法院不予支持，但是抵押权人有证据证明受让人知道的除外；抵押权人请求抵押人承担违约责任的，人民法院依法予以支持。当事人约定禁止或者限制转让抵押财产且已经将约定登记，抵押人违反约定转让抵押财产，抵押权人请求确认转让合同无效的，人民法院不予支持；抵押财产已经交付或者登记，抵押权人主张转让不发生物权效力的，人民法院应予支持，但是因受让人代替债务人清偿债务导致抵押权消灭的除外。"

设定用益物权的行为当然也可以适用此规则，只是在此仍然要受《民法典》第646条规定的有偿合同的限制。以转让他人的其他财产权利或者在他人的其他财产权利上设定担保物权为目的订立的合同，也应参照适用上述规则。〔1〕至于股权转让中如何参照适用《民法典合同编通则解释》第19条规定的问题，则要持谨慎的态度。对此应当优先适用《公司法》及其司法解释等规范，如果不得不援引买卖合同中的相关规定，诸如瑕疵担保、逾期违约、约定价款不明、无权处分合同效力等规定，应当对拟类推适用法条的规范构成和制度目的进行审慎分析。〔2〕

---

〔1〕参见《民法典合同编通则解释》起草工作组：《〈关于适用民法典合同编通则若干问题的解释〉理解与适用》，载《人民司法》2024年第1期。

〔2〕参见最高人民法院民法典贯彻实施工作领导小组主编：《中华人民共和国民法典合同编理解与适用》，人民法院出版社2020年版，第1131页。

# 第十讲

# 越权代表与授权性规定的违反

一、越权代表的一般规则
二、"善意"的认定与责任的承担
三、越权代表、无权代理中涉刑民交叉问题的处理

越权代表是实务中经常遇到的热点问题，其中的难点主要围绕着代表权的限制与善意相对人的保护问题，因法定或者公司内部如公司章程等对代表权的限制不同，相对人由此负有的对代表人代表权限的审查义务有所不同，进而在相对人未尽到相应审查义务的情况下，法人或者非法人是否要承担赔偿责任，实务中也有争议。一种观点认为，应当参照适用《民法典》第171条有关无权代理的规定，即法人、非法人组织不是合同当事人，其无须承担任何责任，应由作为行为人的法定代表人、负责人承担责任。另一种观点则认为，法定代表人、负责人的越权代表行为，仍然是法人、非法人组织的行为，在代表行为无效的情况下，法人、非法人组织有过错的，仍应承担赔偿责任，其性质属于缔约过失责任。[1] 针对上述问题，《民法典合同编通则解释》第20条在综合各方意见、吸收既有审判经验的基础上，对越权代表所述责任承担规则作了规定。其中，该条第1款就代表权的限制与相对人的审查义务标准以及在此基础上的责任承担问题作了规定："法律、行政法规为限制法人的法定代表人或者非法人组织的负责人的代表权，规定合同所涉事项应

〔1〕 参见最高人民法院民事审判第二庭、研究室编著：《最高人民法院民法典合同编通则司法解释理解与适用》，人民法院出版社2023年版，第243－244页。

当由法人、非法人组织的权力机构或者决策机构决议，或者应当由法人、非法人组织的执行机构决定，法定代表人、负责人未取得授权而以法人、非法人组织的名义订立合同，未尽到合理审查义务的相对人主张该合同对法人、非法人组织发生效力并由其承担违约责任的，人民法院不予支持，但是法人、非法人组织有过错的，可以参照民法典第一百五十七条的规定判决其承担相应的赔偿责任。相对人已尽到合理审查义务，构成表见代表的，人民法院应当依据民法典第五百零四条的规定处理。”第 2 款就代表权意定限制情形（如公司章程或者公司股东会决议对法定代表人代表权的限制）下越权代表订立的合同效力及责任承担问题作了规定：“合同所涉事项未超越法律、行政法规规定的法定代表人或者负责人的代表权限，但是超越法人、非法人组织的章程或者权力机构等对代表权的限制，相对人主张该合同对法人、非法人组织发生效力并由其承担违约责任的，人民法院依法予以支持。但是，法人、非法人组织举证证明相对人知道或者应当知道该限制的除外。”第 3 款则就追偿问题作了规定：“法人、非法人组织承担民事责任后，向有过错的法定代表人、负责人追偿因越权代表行为造成的损失的，人民法院依法予以支持。法律、司法解释对法定代表人、负责人的民事责任另有规定的，依照其规定。”值得注意的是，实务中有关越权代表的情形经常会与有关法律、行政法规规定的法定代表人“应当”“不得”为某一行为相关联，此以《公司法》第 15 条的适用为典型，这在本质上并非影响合同效力的强制性规定，而是属于权限性规定，应当体系化适用越权代表的规定。当然，如果涉及无权处分、无权代理问题，则要衔接适用好相应的具体规定，《民法典合同编通则解释》第 18 条对这一问题作了厘清。下面分别就上述规定在实务中适用需要注意的问题作释解。

## 一、越权代表的一般规则

越权代表的法律适用在《民法典》框架内也是体系化适用的典型，即要有机适用好《民法典》第 61 条与第 504 条的规定。从某种意义上讲，前者是后者的前提条件，后者的适用离不开前者的规定。根据《民法典》第 61 条第 1 款的规定，法人的法定代表人是指依照法律或者法人章程的规定，代表法人从事民事活动的负责人。但法人的法定代表人、非法人组织的负责人的权限不是无限制的。法人的法定代表人应当在法律规定或者法人的章程规定的权限范围内对外从事民事活动，法人的权力机构也可能会对法定代表人的权限作一些限制。非法人组织也可能会对其负责人的权限作一定限制。法人的法定代表人或者非法人组织的负责人是代表法人或者非法人组织行使职权的，一般来说，法人的法定代表人或者非法人组织的负责人本身就是法人或者非法人组织的组成部分，法定代表人的行为或者非法人组织负责人的行为就是法人或者非法人组织的行为，因此，他们执行职务的行为所产生的法律后果都应当由法人或者非法人组织承受。对此，《民法典》第61条第2款作了明确规定，法定代表人以法人名义从事的民事活动，其法律后果由法人承受。法人的法定代表人或者非法人组织的负责人以法人或者非法人组织的名义与相对人订立合同的，相对人一般认为法定代表人或者非法人组织的负责人代表法人或者非法人组织，相对人往往并不知道也难以知道且一般也没有义务知道法定代表人或者非法人组织负责人的权限到底有多大，法人或者非法人组织的内部管理规定也不应对合同的相对人形成约束力。法人的法定代表人或者非法人组织的负责人超越权限订立合同的，代表行为无效，所订立的合同对法人或者非法人组织不发生效力，将会严重损害合同相对人的利益，不利于保护交易的安全，也会使一些法人或者非法人组织借此逃避责任，牟取不当利益。因此，《民法典》第504条规定法人的法定代表人或者非法人组织的负责人超越权限订立合同的，一般情况下代表行为有效，所订立的合同对法人或者非法人组织发生效力。如果合同的相对人在订立合同时知道或者应当知道法人的法定代表人或者非法人组织的负责人的行为是超越权限的，而仍与之订立合同，则属于具有恶意，此时没有对合同的相对人加以保护的必要。这一规定立足于维护交易安全，应当保护的是善意相对人的利益。[1] 无论是从文义上还是目的上，《民法典》第504条有关越权代表规则下，对于善意相对人的保护排除"相对人知道或者应当知道"法定代表人或非法人组织的负责人超越权限的情形与《民法典》第170条第2款越权职务代理不得对

---

〔1〕 参见黄薇主编：《中华人民共和国民法典合同编释义》，法律出版社2020年版，第100页。

抗善意相对人的规则一致，也与第171条第3款、第4款有关“善意相对人”以及“知道或者应当知道”在解释论上具有一致性。从这个角度讲，在越权代表的情况下，对于善意相对人的保护力度要强于表见代理情形下对善意相对人的保护力度，即这时相对人所要承担的对法定代表人非法人组织的负责人的代表行为是否超过代表权限的审查义务要求要低于表见代理中的相对人“有理由相信”要求下的审查义务。

在此前出台的司法解释中，《民法典担保制度司法解释》在《九民会议纪要》第17条等规定的基础上，对公司越权担保问题作了规定。其第7条第1款、第2款规定：“公司的法定代表人违反公司法关于公司对外担保决议程序的规定，超越权限代表公司与相对人订立担保合同，人民法院应当依照民法典第六十一条和第五百零四条等规定处理：（一）相对人善意的，担保合同对公司发生效力；相对人请求公司承担担保责任的，人民法院应予支持。（二）相对人非善意的，担保合同对公司不发生效力；相对人请求公司承担赔偿责任的，参照适用本解释第十七条的有关规定。法定代表人超越权限提供担保造成公司损失，公司请求法定代表人承担赔偿责任的，人民法院应予支持。”就善意认定问题，其第3款规定：“第一款所称善意，是指相对人在订立担保合同时不知道且不应当知道法定代表人超越权限。相对人有证据证明已对公司决议进行了合理审查，人民法院应当认定其构成善意，但是公司有证据证明相对人知道或者应当知道决议系伪造、变造的除外。”这一规定在实务中发挥了积极指导作用，也为在一般规则层面进一步细化、明确表见代表规则积累了宝贵经验。在认定法定代表人越权代表行为的效力时，我国的立法和司法实践最初从越权代表行为的效力层面着手，后来转移到对相对人善意的认定，并最终发展出了相对人合理审查义务规则。〔1〕《民法典合同编通则解释》第20条正是在此基础上，总结提炼相关审判实践经验作出的规定。

## 二、“善意”的认定与责任的承担

就《民法典合同编通则解释》第20条本身的适用，关键需要把握以下两

〔1〕 参见王利明：《论越权代表中相对人的合理审查义务——以〈合同编解释〉第20条为中心》，载《中外法学》2024年第1期。

个问题。

### (一) 关于“善意”的认定

此处所谓“善意”，指的是相对人对法定代表人、负责人超越代表权限这一事实不知情。反之，如果其对该事实知情，则构成恶意。应当明确的是，如果法定代表人、负责人没有超越代表权限，则其代表行为自然是有效的，并无区分善意与恶意的必要。可见，区分善意与恶意，只有在法定代表人、负责人越权代表而又有可能构成表见代表的情形下才有意义。[1] 依据《民法典合同编通则解释》第 20 条第 1 款的规定，相对人对于法定代表人、负责人超越代表权限的审查义务为“合理审查义务”，此与《民法典担保制度司法解释》第 7 条的规定精神具有一致性。对此，在适用中需要注意以下两点。

**1. 合理审查义务的适用范围**

《民法典合同编通则解释》第 20 条第 1 款主要规定的是代表权法定限制的情形。对此，除了《公司法》第 15 条有关公司对外担保应当经公司决议程序的规定外，《公司法》第 135 条也有类似规定：“上市公司在一年内购买、出售重大资产或者向他人提供担保的金额超过公司资产总额百分之三十的，应当由股东会作出决议，并经出席会议的股东所持表决权的三分之二以上通过。”对这一问题的理解，重点在于甄别其是否属于授权性规定，对此笔者将在第三部分予以专门探讨。需要注意的是，对于法定代表权限制而言，相对人依法负有审查义务，其应当知悉法律对法定代表人代表权限的限制，故应负有相应的合理审查义务。而对于意定代表权限制而言，由于绝大多数意定限制并未公开，特别是公司权力机构或执行机构通过决议作出的限制，相对人难以查询，因而相对人原则上不负有审查义务。但是，如果法人或非法人组织能够证明相对人知悉或者应当知悉该限制的存在，则相对人也负有审查义务。一般而言，在以下情形下，可以认定相对人已经知道或者应当知道：一是相对人主动要求被代表的公司提交章程或者董事会决议，公司已经按照

〔1〕 参见最高人民法院民事审判第二庭编著：《〈全国法院民商事审判工作会议纪要〉理解与适用》，人民法院出版社 2019 年版，第 185 页。

要求提交的。二是公司在合同订立过程中明确告知相对人相关的意定限制内容。如果公司已经在代表行为前告知相对人该公司对于代表权的意定限制，则应当认定相对人已经知道该限制的内容。三是具有系列交易关系的可以认定相对人已经或者应当知道。如果相对人与公司具有系列交易关系，则相对人可以通过对比之前的系列交易信息，确定法定代表人的代表权限。[1] 笔者认为，上述见解颇有道理。《民法典合同编通则解释》第 20 条第 2 款对于代表权意定限制的情形，采取反面论述的方式，即“法人、非法人组织举证证明相对人知道或者应当知道该限制的除外”，其中在“应当知道”的问题上，会涉及相对人的审查义务问题，笔者认为，从法律适用的一致性考量，这时的审查义务也应当采取“合理审查”标准，只是在审查的具体场景方面有所不同。此外，在举证责任方面，综合《民法典合同编通则解释》第 20 条第 2 款的规定，对于违反法定限制的情形，应当由相对人举证证明其已经尽到合理审查义务，但在意定限制的情形中，则应当由法人或者非法人组织举证证明相对人知道或者应当知道该限制。

**2. 合理审查标准的把握问题**

结合《九民会议纪要》第 18 条第 2 款的规定，债权人对公司机关决议内容的审查一般限于形式审查，只要求尽到必要的注意义务即可，标准不宜太过严苛。公司以机关决议系法定代表人伪造或者变造、决议程序违法、签章（名）不实、担保金额超过法定限额等事由抗辩债权人非善意的，人民法院一般不予支持。但是，公司有证据证明债权人明知决议系伪造或者变造的除外。同时，法人或者非法人组织与相对人之间的关系对有关善意的认定也有所影响，如《公司法》第 15 条对关联担保和非关联担保的决议机关作出了区别规定，相应地，在善意的判断标准上也应当有所区别。一种情形是，为公司股东或者实际控制人提供关联担保，《公司法》第 15 条第 2 款明确规定必须由股东会决议。未经股东会决议的，构成越权代表。在此情况下，债权人主张担保合同有效，应当提供证据证明其在订立合同时对股东会决议进行了审查，

[1] 参见王利明：《论越权代表中相对人的合理审查义务——以〈合同编解释〉第 20 条为中心》，载《中外法学》2024 年第 1 期。

决议的表决程序符合《公司法》第 15 条的规定，即在排除被担保股东表决权的情况下，该项表决由出席会议的其他股东所持表决权的过半数通过，签字人员也符合公司章程的规定。另一种情形是，公司为公司股东或者实际控制人以外的人提供非关联担保，根据《公司法》第 15 条第 1 款的规定，此时由公司章程规定是由董事会决议还是股东会决议。无论章程是否对决议机关作出规定，也无论章程规定决议机关为董事会还是股东会，根据《民法典》第 61 条第 3 款关于“法人章程或者法人权力机构对法定代表人代表权的限制，不得对抗善意相对人”的规定，只要债权人能够证明其在订立担保合同时对董事会决议或者股东会决议进行了审查，同意决议的人数及签字人员符合公司章程的规定，就应当认定其构成善意，但公司能够证明相对人明知公司章程对决议机关有明确规定的除外。在担保之外的其他情形，上述思路对于相对人善意的认定具有参考意义。

值得注意的是，章程规定由股东会决议，实际上出具董事会决议的，这时应当如何认定相对人是否构成善意。一种观点认为，相对人仅负形式审查义务，不负有审查章程的义务；且根据《民法典》第 61 条第 3 款有关“法人章程或者法人权力机构对法定代表人代表权的限制，不得对抗善意相对人”的规定，章程约定不得对抗善意相对人，因而不妨碍认定相对人为善意。另一种观点认为，相对人负有合理审查义务，其中当然就包括了审查章程的义务，在章程明确规定对外担保需由股东会决议的情况下，法定代表人仅提交董事会决议，相对人接受的，不能认定其为善意相对人。应该说，《民法典担保制度司法解释》并未简单沿袭《九民会议纪要》关于相对人仅负形式审查义务的规定，而是规定了其负有合理审查义务，显然采取的是第二种观点。[1]《民法典合同编通则解释》也采取了这一思路，在适用时需要特别注意相对人对公司章程是否予以审查的问题。相对人对公司章程的审查主要体现在对其内容方面的审查，如公司章程特别规定了对于达到一定数额的重大交易，代表权的行使将受到一定限制，相对人对此公司章程不予审查显然就

〔1〕 参见最高人民法院民事审判第二庭、研究室编著：《最高人民法院民法典合同编通则司法解释理解与适用》，人民法院出版社 2023 年版，第 247 页。

违反了合理审查义务。但是考虑到有关公司决议的内部性，有些内容相对人难以进行审查。例如，公司章程规定了对于重大事项的决定必须经股东会2/3以上表决权通过，但是，由于相对人不具有股东身份，无法知悉参与股东会的股东身份是否真实，此时，不应要求相对人必须审查股东签名的真伪，以及股东表决达到法定比例是否存在伪造等情况。如果没有明显理由能够怀疑公司决议为伪造或变造，则不应要求相对人对此负责，除非公司能够证明相对人确实知悉有关决议为伪造。[1]

### （二）责任的承担

鉴于法定代表人、负责人对外从事的行为，即使是越权行为，在本质上也是公司的对外行为，就法定代表人而言，该行为仍然属于履职行为的范畴，即便越权行为不对公司发生效力，但由法定代表人个人承担责任也缺乏依据。而委托代理情况下，代理人的权限来自被代理人的授权，未经被代理人授权的，其行为与被代理人无关，自然不对被代理人发生效力，而应由代理人自身承担责任。正因为注意到越权代表和无权代理的区别，《民法典合同编通则解释》才规定即便构成越权代表，公司也要承担赔偿责任，该责任性质上属于缔约过失责任。[2] 在这里，法人或者非法人组织承担责任的归责基础是其具有过错，具体应当参照适用《民法典》第157条[3]的规定承担赔偿责任。在此需要注意的是，不能以相对人的过错抵充、否认法人或者非法人组织的过错，其不能仅以相对人明知超越权限为由主张免责。值得探讨的是，相对人明知决议是伪造或者变造的仍然接受担保的，公司能否免责？对此，有观点认为，公司仍然不能免责，因为没有决议公司都要承担责任，伪造或者变造决议相当于没有决议；且伪造或者变造决议表明法定代表人或者公司仍然

---

〔1〕 参见王利明：《论越权代表中相对人的合理审查义务——以〈合同编解释〉第20条为中心》，载《中外法学》2024年第1期。

〔2〕 参见最高人民法院民事审判第二庭、研究室编著：《最高人民法院民法典合同编通则司法解释理解与适用》，人民法院出版社2023年版，第248页。

〔3〕《民法典》第157条规定：“民事法律行为无效、被撤销或者确定不发生效力后，行为人因该行为取得的财产，应当予以返还；不能返还或者没有必要返还的，应当折价补偿。有过错的一方应当赔偿对方由此所受到的损失；各方都有过错的，应当各自承担相应的责任。法律另有规定的，依照其规定。”

具有过错，故不能免责。我们认为，相对人明知决议是伪造或者变造的仍然接受担保，往往可以认定法定代表人与相对人恶意串通损害公司利益，公司可以据此免责。[1] 对此，可以适用《民法典合同编通则解释》第23条有关法定代表人与相对人恶意串通时的合同效力及责任承担的规定。

**1. 向法定代表人的追偿**

《民法典》第62条第2款规定，法人承担民事责任后，可以依照法律或者法人章程的规定向有过错的法定代表人追偿。为了维护法人、非法人组织的合法权益，有必要明确在法定代表人、负责人越权代表的情况下，如果法人、非法人组织须承担民事责任，则其在承担民事责任后，应有权向有过错的法定代表人、负责人追偿越权代表行为造成的损失。[2]

**2. "应当"、"必须"或者"不得"规定与越权代表、无权处分、无权代理规则的衔接适用**

私法上的强制性规定虽然也大量使用"应当""必须""不得"等表述，但大多并非行为意义上的强制性规定，而是权限性规定。也就是说，当事人一方违反该规定，仅仅意味着其施行的行为构成无权处分、无权代理、越权代表等，有时则意味着对方当事人或者第三人据此获得合同撤销权、解除权等民事权利。此时，显然不能适用原《合同法》第52条第5项或者《民法典》第153条第1款来认定合同效力，而应根据《民法典》就无权处分、无权代理、越权代表等作的规定认定合同效力，或者依据《民法典》关于该行为的法律后果来认定合同效力。[3] 但是在审判实务中存在未对此权限性规定进行识别而径行认为此即效力性强制性规定，从而以违反这一规定为由判决合同无效的情形。鉴于此，《民法典合同编通则解释》对这一问题进一步作出了一般规则层面的明确规定，其第18条规定："法律、行政法规的规定虽然

---

〔1〕 参见最高人民法院民事审判第二庭、研究室编著：《最高人民法院民法典合同编通则司法解释理解与适用》，人民法院出版社2023年版，第248－249页。

〔2〕 参见《民法典合同编通则解释》起草工作组：《〈关于适用民法典合同编通则若干问题的解释〉的理解与适用》，载《人民司法》2024年第1期。

〔3〕 参见《民法典合同编通则解释》起草工作组：《〈最高人民法院关于适用《中华人民共和国民法典》合同编通则若干问题的解释〉重点问题解读》，载《法律适用》2024年第1期。

有‘应当’‘必须’或者‘不得’等表述，但是该规定旨在限制或者赋予民事权利，行为人违反该规定将构成无权处分、无权代理、越权代表等，或者导致合同相对人、第三人因此获得撤销权、解除权等民事权利的，人民法院应当依据法律、行政法规规定的关于违反该规定的民事法律后果认定合同效力。”对于这一规定的适用，需要把握以下几点。

（1）权限性规定与越权代表、无权代理等规则的衔接适用。

强制性规定与权限性规定存在混淆，有实证研究表明，审判实务中存在强制性规范被错误甄别、判定标准不一的现象。[1] 在此仍以《公司法》第15条[2]为例进行阐述，无论是将《公司法》第15条理解为管理性强制性规定还是效力性强制性规定，都会带来体系上的冲突：如果认为该条是效力性强制性规定，那么法定代表人违反该条对外提供担保就会导致担保合同无效，即使相对人是善意，也无表见代表制度适用之余地；如果认为该条是管理性强制性规定，那么法定代表人违反该条对外提供担保，就不会影响合同效力，自然也没有适用表见代表制度的必要。可见，无论是将这一规定界定为效力性强制性规定还是管理性强制性规定，都将导致《民法典》第504条[3]规定的表见代表制度被架空。[4] 正因如此，《九民会议纪要》第17条规定：“为防止法定代表人随意代表公司为他人提供担保给公司造成损失，损害中小股东利益，《公司法》第16条对法定代表人的代表权进行了限制。根据该条规定，担保行为不是法定代表人所能单独决定的事项，而必须以公司股东（大）会、董事会等公司机关的决议作为授权的基础和来源。法定代表人未经授权擅自为他人提供担保的，构成越权代表，人民法院应当根据《合同法》第50

---

〔1〕参见叶名怡：《我国违法合同无效制度的实证研究》，载《法律科学（西北政法大学学报）》2015年第6期。

〔2〕《公司法》第15条规定：“公司向其他企业投资或者为他人提供担保，按照公司章程的规定，由董事会或者股东会决议；公司章程对投资或者担保的总额及单项投资或者担保的数额有限额规定的，不得超过规定的限额。公司为公司股东或者实际控制人提供担保的，应当经股东会决议。前款规定的股东或者受前款规定的实际控制人支配的股东，不得参加前款规定事项的表决。该项表决由出席会议的其他股东所持表决权的过半数通过。”

〔3〕《民法典》第504条规定：“法人的法定代表人或者非法人组织的负责人超越权限订立的合同，除相对人知道或者应当知道其超越权限外，该代表行为有效，订立的合同对法人或者非法人组织发生效力。”

〔4〕参见刘贵祥：《公司担保与合同效力》，载《法律适用》2012年第7期。

条关于法定代表人越权代表的规定，区分订立合同时债权人是否善意分别认定合同效力：债权人善意的，合同有效；反之，合同无效。”这一规定准确厘清了《公司法》第15条作为权限性规定与越权代表之间的适用关系。在此基础上，《九民会议纪要》第20条进一步规定：“依据前述3条规定，担保合同有效，债权人请求公司承担担保责任的，人民法院依法予以支持；担保合同无效，债权人请求公司承担担保责任的，人民法院不予支持，但可以按照担保法及有关司法解释关于担保无效的规定处理。公司举证证明债权人明知法定代表人超越权限或者机关决议系伪造或者变造，债权人请求公司承担合同无效后的民事责任的，人民法院不予支持。”上述规定精神也被《民法典担保制度司法解释》吸收，其第7条第1款明确规定：“公司的法定代表人违反公司法关于公司对外担保决议程序的规定，超越权限代表公司与相对人订立担保合同，人民法院应当依照民法典第六十一条和第五百零四条等规定处理：（一）相对人善意的，担保合同对公司发生效力；相对人请求公司承担担保责任的，人民法院应予支持。（二）相对人非善意的，担保合同对公司不发生效力；相对人请求公司承担赔偿责任的，参照适用本解释第十七条的有关规定。”此外，《民法典》第168条关于未经被代理人同意或者追认时代理人不得以被代理人的名义与自己实施民事法律行为的规定，以及关于未经被代理的双方同意或者追认时代理人不得以被代理人的名义与自己同时代理的其他人实施民事法律行为的规定，也都属于权限性规定，当事人违反该规定，即构成无权代理，自应依据《民法典》第171条、第172条关于无权代理、表见代理的规定来认定该合同能否对被代理人发生效力以及相应的损害赔偿责任的承担，但不能依据《民法典》第153条第1款认定合同效力。

与上述情况类似的还有《民法典》第443条至第445条关于出质人未经质权人同意不得转让出质权利的规定。当事人订立的合同违反《民法典》第443条至第445条关于出质人未经质权人同意不得转让出质权利的规定，充其量构成无权处分。[1] 对此应当直接运用《民法典合同编通则解释》第19条

[1] 参见最高人民法院民事审判第二庭、研究室编著：《最高人民法院民法典合同编通则司法解释理解与适用》，人民法院出版社2023年版，第221页。

或者参照适用《民法典》第 597 条认定合同效力，不能依据《民法典》第 153 条第 1 款认定该合同无效。

（2）对有些“不得”规定的体系化适用。

在一些具体法律规范中，“不得”通常是警示相应的行为人不能为某一行为。而这些规定中有时并未规定相应的法律后果，由此导致实务中适用的混乱。笔者认为，警示性规定在规范性质上属于所谓行为规范，不属于裁判规范，不能作为裁判的依据，而强制性规定则既是行为规范，又是裁判规范，不仅具有指导当事人如何行为的功能，在当事人违反强制性规定时，还可作为裁判的依据。[1] 对此，应当在做好对相应规范甄别的基础上把握好体系化适用的问题：一方面，要衔接适用好《民法典合同编通则解释》第 16 条的规定，对于可以通过对行为人追究行政责任、刑事责任就能够达到规范目的的，不宜再依据这一规定去评价行为人的合同效力。这一警示性规定与以往理论和实务中经常提到的效力性强制性规定并不相同，有关的法律适用应当根据其实质意义上的法律关系来判断。另一方面，要就有关具体法律规范作规定的具体事项作相应的类型化处理。例如，《民法典》第 399 条[2]就某些财产规定“不得抵押”的具体规定中，该条第 1 项至第 3 项所列财产系法律规定的禁止流通物或者限制流通物，当事人以此为标的物进行抵押，抵押合同自然应被认定无效，但该条第 4 项、第 5 项所列财产并非禁止流通物或者限制流通物，违反该规定只是可能导致行为人构成无权处分，自无据此认定抵押合同无效之理。[3] 也正因如此，《民法典担保制度司法解释》第 37 条规定：“当事人以所有权、使用权不明或者有争议的财产抵押，经审查构成无权处分的，人民法院应当依照民法典第三百一十一条的规定处理。当事人以依法被查封或者扣押的财产抵押，抵押权人请求行使抵押权，经审查查封或者扣押

〔1〕 参见刘贵祥：《民法典适用的几个重大问题》，载《人民司法》2021 年第 1 期。

〔2〕《民法典》第 399 条规定：“下列财产不得抵押：（一）土地所有权；（二）宅基地、自留地、自留山等集体所有土地的使用权，但是法律规定可以抵押的除外；（三）学校、幼儿园、医疗机构等为公益目的成立的非营利法人的教育设施、医疗卫生设施和其他公益设施；（四）所有权、使用权不明或者有争议的财产；（五）依法被查封、扣押、监管的财产；（六）法律、行政法规规定不得抵押的其他财产。”

〔3〕 参见最高人民法院民事审判第二庭：《最高人民法院民法典担保制度司法解释理解与适用》，人民法院出版社 2021 年版，第 392 页。

措施已经解除的，人民法院应予支持。抵押人以抵押权设立时财产被查封或者扣押为由主张抵押合同无效的，人民法院不予支持。以依法被监管的财产抵押的，适用前款规定。”《城市房地产管理法》第 38 条所列举的不得转让情形更为复杂〔1〕，更应该区分其中的不同情形判断是否构成无权处分，由此来适用《民法典合同编通则解释》第 19 条的规定。

值得注意的是，在当事人一方违反权限性规定订立合同的情况下，其后果也可能不构成无权处分、无权代理或者越权代表等，而是据此授权合同相对人或者第三人解除合同或者撤销合同。〔2〕例如，根据《民法典》第 716 条第 2 款的规定，承租人未经出租人同意进行转租，并不当然导致转租合同无效，而是出租人可以解除合同。此外，《最高人民法院关于审理外商投资企业纠纷案件若干问题的规定（一）》第 11 条规定：“外商投资企业一方股东将股权全部或部分转让给股东之外的第三人，应当经其他股东一致同意，其他股东以未征得其同意为由请求撤销股权转让合同的，人民法院应予支持。具有以下情形之一的除外：（一）有证据证明其他股东已经同意；（二）转让方已就股权转让事项书面通知，其他股东自接到书面通知之日满三十日未予答复；（三）其他股东不同意转让，又不购买该转让的股权。”第 12 条进一步规定：“外商投资企业一方股东将股权全部或部分转让给股东之外的第三人，其他股东以该股权转让侵害了其优先购买权为由请求撤销股权转让合同的，人民法院应予支持。其他股东在知道或者应当知道股权转让合同签订之日起一年内

---

〔1〕 有的涉及管理性强制性规定，如《城市房地产管理法》第 38 条第 1 项所称的“以出让方式取得土地使用权的，不符合本法第三十九条规定的条件的”，而《城市房地产管理法》第 39 条规定的条件，有些已被明确为管理性强制性规定；有的涉及对处分权的限制，如第 2 项规定的“司法机关和行政机关依法裁定、决定查封或者以其他形式限制房地产权利的”；有的构成无权处分，如第 3 项规定的“依法收回土地使用权的”的情形中，既然土地使用权已被收回，转让方自然无权再转让房地产；还有的则只能说涉嫌无权处分，如第 4 项规定的“共有房地产，未经其他共有人书面同意的”，第 5 项规定的“权属有争议的”和第 6 项规定的“未依法登记领取权属证书的”的情形下，只有在共同共有房地产的情况下，才需要全体共有人一致同意，“权属有争议”也并不意味着转让方必然是无权处分，而“未依法登记领取权属证书”，更不意味着转让方对标的物必然不享有处分的权利。参见最高人民法院民事审判第二庭、研究室编著：《最高人民法院民法典合同编通则司法解释理解与适用》，人民法院出版社 2023 年版，第 222－223 页。

〔2〕 参见最高人民法院民事审判第二庭、研究室编著：《最高人民法院民法典合同编通则司法解释理解与适用》，人民法院出版社 2023 年版，第 222 页。

未主张优先购买权的除外。前款规定的转让方、受让方以侵害其他股东优先购买权为由请求认定股权转让合同无效的，人民法院不予支持。”

## 三、越权代表、无权代理中涉刑民交叉问题的处理

涉及越权代表、无权代理的案件中不乏涉及刑民交叉问题的处理。对此，依据《九民会议纪要》第 128 条第 1 款的规定，法人或者非法人组织的法定代表人、负责人或者其他工作人员的职务行为涉嫌刑事犯罪或者被刑事裁判认定构成犯罪，受害人请求该法人或者非法人组织承担民事责任的，由此涉及的民事案件与刑事案件应当分别审理。同样，行为人以法人、非法人组织或者他人名义订立合同的行为涉嫌刑事犯罪或者被刑事裁判认定构成犯罪，合同相对人请求该法人、非法人组织或者他人承担民事责任的，由此涉及的民事案件与刑事案件也应当分别审理。上述规定系源于《最高人民法院关于在审理经济纠纷案件中涉及经济犯罪嫌疑若干问题的规定》第 1 条的规定，即“同一自然人、法人或非法人组织因不同的法律事实，分别涉及经济纠纷和经济犯罪嫌疑的，经济纠纷案件和经济犯罪嫌疑案件应当分开审理”。其法理基础为，民事案件与刑事案件的当事人并不同一，只不过法律事实有牵连，由于在不同的当事人之间分别存在民事法律关系和刑事法律关系，故相应的民事案件和刑事案件当然应当分别受理和审理。如果在民商事案件立案中，发现与案件有牵连的涉嫌刑事犯罪的线索、材料，但上述刑事犯罪与民商事案件不是同一法律关系的，法院应将涉嫌犯罪的线索、材料移送有关公安机关或检察机关查处。由于民商事案件当事人之间存在民商事法律关系，故不能因当事人存在刑事犯罪嫌疑就全案移送，一概驳回起诉。进言之，若一开始是作为民商事案件立案，但最终认定案件实质为刑事犯罪案件时，民事诉讼的当事人之间并无民商事法律关系的，则应裁定驳回起诉，将全案移送公安机关或检察机关。[1]

在越权代表的情形下，法人或者非法人组织的法定代表人、负责人或者

〔1〕 参见最高人民法院民事审判第二庭编著：《〈全国法院民商事审判工作会议纪要〉理解与适用》，人民法院出版社 2019 年版，第 651 页。

其他工作人员的职务行为构成刑事犯罪，被害人以法人或者非法人组织为被告提起民事诉讼的，这时的法律关系或者诉讼构造的主体与刑事案件的并非同一，故应当分别审理。无权代理情形中代理人构成犯罪而相对人向被代理人主张责任的也属此类情形。在这两类情形中，实务中多是以表见代表、表见代理来向法人或者非法人组织主张责任，但在无权代理的情形下，也存在相对人请求行为人所属的法人、非法人组织承担合同法律关系项下的民事责任。对此，应当体系化适用《民法典》第 170 条、第 171 条、第 172 条、第 504 条和《民法典合同编通则解释》第 20 条、第 21 条、第 22 条等规定，确定相应的法律关系和有关具体民事责任的承担。

值得注意的是，对于涉及涉众刑事案件的情形的处理，有其特殊性。对此，《九民会议纪要》第 129 条规定："2014 年颁布实施的《最高人民法院最高人民检察院公安部关于办理非法集资刑事案件适用法律若干问题的意见》和 2019 年 1 月颁布实施的《最高人民法院最高人民检察院公安部关于办理非法集资刑事案件若干问题的意见》规定的涉嫌集资诈骗、非法吸收公众存款等涉众型经济犯罪，所涉人数众多、当事人分布地域广、标的额特别巨大、影响范围广，严重影响社会稳定，对于受害人就同一事实提起的以犯罪嫌疑人或者刑事被告人为被告的民事诉讼，人民法院应当裁定不予受理，并将有关材料移送侦查机关、检察机关或者正在审理该刑事案件的人民法院。受害人的民事权利保护应当通过刑事追赃、退赔的方式解决。正在审理民商事案件的人民法院发现有上述涉众型经济犯罪线索的，应当及时将犯罪线索和有关材料移送侦查机关。侦查机关作出立案决定前，人民法院应当中止审理；作出立案决定后，应当裁定驳回起诉；侦查机关未及时立案的，人民法院必要时可以将案件报请党委政法委协调处理。除上述情形人民法院不予受理外，要防止通过刑事手段干预民商事审判，搞地方保护，影响营商环境。当事人因租赁、买卖、金融借款等与上述涉众型经济犯罪无关的民事纠纷，请求上述主体承担民事责任的，人民法院应予受理。"这一规定在实务中具有积极指导意义，在适用中要注意准确把握其精神，依法保护当事人的合法权益。

# 第十一讲

## 职务代理与人章不符

一、职务代理的一般规则

二、越权职务代理的具体适用

三、关于人章关系的细化适用问题

四、代理制度在审判实务中还需要注意的其他重点问题

职务代理，是指代理人根据其在法人或者非法人组织中担任的职务，依据其职权对外实施民事法律行为的代理。对此，《民法典》第170条规定："执行法人或者非法人组织工作任务的人员，就其职权范围内的事项，以法人或者非法人组织的名义实施的民事法律行为，对法人或者非法人组织发生效力。法人或者非法人组织对执行其工作任务的人员职权范围的限制，不得对抗善意相对人。"有观点认为，职务代理属于委托代理的范畴。职务代理具有委托代理的本质特点，如被代理人单方授权，代理人只能在授权范围内以被代理人名义对外进行民事活动，故职务代理是委托代理的一种。〔1〕应该说，在我国法律体系下，将意定代理的范围加以适当扩展，既符合逻辑上的圆满性，也有利于满足实践需求。意定代理在本质上是基于本人意思而发生的代理，"本人意思"既可以体现于本人的授权行为，也可以体现于本人依据本人与代理人之间的雇佣、委托等合同关系对代理人职位的任命。〔2〕是故，在体

〔1〕参见马俊驹、余延满：《民法原论》，法律出版社2010年版，第224－227页。

〔2〕参见王利明：《中国民法典学者建议稿及立法理由》，法律出版社2005年版，第360－361页。

系上，《民法典》将职务代理作为委托代理一节中的一项重要制度予以规定。《民法典》的这一规定对于依法妥善处理职务代理有关的法律适用问题发挥了重要指导作用，但是由于经济社会生活的复杂性，加之职务代理适用的普遍性，就一些纠纷的处理而言，其法律适用规则有必要在《民法典》第170条规定的基础上予以细化。例如，职务代理中的代理权授予事项是否要有所区分，特别是对于非日常性的重大交易，是否应当有专门的特别授权，这直接涉及越权代理的构成问题。又如，职务代理情形下，行为人无权代理的，法人、非法人组织应当承担什么责任？一种观点认为，参照适用无权的委托代理的规定，法人、非法人组织不应承担任何责任，哪怕是缔约过失责任。另一种观点认为，职务代理有别于委托代理，在职务代理场合，法人、非法人组织在授予代理权外观上存在一定过错，故仍应承担一定的责任。[1] 再如，应当如何处理越权代理中的不得对抗善意第三人规则与《民法典》第172条的适用关系等。针对实务中的普遍性问题，《民法典合同编通则解释》第21条对职务代理中的越权代理的相关具体问题作了明确；而职务代理的具体适用通常涉及单位公章的使用问题，而因公章使用引发的法律问题更是具有普遍性，此涉及的人章关系如何处理，亟须在总结相关审判实践经验的基础上作进一步明确，《民法典合同编通则解释》第22条对这一问题作了规定。无论是越权代表还是越权代理，在相关的法律条文中往往会存在“应当”“必须”之类的表述，实务中对这些表述存在混淆，容易把涉及这些表述的规定混入影响合同效力的强制性规定中，影响其甄别从而发生“谬以千里”的后果。针对这一问题，《民法典合同编通则解释》第18条提出了切实可行的解决方案。此外，《民法典合同编通则解释》第23条还就代理人与相对人恶意串通的法律适用问题作了规定，由于法定代表人、负责人与相对人恶意串通的法律后果与代理人与相对人恶意串通的法律后果在实质上具有一致性，因此该条规定也一并对法定代表人、负责人与相对人恶意串通的情形的法律适用问题作了规定。

〔1〕 参见最高人民法院民事审判第二庭、研究室编著：《最高人民法院民法典合同编通则司法解释理解与适用》，人民法院出版社2023年版，第251页。

## 一、职务代理的一般规则

根据《民法典》第170条第1款的规定，职务代理的构成必须满足以下构成要件。

其一，代理人是法人或者非法人组织的工作人员。如果代理人不是该法人或者非法人组织的工作人员，其按照被代理人的授权从事代理行为，属于一般的委托代理，如保险公司正式员工不属于保险代理人，其对外开展业务的相关行为系职务行为，即为保险人的行为，而保险代理人所从事的保险代理活动就属于一般的委托代理范畴。[1]

其二，代理人实施的必须是其职权范围内的事项。若非职权范围内的事项，则要区分情形适用《民法典》第171条第2款的规定等。这一职权范围内的事项，可以理解为该法人或者非法人组织对该工作人员（即代理人）的概括授权，即“一揽子”授权，无须在每次与第三人交易时都提交有关书面授权书，其职务、职权本身就是委托授权的证明。这也是职务代理与一般的委托代理在交易便捷方面的不同。但是，概括授权仅存在于日常交易情形，对于非日常的重大交易，执行法人或者非法人组织工作任务的人员以法人或者非法人组织的名义订立合同，仍应取得法人或者非法人组织的特别授权，否则，就是超越其职权范围的行为。[2]

其三，必须以该法人或者非法人组织的名义实施相应的民事法律行为，这其实也是代理的一般构成要件。如果行为人并非以该法人或者非法人组织名义实施民事法律行为，则会构成无权处分，应该适用与之相对应的法律规则。

关于法律后果。通常而言，职务代理发生与一般委托代理相同的后果，即其代理实施的民事法律行为对该法人或者非法人组织发生效力。值得注意的是，《民法典》第170条规定的职务代理的被代理人是法人或者非法人组

〔1〕参见最高人民法院民法典贯彻实施工作领导小组主编：《中华人民共和国民法典总则编理解与适用》，人民法院出版社2020年版，第850页。

〔2〕参见《民法典合同编通则解释》起草工作组：《〈关于适用民法典合同编通则若干问题的解释〉的理解与适用》，载《人民司法》2024年第1期。

织，这应当包括合伙企业、个人独资企业等情形。例如，依据《合伙企业法》第 26 条的规定，合伙人对执行合伙事务享有同等的权利，此种权利在学理上被称为当然代理权，属于法定代理权的范畴，有别于职务代理。但合伙企业作为一个营利性组织，当然享有用人权，可以与员工签订劳动合同或雇佣合同，这些员工在职务范围内所为的行为就属于职务代理行为。此外，按照合伙协议的约定或者经全体合伙人决定，也可以委托一个或者数个合伙人对外代表合伙企业，执行合伙事务。此时，享有概括代表权的只能是接受委托的该名或该数名合伙人，此类合伙人代表合伙企业从事的行为属于代表行为，适用《民法典》第 504 条的有关代表的规定。而其他合伙人要想代表合伙企业从事行为，或者需要取得特别授权，或者要在合伙企业中担任一定职务，从而在职务范围内从事某种行为，前者属于委托代理，后者属于职务代理。[1] 同样的道理，在个人独资企业的相应情形[2]中也要适用上述规则。至于个体工商户经营活动中的工作人员实施的行为，按照职务代理制度的基本内涵，本质上也是工作人员依据其职务或者职权而以被代理人名义实施民事法律行为，因此，《民法典》第 170 规定的职务代理及有关法律后果在个体工商户作为被代理人的情形下应当予以类推适用。

## 二、越权职务代理的具体适用

对于越权职务代理的法律适用问题，《民法典合同编通则解释》第 21 条分 4 款对于有关外部责任的承担、须特别授权的重大事项范围、超越一般职权范围的法律后果以及内部追偿权的承担问题作了规定。

### （一）须特别授权的重大交易类型

如上文所述，在职务代理的适用中，要注意对于重大交易的情形，应当

---

〔1〕 参见最高人民法院民事审判第二庭、研究室编著：《最高人民法院民法典合同编通则司法解释理解与适用》，人民法院出版社 2023 年版，第 256 页。

〔2〕《个人独资企业法》第 19 条规定："个人独资企业投资人可以自行管理企业事务，也可以委托或者聘用其他具有民事行为能力的人负责企业的事务管理。投资人委托或者聘用他人管理个人独资企业事务，应当与受托人或者被聘用的人签订书面合同，明确委托的具体内容和授予的权利范围。受托人或者被聘用的人员应当履行诚信、勤勉义务，按照与投资人签订的合同负责个人独资企业的事务管理。投资人对受托人或者被聘用的人员职权的限制，不得对抗善意第三人。"

由法人、非法人组织对其工作人员进行特别授权，该工作人员未经特别授权所为的行为构成越权代理。对于哪些交易属于重大交易，《民法典合同编通则解释》第 21 条第 2 款规定：“合同所涉事项有下列情形之一的，人民法院应当认定法人、非法人组织的工作人员在订立合同时超越其职权范围：（一）依法应当由法人、非法人组织的权力机构或者决策机构决议的事项；（二）依法应当由法人、非法人组织的执行机构决定的事项；（三）依法应当由法定代表人、负责人代表法人、非法人组织实施的事项；（四）不属于通常情形下依其职权可以处理的事项。”对于这一规定的适用，需要注意以下问题：

其一，要做好这一规定要与《民法典》有关法人、非法人组织的规定以及《公司法》《合伙企业法》相关规定的体系化适用。例如，依据《民法典》第 91 条、第 93 条的规定，社会团体法人的会员大会或会员代表大会即为法人的权力机构，捐助法人的理事会、民主管理组织是决策机构。《公司法》等法律、行政法规对这些内容都有专门规定。审判实务中讨论比较热烈的公司对外担保的问题，依据《公司法》第 15 条的规定，此应当由股东会进行决议，法定代表人未经决议程序对外提供的担保构成越权代表，举重以明轻，依职权代理公司对外担保更应当经过相应决策程序，否则就是越权代理。对于依法应当由法定代表人、负责人代表法人、非法人组织实施的事项，如《公司法》第 196 条规定，公司以纸面形式发行公司债券的，必须在债券上载明公司名称、债券票面金额、利率、偿还期限等事项，并由法定代表人签名、公司盖章。据此，该项行为必须由法定代表人组织实施，不能由他人代为实施，公司其他工作人员代为实施的，构成越权代理。

其二，对行为人的特别授权与其职务范围之间的衔接适用。《民法典合同编通则解释》第 21 条第 2 款规定的应当由决策机构决议的事项属于需要特别授权的重大事项，由此反向推知，无须由决策机构决议的事项仍然适用一般的职务代理规则。那么，即使对行为人的特别授权符合相应的法律规定，但是该行为人并没有基本的职务代理权限，这时也不符合职务代理的要求，也属于越权代理。对此，《民法典合同编通则解释》第 21 条第 3 款规定：“合同所涉事项未超越依据前款确定的职权范围，但是超越法人、非法人组织对工作人员职权范围的限制，相对人主张该合同对法人、非法人组织发生效力并由其承担违约责任的，人民法院应予支持。但是，法人、非法人组织举证证明相对人知道或者应当知道该限制的除外。”这一规定也是对《民法典》第170条第2款规定的“不得对抗善意相对人”的细化，在举证责任上也是将证明相对人知道或者应当知道该代理权具体内容上的限制交由法人、非法人组织一方承担。在规则适用上，与一般的职务越权代理规则一致，注意做好《民法典合同编通则解释》第21条第1款与第3款规定的体系化适用。

### （二）越权职务代理情形下的法律后果

代理关系中的外部责任，就是代理人对相对人应当承担的责任。依据《民法典》第170条第2款规定：“法人或者非法人组织对执行其工作任务的人员职权范围的限制，不得对抗善意相对人。”实务中对此需要准确把握的就是如何理解与适用的问题。法人或者非法人组织对执行其工作的人员都赋予一定的职权，这些职权有的情况下是对社会公开的，相对人可以知悉，但有的情况下相对人难以知道该职权的具体范围，只能依据公开信息或者交易习惯来判断。如果相对人是善意的，即对法人或者非法人组织对执行其工作任务的人员职权范围的限制，不知道也不应当知道，那么法律应当对这种合理信赖予以保护，以维护其合法权益。〔1〕有观点认为，这一规定是职务代理的表见代理规则，是《民法典》第172条的特别条款〔2〕；也有观点认为，这一规定是对职务代理中越权代理的规定，但越权代理要想构成表见代理，则仍须援引《民法典》第172条之规定，不能将该条本身作为表见代理的规范基础〔3〕。笔者认为，在法人或非法人组织对执行其职务的工作人员职权范围进行限制时，员工超越此种限制从事代理行为，最直接的后果应当是构成越权代理，因此，《民法典》第170条第2款显然是有关越权代理法律后果的规定。但是，不得不承认的是，《民法典》第170条第2款的规定确实与表见代理规定具有很大的相似性，且在实务中可能会出现构成第172条关于表见代

〔1〕参见黄薇主编：《中华人民共和国民法典总则编释义》，法律出版社2020年版，第448页。

〔2〕参见王利明等编著：《民法典新规则解读与适用·总则编》，法律出版社2023年版，第495页。

〔3〕参见杨秋宇：《融贯民商：职务代理的构造逻辑与规范表达——〈民法总则〉第170条释评》，载《法律科学（西北政法大学学报）》2020年第1期。

理规定的情形，此二者之间的适用关系有必要厘清。是故，《民法典合同编通则解释》第 21 条第 1 款规定："法人、非法人组织的工作人员就超越其职权范围的事项以法人、非法人组织的名义订立合同，相对人主张该合同对法人、非法人组织发生效力并由其承担违约责任的，人民法院不予支持。但是，法人、非法人组织有过错的，人民法院可以参照民法典第一百五十七条的规定判决其承担相应的赔偿责任。前述情形，构成表见代理的，人民法院应当依据民法典第一百七十二条的规定处理。"由此，一方面明确了越权职务代理的一般规则，即越权职务代理情形下订立的合同，相关法律后果不能对被代理人，即上述的法人或者非法人组织发生效力。这时应当体系化适用《民法典》第 171 条〔1〕关于无权代理的规定，特别是可以适用该条第 2 款有关相对人的催告权利和善意相对人的撤销权以及第 3 款关于善意相对人向行为人主张赔偿的权利的规定。当然，只要交易相对人不知道也不应当知道该职权限制的，即产生《民法典》第 170 条第 2 款规定的效果。

至于法人、非法人组织如何承担责任的问题。通常而言，在其员工进行相应的职务代理行为的情况下，如果该员工存在越权代理，此法人、非法人组织在选任、监督、管理方面都会存在过错，而此过错行为与越权代理行为的发生具有因果关系，故其应当在其过错范围内向相对人承担赔偿责任。依通说，此赔偿责任应属于缔约过失责任，故在法律适用上，其请求权基础可以通过参照适用《民法典》第 157 条〔2〕的相应规定来处理。因为在此情形下仅涉及损害赔偿问题，故对于《民法典》第 157 条也仅是参照适用其中关于损害赔偿的内容。

---

〔1〕《民法典》第 171 条规定："行为人没有代理权、超越代理权或者代理权终止后，仍然实施代理行为，未经被代理人追认的，对被代理人不发生效力。相对人可以催告被代理人自收到通知之日起三十日内予以追认。被代理人未作表示的，视为拒绝追认。行为人实施的行为被追认前，善意相对人有撤销的权利。撤销应当以通知的方式作出。行为人实施的行为未被追认的，善意相对人有权请求行为人履行债务或者就其受到的损害请求行为人赔偿。但是，赔偿的范围不得超过被代理人追认时相对人所能获得的利益。相对人知道或者应当知道行为人无权代理的，相对人和行为人按照各自的过错承担责任。"

〔2〕《民法典》第 157 条规定："民事法律行为无效、被撤销或者确定不发生效力后，行为人因该行为取得的财产，应当予以返还；不能返还或者没有必要返还的，应当折价补偿。有过错的一方应当赔偿对方由此所受到的损失；各方都有过错的，应当各自承担相应的责任。法律另有规定的，依照其规定。"

### （三）表见代理的衔接适用

关于表见代理，《民法典》第172条规定：“行为人没有代理权、超越代理权或者代理权终止后，仍然实施代理行为，相对人有理由相信行为人有代理权的，代理行为有效。”《民法典总则编解释》首次对表见代理的构成要件及其证明责任进行了解释，其第28条规定：“同时符合下列条件的，人民法院可以认定为民法典第一百七十二条规定的相对人有理由相信行为人有代理权：（一）存在代理权的外观；（二）相对人不知道行为人行为时没有代理权，且无过失。因是否构成表见代理发生争议的，相对人应当就无权代理符合前款第一项规定的条件承担举证责任；被代理人应当就相对人不符合前款第二项规定的条件承担举证责任。”这其中尤为重要的是对“相对人有理由相信行为人有代理权”的界定为相对人不知道行为人行为时没有代理权，且无过失，此不同于善意取得中对善意界定为“不知道且没有重大过失”，因为无权代理关系中代理人是要表明代理关系的，即在外观上相对人是知道该被代理人存在的，这不同于无权处分的情形下的善意取得中善意第三人不知道有原所有权人存在这一情形。故在代理关系中，相对人应当负有对此代理关系予以审查的注意义务，如对代理关系成立的审查，如果代理权授予的外观不符合一般的交易常识或者没有既往的代理行为，其有必要通过适当方式向被代理人予以核实。而且，从裁判认定的角度出发，仅凭代理权外观这一个要素，法官常常难以判断相对人的信赖是否合理。正是在这种背景下，对有无过失的审查，发挥了一种补强相对人信赖合理性的作用。如果代理权外观相对合同内容而言较为薄弱，人们有理由期待相对人进行必要的调查核实。一般来说，代理权外观强度越强，相对人的调查审核义务越轻；代理权外观强度越弱，相对人的调查核实义务越重。[1] 如果相对人没有尽到该注意义务，则应当认定其为有过失，则不能适用表见代理的规则。笔者认为，在此也有必要厘清此与《民法典》第170条第2款规定的“不得对抗善意相对人”的关系。无论是从法秩序统一原理，还是对结合对《民法典》第171条第4项

---

〔1〕参见吴泽勇：《表见代理的证明责任问题》，载《现代法学》2023年第5期。

规定的"相对人知道或者应当知道行为人无权代理"的内容的体系解释和反对解释，此"善意"的界定似比"有理由相信"要求更低，而与《民法典》第61条第3款规定的"不得对抗善意相对人"一致，甚至与《民法典》第311条规定的善意取得制度中的"善意"一致。而且从法人或者非法人组织的授权行为难以被相对人具体查知而言，此也有在职务代理中降低相对人审查义务的考量。在职务代理中越权代理的场合，商事组织内部的权限分配、管理和限制等治理情况对于交易相对人来说是一个"黑箱"。交易相对人通常没有能力也不应去审查商事组织内部对代理人权限的限制，故法律对此不仅不作要求，反而明确规定此种限制"不得对抗善意相对人"，目的就是降低交易相对人被商事组织"治理黑箱"推高的代理权核查成本。[1] 从这个角度来讲，"不得对抗善意相对人"规则在相对人的注意义务方面，包括审查、核实等义务要低于"有理由相信"的表见代理规则。在法人或非法人组织的权力机构或决策机构等通过章程、董事会决议等方式对职务代理人权限作内部限制的情况下，应当区分此类文件是否对社会公开。上市公司的章程是对社会公开的，相对人的合理审查义务理应包括审查上市公司的章程，未尽审查义务的相对人一般不能认定是善意相对人；对于有限公司等封闭性公司，其章程无须公开，《民法典担保制度司法解释》并未简单沿袭《九民会议纪要》关于相对人仅负形式审查义务的规定，而是规定了其负有合理审查义务。形式审查与合理审查标准的区别，在很大程度上就体现在于是否应审查章程上。[2] 笔者认为，相对人对于公司章程这一基本事项在通常情形下应当负有审查核实的义务。对于那些纯粹是法人或非法人组织对职务代理权限所作的具体的内部限制，比如规定柜台工作人员每次签约的金额不得超过一定的额度，或者一个月内签约总额不得超过固定金额，依照常理，这些限制情形相对人难以知晓，则不能负有相对人审查义务，否则将极大地增加交易成本，也会影响交易安全，故即使相对人对于这些内部限制事项并不知情也没有审

---

〔1〕 参见杨秋宇：《融贯民商：职务代理的构造逻辑与规范表达——〈民法总则〉第170条释评》，载《法律科学（西北政法大学学报）》2020年第1期。

〔2〕 参见最高人民法院民事审判第二庭、研究室编著：《最高人民法院民法典合同编通则司法解释理解与适用》，人民法院出版社2023年版，第260页。

查，也可以认定此相对人构成善意。

### （四）追偿权规则的适用

关于法人、非法人组织对其工作人员的追偿权问题，在侵权责任领域，《民法典》从用人单位责任的角度作了规定，其第1191条第1款规定："用人单位的工作人员因执行工作任务造成他人损害的，由用人单位承担侵权责任。用人单位承担侵权责任后，可以向有故意或者重大过失的工作人员追偿。"这一规定立足于用人单位的工作人员因执行工作任务造成他人损害的应承担侵权责任的角度，应该说就损害赔偿而言，违约责任与侵权责任具有同质性，而从此损害赔偿的产生基础而言，越权职务代理行为也具有执行工作任务之外观。是故，在侵权损害赔偿领域，允许用人单位承担侵权责任后向故意或者重大过失的工作人员追偿，在违约损害赔偿领域也应当遵循同样的规则，在现有法律没有明确规定的情况下，有必要对《民法典》第1191条第1款的规定进行目的性扩张，将此规则扩张至越权职务代理的情形。而从另一个视角来看，《民法典》第62条第2款[1]对于法人向有过错的法定代表人追偿作了规定，举重以明轻，又衔接《民法典》第1191条第1款规定中对工作人员之"故意或者重大过失"要件的统一性评价，明确法人、非法人组织向"故意或者重大过失"的越权职务代理人追偿在法理上是行得通的。是故，《民法典合同编通则解释》第21条第4款规定："法人、非法人组织承担民事责任后，向故意或者有重大过失的工作人员追偿的，人民法院依法予以支持。"

在此需要注意的是，该款规定的追偿权适用的前提是"法人、非法人组织承担民事责任后"，这里用的"民事责任"是一个大概念：其一，在越权职务代理中，作为典型的违约责任应该被包括在内；其二，如果同时涉及侵权责任承担，可以直接适用该款规定，也与《民法典》第1191条第1款规定保持一致。当然，单纯涉及侵权责任承担的，宜直接适用《民法典》第1191条第1款规定。有争议的是，若根据《民法典合同编通则解释》第21条第1款

[1] 《民法典》第62条第2款规定："法人承担民事责任后，依照法律或者法人章程的规定，可以向有过错的法定代表人追偿。"

的规定，法人、非法人组织承担缔约过失责任的，其能否向工作人员行使追偿权。笔者倾向于认为，对此情形不宜赋予法人、非法人组织向故意或者重大过失的工作人员追偿的权利。此主要考虑是：一方面，法人、非法人组织是以其过错为基本构成要件来承担责任的，换言之，法人、非法人组织承担的是可归责于自己的责任；另一方面，在此情形下，应体系化适用无权代理的规则，这时的职务代理人要根据善意相对人的请求向相对人承担损害赔偿责任，即使相对人有过错，职务代理人也要根据自己的过错大小向相对人承担责任，这时再赋予法人、非法人组织就其自己该承担的责任向职务代理人追偿，对此职务代理人有失公平。

## 三、关于人章关系的细化适用问题

### （一）人章关系与合同效力的主要情形及一般规则

印章的使用，对于合同效力影响甚巨。印章是印在文件上表示鉴定或签署的工具，包括公章和私章两种。公章是国家机关、社会团体、企事业单位用自己的名称制作的签名印章，私章则是自然人用自己的名字制作的签名印章。[1] 关于盖章的法律效力，《民法典》第490条第1款规定："当事人采用合同书形式订立合同的，自当事人均签名、盖章或者按指印时合同成立。在签名、盖章或者按指印之前，当事人一方已经履行主要义务，对方接受时，该合同成立。"第493条规定："当事人采用合同书形式订立合同的，最后签名、盖章或者按指印的地点为合同成立的地点，但是当事人另有约定的除外。"在成立与生效统一的情形下，此盖章行为就意味着合同成立生效，对合同当事人具有法律拘束力。

正是因为盖章行为对合同成立生效的重要影响以及盖章行为的普遍性，实务中因公章使用问题引发的合同纠纷不在少数。有些公司有意刻制两套甚至多套公章，有的法定代表人或者代理人甚至私刻公章，订立合同时恶意加盖非备案的公章或者假公章，发生纠纷后法人以加盖的是假公章为由否定合

〔1〕 参见最高人民法院民事审判第二庭编著：《〈全国法院民商事审判工作会议纪要〉理解与适用》，人民法院出版社2019年版，第289页。

同效力的情形并不鲜见。[1] 公章的使用背后蕴含着用章的权利或者权限问题，就合同效力而言，其又与合同具体约定密切相关。对于这一问题，《九民会议纪要》作了有益探索，其第 41 条规定："司法实践中，有些公司有意刻制两套甚至多套公章，有的法定代表人或者代理人甚至私刻公章，订立合同时恶意加盖非备案的公章或者假公章，发生纠纷后法人以加盖的是假公章为由否定合同效力的情形并不鲜见。人民法院在审理案件时，应当主要审查签约人于盖章之时有无代表权或者代理权，从而根据代表或者代理的相关规则来确定合同的效力。法定代表人或者其授权之人在合同上加盖法人公章的行为，表明其是以法人名义签订合同，除《公司法》第 16 条[2]等法律对其职权有特别规定的情形外，应当由法人承担相应的法律后果。法人事后以法定代表人已无代表权、加盖的是假章、所盖之章与备案公章不一致等为由否定合同效力的，人民法院不予支持。代理人以被代理人名义签订合同，要取得合法授权。代理人取得合法授权后，以被代理人名义签订的合同，应当由被代理人承担责任。被代理人事后以代理人已无代理权、加盖的是假章、所盖之章与备案公章不一致等为由否定合同效力的，人民法院不予支持。"这一规定很有针对性地解决了实践中普遍存在的"真人假章"的合同效力问题。但是实践中还存在"假人真章""有章无人"等情形，对于这类情形下的合同效力有必要进一步细化，以更加有力地指导审判实践。鉴于用章问题在代表行为和代理行为中都普遍存在，《民法典合同编通则解释》在《九民会议纪要》第 41 条的基础上对异常人章关系的具体情形作了系统规定。其中，关于"真人假章"的情形，《民法典合同编通则解释》第 22 条第 1 款规定："法定代表人、负责人或者工作人员以法人、非法人组织的名义订立合同且未超越权限，法人、非法人组织仅以合同加盖的印章不是备案印章或者系伪造的印章为由主张该合同对其不发生效力的，人民法院不予支持。"关于"有人无章"的情形，该条第 2 款规定："合同系以法人、非法人组织的名义订立，但是仅有法定代表人、负责人或者工作人员签名或者按指印而未加盖法人、非

[1] 参见《民法典合同编通则解释》起草工作组：《〈关于适用民法典合同编通则若干问题的解释〉的理解与适用》，载《人民司法》2024 年第 1 期。

[2] 现为第 15 条。

法人组织的印章，相对人能够证明法定代表人、负责人或者工作人员在订立合同时未超越权限的，人民法院应当认定合同对法人、非法人组织发生效力。但是，当事人约定以加盖印章作为合同成立条件的除外。”关于“有章无人”的情形，该条第3款规定：“合同仅加盖法人、非法人组织的印章而无人员签名或者按指印，相对人能够证明合同系法定代表人、负责人或者工作人员在其权限范围内订立的，人民法院应当认定该合同对法人、非法人组织发生效力。”关于与表见代理以及表见代表的衔接适用问题，该条第4款规定：“在前三款规定的情形下，法定代表人、负责人或者工作人员在订立合同时虽然超越代表或者代理权限，但是依据民法典第五百零四条的规定构成表见代表，或者依据民法典第一百七十二条的规定构成表见代理的，人民法院应当认定合同对法人、非法人组织发生效力。”

### （二）异常人章关系情形下合同效力的认定

如上文所述，实务中较为普遍存在的异常人章关系通常包括“真人假章”“有章无人”“有人无章”三种情形。《民法典合同编通则解释》第22条对这三种情形下的法律适用规则都作了明确规定。就这些情形，通过概括的字面意思即可知晓此情形下的具体适用场景。“真人假章”就是法定代表人、负责人或者代理人的签字是真实的但加盖的公章是假章的情形；“有章无人”则是合同书上仅有盖章并无行为人的签字的情形；“有人无章”则是合同书上虽然有签字，但并未加盖公章的情形。由此引申，实务中还会存在“假人真章”“假人假章”“假章无人”“假人无章”等情形。对于这些情形下的法律适用，其核心在于如何认定人章关系。比如在“假人真章”的情形中，这时公章虽然是真的，但行为人没有代表权或者代理权，即法定代表人、负责人或者代理人的签字是他人假冒的。即便公章是真的，也不排除他人通过偷盗甚至抢夺等方式取得的可能，因而一概由法人、非法人组织承担合同责任，显然是将复杂问题简单化了，对法人、非法人组织不公。况且法人、非法人组织盖章确认的事实基础是行为人有代表权或者代理权，在行为人没有代表权或代理权的情况下，法人、非法人组织盖章确认就缺少事实基础，故不宜简单地以公章是真的为由认定法人、非法人组织是合同当事人，进而判令其承担责任。[1]

在总结以往审判实践经验的基础上，《民法典合同编通则解释》对于上述涉公章的合同效力问题明确了在处理人章关系上关键看行为人订立合同的行为有无代表权或代理权的审判思路，即“看人不看章”的思路。也就是说，盖章行为的本质在于表明行为人从事的是职务行为，而从事职务行为的前提是该自然人不仅须是公司的工作人员，还需要享有代表权或代理权。有代表权或代理权的人盖章确认的合同，自然对公司具有约束力。而无代表权或代理权的人加盖的公章，即便是真公章，也不能产生合同有效的预期效果。对合同相对人来说，合同书加盖公章的情况下，其可以信赖公章显示的主体为合同当事人，并推定合同记载的条款系该主体作出的意思表示。至于该意思表示是否自愿真实，盖章人有无代表权或代理权等问题，均不能通过盖章行为本身直接得到确认。盖章人为法定代表人或有权代理人的，即便其未在合同上盖章甚至盖的是假章，只要其在合同书上的签字是真实的，或能够证明该假章是其自己加盖或同意他人加盖的，仍应作为法人或者非法人组织的行为，由该法人或者非法人组织承担相应的法律后果。[2] 反之，如果盖章人实施的是越权职务代理或者是其他的无权代理行为，该合同对于法人或者非法人组织是否发生效力则应当依据职务代理、表见代理的规则判断；如果是无权代表行为，则要通过越权代表的规则，即《民法典》第504条[3]的规定来解决。进言之，也要具体适用《民法典合同编通则解释》第20条、第21条的规定处理。例如，对于“有人无章”的情形，只要有证据证明法定代表人以公司名义而非自身名义签订合同或者其工作人员是依照特别授权或者在其履行职务范围内订立的合同，就应认定该合同对该公司发生效力。当然，在

---

〔1〕 参见最高人民法院民事审判第二庭、研究室编著：《最高人民法院民法典合同编通则司法解释理解与适用》，人民法院出版社2023年版，第268页。

〔2〕 参见最高人民法院民事审判第二庭编著：《〈全国法院民商事审判工作会议纪要〉理解与适用》，人民法院出版社2019年版，第290页。

〔3〕《民法典》第504条规定：“法人的法定代表人或者非法人组织的负责人超越权限订立的合同，除相对人知道或者应当知道其超越权限外，该代表行为有效，订立的合同对法人或者非法人组织发生效力。”

符合《民法典》第 170 条第 2 款关于越权代理不得对抗善意第三人的规定、第 172 条关于表见代理的规定或者第 504 条关于表见代表的规定的情形下，该合同也对该公司发生效力。

在此类纠纷的处理中，离不开对相对人是否尽到审查核实义务的认定。相对人的审查核实义务既包括对行为人身份的核实，又包括对行为人的行为权限的核实。具体来说：一是要核实行为人的身份，如核实行为人是否为委托代理人或者职务代理人。前者主要审查有无授权委托书，该项审查主要是形式审查；后者主要审查行为人是否为法人或者非法人组织的工作人员以及是否享有法定职权，行为人的工作场所、工作时间乃至着装等可能向相对人表现出行使职权的外观，也是需要考虑的因素。二是核实行为人的代理权限，确定是否为无权代理。在委托代理中，主要考察授权委托书载明的授权范围、授权时间；在职务代理中，需要考察工作人员的职权，重大交易还需要了解被代理人的章程、机构设置、合同审批流程等。〔1〕从司法裁判的角度讲，人民法院对相对人是否尽到审查核实义务的认定，除了要考虑上述因素外，还有必要对相对人是否履行了对印章的形式审查义务，以及是否审查了交易额度、以往的交易历史等。例如，通常情形下，相对人不负有对某一公章是否为备案公章的审核义务，但是根据以往交易的情况，对于当前使用的公章与以往使用的公章是否一致，相对人应当负有审查义务。对这些事项的审查在本质上是为了认定代理人没有代理权或者法定代表人超越代表权限情形下能否适用上述表见代理、表见代表的规则。在具体处理涉及“假人假章”“真人假章”“假人无章”等情形相关纠纷的场景下，涉及对公章的真伪以及代理权限有无的审查核实义务的问题，都需要结合上述规则，以及有关表见代理中关于行为人有无过失的审查规则予以认定。有观点认为，对于这几种“假人”“假章”的情形，相对人应当负有更重的审查义务。笔者认为，这不符合具体的交易场景，有些倒果为因，因为这几种“假”的情形是需要相对人进行审查核实才能发现的，至于审查核实义务的轻重，需要根据案件具体情况，结

---

〔1〕 参见最高人民法院民事审判第二庭、研究室编著：《最高人民法院民法典合同编通则司法解释理解与适用》，人民法院出版社 2023 年版，第 269－270 页。

合上述因素予以判断。由此升华，对于人章关系的处理，也就不能一概笼统表述为“认人不认章”的做法。将此表述为“认权不认章”似更加准确，这里的“权”既包括代理权也包括代表权，由此指向了代理、代表制度规范的体系化适用。

### （三）关于印章使用值得探讨的其他法律问题

#### 1. 关于错章的使用

法人、非法人组织的各种专用章，包括公章以及各种专用章。财务专用章、合同专用章、发票专用章等，只能用于特定用途，超出特定用途就很难代表法人、非法人组织的意志。上述人章关系的探讨主要是针对法人、非法人组织在缔约时的盖章行为，故所指的法人、非法人组织的印章主要是指公章，当然也包括合同专用章等能够用于订立合同的各种专用章，但不包括财务专用章、发票专用章等不以缔约为目的的专用章。[1] 但是，实务中不乏用错章订立合同的情形。对此，笔者认为，从交易常识上讲，用假章的时候，相对人会存在难以辨别的问题，故涉及是否尽到形式审查义务的认定问题，而用错章的问题，属于相对人稍加注意就可以辨别的情形，这时若仅有错章，则应当以认定该合同对法人、非法人组织不发生效力。但是在此情形下如果存在该工作人员的签字，这时仍然存在该工作人员有代理权的可能，因此就有必要对此代理权有无问题进行审查；在代表人签字的情形下也同样如此。

#### 2. 加盖公章的空白合同书问题

法人、非法人组织将加盖了公章的空白合同书交给行为人，由行为人与相对人通过磋商确定合同内容。以公司为例，在空白合同上加盖公章的场合，则是先加盖公章后有合同内容。此时，务必要严格考察空白合同持有人与公司之间是否具有代理关系，来综合认定合同效力是否及于公司。[2] 行为人有

---

〔1〕 参见最高人民法院民事审判第二庭、研究室编著：《最高人民法院民法典合同编通则司法解释理解与适用》，人民法院出版社2023年版，第266页。

〔2〕 参见最高人民法院民事审判第二庭编著：《〈全国法院民商事审判工作会议纪要〉理解与适用》，人民法院出版社2019年版，第291页。

代理权的，视为法人、非法人组织给予了行为人概括授权，所签订的合同对法人、非法人组织发生效力；行为人无代理权的，因这一情形有悖交易习惯，一般不宜认定相对人为善意无过失，即通常不能适用表见代理规则。[1]

**3. 当事人约定签名加盖章合同成立的问题**

如果当事人约定合同成立须既要有法定代表人或者职务代理人签字，又要加盖单位公章，对此应当本着意思自治原则的要求，只要这一约定不存在无效、可撤销的事由，则该约定就应当被予以认可。若此时出现“有人无章”情形，此合同不能成立，这也符合人们对盖章行为对于合同成立之重要性这一交易常识的观念认识。当然，这也有例外，即《民法典》第 490 条第 1 款第 2 句所规定的“在签名、盖章或者按指印之前，当事人一方已经履行主要义务，对方接受时，该合同成立”。

## 四、代理制度在审判实务中还需要注意的其他重点问题

### （一）关于表见代理的具体适用

表见代理在实务中的适用极具普遍性，在实务中还需要重点把握以下问题：

**1. 关于表见代理中是否应考虑被代理人可归责性的问题**

在表见代理的构成中，是否需要考虑被代理人的因素，一直是争议颇大的问题。传统观点认为不应考虑被代理人因素，成立表见代理不以被代理人主观上具有过失为必要条件，即使被代理人没有过失，只要客观上有使相对人对代理权的存在与否陷入错误判断的依据，即可构成表见代理。是否成立表见代理，主要考察客观要件、民事行为的合法性及相对人主观上有无恶意、过失，而不考察被代理人主观方面的过失情况。[2] 如果将被代理人无过错作为构成表见代理的要件，不仅表见代理几乎很难构成，还违背了表见代理制

---

〔1〕 参见最高人民法院民事审判第二庭、研究室编著：《最高人民法院民法典合同编通则司法解释理解与适用》，人民法院出版社 2023 年版，第 268 页。

〔2〕 参见佟柔主编：《中国民法学·民法总则》，中国人民公安大学出版社 1990 年版，第 295－299 页。

度的立法宗旨，即维护交易的安全和保护善意相对人的利益。[1] 但近年来，认为应当考虑被代理人的因素的观点也具有一定普遍性。这种观点认为，为兼顾被代理人利益，表见代理在构成上需要被代理人具有可归责性，并通过可归责性程度与相对人信赖合理性程度的比较权衡，来确定相应法律效果是否发生。归责性要件守护的是最低限度的“静”的安全，避免被代理人无辜受到意思之外的约束。[2] 审判实务中，认定表见代理的构成通常不考虑被代理人的可归责性，但是，这并不意味着表见代理的认定不需要考察被代理人的因素。人民法院通常将被代理人的因素作为相对人善意无过失认定的重要考量因素。概言之，对被代理人可归责性的问题，应当秉持的基本立场是，紧扣《民法典》第172条立法本意，充分发挥表见代理保护善意相对人利益、维护交易安全的基本功能作用，引导被代理人加强对其工作流程、公章保管等的管理和规范，同时不能让被代理人动辄得咎，不敢放手进行交易，从而阻碍经济发展。[3]

**2. 关于代理权外观认定的问题**

代理权外观可以有不同的表现形式。根据各种外观与被代理人联系的紧密程度（或者说与授权行为联系的紧密程度），可以将代理权外观分为直接表征授权行为的外观和间接表征授权行为的外观。直接表征授权行为的外观，也即直接的权利外观，通常就是授权行为本身，口头、书面等形式均可。但实务中更为常见的是间接表征授权行为的外观，也即间接的权利外观，即某些事实或表象虽然不能直接表征授权行为和代理权的存在，但是根据常识和交易习惯，这些事实或表象可以在或高或低的程度上使他人认为行为人有代理权，如特定职务、被代理人的印章等。例如，《浙江省高级人民法院民二庭关于审理涉建筑施工企业项目部纠纷的疑难问题解答》第3条中规定：“审理涉建筑施工企业项目部的案件时，应当如何认定表见代理行为？在认定行为

---

〔1〕 参见马俊驹、余延满：《民法原论》（第4版），法律出版社2010年版，第238页。

〔2〕 参见叶金强：《表见代理中信赖合理性的判断模式》，载《比较法研究》2014年第1期。类似观点参见王建文、李磊：《表见代理判断标准重构：民商区分模式及其制度构造》，载《法学评论》2011年第5期。

〔3〕 参见最高人民法院民法典贯彻实施工作领导小组编著：《最高人民法院民法典总则编司法解释理解与适用》，人民法院出版社2022年版，第415－416页。

人（项目经理、实际施工人或项目部其他人员等）的行为是否构成表见代理时，要按照《最高人民法院关于当前形势下审理民商事合同纠纷案件若干问题的指导意见》的有关规定，依法审查无权代理行为在客观上是否具有代理权的表象，以及相对人在主观上是否善意且无过失地相信行为人有代理权。在认定行为人是否具有代理权表象时，要结合行为人的身份、权限、行为模式、交易惯例等予以综合认定。有下列情形之一的，可以认定行为人具有代理权的表象：（1）项目经理同时是实际施工人或者实际对实际施工人负责的，在项目部权限范围内以建筑施工企业或项目部的名义签订合同的；（2）行为人持有建筑施工企业的空白或权限不明的介绍信、委托书、合同，以建筑施工企业的名义签订合同的；（3）行为人在项目部权限范围内签订合同时，加盖了项目部印章，或实际作为项目部印章使用的专用印章的；（4）虽未与第三人签订书面合同，但建筑施工企业知道或应当知道该民事行为而未作反对表示的；或者从事该民事行为属于项目部权限范围，项目部知道或应当知道而未作反对表示的。”

**3. 关于“不知道且无过失”的认定问题**

对于“不知道且无过失”的认定，《民商事合同纠纷指导意见》第 14 条规定：“人民法院在判断合同相对人主观上是否属于善意且无过失时，应当结合合同缔结与履行过程中的各种因素综合判断合同相对人是否尽到合理注意义务，此外还要考虑合同的缔结时间、以谁的名义签字、是否盖有相关印章及印章真伪、标的物的交付方式与地点、购买的材料、租赁的器材、所借款项的用途、建筑单位是否知道项目经理的行为、是否参与合同履行等各种因素，作出综合分析判断。”关于过失的具体判断，通常应当采用客观的标准，即在判断过失时，要按照法律、法规等规范确立的注意义务和一个合理的、谨慎的人应当具有的注意义务，来确定行为人应当达到的行为标准，若其没有按照该义务行事，则存在过失。在表见代理中，法律在某些情形下规定了相对人注意义务的内容，如《公司法》对公司对外投资和担保时应当履行的程序进行了规定[1]，相对人在接受担保时，应当审查是否符合相关程序。

**4. 表见代理的举证责任分配问题**

《民诉法解释》第 90 条第 1 款规定：“当事人对自己提出的诉讼请求所依据的事实或者反驳对方诉讼请求所依据的事实，应当提供证据加以证明，但法律另有规定的除外。”第 91 条第 1 项规定，“主张法律关系存在的当事人，应当对产生该法律关系的基本事实承担举证证明责任”。但是，相对人对行为人实施无权代理行为不知情且无过失这一要件事实的特殊性在于其属消极事实，按照关于证明责任分配的消极事实说的观点，主张消极事实的当事人无须承担举证责任。[2] 按照自消极事实说发展而来的基础事实说的观点，主张权利发生的当事人应当对权利发生的要件事实承担证明责任，相对方对权利发生的欠缺要件承担证明责任。[3] 这一见解较有道理，《民法典总则编解释》第 28 条第 1 款第 2 项也秉持了这一态度，“相对人不知道行为人行为时没有代理权，且无过失”的要件事实，要由被代理人承担反向的举证责任。

### （二）关于代理人与相对人恶意串通情形下的法律适用问题

关于在代理人与相对人恶意串通情形下能否适用《民法典》第 154 条规定的问题实务中存有争议，因为这涉及与代理规则的衔接适用问题，而有关恶意串通的举证责任承担问题一直都是实务中的难点问题。对此，《民法典合同编通则解释》第 23 条分两款对这个问题作了规定。其中，就代理人与相对人恶意串通的法律后果，该条第 1 款规定：“法定代表人、负责人或者代理人与相对人恶意串通，以法人、非法人组织的名义订立合同，损害法人、非法人组织的合法权益，法人、非法人组织主张不承担民事责任的，人民法院应予支持。法人、非法人组织请求法定代表人、负责人或者代理人与相对人对

---

〔1〕 比如《公司法》第 15 条规定：“公司向其他企业投资或者为他人提供担保，按照公司章程的规定，由董事会或者股东会决议；公司章程对投资或者担保的总额及单项投资或者担保的数额有限额规定的，不得超过规定的限额。公司为公司股东或者实际控制人提供担保的，应当经股东会决议。前款规定的股东或者受前款规定的实际控制人支配的股东，不得参加前款规定事项的表决。该项表决由出席会议的其他股东所持表决权的过半数通过。”

〔2〕 参见张永泉：《民事诉讼证据原理研究》，厦门大学出版社 2005 年版，第 181 页。

〔3〕 参见张永泉：《民事诉讼证据原理研究》，厦门大学出版社 2005 年版，第 182－184 页。

因此受到的损失承担连带赔偿责任的，人民法院应予支持。”就恶意串通的举证责任问题，第 2 款规定：“根据法人、非法人组织的举证，综合考虑当事人之间的交易习惯、合同在订立时是否显失公平、相关人员是否获取了不正当利益、合同的履行情况等因素，人民法院能够认定法定代表人、负责人或者代理人与相对人存在恶意串通的高度可能性的，可以要求前述人员就合同订立、履行的过程等相关事实作出陈述或者提供相应的证据。其无正当理由拒绝作出陈述，或者所作陈述不具合理性又不能提供相应证据的，人民法院可以认定恶意串通的事实成立。”

**1. 关于代理人与相对人恶意串通的合同效力问题**

依据《民法典合同编通则解释》第 23 条第 1 款的精神，代理人与相对人之间的恶意串通，应当依据《民法典》第 164 条第 2 款有关“代理人和相对人恶意串通，损害被代理人合法权益的，代理人和相对人应当承担连带责任”之规定，从代理权滥用的角度，认定构成无权代理，进而依据《民法典》无权代理的规定认定合同效力。至于法人、非法人组织的法定代表人、负责人与相对人恶意串通的情形，由于此法定代表人或者负责人系以法人或者非法人组织的名义订立合同，其与相对人恶意串通损害的是法人或者非法人组织的利益，而非“他人”利益，故不能适用《民法典》第 154 条的规定。鉴于这一恶意串通行为也构成了越权代表，故应当适用越权代表规则来确定相应的合同效力。法人、非法人组织如果对该行为不予追认，则不发生有效代理或者代表的后果。〔1〕 在损害赔偿责任的承担方面，可以通过对《民法典》第 1168 条〔2〕规定的共同侵权承担连带责任的规则进行目的解释，将法定代表人、负责人与相对人之间的连带责任予以明确，而此在法理上又与《民法典》第 164 条第 2 款关于代理人与相对人恶意串通损害被代理人利益承担连带责任的规则具有同质性，类推适用该款规定，也可以得出这一结论。

---

〔1〕 参见《民法典合同编通则解释》起草工作组：《〈关于适用民法典合同编通则若干问题的解释〉的理解与适用》，载《人民司法》2024 年第 1 期。

〔2〕《民法典》第 1168 条规定：“二人以上共同实施侵权行为，造成他人损害的，应当承担连带责任。”

**2. 关于恶意串通的认定**

实务中，认定恶意串通的难点在于“恶意”和“串通”都属于当事人双方之间的主观活动，只能通过案件事实来作客观的判断。指导案例33号“瑞士嘉吉国际公司诉福建金石制油有限公司等确认合同无效纠纷案”的裁判要点即认为，债务人将主要财产以明显不合理低价转让给其关联公司，关联公司在明知债务人欠债的情况下，未实际支付对价的，可以认定债务人与其关联公司恶意串通、损害债权人利益，与此相关的财产转让合同应当认定为无效。最高人民法院指导案例35号广东龙正投资发展有限公司与广东景茂拍卖行有限公司委托拍卖执行复议案的裁判要点也指出，拍卖行与买受人有关联关系，拍卖行为存在以下情形，损害与标的物相关权利人合法权益的，人民法院可以视为拍卖行与买受人恶意串通，依法裁定该拍卖无效：（1）拍卖过程中没有其他无关联关系的竞买人参与竞买，或者虽有其他竞买人参与竞买，但未进行充分竞价的；（2）拍卖标的物的评估价明显低于实际价格，仍以该评估价成交的。在陈某、皮某勇诉重庆碧波房地产开发有限公司、夏某均、重庆奥康置业有限公司合同纠纷案〔1〕中，法院生效裁判也认为：对于恶意串通行为的认定，应当分析合同双方当事人是否具有主观恶意，并全面分析订立合同时的具体情况、合同约定内容以及合同的履行情况，在此基础上综合判定。《民法典合同编通则解释》第23条第2款就恶意串通的认定作了指引性规定，即要综合考虑当事人之间的交易习惯、合同在订立时是否显失公平、相关人员是否获取了不正当利益等具体因素，按照动态系统论的方法予以确定。

就恶意串通的举证责任分配问题，因实务中有关恶意串通的证明比较困难。《民法典合同编通则解释》在《民诉法解释》第109条〔2〕规定的基础上，严格区分客观证明责任和主观证明责任，在负有客观证明责任的当事人提出初步证据，能够使裁判者认为恶意串通的事实的存在具有高度可能性后，

---

〔1〕 参见陈某、皮某勇诉重庆碧波房地产开发有限公司、夏某均、重庆奥康置业有限公司合同纠纷案，载《最高人民法院公报》2010年第10期。

〔2〕《民诉法解释》第109条规定：“当事人对欺诈、胁迫、恶意串通事实的证明，以及对口头遗嘱或者赠与事实的证明，人民法院确信该待证事实存在的可能性能够排除合理怀疑的，应当认定该事实存在。”

即可将主观证明责任转移至对方，由法定代表人、负责人或者相对人就订立、履行合同的过程等相关事实作出陈述或者提供其持有的相关证据。其无正当理由拒绝作出陈述或者所作陈述不具有合理性又拒绝提交相关证据的，人民法院可以认定恶意串通的事实成立。[1] 此外，由于恶意串通的认定存在一定的难度，实务中通常需要结合有关交易常识来判断。例如，在公司对外担保场合，相对人明知决议是伪造或者变造仍然接受担保的，往往可以认定法定代表人与相对人恶意串通损害公司利益，公司可以据此免责。[2]

---

〔1〕 参见《民法典合同编通则解释》起草工作组：《〈关于适用民法典合同编通则若干问题的解释〉的理解与适用》，载《人民司法》2024年第1期。

〔2〕 参见最高人民法院民事审判第二庭、研究室编著：《最高人民法院民法典合同编通则司法解释理解与适用》，人民法院出版社2023年版，第274页。

# 第十二讲

# 合同不成立等情形的法律后果

一、对合同不成立后果的相关法律适用规则的明确

二、合同不成立、无效等情形下法律后果的具体适用

三、合同不成立、无效等情形下的资金占用费的法律适用问题

就合同无效或者被撤销的法律后果，原《民法通则》第61条第1款规定："民事行为被确认为无效或者被撤销后，当事人因该行为取得的财产，应当返还给受损失的一方。有过错的一方应当赔偿对方因此所受的损失，双方都有过错的，应当各自承担相应的责任。"原《合同法》第58条在此基础上，增加了"不能返还或者没有必要返还的，应当折价补偿"的规定。[1] 原《民法总则》第157条新增民事法律行为确定不发生效力的情形，其他未作实质调整。《民法典》第157条沿用了这一规定。考虑到民事法律行为不成立时也会发生财产返还和损害赔偿责任问题，《民法典总则编解释》第23条根据《九民会议纪要》第32条规定的精神，明确参照适用《民法典》第157条的规定。自此，立法明确合同不成立、无效、被撤销或者确定不发生效力的，会产生相同的法律后果。为进一步规范指引当事人在此情形下应当如何承担民事责任，《民法典合同编通则解释》第24条、第25条作了细化规定。

---

〔1〕 原《合同法》第58条规定："合同无效或者被撤销后，因该合同取得的财产，应当予以返还；不能返还或者没有必要返还的，应当折价补偿。有过错的一方应当赔偿对方因此所受到的损失，双方都有过错的，应当各自承担相应的责任。"

## 一、对合同不成立后果的相关法律适用规则的明确

根据民事法律行为的成立要素，民事主体所为的意思表示行为只要具备明确、具体、符合法定形式的基本要件，其民事法律行为即为成立，这是一种事实判断；而民事法律行为生效的依据，源自法律、行政法规的明确规定，是对已经成立的民事法律行为的法律评价，作出合法的、肯定性的评价即为生效，反之，为未生效或者无效，这是一种法律判断。显然，民事法律行为成立与生效适用的法律规则不同，成立要件要比生效要件简单，且不以效力性强制性法律规定、公序良俗等合法性条件为尺度。〔1〕合同无效，即因具备无效条件而被确定为自始无效、当然无效、绝对无效。合同被撤销，是指因具备撤销事由，经撤销权人行使撤销权而无效。合同被撤销前属于有效行为，撤销以后自始没有法律约束力。合同确定不发生效力，是指合同虽已成立，但由于生效条件确定无法具备而不能生效的情况。典型的情形包括两种：一是法律、行政法规规定须经批准生效的合同，因未经批准而无法生效；二是附条件生效民事法律行为，生效条件确定无法具备的情形。

合同不成立的，也会发生财产返还和损害赔偿责任问题。尽管合同成立与合同生效有所区别，但合同不成立与合同因欠缺有效要件（一般生效要件）而无效在后果上却并无区别，因为合同成立但无效，同样不能产生任何法律约束力。〔2〕正因如此，《民法典总则编解释》第23条规定："民事法律行为不成立，当事人请求返还财产、折价补偿或者赔偿损失的，参照适用民法典第一百五十七条的规定。"依据这一规定，民事法律行为不成立、无效或者被撤销的法律后果的总体处理原则基本一致。〔3〕实务中有争议的是，存在当事人未区分合同的成立要件和有效要件（一般生效要件）而以合同欠缺法定书面形式为由请求人民法院确认合同无效的情形，有人主张对此应以法定书面形式系合同的成立要件而非有效要件（一般生效要件）为由驳回当事人的诉

---

〔1〕参见最高人民法院民法典贯彻实施工作领导小组编著：《最高人民法院民法典总则编司法解释理解与适用》，人民法院出版社2022年版，第342页。

〔2〕参见刘贵祥：《关于合同成立的几个问题》，载《法律适用》2022年第4期。

〔3〕参见最高人民法院民法典贯彻实施工作领导小组编著：《最高人民法院民法典总则编司法解释理解与适用》，人民法院出版社2022年版，第344页。

讼请求。笔者认为，若采取这一做法，不利于纠纷的实质性解决，甚至会出现程序空转的问题。尽管法定书面形式确系合同的成立要件而非有效要件（一般生效要件），但合同因欠缺法定书面形式而被认定不成立与合同虽成立但因欠缺有效要件（一般生效要件）而无效在后果上并无区别，因此，即使当事人的诉讼请求并不包括请求认定合同不成立，也应在全面审查合同是否已经成立的基础上再认定合同效力，且一旦认定合同不成立，即应据此作出判决，不应因担心超裁而直接驳回当事人的诉讼请求，否则，不仅会带来诉累，严重浪费司法资源，也不利于当事人合法权益的保护。[1]

其实，有关合同不成立的法律后果问题，《九民会议纪要》第32条[2]第1款已作了规定；对于合同无效、被撤销以及合同不成立、确定不发生效力等情形下的损害赔偿及返还财产等的责任，该条后面两款对这一问题也作了规定。《民法典合同编通则解释》充分吸收了《九民会议纪要》的经验做法，在司法解释层面细化了合同不成立、无效等情形下的法律后果，其第24条规定："合同不成立、无效、被撤销或者确定不发生效力，当事人请求返还财产，经审查财产能够返还的，人民法院应当根据案件具体情况，单独或者合并适用返还占有的标的物、更正登记簿册记载等方式；经审查财产不能返还或者没有必要返还的，人民法院应当以认定合同不成立、无效、被撤销或者确定不发生效力之日该财产的市场价值或者以其他合理方式计算的价值为基准判决折价补偿。除前款规定的情形外，当事人还请求赔偿损失的，人民法院应当结合财产返还或者折价补偿的情况，综合考虑财产增值收益和贬值损失、交易成本的支出等事实，按照双方当事人的过错程度及原因力大小，根

---

〔1〕 参见刘贵祥：《关于合同成立的几个问题》，载《法律适用》2022年第4期。

〔2〕《九民会议纪要》第32条规定："《合同法》第58条就合同无效或者被撤销时的财产返还责任和损害赔偿责任作了规定，但未规定合同不成立的法律后果。考虑到合同不成立时也可能发生财产返还和损害赔偿责任问题，故应当参照适用该条的规定。在确定合同不成立、无效或者被撤销后财产返还或者折价补偿范围时，要根据诚实信用原则的要求，在当事人之间合理分配，不能使不诚信的当事人因合同不成立、无效或者被撤销而获益。合同不成立、无效或者被撤销情况下，当事人所承担的缔约过失责任不应超过合同履行利益。比如，依据《最高人民法院关于审理建设工程施工合同纠纷案件适用法律问题的解释》第2条规定，建设工程施工合同无效，在建设工程经竣工验收合格情况下，可以参照合同约定支付工程款，但除非增加了合同约定之外新的工程项目，一般不应超出合同约定支付工程款。"

据诚信原则和公平原则，合理确定损失赔偿额。合同不成立、无效、被撤销或者确定不发生效力，当事人的行为涉嫌违法且未经处理，可能导致一方或者双方通过违法行为获得不当利益的，人民法院应当向有关行政管理部门提出司法建议。当事人的行为涉嫌犯罪的，应当将案件线索移送刑事侦查机关；属于刑事自诉案件的，应当告知当事人可以向有管辖权的人民法院另行提起诉讼。”

## 二、合同不成立、无效等情形下法律后果的具体适用

民事法律行为无效、被撤销以及确定不发生效力后，法律效果为自始无效、当然无效、绝对无效，因此，民事法律行为无效、被撤销以及确定不发生效力的法律后果需要恢复至各方当事人在民事法律行为实施前的状态。[1]

### （一）财产返还与折价补偿

合同被确认无效或被撤销后，自始归于无效，受领人取得给付物所有权的法律依据消失殆尽，应当将因该合同取得的财产予以返还。返还财产，旨在恢复到无效或可撤销合同成立之前的状态，借以消除无效或被撤销合同所造成的不应有的后果。当然，返还财产主要适用于合同已经实际履行的情况，如果合同无效、被撤销或者确定不发生效力时尚未履行，或者财产并未交付，则不适用这种方式。

我国《民法典》针对返还财产责任的两种不同类型的标的，即物和其他财产，分别提供了不同请求权（辅助性）规范：一是针对物规定的所有物返还请求权[2]，这是一种物权请求权；二是《民法典》规定的不当得利返还请求权[3]，这是一种债权请求权。前者适用于特定物的返还，后者适用于种类物、金钱以及其他非实体物的返还。通说认为，我国现行物权法采取的是以

〔1〕参见最高人民法院民法典贯彻实施工作领导小组编著：《中国民法典适用大全·总则卷（三）》，人民法院出版社2022年版，第1387页。

〔2〕《民法典》第235条规定：“无权占有不动产或者动产的，权利人可以请求返还原物。”

〔3〕《民法典》第122条规定：“因他人没有法律根据，取得不当利益，受损失的人有权请求其返还不当利益。”第985条规定：“得利人没有法律根据取得不当利益的，受损失的人可以请求得利人返还取得的利益……”

债权形式主义为原则、以债权意思主义为例外的物权变动模式，并未采纳物权行为理论，因而请求返还原物的权利性质为物权请求权。[1] 据此，在物为动产的情况下，受领人应当将该物返还给所有权人；在物为不动产或者特殊动产的情况下，如果物权变动的登记手续已经被办理，受领人负有将权属登记注销，并协助所有权人恢复权属登记的义务，同时应将给付物返还给所有权人占有。如果原物已经不存在或者已转让给善意第三人，不能返还给付人时，给付人此时只能基于不当得利请求返还相应利益，此时的返还财产，不具有物权效力，仅具有债权效力。[2]

换言之，在财产不能返还或者当事人认为没必要返还时，则返还财产转化为不当得利请求权性质的折价补偿。折价补偿是返还财产的代替，二者只能择一行使，不能同时行使。[3] 在确定返还财产或者折价补偿的范围时，根据《九民会议纪要》第33条的规定，在标的物已经灭失、转售他人或者其他无法返还的情况下，当事人主张返还原物的，人民法院不予支持，但其主张折价补偿的，人民法院依法予以支持。折价时，应当以当事人交易时约定的价款为基础，同时考虑当事人在标的物灭失或者转售时的获益情况综合确定补偿标准。标的物灭失时当事人获得的保险金或者其他赔偿金，转售时取得的对价，均属于当事人因标的物而获得的利益。对获益高于或者低于价款的部分，也应当在当事人之间合理分配或者分担。

对于财产不能返还或者没有必要返还的，应当折价补偿。所谓“不能返还”，包括事实上不能返还和法律上不能返还。事实上不能返还，是指履行的标的物已经发生毁损、灭失或已经发生混合、附合等情形，客观上无法返还。法律上不能返还，是指当事人一方接受标的物之后将其转让，第三人因善意取得等情形取得了标的物的所有权。所谓“没有必要返还”，是指返还在经济

---

〔1〕 参见王利明：《物权法研究》（上）（第3版），中国人民大学出版社2013年版，第252页；崔建远：《物权：规范与学说——以中国物权法的解释论为中心》（上册），清华大学出版社2011年版，第76－77页。

〔2〕 参见最高人民法院民事审判第二庭、研究室编著：《最高人民法院民法典合同编通则司法解释理解与适用》，人民法院出版社2023年版，第279页。

〔3〕 参见最高人民法院民法典贯彻实施工作领导小组编著：《最高人民法院民法典总则编司法解释理解与适用》，人民法院出版社2022年版，第349页。

上不具有合理性。主要包括以下两种情况：（1）如果当事人接受的财产是劳务或者利益，在性质上不能恢复原状；（2）如果一方当事人是通过使用对方的知识产权而获得利益，由于知识产权属于无形财产而难以返还。一般而言，折价补偿，应当按照市场价格进行计算并确定具体数额。至于基准时点问题，有观点认为计算市场价格应当以返还时作为计算的时间点，因为返还义务是在返还时才负有的，而且以其为计算的时间点可以避免通货膨胀等因素对权利人产生不利影响。〔1〕这一观点有一定道理，《民法典合同编通则解释》第24条第1款后段在此基础上，将返还时间进一步明确为“认定合同不成立、无效、被撤销或者确定不发生效力之日”。当然，由于市场交易的复杂性，如果当事人主张采用其他合理方式计算补偿数额，也应当予以认可。比如，劳动报酬等可以国家规定的价格计算，没有国家规定的，可以按照同类劳务的报酬标准计算返还。〔2〕

值得注意的是，关于返还财产的范围，实务中主要涉及两个问题：一是返还范围是否包括孳息；二是在财产增值或者贬值的情况下，如何进行返还以确保公平合理。

关于第一个问题，有观点认为，应当区分占有人是善意还是恶意：善意占有人，无须返还孳息；恶意占有人，应当返还孳息。笔者认为，这一问题涉及返还财产这一请求权的性质问题。如上文所述，此属于物权请求权，主张返还原物，不以无权占有是否有过错为要件。从合同不生效或丧失效力后受领人对合同标的财产的占有依据来看，无论是善意占有还是恶意占有，都是无权占有。既然是无权占有，无论是善意占有人还是恶意占有人，均无权获得孳息，即返还原物的范围都包括原物和孳息。〔3〕善意、恶意的问题，应当属于过错的范畴，影响损害赔偿范围的确定，也会影响不当得利请求权的行使，但不影响物权请求权的行使。但是，从善意占有人的角度而言，其因

---

〔1〕参见王利明：《合同法研究》（第1卷）（修订版），中国人民大学出版社2011年版，第724页。

〔2〕参见石宏主编：《〈中华人民共和国民法典〉释解与适用·总则编》，人民法院出版社2020年版，第290页。

〔3〕参见最高人民法院民事审判第二庭、研究室编著：《最高人民法院民法典合同编通则司法解释理解与适用》，人民法院出版社2023年版，第280页。

善意占有而支出的费用则有权向对方请求支付。对此,《民法典》第 460 条规定了“不动产或者动产被占有人占有的,权利人可以请求返还原物及其孳息;但是,应当支付善意占有人因维护该不动产或者动产支出的必要费用”。

至于合同标的物增值或者贬值情形下,如何返还才能实现公平的问题,可以引用《九民会议纪要》第 33 条的规定作为论证理据。该条规定,合同不成立、无效或者被撤销后,在确定财产返还时,要充分考虑财产增值或者贬值的因素。双务合同不成立、无效或者被撤销后,双方因该合同取得财产的,应当相互返还。应予返还的股权、房屋等财产相对于合同约定价款出现增值或者贬值的,人民法院要综合考虑市场因素、受让人的经营或者添附等行为与财产增值或者贬值之间的关联性,在当事人之间合理分配或者分担,避免一方因合同不成立、无效或者被撤销而获益。

### (二)赔偿损失

合同被确认无效或者被撤销后,在财产增值的情况下,一般不存在损害赔偿问题;在财产贬值的情况下,有过错的一方应当承担损害赔偿责任。有学说认为,该损害赔偿责任在性质上应为缔约过失责任(culpa in contrahendo)。[1] 在赔偿范围上,主要是受害一方的合理信赖利益的损失如缔约费用、准备履行合同的费用以及相关利息等。有观点认为,由于缔约过失责任以保护缔约当事人对民事法律行为有效的正当信赖为目的,所以遭受损失的缔约一方明知或应知民事法律行为无效的,无权要求对方赔偿损失。[2] 对此,《民法典》第 157 条规定了各方都有过错的,应当各自承担相应的责任。比如,一方以欺诈手段与对方订立合同,合同因欺诈被撤销后,在返还财产或者折价补偿之外,受欺诈方还可能为合同的履行支出了其他费用,这部分损失应当由欺诈方予以赔偿。需要指出的是,这里规定的损失赔偿是一种过错责任,行为人只有在主观上对合同不成立、无效、被撤销或者确定不发生效力的情形存在过错时才予以承担。

---

〔1〕 参见韩世远:《合同法总论》(第 3 版),法律出版社 2011 年版,第 229 页。
〔2〕 参见朱广新:《合同法总则》(第 2 版),中国人民大学出版社 2012 年版,第 296 页。

关于赔偿损失的数额，《民法典合同编通则解释》第 24 条第 2 款吸收了《九民会议纪要》第 35 条的规定精神，明确了“应当结合财产返还或者折价补偿的情况，综合考虑财产增值收益和贬值损失、交易成本的支出等事实，按照双方当事人的过错程度及原因力大小，根据诚信原则和公平原则，合理确定”的规则。

关于赔偿损失，无论在哪个领域，都要遵循填平原则。在确定损害赔偿范围时，既要根据当事人的过错程度合理确定责任，又要考虑在确定财产返还范围时已经考虑过的财产增值或者贬值因素，避免出现双重获利或者双重受损的现象发生。〔1〕在具体的场景运用中，自然也要与折价补偿、返还财产这些责任承担方式相衔接。从实务操作的情况看，通常要根据当事人的诉辩情况具体确定如何适用返还财产、折价补偿或者损害赔偿制度。一方请求确认合同无效并返还财产，另一方请求继续履行合同，并未提出损害赔偿请求的，一旦认定合同无效，则应根据前述的返还财产或者折价补偿规则确定返还的范围。另一方提起反诉请求损害赔偿的，考虑此时的损害赔偿责任是缔约过失责任而非违约责任，在财产增值的情况下，因不存在损失，人民法院应当根据返还财产或者折价补偿的规定在当事人间合理分配收益，同时驳回当事人有关损害赔偿的诉讼请求；如果财产贬值，既可以根据返还财产或者折价补偿规则在当事人间分摊损失，又可以根据损害情况支持当事人的损害赔偿请求。为避免给当事人以判非所请的错觉，以支持其损害赔偿请求为佳。〔2〕

值得注意的是，关于合同无效时的释明问题，依据《九民会议纪要》第 36 条的规定，在双务合同中，原告起诉请求确认合同有效并请求继续履行合同，被告主张合同无效的，或者原告起诉请求确认合同无效并返还财产，而被告主张合同有效的，都要防止机械适用“不告不理”原则，仅就当事人的诉讼请求进行审理，而应向原告释明变更或者增加诉讼请求，或者向被告释

---

〔1〕 参见最高人民法院民法典贯彻实施工作领导小组编著：《最高人民法院民法典总则编司法解释理解与适用》，人民法院出版社 2022 年版，第 349 页。

〔2〕 参见最高人民法院民事审判第二庭编著：《〈全国法院民商事审判工作会议纪要〉理解与适用》，人民法院出版社 2019 年版，第 269 页。

明提出同时履行抗辩，尽可能一次性解决纠纷。例如，基于合同有给付行为的原告请求确认合同无效，但并未提出返还原物或者折价补偿、赔偿损失等请求的，人民法院应当向其释明，告知其一并提出相应诉讼请求；原告请求确认合同无效并要求被告返还原物或者赔偿损失，被告基于合同也有给付行为的，人民法院同样应当向被告释明，告知其也可以提出返还请求；人民法院经审理认定合同无效的，除了要在判决书“本院认为”部分对同时返还作出认定外，还应当在判项中作出明确表述，避免因判令单方返还而出现不公平的结果。

第一审人民法院未予释明，第二审人民法院认为应当对合同不成立、无效或者被撤销的法律后果作出判决的，可以直接释明并改判。当然，如果返还财产或者赔偿损失的范围确实难以确定或者双方争议较大，也可以告知当事人通过另行起诉等方式解决，并在裁判文书中予以明确。

当事人按照释明变更诉讼请求或者提出抗辩的，人民法院应当将其归纳为案件争议焦点，组织当事人充分举证、质证、辩论。

### （三）与公法上责任的衔接

此通常发生在合同无效的情形下。合同的效力被否定后，有时不仅需要承担民事上的责任，还要承担公法上的责任，如行政责任、刑事责任等；而且并非在所有情况下都存在返还财产、折价补偿或者赔偿损失的民事责任承担问题。比如，在民事法律行为因标的违法（如毒品等）被认定无效后，就不存在双方当事人相互返还财产的问题，而是要根据相关法律规定对此违禁品予以没收、收缴等。

但是，实务中对此违禁标的予以收缴、没收等并非人民法院在民事审判工作中能够行使的权力，这时从人民法院积极参加社会治理的角度出发，对于涉嫌违反行政管理规定的合同行为，人民法院在诉讼中发现违法行为可能导致合同当事人获得不当利益，需要行政管理机关调查处理的，可以向相关行政管理机关提出司法建议，比如建议行政机关立案调查，或者采取相应的能够消除违法后果、制裁违法行为的行政行为。对合同当事人的合同行为违反刑事法律规范，需要追究刑事责任的，则区分公诉案件和自诉案件，分别将案件移送侦查机关或者告知当事人向有管辖权的法院提起刑事自诉。[1]

需要注意的是，此类情形往往会涉及民刑交叉的问题，需要做好相应的衔接。通常而言，在民事案件的基本事实和涉嫌刑事犯罪的基本事实属于同一事实的情况下，应当采取先刑后民的做法，此“同一事实”包括行为主体相同以及行为相同这两个要素。在此情形下，如果民事案件已经被受理，此时应当将案件材料及线索等移送刑事侦查机关；对该民事案件应当作驳回起诉处理。目前，审判实践中对刑民交叉案件的处理规则，主要遵循《九民会议纪要》第129条第1款所明确的规则：“2014年颁布实施的《最高人民法院　最高人民检察院　公安部关于办理非法集资刑事案件适用法律若干问题的意见》和2019年1月颁布实施的《最高人民法院、最高人民检察院、公安部关于办理非法集资刑事案件若干问题的意见》规定的涉嫌集资诈骗、非法吸收公众存款等涉众型经济犯罪，所涉人数众多、当事人分布地域广、标的额特别巨大、影响范围广，严重影响社会稳定，对于受害人就同一事实提起的以犯罪嫌疑人或者刑事被告人为被告的民事诉讼，人民法院应当裁定不予受理，并将有关材料移送侦查机关、检察机关或者正在审理该刑事案件的人民法院。受害人的民事权利保护应当通过刑事追赃、退赔的方式解决。正在审理民商事案件的人民法院发现有上述涉众型经济犯罪线索的，应当及时将犯罪线索和有关材料移送侦查机关。侦查机关作出立案决定前，人民法院应当中止审理；作出立案决定后，应当裁定驳回起诉；侦查机关未及时立案的，人民法院必要时可以将案件报请党委政法委协调处理。除上述情形人民法院不予受理外，要防止通过刑事手段干预民商事审判，搞地方保护，影响营商环境。”

对一些合同纠纷民事案件中发现的涉嫌犯罪行为，如果民事案件必须以相关刑事案件的审理结果为依据，则案件线索移送刑事侦查机关后，应当根据《民事诉讼法》第153条第1款第5项的规定，裁定中止民事诉讼，待刑事案件审结后，再恢复民事案件审理。比如，当事人通过伪造公文的方式骗

〔1〕参见最高人民法院民事审判第二庭、研究室编著：《最高人民法院民法典合同编通则司法解释理解与适用》，人民法院出版社2023年版，第287页。

取贷款，其行为构成贷款诈骗罪还是骗取贷款罪或者伪造印章、公文罪等，在移送案件至刑事犯罪判决之前均无法确定，民事诉讼需要等待刑事诉讼的最终处理结果。[1]

## 三、合同不成立、无效等情形下的资金占用费的法律适用问题

按照不当得利返还的基本原理，在合同被认定不成立、无效、被撤销或者确定不发生效力时，如果一方占有对方的资金，则在返还该资金时，还应支付资金占用费。对于如何计算资金占用费，实务中存有争议。《九民会议纪要》第34条规定："双务合同不成立、无效或者被撤销时，标的物返还与价款返还互为对待给付，双方应当同时返还。关于应否支付利息问题，只要一方对标的物有使用情形的，一般应当支付使用费，该费用可与占有价款一方应当支付的资金占用费相互抵销，故在一方返还原物前，另一方仅须支付本金，而无须支付利息。"这一规定有效解决了双务合同不成立情形下的标的物返还与价款返还互为对待给付的同时履行问题以及对标的物的使用费与资金占用费的抵销问题，为《民法典合同编通则解释》第25条第2款基本吸收。该款规定："双方互负返还义务，当事人主张同时履行的，人民法院应予支持；占有标的物的一方对标的物存在使用或者依法可以使用的情形，对方请求将其应支付的资金占用费与应收取的标的物使用费相互抵销的，人民法院应予支持，但是法律另有规定的除外。"

但是，《九民会议纪要》第34条仍然没有规定资金占用费的计算标准问题，而这一问题不仅具有普遍性，还是后续有关费用抵销问题的基础。故《民法典合同编通则解释》第25条在总结审判实务经验的基础上，将对这一问题的解决方案作为第1款予以规定。该款规定："合同不成立、无效、被撤销或者确定不发生效力，有权请求返还价款或者报酬的当事人一方请求对方支付资金占用费的，人民法院应当在当事人请求的范围内按照中国人民银行授权全国银行间同业拆借中心公布的一年期贷款市场报价利率（LPR）计算。

---

〔1〕 参见最高人民法院民事审判第二庭、研究室编著：《最高人民法院民法典合同编通则司法解释理解与适用》，人民法院出版社2023年版，第289页。

但是，占用资金的当事人对于合同不成立、无效、被撤销或者确定不发生效力没有过错的，应当以中国人民银行公布的同期同类存款基准利率计算。”一般来说，贷款利率比存款利率高，所以参照贷款利率显然较参照存款利率对权利人更为有利。参照贷款利率的法理依据为：一方需要向银行贷款以获得同等资金，故应参照贷款利率。而参照存款利率的法理依据是，资金方并不需要向银行借钱，因此，其损失的不过是同期存款利息。在商事审判中，原则上应当参照贷款利率支付。[1] 需要注意的是，自 2019 年 8 月 20 日起，中国人民银行已经授权全国银行间同业拆借中心于每月 20 日（遇节假日顺延）9 时 30 分公布贷款市场报价利率（LPR）取代了中国人民银行贷款基准利率这一标准。同时，依据《民法典合同编通则解释》第 25 条第 1 款的规定，作为例外情形，如果占用资金的一方当事人对于合同不成立、无效、被撤销或者确定不发生效力没有过错，应当以中国人民银行公布的同期同类存款基准利率计算。

双务合同中，即便在合同无效的情况下，双方负有的返还义务仍然构成对待给付。在当事人未就返还事宜作出特别约定的情况下，应当同时履行，故在一方未提出给付前，另一方可以拒绝对方要求返还的请求。这也是即便享有原物返还请求权的转让人在未返还价款前不能排除一般债权人执行的法理依据。[2] 对此，依据《九民会议纪要》第 124 条的规定，作为执行依据的生效裁判并未涉及执行标的物，只是执行中为实现金钱债权对特定标的物采取了执行措施。对此种情形，《执行异议复议规定》第 26 条规定了解决案外人执行异议的规则，在审理执行异议之诉时可以参考适用。依据该条规定，作为案外人提起执行异议之诉依据的裁判将执行标的物确权给案外人的，可以排除执行；作为案外人提起执行异议之诉依据的裁判，未将执行标的物确权给案外人，而是基于不以转移所有权为目的的有效合同（如租赁、借用、保管合同），判令向案外人返还执行标的物的，其性质属于物权请求权，亦可

〔1〕 参见最高人民法院民事审判第二庭、研究室编著：《最高人民法院民法典合同编通则司法解释理解与适用》，人民法院出版社 2023 年版，第 293 页。

〔2〕 参见最高人民法院民事审判第二庭编著：《〈全国法院民商事审判工作会议纪要〉理解与适用》，人民法院出版社 2019 年版，第 267 页。

以排除执行；基于以转移所有权为目的有效合同（如买卖合同），判令向案外人交付标的物的，其性质属于债权请求权，不能排除执行。应予注意的是，在金钱债权执行中，如果案外人提出执行异议之诉依据的生效裁判认定以转移所有权为目的的合同（如买卖合同）无效或应当解除，进而判令向案外人返还执行标的物的，此时案外人享有的是物权性质的返还请求权，本可排除金钱债权的执行，但在双务合同无效的情况下，双方互负返还义务，在案外人未返还价款的情况下，如果允许其排除金钱债权的执行，将会使申请执行人既执行不到被执行人名下的财产，又执行不到本应返还给被执行人的价款，显然有失公允。为平衡各方当事人的利益，只有在案外人已经返还价款的情况下，才能排除普通债权人的执行。反之，案外人未返还价款的，不能排除执行。

双务合同如买卖合同、租赁合同等在不成立、无效、被撤销或者确定不发生效力的情形下，买受人、承租人应当支付的标的物占有期间的使用费与出卖人、出租人应当支付的资金占用费符合法定抵销条件的，就可以适用法定抵销的规则。至于抵销的法律后果，依据《民法典》第 568 条第 1 款的规定，“当事人互负债务，该债务的标的物种类、品质相同的，任何一方可以将自己的债务与对方的到期债务抵销；但是，根据债务性质、按照当事人约定或者依照法律规定不得抵销的除外”。《民法典合同编通则解释》第 25 条第 2 款还规定了“法律另有规定的除外”，此在体系上即与《民法典》第 568 条第 1 款的但书规定保持一致。就抵销权的行使，应当适用《民法典》第 568 条第 2 款的规定，“当事人主张抵销的，应当通知对方。通知自到达对方时生效。抵销不得附条件或者附期限”。

# 第十三讲

# 合同履行的细化完善与具体适用

一、从给付义务规则的细化适用

二、同时履行抗辩权行使规定的细化适用

三、先履行抗辩权行使规则的细化

合同的履行，是指债务人依据合同约定和法律规定作出给付的行为。合同必须得到履行是合同严守原则的题中应有之义。合同履行是实现合同订立目的的基本途径。违约责任制度设立的宗旨和目的就是保证合同的履行，合同保全制度是为了保障合同债权的实现，合同的担保是促使合同履行、保障债权实现的法律制度。总之，合同的履行是合同关系从产生到消亡过程的中心环节，合同履行制度是整个合同制度中最核心的制度。[1]《民法典》合同编通则在第四章专门规定了合同履行的规则，主要包括合同履行原则、约定不明时合同内容的确定、电子合同的履行规则、利益第三人合同、由第三人履行的合同、同时履行抗辩权、先履行抗辩权、不安抗辩权、提前履行、部分履行、情势变更制度、对当事人利用合同实施危害国家利益及社会公共利益行为进行监督处理等内容，同时在合同法基础上增加了债法的一般性规则，包括选择之债、按份之债与连带之债、具有合法利益的第三人代为履行规则，使合同编通则能够发挥债法总则的作用。[2]《民法典合同编通则解释》在此

〔1〕 参见王利明：《合同法研究》（第 2 卷）（第 3 版），中国人民大学出版社 2015 年版，第 3－5 页。

〔2〕 参见黄薇主编：《中华人民共和国民法典合同编释义》，法律出版社 2020 年版，第 106 页。

基础上，针对审判实务中的普遍性问题，用了 7 个条文着重对从给付义务的履行与救济、以物抵债协议的法律适用、向第三人履行的合同与第三人代为清偿的适用、同时履行抗辩权与先履行抗辩权的行使、情势变更的适用等作了细化规定。在此专门将涉及合同履行一般性规则中的两个问题，即从给付义务与抗辩权的行使做一阐述，其他内容再分别予以专题论述。

## 一、从给付义务规则的细化适用

### （一）从给付义务概述

#### 1. 给付义务与附随义务

关于合同履行的一般规则，《民法典》第 509 条规定："当事人应当按照约定全面履行自己的义务。当事人应当遵循诚信原则，根据合同的性质、目的和交易习惯履行通知、协助、保密等义务。当事人在履行合同过程中，应当避免浪费资源、污染环境和破坏生态。"该条第 2 款规定的当事人的"通知、协助、保密等义务"，法律上称为"附随义务"。所谓"附随"，是相对于合同中约定的当事人的"给付"义务而言的，附随义务是为了辅助实现债权人的给付利益。包括当事人为缔结合同在磋商过程中的说明、告知义务，在合同履行过程中的保护、协助义务，以及合同终止后的通知、保密义务等。附随义务并非源于合同当事人的约定，而是基于诚实信用原则产生。附随义务本身并无独立的可诉性，相对人不能单独主张实际履行。

有学者认为，附随义务的功能可分为两大类：一类是促进主给付义务的实现，使债权人的给付利益得到最大限度满足的辅助功能；另一类是维护对方的人身或者财产利益的保护功能。[1] 概言之，附随义务与给付义务的区别有以下三点：第一，主给付义务自始确定，并决定债之关系的类型。附随义务系随着债之关系的发展，于个别情况要求一方当事人有所作为或不作为，以维护相对人的利益，于任何债之关系（尤其是合同）均可发生，不受特定债之关系类型的限制。第二，主给付义务构成双务合同的对待给付，一方当事人于另一方当事人未对待给付前，可拒绝自己之给付。反之，附随义务原

〔1〕 参见崔建远：《合同法》（第 4 版），北京大学出版社 2021 年版，第 74 页。

则上不属于对待给付，不发生同时履行抗辩。第三，因给付义务的不履行，债权人可解除合同。反之，债权人原则上不得因附随义务的不履行而解除契约，但就其所受损害，得依不完全给付规定，请求损害赔偿。[1]

**2. 从给付义务的界定**

依法成立的合同，对当事人具有法律约束力。因此，基于意思自治原则成立的合同，当事人应当按照合同约定全面履行自己的义务。该处“义务”，是指本来意义上的合同义务，理论上称为“给付义务”，可以分为主给付义务和从给付义务。从给付义务存在的目的，不在于决定合同的类型，而在于确保债权人的利益能够获得最大满足。[2] 所谓主给付义务，是债之关系（尤其合同）上固有、必备，并用以决定债之关系（合同）类型的基本义务（债之关系的要素）。[3] 例如，根据《民法典》第595条的规定，买卖合同是出卖人转移标的物所有权于买受人，买受人支付价款的合同。该条在对买卖合同进行界定时，对买卖双方义务的规定即属于各自的主给付义务。从给付义务，则是指本身不能决定合同的类型与特征，仅具有辅助主给付义务的功能，从而确保债权人的利益能够获得最大限度满足的义务。从给付义务可以基于法律规定、当事人约定或者交易习惯而产生。

区分主给付义务和从给付义务的法律意义在于：其一，是否享有法定的合同解除权。当一方违反主给付义务时，对方享有法定解除权，而当一方违反从给付义务时，对方原则上不享有法定解除权，例外情形下才享有法定解除权。其二，是否享有抗辩权。一方未履行给付义务，对方能否行使同时履行抗辩权、先履行抗辩权。一般而言，取决于对方违反的是否为主给付义务，违反从给付义务原则上不导致对方行使抗辩权。实务中，对于一方违反的合同义务是否为主给付义务，对方中止履行有关义务是否属于行使抗辩权，往往成为当事人争议的焦点，此时往往需要甄别一方违反的义务是否为主给付

---

〔1〕 参见王泽鉴：《债法原理：基本理论·债之发生》（第1册），中国政法大学出版社2001年版，第40页。

〔2〕 参见崔建远主编：《合同法》（第7版），法律出版社2021年版，第55页。

〔3〕 参见王泽鉴：《债法原理》，北京大学出版社2013年版，第80页。

义务。[1]

从给付义务与附随义务在区分上具有一定的模糊性，在司法适用中有必要予以厘清。笔者认为，此二者最大的区别主要包括：从给付义务的产生多根据约定或者法律规定，而附随义务通常根据诚信原则发生；从给付义务通常需要对方当事人积极采取履行行为，即以作为的方式为典型，而附随义务可以是不作为，比如容忍义务或者保密义务等。就适用效果而言，从给付义务由于具有给付性，通常能够通过独立的诉讼请求履行，而附随义务不具有给付性，不能通过独立的诉讼请求履行，违反附随义务通常仅发生替代性的损害赔偿。如到商场购物，商家开具购物发票是从给付义务，照顾买受人安全是附随义务，不给发票可依诉讼程序强制给付，未尽照顾义务使买受人摔伤，不能强制其施以照顾行为。[2]

### （二）从给付义务的法律效力

从给付义务的适用在买卖合同中最为广泛和典型。《民法典》第599条规定："出卖人应当按照约定或者交易习惯向买受人交付提取标的物单证以外的有关单证和资料。"此交付提单、仓单等提取标的物单证以外的有关单证和资料的义务，即属于从给付义务。至于"有关单证和资料"，2020年《买卖合同司法解释》第4条进行了列举，规定了"民法典第五百九十九条规定的'提取标的物单证以外的有关单证和资料'，主要应当包括保险单、保修单、普通发票、增值税专用发票、产品合格证、质量保证书、质量鉴定书、品质检验证书、产品进出口检疫书、原产地证明书、使用说明书、装箱单等"。实务中，在当事人一方请求对方履行开具发票、提供证明文件等义务时，有的法院会以该义务为公法上的义务为由驳回其诉讼请求。应当说，尽管开具发票、具有公法上义务的属性，但并不影响其同时也是私法上的义务，而有关机关提供有关证明文件属于公法上的义务，但是在合同中约定提供证明文件

[1] 参见最高人民法院民事审判第二庭、研究室编著：《最高人民法院民法典合同编通则司法解释理解与适用》，人民法院出版社2023年版，第298－299页。

[2] 参见最高人民法院民事审判第二庭、研究室编著：《最高人民法院民法典合同编通则司法解释理解与适用》，人民法院出版社2023年版，第299－230页。

或者提供如同前述《买卖合同司法解释》所列资料的义务，则也属于私法上的义务，即属于从给付义务。

对于违反从给付义务，对方能否享有合同解除权，存在争议。通常而言，违反主给付义务，可发生解除权，违反从给付义务，守约方原则上不得解除合同，但是在例外情形下，违反从给付义务给相对人造成重大损失或使合同目的不能实现时，相对方可解除合同。[1] 从给付义务债务的不履行，债权人能否解除合同，应视对合同目的的达成是否有必要而定。[2] 对此，王泽鉴教授举的典型例子是："甲以高价购买乙的名马，乙非交付血统证明书不足以达转售或参加比赛等目的，故甲除得依诉请求乙交付血统证明书以外，尚得以乙未交付血统证明书，而拒绝给付价金；或于乙给付不能或给付迟延时，依法解除买卖契约。"[3] 概言之，在讨论违反从给付义务是否可以解除合同的问题时，也应以违约的后果为依据，而非单纯地根据所违反的条款性质和合同义务类型为标准。因此，即便当事人所违反的合同义务是从给付义务，只要其导致守约方根据合同有权获得的东西完全落空，合同目的无法实现（根本违约）的法律后果，则合同继续存续的基础已经不复存在，通过合同解除制度使买受人及早从合同关系中解放出来，另觅其他替代性的交易机会，避免因此遭受更大的损失，无疑是具有正当性的制度选择。[4] 正是基于这样的考量，2020 年修正的《买卖合同司法解释》第 19 条规定："出卖人没有履行或者不当履行从给付义务，致使买受人不能实现合同目的，买受人主张解除合同的，人民法院应当根据民法典第五百六十三条第一款第四项的规定，予以支持。"应当说，由于从给付义务是一种辅助性义务，违反该义务一般而言不会导致对方的合同目的或者合同利益受到根本性影响，故其原则上不能因此请求解除合同，但可以主张继续履行或者赔偿损失。在例外情形下，如果违反从给付义务导致严重的损害后果致使合同目的落空，这时守约方应当享

---

〔1〕 参见崔建远：《合同法》（第 4 版），北京大学出版社 2021 年版，第 72 页。

〔2〕 参见王泽鉴：《债法原理》，北京大学出版社 2013 年版，第 81 页；韩世远：《合同法总论》（第 4 版），法律出版社 2018 年版，第 341 页。

〔3〕 王泽鉴：《债法原理》，北京大学出版社 2013 年版，第 81 页。

〔4〕 参见最高人民法院民事审判第二庭编著：《最高人民法院关于买卖合同司法解释理解与适用》，人民法院出版社 2012 年版，第 406 页。

有合同解除权，这是一种法定解除权，此在体系上符合《民法典》第563条第1款[1]的规定；此外，如果当事人明确约定违反从给付义务将导致合同解除，守约方也可享有合同解除权，这是一种约定解除权，此在体系上符合《民法典》第562条第2款[2]的规定。正因如此，《民法典合同编通则解释》基本吸收了2020年《买卖合同司法解释》第19条的规定精神，将违反从给付义务原则上不导致合同解除，但在致使合同目的不能实现的例外情形下允许当事人解除合同的规则上升为合同编通则项下的一般规则。

《民法典合同编通则解释》第26条规定："当事人一方未根据法律规定或者合同约定履行开具发票、提供证明文件等非主要债务，对方请求继续履行该债务并赔偿因怠于履行该债务造成的损失的，人民法院依法予以支持；对方请求解除合同的，人民法院不予支持，但是不履行该债务致使不能实现合同目的或者当事人另有约定的除外。"考虑到主给付义务、从给付义务、附随义务等概念是学理概念，《民法典合同编通则解释》第26条用"非主要义务"来表述从给付义务这一概念。[3] 与2020年《买卖合同司法解释》第19条规定不同的是，《民法典合同编通则解释》第26条还赋予了当事人约定解除权。如果当事人约定将不履行某一从给付义务作为合同解除的事由，只要不违反法律行政法规的强制性规定，应当尊重此种约定。赋予当事人约定解除权是贯彻民法意思自治原则的体现。[4]《民法典》第563条第1款第4项是对合同目的无法实现而导致合同解除的一般性规定，并未区分违约行为所违反的合同义务类型，而《民法典合同编通则解释》第26条则是针对违反从给付义务致使合同目的无法实现的特定情形能否解除合同的规定，属于具体细化规定。

---

[1]《民法典》第563条第1款规定："有下列情形之一的，当事人可以解除合同：（一）因不可抗力致使不能实现合同目的；（二）在履行期限届满前，当事人一方明确表示或者以自己的行为表明不履行主要债务；（三）当事人一方迟延履行主要债务，经催告后在合理期限内仍未履行；（四）当事人一方迟延履行债务或者有其他违约行为致使不能实现合同目的；（五）法律规定的其他情形。"

[2]《民法典》第562条第2款规定："当事人可以约定一方解除合同的事由。解除合同的事由发生时，解除权人可以解除合同。"

[3] 参见最高人民法院民事审判第二庭、研究室编著：《最高人民法院民法典合同编通则司法解释理解与适用》，人民法院出版社2023年版，第297页。

[4] 参见最高人民法院民事审判第二庭、研究室编著：《最高人民法院民法典合同编通则司法解释理解与适用》，人民法院出版社2023年版，第302－303页。

在涉及此问题的裁判中，可以直接援引该条规定处理。

值得注意的是，违反从给付义务的情形下能够解除合同的，除了当事人对此有约定的情形外，应当以该从给付义务的履行导致不能实现合同目的为基本判断标准。合同目的是指当事人订立合同时所欲达到的目标和效果，该目的根据合同类型体现在合同中，为当事人明知或者应知。合同目的可以分为一般目的和特殊目的。一般目的是通过签订和履行某一类合同所要达到的基本的、共同的目标和结果，可以社会大众的普通认知标准予以判断，也可称为客观目的。特殊目的是指在一般交易目的之外当事人所欲实现的特殊交易目标，当事人根据合同类型和交易惯例往往无法直接预判，也可称为主观目的。特殊目的由于具有主观性、内在性，某种意义上为签约动机，不为外界所感知，只有客观化才能成为合同目的。崔建远教授归纳的主观目的客观化的判断标准为：（1）当事人明确地将其签订合同的动机告知了对方当事人，并且作为成交的基础，或者作为合同的条件；（2）虽然当事人在签订合同时没有明确告知，合同中也没有将该动机条款化，但有充分且确凿的证据证明该动机就是该合同（交易）成立的基础。[1] 违反从给付义务只有导致合同的一般目的不能实现时才能允许解除合同。对于特殊目的，当事人在订立时将该目的向对方明示，或者虽然未明示，但向对方告知了特殊交易用途，对方知晓该特殊目的，此时才能产生相应的约束力。否则，不得以特殊交易目的落空为由主张解除合同。[2]

关于当事人约定的违反从给付义务解除合同的问题。对此要与显著轻微违约情形下对合同解除权予以适当限制的规则相衔接，不能简单以只要当事人有约定，就径行判决解除合同。就这一问题，《九民会议纪要》第 47 条规定："合同约定的解除条件成就时，守约方以此为由请求解除合同的，人民法院应当审查违约方的违约程度是否显著轻微，是否影响守约方合同目的的实现，根据诚实信用原则，确定合同应否解除。违约方的违约程度显著轻微，不影

〔1〕 参见崔建远：《合同一般法定解除条件探微》，载《法律科学（西北政法大学学报）》2011 年第 6 期。

〔2〕 参见最高人民法院民事审判第二庭、研究室编著：《最高人民法院民法典合同编通则司法解释理解与适用》，人民法院出版社 2023 年版，第 302 页。

响守约方合同目的实现，守约方请求解除合同的，人民法院不予支持；反之，则依法予以支持。"《民法典合同编通则解释》虽然对此未作规定，但在司法政策把握上，有必要继续遵循《九民会议纪要》第47条的规定精神处理。当事人约定以不履行从给付义务为由解除合同的，通过该从给付义务的履行是否影响合同目的的实现、当事人的违约行为及过错程度、守约方是否存在通过不予解除合同来损害违约方利益的故意、此违约行为对守约方所造成的损害以及对此损害能否通过其他救济方式得到救济、解除合同对对方当事人造成的损失和对社会财富的浪费、违约方因此合同履行的获益情况、双方当事人的交易习惯以及行业惯例等因素来综合判定违约方的行为是否属于显著轻微违约。构成显著轻微违约的，则不宜径行判决解除合同，但此不影响守约方主张违约损害赔偿的权利。

## 二、同时履行抗辩权行使规定的细化适用

### （一）同时履行抗辩权的界定和行使条件

同时履行抗辩权是指在没有履行先后顺序的双务合同中，在对方当事人未履行或者履行不符合约定的情况下，一方当事人享有拒绝对待给付的权利。同时履行抗辩权建立在"你给则我给"原则上，给付与对待给付具有不可分离的关系。[1] 对此，《民法典》第525条规定："当事人互负债务，没有先后履行顺序的，应当同时履行。一方在对方履行之前有权拒绝其履行请求。一方在对方履行债务不符合约定时，有权拒绝其相应的履行请求。"概言之，这一规定采取的是请求权抗辩主义理论，若请求他方给付时未履行或者未提出履行自己的义务，他方可提出同时履行的抗辩来拒绝给付。[2] 同时履行抗辩权是一种防御性权利，目的在于打破僵局，促使债务履行。通过行使抗辩权，可防范信用风险、促进债权实现。[3]

通常认为，同时履行抗辩权存在的基础是双务合同的牵连性，即给付与

---

〔1〕 参见韩世远：《合同法总论》（第4版），法律出版社2018年版，第380页

〔2〕 参见李永军主编：《民法学教程》，中国政法大学出版社2021年版，第565页。

〔3〕 参见韩世远：《合同法总论》（第4版），法律出版社2018年版，第379页。

对待给付具有不可分离的关系。这种双务合同的牵连性主要表现为三种形式：（1）发生上的牵连性，是指一个合同产生两项方向相反、互为对价、互为条件的债务，当一方的给付义务不发生时，相对人的对待给付义务也不发生。（2）存续上的牵连性，是指双务合同的一方当事人的债务因不可归责于双方当事人的事由而不能履行时，债务人免除给付义务，债权人亦免除对待给付义务。（3）功能上的牵连性，又称履行上的牵连性，是指双务合同的当事人一方所负给付与相对人所负对待给付互为前提，一方不履行其义务，相对人原则上亦可不履行。只有如此，才能维持双方当事人之间的利益平衡。同时履行抗辩权正是这种功能上的牵连性的反映。〔1〕根据合同的性质，合同双方所负有的义务是彼此独立、无牵连关系的，则一方违反了某项义务，不能成为另一方拒绝履行其义务的理由。例如，某个合同将买卖、租赁有关条款规定在一起，各个条款之间在性质上存在诸多不同，这时，当事人就无法主张同时履行抗辩。〔2〕

同时履行抗辩权的行使须满足以下要件：

其一，须为双务有偿合同。这一条件是同时履行抗辩权行使的基础性条件。若仅是单务合同，没有对待给付义务，自然没有发生同时履行抗辩的可能。同时，双方当事人互负债务是由同一双务合同产生。〔3〕一般认为，同时履行抗辩权适用于买卖、互易、租赁、承揽、有偿委托、保险、雇佣等双务合同。此外，在以下情形中可以适用同时履行抗辩权：一是可分之债；二是连带之债；三是为第三人利益订立的合同；四是原债务转化的损害赔偿之债；五是相互之间的返还义务；六是在债权让与债务转移中。〔4〕

其二，须是双方互负的债务没有先后履行顺序且均已届清偿期。如果合同约定了当事人的先后履行顺序，则负有先履行义务的当事人应当先履行合同义务，不能适用同时履行抗辩权。〔5〕

---

〔1〕参见崔建远：《合同法总论》（中卷），中国人民大学出版社2016年版，第83页。

〔2〕参见王利明：《合同法》（上册），中国人民大学出版社2021年版，第189页。

〔3〕参见杨立新：《合同法》（第2版），北京大学出版社2022年版，第193页。

〔4〕参见何志编著：《合同法原理精要与实务指南》，人民法院出版社2008年版，第221－223页。

〔5〕参见王利明、房绍坤、王轶：《合同法》，中国人民大学出版社2007年版，第182页。

其三，必须是对方未履行债务或其履行不符合约定。[1] 当事人一方向相对方请求履行债务时，请求方对自己所负有对价关系的债务未履行，相对方可据此主张同时履行抗辩而拒绝履行债务。但有种情形值得研究：请求方的履行不符合合同约定的，相对方能否主张同时履行抗辩权？笔者认为，一方履行债务不适当的，比如已经构成延迟履行或部分履行、瑕疵履行或者有其他的违约行为，则相对方可以行使同时履行抗辩权，但这种同时履行抗辩权应当限于“相应的”范围，即应与请求方履行债务不符合约定的部分对应。[2] 如在债务可分的情况下，请求方部分履行的，被请求方仅能对请求方未履行的部分所对应的部分债务主张同时履行抗辩权，而不能据此对整个债务行使同时履行抗辩权，但是如果债务不可分，则另当别论。

其四，须是对方的对待给付是可能履行的状态。[3] 如果发生履行不能，则应当适用履行不能的法律规则，而不能适用同时履行抗辩权；如果发生不可抗力，则应当遵循有关不可抗力免责的规定，当然这时也可能构成情势变更，当事人就此主张适用情势变更规则的，也应予以允许。

### （二）对待给付义务的范围界定

在双务合同所涉同时履行抗辩权的行使问题中，经常引起争论的问题是主合同义务和从合同义务之间是否具有对价和牵连关系，能否适用同时履行抗辩权。有观点认为，一方不履行主合同义务，另一方有权行使同时履行抗辩权即拒绝履行自己的义务；一方单纯违反从合同义务，但已履行了主合同义务，另一方一般不得援用同时履行抗辩权，除非从合同义务的履行与合同目的的实现具有密切关系。[4] 不履行从合同义务，相对人不得援引同时履行抗辩权或者先履行抗辩权，拒绝履行己方的主合同义务。但是，如果从合同义务对合同目的的实现是必要的，或者具有密切关系，可就具体案件根据双

---

〔1〕 参见王闯：《论双务合同履行中的同时履行抗辩权——兼释合同法第六十六条及其适用中的相关疑难问题》，载《法律适用》2000 年第 12 期。

〔2〕 参见王利明、房绍坤、王轶：《合同法》，中国人民大学出版社 2007 年版，第 183 页。

〔3〕 参见王闯：《论双务合同履行中的同时履行抗辩权——兼释合同法第六十六条及其适用中的相关疑难问题》，载《法律适用》2000 年第 12 期。

〔4〕 参见林诚二：《民法理论与问题研究》，中国政法大学出版社 2000 年版，第 372 页。

务合同的类型以及当事人的利益状态，依据诚信原则，可以产生同时履行抗辩权或者先履行抗辩权。[1] 比较法上，在日本，租赁合同中，出租人不履行修缮义务，致使承租人不能享有租赁物使用、收益的，承租人可以行使同时履行抗辩权拒付租金；但在未达到不能使用、收益的程度或未产生重大障碍的情况下，不得拒付全部租金，只能拒付与不能使用比例相当的租金。[2]

在同时履行抗辩权的适用场景中，当事人双方互负的债务一般应当具有对价关系。同时履行抗辩权制度是民法诚信原则“一手交钱，一手交货”的应有之义，同时，其适用也应受诚信原则的规制。在一方已履行主给付义务但未履行附随义务时，对方以同时履行为由不履行自己的主给付义务的，与诚信原则相违背，而且从长远来看也不利于交易的进行和市场经济的发展。[3] 在**某汽轮机有限公司与某建筑安装有限公司等买卖合同纠纷案**[4]中，最高人民法院裁判认为：交付技术材料是卖方负有的从给付义务，卖方违反该从给付义务，买方可以主张相应的违约责任。除非卖方违反该从给付义务导致买方对所买货物无法正常使用，影响合同目的实现，否则买方不能基于从给付义务的不履行而拒绝履行给付货款的主给付义务。因此，即使某汽轮机有限公司确未交付风机的技术资料，某建筑安装有限公司也不能仅凭此拒付货款。

在总结理论研究和实务经验的基础上，《民法典合同编通则解释》对这一问题作了明确规定，其第 31 条第 1 款规定：“当事人互负债务，一方以对方没有履行非主要债务为由拒绝履行自己的主要债务的，人民法院不予支持。但是，对方不履行非主要债务致使不能实现合同目的或者当事人另有约定的除外。”同《民法典合同编通则解释》第 26 条规定一样，该款中也有“当事人另有约定的除外”这一情形，对此的适用仍然要做好合同自由与鼓励交易

---

〔1〕 参见王泽鉴：《债法原理》，北京大学出版社 2013 年版，第 81 页；崔建远：《合同法》（第 4 版），北京大学出版社 2021 年版，第 150 页；韩世远：《合同法总论》（第 4 版），法律出版社 2018 年版，第 410 - 411 页。

〔2〕 参见崔建远：《合同法》（第 4 版），北京大学出版社 2021 年版，第 72 页。

〔3〕 参见最高人民法院民事审判第二庭、研究室编著：《最高人民法院民法典合同编通则司法解释理解与适用》，人民法院出版社 2023 年版，第 359 页。

〔4〕 参见东方电气集团东方汽轮机有限公司与大庆高新技术产业开发区大丰建筑安装有限公司、大庆大丰能源技术服务有限公司买卖合同纠纷案，载《最高人民法院公报》2020 年第 11 期。

两个理念的平衡问题，最大限度地实现合同正义。此聚焦的仍然是有关附随义务、从合同义务的不履行是否构成显著轻微违约的问题。

### （三）关于对待给付判决的问题

这涉及原告向人民法院诉请被告履行债务时，如被告以同时履行进行抗辩且抗辩成立，人民法院应当如何判决的问题。对此，《民法典》《民事诉讼法》等法律均未有明确规定，理论和实践中争议大。据学者统计，对此主要有四种做法：一是判决原告、被告同时履行债务；二是判决原告、被告先后履行债务；三是判决驳回原告诉讼请求；四是判决支持原告部分诉讼请求，驳回其部分诉讼请求。〔1〕有学者指出："法院作出同时履行的判决，不必基于当事人的请求，即使被告没有请求法院作出同时履行的判决，只要他已经主张了同时履行抗辩权，法院也应当作出同时履行的判决。"〔2〕在《民法典合同编通则解释》起草过程中形成的基本共识性意见是：对方当事人主张同时履行抗辩权时，如果简单驳回原告诉讼请求会造成程序空转，增加当事人诉累，则有必要借鉴比较法上的对待给付判决制度，将原告履行对待给付义务作为被告履行债务的条件，判决双方同时履行。对待给付判决要求提起诉讼的原告（即债权人）首先作出给付，在其作出给付后，该判决就立刻产生了执行力，即被告必须在收到对方给付后，立即作出对等给付，如被告不作出给付，则原告即可申请强制执行。对待给付判决旨在打破合同履行的僵局，因为在双务合同中，双方的履行应当具有相应性，为保障能获得对待给付，法律规定当事人应同时履行自己的义务，但在交易实践中，双方的履行不可能完全是同时的，正是因为这一时间上的差异性，先作出履行的一方，可能面临对方不履行债务的风险，由此就陷入了一种合同履行上的僵局。对待给付判决就要求在法院提起诉讼的当事人，在公权力的监督下，先迈出一步，而后可获得对方的对待给付。就此而言，该制度的重要目的就在于打破合同

〔1〕参见刘文勇：《论同时履行抗辩权成立时对待给付判决之采用》，载《国家检察官学院学报》2020年第4期。

〔2〕韩世远：《合同法的发展与诉讼法的制约》，载中国法学网，http：//iolaw. cssn. cn/xspl/200409/t20040904_ 4592640. shtml。

履行的僵局。[1]

是故，《民法典合同编通则解释》第 31 条第 2 款规定："当事人一方起诉请求对方履行债务，被告依据民法典第五百二十五条的规定主张双方同时履行的抗辩且抗辩成立，被告未提起反诉的，人民法院应当判决被告在原告履行债务的同时履行自己的债务，并在判项中明确原告申请强制执行的，人民法院应当在原告履行自己的债务后对被告采取执行行为；被告提起反诉的，人民法院应当判决双方同时履行自己的债务，并在判项中明确任何一方申请强制执行的，人民法院应当在该当事人履行自己的债务后对对方采取执行行为。"对于这一规定，又可以区分为以下两种情形：

其一，被告仅提出同时履行的抗辩且抗辩成立但并未提出反诉的情形。这一问题首先涉及同时履行抗辩权行使的法律效力问题。概言之，同时履行抗辩权的行使，在实体法上能够产生对方当事人未及时履行义务时，当事人可以暂时不履行自己的义务且不承担违约责任的效力；但是，同时履行抗辩权的行使并不能消灭自己所负的债务。如此，就需要在程序上做好相应的衔接适用。如果被告的同时履行抗辩成立，简单驳回原告的诉讼请求，就会造成当事人诉累，也不利于纠纷的实质性化解。但是，在被告并未提出反诉的情况下，径行判决原告也要同时履行自己的债务，则又明显有违"不告不理"的原则。鉴于此，《民法典合同编通则解释》第 31 条第 2 款明确了人民法院应当判决"被告在原告履行债务的同时履行自己的债务"的规则，如果被告未提起反诉，人民法院应当判决被告在原告履行债务的同时履行自己的债务，并在判项中明确原告申请强制执行的，人民法院应当在原告履行自己的债务后对被告采取执行行为。[2] 这一规则设计实现了同时履行抗辩权制度在程序法与实体法上的有效对接：一方面，有利于及时解决双方当事人的矛盾纠纷，防止程序空转，促进合同履行和交易发展；另一方面，其并未违背"不告不理"的原则，未构成诉外裁判。对于原告而言，其获得了请求被告履行义务

---

〔1〕 参见王利明：《对待给付判决：同时履行抗辩的程序保障——以〈民法典合同编通则解释〉第 31 条第 2 款为中心》，载《比较法研究》2024 年第 1 期。

〔2〕 参见《民法典合同编通则解释》起草工作组：《〈关于适用民法典合同编通则若干问题的解释〉的理解与适用》，载《人民司法》2024 年第 1 期。

的胜诉判决，只是该判决负有对待给付之义务；对于被告而言，其同时履行的抗辩亦被法院充分采纳，在原告未履行对待给付前其有权拒绝履行其义务，但在原告履行对待给付义务时，被告即应履行其义务，否则，便有被法院强制执行之风险。[1]

法院在判项中对同时履行抗辩作出表述，并未超出原告的诉讼请求。在原告请求确认合同无效，而被告抗辩合同有效，并且在经释明提出同时履行抗辩的情况下，如果仅在“本院认为”部分对同时履行事宜作出认定，而未在判项中作出认定，鉴于“本院认为”并无既判力，并不能避免单方履行的不公平结果。而在判项中对同时履行事项作出表述，又可能面临超出诉讼请求的责难，毕竟被告仅是提出抗辩而非反诉。事实上，此种表述只是在支持原告有关合同无效及相应给付请求的基础上，对原告诉讼请求的实现进行了限制，即在其未返还被告财产前，不能请求被告履行。这既解决了单方返还面临的利益失衡问题，又为执行阶段的双方返还提供了依据，是一种两全其美的做法，应予提倡和鼓励。[2] 由此引发一个问题是，在此情形下，如果原告未履行对待给付义务，被告能否申请强制执行？笔者认为，在此情形下，法院实际上也只是针对原告的给付请求权作出了限制，这是保障债权正当实现的必要限制，因此，法院有权针对原告的请求作出对待给付判决。但是，如果被告没有提起反诉，法院就不能针对被告的反诉，要求在被告履行的情况下，原告必须对被告作出履行。[3] 抗辩权的行使仅产生一时拒绝或者延缓履行的效果，并不能产生请求权行使的效果，在诉讼法上当然也不能认可对此给付可以径行申请强制执行。被告若要主张此对待给付，应当通过反诉或者另诉的方式主张，在获得执行依据后方可申请强制执行。

其二，被告提起反诉的情形。在双务有偿合同的情形下，原告起诉请求被告履行债务，被告以同时履行进行抗辩并提出反诉，经审理后认定被告的

---

〔1〕参见最高人民法院民事审判第二庭、研究室编著：《最高人民法院民法典合同编通则司法解释理解与适用》，人民法院出版社 2023 年版，第 362 页。

〔2〕参见最高人民法院民事审判第二庭编著：《〈全国法院民商事审判工作会议纪要〉理解与适用》，人民法院出版社 2019 年版，第 273 页。

〔3〕参见王利明：《对待给付判决：同时履行抗辩的程序保障——以〈民法典合同编通则解释〉第 31 条第 2 款为中心》，载《比较法研究》2024 年第 1 期。

反诉请求成立的，人民法院就应当判决双方同时履行自己的债务。对此，《民法典合同编通则解释》第31条第2款后半段作了明确规定。在此情形下，一方当事人主张对方履行债务时，就应当同时履行自己的债务，此亦延伸到强制执行程序中的“同时履行”中，执行法院应当在申请执行的一方履行自己的债务后方可对另一方当事人采取强制执行行为。需要说明的是，同时履行的判决与附条件的判决不同。前者并未将原告履行自己的义务作为申请执行的条件，而是作为人民法院采取执行行为的条件；后者则是将符合一定条件作为原告申请强制执行的条件。[1]

## 三、先履行抗辩权行使规则的细化

### （一）先履行抗辩权概述

《民法典》第526条[2]规定了先履行抗辩权。先履行抗辩权，是指在双务合同中应当先履行的一方当事人未履行或者履行债务不符合约定的，后履行的一方当事人享有拒绝履行自己义务的权利。先履行抗辩权与同时履行抗辩权的根本区别在于前者情形下双方合同义务的履行有先后顺序，此抗辩权的享有主体是履行义务顺序在后的当事人。而且，在此情形下，负有先履行义务的一方的债务通常已届合同履行期限，其不履行债务或履行债务不符合合同约定，已经构成违约。在此情形下，后履行义务的一方当事人可以行使先履行抗辩权，拒绝履行请求或在其不适当履行的范围内拒绝相应的履行请求，同时也可以要求对方承担相应的违约责任，只是这时请求对方违约责任的承担当然也不能免除自身的对待给付义务，否则就会构成双方违约，各自承担相应的违约责任。

先履行抗辩权的行使是否需要明示，不宜一概而论，而应区分情况，最后确定。[3] 通常而言，先履行一方不能履行、拒绝履行、迟延履行且未请求

---

〔1〕参见《民法典合同编通则解释》起草工作组：《〈关于适用民法典合同编通则若干问题的解释〉的理解与适用》，载《人民司法》2024年第1期。

〔2〕《民法典》第526条规定：“当事人互负债务，有先后履行顺序，应当先履行债务一方未履行的，后履行一方有权拒绝其履行请求。先履行一方履行债务不符合约定的，后履行一方有权拒绝其相应的履行请求。”

〔3〕参见杨立新：《债法》，中国人民大学出版社2014年版，第243页。

后履行一方履行时，后履行一方行使先履行抗辩权，不必再进行明确表示。这时应当通过其行为表明负有先履行义务的一方当事人了解另一方是在行使自己的对抗权利。但是，当负有先履行义务的一方当事人的履行系不适当履行的，后履行义务一方当事人行使先履行抗辩权就应当通知对方，因为这时先履行义务一方对于不适当履行的情形也可能未必知晓。

先履行抗辩权的行使在本质上是对违约的抗辩，发生后履行一方可暂时中止履行自己债务的效力，对抗先履行一方的履行请求，且对自己的逾期履行不承担违约责任，并不导致对方当事人债务的消灭。但对于先履行一方履行不当时，后履行一方可拒绝履行的部分应当与此相当，不得超出必要的限度。

与同时履行抗辩权一样，先履行抗辩权也是仅起到一时拒绝履行合同义务的效力，当先履行义务一方纠正其违约行为，满足或基本满足另一方的履行利益时，行使先履行抗辩权的一方就应当依照约定履行债务或者恢复履行，否则就要承担违约责任。

### （二）《民法典合同编通则解释》对先履行抗辩权规则的细化完善和具体适用

实务中，先履行抗辩权的行使存在较为突出的问题与同时履行抗辩权有一定的类似性，都涉及实体与程序的衔接问题，但又有本质上的不同，因为在行使先履行抗辩权的场景中，毕竟存在履行先后顺序，如果负有先履行义务的一方当事人没有履行义务，后履行义务的一方就有权拒绝履行。是故，《民法典合同编通则解释》第 31 条第 3 款规定：“当事人一方起诉请求对方履行债务，被告依据民法典第五百二十六条的规定主张原告应先履行的抗辩且抗辩成立的，人民法院应当驳回原告的诉讼请求，但是不影响原告履行债务后另行提起诉讼。”就本款规定的适用，需要注意以下几个问题。

其一，因此履行先后顺序的存在，在先履行义务的一方当事人没有履行自身义务还要求对方履行义务的，只要对方在诉讼中行使先履行抗辩权，经审查此抗辩权成立的，先履行一方当事人的诉讼请求就不能得到支持，就要依照该款规定驳回原告的诉讼请求。当然，如果后履行义务的一方当事人的债务尚未届履行期限而原告提起诉讼，后履行义务的一方也可以其债务未届履行期进行抗辩。

其二，在后履行一方当事人的债务也已届履行期限的情况下，这时能否适用同时履行抗辩的规则。笔者倾向于认为，在此情形下不宜行使同时履行抗辩权。理由有三：一是，《民法典》之所以单独规定先履行抗辩权，是因为其有独立的制度价值。其不仅尊重当事人合意分配利益和风险的意思表示，维护后履行一方的期限利益，还可以避免因已经违约的先履行一方借助同时履行抗辩权拒绝履行后履行一方的继续履行、修理、重作、更换等请求而存在的道德风险。[1] 如果将后履行一方的先履行抗辩权径行转化为同时履行抗辩权，则会在诉讼程序中架空《民法典》规定的先履行抗辩权制度。[2] 二是，先履行抗辩权之本质在于此双务合同有履行先后顺序，即使履行在后的一方当事人的债务也已届清偿期，这时也不能抹杀既有的履行顺序，此履行顺序对当事人而言也是影响较大的利益。三是，对于履行义务在先的一方当事人，《民法典》也同样赋予了其相应的抗辩权，即不安抗辩权，这时如果可以转化为同时履行抗辩权，就意味着其应当在先履行而没有履行，反而因为在后履行义务一方没有履行而可以继续拒绝自己的履行，此亦会违背双方当事人约定履行先后顺序的初衷。

〔1〕 参见崔建远：《合同法》（第4版），北京大学出版社2021年版，第159页。

〔2〕 参见最高人民法院民事审判第二庭、研究室编著：《最高人民法院民法典合同编通则司法解释理解与适用》，人民法院出版社2023年版，第364－365页。

# 第十四讲

# 以物抵债的类型化适用

一、债务履行期限届满后达成的以物抵债协议

二、债务履行期限届满前达成的以物抵债协议

三、以物抵债情形下审判实践中需要注意的问题

以物抵债在市场交易中适用范围非常广泛，其中的争点、难点法律适用问题也具有相当的普遍性，但是法律层面对此并无明确规定。正因如此，司法解释和司法政策在统一规范以物抵债法律适用尺度方面做了不少努力：《最高人民法院关于适用〈中华人民共和国物权法〉若干问题的解释（一）》从物权变动的视角对以物抵债调解书的有关法律适用问题作了规定，其第7条规定："人民法院、仲裁委员会在分割共有不动产或者动产等案件中作出并依法生效的改变原有物权关系的判决书、裁决书、调解书，以及人民法院在执行程序中作出的拍卖成交裁定书、以物抵债裁定书，应当认定为物权法第二十八条所称导致物权设立、变更、转让或者消灭的人民法院、仲裁委员会的法律文书。"这一规定在对标《民法典》规定的基础上修改调整相应表述后成为《最高人民法院关于适用〈中华人民共和国民法典〉物权编的解释（一）》的第7条[1]规定。2016年的《第八次全国法院民事商事审判工作会议（民

〔1〕《最高人民法院关于适用〈中华人民共和国民法典〉物权编的解释（一）》第7条规定："人民法院、仲裁机构在分割共有不动产或者动产等案件中作出并依法生效的改变原有物权关系的判决书、裁决书、调解书，以及人民法院在执行程序中作出的拍卖成交裁定书、变卖成交裁定书、以物抵债裁定书，应当认定为民法典第二百二十九条所称导致物权设立、变更、转让或者消灭的人民法院、仲裁机构的法律文书。"

事部分）纪要》则是针对实践中普遍存在的以房抵债问题作了规定，其第 16 条规定：“当事人达成以房抵债协议，并要求制作调解书的，人民法院应当严格审查协议是否在平等自愿基础上达成；对存在重大误解或显失公平的，应当予以释明；对利用协议损害其他债权人利益或者规避公共管理政策的，不能制作调解书；对当事人行为构成虚假诉讼的，严格按照民事诉讼法第一百一十二条和《最高人民法院关于适用〈中华人民共和国民事诉讼法〉的解释》第一百九十条、第一百九十一条的规定处理；涉嫌犯罪的，移送刑事侦查机关处理。”第 17 条规定：“当事人在债务清偿期届满后达成以房抵债协议并已经办理了产权转移手续，一方要求确认以房抵债协议无效或者变更、撤销，经审查不属于合同法第五十二条、第五十四条规定情形的，对其主张不予支持。”在此基础上，《九民会议纪要》区分债务履行期限届满后达成的以物抵债协议和债务履行期限届满前达成的以物抵债协议。关于履行期限届满后达成的以物抵债协议，其第 44 条规定：“当事人在债务履行期限届满后达成以物抵债协议，抵债物尚未交付债权人，债权人请求债务人交付的，人民法院要着重审查以物抵债协议是否存在恶意损害第三人合法权益等情形，避免虚假诉讼的发生。经审查，不存在以上情况，且无其他无效事由的，人民法院依法予以支持。当事人在一审程序中因达成以物抵债协议申请撤回起诉的，人民法院可予准许。当事人在二审程序中申请撤回上诉的，人民法院应当告知其申请撤回起诉。当事人申请撤回起诉，经审查不损害国家利益、社会公共利益、他人合法权益的，人民法院可予准许。当事人不申请撤回起诉，请求人民法院出具调解书对以物抵债协议予以确认的，因债务人完全可以立即履行该协议，没有必要由人民法院出具调解书，故人民法院不应准许，同时应当继续对原债权债务关系进行审理。”关于履行期限届满前达成的以物抵债协议，其第 45 条规定：“当事人在债务履行期届满前达成以物抵债协议，抵债物尚未交付债权人，债权人请求债务人交付的，因此种情况不同于本纪要第 71 条规定的让与担保，人民法院应当向其释明，其应当根据原债权债务关系提起诉讼。经释明后当事人仍拒绝变更诉讼请求的，应当驳回其诉讼请求，但不影响其根据原债权债务关系另行提起诉讼。”《民法典合同编通则解释》沿用这一划分思路，既保持了法律适用上的连续性、稳定性，也是突出问题导向的处理以物抵债纠纷案件的有效解决方案。

## 一、债务履行期限届满后达成的以物抵债协议

对于债务履行期限届满后达成的以物抵债协议，《民法典合同编通则解释》第 27 条分四款作了规定。其中，就此以物抵债协议的生效时间问题，该条第 1 款规定："债务人或者第三人与债权人在债务履行期限届满后达成以物抵债协议，不存在影响合同效力情形的，人民法院应当认定该协议自当事人意思表示一致时生效。"关于新旧债之间的关系问题，该条第 2 款规定："债务人或者第三人履行以物抵债协议后，人民法院应当认定相应的原债务同时消灭；债务人或者第三人未按照约定履行以物抵债协议，经催告后在合理期限内仍不履行，债权人选择请求履行原债务或者以物抵债协议的，人民法院应予支持，但是法律另有规定或者当事人另有约定的除外。"关于以物抵债调解书能否引起物权变动的问题，该条第 3 款规定："前款规定的以物抵债协议经人民法院确认或者人民法院根据当事人达成的以物抵债协议制作成调解书，债权人主张财产权利自确认书、调解书生效时发生变动或者具有对抗善意第三人效力的，人民法院不予支持。"关于无权处分情形下的以物抵债问题，该条第 4 款规定："债务人或者第三人以自己不享有所有权或者处分权的财产权利订立以物抵债协议的，依据本解释第十九条的规定处理。"现将有关重点问题解读如下。

### （一）以物抵债协议的生效时间问题

对于这一问题，首先涉及的是以物抵债协议的性质究竟是诺成合同还是实践合同，这主要涉及对代物清偿制度的认识。所谓代物清偿制度，是指双方约定债权人受领他种给付代替原来的给付，债务关系归于消灭的制度。通说认为代物清偿协议属于实践合同，此合同的成立除意思表示一致外，尚需实际交付标的物。但是，以物抵债协议属于诺成合同而非实践合同，不以抵

债物的交付作为成立要件。[1] 将以物抵债协议规定为诺成合同，也能够解释担保型的以物抵债协议，即在当事人达成此类以物抵债协议后，即便债务人未交付标的物，也不影响该协议的效力，从而实现当事人的担保目的。[2]《民法典合同编通则解释》第 27 条第 1 款明确了以物抵债协议是诺成合同而非实践合同。

债务履行期限届满后达成的以物抵债协议，作为合同的一种形式，当然要遵循意思自治原则，在明确其为诺成合同的前提下，其生效时间自然就应当是当事人意思表示一致及达成以物抵债协议之时。实务中也有这方面的典型案例，例如，在**通州某公司与内蒙古某房地产公司建设工程施工合同纠纷案**[3]中，法院认为，以物抵债协议以尊重当事人意思自治为基本原则，不以债权人现实地受领抵债物或取得抵债物所有权、使用权等财产权利为成立或生效要件；只要当事人双方的意思表示真实，合同内容不违反法律、行政法规的强制性规定，合同即有效。又如，在**黄某某与四川某源公司等民间借贷纠纷案**[4]中，法院生效裁判认为，债务履行期限届满后达成的以物抵债协议，性质上属于诺成合同，合同一经成立并生效就对各方当事人具有约束力，并不以债权人现实地受领抵债物或取得抵债物所有权、使用权等财产权利为成立或者生效要件。

在此需要注意的是，以物抵债协议本身的效力要受原债权债务关系的影响，即要以原债权债务关系的合法有效为前提。当然，此以物抵债协议的订立主体既可以是债务人与债权人，也可以是债务人以外的第三人与债权人。

### （二）关于新旧债之间的关系问题

这一问题的争议点在于旧债是否因以物抵债协议的成立而消灭。对此，

---

〔1〕 参见最高人民法院民事审判第二庭编著：《〈全国法院民商事审判工作会议纪要〉理解与适用》，人民法院出版社 2019 年版。

〔2〕 参见王利明：《论清偿型以物抵债协议产生的选择权——以〈合同编通则解释〉第 27 条为中心》，载《东方法学》2024 年第 2 期。

〔3〕 参见最高人民法院民事判决书，（2016）最高法民终 848 号。

〔4〕 参见重庆市高级人民法院民事判决书，（2017）渝民再 162 号。转引自胡翔、王洋：《债务履行期届满后以物抵债协议属于诺成性合同》，载《人民法院报》2018 年 8 月 9 日，第 6 版。

有债务更新说与新债清偿说之别。债务更新说认为，以物抵债协议在成立新债的同时，使旧债随之消灭。债务更新的显著特点是，新债的成立和旧债的消灭互为因果，新债成立后旧债归于消灭。新债清偿说则认为，以物抵债协议成立后，同时存在新旧两债，债务人不履行以物抵债协议的，债权人既可以请求履行以物抵债协议，也可以请求恢复履行旧债。上述两种观点的最大分歧在于对债权人利益保护的力度不同，显然后一种观点更有利于保护债权人的利益。因此，从保护债权人利益出发，除非当事人有明确的债务更新的意思表示，否则，应将以物抵债协议解释为是债务变更而非债务更新。〔1〕新债清偿说的最大特点在于新债完全履行完毕之前，原债仍不消灭，二者同时存续。基于诚信原则，债务人应先履行新债，当新债无效或被撤销时，才可选择履行原债。〔2〕但是，如果简单按照这一思路展开，允许债权人对新旧债择一行使请求权，则会导致债务人需同时准备新、旧债务的内容，以等待债权人选择，这对债务人而言，无疑加重了其负担，实属不公平，不足以平衡双方当事人的利益关系。〔3〕也有观点认为，当事人在履行期限届满后达成以物抵债协议，多为快速、便捷地解决双方的债权债务问题。新债与旧债之间，其经济价值即便有所出入，也未超出当事人的心理预期。因此，债务人择一行使，应不存在有失公允的问题。〔4〕

在吸收相关理论研究成果、总结实务经验的基础上，《民法典合同编通则解释》第 27 条第 2 款采取了履行期限届满后达成的以物抵债协议构成“新债清偿”的思路，债务人履行了新债，等于同时履行了旧债，新债与旧债同时消灭。〔5〕但是，如果债务人或者第三人未按约定履行以物抵债协议，经债权人催告在合理期间仍不履行，则债权人可以选择履行原债务或者以物抵债协议。当然，采用“新债清偿”理论的前提是，当事人未就以物抵债协议的性

---

〔1〕参见最高人民法院民事审判第二庭编著：《〈全国法院民商事审判工作会议纪要〉理解与适用》，人民法院出版社 2019 年版，第 303 页。

〔2〕参见最高人民法院民事审判第二庭、研究室编著：《最高人民法院民法典合同编通则司法解释理解与适用》，人民法院出版社 2023 年版，第 309 页。

〔3〕参见李淑明：《债法总论》，台北，元照出版有限公司 2004 年版，第 424 页。

〔4〕参见刘敏：《新债与旧债的关系：以物抵债适用规则研究》，载《华南理工大学学报（社会科学版）》2018 年第 3 期。

〔5〕参见景光强：《以物抵债疑难法律问题精释》，中国法制出版社 2020 年版，第 24 页。

质作出其他约定，如债的更改。[1] 应当说，债务人或者第三人不履行或未按约定完全履行以物抵债协议的，此时赋予债权人请求债务人继续履行新债或恢复履行旧债的选择权，有利于保护债权。《民法典》第515条第2款规定，享有选择权的当事人在约定期限内或者履行期限届满未作选择，经催告后在合理期限内仍未选择的，选择权转移至对方。《民法典合同编通则解释》第27条第2款根据选择之债的一般规则，考虑到选择权的行使直接关系到履行标的的确定，对当事人影响重大，因此，在债权人行使选择权之前设置催告程序，通过赋予其催告期间作为缓冲。同时，可以防止在抵债物价值发生变动的情况下，债权人为达到恢复履行原债的目的而随意行使选择权，平衡对双方的保护。即便是在以物抵债协议约定的履行期限届满后，债权人也要先进行催告，只有在催告后的合理期限内仍未履行，债权人才可行使选择权。[2] 当然，在此情形下，选择权仅归债权人，而非债务人，当然也不能包括第三人。

值得注意的是，对于债务履行期限届满后达成的以物抵债协议，确定债权是否得以实现，应以债务人是否按照约定全面履行自己的义务为依据。若新债务届期不履行，致使以物抵债协议目的不能实现，债权人有权请求债务人履行旧债务，且该请求权的行使，并不以以物抵债协议无效、被撤销或者被解除为前提。但是，基于诚信原则要求和对债权人与债务人利益平等保护的需要，在以物抵债协议不存在履行障碍时，当事人不得单方要求履行旧债。当债务人不履行新债之时，其违约行为确实会导致违约责任的产生，但当债权人要求债务人履行旧债时，这属于客观上放弃对其违约责任的追究，行使“替代的请求权”，当债务人不履行旧债时，债权人只能要求债务人承担这一违约行为导致的违约责任，而不能反过来要求其履行之前不履行新债所产生的违约责任。[3] 当然，债权人与债务人达成以物抵债协议，即是债权人积极

---

〔1〕 参见《民法典合同编通则解释》起草工作组：《〈关于适用民法典合同编通则若干问题的解释〉的理解与适用》，载《人民司法》2024年第1期。

〔2〕 参见最高人民法院民事审判第二庭、研究室编著：《最高人民法院民法典合同编通则司法解释理解与适用》，人民法院出版社2023年版，第313页。

〔3〕 参见王利明：《论清偿型以物抵债协议产生的选择权——以〈合同编通则解释〉第27条为中心》，载《东方法学》2024年第2期。

主张权利、债务人表示履行债务的行为，应当能够起到对旧债诉讼时效中断的效果。

在涉及债务人以外的其他债权人利益保护问题上，如果债务履行期限届满后达成的以物抵债协议不当增加了债务人的负担，损害了其他债权人的利益，则该其他债权人可以依据《民法典》第410条第1款的规定行使撤销权。该款规定："债务人不履行到期债务或者发生当事人约定的实现抵押权的情形，抵押权人可以与抵押人协议以抵押财产折价或者以拍卖、变卖该抵押财产所得的价款优先受偿。协议损害其他债权人利益的，其他债权人可以请求人民法院撤销该协议。"

### （三）关于以物抵债调解书能否引起物权变动的问题

对以物抵债调解书能否引起物权变动问题的争议由来已久，肯定意见认为能够引起物权变动。理由是：第一，民事调解书生效后即发生与民事判决同样的效力。第二，此符合《民法典》第229条的规定。否定意见认为不能直接引起物权的变动。理由是：第一，民事调解书是当事人意思自治的产物，其本质上属于协议的范畴，并不必然导致物权变动。第二，能够引起物权变动的法律文书应仅限于法院作出的形成判决，调解书并无形成判决的形成力。第三，以物抵债协议仅是双方的意思表示，其协议内容也明确要限期交付标的物或者办理不动产过户登记手续，在没有交付标的物或者办理不动产过户登记时，物权并未发生变动。

笔者认为，《民法典》第229条规定的"人民法院……的法律文书"应当包括判决书、裁定书和调解书。但是以物抵债调解书只是对当事人之间以物抵债协议的确认，其实质内容是债务人用以物抵债的方式来履行债务，并非对物权权属的变动。因此，不宜认定以物抵债调解书能够直接引起物权变动。此主要是基于以下考虑：

#### 1. 非依法律行为发生物权变动的法理基础

物权的设立、变更、转让或者消灭，依其发生根据可以分为依法律行为而进行的物权变动，以及非依法律行为而发生的物权变动。依法律行为进行的物权变动，是指以当事人意思表示为基础进行的物权变动。此种物权变动必须遵循物权公示的一般原则才能发生效力，比如不动产的登记和动产的交付等。非依法律行为进行的物权变动，一般有以下几种：第一，因人民法院、仲裁委员会的法律文书或者人民政府的征收决定等发生的物权变动；第二，因继承或者受遗赠而取得物权；第三，因合法建造、拆除房屋等事实行为设立和消灭物权。《民法典》第229条的规定主要涉及的是第一种情形，即基于公权力的行使而使物权发生变动的情形。在此种情形下，物权的设立、变更、转让或者消灭，并非基于原权利人的意思表示，而是在无原权利人意思表示甚至法律有意识排除原权利人意思表示的情况下发生的物权变动，这种物权变动的方式所遵循的并不是物权公示的一般原则，而是法律的直接规定。[1]此依照公法进行的物权变动，由于有了公权力的介入，物权变动的状态往往比较明确，物权变动本身已经具有很强的公示性，能够满足物权变动对排他效力的要求，从而不必进行登记或者交付而直接生效。[2]

**2. 可以导致物权变动的人民法院作出的生效法律文书类型**

人民法院作出的法律文书包括判决、裁定、决定、调解书以及各种命令、通知等，其中判决可以分为给付判决、确认判决和形成判决。在此应当注意，并非所有人民法院作出的生效法律文书都可以直接引起物权变动，《民法典》第229条有关“因人民法院、仲裁机构的法律文书或者人民政府的征收决定等，导致物权设立、变更、转让或者消灭的”的表述，即是此意思。一般认为，依照现行法的规定，人民法院作出的决定、命令、通知等主要解决的是诉讼或非诉程序中的程序事项，并不直接导致实体权利的变化，因此，上述法律文书并不能导致物权变动。在判决方面，只有形成判决属于能够直接引起物权变动的法律文书。所谓形成判决，是指使当事人之间原来存在的没有争议的民事法律关系发生变动或消灭的判决，如分割共有财产的判决。对此，学界和司法实务上并无争议，在此不作赘述。但对于裁定书和调解书，则认识不一。有学者认为，调解书虽然与判决具有同一效力，但就物权变动所作

---

〔1〕 参见胡康生主编：《中华人民共和国物权法释义》，法律出版社2007年版，第78页。

〔2〕 参见最高人民法院物权法研究小组编著：《〈中华人民共和国物权法〉条文理解与适用》，人民法院出版社2007年版，第124页。

的调解，尚无形成判决同一的形成力，因此，不能直接引起物权变动。[1] 法院制作的裁定通常也不能直接引起物权变动。能够引起物权变动的裁定书，主要是指在执行程序中对不动产、有登记的特定动产或者其他财产权进行拍卖成交或者抵债的裁定。《最高人民法院关于人民法院民事执行中拍卖、变卖财产的规定》第26条规定："不动产、动产或者其他财产权拍卖成交或者抵债后，该不动产、动产的所有权、其他财产权自拍卖成交或者抵债裁定送达买受人或者承受人时起转移。"

《民法典》第229条并未具体列举有关引起物权变动的生效法律文书的类型，仅作了概括性规定，那么对于此生效法律文书的范围有赖于现有其他法律及司法解释的规定、相关的立法背景资料、基本的物权变动法理以及当事人之间的基本利益平衡和交易安全等确定。首先，依照有关立法资料，导致物权变动的人民法院判决或者仲裁委员会的裁决等法律文书，是指直接为当事人创设或者变动物权的判决书、裁决书、调解书等，例如，离婚诉讼中确定当事人一方享有某项不动产的判决、分割不动产的判决、使原所有人回复所有权的判决即属于上述的设权、确权判决范畴。此类设权或者确权判决书、裁决书、调解书本身就具有与登记、交付（移转占有）等公示方法相同的效力，因而依据此类判决书、裁决书、调解书而进行的物权变动，无须再进行一般的物权公示即可直接发生效力。[2] 其次，如上文所述，人民法院生效法律文书导致物权变动的法理基础在于，公权力的介入使此法律文书所记载的物权变动具有了与不动产的登记或者动产交付相当的公示效果，从而可以防止因为物权强大的排他效力导致的对第三人权利的不测妨害而害及交易安全。对于此项内容，调解书、裁定书与判决书在本质上是共通的，因此不宜将导致物权变动的生效法律文书仅限定为形成判决，直接导致物权变动内容的调解书和裁定书也应当包括在内。

鉴于民事调解书的本质在于对调解协议的确认，而以物抵债调解协议作为协议的一种，其本质属于债的范畴，此协议所产生的直接后果是一方当事

---

〔1〕 参见谢在全：《民法物权论》（上册），中国政法大学出版社1999年版，第95页。
〔2〕 参见胡康生主编：《中华人民共和国物权法释义》，法律出版社2007年版，第78页。

人取得要求移转抵债物所有权的请求权，另一方当事人则负有移转此抵债物所有权的义务，即要将动产的抵债物进行交付，将不动产办理过户登记。这时创设物权仍要按照依法律行为导致物权变动的规则进行。在调解书生效后，只有当事人持调解书办理了交付和过户登记，抵债物才发生物权变动。负有履行义务一方的当事人未履行交付或登记过户的义务，另一方当事人可以申请法院强制执行。除了调解书之外，判决、裁决以物抵债的，抵债之物的所有权不在判决、裁决送达当事人处时移转，只有办理完毕抵债之物的所有权过户登记（不动产场合）或完成交付（动产场合）时才发生移转。[1]《最高人民法院关于适用〈中华人民共和国民法典〉物权编的解释（一）》第 7 条即明确了并非人民法院作出的所有法律文书都可以直接引起物权变动，能够引起物权变动效果的法律文书应限于形成文书，即导致物权变动的人民法院法律文书指直接为当事人创设或变动物权的法律文书。比如，《民诉法解释》第 491 条规定："拍卖成交或者依法定程序裁定以物抵债的，标的物所有权自拍卖成交裁定或者抵债裁定送达买受人或者接受抵债物的债权人时转移。"

为此，《民法典合同编通则解释》第 27 条第 3 款即明确了即使人民法院依据以物抵债协议制作了司法确认书或者调解书，也绝不意味着债权人即可据此取得标的物的所有权，由此也可以有效防止个别人通过虚假诉讼、调解的手段获取不正当利益。有关以物抵债协议约定的抵债物的物权变动要适用《民法典》物权编有关物权变动的规则，比如对于动产抵债物，交付受领的同时完成物权变动，债权人取得抵债物所有权，债务清偿目的实现，新债履行完成，旧债消灭；对于不动产抵债物，仅完成交付还不发生所有权转移，只有在办理过户手续后才能实现清偿目的。[2]

此外，债务人以自己不享有所有权或处分权的财产订立的以物抵债协议，属于无权处分合同，《民法典合同编通则解释》第 27 条第 4 款作了指引性规定，对此要适用《民法典合同编通则解释》第 19 条的规定。该第 19 条的规定同样适用于第三人无权处分与债权人订立以物抵债协议的情形。

---

〔1〕 参见崔建远：《以物抵债的理论与实践》，载《河北法学》2012 年第 3 期。

〔2〕 参见最高人民法院民事审判第二庭、研究室编著：《最高人民法院民法典合同编通则司法解释理解与适用》，人民法院出版社 2023 年版，第 316 页。

## 二、债务履行期限届满前达成的以物抵债协议

债务履行期届满前，债权人与债务人即约定以物抵债，其目的显然不是清偿债务，而是为债务的履行提供担保，或以签订买卖合同、股权转让的方式为债务履行提供担保。[1] 针对在履行期限届满前当事人签订以物抵债协议的性质，实践中存在不同观点。第一种观点认为，基于禁止流质或流押的考虑，不应当认可此类协议的效力。第二种观点认为，应当允许当事人签订以物抵债协议，但其性质属于让与担保。第三种观点认为，当事人在履行期限届满前签订以物抵债协议，意味着放弃了期限利益，提前进行了清偿。将履行期限届满前签订的以物抵债协议认定为让与担保，拟制色彩过于浓厚，不符合当事人真实的意思表示。[2] 《九民会议纪要》第45条对债务履行期限届满前达成的以物抵债协议问题进行规定，《民法典合同编通则解释》第28条在此基础上做了进一步完善。其中，第1款就此类以物抵债协议审理的一般规则作了规定："债务人或者第三人与债权人在债务履行期限届满前达成以物抵债协议的，人民法院应当在审理债权债务关系的基础上认定该协议的效力。"第2款则区分不同情形对以物抵债协议的效力作了规定："当事人约定债务人到期没有清偿债务，债权人可以对抵债财产拍卖、变卖、折价以实现债权的，人民法院应当认定该约定有效。当事人约定债务人到期没有清偿债务，抵债财产归债权人所有的，人民法院应当认定该约定无效，但是不影响其他部分的效力；债权人请求对抵债财产拍卖、变卖、折价以实现债权的，人民法院应予支持。"第3款就抵债物的优先受偿问题作了规定："当事人订立前款规定的以物抵债协议后，债务人或者第三人未将财产权利转移至债权人名下，债权人主张优先受偿的，人民法院不予支持；债务人或者第三人已将财产权利转移至债权人名下的，依据《最高人民法院关于适用〈中华人民共和国民法典〉有关担保制度的解释》第六十八条的规定处理。"

---

〔1〕 参见李玉林：《论以物抵债协议的类型化适用》，载《法律科学（西北政法大学学报）》2023年第4期。

〔2〕 参见最高人民法院民事审判第二庭编著：《〈全国法院民商事审判工作会议纪要〉理解与适用》，人民法院出版社2019年版，第307页。

### （一）关于债务履行期限届满前达成的以物抵债协议的合同效力问题

依据上述规定，债务人或者第三人与债权人在债务履行期限届满前达成的以物抵债协议，往往是为了担保债权债务关系而订立的，在性质上属于让与担保。根据意思自治原则，当事人约定的以物抵债协议，只要不违反法律、行政法规的强制性规定的，均属合法有效。[1] 一般情形下，当事人设定以物抵债的目的是及时还清债务，但并不排除有部分当事人以恶意逃避债务、损害第三人合法权益为目的签订以物抵债协议。人民法院在审理以物抵债案件时，既要注重发挥以物抵债协议在了结债务、化解矛盾纠纷、节约交易成本等方面的积极作用，不轻易否定以物抵债协议的效力，也要严格审查当事人缔结以物抵债协议的真实目的，坚决否定借以物抵债损害相对人、第三人利益的行为效力。[2] 正是为了避免出现流质甚至虚假诉讼的情形，有必要审查以物抵债协议签订时债务是否已届履行期限，并对其基础债权债务关系进行审理，在此基础上准确认定债务履行期限届满前约定以物抵债协议的效力问题。

至于债务履行期限届满前达成的以物抵债协议，能否如债务履行期限届满后达成的以物抵债协议的债权人一样享有对新债或者旧债履行的选择权，笔者认为，在法律并无禁止性规定、当事人没有特别约定的情况下，此债权人选择权的规则应当同样适用于债务履行期限届满前达成的以物抵债协议的情形。在当事人约定了流质条款并已实际占有抵债物的情形下，原则上也应当允许债权人行使选择权，只是涉及此债务人的其他债权人的公平保护问题。从担保物权层面来看，当债务人有多个债权人，且其全部财产不足以清偿债权而担保物的价值又不足以清偿担保人的债权时，如果担保权人的全部债权能够就债务人的其他财产与一般债权人的债权那样平均受偿，再就担保物卖得的价金优先受偿，将侵害一般债权人的权益，无法保证公平。[3] 笔者认

---

〔1〕 参见贺小荣主编：《最高人民法院民事审判第二庭法官会议纪要——追寻裁判背后的法理》，人民法院出版社2018年版，第3页。

〔2〕 参见最高人民法院民事审判第二庭、研究室编著：《最高人民法院民法典合同编通则司法解释理解与适用》，人民法院出版社2023年版，第327页。

〔3〕 参见刘保玉：《附物权担保债权人的执行选择权问题探讨》，载《法学家》2017年第4期。

为，这一见解较有道理。在既有法律规定框架内，涉及损害债务人的其他债权人的情形，应当适用或者参照适用《民法典》第410条第1款的规定（移转动产标的物占有的情形），赋予该受到损害的其他债权人撤销该协议的权利。

此外，从实践的情况来看，债务人或者第三人与债权人在债务履行期限届满前达成以物抵债协议，还可能是想通过以物抵债协议来掩盖借贷关系，因此，当事人之间可能仅订立了以物抵债协议，并没有签订书面借贷合同。对此，即使没有签订书面借贷合同，也只有先审查被担保的债权债务关系，才能对以物抵债协议的效力作出正确判断。[1]

### （二）流质、流押的禁止与优先受偿的实现

当事人在债务履行期限届满前明确约定债务人不履行到期债务时抵债物所有权归属债权人，债权人依据以物抵债协议诉请取得抵债物的所有权时，因此约定违反了《民法典》第401条[2]、第428条[3]关于禁止流押、流质的规定，故该诉请不应被支持。[4] 但是这也不能从整体上否定该以物抵债协议的效力。无论对让与担保的承认还是对流质契约的开禁，其共同特点就是增加相应的清算程序，明确其优先受偿的范围，即对这两种制度原来存在的对债务人一方显失公平的弊端予以割除，而使之焕发生机。[5] 根据《民法典》第401条、第428条规定的“只能依法就抵押财产优先受偿”“只能依法就质押财产优先受偿”的立法精神，这时涉及有关担保规则的适用问题。以流押为例，当事人之间订立流押条款时，存在为债权进行担保的意思表示，

---

〔1〕 参见《民法典合同编通则解释》起草工作组：《〈关于适用民法典合同编通则若干问题的解释〉的理解与适用》，载《人民司法》2024年第1期。

〔2〕《民法典》第401条规定：“抵押权人在债务履行期限届满前，与抵押人约定债务人不履行到期债务时抵押财产归债权人所有的，只能依法就抵押财产优先受偿。”

〔3〕《民法典》第428条规定：“质权人在债务履行期限届满前，与出质人约定债务人不履行到期债务时质押财产归债权人所有的，只能依法就质押财产优先受偿。”

〔4〕 参见李玉林：《论以物抵债协议的类型化适用》，载《法律科学（西北政法大学学报）》2023年第4期。

〔5〕 参见最高人民法院民法典贯彻实施工作领导小组主编：《中华人民共和国民法典物权编理解与适用》，人民法院出版社2020年版，第1183页。

如果否认该抵押权的效力会使债权人的债权变成完全无担保的普通债权，这既不符合债权人与抵押人之间的意思自治，又会造成债权人的利益失衡。[1] 就优先受偿的问题，则需要符合相应的物权公示及变动的规则，就抵押而言，需要满足抵押权设立的前提条件：不动产抵押权经登记设立；动产抵押权经抵押合同生效设立，未登记的不得对抗善意第三人。这一原理对于以物抵债的情形同样适用，债权人根据《民法典》第401条主张就抵债物优先受偿，须以完成公示方式从而形成让与担保为前提，如果当事人未完成公示，就没有形成让与担保的物权关系，而仅是让与担保合同关系，债权人主张优先受偿的，人民法院不应予以支持。[2] 如果当事人在以物抵债协议中约定当债务人到期没有清偿债务时，债权人可以对财产拍卖、变卖、折价以实现债权，因该约定不会带来不公平的结果，故人民法院应当认定以物抵债协议有效。[3] 在**某视讯公司与北京某氏公司其他合同纠纷案**[4]中，最高人民法院裁判认为，虽然当事人签订的《房屋预售合同》对《工程施工承包合同》的履行有一定的保障作用，但不能因此认定双方的约定属于担保法规定的流押或流质条款，而应适用合同法的规定处理本案；双方签订的《房屋预售合同》合法有效，北京某氏公司应继续履行交付房屋的义务。

《民法典合同编通则解释》第28条对于债务履行期限届满前达成的以物抵债协议的效力问题整体上采取了让与担保的观点。通说认为，让与担保是指债务人或者第三人为担保债务人的债务，将担保标的物的财产权转移给担保权人，而使担保权人在不超过担保目的的范围内取得担保标的物的财产权，在债务受清偿后，标的物返还债务人或者第三人，债务不履行时，担保权人就该标的物受偿的制度。其基本要件主要有四：一是设定担保时，担保人需将标的物所有权暂时转让给债权人，债权人成为形式上的所有人；二是为使担保人保持对担保标的物的使用效益，债权人往往与担保人签订标的物的借

---

〔1〕 参见黄薇主编：《中华人民共和国民法典物权编释义》，法律出版社2020年版，第499页。

〔2〕 参见《民法典合同编通则解释》起草工作组：《〈关于适用民法典合同编通则若干问题的解释〉的理解与适用》，载《人民司法》2024年第1期。

〔3〕 参见最高人民法院民事审判第二庭、研究室编著：《最高人民法院民法典合同编通则司法解释理解与适用》，人民法院出版社2023年版，第329页。

〔4〕 参见最高人民法院民事判决书，（2012）民一终字第85号。

用或租赁合同，由担保人使用担保标的物；三是债务人履行债务后，债权人应返还标的物所有权；四是在债务人未偿还债务时，债权人并非当然地取得担保标的物所有权，而是需要进行清算。[1] **建设银行广州某支行（以下简称建行广州某支行）诉广东某能源公司等信用证开证纠纷案**[2]（最高人民法院指导案例 111 号）的裁判要点认为，提单持有人是否因受领提单的交付而取得物权以及取得何种类型的物权，取决于合同的约定。开证行根据其与开证申请人之间的合同约定持有提单时，人民法院应结合信用证交易的特点，对案涉合同进行合理解释，确定开证行持有提单的真实意思表示。开证行对信用证项下单据中的提单以及提单项下的货物享有质权的，开证行行使提单质权的方式与行使提单项下货物动产质权的方式相同，即对提单项下货物折价、变卖、拍卖后所得价款享有优先受偿权。这一指导案例是在立法未规定让与担保，理论界对让与担保也有争议的情形下，通过合同解释和法律解释方法的运用，将作为非典型担保的让与担保转化为作为典型担保的质押，从而在否定债权人直接依据让与担保取得标的物所有权的同时，认定债权人享有对标的物优先受偿的权利。这样处理的好处是：一方面，通过否认债权人取得标的物的所有权，排除流质契约或者流押契约的嫌疑，也防止债权人利用优势地位损害债务人的利益，因为标的物的价值可能超过债务人所负债务；另一方面，承认债权人有权就标的物优先受偿，也可以保障债权人的交易安全，

---

〔1〕 参见最高人民法院民事审判第二庭、研究室编著：《最高人民法院民法典合同编通则司法解释理解与适用》，人民法院出版社 2023 年版，第 330 页。

〔2〕 本案的基本案情是：建行广州某支行与广东某能源公司于 2011 年 12 月签订了《贸易融资额度合同》及《关于开立信用证的特别约定》等相关附件，约定该行向某能源公司提供不超过 5.5 亿元的贸易融资额度，包括开立等值额度的远期信用证。粤东电力等担保人签订了保证合同等文件。2012 年 11 月，某能源公司向建行广州某支行申请开立 8592 万元的远期信用证。为开立信用证，某能源公司向建行广州某支行出具了《信托收据》，并签订了《保证金质押合同》。《信托收据》确认自收据出具之日起，建行广州某支行即取得上述信用证项下所涉单据和货物的所有权，建行广州某支行为委托人和受益人，某能源公司为信托货物的受托人。信用证开立后，某能源公司进口了 164, 998 吨煤炭。建行广州某支行承兑了信用证，并向某能源公司放款 84, 867, 952. 27 元，用于某能源公司偿还建行首尔分行的信用证垫款。建行广州某支行履行开证和付款义务后，取得了包括本案所涉提单在内的全套单据。某能源公司因经营状况恶化而未能付款赎单，故建行广州某支行在本案审理过程中仍持有提单及相关单据。提单项下的煤炭因其他纠纷被广西壮族自治区防城港市港口区人民法院查封。建行广州某支行提起诉讼，请求判令某能源公司向建行广州某支行清偿信用证垫款本金 84, 867, 952. 27 元及利息；确认建行广州某支行对信用证项下 164, 998 吨煤炭享有所有权，并对处置该财产所得款项优先清偿上述信用证项下债务；粤东电力等担保人承担担保责任。

并防止债务人的不诚信行为。[1]《民法典担保制度司法解释》第 68 条第 1 款对让与担保的认定及权利实现程序作出了规定，明确“债务人或者第三人与债权人约定将财产形式上转移至债权人名下，债务人不履行到期债务，债权人有权对财产折价或者以拍卖、变卖该财产所得价款偿还债务的，人民法院应当认定该约定有效。当事人已经完成财产权利变动的公示，债务人不履行到期债务，债权人请求参照民法典关于担保物权的有关规定就该财产优先受偿的，人民法院应予支持”。

实务中争议较大的是，在当事人的以物抵债协议中移转所有权的约定不被支持的情况下，如何衔接适用优先受偿的问题。概言之，债权人可通过折价、拍卖、变卖抵债物等方式实现债权，对所得的价款是否享有优先受偿权，以是否完成公示而异。完成公示，则构成让与担保，根据其规则处理。[2] 对此，《民法典合同编通则解释》按照让与担保的思路，明确了可以依据《民法典担保制度司法解释》第 68 条的规定主张优先受偿。在《民法典担保制度司法解释》第 68 条中，除了上述第 1 款规定的有关让与担保的一般规则之外，其第 2 款、第 3 款对有关让与担保的效力及优先受偿问题作了进一步细化规定：“债务人或者第三人与债权人约定将财产形式上转移至债权人名下，债务人不履行到期债务，财产归债权人所有的，人民法院应当认定该约定无效，但是不影响当事人有关提供担保的意思表示的效力。当事人已经完成财产权利变动的公示，债务人不履行到期债务，债权人请求对该财产享有所有权的，人民法院不予支持；债权人请求参照民法典关于担保物权的规定对财产折价或者以拍卖、变卖该财产所得的价款优先受偿的，人民法院应予支持；债务人履行债务后请求返还财产，或者请求对财产折价或者以拍卖、变卖所得的价款清偿债务的，人民法院应予支持。债务人与债权人约定将财产转移至债权人名下，在一定期间后再由债务人或者其指定的第三人以交易本金加上溢价款回购，债务人到期不履行回购义务，财产归债权人所有的，人民法院应

---

〔1〕 参见吴光荣：《后民法典时代的让与担保及其适用——兼评〈民法典合同编通则解释〉第 28 条》，载《社会科学研究》2024 年第 1 期。

〔2〕 参见刘保玉、梁远高：《期前以物抵债协议：性质、效力与规则适用》，载《清华法学》2024 年第 1 期。

当参照第二款规定处理。回购对象自始不存在的，人民法院应当依照民法典第一百四十六条第二款的规定，按照其实际构成的法律关系处理。”此外，债务人履行债务后也可以请求返还财产，或者请求对财产折价或者以拍卖、变卖所得的价款清偿债务。[1] 比如，在**上海某太阳能科技有限公司诉姚某红抵押合同纠纷案**[2]中，法院生效裁判认为：姚某红与某太阳能科技有限公司在债务履行期限届满前就达成了以物抵债协议，且约定抵债物直接归姚某红所有，该约定应属无效；但是，因抵债物已经交付给姚某红，以物抵债转化为让与担保，虽然法院对于姚某红主张对抵债物享有所有权的诉讼请求不予支持，但双方均可参照担保物权实现的有关规定，由姚某红对抵债物拍卖、变卖或折价款优先受偿。

此外，在完成相应公示构成让与担保的情形下，如果涉及抵债物之上还有其他担保物权，则应当适用有关担保物权竞存的规则，如《民法典》第414条至第416条[3]的规定等处理。

## 三、以物抵债情形下审判实践中需要注意的问题

### （一）以物抵债协议能否排除其他债权人对该抵债物的强制执行

对于以物抵债协议能否排除其他债权人对该抵债物的强制执行问题，以房抵债的情形较为典型，实务中争议较大。一般认为，针对未届履行期限之债签订以物抵债协议，后成立的以物抵债协议并未实际履行的情况，不得排除强制执行抵债物。但针对原债务的履行期限届满后以房抵债协议，因消灭原金钱债务才是以房抵债协议的实际目的，交付房产系以房抵债的实际履行

---

〔1〕参见最高人民法院民事审判第二庭：《最高人民法院民法典担保制度司法解释理解与适用》，人民法院出版社2021年版，第569页。

〔2〕参见上海市浦东新区人民法院民事判决书，（2019）沪0115民初35978号。

〔3〕《民法典》第414条规定：“同一财产向两个以上债权人抵押的，拍卖、变卖抵押财产所得的价款依照下列规定清偿：（一）抵押权已经登记的，按照登记的时间先后确定清偿顺序；（二）抵押权已经登记的先于未登记的受偿；（三）抵押权未登记的，按照债权比例清偿。其他可以登记的担保物权，清偿顺序参照适用前款规定。”第415条规定：“同一财产既设立抵押权又设立质权的，拍卖、变卖该财产所得的价款按照登记、交付的时间先后确定清偿顺序。”第416条规定：“动产抵押担保的主债权是抵押物的价款，标的物交付后十日内办理抵押登记的，该抵押权人优先于抵押物买受人的其他担保物权人受偿，但是留置权人除外。”

方式，只要未完成不动产法定登记，以房抵债的不动产受让人依据以房抵债协议不足以形成优先于一般债权的利益。[1] 笔者认为，对此，也应当纳入既有的法律、司法解释的规定体系下处理。涉及房屋等不动产能否排除执行的问题，《执行异议复议规定》第28条规定："金钱债权执行中，买受人对登记在被执行人名下的不动产提出异议，符合下列情形且其权利能够排除执行的，人民法院应予支持：（一）在人民法院查封之前已签订合法有效的书面买卖合同；（二）在人民法院查封之前已合法占有该不动产；（三）已支付全部价款，或者已按照合同约定支付部分价款且将剩余价款按照人民法院的要求交付执行；（四）非因买受人自身原因未办理过户登记。"就以房抵债协议能否排除执行的问题，也应当适用这一规定处理。比如在靳某、李某申请执行人执行异议之诉案中，最高人民法院裁判认为，案涉以房抵债协议并未实际履行，约定用于抵债的房屋仍系在建工程，而且建设工程实际施工人在施工期间对项目的控制与建设，系基于债权法律关系的临时占有，与房屋买卖合同关系中买受人基于所有权或者物权期待权而占有房屋的权利依据不同，故此以物抵债协议不能排除案涉房产的强制执行。[2]

### （二）与"名实不符""阴阳合同"法律适用规则的衔接适用问题

对于债务履行期限届满前达成的以物抵债协议，除了当事人直接约定债务人到期不能清偿债务，则以财产权利转移至债权人的方式冲抵债务的情形之外，实务中还存在更为复杂的与"名实不符"、"阴阳合同"情形的衔接适用问题。比如名为买卖实为借贷，即表面签订买卖合同，但实际上是约定了将买卖合同标的物所有权移转给买方（即出借人）来冲抵债务的情形，在此情形中，有的甚至进一步在合同中约定卖方（即借款人）返还价款后合同解除或者享有对特定物的回购权，如约定卖方于一定期限内返还买方人支付的购房款，房屋买卖合同解除，或约定债务人于一定期限内向买方支付特定金额的款项，就可以回购房屋。若以物抵债协议都要伪装成买卖合同形式，则

〔1〕 参见杜万华主编：《民事审判指导与参考》（总第71辑），人民法院出版社2017年版，第104页。

〔2〕 参见最高人民法院民事判决书，（2020）最高法民终420号。

不仅会增加交易成本，而且对不懂得此“潜规则”的债权人极为不利，极有可能助长债务人的机会主义行为，严重侵蚀诚实信用的道德基础。[1] 对此情形，在法律适用层面就有必要体系化适用《民法典合同编通则解释》第14条、第15条有关“名实不符”“阴阳合同”的规定来探究当事人的真实意思表示，涉及实为借贷的情形，也应当适用《民间借贷规定》第23条[2]的规定。

---

〔1〕 参见景光强：《债务清偿期届满后以物抵债案件的裁判路径与改进方向》，载麻昌华主编：《私法研究》第25卷，法律出版社2020年版，第35页。

〔2〕《民间借贷规定》第23条规定：“当事人以订立买卖合同作为民间借贷合同的担保，借款到期后借款人不能还款，出借人请求履行买卖合同的，人民法院应当按照民间借贷法律关系审理。当事人根据法庭审理情况变更诉讼请求的，人民法院应当准许。按照民间借贷法律关系审理作出的判决生效后，借款人不履行生效判决确定的金钱债务，出借人可以申请拍卖买卖合同标的物，以偿还债务。就拍卖所得的价款与应偿还借款本息之间的差额，借款人或者出借人有权主张返还或者补偿。”

# 第十五讲

## 真正利益第三人合同与合法利益第三人代为履行

一、真正利益第三人合同法律适用规则的细化
二、第三人代为履行制度的细化适用
三、审判实践中需要注意的其他重点问题

基于合同相对性原理，第三人参与到合同关系中的情形属于例外存在，但是由于市场交易的复杂性，第三人参与合同的债权债务关系的情形也是客观存在的，由此也需要相应的法律规制。在《民法典》中，第三人参与债权债务关系的规则主要体现为第522条[1]规定的向第三人履行制度，第523条规定的由第三人履行制度，第524条规定的第三人代为履行制度。这些制度的共性是第三人在债务履行中具有一定地位（给付或者受领），第三人的行为对清结债权债务均产生一定程度影响。但区别在于，第三人参与债权债务关系的强度不同。总体来看，由第三人履行制度中第三人参与的程度相对较低，第三人不履行并不会改变债权债务关系状态，仍由债务人向债权人承担违约责任；向第三人履行制度中第三人参与的程度较高，尤其体现在《民法典》第522条第2款中的真正利益第三人合同上，此种合同将履行请求权交与法

[1]《民法典》第522条规定："当事人约定由债务人向第三人履行债务，债务人未向第三人履行债务或者履行债务不符合约定的，应当向债权人承担违约责任。法律规定或者当事人约定第三人可以直接请求债务人向其履行债务，第三人未在合理期限内明确拒绝，债务人未向第三人履行债务或者履行债务不符合约定的，第三人可以请求债务人承担违约责任；债务人对债权人的抗辩，可以向第三人主张。"

定的或者当事人约定的第三人，第三人已经享有了债权人的主要权利；第三人代为履行制度中第三人参与的程度最高，第三人可以凭借自己的意思直接参与债权债务关系，通过清偿使原债权债务关系消灭。[1] 整体而言，《民法典》关于第三人参与债权债务关系的规定具有一般性和原则性，针对实务中的具体问题，还有进一步细化的必要，比如，真正利益第三人合同中的第三人的权利范围究竟有多大，是否已经取得与债务人相同的地位；第三人代为履行中的具有"合法利益"的"第三人"的范围如何界定；担保人是否属于该"第三人"，若属于此类情形，在混合共同担保中，其是否也可以基于《民法典》第524条的规定，享有对其他担保人的追偿权等。这些难点问题在具体适用中具有一定普遍性，为统一相关案件的裁判尺度，《民法典合同编通则解释》在第29条、第30条分别对真正利益第三人合同中第三人权利的行使问题和第三人代为履行中的具体法律适用问题作了细化规定。

## 一、真正利益第三人合同法律适用规则的细化

### （一）真正利益第三人合同概述

根据订约人订立合同的目的是否为自己谋取利益，学理上将合同分为为自己利益合同和利他合同。[2] 涉他合同，又称为涉第三人的合同，包括利益第三人合同和由第三人履行的合同。《民法典》第522条规定的是利益第三人合同，在利益第三人合同中，对于第三人是否对债务人享有履行请求权，在理论上存在一定的争议。一种观点认为，向第三人履行只是作为债务履行的一种方式，合同的效力仍然限制在合同当事人之间。另一种观点则认为，从比较法和有利于实践适用的角度出发，应肯定第三人对债务人的履行请求权。[3] 为了更好实现合同缔结方的意愿，加强对第三人利益的保护，《民法典》第522条对涉第三人合同进行了规制，第1款可以被称为不真正利益第

---

〔1〕 参见最高人民法院民事审判第二庭、研究室编著：《最高人民法院民法典合同编通则司法解释理解与适用》，人民法院出版社2023年版，第340页。

〔2〕 参见王利明主编：《中国民法典释评·合同编·通则》，中国人民大学出版社2020年版，第302页。

〔3〕 参见黄薇主编：《中华人民共和国民法典合同编释义》，法律出版社2020年版，第136页。

三人合同，第2款可以被称为真正利益第三人合同。相较原《合同法》第64条的规定，《民法典》第522条在规定“向第三人履行”的基础上，新增第三人对债务人可以独立行使债权请求权的规定，即真正利益第三人制度。原则上，合同项下的权利与义务只由合同当事人享有或者承担，履行请求权只能由债权人行使。而真正利益第三人合同赋予合同当事人之外的第三人履行请求权，这是对合同相对性原则的突破，须以有法律规定或者当事人约定为前提。在第三人权利取得这一问题上，比较法上主要存在两种模式：一种是在合同生效时第三人直接取得权利的“直接取得模式”；另一种是第三人表示接受时才享有合同权利的“接受模式”。[1] 我国《民法典》总体上采取的是接受模式，只是该第三人不需要特别作出接受的意思表示，只要未在合理期限内明确表示拒绝即可。

构成真正利益第三人合同须具备以下要件：一是须约定由债务人向第三人履行；二是第三人根据法律规定或者合同的约定享有直接请求债务人向其履行债务的权利，而且第三人取得权利是直接由法律规定或者合同约定的，而非由债权人继受取得，此与债权让与不同；三是须债权人亦有请求债务人向第三人履行的权利。[2] 向第三人履行合同与真正利益第三人合同主要区别在于：真正利益第三人合同中第三人取得直接请求权，即享有债权，被称为受益第三人；向第三人履行合同中第三人没有合同请求权，只是履行辅助人，不享有合同债权。[3] 如果合同没有特别约定第三人享有的请求权，应当认定其性质上属于不真正利益第三人合同。不真正利益第三人合同属于常态，而真正利益第三人合同需要在法律规定或者当事人约定的场合才能适用。[4]

当然，有的法律对特定的合同直接赋予第三人履行请求权，这主要涉及保险、货运、海商等方面，属于《民法典》第522条第2款规定的“法律规定”的真正利益第三人合同。比如，我国《保险法》第26条规定，“人寿保

---

〔1〕 参见王利明主编：《中国民法典评注·合同编（一）》，人民法院出版社2021年版，第239页。

〔2〕 参见最高人民法院民法典贯彻实施工作领导小组主编：《中华人民共和国民法典合同编理解与适用（一）》，人民法院出版社2020年版，第415页。

〔3〕 参见杜万华主编：《民法典实施精要》（中），法律出版社2022年版，第92页。

〔4〕 参见王利明：《合同法》，中国人民大学出版社2021年版，第179页。

险以外的其他保险的被保险人或者受益人，向保险人请求赔偿或者给付保险金的诉讼时效期间为二年，自其知道或者应当知道保险事故发生之日起计算。人寿保险的被保险人或者受益人向保险人请求给付保险金的诉讼时效期间为五年，自其知道或者应当知道保险事故发生之日起计算”。该规定即规定了保险受益人行使独立的请求权的诉讼时效问题。

在真正利益第三人合同中，该第三人虽然可以请求债务人向自己履行债务，但这并不意味着第三人取代了债权人在合同中的地位，也不意味着基于合同产生的整个债权均转让至第三人。至于该第三人能否取得合同的撤销权、解除权等问题，在实务中还有必要予以明确；债权人行使撤销权、解除权后，如果第三人已经自债务人处取得财产，则究竟应由债权人还是第三人承担返还财产的义务，以及第三人拒绝受领等情形下的责任承担问题，是否要严格遵循合同相对性原理，实务中也有必要予以厘清。针对这些问题，《民法典合同编通则解释》第 29 条分 3 款作了细化规定，其中第 1 款就第三人行使解除权、撤销权作了限制，该款规定：“民法典第五百二十二条第二款规定的第三人请求债务人向自己履行债务的，人民法院应予支持；请求行使撤销权、解除权等民事权利的，人民法院不予支持，但是法律另有规定的除外。”第 2 款就合同被撤销、解除后返还财产的对象问题作了规定，该款规定：“合同依法被撤销或者被解除，债务人请求债权人返还财产的，人民法院应予支持。”第 3 款则就第三人拒绝受领、迟延受领情形下的法律适用作了规定，该款规定：“债务人按照约定向第三人履行债务，第三人拒绝受领，债权人请求债务人向自己履行债务的，人民法院应予支持，但是债务人已经采取提存等方式消灭债务的除外。第三人拒绝受领或者受领迟延，债务人请求债权人赔偿因此造成的损失的，人民法院依法予以支持。”

### （二）真正利益第三人合同中第三人的权利行使范围

在真正利益第三人合同中，该第三人最为核心的权利便是其直接向债务人请求给付的权利，即债务人履行此合同所带来的利益。而在债务人违约的情况下，有关违约责任的承担就是此履行利益的替代形式，既然该第三人享有请求债务人履行债务的权利，自然也就有权向债务人主张承担违约责任。

因此，该第三人行使债权请求权的范围与普通合同中债权人的权利范围并无差异，既可以在债务人未履行时要求其及时履行，又可在债务人的履行存在瑕疵或迟延等情形下要求其重新履行或及时履行。第三人的请求权首先是依据合同请求债务人向其给付的权利。[1] 第三人享有独立的债权请求权，债务人应当向其履行给付义务，这时至于第三人有无行为能力则在所不问。该第三人的请求权的享有，不以债权人或者债务人对其告知或者通知为前提，也不以有明确的同意或者接受的意思表示为前提，只要该第三人在合理期限内未明确拒绝，就可以直接提出给付请求；债务人不履行或者履行不符合约定的，该第三人就可以直接主张债务人承担违约责任。至于该第三人在合理期限内的拒绝权，在性质上属于形成权，即无须债务人或者债权人同意，只要该拒绝的意思表示到达对方即发生效力，此“对方”为债权人或者债务人均可。当然，与该第三人相应的请求债务人履行合同义务相对应的，债务人对第三人直接负担债务时，其对债权人的抗辩可以对该第三人主张。此原因在于，第三人的权利实际上源自债权人与债务人之间的合同，因而由该合同所发生的一切抗辩，债务人可以以之对抗第三人。[2] 对此情形，《民法典》第522条第2款即规定了债务人对债权人的抗辩，可以向第三人主张。

至于有关合同解除或者撤销的权利，一般认为，这是合同本身的权利，由于该第三人不是合同当事人，故对此权利不得行使。[3] 真正利益第三人合同中，第三人并不享有和债权人一样的权利，特别是第三人不享有合同当事人才享有的变更、撤销、解除的权利，第三人的权利集中体现为请求债务人给付的请求权。[4] 笔者认为，对于这一问题，有必要再结合真正利益第三人合同的目的进行解释。此类合同为第三人利益而设，从债权人与债务人订立此合同的目的上看，当然是要将此履行利益交由第三人享有，而合同解除与合同撤销通常都是与履行合同本身相悖的，解除、撤销此合同并不能实现该真正利益第三人的目的，由此也会涉及相互返还等义务，也就是还涉及相应

〔1〕 参见杜万华主编：《民法典实施精要》（中），法律出版社2022年版，第94页。

〔2〕 参见最高人民法院民事审判第二庭、研究室编著：《最高人民法院民法典合同编通则司法解释理解与适用》，人民法院出版社2023年版，第336页。

〔3〕 参见黄薇主编：《中华人民共和国民法典合同编释义》，法律出版社2020年版，第139页。

〔4〕 参见吴文嫔：《第三人利益合同原理与制度论》，法律出版社2009年版，第169页。

的负担，在客观上已非纯由该第三人获益。而且，如果赋予第三人解除合同的权利可能违反债权人意愿。[1] 是故，有关合同解除、撤销的权利不宜由该第三人享有。进言之，因合同解除、撤销产生财产返还责任，在双务合同当中，有关须向债务人返还财产的责任也不能由该第三人承担，而是应当由债权人承担。与一步推之，在双务合同被撤销或者被解除的情形下，须向债务人承担的折价补偿、损害赔偿责任也应当由债权人承担。至于债权人在承担责任后是否有权向第三人请求返还，则要取决于债权人与该第三人之间有无约定或者法律上有无规定相应义务。

### （三）真正利益第三人合同中撤销权、解除权的行使问题

#### 1. 关于撤销的问题

至于真正利益第三人合同中债权人有无权利撤销其为第三人设定权利的合同内容问题，有观点认为，在第三人明确表示接受或拒绝接受该权利之前，债权人有权撤销利他合同中为第三人设定的利益，此时为第三人设定的权利应由合同当事人享有。[2] 笔者认为，在该合同中已明确约定债权人可以在该第三人明确拒绝前依法撤销其为第三人利益而设定的合同的，应当予以准许，但是若在该合同中无此约定，则在无其他要件要求的情况下，该合同在债权人与债务人意思表示一致时即告成立生效，债权人在无法定事由的情形下，自无权撤销该合同，当然也就包括其中部分内容，否则既会违反有约必守原则，又会架空真正利益第三人合同制度。当然，这时如果该第三人同意其撤销，则不在此限。此作为意思表示的"撤销"不同于可撤销法律行为中的"撤销"，在真正利益第三人合同符合法定撤销事由的情况下，比如"欺诈""胁迫""重大误解""显失公平"时，享有撤销权的当事人当然可以依法撤销该合同。

---

〔1〕 参见张民安：《论为第三人利益的合同》，载《中山大学学报（社会科学版）》2004 年第 4 期。

〔2〕 参见王利明：《论第三人利益合同》，载公丕祥主编：《法制现代化研究》第 8 卷，南京师范大学出版社 2002 年版，第 369－398 页。

**2. 合同解除的情形**

在真正利益第三人合同中，当事人仍可以依法享有解除合同的权利，尤其是债务人的解除权不因第三人取得请求权而受到不利影响。对于实务中比较常见的因债务人的原因导致债务不履行的情形下，债权人行使解除权是否要获得第三人的同意的问题，有观点认为，如果赋予债权人在此种情况下自行解除合同的权利，第三人的请求权会因债权人解除合同而受到影响，直接违背了利他合同为第三人设立的目的，债权人解除合同时应征得第三人同意才能兼顾第三人的利益。〔1〕因为第三人对合同享有权利，债权人行使法定解除权也应受到一定的限制。〔2〕也有观点认为，解除权发生原因是为法律所明文明定的，并且是为保护债权人所设的规定，虽然利他合同应当重视第三人利益之保护，但第三人利益仅为利他合同的组成部分，不能因为保护第三人利益而剥夺债权人之权益，债权人行使解除权时无须考虑第三人的利益，第三人在合同解除后可以通过其他途径来弥补损失。〔3〕笔者认为，基于意思自治原则，对于约定解除权的情形，因为合同已经对解除事由作了明确约定，可以视为当事人对解除合同权利的保留，原则上应当推定第三人接受了此项约定，只要其接受合同利益。〔4〕换言之，有关合同解除权的约定，在债权人与债务人之间具有拘束力，此解除的后果不能影响该第三人因此合同获得的利益，也就是发生相应的返还财产及损害赔偿的义务不能由该第三人承担。至于法定解除，这当然也是债权人与债务人享有的法定权利，只是此解除权的行使也不能影响对该第三人利益的保护。值得注意的是，债务人仍未实际履行也不影响该解除权的行使，因为在此情形下即使恢复原状，对于该第三人而言也没有造成损失。但是，如果合同是因债务人违约而解除的，依据《民法典》第566条第2款〔5〕的规定，这时并不影响违约责任的承担，由此

---

〔1〕参见史尚宽：《债法总论》，中国政法大学出版社2000年版，第612页。

〔2〕参见朱广新、谢鸿飞主编：《民法典评注·合同编·通则》，中国法制出版社2020年版，第479页。

〔3〕参见孙森焱：《民法债编总论》（下册），法律出版社2006年版，第703－704页。

〔4〕参见朱广新、谢鸿飞主编：《民法典评注·合同编·通则》，中国法制出版社2020年版，第480页。

〔5〕《民法典》第566条第2款规定："合同因违约解除的，解除权人可以请求违约方承担违约责任，但是当事人另有约定的除外。"

就会产生解除合同恢复原状与请求承担违约责任之间的协调问题，因为这时第三人有权请求债务人承担违约责任，如果是单纯解除合同进行相互返还财产、恢复原状，就会损害该第三人的利益。对此，有观点认为，这时债权人行使法定解除权应取得第三人同意。[1] 笔者认为，这一观点较有道理，可以在实务中作有益探索。在此情形下，即使允许债权人依法解除合同，也不影响债务人向该第三人承担违约责任。与此相类似的，在真正利益第三人合同涉及《民法典》第580条关于合同权利义务关系终止的适用的规定时，也要依法保护好第三人的权利，债务人主张终止该合同的，不影响该债务人向第三人承担违约责任。

值得探讨的是，在真正利益第三人合同中，就相应的合同履行问题，债权人还有没有相应权利。通说认为，除非合同中另有特别约定，第三人和债权人不能同时享有请求给付的权利，第三人请求权原则上排斥债权人请求权。在真正利益第三人合同中，债权人只能要求债务人向第三人给付，而不能要求其向自己或自己与第三人共同为给付。比较法上，《德国民法典》第335条规定，“即使第三人享有请求给付的权利，只要可以认为订约人并无其他意思，允诺受领人仍然可以请求向第三人给付”。债权人请求权与第三人请求权内容相同，但两者之间既不是连带债权也非不可分之共同债权，债权人的请求权是辅助性或者从属性的，是为更好实现第三人和债权人的利益的一种手段。授予债权人该请求权，是为了辅助第三人更好地实现自己的利益：在发生债务纠纷时，涉及合同内容效力、合同履行、合同解除、诉讼时效等一系列抗辩事由，鉴于债权人是合同缔约当事人，更有利于防御债务人的抗辩，督促债务人及时向第三人履行义务。[2] 同时，赋予债权人相应的请求权也能更好地保护债权人的利益，比如，可以使债权人更能了解有关合同的履行情况，更便于其行使有关合同的解除权、撤销权，也能更好地处理其与第三人之间的关系。但是，从真正利益第三人的角度出发，此债权人的请求权无论如何都不得与该第三人的债权请求权相冲突。

---

〔1〕 参见王利明：《合同法研究》（第1卷），中国人民大学出版社2015年版，第163页。

〔2〕 参见杜万华主编：《民法典实施精要》（中），法律出版社2022年版，第95页。

### （四）第三人拒绝、迟延受领情形的责任承担问题

真正利益第三人合同是为了第三人的利益而订立，那么，根据民法的自愿原则，这时也不得强迫第三人接受履行。债务人按照约定向第三人履行债务，第三人拒绝受领的，债权人可以请求债务人向自己履行债务。当然，第三人拒绝受领或者受领迟延，因此造成债务人损失的，债务人可以请求债权人承担相应的违约责任，此以损害赔偿为典型。债务人未向第三人履行债务或者履行债务不符合约定的，第三人可以请求债务人承担继续履行、赔偿损失等违约责任。但是，如果债务人按照约定向第三人履行债务，第三人拒绝受领，则除非债务人已采取提存等方式消灭债务，债权人可以请求债务人向自己履行债务。[1]

## 二、第三人代为履行制度的细化适用

### （一）第三人代为履行规则概述

第三人代为履行也称代为清偿，是指由第三人代而为之的清偿[2]。根据合同的相对性，债务本应由债务人履行，但实践中，第三人履行债务的情况较为常见。[3] 为了保护就债务履行有合法利益的第三人，《民法典》第524条新增了第三人代为履行制度，该条规定："债务人不履行债务，第三人对履行该债务具有合法利益的，第三人有权向债权人代为履行；但是，根据债务性质、按照当事人约定或者依照法律规定只能由债务人履行的除外。债权人接受第三人履行后，其对债务人的债权转让给第三人，但是债务人和第三人另有约定的除外。"

"第三人代为履行"与"由第三人履行"这两个制度很容易发生混淆。对于后者，《民法典》第523条规定："当事人约定由第三人向债权人履行债务，第三人不履行债务或者履行债务不符合约定的，债务人应当向债权人承

---

〔1〕参见《民法典合同编通则解释》起草工作组：《〈关于适用民法典合同编通则若干问题的解释〉的理解与适用》，载《人民司法》2024年第1期。

〔2〕参见杨立新：《合同法》（第2版），北京大学出版社2022年版，第186页。

〔3〕参见黄薇主编：《中华人民共和国民法典合同编释义》，法律出版社2020年版，第141页。

担违约责任。”两者的共同点如下：一是第三人地位相同。无论是“第三人代为履行”，还是“由第三人履行”，第三人均不是合同当事人，第三人对合同义务的履行均出于自愿，任何一方不得强制第三人履行。[1] 二是第三人履行债务的后果均由债务人承担。两者的不同点如下：一是性质不同。在“由第三人履行”的合同中，第三人没有按债务人与债权人合意的方式行为时，由债务人负赔偿责任，也就是在责任承担方面，并未突破合同的相对性。而“第三人代为履行”则并非一种合同类型，而仅是一个履行行为，但此履行行为形成了对债的相对性的突破。二是构成要件不同。由第三人履行的合同需要以债权人和债务人对第三人履行债务作出明确约定为前提，但第三人代为履行并无这方面的要求，其构成要件要求债务人不履行债务而该第三人对履行该债务具有合法利益。三是法律效果不同。履行行为是否源于当事人约定的不同，第三人的履行行为对于合同当事人的效果就不同，比如，对债权人而言，在由第三人履行的合同中，因其已与债务人就协议由第三人履行达成一致，故在第三人作出履行时，债权人不得拒绝受领。而在第三人代为履行的情形下，如果该债务在性质上不适合由第三人履行，则在第三人自愿代为清偿时，债权人有权予以拒绝。[2] 而且，第三人代为履行后产生债权转让的后果，即债权人对债务人的债权被转让给了第三人，此为债权的法定转让，这在以约定为前提的“由第三人履行”中并不存在。

关于第三人代为履行的构成要件，主要有：其一，债权人与债务人之间的合同并未约定第三人负有履行义务。其二，债务人不履行债务。此不履行债务应作广义理解，非因不可抗力等原因，比如债务人明显丧失履行能力，如经营状况严重恶化的情形导致的不履行或者不适当履行皆应包括在内。其三，第三人对履行该债务具有合法利益。何谓“对履行债务具有合法利益的第三人”，《民法典》第524条未作具体规定，需要根据实践的需要和发展进行判断并归纳总结。考虑到《民法典》第524条将对债务履行具有合法利益

〔1〕 参见最高人民法院民法典贯彻实施工作领导小组编著：《中国民法典适用大全·合同卷（一）》，人民法院出版社2022年版，第559－560页。

〔2〕 参见最高人民法院民法典贯彻实施工作领导小组主编：《中华人民共和国民法典合同编理解与适用（一）》，人民法院出版社2020年版，第425页。

的第三人履行债务后的法律效果规定为法定的债权移转，对第三人的利益保护力度较大，在具体认定是否属于“对履行债务具有合法利益的第三人”时，也要注意考量各方利益的平衡问题。[1] 其四，不属于根据债务性质、按照当事人约定或者依照法律规定只能由债务人履行的情形。

### （二）“具有合法利益的第三人”范围的细化

对于“合法利益”如何理解，这可能是本条文中最让大家感到困惑的地方。有观点认为，在无合同约定的情形下，第三人代为履行是一个民事行为，而对于民事行为，“法无禁止即可为”。因此，只要第三人履行该债务目的合法或不违反法律法规和规章的禁止性规定，即可认定为第三人对履行该债务具有合法利益。[2] 有观点认为，第三人代为履行中，第三人应当具备代他人履行的一种主观意志，对于所履行的债务是否为自己本身的债务要有清晰的主观认识。甚至第三人应于清偿时表明债务人为谁，以资辨别其系就他人之债务而为清偿。[3] 由此就要排除类似于连带债务人这一依法负有履行义务的人。也有观点认为，对利害关系应作限缩解释才能防止第三人任意干预债的关系。[4] 关于第三人的具体范围，有观点认为包括三类：第一类是合伙人及连带债务人；第二类是保证人；第三类是物上保证人、抵押物受让人以及后顺位的抵押权人。[5] 也有观点认为，第三人主要包括物上保证人、保证人、合伙人。[6] 从域外情况来看，日本民法学理认为，单纯只有亲属关系，不能认定为有利害关系。[7] 但整体而言，在比较法上，“对履行债务具有合法利益的第三人”主要是指担保人或者担保财产的受让人、用益物权人、合法占

---

〔1〕 参见黄薇主编：《中华人民共和国民法典合同编释义》，法律出版社2020年版，第143页。

〔2〕 参见最高人民法院民法典贯彻实施工作领导小组编著：《中国民法典适用大全·合同卷（一）》，人民法院出版社2022年版，第558页。

〔3〕 参见孙森焱：《民法债编总论》（下册），法律出版社2006年版，第836页。

〔4〕 参见王利明：《论第三人代为履行——以〈民法典〉第524条为中心》，载《法学杂志》2021年第8期。

〔5〕 参见冉克平：《民法典编纂视野中的第三人清偿制度》，载《法商研究》2015年第2期。

〔6〕 参见邱聪智：《新订民法债编通则》（下），中国人民大学出版社2003年版，第446页。

〔7〕 参见［日］我妻荣：《新订债权总论》，王燚译，中国法制出版社2008年版，第218页。

有人以及担保财产上的后顺位担保权人等。[1] 考虑到实践中用益物权人、承租人也有类似利益需要保护，法人或者非法人组织的出资人或者设立人、债务人的近亲属也都有代为清偿的现实需求。[2] 综合上述分析，“具有合法利益”通常是指对于履行债务具有重大的利益，有的属于对执行标的物具有权利或者占有利益，有的属于与债务的履行有法定的利害关系，如合伙、保证、连带关系、后顺位权利人等。实践中，身份上的特定关系也可以被认定为有法律上的利害关系，如父母对子女等。

鉴于这一问题在实务适用中的普遍性以及争议性，《民法典合同编通则解释》在起草过程中就一直将此作为一个重点问题予以攻关。经过反复论证，《民法典合同编通则解释》第 30 条对第三人代为履行的规则作了细化规定，其中，第 1 款就“具有合法利益的第三人”作了列举加兜底式的规定。该款规定：“下列民事主体，人民法院可以认定为民法典第五百二十四条第一款规定的对履行债务具有合法利益的第三人：（一）保证人或者提供物的担保的第三人；（二）担保财产的受让人、用益物权人、合法占有人；（三）担保财产上的后顺位担保权人；（四）对债务人的财产享有合法权益且该权益将因财产被强制执行而丧失的第三人；（五）债务人为法人或者非法人组织的，其出资人或者设立人；（六）债务人为自然人的，其近亲属；（七）其他对履行债务具有合法利益的第三人。”这一规定综合考量了这一制度的便利与风险，特别是在风险方面，就债务人而言，其亲自向不同对象履行的便利程度、第三人代位享有债权后对债务人信誉影响等多方面因素，可能都会对其产生影响；就债权人而言，存在逆向激励任意第三人代为履行债务以不当获取债之利益，或者第三人代为部分履行后以其代位之债权与债权人剩余部分债权形成竞争等风险。[3]

---

〔1〕 参见王利明主编：《中国民法典释评·合同编·通则》，中国人民大学出版社 2020 年版，第 310 页。

〔2〕 参见《民法典合同编通则解释》起草工作组：《〈关于适用民法典合同编通则若干问题的解释〉的理解与适用》，载《人民司法》2024 年第 1 期。

〔3〕 参见最高人民法院民事审判第二庭、研究室编著：《最高人民法院民法典合同编通则司法解释理解与适用》，人民法院出版社 2023 年版，第 347 页。

### （三）《民法典合同编通则解释》第30条第1款规定的具体适用

应当说，《民法典合同编通则解释》第30条第1款对“具有合法利益的第三人”的具体类型列举得较为清晰，比如，担保人，当然包括保证人和提供物的担保的第三人；自然人的近亲属，根据《民法典》第1045条第2款的规定，包括配偶、父母、子女、兄弟姐妹、祖父母、外祖父母、孙子女、外孙子女。应当说，除夫妻共同债务外，配偶和其他近亲属与债务人的债务并无法律上的利害关系或直接利害关系，而且近亲属代为清偿债务的原因以及清偿后的收益都是其享有的情感和精神上的利益。需要注意的是，由于近亲属间关系和交往的隐秘性，滥用近亲属代为履行来损害债权人或他人利益的情况也不鲜见，因此，在适用近亲属代为履行时，需要在个案中结合有关事实正确处理。[1] 具有一定复杂性、需要重点分析的主要包括两类：一是对担保财产享有物权、占有等权益的人；二是对债务人的财产享有合法权益且该权益将因财产被强制执行而丧失的第三人。而在适用中更具难度的是《民法典合同编通则解释》第30条第1款第7项有关兜底条款的适用，这直接涉及具有合法利益第三人的界限设置问题。现具体阐述如下。

其一，对担保财产享有物权、占有等权益的人。对担保财产享有物权、占有等权益的人具体包括：（1）担保财产的受让人。比如，债务人以其所有的财产向债权人设立抵押后，再将该动产出卖给第三人的情形。（2）担保财产之上的用益物权人，比如居住权人。（3）担保财产上的后顺位担保权人。比如，丙以自有动产向甲提供抵押，抵押后又以同一动产向乙提供抵押。乙未来能否实现抵押权将受甲是否行使抵押权影响，如果甲行使，乙的后顺位抵押权就会受到影响。此时，乙可以代丙向甲清偿债务，使甲的抵押权不会影响自己的在后抵押权。[2]

其二，对债务人的财产享有合法权益且该权益将因财产被强制执行而丧

---

〔1〕 参见最高人民法院民事审判第二庭、研究室编著：《最高人民法院民法典合同编通则司法解释理解与适用》，人民法院出版社2023年版，第352－353页。

〔2〕 参见最高人民法院民事审判第二庭、研究室编著：《最高人民法院民法典合同编通则司法解释理解与适用》，人民法院出版社2023年版，第351页。

失的第三人。上述的担保财产的合法占有人和这一情形会产生交叉。对这一情形的理解，就第三人对债务人有关不动产占有、使用的问题，可以通过对《执行异议复议规定》第28条[1]、第29条[2]规定的逆向思维来解决。这两条规定了债权人就金钱债权启动的执行中买受人（第三人）排除对不动产执行的条件。在此情形下既然能够排除执行，也就意味着该第三人无须代债务人履行也能够保持享有其相应的占有、使用等权益，由此反向推理，对于不符合《执行异议复议规定》第28条、第29条规定的买受人（即第三人）就可以通过代为履行的方式维持其相应的合法利益。

其三，从一般规则意义上正确理解与认定《民法典》第524条第1款规定的"合法利益"的问题。有观点认为，在当前《民法典》实施尚属初期、法条适用并不充分的条件下，从体系解释与目的解释的角度出发，不应对其采取过于宽松的解释。这是因为，第三人代为履行制度赋予了代偿人代位权，使其完全取代债权人地位成为债之当事人，保护效力十分强大，但"合法利益"从文义上理解本就十分宽泛，凡符合公平正义、诚实信用等利益衡量的理念，似乎都可归于"合法"，若作过于宽松的解释，无论法条是否作如此表述，立法者和法官恐怕并不会因为毫无关联的代偿行为就赋予代偿人效力强大的代位权，因为这并不符合私法自治原则。[3] 笔者认为这一见解较有道理。此"合法利益"范围的界定在理念上要肯定其有利于债务清偿乃至便利交易的功能，同时，必须考虑合同相对性这样的一般原则不宜突破过大，因为一旦突破过大，就会影响当事人的行为预期，进而影响交易安全、冲击交易秩序。在对"合法利益"进行判断时不能过于宽泛，应当作限缩解释，才

---

[1] 《执行异议复议规定》第28条规定："金钱债权执行中，买受人对登记在被执行人名下的不动产提出异议，符合下列情形且其权利能够排除执行的，人民法院应予支持：（一）在人民法院查封之前已签订合法有效的书面买卖合同；（二）在人民法院查封之前已合法占有该不动产；（三）已支付全部价款，或者已按照合同约定支付部分价款且将剩余价款按照人民法院的要求交付执行；（四）非因买受人自身原因未办理过户登记。"

[2] 《执行异议复议规定》第29条规定："金钱债权执行中，买受人对登记在被执行的房地产开发企业名下的商品房提出异议，符合下列情形且其权利能够排除执行的，人民法院应予支持：（一）在人民法院查封之前已签订合法有效的书面买卖合同；（二）所购商品房系用于居住且买受人名下无其他用于居住的房屋；（三）已支付的价款超过合同约定总价款的百分之五十。"

[3] 参见杨耀天：《第三人代为履行的请求权基础》，载《人民司法》2023年第10期。

能防止第三人任意干预债的关系。[1] 如果不对第三人的范围进行限制，就有可能导致第三人借助这一制度获得不当利益或者损害债权人的利益。[2]

具体而言，在界定此"具有合法利益"的其他情形时，需要把握的要素有：其一，此"合法利益"须是因债务人履行债务而实现的利益，并非因第三人代为履行而产生的利益。这一"合法利益"通常应当在第三人代为履行前即已存在，而且能够通过替债务人履行债务来实现。其二，此"合法利益"应当具有获得某种权益的性质，而不能仅仅是单纯避免某种经济损失，比如单纯的连环交易中后手交易人替其前手交易人履行交货义务的情形。当然，在例外情形下，比如，在不动产买卖或者特定动产买卖中，如果连环交易中的后手交易严重依赖前手交易，后手交易人享有的期待利益达到了权益程度，那么也不妨认定后手交易人对前手交易具有合法利益。其三，第三人代为履行具有合法目的，不得损害他人合法利益。对"合法利益"的判断还要考量第三人代为履行具有合法目的。第三人代为履行的目的应当合法，不能损害他人合法利益。[3] 比如，第三人为了达到行贿获取不法利益的目的，代受贿对象向开发商支付购房款，该第三人代为履行的目的就不具有合法性，甚至已经触犯刑法。这对于准确理解和适用《民法典合同编通则解释》第 30 条第 1 款第 7 项规定的"其他对履行债务具有合法利益的第三人"具有重要指引意义。

此外，法律明确规定第三人可以代为履行的，当然属于《民法典》第 524 条第 1 款规定的"具有合法利益"的范畴。比如，《民法典》第 719 条规定："承租人拖欠租金的，次承租人可以代承租人支付其欠付的租金和违约金，但是转租合同对出租人不具有法律约束力的除外。次承租人代为支付的租金和违约金，可以充抵次承租人应当向承租人支付的租金；超出其应付的租金数额的，可以向承租人追偿。"

---

〔1〕 参见王利明：《论第三人代为履行——以〈民法典〉第 524 条为中心》，载《法学杂志》2021 年第 8 期。

〔2〕 参见《民法典合同编通则解释》起草工作组：《〈关于适用民法典合同编通则若干问题的解释〉的理解与适用》，载《人民司法》2024 年第 1 期。

〔3〕 参见最高人民法院民事审判第二庭、研究室编著：《最高人民法院民法典合同编通则司法解释理解与适用》，人民法院出版社 2023 年版，第 348－349 页。

### （四）第三人代为履行的法律效果

**1. 法定债权转让规则的适用**

依据《民法典》第524条第2款的规定，债权人接受第三人履行后，其对债务人的债权转让给第三人，但是债务人和第三人另有约定的除外。此即在一般情形下构成了法定的债权转让。由此就要体系化适用有关债权转让的规则。比如，第三人受让债权后，应当依照《民法典》第546条第1款〔1〕、第548条的规定通知债务人，否则对债务人不发生效力；债务人接到债权让与通知后，债务人对让与人（即债权人）的抗辩，可以向受让人主张。值得注意的是，具有合法利益第三人代为履行债务的，债权人无权拒绝。〔2〕从第三人代为履行制度的本意及《民法典》第524条规定的文义上看，具有合法利益的第三人可以部分代为履行。但是在第三人有履行瑕疵或者不适当履行的情况下，债权人有权向债务人主张相应的违约责任，如果第三人的代为履行不完整、不全面，即其所履行部分存在瑕疵，那么债权人仍可以向债务人请求完全履行。〔3〕此即是对合同相对性原理的必要尊重，体现第三人代为履行作为第三人权利的性质，也有利于发挥这一制度的功能价值。

值得注意的是，这一法定债权转让效果的实现也不能以损害债权人利益为条件。为了防止对债权人利益的损害，《民法典》第524条第1款也规定了第三人代为履行的除外情形，即根据债务性质、按照当事人约定或者依据法律规定只能由债务人履行的，则不能由第三人代为履行。在法律效果上，第三人代为履行后该第三人取得相应的债权，也同样不能害及债权人的利益。比如，第三人仅代为清偿部分债务，就以所取得的债权向债务人的破产管理人申报债权，就可能损害到债权人的利益。〔4〕

---

〔1〕《民法典》第546条第1款规定："债权人转让债权，未通知债务人的，该转让对债务人不发生效力。"

〔2〕参见朱广新、谢鸿飞主编：《民法典评注·合同编·通则》，中国法制出版社2020年版，第491页。

〔3〕参见韩世远：《合同法总论》（第2版），法律出版社2008年版，第206页。

〔4〕参见《民法典合同编通则解释》起草工作组：《〈关于适用民法典合同编通则若干问题的解释〉的理解与适用》，载《人民司法》2024年第1期。

**2. 担保人代为履行后向其他担保人主张权利的限制**

依据《民法典合同编通则解释》第30条第3款的规定，担保人代为履行债务取得债权后，向其他担保人主张担保权利的，依据《民法典担保制度司法解释》第13条第1款和第2款、第14条、第18条第2款[1]等规定处理。这一规定系对担保人的追偿问题作出专门的指引规定，是因为在债务存在多个担保人的情形下，其中一个担保人向债权人代为履行，则按照《民法典》第524条的规定，该担保人就可以受让取得债权人的债权，这时如果该债权之上还存在其他担保，就构成实质意义上的混合共同担保内部的追偿权问题。由此就要考虑在担保人代为履行后，如果不明确担保人之间的追偿问题，那么担保人就有可能利用第三人代为履行制度架空原则上禁止追偿的规定。[2]而如上文所述，这一情形已构成实质意义上的混合共同担保的追偿权问题，故应当体系化适用《民法典担保制度司法解释》的相关规定。

## 三、审判实践中需要注意的其他重点问题

### （一）真正利益第三人合同与债权人与债务人之间补偿关系合同之间的关系问题

就真正利益第三人合同的问题，实务中经常存在一种情形：为了第三人的利益，债权人与债务人签订了一个由债务人向第三人履行的合同，在此合

---

〔1〕《民法典担保制度司法解释》第13条第1款和第2款规定："同一债务有两个以上第三人提供担保，担保人之间约定相互追偿及分担份额，承担了担保责任的担保人请求其他担保人按照约定分担份额的，人民法院应予支持；担保人之间约定承担连带共同担保，或者约定相互追偿但是未约定分担份额的，各担保人按照比例分担向债务人不能追偿的部分。同一债务有两个以上第三人提供担保，担保人之间未对相互追偿作出约定且未约定承担连带共同担保，但是各担保人在同一份合同书上签字、盖章或者按指印，承担了担保责任的担保人请求其他担保人按照比例分担向债务人不能追偿部分的，人民法院应予支持。除前两款规定的情形外，承担了担保责任的担保人请求其他担保人分担向债务人不能追偿部分的，人民法院不予支持。"第14条规定："同一债务有两个以上第三人提供担保，担保人受让债权的，人民法院应当认定该行为系承担担保责任。受让债权的担保人作为债权人请求其他担保人承担担保责任的，人民法院不予支持；该担保人请求其他担保人分担相应份额的，依照本解释第十三条的规定处理。"第18条第2款规定："同一债权既有债务人自己提供的物的担保，又有第三人提供的担保，承担了担保责任或者赔偿责任的第三人，主张行使债权人对债务人享有的担保物权的，人民法院应予支持。"

〔2〕参见最高人民法院民事审判第二庭、研究室编著：《最高人民法院民法典合同编通则司法解释理解与适用》，人民法院出版社2023年版，第356页。

同的约定中，第三人有向债务人请求履行债务的请求权；与此同时，债权人与债务人又签订了一个合同，此合同通常是约定债权人给予债务人适当的补偿。由此容易引发争议——如果在此补偿协议无效或者被撤销等情形下，是否影响该真正利益第三人合同的效力？如果债务人已经向第三人履行，该债务人的权益如何保障？笔者初步认为，在此情形下应当遵循合同相对性原理，此补偿关系的合同效力并不能影响该真正利益第三人合同，其中的救济问题各自按照相应的约定事项、法定规则处理。也就是说，只要该第三人没有在合理期限内行使拒绝权，其就有权向债务人主张履行债务，其所获得的履行利益也不受上述补偿协议无效、被撤销或者被解除的影响，由此才符合真正利益第三人合同之宗旨。但是，在通过对两个合同条款的解释，探究债权人与债务人订立的补偿关系合同系双方订立真正利益第三人合同的基础，如果存在这一补偿协议，且该协议中明确约定了此真正利益第三人合同的效力要以该补偿协议为基础，而该第三人知道此协议内容的，这时有关补偿关系的合同无效、被撤销等就要影响该第三人通过另一个合同获得利益，此法理基础应当是恶意不受保护。至于该真正利益第三人应当知道却因重大过失不知道的情形，也应当适用这一规则。此外，如果在该真正利益第三人合同中明确约定了两个合同之间的关系，比如此补偿关系合同无效、被撤销或者被解除的，债权人享有解除该真正利益第三人合同的权利，在此约定不违背法律、行政法规的强制性规定和公序良俗的前提下，自应认可此合同的效力。

### （二）第三人代为履行与债务承担、债务加入的区别

#### 1. 与债务承担的区别

此债务承担专指免责的债务承担。在第三人代为履行的情形下，通常不需要考虑债权人与债务人的意愿，只要符合法律规定的条件，第三人就可以代为履行。也就是说，只要符合第三人代为履行的条件，第三人即享有代为履行的权利，不需要债权人同意，债权人也不得拒绝第三人的履行行为。但是在债务承担中，因为原债务人不再继续向债权人履行债务，所以必须征得债权人的同意。对于第三人代为履行，如果第三人不履行，则债权人不能向其主张违约责任，其只能向债务人主张违约责任，由债务人来承担。但是在

债务承担中，该第三人已成为当事人，这时债权人可直接向第三人主张违约责任。

**2. 与债务加入的区别**

债务加入以债务人与第三人有约定或者第三人单独为债务加入的意思表示为构成要件，第三人代为履行以债务人不履行债务且第三人对债务履行有法律上的合法利益为前提；债务加入的效果是债务人与债务加入人对债权人承担连带责任，而第三人代为履行则是该第三人的一项权利，债权人不得拒绝。由此可见，债务加入中债务加入人的责任要比第三人代为履行中第三人的责任更重，且更加符合意思自治原则。是故，从减轻义务人负担的角度出发，在第三人代为履行与债务加入的认定上存有疑问时，特别是在不能认定当事人就债务加入达成了合意的情况下，应当作对该第三人负担较轻的解释，即解释为第三人代为履行为妥。

# 第十六讲

## 情势变更规则的细化完善与具体适用



情势变更，是指合同有效成立后，因不可归责于双方当事人的事由，发生了不可预见的重大情势变化，致使合同的基础动摇或者丧失，若继续履行合同会显失公平，因此允许当事人通过协商或者司法程序变更或者解除合同的制度。〔1〕情势变更制度是对合同严守原则的突破，是在出现合同履行客观障碍时给予受明显不利益一方当事人免于按照原合同约定履行义务的救济规则，其目的是排除合同成立后因情势变更所生的不公平结果。情势变更制度的理论基础包括德国的法律行为基础说、法国的不可预见说以及英美法中的合同落空理论。其中，德国学者厄尔特曼提出的法律行为基础说得到广泛认可〔2〕，拉伦茨后又提出修正法律行为基础说，从主观与客观的角度进一步阐述法律行为基础理论，成为学界通说。我国原《合同法》未规定情势变更，

---

〔1〕 参见王家福主编：《中国民法学·民法债权》，法律出版社 1991 年版，第 393 页；最高人民法院民法典贯彻实施工作领导小组主编：《中华人民共和国民法典合同编理解与适用》，人民法院出版社 2020 年版，第 477 页。

〔2〕 参见［德］维尔纳·弗卢梅：《法律行为论》，迟颖译，法律出版社 2013 版，第 589 页。

2009年最高人民法院出台的《合同法解释（二）》第26条[1]正式确立了情势变更制度，为处理合同情势变更案件提供了裁判规范。为防止情势变更制度被滥用，最高人民法院同时下发通知[2]，要求情势变更案件适用审核程序，将其作为一种严格适用的例外规则。新冠疫情期间，最高人民法院陆续发布的司法政策中也都涉及情势变更的适用问题。比如，《最高人民法院关于依法妥善审理涉新冠肺炎疫情民事案件若干问题的指导意见（一）》第3部分第2项明确指出："疫情或者疫情防控措施仅导致合同履行困难的，当事人可以重新协商；能够继续履行的，人民法院应当切实加强调解工作，积极引导当事人继续履行。当事人以合同履行困难为由请求解除合同的，人民法院不予支持。继续履行合同对于一方当事人明显不公平，其请求变更合同履行期限、履行方式、价款数额等的，人民法院应当结合案件实际情况决定是否予以支持。合同依法变更后，当事人仍然主张部分或者全部免除责任的，人民法院不予支持。因疫情或者疫情防控措施导致合同目的不能实现，当事人请求解除合同的，人民法院应予支持。"这其中蕴含情势变更的再交涉义务的元素。应当说，这些年的审判实践，为情势变更制度在立法层面的确立奠定了有力的实践基础。在《民法典》合同编的起草过程中，对是否规定情势变更制度也有一些争论，但总体来看，多数意见认为有必要规定情势变更制度。[3] 最终《民法典》第533条在基本法律层面正式确立了情势变更制度。就其主要内容而言，保留了《合同法解释（二）》的部分内容，同时有三处较大修改：一是删除了司法解释中"非不可抗力"的限制，立法上有将不可抗力与情势变更之间的区分淡化的意图；二是增加了"受不利影响的当事人可以与对方重新协商"的规定，即明确了当事人的再交涉义务，更加尊重当

---

〔1〕《合同法解释（二）》第26条规定，合同成立以后客观情况发生了当事人在订立合同时无法预见的、非不可抗力造成的不属于商业风险的重大变化，继续履行合同对于一方当事人明显不公平或者不能实现合同目的，当事人请求人民法院变更或者解除合同的，人民法院应当根据公平原则，并结合案件的实际情况确定是否变更或者解除。

〔2〕《最高人民法院关于正确适用〈中华人民共和国合同法〉若干问题的解释（二）服务党和国家的工作大局的通知》中规定："对于上述解释条文，各级人民法院务必正确理解、慎重适用。如果根据案件的特殊情况，确需在个案中适用的，应当由高级人民法院审核。必要时应报请最高人民法院审核。"

〔3〕参见黄薇主编：《中华人民共和国民法典合同编释义》，法律出版社2020年版，第160页。

事人之间的意思自治；三是删除了“不能实现合同目的”之情势变更情形，只表述为“继续履行合同对于当事人一方明显不公平”。鉴于《民法典》系第一次在立法层面规定情势变更制度，且对原来司法解释内容作了较大修改，为了正确适用这一制度，更好地指导相关案件的裁判处理，《民法典合同编通则解释》第32条在严格遵循《民法典》第533条规定精神的基础上，经过广泛调研论证，针对审判实务中具有一定普遍性难度的问题，细化了情势变更的法律适用规则。其中，关于情势变更适用中的“重大变化”的认定，《民法典合同编通则解释》第32条第1款规定：“合同成立后，因政策调整或者市场供求关系异常变动等原因导致价格发生当事人在订立合同时无法预见的、不属于商业风险的涨跌，继续履行合同对于当事人一方明显不公平的，人民法院应当认定合同的基础条件发生了民法典第五百三十三条第一款规定的‘重大变化’。但是，合同涉及市场属性活跃、长期以来价格波动较大的大宗商品以及股票、期货等风险投资型金融产品的除外。”关于人民法院判决变更和解除合同规则的适用问题，该条第2款规定：“合同的基础条件发生了民法典第五百三十三条第一款规定的重大变化，当事人请求变更合同的，人民法院不得解除合同；当事人一方请求变更合同，对方请求解除合同的，或者当事人一方请求解除合同，对方请求变更合同的，人民法院应当结合案件的实际情况，根据公平原则判决变更或者解除合同。”第3款又进一步规定：“人民法院依据民法典第五百三十三条的规定判决变更或者解除合同的，应当综合考虑合同基础条件发生重大变化的时间、当事人重新协商的情况以及因合同变更或者解除给当事人造成的损失等因素，在判项中明确合同变更或者解除的时间。”关于当事人能否事先约定排除适用情势变更的问题，该条第4款规定：“当事人事先约定排除民法典第五百三十三条适用的，人民法院应当认定该约定无效。”

## 一、情势变更制度适用的条件

合同严守原则是合同法律制度的基石。情势变更制度为了实现合同正义，对当事人意思自治进行干预，因此该制度的适用必须被限制在非常必要的情形内，即合同严守是原则，情势变更制度只能是例外。[1] 根据《民法典》第533条的规定，情势变更制度的适用需要满足以下几个基本情形：（1）合同成立后，合同的基础条件发生了重大变化；（2）继续履行合同对于当事人一方明显不公平。[2] 结合《民法典合同编通则解释》第32条的规定，具体而言，情势变更的适用须满足以下五个方面的条件。

### （一）合同的基础条件发生重大变化

此系适用情势变更的事实条件，主要包括以下内容：

**1. 客观情况发生足以动摇合同基础的重大变化**

合同的基础条件发生重大变化，是情势变更制度的原因事实，也即事实意义上的“情势变更”。关于“情势”，史尚宽先生认为是指合同成立时作为合同的环境和基础的一切情况。[3] 从《民法典》规定来看，订立合同之主观观念错误，可以撤销制度予以调整，不必纳入情势变更。对于因第三人原因导致情势发生变更的，根据《民法典》第593条的规定，因可归责于第三人，受不利影响一方可依法律或者契约而寻求救济，故亦不适用情势变更制度。因此，《民法典》规定之“情势”，应限于合同客观基础。因此，重大变化并不是当事人主观产生了不同认识，而是合同正常成立、履行所依托的社会经济形势、周围环境和客观条件等发生了剧烈变动，具有某种“突发性”和“异常性”，从而导致当事人之间出现了对价关系障碍，进而动摇了合同基础。[4] 例如，承租人租赁某处商铺，但受疫情影响，商场停止营业，此种情况下，承租人已无法利用商铺进行经营，此时租金与租赁物使用之间即出现对价关系障碍。[5] 有权威观点还指出，如果客观情况虽然发生了变化，但该

---

〔1〕 参见石宏主编：《〈中华人民共和国民法典〉释解与适用·合同编》，人民法院出版社2020年版，第132页。

〔2〕 参见黄薇主编：《中华人民共和国民法典合同编释义》，法律出版社2020年版，第1019－1020页。

〔3〕 参见史尚宽：《债法总论》，中国政法大学出版社2000年版，第450页。

〔4〕 参见最高人民法院民事审判第二庭、研究室编著：《最高人民法院民法典合同编通则司法解释理解与适用》，人民法院出版社2023年版，第370页。

〔5〕 参见江必新、夏道虎主编：《中华人民共和国民法典重点条文实务详解》，人民法院出版社2020年版，第278页。

变化是渐进的、缓慢的，而非异常的，那么，也不得适用情势变更原则。[1]

“情势变更”，即“情势”发生了重大变化，此“情势变更”即为适用情势变更制度的原因事实。情势变更，此时即指“合同赖以成立的环境或基础发生异常之变动”[2]。“重大变化”，是对情势变化的程度要求，一般的、轻微的变化，往往给合同当事人带来的风险较小，通常不会超出交易风险的正常限度，不可能达到情势变更制度所要解决的履行利益显失公平（根本性失衡）结果的程度。有关立法资料认为：第一，这种重大变化是一种客观情况，要达到足以动摇合同基础的程度，这要根据客观情况本身及其对合同基础的影响等进行具体判断。第二，这种重大变化应发生在合同成立后至履行完毕前的期间内。第三，这种重大变化应当是当事人在订立合同时无法预见的。第四，这种重大变化不能属于商业风险。[3] 也就是说，情势变更中的重大变化重心在于给合同正常履行造成障碍，但是这种障碍应该是严重的，即足以动摇合同基础。反言之，对于此重大变化可以理解为，如果当事人在订立合同前知道这一变化便不会订立合同。

**2. 该重大变化不能属于商业风险**

《民法典》专门规定情势变更“不属于商业风险”，首先是指情势变更所要求的风险要超出作为交易固有之危险的商业风险的程度。情势变更与商业风险的界分，是情势变更制度适用中的一个难点所在。一般而言，商业风险是指一个理性的交易当事人在交易时应当注意并自愿承担的从事交易固有之风险，其最典型的表现是由于价格的涨落和市场供求关系的变化导致的财产上的损失[4]；是由各种不确定因素引起的、能够给商业主体带来损失的机会或可能性的一种客观经济现象。《民法典》将商业风险排除在情势变更之外，其目的也是将商业风险作为情势变更的对照，适当限制情势变更的范畴。这在比较法上亦为通例。例如，在法国法上，作为一条通用规则，引发重大事

---

[1] 参见崔建远：《合同法》（第4版），北京大学出版社2021年版，第131页。

[2] 史尚宽：《债法总论》，中国政法大学出版社2000年版，第450页。

[3] 参见石宏主编：《〈中华人民共和国民法典〉释解与适用·合同编》，人民法院出版社2020年版，第132页。

[4] 参见王利明：《情事变更制度若干问题探讨——兼评〈民法典合同编（草案）〉（二审稿）第323条》，载《法商研究》2019年第3期。

由的事实须处于对方当事人的“风险领域”（sphere of risk）。[1]《国际商事合同通则》第 6. 2. 2 条规定：“事件不能为处于不利地位的当事人所控制且事件风险不由处于不利地位的当事人承担。”《欧洲合同法原则》第 6: 111 条规定，“依据合同，情事变更之风险并非受影响之当事人所应承担的”。某一客观情况的变化是属于正常的商业风险，还是属于可引起情势变更制度适用的重大变化，法律无法划定统一的标准，只能在具体个案中综合各方面情况作具体判断，不能单纯地以价格涨跌幅度大小、合同履行难易等作简单判断。[2] 为应对 2008 年国际金融危机对我国经济发展的严重影响，最高人民法院于 2009 年印发的《民商事合同纠纷指导意见》中明确指出：“商业风险属于从事商业活动的固有风险，诸如尚未达到异常变动程度的供求关系变化、价格涨跌等。情势变更是当事人在缔约时无法预见的非市场系统固有的风险。人民法院在判断某种重大客观变化是否属于情势变更时，应当注意衡量风险类型是否属于社会一般观念上的事先无法预见、风险程度是否远远超出正常人的合理预期、风险是否可以防范和控制、交易性质是否属于通常的‘高风险高收益’范围等因素，并结合市场的具体情况，在个案中识别情势变更和商业风险。”依此理解，对于商业风险和非商业风险，需要在个案中具体判断。不同行业、不同领域的风险边界都不一样，如一般商品交易风险较小，证券、期货交易的风险则较大，而证券、期货交易中涉及杠杆、对冲交易的风险则更大，所以这种情况一定要放到具体的商业环境下，按照市场主体的标准去判断。

对于具体的区分标准，有学者认为，可以从异常性、可预见性、可归责性等三个方面进行辨别[3]；还有学者认为，可以从可预见性、获益性、影响广泛性、外部性、风险防范等五个角度进行区分。[4] 笔者认为，商业风险，其本质上仍然符合市场交易规律，也没有超越相同行业、领域的一般人的理

---

〔1〕 参见秦立威等译注：《〈法国民法典：合同法、债法总则和债之证据〉法律条文及评注》，载李昊、明辉主编：《北航法律评论》总第 7 辑，法律出版社 2017 年版，第 184－267 页。

〔2〕 参见石宏主编：《〈中华人民共和国民法典〉释解与适用 · 合同编》，人民法院出版社 2020 年版，第 132 页。

〔3〕 参见崔建远：《情事变更原则探微》，载《当代法学》2021 年第 3 期。

〔4〕 参见王利明：《情事变更制度若干问题探讨——兼评〈民法典合同编（草案）〉（二审稿）第 323 条》，载《法商研究》2019 年第 3 期。

性预期，即并没有出现对于合同基础影响的异常性，因而相关交易主体对由此产生的风险能够预见或者应当预见，没有预见也就具有相应的过错，具备可归责性。与商业风险相比，情势变更中的“重大变化”则是非市场固有的风险，是市场供求关系、价格、税收政策等异常变化之危险。把握情势变更重大变化与商业风险最核心的区分标准，在于此种重大变化是否符合具体行业领域内的商事规律，市场主体对此是否具有可预见性。应当说，正常的价格变动虽然是商业风险，但因政策变动或者供求关系的异常变动导致价格发生当事人在订立合同时难以合理预见的涨跌，按照原定价格履行合同将带来显失公平的结果，则应当认定为发生了情势变更。[1] 这里应该有一个从量变到质变的过程。具体而言，正常的价格变动属于量变的范畴，是商业风险，但如果超出了相应的量的积累，达到了质变的程度，则应当认定为情势变更。此质变即是要求价格的变化必须异常，从而使当事人一方依照合同的约定履行将导致明显不公平。当然，合同标的物属于市场属性活跃、长期以来价格波动较大的大宗商品以及股票、期货等风险投资型金融产品的，则另当别论。因为，在这一“高风险、高收益”的场景中，即相同行业、领域的市场主体在从事证券、期货、金融衍生品以及价格波动较大的大宗商品贸易，或者使用杠杆、风险对冲等交易时，通常能够预见该类市场中剧烈变化的情势，故此情势变化应属于商业风险。

从类型上看，情势变更中所要求的“重大变化”可以表现为政治、军事、经济、社会、自然等各领域所出现的各类突发情况，在民商事审判实践中则主要表现为社会经济形势的剧烈变动，包括经济危机、金融危机、严重通货膨胀、国家宏观调控与价格管制措施、重大疫情与防控措施、重大社会政策调整等。[2] 比较法上，德国的情势变更主要被总结为以下几类：（1）货币贬值。在以货币作为履行标的的长期双务合同中，货币贬值是一种影响平衡关系的常见类型。（2）法律变动与行政行为。法律变动通常为当事人所不能预

---

〔1〕 参见《民法典合同编通则解释》起草工作组：《〈关于适用民法典合同编通则若干问题的解释〉的理解与适用》，载《人民司法》2024年第1期。

〔2〕 参见最高人民法院民事审判第二庭、研究室编著：《最高人民法院民法典合同编通则司法解释理解与适用》，人民法院出版社2023年版，第370页。

见，往往会构成履行不能或情势变更。主要有以下几种情况：其一，征收（Enteignung）。其二，税法的变动。其三，法律变动。其四，经济管理法律的变动。（3）灾难。在德国，基于灾难而适用情势变更制度的情况不多。就中国而言，在出现灾难的情况下，可以直接通过适用不可抗力条款加以解决。（4）其他经济因素的变化。这里的经济环境，包括影响民事主体生产和经营的各种客观因素。[1] 在我国，有学者在研究了2013年至2016年543件情势变更案例后，总结出法院认定的情势变更主要分为三类：一是法律法规或者政策改变，二是行政行为，三是当事人意外死亡等其他事由。[2] 这些分类有助于司法实务中对情势变更的认定，但是对于情势变更的具体适用，还要根据个案情况来判断，不能作“一刀切”式的处理，比如对于新冠疫情或者疫情防控政策，就需要在具体个案中进行分析。

### （二）情势变更须发生于合同成立之后

此系适用情势变更的时间要件，情势变更的事实须发生于合同成立之后，履行完毕之前。[3] 要求情势变更发生在合同成立之后，是因为如果情势变更发生在合同订立之前，应认为当事人已经认识到所发生的事实，合同的成立是以已经变更的事实为基础的，不允许事后调整，只能令明知的当事人自担风险。[4] 这时即使当事人因不知道而订立合同的，可依重大误解撤销合同，亦不属于情势变更。在合同履行后发生情势重大变化的，也不能适用情势变更。从《民法典》第533条规定“继续履行合同对于当事人一方明显不公平”的文义上看，情势变更适用于未履行之债务，已经履行完毕的不予适用。笔者认为，对于部分履行的情形，对于剩余未履行部分也有适用情势变更的空间，特别是在适用情势变更当事人进行再交涉还需要一个过程时，这个过程中存在部分尚未履行的情形适用情势变更更为公平。此外，对于债务已经履

---

〔1〕 参见［德］卡斯腾·海尔斯特尔、许德风：《情势变更原则研究》，载《中外法学》2004年第4期。

〔2〕 参见万方：《我国情势变更制度要件及定位模式之反思》，载《法学评论》2018年第6期。

〔3〕 参见崔建远主编：《合同法》（第4版），北京大学出版社2021年版，第131页。

〔4〕 参见王利明、崔建远：《合同法新论·总则》，中国政法大学出版社1996年版，第325－335页；崔建远主编：《合同法》（第5版），法律出版社2010年版，第129页。

行完毕后发生情势变更的，显然不能适用情势变更的规则，对于债务人迟延后发生情势变更的，也不得请求变更或者解除合同，但是对于持续性履行合同中尚未履行且未陷入迟延的债务，对债务人不具有可归责性，情势变更应有适用的必要。

### （三）当事人在订立合同时对情势变更不能预见

此系适用情势变更的主观要件，如果当事人在订立合同时已经预见，即当事人在合同中订有情势变更条款，约定情势将来有变更时双方对之应如何调整给付的，在该条款范围内，应当认定当事人已经预见，自无情势变更制度之适用余地。如果当事人虽然没有预见，但其应当预见而没有预见，则其对未预见有过错，亦应自担风险。关于预见的主体，有意见认为应为合同双方当事人，预见的内容为情势变更发生的可能性，预见的时间为合同缔结之时，预见的标准应当为主观标准，即以遭受不利益一方的实际情况为准。[1]这一观点可资借鉴。但需要注意的是，无法预见的主体应为双方而非一方当事人。如果有一方当事人能够预见相应的重大变化，而另一方当事人并无相应预见，则双方合意在缔结合同时就可能存在一方欺诈或者重大误解等情况，则不应适用情势变更而应适用欺诈或者重大误解的规则，依法主张撤销该合同。

订约合同当事人对情势变更的预见性，既有主观标准，又有客观标准。但订约当事人的预见能力因人而异，采主观标准在实践中往往难以审查认定，故通说认为应当采客观预见标准。[2] 即使是客观标准，也并非所有合同类型均适用同一标准，在不同交易领域、不同的交易主体、不同的交易类型中，应适用该领域（民事合同与商事合同）、该类主体（消费者与经营者）、该类型（日常性合同与投机性合同）的相应行业、领域中的一般人标准。比如，“从事房地产营销的经营者应当对国家房地产调控政策可能带来的履约风险进

---

〔1〕 参见江必新、夏道虎主编：《中华人民共和国民法典重点条文实务详解》，人民法院出版社2020年版，第278页。

〔2〕 参见王利明：《情事变更制度若干问题探讨——兼评〈民法典合同编（草案）〉（二审稿）第323条》，载《法商研究》2019年第3期。

行充分的预估，其以政策调控原因主张情势变更的，法院不予支持"〔1〕；"国家行政法规明确禁止在风景区采矿，即便地方政策执行宽松，作为矿业公司对政策的走向应当有预见，之后当地政策逐步收紧导致探矿权不能延续，对于龙煤公司而言不属于意外风险，而是商业风险"〔2〕。此外，合同的风险性越高，可预见性标准要求也越高，适用情势变更的可能性越小。在德国法上，"危险性买卖之投机行为，根本不适用情势变更原则"〔3〕。2009 年的《民商事合同纠纷指导意见》中也强调，"对于涉及石油、焦炭、有色金属等市场属性活泼、长期以来价格波动较大的大宗商品标的物以及股票、期货等风险投资型金融产品标的物的合同，更要慎重适用情势变更原则"。高风险交易、长期合同的当事人往往会自行在合同中分配潜在风险，如与通货膨胀或者生产成本挂钩的价格自动调整条款等〔4〕，通过市场化方式化解，不能适用情势变更的规则。因此，《民法典合同编通则解释》第 32 条第 1 款最后一句规定在情势变更适用中"合同涉及市场属性活跃、长期以来价格波动较大的大宗商品以及股票、期货等风险投资型金融产品的除外"。

### （四）情势变更不可归责于当事人

对于情势变更，当事人没有过错。情势变更必须不可归责于双方当事人。如果可归责于当事人，则应由其承担风险或违约责任，而不适用情势变更制度。〔5〕情势变更的不可归责要件，是仅对受不利益一方不可归责，还是要求对各方均不可归责，必须予以明确。《国际商事合同通则》提出情势变更要符合"事件不能为处于不利地位的当事人所控制"〔6〕，仅指明未受不利益一方控制，即不可归责于受不利益一方。但应当注意的是，即使情势之变更不可归责于受不利益一方，如果可归责于受利益一方，则应由其承担风险或违约

---

〔1〕最高人民法院民事裁定书，（2014）民申字第 232 号。

〔2〕最高人民法院民事判决书，（2019）最高法民终 827 号。

〔3〕史尚宽：《债法总论》，中国政法大学出版社 2000 年版，第 453 页。

〔4〕参见［美］罗伯特·A. 希尔曼：《合同法的丰富性：当代合同法理论的分析与批判》，郑云瑞译，北京大学出版社 2005 年版。

〔5〕参见崔建远主编：《合同法》（第 3 版），法律出版社 2003 年版，第 93 页。

〔6〕《国际商事合同通则》第 6.2.2 条。

责任，也不适用情势变更制度。至于因可归责于第三人之事由致情势变化，能否适用情势变更？通常因第三人之原因导致合同履行之障碍时，因受不利益之一方可以依侵权责任的请求权主张损害赔偿，其利益能够得到填补，也无须适用情势变更制度予以救济。

### （五）情势变更导致履行利益显失公平或者不能实现合同目的

此系适用情势变更的后果要件。情势变更制度适用，以救济合同履行利益根本性失衡为目的，即以解决因客观情势之变更导致的合同双方利益显失公平问题。《民法典》第533条规定情势变更导致“继续履行合同对于当事人一方明显不公平”作为结果事实。构成显失公平，应依理性人的看法加以判断，包括履行特别困难、债权人受领严重不足、履行对债权人无利益等。[1]实务中有争议的是，此是否就意味着将《合同法解释（二）》第26条规定的“不能实现合同目的”的后果就彻底废弃了呢？笔者认为，按照举轻以明重的逻辑，《民法典》第533条规定的显失公平应当能够包含“不能实现合同目的”。从显失公平的理解着手。情势变更导致的显失公平结果，通常分为两类：一是一方履行成本显著增加。一方履行其义务的费用大幅增加，对于非金钱义务来说，包括生产成本的增加，表现为生产货物的原材料价格或者提供服务的价格剧增，按照法律或者命令的新要求生产工序投资大幅增加，还包括义务履行的费用剧增，既可以是履行金钱义务也可以是履行非金钱义务，如运费的剧增、税费的剧增、货币的剧烈贬值等。二是一方受履行的利益显著减少。因履行所获利益的大幅降低，既可能在金钱履行的情况下，也可能在物或者其他权利的履行的情况下，履行利益显著减少，甚至是全部消灭。如因为通货膨胀导致的合同约定价格的显失公平。从比较法上看，情势变更多适用于“合同目的不能实现”的情形。《国际商事合同通则》明确规定合同目的不能实现为合同履行利益降低的一种类型，“债务履行的价值大幅下降或者全部丧失，可能是由于市场条件的巨大变化，或者因为要求履行的合同

〔1〕 参见杨立新：《合同法》（第2版），北京大学出版社2022年版，第165页。

目的落空"[1]。《德国民法典》第313条规定，如果当事人预见情势变更，"就不会订立合同或会以不同的内容订立合同"，既包括了合同目的不能实现，又包括履行利益显失公平。

我国的审判实务也持这一态度，比如，在杜某伟与黄某增转让合同纠纷上诉案中，法院生效裁判认为，"因合同成立以后发生了所转让的店面面临拆迁的这一双方无法预见的重大变化，致使转让合同目的不能实现，根据《合同法解释（二）》第26条规定，依据公平原则，并结合本案的实际情况，原告诉请解除《转让协议》，应予支持"[2]。此即是典型的因情势变更导致合同目的无法实现的案例。此外，政府调整城市规划，将某合同项下拟开发之土地调整为公共绿地，则原有合同目的无法实现。比如，房屋限购政策的出台，原本房屋买卖合同因为限购政策而无法过户，合同目的无法履行。[3] "具体判断是否构成情势变更，应以是否导致合同基础丧失，是否致使目的落空，是否造成对价关系障碍，作为判断标准。"[4] 有学者认为显失公平应按照理性人的看法加以判断，包括履行特别困难、债权人受领严重不足、履行对债权人无利益。[5] 是故，即使《民法典》没有规定合同目的不能实现之情势变更类型，在解释论上，也应当将合同目的不能实现囊括进继续履行合同导致显失公平的范畴当中。

当然，情势变更导致合同目的不能实现，通常是指合同的全部目的不能实现，不应包括部分目的不能实现情形。[6] 合同目的包括一般目的和特殊目的。合同的一般目的是特定类型的合同所固有并意欲实现的一般交易目标，任何一个正常的交易人依据交易惯例均可事先得以预判，因此，合同的一般交易目的无须特别声明即视为当事人双方在订立合同时均已知晓。比如，在

---

〔1〕《国际商事合同通则》第6.2.2条。

〔2〕福建省高级人民法院民事判决书，(2010) 闽民终字第261号。

〔3〕参见宁波市镇海区人民法院民事判决书，(2011) 甬镇民初字第713号。

〔4〕梁慧星:《中国民法经济法诸问题》，法律出版社1991年版，第226页。

〔5〕参见崔建远主编:《合同法》(第3版)，法律出版社2003年版，第93页。

〔6〕参见最高人民法院民事判决书，(2015) 民二终字第284号。判决指出，"如果合同目的可以得到部分实现且未实现的合同目的并未导致一方获益而另一方受到损害或者产生其他不公平的情形的，不符合合同法司法解释二关于情势变更的规定。当事人据此主张变更或者解除合同的，法院不予支持"。

买卖合同中，买方的一般合同目的在于获得符合约定的标的物，卖方的一般合同目的在于获取对价；在租赁合同中，出租方的一般合同目的在于获取租金，承租方的一般合同目的在于取得承租物的使用权。这时合同的主要目的不能实现的，即可视为合同目的不能实现。合同的特殊交易目的则是当事人根据合同类型和交易惯例无法直接预判得知的，故当事人在订立或履行合同时应将其特殊交易目的向对方明示才能产生相应的约束力。否则，当事人不得以特殊交易目的落空为由主张解除合同。判断合同目的，考察的是当事人的缔约目的，主观性较强，有时比较困难，各国都是根据合同的主要标的来确定合同的目的。[1] 比如特定物买卖中的标的物灭失的，即可认定合同目的不能实现。

情势变更与履行利益显失公平结果之间要具有因果关系，这是适用情势变更的关键因素，也是防止滥用情势变更冲击合同稳定性的重要抓手。有观点认为，情势变更应当是导致履行利益显失公平结果的直接的、关键的原因，若没有情势变更，就不会出现履行利益显失公平。同时，情势变更须单独存在即可达到导致显失公平后果的程度，尤其在致合同目的不能实现时，情势变更应直接等于合同目的无法实现。

此外，值得注意的是，依据《最高人民法院关于认真学习、贯彻〈最高人民法院关于适用《中华人民共和国民法典》合同编通则若干问题的解释〉的通知》（法〔2023〕239 号）的要求，《合同法解释（二）》第 26 条规定情势变更制度后，最高人民法院发布了《关于正确适用〈中华人民共和国合同法〉若干问题的解释（二）服务党和国家的工作大局的通知》（法〔2009〕165 号），要求各级人民法院审慎适用情势变更制度，根据案件的特殊情况，确需在个案中适用的，应当由高级人民法院审核；必要时应报请最高人民法院审核。考虑到《民法典》第 533 条已就情势变更制度作了明确规定，《民法典合同编通则解释》施行后，上述审核制度不再施行。《最高人民法院关于认真学习、贯彻〈最高人民法院关于适用《中华人民共和国民法典》合同编通则若干问题的解释〉的通知》第 3 部分还同时明确规定：“各级人民法院应正

〔1〕 参见叶林：《论不可抗力制度》，载《北方法学》2007 年第 5 期。

确理解民法典及《解释》关于情势变更制度的规定，妥善处理实现个案公平与维护合同稳定之间的关系。”

## 二、情势变更的效力

情势变更，受不利益的一方当事人可以请求变更和解除合同，这是情势变更的主要效力。情势变更之效力体现为对其所导致合同履行利益显失公平结果的调整，通过变更合同内容或者解除合同的方式对危险进行分担。通过对《民法典》第533条所规定的法律后果来看，从当事人方面讲，一是可以请求对方重新协商，二是可以请求法院或仲裁机构变更或解除合同，请求权人无法以自己单方的意思而变更或解除合同。

### （一）变更和解除合同的适用顺序

因适用情势变更制度而变更合同和解除合同效力关系如何，是一个事关当事人主要合同权利义务乃至合同预期方面的重大问题。有关立法资料认为，人民法院或者仲裁机构应当结合案件的实际情况，判断是否符合情势变更制度的适用条件，对此应当严格掌握，避免当事人以情势变更制度作为逃避履行合同的借口，损害合同的效力和权威，破坏正常的交易秩序。符合情势变更制度适用条件的，人民法院应当根据公平原则，就变更合同还是解除合同，以及变更合同、解除合同后的法律后果等作出裁断。[1]

关于变更和解除合同的适用顺序，有学者主张，应当先适用变更，再适用解除，因为情势变更制度的适用目的，是排除合同关系因重大情势变化而产生的显失公平结果，故其第一次效力在于维持原有法律关系，而对所发生之不公平结果予以变更；在变更不足以排除不公平结果之时，才可进一步使其法律关系终止或消灭，此被称为第二次效力。[2] 情势变更制度适用的例外性要求最大限度减少对于合同权利义务关系的干预，从制度设计上看，也是

---

〔1〕 参见石宏主编：《〈中华人民共和国民法典〉释解与适用·合同编》，人民法院出版社2020年版，第133页。

〔2〕 参见王利明：《合同法研究》（第2卷）（第3版），中国人民大学出版社2015年版，第337－338页。

将当事人之间的重新协商作为一种前置程序，以尽量减少人民法院介入当事人意思自治的次数。因此，在变更或解除合同的适用顺序上，也应当坚持合同严守的基本立场，即最大限度地保留原有合同、维护合同效力、促进合同履行，尽量通过变更合同使双方的权利义务重新达致平衡，使合同继续履行变得公正合理。[1] 因此，《民法典合同编通则解释》第32条第2款规定了如果当事人仅请求变更合同，人民法院应通过变更合同解决权利义务严重失衡问题，而不得径行判决解除合同；如果当事人一方请求变更合同，对方请求解除合同，人民法院则应当结合案件的实际情况，根据公平原则判决变更或者解除合同。

这一做法在审判实践中早已有之，《最高人民法院关于武汉市煤气公司诉重庆检测仪表厂煤气表装配线技术转让合同购销煤气表散件合同纠纷一案适用法律问题的函》（法函〔1992〕27号）在主要原材料价格增加近三倍的情况下，仍然没有支持解除合同："鉴于武汉市煤气公司与重庆检测仪表厂签订的技术转让合同已基本履行，煤气表生产线已投入生产并产生了经济效益，一审法院判决解除该合同并由仪表厂拆除煤气表装配生产线，是不利于社会生产力发展的。"此即强调了能够变更合同解决问题的，不得直接解除合同的原则。[2] 需要注意的是，法院在裁判案件时，还可根据案件具体情况决定变更还是解除合同，但此需要遵循上述鼓励交易、维护合同稳定性的理念。

《最高人民法院关于依法妥善审理涉新冠肺炎疫情民事案件若干问题的指导意见（一）》对于再交涉义务作了一定探索，因疫情或者疫情防控措施导致合同履行困难的，当事人可以重新协商，可通过变更履行期限、履行方式、价款数额等方式确保合同可以继续履行；在法律后果上，当事人协议变更合同后，应当履行变更后的合同，当事人仍然主张部分或者全部免除责任的，人民法院不予支持。[3] 笔者认为，对于仅仅是继续履行会导致显失公平的情势变更情形，法院应尽可能促成合同变更，即通过增减履行标的物的数量、

---

〔1〕 参见最高人民法院民事审判第二庭、研究室编著：《最高人民法院民法典合同编通则司法解释理解与适用》，人民法院出版社2023年版，第373页。

〔2〕 参见杜万华主编：《民法典实施精要》（中），法律出版社2022年版，第116页。

〔3〕 参见姜启波、陈龙业、贾玉慧：《〈关于依法妥善审理涉新冠肺炎疫情民事案件若干问题的指导意见（一）〉的理解与适用》，载《人民司法》2020年第19期。

调整价款金额、改变履行期限或者履行方式，比如将一次履行变为分批履行等方式，使原合同能够在公平的基础上得到履行。只有无法变更，或者变更不足以达成目的时，才可以解除合同。对于合同目的不能实现型情势变更案件，在合同履行已经事实上不能或者法律上不能的情况下，或者合同履行在经济上显著不合理，或者其他通过变更合同的方式不能消除显失公平的后果或变更有悖于缔约目的的情况下，已经无法通过变更来解决问题，法院或仲裁机构应判决或裁决解除合同。[1] 概言之，如果可以通过变更合同解决权利义务严重失衡问题，当事人主张解除合同的，人民法院应主动向当事人释明变更诉讼请求，否则对其解除合同主张一般不予支持；如果通过变更合同无法解决问题，当事人主张变更合同的，人民法院也应主动向当事人释明变更诉讼请求，对其解除合同主张应当依法予以支持。[2]

### （二）变更或者解除合同时间的确定

《民法典》第533条第2款规定人民法院或仲裁机构应当结合案件的实际情况，根据公平原则变更或者解除合同。但在确定变更或者解除合同的具体时间标准上，该条并未有明确规定。对此，主要存在四种意见。第一种意见认为，以情势变更发生的时间为准，此方法比较贴合大部分案件的实际情况，但对于案情较为复杂或者经过重新协商后的合同权利义务关系变化的，则不够准确；第二种意见认为，以一审案件受理的时间为准。此方法简单明确，能够体现受不利益的一方当事人的救济诉求，但可能与权利义务失衡的具体情况不符；第三种意见认为，以判决发生效力的时间为准。此方法简便易行，但由于诉讼期间长短不一，容易被当事人通过诉讼程序进行人为操纵；第四种意见认为，由人民法院在判决中确定时间。此方法根据案件具体情况认定，更有利于保证当事人权利义务与责任分配上的公平、合理，更能体现情势变更制度的设计初衷和制度价值，但给予法官自由裁量权的空间较大。实务中，

---

〔1〕 参见王利明主编：《中国民法典释评·合同编·通则》，中国人民大学出版社2020年版，第347页。

〔2〕 参见周恒宇：《关于〈民法典〉情势变更制度的若干重要问题》，载《中国应用法学》2022年第6期。

法院裁判常以“自本判决生效时”作为合同解除的时间点，多数情况下是合适的，但对于持续性合同，则未必合适。[1] 实务中也有依判决以情势变更确定发生时作为合同解除的时间点的。[2] 从比较法上看，《国际商事合同通则》第 6.2.3 条第 4 款规定：“如果法院认定存在艰难情形，只要合理，法院可以：（a）依其确定的日期和条件终止合同，或者（b）为恢复合同的均衡而调整合同。”即由法院确定合同解除的日期和条件；《法国民法典》也有类似规定，即法官可以依据一方当事人的请求，决定变更合同或者依其确定的日期和条件解除合同。[3]

笔者认为，适用情势变更制度解除合同，与当事人依照《民法典》第 563 条和第 564 条规定主张解除合同，存在实质不同。有关立法资料认为，当事人依照《民法典》第 563 条和第 564 条规定享有的分别是合同法定解除权和约定解除权，是当事人本身所享有的民事实体权利。根据《民法典》第 565 条的规定，当事人依法行使合同解除权，应当通知对方，自通知到达对方时即发生合同解除的法律效果；此种情形下当事人依法提起诉讼或申请仲裁主张解除合同的，法院或仲裁机构判决解除合同也是对当事人本身所享有的合同解除权的确认，合同自起诉状副本送达对方时解除。反观情势变更制度中的变更或者解除合同请求权，乃是法律规定对当事人权利义务显著失衡状态所作的必要调整，当事人本身并不享有实体上的合同解除权或者变更权，法律仅规定当事人在程序上可以向人民法院或者仲裁机构提出请求，最终是否变更或者解除合同，以及如何调整当事人之间的权利义务，则由人民法院或者仲裁机构进行判定。[4] 因此，人民法院在审理判决变更或者解除合同时，由其在判决书中明确合同变更或者解除的具体时间，具有制度适用上的可行性和合理性，在实际操作中也更具灵活性。[5]

---

〔1〕 参见韩世远：《情事变更若干问题研究》，载《中外法学》2014 年第 3 期。

〔2〕 参见广东省东莞市中级人民法院民事判决书，(2013) 东中法民一终字第 325 号。

〔3〕 参见最高人民法院民事审判第二庭、研究室编著：《最高人民法院民法典合同编通则司法解释理解与适用》，人民法院出版社 2023 年版，第 373 页。

〔4〕 参见黄薇主编：《中华人民共和国民法典合同编释义》，法律出版社 2020 年版，第 161－162 页。

〔5〕 参见最高人民法院民事审判第二庭、研究室编著：《最高人民法院民法典合同编通则司法解释理解与适用》，人民法院出版社 2023 年版，第 374 页。

为避免由人民法院在判决中确定具体时间所带来的法官裁量权空间过大等问题，《民法典合同编通则解释》依照《民法典》第533条规定的基本精神，要求必须综合考量合同基础条件发生重大变化的时间、当事人重新协商的情况以及因合同变更或者解除给当事人造成的损失等相关因素，充分考虑双方当事人权利义务关系在合同履行期间因情势变更所带来的不同影响，即结合案件的实际情况，根据公平原则确定变更或者解除合同的具体时间，上述综合考虑因素也应在判决理由中予以阐述。

需要注意的是，就合同解除的法律后果而言，一般要发生溯及既往的效力，但在继续性的合同中，合同的性质决定了其无法溯及既往地消灭。根据《民法典》第566条的规定，应当根据合同性质是否为继续性合同、已经完成的给付能否返还等因素，来具体确定其效力是单纯地向将来消灭还是溯及既往地消灭。如果当事人对此有约定，则应当根据此约定来决定向将来消灭还是溯及既往地消灭。对于诸如租赁合同等继续性合同，即便判决或者裁决合同解除，也应当只向将来发生效力，因为就情势变更发生之前已经履行完毕的部分，债的目的已经实现，而且没有受到情势变更的影响，没有理由再去干涉其效力。需要注意的是，因情势变更而发生的合同解除，即便发生溯及效力，其也应当有所限制。“解除权的溯及效力应有限制，既非完全溯及，亦非完全不溯及，而是溯及自法律交易基础欠缺或丧失时起，双方当事人互负回复原状的义务。”〔1〕这一观点值得借鉴。换言之，即便能够恢复原状，解除的效力也只能溯及情势变更发生之时，而不能溯及合同成立时。因为在情势变更发生之前，合同的约定及其履行都应当是有效的。〔2〕

### （三）当事人能否事先约定排除适用情势变更制度

对于这一问题，其在实务中主要的争议点是情势变更规定系任意性规范抑或强制性规范，如果认定情势变更条款系任意性规范，则应尊重当事人意

〔1〕彭凤至：《情事变更原则之研究——中、德立法、裁判、学说之比较》，台北，五南图书出版有限公司1986年版，第40页。

〔2〕参见王利明主编：《中国民法典释评·合同编·通则》，中国人民大学出版社2020年版，第348页。

思自治，如果当事人已经对有关情况的发生及其处理方法作了明确约定，就不能适用情势变更制度得出相反或不同的结论；如认为情势变更制度是强制性规范，其目的是解决合同基础变化导致当事人利益显著失衡的问题，如允许当事人约定排除其适用，必然造成受不利益方风险的显著加重，违背情势变更制度的设置目的，故当事人不得以约定进行排除。有观点认为，情势变更可以参照不可抗力条款的规定，如果因全部或者部分排除不可抗力规则的适用而获益的当事人，属经营者或者用人单位等，而对方当事人属于消费者或者劳动者等应受法律特别保护的弱势群体，这就意味着相较于不可抗力规则对消费者或者劳动者等弱势群体的保护而言，排除不可抗力条款的适用就降低了对消费者权益或者劳动者权益的保护水平，属于损害社会公共利益的合同条款，得认定该条款无效。如果是合同的双方当事人都属于商事主体，或者双方当事人都是普通民事主体的，不存在法律对某一方当事人进行特别保护的问题，合同中约定的不可抗力条款属于双方对交易风险作出的安排，此时不可抗力规则不承担维护公共利益的使命，属于任意性规范，约定排除其适用的不可抗力条款当属有效。[1] 这一见解较有道理，但是，情势变更制度在本质上是国家基于公平原则的考量，具有通过司法权对严重失衡下的合同履行进行干预、矫正的制度价值，其制度本身具有法律适用上的强制性规范意旨。情势变更制度的适用体现了国家通过司法权对合同自由进行干预，因此，当事人事先约定排除情势变更原则适用的约定应被认定为无效。[2] 是故，《民法典合同编通则解释》第32条第4款规定了当事人事先约定排除适用应被认定为无效。这是为了避免在签订合同时，一方当事人基于其缔约上的强势地位，迫使对方当事人放弃情势变更制度适用，导致实质上不公平的风险逃避与风险负担。倘若允许事先放弃，则会使情势变更制度被架空，有违《民法典》赋予人民法院矫正合同严重失衡权力的设计初衷。至于受不利益的一方当事人事后是否选择通过情势变更制度寻求救济则在所不问，以充

〔1〕 参见王轶：《新冠肺炎疫情、不可抗力与情势变更》，载《法学》2020年第3期。

〔2〕 参见《民法典合同编通则解释》起草工作组：《〈关于适用民法典合同编通则若干问题的解释〉的理解与适用》，载《人民司法》2024年第1期。

分体现当事人的意思自治原则。[1]

## 三、审判实践中需要注意的其他重点问题

### （一）关于不可抗力与情势变更之间的适用关系

情势变更与不可抗力之间的关系一直以来都是理论和实务中的难点问题，以至于现今仍有将不可抗力与情势变更完全界分甚至割裂开来的意见。笔者认为，虽然从法律效果上讲，不可抗力作为法定免责事由与情势变更存在很大不同，比如，不可抗力是免责事由，而情势变更产生的是变更或解除合同的权利，只能由法院或者仲裁机构裁判变更或者解除，但是从事由上讲，无论如何不能将它们截然分开，特别是随着《民法典》第533条对于情势变更的界定已明确将《合同法解释（二）》第26条中的“非不可抗力”的要素删除，就意味着立法上也已认可了情势变更与不可抗力之间的密切联系。

不可抗力与情势变更各有其功能，但二者并非必然冲突，存在功能相互补充之处。[2] 将不可抗力纳入情势变更的事由，既符合客观事实，也符合情势变更的制度功能。情势变更制度存在的背景是，因为一定情势的发生，导致当事人订立合同的基础动摇或者丧失，如果按照原合同继续履行，则对当事人而言也不公平。在这样的考量下，无论是不可抗力，还是其他导致履行困难的原因，只要造成了履行困难、继续履行对当事人不公平，不论其属于不可抗力还是其他客观原因，都可能构成情势变更。[3]

### （二）关于发生情势变更后再交涉义务的适用问题

根据《民法典》第533条的规定，发生情势变更后，受不利益的一方可以请求重新协商，此即情势变更之再交涉义务。对于再交涉义务的性质、效力以及履行等问题，实务中不无争议。

---

〔1〕参见最高人民法院民事审判第二庭、研究室编著：《最高人民法院民法典合同编通则司法解释理解与适用》，人民法院出版社2023年版，第374页。

〔2〕参见韩世远：《合同法总论》（第4版），法律出版社2018年版，第498页。

〔3〕参见王利明：《合同法通则》，北京大学出版社2022年版，第336页。

**1. 再交涉义务的性质和效力**

概言之，再交涉义务是诚实信用原则下的附随义务的法定化，是一种法定义务。[1] 再交涉义务是法律规定的于有情势变更时，受不利益的一方可以提出协商请求，对方接受请求进行协商，对于双方均为一种义务，是以启动和实现重新协商为目的的义务。因此，情势变更的再交涉义务，是一种法定的重新确定合同内容的义务[2]，在实体法上应为不真正义务[3]，该义务不应在原合同债务之外再加重受不利益一方的责任，即违反及时交涉义务，不产生损害赔偿责任，其法律后果应当是影响其变更或解除合同请求权。也正是从这个角度出发，此再交涉义务对于受不利影响的当事人而言，具有了义务属性，相对于其请求变更或者解除合同而言，此又具有了前置程序的性质。当事人在未进行再磋商时，不能直接提起诉讼或者仲裁。[4]

**2. 再交涉义务的履行**

其一，受不利益的一方应当于情势变更后，在合理时间内提出协商请求，此合理时间的判断，一方面要根据交易类型、交易主体、交易习惯等因素；另一方面也要和当事人的止损义务相结合，在导向上有必要按照“及时”提出协商来把握。如果受不利益的一方没有及时提出协商请求，原则上不应排除其适用情势变更制度的权利，但因为其迟延提出请求，在提出之前不能停止其履行义务，否则可能产生相应的违约责任。

其二，双方在交涉过程中应当遵守诚实信用原则。双方当事人必须诚实交涉，主要体现在双方积极协作配合义务方面，要提供充分真实的信息，诚实回应对方提议、提出自身提议等。受不利益的一方应当秉持诚信原则阐述其请求并说明情势变更的事由。从《民法典》第533条规定的立法精神看，

---

〔1〕 参见王利明：《情事变更制度若干问题探讨——兼评〈民法典合同编（草案）〉（二审稿）第323条》，载《法商研究》2019年第3期。

〔2〕 德国法上有争议，通说认为是确定权，既非形成权，又非请求权。参见朱岩编译：《德国新债法：条文及官方解释》，法律出版社2003年版，第141页。

〔3〕 参见王利明：《情事变更制度若干问题探讨——兼评〈民法典合同编（草案）〉（二审稿）第323条》，载《法商研究》2019年第3期。

〔4〕 参见朱广新、谢鸿飞主编：《民法典评注·合同编·通则》，中国法制出版社2020年版，第529页。

对方当事人这时负有继续谈判的义务，其应当按照诚信原则予以回应、协作和配合。但是此协商义务应是一种手段义务，而不是结果义务，对于受不利益一方提出的调整方案，对方当事人没有必须接受的强制缔约义务，否则将会过于干涉当事人的意思自治。对方当事人拒绝重要协商的，受不利益一方当事人即得通过请求法院或者仲裁机构变更或者解除合同。在客观上已经形成了一种倒逼机制，法律上没有必要再规定由当事人承担违反继续协商义务的赔偿责任。[1]

**3. 关于再交涉义务是否具有停止履行的效力的问题**

有观点认为，受情事变更不利影响的一方之所以可以中止履行而不承担违约责任，“其道理只有通过承认受不利益方享有中止履行的抗辩权才能得到解释。所以，在理论上应当承认情事变更场合受不利影响当事人的中止履行抗辩权”[2]。但从比较法上看，基本上都不认可再交涉义务具有停止履行的效力。例如，《法国民法典》第1195条规定，受情势变更不利影响一方，在协商的期间应继续履行义务。《国际商事合同通则》第6.2.3条也规定，重新谈判的要求本身并不能使处于不利地位的当事人有权停止履约，理由是：“其原因在于艰难的例外特性和可能滥用救济手段的风险。”笔者认为，这一问题非常复杂，涉及合同稳定性与鼓励交易的价值考量，又涉及对受不利影响的一方利益的保护，在审慎认定和适用情势变更的前提下，探索赋予该方当事人中止履行的抗辩权，具有一定的可行性：一方面，依常理，发生情势变更的情况下，不可能期待受不利益的一方当事人坐等损害继续扩大，其中止履行从一定意义上讲，也符合止损义务的精神；另一方面，按照审慎适用情势变更的思路，如果一旦裁判认定不构成情势变更，这时中止履行的一方当事人就要承担相应的违约责任，由此也可以形成对该方当事人滥用情势变更的制约甚至制裁。这时也只能适用违约责任来进行制裁，因为即使没有以情势变更为由的拒绝履行，也只能是适用相应的违约责任来规制。是故，受不利益的一方当事人主张构成情势变更而进行再协商时，将是否中止履行交给其

---

〔1〕 参见王利明：《合同法通则》，北京大学出版社2022年版，第339页。

〔2〕 韩世远：《情事变更若干问题研究》，载《中外法学》2014年第3期。

选择比较妥当，但是将此明确为一项权利，可能又与前述的不构成情势变更时承担违约责任在逻辑上存在冲突。鉴于这一问题的复杂性，还有必要在实务中进行进一步探索积累经验。

# 第十七讲

# 代位权规则的细化完善与司法适用

一、对审判实践中具有一定普遍性问题所作新增规定的适用
二、对旧解释进行了实质性修改的规定的适用
三、对旧解释相关规定作适应性修改内容的适用

代位权的法律适用是合同领域非常复杂的问题之一，实践中案件数量虽然不多，但普遍反映审理此类案件都有一定难度，而无论是原来的《合同法》还是现在的《民法典》对于代位权的规定条文都很少，相较实务中纷繁多样的具体问题，存在规则供给不足的问题。比如原《合同法》仅有第 73 条一个条文规定代位权，正因如此，《合同法解释（一）》（已失效）、《合同法解释（二）》（已失效）用了大量条文对代位权的具体适用作了细化规定，这为《民法典合同编通则解释》在起草思路和内容上都提供了有益经验，比如在具体条文中直接规定代位权的条文就有 9 个，仅次于有关违约责任的条文数。实务中，代位权规则供给不足还有一个特别重要的表现就是随着经济社会生活的发展，人民法院审理的纠纷案件的复杂性日益提高，与实务中需要裁判的案件相比，关于代位权的既有法律适用规则缺乏的问题比较突出。正因如此，《民法典合同编通则解释》起草过程中重点围绕代位权案件对审判实践需要解决的具有普遍性的突出问题作出新增规定，或者对原有规定作出实质性修改，以更加适应审判实务中统一代位权法律适用的需要。

## 一、对审判实践中具有一定普遍性问题所作新增规定的适用

针对审判实践中具有一定普遍性问题明晰法律适用规则是《民法典合同

编通则解释》致力解决的重点问题。此在代位权部分也有典型体现，主要有以下内容。

### （一）债务人与相对人签有仲裁协议时代位权诉讼的进行

对于代位权诉讼是否要受债务人与相对人之间仲裁协议影响，理论和实践中均存在较大争议，亟待统一。一种意见认为，代位权诉讼不应受债务人与相对人之间的仲裁协议的约束。其理由主要是：允许代位权诉讼受仲裁条款约束，将导致《民法典》代位权制度被实质架空，不符合《民法典》规定精神。另一种意见则认为，代位权诉讼应当受到仲裁协议的约束。其主要理由是：债务人与相对人订有仲裁协议则意味着排除了人民法院对双方之间纠纷的管辖权。仲裁协议是当事人意思自治的产物，签订仲裁协议往往是当事人基于特别考量以排除人民法院的管辖。鉴于这一问题在审判实践中具有一定的普遍性，为统一裁判尺度，在《民法典合同编通则解释》起草过程中即将其作为一个重点问题着力攻关。最终，《民法典合同编通则解释》采取了相对折中的方案：一方面，原则上采取了仲裁协议不能排除代位权适用的规则；另一方面，为平衡各方当事人的利益，体现对仲裁协议的尊重，尤其是对仲裁协议中相对人利益的尊重，采取了适当灵活的方案。

将仲裁协议不能排除代位权适用作为一般规则。《民法典合同编通则解释》第36条第1句规定："债权人提起代位权诉讼后，债务人或者相对人以双方之间的债权债务关系订有仲裁协议为由对法院主管提出异议的，人民法院不予支持。"此主要考虑是：一是从规范分析抑或法理层面来看，结合《民法典》的规定文义，《民法典》合同编有多处提到"人民法院或者仲裁机构"，比如《民法典》第533条关于情势变更的规定、第585条关于违约金调整的规定，但在第535条关于代位权行使的规定中，仅是限缩表述为"人民法院"。再结合体系化适用的考量，依据《民法典合同编通则解释》第33条的规定，怠于仲裁就已构成了债权人向人民法院主张行使代位权的条件。而且，如果仲裁协议优先，势必会将"法定"的代位权规则"架空"，且非常容易出现通过一个"仲裁协议"甚至倒签此协议来阻却代位权行使的道德风险。二是从审判实践经验的总结上看，如上文所述，《合同法解释（一）》

（已失效）虽然没有明确规定代位权行使是否受仲裁协议约束，但其第 13 条第 1 款规定债务人怠于行使权利是指不履行到期债务，又不以诉讼或者仲裁方式主张权利。换言之，债务人怠于申请仲裁，就符合了代位权行使的条件。因此，从解释论的角度言之，《合同法解释（一）》（已失效）第 13 条已经隐含了代位权行使不受仲裁协议约束的意思。在这之后的《最高人民法院关于原告交通银行股份有限公司宁波分行与被告芜湖市国土资源局、第三人芜湖金隆置地有限公司债权人代位权纠纷一案法律适用问题的请示报告的答复》（〔2013〕民二他字第 19 号）即明确：债权人提起的代位权诉讼与债务人、相对人之间的合同纠纷属于不同的法律关系，债务人和相对人之间事先订有仲裁条款的，债务人或相对人有权依据仲裁条款就双方之间的合同争议申请仲裁，债权人并非该合同法律关系的一方当事人，无权对此提出异议。审理代位权诉讼的人民法院可依照民事诉讼法的相关规定中止代位权诉讼。待仲裁裁决发生法律效力后再恢复审理。[1] 而且，在一些典型案件中，最高人民法院也是一直秉持了这一态度，比如在**湘电风能有限公司、弈成新材料科技（上海）有限公司债权人代位权纠纷案**[2]的裁判中指出，虽然合同约定了仲裁条款，但代位权人既非该仲裁条款所涉合同的一方当事人，又非该仲裁条款所涉合同权利义务的受让人，且该约定管辖与《合同法解释（一）》（已失效）第 14 条规定的债权人代位权诉讼特殊地域管辖规定相冲突，故代位权人不受仲裁条款约束。不少地方法院对这一问题也基本持这一态度。比如，2004 年广东省高级人民法院出台的《关于印发〈关于涉外商事审判若干问题的指导意见〉的通知》（粤高法发〔2004〕32 号）保持了上述观点，第 92 条规定："依法取得代位权的人行使代位权的，不受被代位人订立的仲裁条款的约束。"《重庆市高级人民法院关于民事诉讼管辖若干问题的解答》（渝高法〔2017〕256 号）第 16 条明确规定："债权人提起代位权诉讼不受债务人与次债务人之间仲裁约定或者管辖约定的约束，由被告即次债务人住所地法院管辖；但债务人与次债务人之间的法律关系属于专属管辖、专门管辖、集中管

〔1〕 参见郁琳：《代位权诉讼司法管辖与仲裁管辖冲突的解决》，载最高人民法院民事审判第二庭编：《商事审判指导》（总第 36 辑），人民法院出版社 2014 年版，第 54 页。

〔2〕 参见最高人民法院民事裁定书，（2019）最高法民辖终 73 号。

辖范围的，应由相应法院管辖。”

关于对仲裁协议的尊重。仲裁协议涉及债务人与相对人，既体现了对他们意思自治的尊重，又涉及对相对人利益的保护。为体现这一理念，在总结各方经验的基础上，《民法典合同编通则解释》第 36 条第 2 句规定了“债务人或者相对人在首次开庭前就债务人与相对人之间的债权债务关系申请仲裁的，人民法院可以依法中止代位权诉讼”。以“首次开庭前”作为时点节点，主要是参考了《仲裁法》第 26 条的规定。该条规定：“当事人达成仲裁协议，一方向人民法院起诉未声明有仲裁协议，人民法院受理后，另一方在首次开庭前提交仲裁协议的，人民法院应当驳回起诉，但仲裁协议无效的除外；另一方在首次开庭前未对人民法院受理该案提出异议的，视为放弃仲裁协议，人民法院应当继续审理。”依该条文意，订有仲裁协议的当事人一方起诉，对方应当在首次开庭前提出异议，否则视为放弃仲裁协议。相较于“一审法庭辩论终结前”的时间节点，采取“首次开庭前”的要求，既有利于促进当事人及时申请仲裁，又有利于防止司法程序空转、避免司法资源浪费。至于“可以”中止审理，则是鉴于相关纠纷案件的复杂多样性，为人民法院根据案件具体情况依法作出灵活处理预留空间。

在此需要注意的是，实务中还会存在债权人与债务人之间订有仲裁协议的情形，对此仍应遵循代位权行使的法定性要求，在符合相应条件的前提下，依据《民法典》第 535 条的规定，债权人代债务人之位对债务人的相对人提起代位权诉讼当然是行得通的，这与债权人依据仲裁协议向债务人主张权利并不冲突，只是涉及同时并存上述两种情形时，人民法院可以依据《民事诉讼法》第 153 条的规定先行中止代位权诉讼。

### （二）债务人与相对人签订管辖协议时代位权诉讼的进行

关于债权人提起代位权诉讼是否应受债务人与相对人之间管辖协议的约束问题，理论和实务上也有不同意见。一种意见认为，代位权诉讼提起前，债务人与次债务人事先签订有管辖协议的，应认可协议管辖的效力，由协议管辖法院予以管辖。[1] 实务中，有的判决认为债权人行使代位权是基于债务人对次债务人享有的债权，代债务人向次债务人主张该笔债权，其诉请系基于债务人与次债务人之间的法律关系，故应当根据债务人与次债务人之间的管辖约定来确定管辖法院。[2] 另一种意见认为，债权人代位权之诉的法院管辖不应受到债务人与相对人之间协议管辖条款的约束。其基本理由包括：一是基于合同具有相对性，管辖协议存在于债务人与次债务人之间，与债权人提起的代位权诉讼无关联，不能约束非合同主体的债权人。[3] 二是基于对相应规定的规范分析。在司法解释就代位权诉讼明确规定了管辖法院后，再结合对于"债务人怠于行使权利"当然包括其没有根据管辖协议向相对人提起诉讼的情形，就代位权的诉讼即已排除了其他法院的管辖，包括债务人与次债务人之间的管辖协议。《民法典合同编通则解释》采纳了上述第二种意见及理由。特别是在相对人没有履行其债务的情况下，其本身已经具有明显的可责难性，这时也不宜对其过度保护，而且在事实上，相对于管辖协议确定的管辖地点，由被告住所地法院管辖也就是由相对人的住所地法院管辖，这通常也是有利于相对人的。当然，需要注意的是，如果涉及相对人对债务人主张相应权利的情形，这仍然涉及代位权诉讼与相对人诉讼之间的衔接问题。笔者认为，这时即使允许相对人依据管辖协议向有管辖权的人民法院提起诉讼，也要受《民法典合同编通则解释》第 39 条的约束，即在代位权诉讼中，债务人对超过债权人代位请求数额的债权部分起诉相对人，属于同一人民法院管辖的，可以合并审理。不属于同一人民法院管辖的，应当告知其向有管辖权的人民法院另行起诉；在代位权诉讼终结前，债务人对相对人的诉讼应当依法中止。至于相对人仅是认为其与债务人之间存在债权债务争议的，可以通过相对人直接在代位权诉讼中提出相应的抗辩来解决，如违约金过高、同时履行抗辩等。这既符合代位权行使法定性的特点，又有利于纠纷的一次性解决。

---

〔1〕 参见徐永上：《代位权诉讼相关法律问题解析》，载《法制博览》2015 年第 7 期。

〔2〕 参见重庆市渝北区人民法院民事裁定书，(2017) 渝 0112 民初 19168 号。

〔3〕 参见最高人民法院民事裁定书，(2016) 最高法民辖终 62 号；广东省中山市中级人民法院民事裁定书，(2014) 中法立民终字第 445 号。

### （三）代位权诉讼中债权人的债权是否必须事先经法定程序确定

对于代位权诉讼的债权确定问题，一种意见认为，鉴于代位权行使要以合法债权存在为前提，因此只有经过法院或仲裁机构仲裁审理确认的债权才能视为合法债权。另一种意见认为，债权合法是债权人行使代位权的实质要件，在法律没有明确限定的情况下，可以在代位权诉讼中一并予以审理。《民法典合同编通则解释》采纳了第二种意见，在第 40 条第 2 款新增规定："债务人的相对人仅以债权人提起代位权诉讼时债权人与债务人之间的债权债务关系未经生效法律文书确认为由，主张债权人提起的诉讼不符合代位权行使条件的，人民法院不予支持。"主要理由是，虽然债权人享有合法有效的债权是其行使代位权的条件，但该债权是否合法有效，应属于法院受理代位权诉讼后进行实体审理的内容，而非在立案受理时审查的内容。而且，将债权限定为经诉讼或仲裁确认的债权，会影响代位权功能价值的发挥，造成诉讼程序的拖延，既会导致当事人诉累，也会浪费司法资源，不符合纠纷实质性化解的理念要求。是故，就债权人的未经生效法律文书确认的债权，在代位权诉讼中人民法院需要对此是否合法有效以及具体数额等进行审理认定。此外，债权人的债权已经生效法律文书确定，但如果涉及裁判生效后的执行情况，影响债权人债权数额的确定，仍需对债权人能够主张代位权的债权余额等进行审查。

### （四）代位权诉讼提起后债务人处分其对相对人债权的限制

对于债权人提起代位权诉讼后，债务人对代位权标的的处分权应否受到限制的问题，理论和实务上也有不同意见。"肯定说"主张，为防止债权人代位权制度目的的落空，一旦代位权人行使代位权，债务人的处分权将因此受到限制。[1]"否定说"则认为，代位权之行使，并非强制执行，在法律未作明文规定时，不宜片面考虑债权人的利益而剥夺债务人对财产的处分权。如果债务人在债权人行使代位权时，将其债权出让或与相对人和解，债权人可

〔1〕 参见韩世远：《合同法总论》（第 4 版），法律出版社 2018 年版，第 448 页。

依据撤销权，撤销债务人的行为。[1] 鉴于这一问题在审判实践中具有一定普遍性，《民法典合同编通则解释》第 41 条对此作了明确，原则上采纳了肯定说的意见，同时结合审判实践中的典型情形，就债务人处分权的限制问题予以明确："债权人提起代位权诉讼后，债务人无正当理由减免相对人的债务或者延长相对人的履行期限，相对人以此向债权人抗辩的，人民法院不予支持。"此规定需重点把握"无正当理由"的判断问题。对此需要考量债务人是否具有损害债权人利益的恶意，此减免行为是否属于交易中的正常行为以及是否存在合理的对价来进行综合判断。至于"减免相对人的债务"，则既包括放弃全部债权，又包括减少部分债权。此放弃或者减少的既可以是到期债权，也可以是未到期的债权。至于"延长相对人的履行期限"也需要受前面"无正当理由"的限制。此延长履行期限的债权也包括未到期债权的情形，因为债务人恶意延长其对相对人未到期债权的履行期限，使其履行期限延长超过了债权人债权清偿的期限，也会影响债权人债权的实现。

## 二、对旧解释进行了实质性修改的规定的适用

基于对审判实践中具有一定普遍性问题予以解决的需要，《民法典合同编通则解释》在总结理论与实务经验的基础上，对原《合同法》的两个旧司法解释的一些内容作了实质性修改，以更加适应审判实践的需要。这主要包括以下内容。

### （一）关于专属于债务人自身权利的范围

对于何为"专属于债务人自身的权利"，《合同法解释（一）》（已失效）第 12 条在总结当时审判实践经验的基础上规定："合同法第七十三条第一款规定的专属于债务人自身的债权，是指基于扶养关系、抚养关系、赡养关系、继承关系产生的给付请求权和劳动报酬、退休金、养老金、抚恤金、安置费、人寿保险、人身伤害赔偿请求权等权利。"如上文所述，这一规定在以往审判实践中统一法律适用发挥了积极作用。但是随着时代的进步，理论研究的深

〔1〕 参见黄立：《民法债编总论》，中国政法大学出版社 2002 年版，第 479－480 页。

入以及实践发展的不断丰富，上述规定就有不尽合理之处，有必要予以调整修改。基于此，《民法典合同编通则解释》第 34 条在综合各方意见的基础上，对这一问题作出了规定，保留了《合同法解释（一）》（已失效）第 12 条的部分内容，并对大部分内容作了实质性修改调整。保留的内容主要有：基于扶养关系、抚养关系、赡养关系……产生的给付请求权（文字表述上调理为“扶养费、抚养费或者赡养费请求权”），人身伤害赔偿请求权（文字表述上调整为“人身损害赔偿请求权”）等。主要修改调整的内容包括：删除了安置费和因继承关系产生的给付请求权，将“退休金、养老金……人寿保险”的权利修改为“请求支付基本养老保险金、失业保险金、最低生活保障金等保障当事人基本生活的权利”，将“劳动报酬”调整限缩为“劳动报酬请求权，但是超过债务人及其所扶养家属的生活必需费用的部分除外”，并以“其他专属于债务人自身的权利”作为兜底，保持体系上的开放性和前瞻性。

上述保留的内容，比如抚养费、赡养费或者扶养费请求权，此类权利具有较强的人身专属性，且往往涉及债务人基本生活的保障，故属于“专属于债务人自身的权利”，对此学术界和理论界均无争议；人身损害赔偿请求权，也具有明显的人身专属性，不宜作为代位权行使的对象。与此类似的情形，比如义务兵退出现役的烈士褒扬金、退役金[1]等应属于不能代位行使的权利，可以纳入本条兜底条款所包括的范围。

修改的内容中，第一个就是有关保险金的问题。随着经济社会的发展，社会保障日趋健全和完善，商业保险也日趋发达，险种设计日益精细，简单用“养老金”“人寿保险”的提法已经不够准确。比如，养老金本身涉及退休金的问题，又涉及养老保险的问题，对此，《社会保险法》规定了基本养老金，其第 15 条规定：“基本养老金由统筹养老金和个人账户养老金组成。基本养老金根据个人累计缴费年限、缴费工资、当地职工平均工资、个人账户金额、城镇人口平均预期寿命等因素确定。”在《社会保险法》明确规定基本养老金的概念时，司法解释有必要为顺应其规定而作出调整。而且《社会保

〔1〕《兵役法》第 53 条第 2 款规定：“义务兵退出现役自主就业的，按照国家规定发给一次性退役金，由安置地的县级以上地方人民政府接收，根据当地的实际情况，可以发给经济补助。国家根据经济社会发展，适时调整退役金的标准。”

险法》第 17 条规定："参加基本养老保险的个人，因病或者非因工死亡的，其遗属可以领取丧葬补助金和抚恤金；在未达到法定退休年龄时因病或者非因工致残完全丧失劳动能力的，可以领取病残津贴。所需资金从基本养老保险基金中支付。"该条规定的丧葬补助金、抚恤金以及病残津贴，与基本养老金一样，都具有人身专属性，也应排除在代位权行使的对象之外。失业保险金当然具有基本生活保障的功能，也不能作为代位权行使的对象。同时，《民法典合同编通则解释》根据调研意见，将最低生活保障金给付请求权纳入，同时以"等"字兜底。其他相应的具体权利类型虽未明确列举，但如果是与基本养老保险金给付请求权一样具有保障当事人基本生活功能的，也应当排除在代位权行使对象之外。对于人寿保险，作为人身保险的一种，是以被保险人的寿命为保险标的，且以被保险人的生存或者死亡为给付条件的人身保险。这属于商业保险的一种，要受保险合同的约束，有关保险收益与其投保数额密切相关，尤其是人寿保险的类型较为复杂。例如，将投资性人寿保险一概认为是专属于债务人自身的权利，可能会导致债务人利用大额投资性人寿保险逃避债务，故《民法典合同编通则解释》第 34 条对"人寿保险"未作规定。当然，对此不再作明确规定，也并非一概否认，对于有关保险中属于基本生活保障功能的人寿保险险种，应排除在代位权行使对象之外，此类情形的处理可在实践中进一步探索积累经验。

第二个就是关于劳动报酬请求权的问题。实务中，不少意见认为，社会中不少人都是以劳动报酬作为生活来源以及进行相应的社会交往、经济交易的资金来源，如果对此不允许代位，作为债务人的人很容易出现怠于行使权利的问题，损害债权人利益。而且实践中部分企业高管、从事专门工作的有关人员的高额报酬如不允许代位行使，更会导致对债权人严重不公的结果。在充分考虑劳动报酬的生活保障及经济交往的不同功能的基础上，《民法典合同编通则解释》第 34 条不再简单将劳动报酬请求权一概排除在代位权行使的对象之外，而是结合民事诉讼法中涉及基本生活保障方面的规定，明确了"超过债务人及其所扶养家属的生活必需费用的"劳动报酬请求权属于代位权行使的范围。

另外，《民法典合同编通则解释》第 34 条根据实际需要，还删除了《合同法解释（一）》（已失效）第 12 条规定的部分情形，这主要包括基于继承关系产生的给付请求权、退休金、安置费请求权。删除的主要原因就是考虑到经济社会发展的进步，各权利类型所承载的功能价值日趋多元，“一刀切”式地将其排除在代位权行使对象范围之外，有时会导致债权人与债务人之间的利益明显失衡。当然，不再明确列举这些权利类型并将其排除在代位权行使范围之外，其目的在于避免争议，需要根据实际中的具体情况区别对待，类推适用《民法典合同编通则解释》第 34 条所具体列举的权利类型，并适用好该条规定的兜底条款。比如，就继承关系产生的给付请求权而言，随着人民财富增长，大额的财富继承并不鲜见，一概排除在代位权行使范围外是否合理，已引起越来越多的讨论。考虑到继承人怠于继承的情形相对较少，且请求继承本身能否代位的问题存在一定争议，《民法典合同编通则解释》第 34 条在综合上述意见的基础上最终决定不再明确规定基于继承关系产生的给付请求权是否属于“专属于债务人自身的权利”。实务中如遇此类情形，人民法院可以依据有关基本养老金或者劳动报酬规定的要求作同质性考量予以认定。在此需要注意的是，有关安置费请求权是否属于专属于债务人自身的权利的问题，争议很大。有意见指出，考虑到安置费本身数额很大，且具体门类复杂多样，不能一概被认定为是“专属于债务人自身的权利”之对象。这一见解较有道理，经综合考量，《民法典合同编通则解释》第 34 条最终将安置费请求权删除，实务中有关具体问题的处理可以根据本条规定精神进行相应的区别对待。

### （二）代位权诉讼中当事人的诉讼地位及相关诉讼的合并审理

关于代位权诉讼中当事人的诉讼地位问题，《民法典合同编通则解释》第 37 条第 1 款规定：“债权人以债务人的相对人为被告向人民法院提起代位权诉讼，未将债务人列为第三人的，人民法院应当追加债务人为第三人。”这一规定是由《合同法解释（一）》第 16 条修改而来，在表述上顺应《民法典》的规定将该条第 1 款中的“次债务人”修改为“债务人的相对人”的同时，将“可以追加债务人为第三人”修改为“应当追加债务人为第三人”，此主要考虑有三：一是贯彻《民法典》的精神。《民法典》第 535 条第 2 款明确规定了

"债权人行使代位权的必要费用，由债务人负担"。既然这些必要费用应当由债务人承担，那么其不参加诉讼就无法落实这一规则，而此必要费用的承担应是代位权诉讼中的一部分，单独提起诉讼也会引起诉累。二是总结实务经验，解决"可以追加"引发的同案不同处理的问题，统一法律适用规则。调研中不少意见反映虽然大多数法院在此情形下都予以了追加，但由于原来规定为"可以追加"，自然也有不追加的情形，而此时一、二审法院对此可能认识不一致从而引发了发回重审的问题，给基层法院的法律适用带来了一定困惑。故将此改为"应当追加"就可以统一相应的法律适用规则，避免上述问题出现。三是查明案件事实，保障债务人程序权利，实现纠纷的一次性解决的需要。代位权诉讼中债务人与相对人之间的权利义务关系属于基本法律事实，又事关债务人的财产权益维护，将其列为应当参加诉讼的第三人有利于平等保护代位权法律关系中各方主体的利益，而且还可以避免当事人的诉累。在此需要注意的是，代位权诉讼在本质上具有债权人代债务人之诉讼地位行使债务人对相对人权利的意思，此基础仍然在于债务人对相对人享有相应的权利，故此债务人无论如何不能和相对人一起被列为共同被告参加诉讼。

关于合并审理的问题，《民法典合同编通则解释》第 37 条第 2 款规定："两个以上债权人以债务人的同一相对人为被告提起代位权诉讼的，人民法院可以合并审理。债务人对相对人享有的债权不足以清偿其对两个以上债权人负担的债务的，人民法院应当按照债权人享有的债权比例确定相对人的履行份额，但是法律另有规定的除外。"这一规定的前段来自《合同法解释（一）》（已失效）第 16 条第 2 款，并顺应《民法典》的规定将该款的"同一次债务人"修改为"债务人的同一相对人"；后段增加了债务人对相对人的债权不足以清偿数个债权时，按照债权比例确定相对人履行份额的一般规则，此即体现了债权的平等性。进言之，当数个债权存在法定优先顺序的，则应当按照相应规定确定各债权人的受偿顺位，顺位在先的优先受偿。此规则在立法精神上也衔接了《民法典》第 537 条的规定，特别是《民法典》第 537 条后段"债务人对相对人的债权或者与该债权有关的从权利被采取保全、执行措施，或者债务人破产的，依照相关法律的规定处理"的规定。由此兼顾了代位权的直接受偿规则和优先受偿规则。[1]

在此需要注意的是，债权人提起代位权诉讼向相对人主张权利并不存在优先于债权人直接起诉债务人的问题。一方面，从债权人行使权利的角度来看，此两种途径都是可行的，也是可以并行的，特别是在相对人对于债务人履行义务的数额小于债权人对债务人权利范围的情形中；另一方面，不能认为债权人提起代位权诉讼后，相对人对债权人的直接清偿义务要优先于债务人对债权人须履行的义务，此既无法律依据，又不符合债权人与债务人的基本权利义务关系构造，甚至会诱发债务人更加不履行债务的道德风险。债权人要优先于直接起诉债务人的债权人受偿。此外，债权人提起代位权诉讼，也不影响其他债权人直接起诉债务人，仍然可以按照《民事诉讼法》的规定，对债务人的债权直接采取保全措施；待裁判文书生效后，可以执行债务人对相对人的债权。而代位权诉讼胜诉，人民法院判决由债务人的相对人向债权人履行债务的，提起代位权诉讼的债权人也可以申请强制执行。这时提起代位权诉讼的债权人与直接起诉债务人的债权人，在执行程序中被平等对待，按照有关强制措施的法律规定确定各债权人的债权受偿份额。[2]

### （三）对于不符合代位权行使条件案件的处理问题

就这一问题，《民法典合同编通则解释》第 40 条第 1 款对此作了规定。该条系由《合同法解释（一）》（已失效）第 18 条规定修订而来。《合同法解释（一）》（已失效）第 18 条规定："在代位权诉讼中，次债务人对债务人的抗辩，可以向债权人主张。债务人在代位权诉讼中对债权人的债权提出异议，经审查异议成立的，人民法院应当裁定驳回债权人的起诉。"其中，第 1 款关于次债务人抗辩的规定被《民法典》第 535 条第 3 款吸收，第 2 款规定大体上被《民法典合同编通则解释》第 40 条保留并作了修改，将"裁定驳回债权人的起诉"调整为"应当驳回诉讼请求"。此主要是针对实践中对人民法院对于不符合代位权行使条件的案件是裁定驳回还是判决驳回认识不一致的问题

〔1〕 参见崔建远、陈进：《债法总论》，法律出版社 2021 年版，第 138 - 139 页。
〔2〕 参见黄薇主编：《中华人民共和国民法典合同编释义》，法律出版社 2020 年版，第 175 页。

作出的规定。一种意见认为该条件属于受理条件，代位权不符合行使条件的应当裁定驳回起诉，此时不影响当事人再次起诉。另一种意见认为该条件应为实体审理条件，主要考虑的是与程序法衔接，特别是与立案登记制衔接。债权人是否符合代位权行使的条件，必须经过实体审理才能确定；但其起诉符合法律规定的立案受理的条件的，人民法院应当受理，条件不成就的，应当驳回其实体诉讼请求。这一观点在审判实践中较为常见。〔1〕正因如此，《民法典合同编通则解释》第40条第1款根据调研意见，在总结审判实践经验的基础上，采纳了上述第二种意见，同时根据民事诉讼法的相关规定精神明确了债权人可以根据新的事实再次起诉，以切实保护其诉权。

## 三、对旧解释相关规定作适应性修改内容的适用

《合同法解释（一）》、《合同法解释（二）》虽已失效，但其中在代位权部分有不少内容仍有实际指导意义，一概删除又容易引起解读上的歧义，故为保持法律适用上的连续性、稳定性，对有些内容根据《民法典》规定情况以及审判实践需要作了适应性修改后继续予以适用。适应性修改主要包括简单文字表述的调整、根据《民法典》规定对相应内容予以修改、单纯文字修改以及对个别条文内容予以修改的情形。这些内容同样涉及在实务中如何适用的问题，故也有必要予以阐述，此主要内容如下。

### （一）债务人“怠于”的认定

关于债务人“怠于”的认定问题属于代位权具体适用中绕不开的基本问题。《民法典合同编通则解释》第33条沿用《合同法解释（一）》第13条〔2〕的规定，同时对标《民法典》第535条第1款的修改内容，增加了“与

〔1〕此可参见最高人民法院民事判决书，（2015）民二终字第238号；最高人民法院民事裁定书，（2020）最高法民终604号；浙江省高级人民法院民事判决书，（2019）浙民终978号；江苏省高级人民法院民事判决书，（2018）苏民终1183号；等等。

〔2〕《合同法解释（一）》第33条规定：“合同法第七十三条规定的‘债务人怠于行使其到期债权，对债权人造成损害的’，是指债务人不履行其对债权人的到期债务，又不以诉讼方式或者仲裁方式向其债务人主张其享有的具有金钱给付内容的到期债权，致使债权人的到期债权未能实现。次债务人（即债务人的债务人）不认为债务人有怠于行使其到期债权情况的，应当承担举证责任。”

该债权有关的从权利”，将“其债务人”修改为“相对人”，同时删除了原条文对债权人到期债权所作的“具有金钱给付内容”的限定，并根据实务需要，删除了有关举证责任的规定，统一适用民事诉讼举证责任的一般规则，由此也就突出了对“怠于”这一关键问题的解释。依据该条规定，债务人不履行其对债权人的到期债务，又不以诉讼或者仲裁的方式向相对人主张其享有的债权或者与该债权有关的从权利，致使债权人的到期债权未能实现的，人民法院可以认定为《民法典》第535条第1款规定的“债务人怠于行使其债权或者与该债权有关的从权利，影响债权人的到期债权实现”。这一规则是学理和实务上普遍认可的规则。比如，在**中国农业银行某支行诉某涤纶厂代位权纠纷案**中，法院生效裁判认为，债务人在债务到期后，没有以诉讼或者仲裁的方式向次债务人主张债权，而是与次债务人签订协议延长履行债务期限，损害了债权人债权，属于怠于行使到期债权的行为，债权人可以以自己的名义代位行使债务人的债权。〔1〕要求证明债务人曾通过诉讼或仲裁的方式主张过权利来对抗债权人行使代位权，以此来防止债务人与相对人之间虚构通谋。王利明教授认为，“此种方式具有一种客观的明确的标准，能够用来判断是否构成怠于行使。而债务人是否通过诉讼或者仲裁以外的方式向其债务人主张了权利，对此债权人很难举证”〔2〕。为保持法律适用的统一性、连续性和稳定性，《民法典合同编通则解释》对这一规则予以了沿用。对于这一规则的适用，需要注意的是：其一，该条规定中的“不以诉讼或者仲裁方式”中的“诉讼”应属于民事诉讼法规定的大概念，即凡是我国《民事诉讼法》中规定的通过法院审判方式实现的纠纷解决程序均属之。其二，债务人起诉后又撤诉是否构成债务人怠于行使权利的问题。债务人是否构成“怠于行使其债权”的判断标准为其是否向次债务人采取诉讼或仲裁的方式主张债权，只有采取诉讼或仲裁的方式才能成为其对债权人行使代位权的法定抗辩事由，故债务人向相对人起诉后撤诉的，相当于其并未达到向相对人主张权利的效果，

---

〔1〕本案摘自中国农业银行汇金支行诉张家港涤纶厂代位权纠纷案，载《最高人民法院公报》2004年第4期。

〔2〕王利明：《论代位权的行使要件》，载《法学论坛》2000年第1期。

仍可视为怠于行使债权[1]，否则也很容易造成对债权人代位权的架空。其三，是否应将赋强公证债权文书作为与诉讼、仲裁并列的方式。笔者认为，一般情况下，对于赋强公证债权文书，债权人可以直接通过代位执行解决，即依照《最高人民法院关于人民法院执行工作若干问题的规定（试行）》第7部分“被执行人到期债权的执行”的相关规定在代位执行中加以解决。这样既可以真正发挥赋强公证文书的功能，又可以避免给当事人造成诉累。同时，依据《最高人民法院关于当事人对具有强制执行效力的公证债权文书的内容有争议提起诉讼人民法院是否受理问题的批复》（已失效）的规定，“经公证的以给付为内容并载明债务人愿意接受强制执行承诺的债权文书依法具有强制执行效力。债权人或者债务人对该债权文书的内容有争议直接向人民法院提起民事诉讼的，人民法院不予受理。但公证债权文书确有错误，人民法院裁定不予执行的，当事人、公证事项的利害关系人可以就争议内容向人民法院提起民事诉讼”。在债务人作为债权人的公证债权文书确有错误，人民法院裁定不予执行的情况下，如果存在其怠于向人民法院提起诉讼的情况，在符合代位权行使的其他条件要求时，就债权人能否代位向人民法院提起诉讼的问题，可在审判实务中作有益探索。

### （二）代位权诉讼的地域管辖

地域管辖问题对于代位权诉讼而言具有普遍性，而且其前后适用上的稳定性对于诉讼秩序的维护具有重要意义。故此，《民法典合同编通则解释》第35条第1款基本沿用了《合同法解释（一）》第14条的规定，同时根据实务需要对债权人代位权诉讼的管辖规则作了进一步明确。其中，该款系将《合同法解释（一）》第14条结合《民法典》的规定调整了相应的文字表述，同时针对实务中对代位权诉讼的管辖与专属管辖之间的关系认识不一致的问题明确了相应的法律适用规则。概言之，其主要内容有二：一是明确了代位权诉讼由被告住所地即相对人住所地人民法院管辖的一般规则，此符合“原告

---

〔1〕 在张某元与朱某星、马某海、彭某康债权人代位权纠纷案中，人民法院即采用了这一规则。参见陕西省高级人民法院民事裁定书，（2013）陕民二申字第01949号。

就被告”的原则，也有助于提高诉讼效率；二是就代位权诉讼的地域管辖与专属管辖之间的规则，即当债权人依据《民法典》第535条规定对债务人的相对人提起代位权诉讼时，应由被告住所地人民法院管辖，但如果债务人与相对人之间的权利义务争议属于《民事诉讼法》规定的专属管辖领域[1]时，应当适用专属管辖的规定，由此实现了司法解释规定与《民事诉讼法》相关规定的有机衔接，也反映了实务中较为普遍的做法。[2]

另外，《民法典合同编通则解释》起草工作中，曾将《合同法解释（二）》第17条规定债权人以境外当事人为被告提起代位权诉讼的地域管辖问题作了规定。考虑到当时正值《民事诉讼法》修改且主要是围绕涉外民事诉讼程序的特别规定编进行修改的背景，最终未再专门规定这一内容，有关代位权的涉外案件可以统一适用《民事诉讼法》涉外民事诉讼程序的特别规定编的相关规定，比如有关管辖的问题就可以直接适用《民事诉讼法》第276条的规定。[3]

---

〔1〕《民事诉讼法》第34条规定：“下列案件，由本条规定的人民法院专属管辖：（一）因不动产纠纷提起的诉讼，由不动产所在地人民法院管辖；（二）因港口作业中发生纠纷提起的诉讼，由港口所在地人民法院管辖；（三）因继承遗产纠纷提起的诉讼，由被继承人死亡时住所地或者主要遗产所在地人民法院管辖。”《民诉法解释》第28条规定：“民事诉讼法第三十四条第一项规定的不动产纠纷是指因不动产的权利确认、分割、相邻关系等引起的物权纠纷。农村土地承包经营合同纠纷、房屋租赁合同纠纷、建设工程施工合同纠纷、政策性房屋买卖合同纠纷，按照不动产纠纷确定管辖。不动产已登记的，以不动产登记簿记载的所在地为不动产所在地；不动产未登记的，以不动产实际所在地为不动产所在地。”

〔2〕部分案件均持上述相同观点，比如北京市第三中级人民法院民事裁定书，（2022）京03民终2650号；重庆市高级人民法院民事裁定书，（2019）渝民申3202号；广东省广州市中级人民法院民事裁定书，（2018）粤01民辖终2429号；福建省福州市中级人民法院民事裁定书，（2019）闽01民辖终568号；江苏省常州市中级人民法院民事裁定书，（2019）苏04民辖终239号；等等。但是，在以往实务中也有不同做法，比如广东省高级人民法院民事裁定书，（2020）粤民辖终144号；广东省肇庆市中级人民法院民事裁定书，（2020）粤12民终258号；湖北省武汉市中级人民法院民事裁定书，（2019）鄂01民辖终1391号；宁夏回族自治区银川市中级人民法院民事裁定书，（2017）宁01民辖2号；等等。这些案件对于代位权诉讼都排除了专属管辖规则的适用。也正因如此，才更有统一法律适用规则的必要，《民法典合同编通则解释》对此作了明确规定。

〔3〕《民事诉讼法》第276条规定：“因涉外民事纠纷，对在中华人民共和国领域内没有住所的被告提起除身份关系以外的诉讼，如果合同签订地、合同履行地、诉讼标的物所在地、可供扣押财产所在地、侵权行为地、代表机构住所地位于中华人民共和国领域内的，可以由合同签订地、合同履行地、诉讼标的物所在地、可供扣押财产所在地、侵权行为地、代表机构住所地人民法院管辖。除前款规定外，涉外民事纠纷与中华人民共和国存在其他适当联系的，可以由人民法院管辖。”

### （三）债权人起诉债务人的诉讼与代位权诉讼之间的审理关系

对此，《民法典合同编通则解释》第 38 条规定："债权人向人民法院起诉债务人后，又向同一人民法院对债务人的相对人提起代位权诉讼，属于该人民法院管辖的，可以合并审理。不属于该人民法院管辖的，应当告知其向有管辖权的人民法院另行起诉；在起诉债务人的诉讼终结前，代位权诉讼应当中止。"这一规定系由《合同法解释（一）》（已失效）第 15 条[1]修改而来。除了与上述修改一致的将"次债务人"修改为"债务人的相对人"外，还将"不符合本解释第十四条规定的，告知债权人向次债务人住所地人民法院另行起诉"修改为"不属于该人民法院管辖的，应当告知其向有管辖权的人民法院另行起诉"。此系因为《民法典合同编通则解释》第 35 条已明确规定了代位权诉讼管辖和专属管辖的关系，本条相关内容也应作相应的修改。这里的"有管辖权的人民法院"即不再限于债务人的相对人住所地的人民法院，也包括依法适用专属管辖所确定的法院。就该条规定的适用：其一，代位权诉讼的受理不应以"本诉"已经审结作为前提条件，代位权是债权人符合特定条件下所享有的一项权利，且"本诉"审结也非代位权行使的构成要件，特别是在"本诉"尚未获得生效裁判的情况下，法院立案受理代位权诉讼有助于债权人利益获得及时的保护。其二，根据《民诉法解释》第 221 条"基于同一事实发生的纠纷，当事人分别向同一人民法院起诉的，人民法院可以合并审理"的规定，当代位权诉讼和"本诉"由同一法院受理时，即可对两个诉讼合并审理。这既有助于节约司法资源，减轻当事人诉累，又可以有效避免相互矛盾的裁判出现。其三，根据《民事诉讼法》第 153 条第 1 款的规定，"本案必须以另一案的审理结果为依据，而另一案尚未审结的"，应当中止诉讼。由于相较于代位权诉讼，债权人与债务人之间的诉讼，作为"本诉"更具有基础性地位，为了避免两诉裁判出现矛盾，在"本诉"终结之前，代位

---

〔1〕《合同法解释（一）》第 15 条规定："债权人向人民法院起诉债务人以后，又向同一人民法院对次债务人提起代位权诉讼，符合本解释第十四条的规定和《中华人民共和国民事诉讼法》第一百零八条规定的起诉条件的，应当立案受理；不符合本解释第十四条规定的，告知债权人向次债务人住所地人民法院另行起诉。受理代位权诉讼的人民法院在债权人起诉债务人的诉讼裁决发生法律效力以前，应当依照《中华人民共和国民事诉讼法》第一百三十六条第（五）项的规定中止代位权诉讼。"

权诉讼应当中止审理，待债权人对债务人的诉讼裁判生效后再恢复审理。当然，即使债权人提起代位权诉讼后，又向同一人民法院起诉债务人的，由于债权人与债务人之间的诉讼更具有基础地位，故也有必要参照上述规定精神处理。

### （四）债务人起诉相对人的诉讼与代位权诉讼之间的审理管辖

对此，《民法典合同编通则解释》第39条规定："在代位权诉讼中，债务人对超过债权人代位请求数额的债权部分起诉相对人，属于同一人民法院管辖的，可以合并审理。不属于同一人民法院管辖的，应当告知其向有管辖权的人民法院另行起诉；在代位权诉讼终结前，债务人对相对人的诉讼应当中止。"该条系由《合同法解释（一）》（已失效）第22条修改而来，除了与上述修改一致的将"次债务人"修改为"相对人"外，还将原来的"裁决发生法律效力以前"修改为"诉讼终结前"，同时，也根据审判实务的需要，增加了合并审理的内容，更有利于纠纷的实质性化解。

# 第十八讲

## 债权人撤销权规则的细化完善与具体适用

一、对《民法典合同编通则解释》沿用并适当修改原《合同法》司法解释规定内容的适用

二、《民法典合同编通则解释》对具有一定普遍性问题所作新增规定的适用

三、审判实践中需要注意的其他重点问题

债权人撤销权亦称废罢诉权，是指债务人有积极减少责任财产，影响债权实现的行为的，债权人享有撤销该行为的权利。[1] 债权人撤销权同代位权都具有保全债务人责任财产的功能，都属于债的相对性的例外，在行使上都有严格的构成要件，而且都涉及三方法律关系，都需要在确保发挥制度功能的同时做好对相关当事人利益的平衡保护，由此也导致有关法律适用问题具有一定的复杂性和争议性，在规则层面指导和维护相关案件裁判尺度的统一也就更加亟需。在以往的法律规范中，仅有原《合同法》第 74 条[2]对此作了规定。基于公平保护当事人、切实解决实践问题的需要，《合同法解释（一）》（已失效）、《合同法解释（二）》（已失效）用了 6 个条文（其中《合同法解释（一）》有 4 个条文、《合同法解释（二）》有 2 个条文）对撤销权

〔1〕 参见黄薇主编：《中华人民共和国民法典合同编释义》，法律出版社 2020 年版，第 177 页。

〔2〕 原《合同法》第 74 条规定："因债务人放弃其到期债权或者无偿转让财产，对债权人造成损害的，债权人可以请求人民法院撤销债务人的行为。债务人以明显不合理的低价转让财产，对债权人造成损害，并且受让人知道该情形的，债权人也可以请求人民法院撤销债务人的行为。撤销权的行使范围以债权人的债权为限。债权人行使撤销权的必要费用，由债务人负担。"

的具体适用问题作了细化规定，为人民法院依法妥善审理撤销权案件发挥了积极作用。《民法典》对撤销权的行使规则作了进一步完善。《民法典合同编通则解释》在坚决贯彻《民法典》规定精神的基础上，一方面，沿用了原《合同法》司法解释中与既有法律规定精神不冲突且有利于解决实际问题的规定；另一方面，坚持以问题为导向，在广泛调研、深入论证的基础上，就审判实务中需要解决的具有普遍性的突出问题作出了新规定。这些规定主要是对债权人撤销权构成要件的细化，比如对明显不合理价格的具体认定，对转让或者受让财产的解释，撤销权行使中的程序规则，以及撤销权的法律效果、实现途径等，形成了对《民法典》关于撤销权规定的有机衔接和细化配套。

## 一、对《民法典合同编通则解释》沿用并适当修改原《合同法》司法解释规定内容的适用

《民法典合同编通则解释》对原《合同法》司法解释关于撤销权规定予以沿用、细化的内容主要有以下几个方面。

### （一）关于债权人撤销权诉讼中明显不合理低价或者高价的认定规则

关于债权人撤销权诉讼中明显不合理低价或者高价的认定问题，《民法典合同编通则解释》第 42 条第 1 款、第 2 款沿袭了《合同法解释（二）》（已失效）第 19 条[1]的基本内容，对标《民法典》规定修改了有关表述。删除了其第 1 款尾句“结合其他相关因素综合考虑予以确认”的内容；同时删除了第 3 款的内容，因该款规定的债务人以明显不合理高价受让财产的问题，已被《民法典》第 539 条[2]规定吸收。

---

〔1〕《合同法解释（二）》（已失效）第 19 条规定：“对于合同法第七十四条规定的‘明显不合理的低价’，人民法院应当以交易当地一般经营者的判断，并参考交易当时交易地的物价部门指导价或者市场交易价，结合其他相关因素综合考虑予以确认。转让价格达不到交易时交易地的指导价或者市场交易价百分之七十的，一般可以视为明显不合理的低价；对转让价格高于当地指导价或者市场交易价百分之三十的，一般可以视为明显不合理的高价。债务人以明显不合理的高价收购他人财产，人民法院可以根据债权人的申请，参照合同法第七十四条的规定予以撤销。”

〔2〕《民法典》第 539 条规定：“债务人以明显不合理的低价转让财产、以明显不合理的高价受让他人财产或者为他人的债务提供担保，影响债权人的债权实现，债务人的相对人知道或者应当知道该情形的，债权人可以请求人民法院撤销债务人的行为。”

《民法典合同编通则解释》第42条第1款、第2款规定的明显不合理低价或者高价的认定规则，主要针对的是《民法典》第539条规定的债务人有偿诈害处分其财产，影响债权人债权实现的情形。其中关于债务人有偿诈害处分其财产时的对价是否合理，存在客观等值原则和主观等值原则两种不同的判断标准。客观等值原则以客观的市场标准或理性之人的标准来判断当事人之间的给付与对待给付是否等值；主观等值原则系以当事人的主观意愿来判断，纵使以市场标准或自理性之人的角度衡量并非等值，但只要当事人具有真实的合意，在主观上愿意以自己的给付换取对方的给付，那么对双方而言就是公正的。通常认为，在债权人撤销权的成立以债务人的诈害行为作为要件的场合，应采取客观等值原则，不允许债务人借口"我认为对价合理"来维持其诈害行为的效力。[1] 对此，《合同法解释（二）》第19条也采取客观等值原则，对人民法院认定是否构成明显不合理的低价或者高价作出指引，此在审判实务中得到了广泛适用。[2] 正因如此，《民法典合同编通则解释》第42条第1款、第2款沿袭了《合同法解释（二）》第19条的基本规定精神。就这两款规定的适用，需注意以下几个问题：

**1. 对于"按照交易当地一般经营者的判断"的把握**

对此，应当以相同行业、地域中的"常人"为基准，即以该行业、地域中的日常生活经验法则来进行判断。一方面，采用一般经营者标准，意味着单纯债务人个人的认知判断等主观因素不能作为价格合理与否的认定依据。

---

〔1〕 参见崔建远：《论债权人撤销权的构成》，载《清华法学》2020年第3期。

〔2〕 例如，在某发展有限公司、广州某公司债权人撤销权纠纷案中，最高人民法院裁判认为，判断交易价格是否合理，需要将相对人某园林中心支付的对价人民币1481.70万元与广州某公司对某路桥公司的权益，以及市场交易价格相比较。原审查明，2002年8月某路桥公司申请增资，广州某公司认缴人民币9878万元，截至2004年10月，广州某公司实缴注册资本人民币1481.70万元，截至2005年12月28日广州某公司对某路桥公司投入为人民币4939万元。暂不论特许经营权的特殊价值，仅以广州某公司累计投入人民币4939万元与视为支付转让对价的人民币1481.70万元相比，已明显不合理。此外，参考2007年某国际基础设施基金公司间接收购某路桥公司81%股权权益时支付对价为人民币39.57亿元，可以推算广州某隧道公司的投资权益价值数亿元。因此，某园林中心以人民币1481.70万元受让广州某公司在某路桥公司投资权益的行为已符合"明显不合理的低价"情形。参见最高人民法院民事判决书，(2017) 最高法民再93号。又如，在王某平诉乐某敏等债权人撤销权纠纷案中，法院生产裁判认为，转让价格达不到交易时交易地的市场交易价70%的，应属明显不合理的低价。参见浙江省宁波市中级人民法院民事判决书，(2009) 浙甬商终字第1103号。

采取客观标准的意义，就在于排除个别化、偶然性等违反常识、市场行情和公众认知的不合理的判断。[1] 另一方面，这实际上也是将该条删除的《合同法解释（二）》第19条第1款“结合其他相关因素综合考虑予以确认”的内容融入“一般经营者的判断”当中，而且在通常情况下，一般经营者的判断可以通过市场交易价格或者物价部门的指导价予以具体化。在例外情况下，考虑到经济社会生活的复杂多样性，也可以通过其他方式，如通过评估、鉴定等来判断交易价格的合理性。比如，在**史某豪与陈某坊等债权人撤销权纠纷案**中，法院生效裁判认为，债务人为逃避债务，以明显不合理低价处理房产的，债权人有权向法院申请撤销该行为。税务机关认为房屋的成交价格明显偏低，有权进行重新评估并征税。法院在处理债权人的撤销申请时，可将税务机关的评估作为认定明显不合理低价的重要参考标准。[2]

**2. 对于“百分之七十”“百分之三十”的把握**

这一规则旨在遵循法律规定的精神，细化相应的规则，以指导统一裁判尺度，且自《合同法解释（二）》第19条规定后，效果良好，在《民法典》第539条相较原《合同法》第74条相应内容并未作实质改变的情况下，《民法典合同编通则解释》第42条对此予以沿用。在适用上要注意对“一般”的理解，既要考虑到这是通常情况下的一般规则，又要考虑具体案件事实方面是否有特殊性从而在例外情形下对此“一般”规则予以突破；既要充分发挥类案检索的作用，又要在具体个案中考虑交易主体、交易类型、交易习惯、标的物性质及数额、债务人主观恶意甚至债务人负债状况等因素予以综合判断。比如，在**某国际公司诉福建某制油公司等买卖合同纠纷案**[3]中，最高人民法院裁判认为，《合同法解释（二）》（已失效）规定转让价格达不到交易时交易地的市场指导价或者市场交易价70%的，一般可以视为明显不合理的低价。“一般”意味着排除特殊情形，如季节性产品和易腐烂变质的时令果蔬在临近换季或者保质期前回笼资金的甩卖；“可以”意味着应视具体情形而定，不作刚性约束；“视为”是立法和解释上使用的法律拟制用语，债务人、

〔1〕参见杜万华主编：《中华人民共和国民法典实施精要》，法律出版社2021年版，第460页。

〔2〕参见浙江省绍兴市中级人民法院民事判决书，(2011) 浙绍商终字第828号。

〔3〕参见最高人民法院民事判决书，(2012) 民四终字第1号。

受让人可以提出相反事实和证据予以推翻。审判实务中，对以明显不合理的低价转让财产，原则上应当按照该司法解释第 19 条规定的判断基准和基本方法综合进行分析，并予以个案确认。此裁判要旨和思路在《民法典》施行后于类似案件的处理仍具有积极指导参考价值。

**3. 对于"交易时交易地"的把握**

采用"交易时交易地"的做法符合惯常理解，也符合当事人的心理预期，有利于维护稳定的交易秩序。比如，就"交易时"而言，对于《民法典》第 539 条规定的作为行使撤销权重要构成要件的债务人与相对人主观恶意的认定以交易时为准也更为妥当，因为债务人与相对人在交易时不知道价格明显不合理而嗣后才知道或应当知道的，不能称为构成诈害债权的恶意。从另一个角度来看，债务人与相对人的恶意属主观理念范畴，需借助客观标准认定，而交易时价格明显不合理是债务人与相对人恶意的重要考量因素。因此，只有以实施交易行为时的价格作为判断基准才能彰显其恶意。[1] 在具体适用中，此"交易时"往往以合同订立时为基准，此亦和诈害债权的恶意认定时间密切相连。而"交易地"的确定要更加复杂一些，因为有些标的物本身不同，地域对其价格的影响也不相同，有的标的物即使在同一区县，价格差别也较大，如商品房。是故，对于"交易地"的确定，必须要考虑在某一特定交易中地域因素对标的物价格影响的大小，从而确定一个相对合理的区域范围，具体应当根据转让财产的性质、种类，结合市场流通、交易惯例、关税区域等综合因素予以判定。[2]

## （二）债权人撤销权诉讼中的当事人、管辖和合并审理的适用规则

关于债权人撤销权诉讼的程序规则，《民法典合同编通则解释》第 44 条规定："债权人依据民法典第五百三十八条、第五百三十九条的规定提起撤销权诉讼的，应当以债务人和债务人的相对人为共同被告，由债务人或者相对人的住所地人民法院管辖，但是依法应当适用专属管辖规定的除外。两个以

〔1〕 参见杜万华主编：《中华人民共和国民法典实施精要》，法律出版社 2021 年版，第 459 页。

〔2〕 参见最高人民法院民法典贯彻实施工作领导小组主编：《中华人民共和国民法典合同编理解与适用（一）》，人民法院出版社 2020 年版，第 536 页。

上债权人就债务人的同一行为提起撤销权诉讼的，人民法院可以合并审理。”该条内容是由《合同法解释（一）》第24条、第25条第2款修订而来。

**1. 关于撤销权诉讼的被告和管辖**

《合同法解释（一）》第24条〔1〕对于撤销权诉讼的当事人地位明确规定以债务人为被告，受益人或受让人可以作为第三人。《民法典合同编通则解释》第44条在《合同法解释（一）》（已失效）第24条的基础上进行了修改，将债务人和债务人的相对人列为共同被告。此主要是综合考虑理论和实务中对此存有的不同意见〔2〕后作出的规定。比如，有观点认为，对于债务人实施的行为若为单独行为或单方法律行为，如免除到期债务等，仅以债务人为被告是合理的。但对于债务人与相对人之间的双方行为，则仅以债务人为被告的当事人构造并不妥当。〔3〕在双方法律行为的情况下，债权人要撤销债务人与相对人之间的法律关系，从法理上不应仅以债务人为被告。而且，在此情况下，往往还需要作为相对人的受益人返还财产，这时将债务人和受益人列为共同被告显然更为合理。〔4〕进言之，债权人撤销权之诉形式上的标的是债务人的行为，实质上指向的是诈害行为处分的财产利益。谁可以作为被告的问题，除涉及受益人或受让人的抗辩外，还涉及撤销权行使与成立的效果等问题，采用“扩张说”似更合理。〔5〕在债务人行为对相对人有实质性影响的情况下，有必要将相对人作为共同被告，这也有利于对其给予必要的程序权利保障，有利于纠纷的实质性解决。

---

〔1〕《合同法解释（一）》（已失效）第24条规定：“债权人依照合同法第七十四条的规定提起撤销权诉讼时只以债务人为被告，未将受益人或者受让人列为第三人的，人民法院可以追加该受益人或者受让人为第三人。”

〔2〕债权人撤销权之诉的被告究竟为何，学界和实务界一直存在较大争议：限制说认为只能是债务人，而扩张说则认为债权人撤销权之诉指向受益人的实体利益或受让人的财产，为充分保护受益人或受让人的诉讼权利，他们也应可作为被告。折中说认为，应区分债权人撤销权之诉的诈害行为是单务行为还是双务行为，如系债务人的单务行为，应以债务人为被告；如系双务行为，则应以债务人与相对人为被告；兼诉请返还财产的，应以债务人、相对人以及受益人为共同被告。

〔3〕参见王利明：《合同法研究》（第2卷）（第3版），中国人民大学出版社2015年版，第148－149页。

〔4〕参见朱广新、谢鸿飞主编：《民法典评注·合同编·通则》，中国法制出版社2020年版，第46页。

〔5〕参见最高人民法院民法典贯彻实施工作领导小组主编：《中华人民共和国民法典合同编理解与适用（一）》，人民法院出版社2020年版，第531页。

由于对当事人诉讼地位问题作了上述调整，《民法典合同编通则解释》第44条第1款对管辖法院的确定问题也作了明确，明确了债务人或相对人住所地人民法院对债权人撤销权诉讼享有管辖权。同时，根据《民事诉讼法》[1]等关于专属管辖的规定，明确了专属管辖优先的规则。至于债务人与相对人之间有管辖协议的，也要考虑债权人撤销诉讼之特殊性，一旦符合撤销权诉讼的构成要件，就有必要遵循债权人撤销权诉讼的规则进行，此在管辖问题上也不应例外，即将遵循债权人的撤销权诉讼管辖作为特殊地域管辖的思路，适用撤销权诉讼的管辖规则。

**2. 关于合并审理问题**

《民法典合同编通则解释》第44条第2款主要是延续《合同法解释（一）》第25条第2款规定精神，明确两个以上债权人同时请求撤销债务人行为时的合并审理问题。同时，将“以同一债务人为被告，就同一标的提起撤销权诉讼”修改为“就债务人的同一行为提起撤销权诉讼”，在表述上更为精练。也就是说，如果某一个债权人向债务人提出撤销权之诉以后，其他债权人也针对同一债务人的同一诈害债权行为提起撤销权之诉的，人民法院可以依法合并审理，以便对撤销权的构成要件、范围限制等问题作出准确认定，以减轻当事人诉讼负担，提高诉讼效率，也有利于实现纠纷的一次性解决。当然，这里的“依法”具有实质意义而非仅有示范作用，比如，要属于同一人民法院管辖，且符合相应的合并审理条件等。

### （三）关于合理的律师代理费、差旅费的承担规则

对于这一问题，《民法典合同编通则解释》第45条第2款沿用了《合同法解释（一）》第26条的规定，明确了债权人行使撤销权所支付的合理的律师代理费、差旅费等费用，可以认定为《民法典》第540条规定的“必要费用”。这一规定在《民法典合同编通则解释》起草过程中，曾经过反复研究论

---

〔1〕《民事诉讼法》第34条规定：“下列案件，由本条规定的人民法院专属管辖：（一）因不动产纠纷提起的诉讼，由不动产所在地人民法院管辖；（二）因港口作业中发生纠纷提起的诉讼，由港口所在地人民法院管辖；（三）因继承遗产纠纷提起的诉讼，由被继承人死亡时住所地或者主要遗产所在地人民法院管辖。”

证。一种意见认为，此做法已在实践中达成共识，不作规定亦不影响司法适用；另一种意见认为，律师费需有专门规定才能支持，如若删除会导致司法实践失去了裁判依据，可能引起混乱。但这又会引出就这一问题在撤销权部分作了规定而对于同为债权保全制度的代位权部分却没有规定的争议。经深入研究抑或“否定之否定”的过程，《民法典合同编通则解释》最终对这一问题作了沿袭性规定，同时增加了“合理的”表述做一限制。此规则的明确主要是因为撤销权行使在效果上与代位权有根本不同，撤销权行使采取的是入库规则，在效果上是增加了债务人的责任财产，债权人的债权本身并未获得直接清偿，而仅是“帮助”债务人要回了财产。既然此收益直接归属于债务人，加之债务人依据相应的基础法律关系对债权人承担清偿义务并未增加债权人之受益，由债务人承担律师费就具有正当性基础。这也有助于增加债务人实施诈害行为的成本，否则对债务人而言，实施诈害行为而被撤销的不利后果仅是回到诈害行为前，这无法完全避免债务人实施诈害行为进而期待债权人不会发现，或者期待债权人行使撤销权不会取得胜诉。[1] 而代位权行使的效果是对债权的直接清偿，债权人实现了自己的债权，此种情况与一般的债权人向债务人主张权利的诉讼在债权人“维护自身权利”的角度并无本质区别，属于律师费作为维权成本如何承担的“类问题”，有必要采取统一的规则。考虑到目前理论和实务情况，对此有必要继续研究论证和积累经验。

就《民法典合同编通则解释》第45条第2款的具体适用，一方面，要注意除了列举规定的律师代理费、差旅费外，还用“等”字兜底。一般认为，此处的“等”费用还包括为确定转让或受让财产的价值而发生的评估费用、针对被处分标的所采取的财产保全费用等情形，可根据案件具体情况，参照该款列举情形作类似处理；同时，还有必要注意对律师费、差旅费等必要支出的“合理性”审查问题，此也蕴含着“必要性”的要求。另一方面，该款没有保留《合同法解释（一）》第26条中“第三人有过错的，应当适当分担”的内容。此主要考虑是，《民法典》第540条仅规定必要费用由债务人负担，未规定由相对人（即上述“第三人”）分担的规则。

---

〔1〕 参见朱虎：《债权人撤销权的法律效果》，载《法学评论》2023年第6期。

## 二、《民法典合同编通则解释》对具有一定普遍性问题所作新增规定的适用

针对审判实践中具有一定普遍性的问题细化明确法律适用规则是《民法典合同编通则解释》的重中之重。此在撤销权部分有典型体现，主要有以下几个方面。

### （一）亲属关系或者关联关系的交易中明显不合理低价或者高价的认定

考虑到经济社会的复杂多样性，对于上述"百分之七十""百分之三十"的适用问题，《民法典合同编通则解释》第 42 条除了在第 2 款采用"一般"的要求外，基于平衡双方当事人利益、公平妥善解决纠纷的需要，还在第 3 款针对实务中适用债权人撤销权规则的典型领域明确了"债务人与相对人存在亲属关系、关联关系的，不受前款规定的百分之七十、百分之三十的限制"的规则。实务中，债务人与相对人利用亲属关系或者关联关系逃避债务、恶意诈害债权人的情形不在少数，有时数额会特别巨大，而且上述情形往往比较隐蔽，即使按照"百分之七十""百分之三十"的限制进行认定，也会给债权人造成严重损害，使当事人之间利益失衡，有必要予以明确规范。

就《民法典合同编通则解释》第 42 条第 3 款规定的适用，需要与该条前面两款规定结合起来，做好体系化适用。比如，对于价格明显不合理的认定问题，在适用该款规定时，要与第 1 款规定的考量因素相结合。这里的亲属关系、关联关系，也要体系化适用《民法典》及其他法律的规定。此亲属关系就是指《民法典》第 1045 条规定的配偶、血亲和姻亲，包括但不限于配偶、父母、子女、兄弟姐妹、祖父母、外祖父母、孙子女、外孙子女等近亲属；关联关系就是指《公司法》第 265 条第 4 项规定的"公司控股股东、实际控制人、董事、监事、高级管理人员与其直接或者间接控制的企业之间的关系，以及可能导致公司利益转移的其他关系"。同时，需要注意的是，上述规则实质上是对更加容易发生且更加隐蔽情形下诈害债权问题作的特殊规定，且此系以债务人与相对人存在密切关系为基础，由此引申的是，一方面，有关亲属关系的范围不能过分扩展而引发新的不公平；另一方面，对于其他关

系密切的情形比如交易合作伙伴等有必要在债权人撤销权诉讼中参照该款规则精神予以认定，从而融入该条第 2 款的适用当中，而且在案件审理过程中有必要在当事人举证的基础上将债务人与相对人之间的关系作为一个重要事实问题进行认定，并将此作为确定责任的一个重要酌定因素。

### （二）债务人实施不合理交易行为的细化

《民法典》第 539 条就债权人对债务人有偿处分其财产权益的行为的撤销权行使作出了规定。该条中虽然没有用“等”的表述，但有关债务人以明显不合理的低价转让财产、以明显不合理的高价受让他人财产等内容内涵比较丰富，除了一般意义上的“买卖”情形外，还有大量的其他类型，也有必要予以明确细化。正因如此，《民法典合同编通则解释》在总结实务经验、综合各方意见的基础上，在第 43 条〔1〕对互易财产、以物抵债、出租或者承租财产、知识产权许可使用的情形予以列举，并用“等”字兜底，以更加积极地回应审判实践的需要，统一相关案件的裁判尺度。

对于互易财产的情形，依据《民法典》第 647 条的规定，对于当事人约定易货交易，转移标的物所有权的，参照适用买卖合同的规定。而且，互易财产属于转让或者受让财产的一种类型，在符合债权人撤销权相应构成要件的情况下，对此适用撤销权规则应属当然解释。对于以物抵债，此当然也属于有偿处分财产。实务中存在当事人通过以物抵债恶意逃避债务，损害第三人合法权益的情况。〔2〕因此，对于以物抵债的情形，符合《民法典》第 539 条规定的要件的，可以允许债权人行使撤销权。此在实务中已有实践，比如在**李某兰与李某军、高某山等债权人撤销权纠纷案**〔3〕中，法院生效裁判认为，在刘某英已存在大量债务且未积极偿还的情况下，又和与其存在利害关

---

〔1〕《民法典合同编通则解释》第 43 条规定：“债务人以明显不合理的价格，实施互易财产、以物抵债、出租或者承租财产、知识产权许可使用等行为，影响债权人的债权实现，债务人的相对人知道或者应当知道该情形，债权人请求撤销债务人的行为的，人民法院应当依据民法典第五百三十九条的规定予以支持。”

〔2〕参见朱广新、谢鸿飞主编：《民法典评注·合同编》，中国法制出版社 2020 年版，第 50－51 页。

〔3〕参见内蒙古自治区高级人民法院民事判决书，（2017）内民再 161 号。

系的李某军等三人通过以物抵债的方式将其所属房产以不合理低价转让给李某军等人，符合撤销权行使条件。对于出租或者承租财产，比较典型的是债务人高价承租财产，对于符合《民法典》第539条规定的其他条件的，有必要也将此纳入撤销权行使的范围，当然此在法理上属于对《民法典》第539条规定情形的参照适用，而非单纯的对转让或者受让财产的细化规定。对此问题，审判实务中也有相应的案例。[1] 至于以明显不合理的价格实施知识产权许可使用的情形，与上面租赁的情形相似，应当允许债权人依法行使撤销权。

### （三）撤销权标的可分与否对撤销权行使的影响

《民法典》第540条规定，撤销权的行使范围以债权人的债权为限，但对于被撤销行为的标的大于债权人的债权数额时如何处理并没有具体规定。对于这一问题，实务中很早就有提出以被撤销行为的标的是否可分为标准来判断撤销权的效力范围的意见：在被撤销行为的标的物是可分物的场合，仅应在债权人所享有的债权的范围内撤销债务人的部分行为，而其他部分仍然有效，以保障债务人的经济自由和对第三人的交易安全；在被撤销行为的标的物是不可分物的场合，为保护债权人的债权，实现撤销权制度的立法目的，应当认定被撤销行为全部无效。[2] 在相关案件审理中，一些典型案例也采取了这一做法。在**某建设公司与某房地产开发公司债权人撤销权纠纷案**[3]中，法院生效裁判认为，行使撤销权应以债权人享有的债权为限，对于可分物，债权人享有对标的物的选择权，本案中作为债权人的某建设公司选择行使撤销权的商铺编号连续，且经过评估后案涉7套商铺的总价为1152万元，未超过某建设公司的债权限额，不存在其恶意选择的问题，某建设公司确定的撤销权行使范围并无不当，应予支持。另外，在**张某兵、何某因与吴某题等债权人撤销权纠纷案**[4]中，法院生效裁判认为，鉴于债务人对案涉房屋享有共

---

〔1〕 参见北京市第三中级人民法院民事判决书，(2021) 京03民初2038号。

〔2〕 参见杜万华、宋晓明主编：《基层人民法院法官培训教材（实务卷·民商事审判篇）》，人民法院出版社2005年版，第545页。

〔3〕 参见浙江省台州市中级人民法院民事判决书，(2016) 浙10民终2156号。

〔4〕 参见浙江省温州市中级人民法院民事判决书，(2017) 浙03民终1854号。

同所有权，且该不动产在内部结构上不可分割，故债权人仍有权请求撤销该房屋的转让行为，但撤销权的行使范围应以债权人对债务人享有的债权金额为限。上述观点，也得到了理论界的认可和支持，比如，崔建远教授即持此观点[1]；韩世远教授也认为，“在诈害行为的标的物为一栋房屋之类不可分物场合，仅限于债权额主张撤销并要求返还，已不可能，解释上宜认为可就不可分物整体主张撤销”[2]。在综合各方意见的基础上，《民法典合同编通则解释》第45条第1款规定：“在债权人撤销权诉讼中，被撤销行为的标的可分，当事人主张在受影响的债权范围内撤销债务人的行为的，人民法院应予支持；被撤销行为的标的不可分，债权人主张将债务人的行为全部撤销的，人民法院应予支持。”这一规定有利于平衡债权人与债务人、相对人之间的利益、公平合理地解决相关纠纷，亦与《民法典》相关规定[3]的精神相一致。

需要注意的是，对不可分标的可以全部撤销的问题，一方面，债权人应当在其受影响的债权范围内主张撤销债务人的行为，对此，债权人应当承担举证责任，债务人或者相对人有权提出抗辩；另一方面，与代位权诉讼中请求相对人向其给付不同，撤销权诉讼的标的是撤销债务人的诈害行为，此时债权人对债务人的债权数额可能尚未确定，所以对于以债权人的债权为限的判断标准不应像代位权诉讼那样严苛。[4]

### （四）撤销权行使的法律效果及其实现

就撤销权的法律效果，《民法典》第542条规定：“债务人影响债权人的债权实现的行为被撤销的，自始没有法律约束力。”实务中，对如何解决因债务人的行为被撤销即“自始没有法律约束力”后的恢复原状、返还财产等问题，存在不同认识，影响裁判尺度的统一。《民法典合同编通则解释》依据

---

〔1〕 参见崔建远：《合同法》（第4版），北京大学出版社2021年版。

〔2〕 韩世远：《合同法总论》（第4版），法律出版社2018年版，第471页。

〔3〕 比如《民法典》第450条规定：“留置财产为可分物的，留置财产的价值应当相当于债务的金额。”第517条第1款规定：“债权人为二人以上，标的可分，按照份额各自享有债权的，为按份债权；债务人为二人以上，标的可分，按照份额各自负担债务的，为按份债务。”

〔4〕 参见最高人民法院民法典贯彻实施工作领导小组主编：《中华人民共和国民法典合同编理解与适用（一）》，人民法院出版社2020年版，第543页。

《民法典》第542条规定，在参照《民法典》第157条[1]规定精神的基础上，总结理论研究成果和审判实践经验，明确了撤销权行使的法律效果以及具体实现方式。《民法典合同编通则解释》第46条规定："债权人在撤销权诉讼中同时请求债务人的相对人向债务人承担返还财产、折价补偿、履行到期债务等法律后果的，人民法院依法予以支持。债权人请求受理撤销权诉讼的人民法院一并审理其与债务人之间的债权债务关系，属于该人民法院管辖的，可以合并审理。不属于该人民法院管辖的，应当告知其向有管辖权的人民法院另行起诉。债权人依据其与债务人的诉讼、撤销权诉讼产生的生效法律文书申请强制执行的，人民法院可以就债务人对相对人享有的权利采取强制执行措施以实现债权人的债权。债权人在撤销权诉讼中，申请对相对人的财产采取保全措施的，人民法院依法予以准许。"该条内容鲜明体现了《民法典合同编通则解释》对撤销权诉讼中的普遍性疑难问题的回应，遵循了坚决贯彻《民法典》规定精神，充分发挥撤销权制度价值，实现纠纷实质性解决的思路。其中第1款规定了债务人行为被撤销与入库规则的适用问题，第2款规定了撤销权诉讼中对债权人与债务人之间债权债务的审理问题，第3款规定了撤销权的法律效果与代位执行的衔接问题。

**1. 关于债务人行为被撤销与入库规则的适用问题**

该问题是撤销权行使法律效果的基本问题。在理论上，撤销权行使的法律效果问题在本质上转化为撤销权的性质问题，多数学者认为撤销权是形成权和请求权的复合。[2] 债权人撤销权兼具形成权和请求权的性质，一方面使债务人与相对人实施的法律行为归于无效，另一方面使债务人单独责任财产回复至行为前的状态，即"入库"规则，于此场合，债权人无须提起代位权诉讼即可请求债务人为清偿。[3] 返还财产符合法律关系对安定性的追求。如

---

〔1〕《民法典》第157条规定："民事法律行为无效、被撤销或者确定不发生效力后，行为人因该行为取得的财产，应当予以返还；不能返还或者没有必要返还的，应当折价补偿。有过错的一方应当赔偿对方由此所受到的损失；各方都有过错的，应当各自承担相应的责任。法律另有规定的，依照其规定。"

〔2〕参见王利明：《合同法研究》（第2卷）（第3版），中国人民大学出版社2015年版，第121页；韩世远：《合同法总论》（第4版），法律出版社2018年版，第458页。

〔3〕参见崔建远、陈进：《债法总论》，法律出版社2021年版，第160页。

撤销权诉讼只撤销而不返还，将使法律关系和财产归属处于不稳定的状态，对各方当事人都不利。[1] 立法机关的释义也认为，债务人放弃其债权、放弃债权担保的行为被撤销后，债务人的相对人仍对债务人负有债务，担保人仍对债务人负有担保责任。债务人无偿或者低价转让财产的行为、高价受让财产的行为被撤销后，债务人尚未给付的，不得再向相对人给付，相对人也不再享有请求债务人给付的权利；债务人已经向相对人给付的或者已经相互给付的，债务人、债务人的相对人负有返还财产、恢复原状的义务，不能返还的应当折价补偿。债务人为他人的债务提供担保的行为被撤销后，债务人不再负有担保责任；债务人已经承担担保责任的，担保权人对债务人负有返还义务。[2] 实务中，**东北某发展股份有限公司与某银行、沈阳某开关有限责任公司等执行复议案**（最高人民法院118号指导案例）的一个重要裁判要旨就是，“债权人撤销权诉讼的生效判决撤销了债务人与受让人的财产转让合同，并判令受让人向债务人返还财产，受让人未履行返还义务的，债权人可以债务人、受让人为被执行人申请强制执行”。有资料显示，法院同时支持债权人提出的“撤销＋返还”诉请的案件占到了债权人胜诉案件的85%，剩余的15%也多是由于债权人未提出返还诉请。[3] 《民法典合同编通则解释》第46条第1款即是总结吸收了上述观点、做法作出的规定。

就该款规定的具体适用，需要注意以下问题：其一，就有关请求权的内容，除了参照《民法典》第157条规定的返还财产、折价补偿等外，根据《民法典》第538条、第539条规定的精神，还应当有“履行到期债务”等内容。其二，就入库规则的遵循，依据该款规定，债务人的相对人须根据债权人的请求向债务人承担返还财产、折价补偿、履行到期债务等责任，债权人并不能直接请求债务人的相对人向自己承担相应责任。其三，鉴于债权人撤

---

〔1〕 参见宋史超：《论债权人撤销权判决的实现路径——以指导案例118号为中心》，载《政治与法律》2021年第1期。

〔2〕 参见黄薇主编：《中华人民共和国民法典合同编释义》，法律出版社2020年版，第182页。

〔3〕 参见赵旭：《形成对世效抑或既判力扩张：论债权人撤销权诉讼对执行程序的阻却兼评——〈最高人民法院关于人民法院办理执行异议和复议案件若干问题的规定〉第二十六条》，“司法体制综合配套改革与刑事审判问题研究”全国法院第30届学术讨论会会议论文，2019年6月于内蒙古呼和浩特。相关案件统计至2018年7月5日。

销权兼具形成权（撤销）和请求权（财产返还等）的性质，债权人就撤销与返还等是否一并行使的问题，可以自行选择。如果债权人并未同时提出返还请求，此时，依据处分原则，法院不应直接在判决书中对返还请求作出裁判。[1] 但基于纠纷的一次性解决的需要，人民法院可以根据案件具体情况予以相应的释明，此亦可减少当事人不必要的诉累。

**2. 撤销权诉讼中对债权人与债务人之间债权债务的审理问题**

考虑到撤销权诉讼中须对债权人与债务人之间的债权债务关系进行审查，《民法典合同编通则解释》第 46 条第 2 款规定了债权人与债务人之间的债权债务关系可以直接在撤销权诉讼中合并审理。但是采取这一做法也不意味着债权人可以以此突破有关管辖的规定，故该款进一步规定了“不属于该人民法院管辖的，应当告知其向有管辖权的人民法院另行起诉”。

**3. 撤销权的法律效果与代位执行的衔接问题**

为了更加有效地激发撤销权制度的功能，消除不诚信的“搭便车”现象，更是为了解决实践中的突出问题，避免法律关系复杂化，有必要在遵循入库规则的基础上，对债权人权益的保护作进一步明确。对此，一种观点主张，采取代位权和撤销权合并行使的思路；另一种观点主张，通过执行程序来解决。《民法典合同编通则解释》起草过程中曾采取过有限制地承认代位权和撤销权合并行使的做法[2]，此是以债务人的行为同时符合代位权和撤销权的构成要件为前提的。但是考虑到债权人撤销权之诉的被告是债务人，而债权人代位权之诉的被告是债务人的相对人，二者并不统一，径直规定二者统一提起诉讼的话，确实存在一些衔接上的障碍。[3] 亦有意见认为，撤销权与代位权一并行使会使规则设计过于复杂，且缺乏实践经验，有必要继续研究探索积累经验。是故，《民法典合同编通则解释》最终没有采取这一做法，而是本着凝聚最大共识，用足现有制度规则，做好衔接适用的思路，采用了撤销权

---

〔1〕 参见朱虎：《债权人撤销权的法律效果》，载《法学评论》2023 年第 6 期。

〔2〕 参见《民法典合同编通则解释》起草过程中，曾对此规定：“债务人放弃其到期债权、恶意延长其到期债权的履行期限，影响债权人的到期债权实现，债权人请求撤销债务人的行为并代位行使该行为被撤销后债务人对相对人享有的债权的，人民法院依法予以支持。”

〔3〕 参见龙俊：《民法典中的债之保全体系》，载《比较法研究》2020 年第 4 期。

的行使与代位执行衔接适用的规则，由此可以在现行法律适用规则框架内直接、简便地实现对债权人权益的保护。当然，就债权人申请执行而言，应当限于债权人享有的债权数额，以及相对人应当向债务人履行的义务范围。在债务人的财产不足以清偿全部债务时，应当按照相应的执行法律规则处理，即在债务人有多个申请执行人，且相对人应当返还的财产不足以偿还时，债权人不能获得个别优先清偿。也就是说，必须遵守强制执行或者保全程序的一般性规则（也就是“依法”），没有给行使撤销权的债权人以任何优先性。[1] 此外，《民法典合同编通则解释》第46条第3款还规定了在撤销权诉讼中，债权人申请对相对人的财产采取保全措施的，人民法院依法予以准许，旨在发挥相应的指引规范作用，实现与保全规则的有机衔接，亦可契合执源治理的理念。

## 三、审判实践中需要注意的其他重点问题

### （一）关于撤销权诉讼中的举证责任分配问题

撤销权诉讼中的举证责任分配问题，一直是审判实务中的难点问题。按照一般规则，对此应当适用《民诉法解释》第91条以及《民诉证据规定》的相关规定，由债权人对撤销权行使的构成要件事实承担举证责任。但这其中又涉及对债务人或者相对人主观状态的举证问题以及撤销权所针对的交易事实发生在债务人与相对人之间，债权人对相应的证据材料难以掌握的问题，简单适用“谁主张，谁举证”的一般规则，有时会对债权人要求过苛。

结合撤销权行使的构成要件，需要债权人在撤销权诉讼中举证证明的事实包括：第一，债务人实施了损害债权的行为；第二，债务人的诈害行为影响债权人的债权实现；第三，在债权人主张撤销债务人有偿处置财产行为时，还需要证明债务人的相对人知道或者应当知道债务人的行为影响债权人的债权实现。现对后两点分述如下：

---

〔1〕 参见龙俊：《债之保全和转让规则的发展与创新》，载《中国法律评论》2023年第6期。

### 1. 关于“债务人的诈害行为影响债权人的债权实现”的举证

关于“债务人的诈害行为影响债权人的债权实现”的认定，理论和实务上通常将债务人财产状态“无资力”作为对债权人债权实现有影响的重要判定标准。[1] 关于诈害行为的认定，通常采取综合判断的观点，具体综合考察主客观情况，尤其增加考虑债务人行为目的或动机正当与否、行为的手段方法是否妥当等因素进行判断。综合判断方法，更容易判定行为的诈害性，也方便债权人举证证明债务人行为的诈害性。全国人大法工委相关释义中也采纳了类似观点，认为对“影响债权人的债权实现”的认定，应结合债权人的债权情况、债务人的责任财产状况等在个案中予以判断，不可僵化理解。[2] 既要防止对债务人行为的不当、过分干预，也要防止设定过于严苛的条件妨碍撤销权的正当行使。[3] 有观点认为，由于可以判断债务人资力的证据一般均处于债务人控制下，债务人对此亦不承担披露义务，要求债权人对此举证在实践中难以操作。从“谁控制证据谁举证”的角度来看，举证责任应在于债务人。笔者认为，此并不符合举证责任分配的一般规则，而且这一问题也可以通过适用既有的证据规则来解决，比如适用《民诉法解释》第 112 条、第 113 条规定的文书提供命令及证明妨害规则来解决。书证在对方当事人控制之下的，承担举证证明责任的当事人可以在举证期限届满前书面申请人民法院责令对方当事人提交。申请理由成立的，人民法院应当责令对方当事人提交，因提交书证所产生的费用，由申请人负担。对方当事人无正当理由拒不提交的，人民法院可以认定申请人所主张的书证内容为真实。持有书证的当事人以妨碍对方当事人使用为目的，毁灭有关书证或者实施其他致使书证不能使用行为的，人民法院可以依法对其处以罚款、拘留。

### 2. 有偿处置的情形下的举证责任分配

对于有偿处置的情形，债权人还应当举证证明相对人知道或者应当知道债务人实施的相应行为影响债权人的债权实现。债权人如不能举证证明的，

---

〔1〕 参见崔建远：《论债权人撤销权的构成》，载《清华法学》2020 年第 3 期。

〔2〕 参见黄薇主编：《中华人民共和国民法典释义》（中），法律出版社 2020 年版，第 1034 页。

〔3〕 参见王洪亮：《〈民法典〉第 538 条（撤销债务人无偿行为）评注》，载《南京大学学报（哲学·人文科学·社会科学版）》2021 年第 6 期。

应当承担相应的不利后果。

对相对人主观状态的判定的问题。原则上不应要求债务人的相对人知道债务人转让财产的行为有害于债权人的债权，而是看其于受让该财产时是否知道是“明显不合理的低价或者高价”，即转让的价格与当时当地的市场价格相比差距较大，任何一个合理的经营者在此情况下都会认为该价格过低或过高。因为债务人的相对人作为理性的经济人，应当知道债务人的行为是一种非正常的交易，必然会减少债务人的责任财产，损害债务人的利益。而债务人的相对人此时仍然与债务人发生交易，则表明其主观上知道或者应当知道。至于债务人的相对人是否具有故意损害债权人的意图，或是否曾与债务人恶意串通，在确定债务人的相对人的主观状态时不必考虑，且债权人对此一般也难以举证证明。因此，债权人只需要证明债务人的行为有害于债权，且依当时具体情形，债务人的相对人应当对此是能够知晓的即可。[1]

值得注意的是，实务中债务人和相对人是侵害债权的共同体，一般存在共同诈害债权的故意，债权人对于债务人与相对人之间的关系等信息难以掌握，审判实践中要求债权人对“知道或者应当知道”进行举证难以实现。因此，在比较法上，法、日等国均采取了推定原则或者举证责任倒置的规则。有观点认为，应从“受让人是否具有故意损害债权人的意图，或是否曾与债务人恶意串通”的角度来判断，但这种对债务人与相对人恶意意思联络的考察，对处于交易外部的债权人而言是难以举证证明的。因此，需要找到一个相对客观的判断标准。“以明显不合理的低价”转让，对相对人而言，其显然应当知道这是一个非正常的交易，亦应知道如果债务人不是为了逃避债务一般不会如此不顾自己利益而“以明显不合理的低价”转让，受让人明知这种交易会减少债务人的责任财产，仍与债务人进行交易，一般可推定受让人知道或应当知道该交易会影响债权人的债权实现，进而认定其主观具有恶意，[2] 由此来实现对受让人主观恶意认定的客观化，除非受让人举证证明。因此，债权人只需要证明债务人的行为有害于债权，且依当时具体情形受让

---

〔1〕 参见王松：《债权人撤销权的成立要件和法律效果》，载《人民司法》2011年第24期。

〔2〕 参见最高人民法院民法典贯彻实施工作领导小组主编：《中华人民共和国民法典合同编理解与适用（一）》，人民法院出版社2020年版，第538页。

人应当对此是能够知晓的，即能推定受让人具有恶意。受让人如对此推定不服，也应提供相应的证据来证明，比如债务人向其提供了诸如有重大投资回报利益急需资金等合理的正当理由。

## （二）关于连环转让中的撤销权行使问题

实务中存在债务人无偿或者以明显不合理低价转移财产后，相对人又以类似方式转移财产的问题。比较法上，针对债务人无偿或者以明显不合理低价转让财产后，又无偿或者以明显不合理低价转给第三人的情形，日本、葡萄牙民法和我国台湾地区“民法”上的债权人撤销权制度设有转得人规则。[1] 所谓转得人（间接受让人、间接受益人），是指自受益人（即债务人的相对人）处取得权利的人。[2] 但是，我国《民法典》在债权人撤销权制度中并无转得人规则。对于转得人行为能否一并撤销的问题，理论和实务中对此普遍存在认识上的争议，而在转得人规则如何细化的问题上探讨较多的则是关于转得人是否应当具备主观恶意的问题。《日本民法典》第 424 条之五和我国台湾地区“民法”第 244 条第 4 项不区分债务人与转得人之间的行为系有偿的抑或无偿的，只要转得人于其行为或转得时不知存有撤销原因，转得人就不负返还义务，以达保护善意第三人的目的。《日本民法典》第 424 条之五规定债权人针对转得人、次转得人行使撤销权的要件是：针对转得人行使

---

〔1〕《日本民法典》第 424-5 条规定：“对转得人的诈害行为撤销请求债权人可以对受益人提出诈害行为撤销请求的情形，移转受益人的财产有转得人时，债权人可以按下列各项的区分，以各项规定的情形为限，对该转得人提出诈害行为撤销请求：（1）该转得人为从受益人处转得财产的人的情形，该转得人转得财产时知道债务人所为的行为有害于债权人时；（2）该转得人为从其他转得人处转得财产的人的情形，该转得人及其转得前转得财产的所有转得人分别在其转得时知道债务人所为的行为有害于债权人时。”《葡萄牙民法典》第 613 条规定：“一、符合以下条件时，方可对嗣后之移转行使争议权：a）对于第一次之移转，以上各条规定之争议要件均成立；b）在新移转以有偿方式作出之情况下，转让人及嗣后取得人均出于恶意。二、上款之规定，经作出必要配合后，适用于在被移转财产上为第三人利益而设定权利之情况。”我国台湾地区“民法”第 244 条规定：“债务人所为之无偿行为，有害及债权者，债权人得声请法院撤销之。债务人所为之有偿行为，于行为时明知有损害于债权人之权利者，以受益人于受益时亦知其情事者为限，债权人得声请法院撤销之。债务人之行为非以财产为标的，或仅有害于以给付特定物为标的之债权者，不适用前二项之规定。债权人依第一项或第二项之规定声请法院撤销时，得并声请命受益人或转得人回复原状。但转得人于转得时不知有撤销原因者，不在此限。”

〔2〕参见韩世远：《合同法总论》（第 4 版），法律出版社 2018 年版，第 469 页。

撤销权，须转得人于受让财产时对于债务人的行为属于诈害债权是知情的；针对次转得人行使撤销权，须在其之前的转得人于受让财产时对于债务人的行为属于诈害债权为知情。在学理上，我国亦有学者认为，债权人对转得人主张撤销权场合，应以转得人受让财产时恶意（知道对债权人造成损害）为其行使要件，宜由转得人就自己的善意进行举证。[1] 受益人若将取得的利益移转给转得人，债权人也可以恶意的转得人为被告，请求返还利益。对于善意转得人，则不得行使撤销权，但仍不妨碍对其前手受益人或恶意转得人请求替补赔偿。[2] 崔建远教授认为，转得人对于存在撤销原因的“不知”，究竟是出于一般过失、重大过失抑或无过失，尚需研讨。联系《民法典》第311 条关于善意取得的规定以及《最高人民法院关于适用〈中华人民共和国民法典〉物权编的解释（一）》第 14 条关于“受让人受让不动产或者动产时，不知道转让人无处分权，且无重大过失的，应当认定受让人为善意”的规定，以及侵权法关于侵害债权的构成以行为人明知或因重大过失不知债权存在为要件之一的学说，可将转得人对于存在撤销原因的“不知”界定为不可归责于转得人的原因的主观状态，或是转得人对其“不知”仅有一般过失的主观状态。如果转得人对于存在撤销原因的“不知”系因重大过失所致，那么，转得人仍属恶意，失去保有其基于转得行为取得的财产的法律依据，行使撤销权的债权人有权请求转得人返还其基于转得行为而取得的财产。[3]

《民法典合同编通则解释》起草过程中，曾对连环转让中的撤销权行使作出了规定，在其征求意见稿第 46 条规定：“债务人无偿转让财产或者以明显不合理的低价转让财产后，相对人又将该财产无偿转让、以明显不合理低价转让或者为他人的债务提供担保，影响债权人的债权实现，且前后交易行为中以明显不合理的低价受让财产的人、担保权人知道或者应当知道上述情形，债权人请求一并撤销债务人的相对人的行为的，人民法院应予支持。”但从征求意见的情况看，反对意见较多，理由主要有：其一，撤销权本身就突破了债的相对性原则，如果再允许对后手交易予以撤销，则过度突破债的相对性

---

〔1〕 参见韩世远：《合同法总论》（第 4 版），法律出版社 2018 年版，第 469 页。
〔2〕 参见孙森焱：《民法债编总论》（第 5 版），台北，三民书局 1985 年版，第 473 页。
〔3〕 参见崔建远：《论债权人撤销权的构成》，载《清华法学》2020 年第 3 期。

原则，对债法体系冲击过大。其二，规定的必要性不足，第一个交易被撤销之后，相对人就没有取得财产权利，所以其再处分该财产权利的交易行为构成无权处分，由于相对人是恶意的，所以不能善意取得，财产权利仍然归属于债务人，即便不撤销后手交易，撤销权人仍然可以把该财产权利当作债务人的责任财产。其三，《民法典》既然没有规定可以撤销后手交易合同，则在没有特别大的必要的情况下，司法解释不宜创造全新的规则。〔1〕因这一问题争议较大，《民法典合同编通则解释》最终对此未作规定。根据既有理论研究成果和实务经验，在现有法律、司法解释规定的框架下，可以通过反向适用善意取得规则来解决，比如在吴某、阎某等债权人撤销权纠纷案〔2〕中，法院生效裁判认为，相对人向转得人转让财产构成善意取得的，债权人不得撤销相对人的行为。反之，在转得人的受让行为不符合善意取得的构成要件的情况下，根据法律行为被撤销后自始无效的法律效果，对债务人与相对人之间这一基础法律行为的撤销，自然就要影响后续的交易行为。对此需要进一步论证的是，相对人在处分该财产时，因其与债务人的行为并未被撤销，这时该相对人的行为是否构成无权处分值得探讨，即使嗣后该行为被撤销，能否溯及该行为时认为相对人无处分权。

另一个可以探索的路径则是基于规范分析的视角，对撤销权行使的条件作目的解释，对于实质意义上符合《民法典》第538条、第539条规定的撤销权行使条件的情形，允许连环撤销。此在实务中亦有经验积累，在黄某南、深圳市某实业有限公司债权人撤销权纠纷案〔3〕中，法院生效裁判认为，债务人以不合理的低价转让给多手转得人，且各转得人主观上存在恶意的，人民法院可以一并予以撤销。此路径有利于救济的实质性解决，但必须严格限定于前后的交易行为都要符合撤销权的构成要件，否则就会冲击交易安全和秩序。

---

〔1〕 参见最高人民法院民事审判第二庭、研究室编著：《最高人民法院民法典合同编通则司法解释理解与适用》，人民法院出版社2023年版，第511－512页。

〔2〕 参见山东省青岛市中级人民法院民事判决书，(2021) 鲁02民再213号。

〔3〕 参见广东省中山市中级人民法院民事判决书，(2017) 粤20民终6391号。

# 第十九讲

# 债权转让规则的细化完善与具体适用

一、债权债务转让纠纷的诉讼中追加第三人的规则

二、关于债权转让通知的效力与方式的细化

三、债权的表见让与及债务人确认债权存在的规则适用

四、债权多重转让的法律适用规则

债权转让是《民法典》合同编通则部分的重要内容。债权转让是指不改变债权的内容，由债权人通过合同将债权转让给第三人。债权原则上具有可转让性，无论该债权是现有的还是将有的，只要债权可以被特定化，债权人即可以转让其债权。此时，债权人作为让与人，与作为受让人的第三人之间，必须经过协商一致达成债权转让合同，转让合同作为民事法律行为应当适用民事法律行为的一般性规定。[1] 债权转让的基本条件是，此债权具有可转让性。从鼓励交易、促进市场经济发展的目的来看，法律应当允许债权人的转让行为。只要不违反法律和社会公德，债权人就可以转让其权利。[2] 但是，为了维护社会公共利益和交易秩序，平衡合同双方当事人的权益，法律又对权利转让的范围进行了一定的限制。比较法上，一些国家和地区的民法都对不得转让的权利作出了规定，总的原则是当事人另有约定或者依据债权性质不得转让的合同权利不得转让。比如，《日本民法典》第466条规定，债权得让与之，但其性质不容许让与者，不在此限。我国台湾地区“民法”第294

〔1〕 参见黄薇主编：《中华人民共和国民法典释义》（中），法律出版社2020年版，第1044页。

〔2〕 参见胡康生主编：《中华人民共和国合同法释义》，法律出版社1999年版，第131页。

条第 1 款规定，债权人得将债权让与第三人。但下列债权不在此限：（1）依债权之性质不得让与者；（2）依当事人之特约不得转让者；（3）债权禁止扣押者。在参考有关国家和地区的规定并总结我国实践经验的基础上，原《合同法》明确规定了合同权利不得转让的情形。《民法典》第 545 条[1]在原《合同法》第 79 条的基础上，规定了债权转让的一般规则和例外情形，同时又在第 2 款新增了有关转让债权的对抗效力问题的规定。

相较于合同的相对性，债权转让通常涉及三方当事人，其法律关系就会变得更为复杂。《民法典》编纂过程中，对债权转让的问题做了大量研究论证，其中一个典型表现就是新增了保理合同，并将一些债权转让的相关规则写入保理合同当中。但是就实务中对债权转让细化规定的需求而言，合同编通则部分关于债权转让的规则仍显不足。不少观点认为，《民法典》关于保理合同的规定中，第 763 条（虚构应收账款的规定）、第 764 条（转让通知的发出）、第 768 条（应收账款债权的重复转让）所确立的规则不仅适用于保理合同，还可以成为债权转让的普适性规则。而保理合同毕竟仅是一个具体合同类型，并不能发挥合同编通则之一般规则的作用。是故，《民法典合同编通则解释》对实务中反映比较突出且具有一定普适性的问题进行了系统梳理，并且坚持在守正中创新，确保法律适用的稳定性、连续性。《民法典合同编通则解释》基本沿用了《合同法解释（一）》对债权转让及合同权利义务转让中的第三人规则作了规定，同时总结理论和实务经验，对债权转让通知、多重债权转让、债务加入等相关规则予以明确，细化完善了债权转让的法律适用规则。

## 一、债权债务转让纠纷的诉讼中追加第三人的规则

### （一）《民法典合同编通则解释》第 47 条对《合同法解释（一）》相关规定的沿用与修改

根据《民法典》第 548 条、第 553 条以及第 556 条等规定，债务人接到

[1]《民法典》第 545 条规定："债权人可以将债权的全部或者部分转让给第三人，但是有下列情形之一的除外：（一）根据债权性质不得转让；（二）按照当事人约定不得转让；（三）依照法律规定不得转让。当事人约定非金钱债权不得转让的，不得对抗善意第三人。当事人约定金钱债权不得转让的，不得对抗第三人。"

债权转让通知后，债务人对让与人的抗辩，可以向受让人主张；债务人转移债务的，新债务人可以主张原债务人对债权人的抗辩；合同权利义务一并转让的，适用债权转让、债务转移的规定。因此，当事人一方将合同权利义务一并转让后，对方可就合同权利义务向受让人主张抗辩。对此，《合同法解释（一）》第 27 条至第 29 条已作了规定，人民法院可以根据案件实际情况追加原债权人或者原债务人为第三人。这些规定在人民法院查明案件事实，彻底化解纠纷以及保护当事人诉讼权利等方面发挥了积极作用，取得了良好效果。是故，《民法典合同编通则解释》对上述规定的基本内容予以沿用，并基于精简条文的考虑，将此三条整合为一条，并根据实务需要作了适当修改调整。对于《合同法解释（一）》规定的上述三种情形，《民法典合同编通则解释》第 47 条分三款作了规定。其中第 1 款规定："债权转让后，债务人向受让人主张其对让与人的抗辩的，人民法院可以追加让与人为第三人。"第 2 款规定："债务转移后，新债务人主张原债务人对债权人的抗辩的，人民法院可以追加原债务人为第三人。"第 3 款规定："当事人一方将合同权利义务一并转让后，对方就合同权利义务向受让人主张抗辩或者受让人就合同权利义务向对方主张抗辩的，人民法院可以追加让与人为第三人。"相较《合同法解释（一）》的规定，《民法典合同编通则解释》第 47 条的主要修改有：一是基于《民法典》合同编第六章关于"合同的变更和转让"的相应规定，将原《合同法》规定的"合同的权利"修改为"债权"的情况，对比《合同法解释（一）》的相关表述，《民法典合同编通则解释》第 47 条删去了"债务人与受让人之间因履行合同发生纠纷诉至人民法院"，由此明确了债权转让并非仅限于合同之债，还存在其他类型的债的转让问题，故作了简化处理。二是对标《民法典》第 553 条的表述，将《合同法解释（一）》第 28 条中的"受让人"相应调整为"新债务人"，使其表述更加严谨。三是基于在合同权利义务概括承受场合，受让人也可能就合同权利义务向对方主张抗辩，而《合同法解释（一）》对此未予明确，《民法典合同编通则解释》第 47 条第 3 款补充规定了"受让人就合同权利义务向对方主张抗辩的，人民法院可以追加让与人为第三人"的内容。

## （二）第三人参加诉讼

一般情形下，典型的民事诉讼程序的结构是由原、被告双方组成的对立结构，其解决的也是原、被告双方之间的纠纷。但在有“准当事人”参加到诉讼程序中时，就会形成较为复杂的三方诉讼结构。第三人参加诉讼制度可以分为有独立请求权第三人制度与无独立请求权第三人制度，目的是适度延伸诉讼功能，适应复杂的审判实践。

《民事诉讼法》第59条[1]规定了有独立请求权第三人和无独立请求权第三人。有独立请求权第三人参加诉讼，实际上是将两个诉讼——原告与被告之间的本诉、第三人与本诉当事人之间的诉讼合并审理。人民法院将这两个诉讼合并审理，便于查明案情，实现纠纷的一次性解决，也可以避免冲突判决的出现。该条第2款规定的无独立请求权第三人，是指诉讼当事人以外的，该诉讼结果可能会牵涉其在法律上的利害关系，因此有权申请或者经人民法院通知有义务参加诉讼的人。无独立请求权第三人参加诉讼有两种方式：自己申请参加或者经人民法院通知参加。《民法典合同编通则解释》第47条规定的即是后一种情形。值得注意的是，适用《民法典合同编通则解释》第47条规定追加原债权人（让与人）或者原债务人为第三人的前提是债务人向受让人主张其对让与人的抗辩或者新债务人主张原债务人对债权人的抗辩等情形。比如，在**张某与任某磊民间借贷纠纷案**[2]中，法院生效裁判即认为，债务转移后，人民法院依法追加原债务人为第三人的，应以受让人就原债务人对债权人的权利提出抗辩为前提。而且这也并不妨碍债权、债务转让纠纷中的原债权人或者债务人依照《民事诉讼法》的规定自己参加诉讼。

---

〔1〕《民事诉讼法》第59条规定：“对当事人双方的诉讼标的，第三人认为有独立请求权的，有权提起诉讼。对当事人双方的诉讼标的，第三人虽然没有独立请求权，但案件处理结果同他有法律上的利害关系的，可以申请参加诉讼，或者由人民法院通知他参加诉讼。人民法院判决承担民事责任的第三人，有当事人的诉讼权利义务。前两款规定的第三人，因不能归责于本人的事由未参加诉讼，但有证据证明发生法律效力的判决、裁定、调解书的部分或者全部内容错误，损害其民事权益的，可以自知道或者应当知道其民事权益受到损害之日起六个月内，向作出该判决、裁定、调解书的人民法院提起诉讼。人民法院经审理，诉讼请求成立的，应当改变或者撤销原判决、裁定、调解书；诉讼请求不成立的，驳回诉讼请求。”

〔2〕参见江苏省宿迁市中级人民法院民事判决书，(2017) 苏13民终626号。

《民法典合同编通则解释》第 47 条所规定的第三人类型原则上为无独立请求权第三人。无独立请求权第三人参加诉讼后，法院应当向其送达起诉状、答辩状、传票等诉讼材料，其可以向法院递交陈述意见书，也可以在庭审中发表意见、参加法庭辩论、提供证据。如果经过两次传票合法传唤，无独立请求权第三人无正当理由拒不到庭的，人民法院可以缺席判决。但在一审诉讼过程中，无独立请求权第三人的诉权要受到一定的限制，其无权提出管辖异议，无权放弃、变更诉讼请求或者申请撤诉，只是在被判决承担民事责任的情形下，有权提起上诉。

## 二、关于债权转让通知的效力与方式的细化

《民法典》第 546 条第 1 款仅是规定了债权转让的通知要件。债权转让通知生效、解释、撤回等，参照适用《民法典》关于意思表示的规定。[1] 但是，对于通知的方式，《民法典》没有明确规定，而在保理合同中，《民法典》第 764 条规定："保理人向应收账款债务人发出应收账款转让通知的，应当表明保理人身份并附有必要凭证。"根据上述规定，保理合同中保理人有权发出债权人转让通知，同时应当"表明保理人身份并附有必要凭证"，简单地通知并不符合法律规定。这一规则能否上升为一般规则适用于所有债权转让的情形，在实务中有不同意见。而对于一般意义上的债权转让中通知的方式以及受让人能否以诉讼方式进行通知的问题，在审判实务中更具有普遍性，亟须细化厘清。

### （一）债权转让通知的效力

我国债权转让对债务人生效的要件是通知。原《合同法》第 80 条第 1 款规定："债权人转让权利的，应当通知债务人。未经通知，该转让对债务人不发生效力。"在《民法典》编纂过程中，有意见提出应当明确债权转让通知是否为受让人取得债权的条件。立法机关经研究认为，债权转让通知的目的是保护债务人，是否通知债务人不影响受让人对转让债权的取得。因此，《民法

〔1〕 参见黄薇主编：《中华人民共和国民法典合同编释义》，法律出版社 2020 年版，第 193 页。

典》第546条对原《合同法》第80条进行了修改，在让与人和受让人之间的关系上，受让人取得转让债权不以通知债务人为条件，债权转让合同效力不因未通知债务人而受影响。[1] 但是，为保护债务人，如果债权人未将债权转让通知债务人，则该转让对债务人不具有法律约束力，债务人依照原约定履行债务的，为适当履行。[2] 如果债权人将债权转让通知了债务人，则债权转让对债务人发生效力，此时债务人即对受让人负有履行义务，并且有权以此拒绝让与人的履行请求；如果债务人仍然向让与人履行，则不发生债权消灭的效力。[3] 因此，谁有权请求债务人履行债务，以及债务人应当向谁履行债务，取决于债务人是否收到债权转让通知。考虑到受让人取得债权的时间可能不同于转让通知到达债务人的时间，从受让人取得债权后至转让通知到达债务人之前，债务人可能无法获知当前的债权人，面临重复履行和向错误的债权人履行的风险。[4] 针对这一问题，本着明确债权转让通知效力的基本逻辑，《民法典合同编通则解释》第48条第1款规定："债务人在接到债权转让通知前已经向让与人履行，受让人请求债务人履行的，人民法院不予支持；债务人接到债权转让通知后仍然向让与人履行，受让人请求债务人履行的，人民法院应予支持。"

### （二）债权转让通知的主体

对于债权转让通知的适格主体问题，各国和地区一般有三种类型的规定。其一，由受让人通知，如《意大利民法典》第1264条；其二，由让与人通知，采此做法者如《日本民法典》第467条；其三，由让与人或受让人通知，采此做法者如我国台湾地区"民法"第297条第1款。[5] 随着保理业务的发展，在最新的规定中让与人和受让人均可以发出债权让与通知已经成为常态，

〔1〕 参见黄薇主编：《中华人民共和国民法典释义》（中），法律出版社2020年版，第1047页。

〔2〕 参见杨立新：《合同法》（第2版），北京大学出版社2022年版，第242页。

〔3〕 参见石宏主编：《〈中华人民共和国民法典〉释解与适用·合同编》（上册），人民法院出版社2020年版，第162页。

〔4〕 参见朱虎：《债权转让中对债务人的程序性保护：债权转让通知》，载《当代法学》2020年第6期。

〔5〕 参见韩世远：《合同法总论》（第4版），法律出版社2018年版，第612－613页。

典型的包括《俄罗斯联邦民法典》第830条、《美国统一商法典》第9-406条、《联合国国际贸易应收款转让公约》第13条、《欧洲示范民法典草案》第3-5：119条。[1]

对于受让人是否可以作为发出通知的主体，我国理论和实务中也存有争议。一种意见认为，通知是债权转让对债务人生效的要件，允许债权的受让人成为通知的主体有利于促进交易便捷开展。应当说，《民法典》第546条中并未对通知主体作出明确规定，也不存在其他法律作出禁止受让人通知的规定，故而若是不允许受让人为通知行为反而违背了民法作为私法的一般原则。[2] 当然，受让人作为通知主体应属于例外情形。但《民法典》第546条第1款规定："债权人转让债权，未通知债务人的，该转让对债务人不发生效力。"依此规定，似有债权让与应由债权人通知债务人的意思。有观点认为，此种限定有些狭隘，可以通过目的性扩张予以填补，允许受让人也作为让与通知的主体，从而有利于灵活地解决实际中的问题。但从保护债务人履行安全的角度考虑，受让人为让与通知时，必须提出取得债权的证据，[3] 如债权让与的基础合同（买卖合同、赠与合同等）、让与公证书等，否则债务人可以拒绝履行。[4] 另一种意见则认为，如果允许受让人发出通知，则债务人承担过高的审核义务，其就会处于两难境地。径行向受让人履行，但如果受让人并未取得债权，此时债务人就仍需向让与人再次履行，并且增加了债务人依据不当得利要求让与人返还时可能承担的让与人资力不足的风险；要么拒绝受让人的履行请求，但如果受让人确实取得债权，此时债务人可能就会构成违约；如果债务人承担过低的审核义务，则又会不利于受让人利益的保障。只要允许受让人发出通知，此种价值权衡上的进退维谷无法避免。[5] 虽然此问题可以通过要求受让人提供充分的让与证明文件（如债务人出具的借据、

---

〔1〕 参见方新军：《合同法第80条的解释论问题——债权让与通知的主体、方式及法律效力》，载《苏州大学学报（哲学社会科学版）》2013年第4期。

〔2〕 参见孙豪杰：《论债权让与之通知义务的主体和性质》，载《东南大学学报（哲学社会科学版）》2022年第S1期。

〔3〕 参见崔建远主编：《合同法》（第4版），法律出版社2007年版，第216页。

〔4〕 参见韩世远：《合同法总论》（第4版），法律出版社2018年版，第613页。

〔5〕 参见黄薇主编：《中华人民共和国民法典释义》（中），法律出版社2020年版，第1410页。

票据、合同书、账单以及让与公证书等）予以解决，但何为有效的证明文件或者让与的充分证据，易在债务人和受让人之间发生争执。[1] 立法观点也曾有过反复，《民法典合同编（草案）征求意见稿》第86条第2款曾增设“债权让与的通知可以由让与人或受让人发出”，后基于减轻债务人审查负担以及维护交易安全的考量予以删除。[2] 在《民法典合同编通则解释》起草过程中，曾就这一问题作出规定：“让与人未通知债务人，受让人通知债务人并提供确认债权转让事实的生效法律文书、经公证的债权转让合同等能够确认债权转让事实的证据的，人民法院应当认定受让人的通知发生法律效力。”基于目前的信用状况，对《民法典》第764条中的“必要凭证”的认定应当非常严格，原则上以经过公证的转让通知或者转让合同为宜。鉴于这一问题争议仍然存在，《民法典合同编通则解释》最终对此未作一般性规定，而仅是就受让人起诉的情形予以了明确，其他情形还需审判实务中进一步探索积累经验。

### （三）受让人是否可以以起诉方式通知

关于受让人可否以诉讼的方式向债务人进行债权转让通知，理论和实务中有不同的观点。一种观点认为，债权转让通知通常采取非诉的形式，但也可以采取诉讼通知的形式。[3] 受让人直接通过向人民法院提起诉讼的方式向债务人主张权利的，亦可认定为通知债权转让的一种方式，在相关诉讼材料送达债务人时，该债权转让通知对债务人发生法律效力。[4] 另一种观点认为，债权转让通知告知债务人相关信息对债务人发生效力，方便其履行债务，以诉讼的方式进行通知已失去了通知的意义[5]，而且受让人不是合格的通知

〔1〕参见徐涤宇：《〈合同法〉第80条（债权让与通知）评注》，载《法学家》2019年第1期。

〔2〕参见朱广新、谢鸿飞主编：《民法典评注·合同编·通则》，中国法制出版社2020年版，第93页。

〔3〕参见崔建远、陈进：《债法总论》，法律出版社2021年版，第266页。

〔4〕参见最高人民法院民事审判第一庭编：《民事审判指导与参考》（总第69辑），人民法院出版社2017年版，第78页。

〔5〕参见王利明：《合同法研究》（第3卷）（第2版），中国人民大学出版社2015年版，第233页。

主体[1]。如允许受让人直接通过起诉方式通知，可能产生当事人怠于履行通知义务而利用人民法院的司法资源代行通知的问题。[2]

同时，对于赞成受让人有权以诉讼方式通知的情形，通知生效的具体时间也存有争议。一种观点认为，应以起诉状副本送达时间作为转让通知生效时间。[3] 如此可以避免受让人在其起诉后债务人仍向原债权人履行而利益落空的风险，也可以避免债务人继续向让与人履行导致违约的风险。另一种观点认为，如果以债务人接到起诉书或者仲裁申请书副本时为通知生效的时点，则债务人在受让人的请求没有得到法院或者仲裁支持之前就承担向受让人履行的义务，但此时债权转让的真实性仍然无从判断。实践中，受让人起诉后，法院追加让与人为第三人，或者通知让与人以证人身份对债权转让事实予以说明，将让与人传唤到庭调查并责令其告知债务人债权转让的事实，让与人在法庭辩论终结前确认了债权转让事实，可认为此时债务人接到了让与人的转让通知，从而债权转让对债务人发生效力，因此无须承认起诉具有转让通知效力。[4]

在综合实务经验和理论成果的基础上，《民法典合同编通则解释》最终以允许受让人通过诉讼方式通知为一般规则，同时对一些问题作了相对更加公平的处理，其第48条第2款规定："让与人未通知债务人，受让人直接起诉债务人请求履行债务，人民法院经审理确认债权转让事实的，应当认定债权转让自起诉状副本送达时对债务人发生效力。债务人主张因未通知而给其增加的费用或者造成的损失从认定的债权数额中扣除的，人民法院依法予以支持。"此主要考虑是由于债权转让的事实是由人民法院审理查明的，该通知方式不会增加债务人的核查负担，同时还减少了债权人通知后受让人再起诉的

---

〔1〕 参见申建平：《债权让与制度研究——以让与通知为中心》，法律出版社2008年版，第229页。

〔2〕 参见最高人民法院民事审判第二庭、研究室编著：《最高人民法院民法典合同编通则司法解释理解与适用》，人民法院出版社2023年版，第526页。

〔3〕 参见徐涤宇：《〈合同法〉第80条（债权让与通知）评注》，载《法学家》2019年第1期。

〔4〕 参见朱虎：《债权转让中对债务人的程序性保护：债权转让通知》，载《当代法学》2020年第6期。

烦琐，有利于纠纷的高效解决。[1] 而且，实务中还会存在原债权人（即让与人）怠于履行通知义务的问题，这时如果不赋予受让人通知的权利，会使债权转让规则被变相架空甚至形同虚设。

同时，为避免受让人以起诉的方式通知债务人可能引发影响债务人利益的问题，《民法典合同编通则解释》第48条第2款进一步明确了两点：一是只有在人民法院经审理确认债权转让事实的情况下，起诉状副本送达才可以发生通知的效力。这要求人民法院必须着重审查债权转让的真实合法性，必要时可以追加让与人为第三人参加诉讼。二是考虑到《民法典》第546条规定了债权人负有通知债务人的法定义务，而且根据《民法典》第550条“因债权转让增加的履行费用，由让与人负担”的基本精神，《民法典合同编通则解释》第48条第2款进一步规定，债务人主张从认定的债权数额中扣除因未通知债务人而给债务人增加的费用、造成的损失，人民法院依法予以支持。当然，如果让与人与受让人对费用的承担问题有所约定，应当依照该约定处理。

需要说明的是，此处费用的范围，包括因未通知债务人导致的债务人迟延履行义务所要支付的迟延履行利息、迟延履行金以及诉讼费用等。关于诉讼费用，如债务在诉讼前已经到期，债务人本就有履行债务的义务，其败诉承担的诉讼费用并不属于因未通知债务人而给其增加的费用，此时仍应由债务人负担；如债务人已经向让与人履行或者提存，履行了到期债务，此时受让人起诉要求债务人向其履行债务，则属于因未通知债务人而给债务人增加的费用，应当由受让人负担。当然，由于在诉讼中让与人作为第三人，受让人也可以主张诉讼费等费用直接由让与人承担，法院也可以直接作出判决。[2]

### （四）实务中需要注意的其他问题

#### 1. 债务人明知债权转让事实不能等同于债权转让通知的送达

对于这一问题，在《民法典》编纂过程中已经涉及。《民法典》合同编

〔1〕 参见最高人民法院民法典贯彻实施工作领导小组编著：《中国民法典适用大全·合同卷（一）》，人民法院出版社2022年版，第746页。

〔2〕 参见最高人民法院民事审判第二庭、研究室编著：《最高人民法院民法典合同编通则司法解释理解与适用》，人民法院出版社2023年版，第528页。

草案的一审审议稿和二审审议稿第335条第1款曾采取主客观混合模式，但最终采纳了纯粹客观模式，即未通知债务人的，债权转让对债务人不发生效力。显然，是排除了债务人明知债权转让即对债务人发生效力的情形。[1] 最高人民法院的相关裁判也采取了这一做法，认为："债务人对债权的知晓不能替代债权转让的通知。在农发行与城投公司欠缺通知的表示意思与表示行为的情况下，万事发公司虽从其他渠道获悉债权转让的事实，仍不能认定案涉债权转让已通知万事发公司。故案涉债权转让对万事发公司尚未发生法律效力。"[2]

**2. 关于公告送达能否适用于《民法典合同编通则解释》第48条第2款的问题**

《最高人民法院关于审理涉及金融资产管理公司收购、管理、处置国有银行不良贷款形成的资产的案件适用法律若干问题的规定》（已失效）第6条第1款规定："金融资产管理公司受让国有银行债权后，原债权银行在全国或者省级有影响的报纸上发布债权转让公告或通知的，人民法院可以认定债权人履行了《中华人民共和国合同法》第八十条第一款规定的通知义务。"这一规定肯定了在不良债权转让中可以公告形式发布债权转让通知。但公告通知的方式是否适用于一般债权转让，对此有不同的观点。第一种观点是"否定说"，认为这一规则违背了公告通知只能是在个别通知无法实现或者实现有特别困难的时候才能够予以运用的规则，违背了债权让与不得恶化债务人地位的原则。[3] 另外也有观点认为，公告通知已限定于司法解释与司法文件所限定的不良金融债权的转让，不宜扩张适用于一般债权转让。[4] 第二种观点则认为，应将公告通知作为通知的补充方式，只有在符合债务人下落不明且公

---

〔1〕 参见最高人民法院民法典贯彻实施工作领导小组编著：《中国民法典适用大全·合同卷（一）》，人民法院出版社2022年版，第744页。

〔2〕 参见最高人民法院民事判决书，(2020) 最高法民再13号。

〔3〕 参见方新军：《合同法第80条的解释论问题——债权让与通知的主体、方式及法律效力》，载《苏州大学学报（哲学社会科学版）》2013年第4期。

〔4〕 参见江必新、何东宁等：《最高人民法院指导性案例裁判规则理解与适用·合同卷二》，中国法制出版社2012年版，第259页。

告的媒体具有一定影响力的情形下采用才能肯定公告通知的效力。[1] 审判实务中，在金融资产管理公司对不良债权的再转让纠纷案件中，最高人民法院的生效裁判支持公告通知的方式。笔者倾向于认为，《民法典合同编通则解释》第48条第2款对于受让人起诉债务人的债权转让通知问题作了明确规定，且有明确限定条件，即须“人民法院经审理确认债权转让事实的”，方可认定债权转让自起诉状副本送达时对债务人发生效力。基于文义解释、体系解释和目的解释，公告送达属于送达方式的一种，应当落入该款规定的适用范围，至于公告送达适用的严格限制问题，应当适用《民事诉讼法》的有关规定。[2] 如果不承认公告送达在《民法典合同编通则解释》第48条第2款情形下的适用效力，不仅与该款规定文义不符，还会变相鼓励债务人想方设法通过藏匿等方式来达到其逃避债务的目的。

## 三、债权的表见让与及债务人确认债权存在的规则适用

### （一）债权的表见让与

由于债权转让合同是债权人和受让人之间签订的合同，债务人无法知道债权转让是否实际发生，转让合同是否存在不成立、无效、可撤销等事由，如果允许该合同不成立、无效、可撤销等事由对债务人产生效力，则必然会使债务人处于无法预测的风险中，故有必要对债务人基于债权转让通知产生的信赖利益予以专门保护，此即所谓的债权表见让与规则。[3] 有学者将此规则表述为：“让与人已将债权让与之事通知债务人的，即使没有实际让与或者让与无效，债务人仍得以在此期间发生的得对抗受让人的事由对抗让与人……债权让与虽未实行，或因债权无让与性，或因无债权转移的真正合意，或因其他原因而使让与无效或经撤销，然如让与人已经将让与通知债务人或

〔1〕 参见王利明：《合同法研究》（第3卷）（第2版），中国人民大学出版社2015年版，第259页。

〔2〕《民事诉讼法》第95条规定：“受送达人下落不明，或者用本节规定的其他方式无法送达的，公告送达。自发出公告之日起，经过三十日，即视为送达。公告送达，应当在案卷中记明原因和经过。”

〔3〕 参见最高人民法院民事审判第二庭、研究室编著：《最高人民法院民法典合同编通则司法解释理解与适用》，人民法院出版社2023年版，第535页。

由受让人凭债权让与的文件提示债务人时，就足以令债务人相信让与的发生。根据表见代理的规则，可称为表见让与。”[1] 可见，表见让与规则重点在关于债务人的信赖保护权益，而非确定债权转移的真实事实。[2]

表见让与规则在比较法上有较为普遍的做法。比如，我国台湾地区“民法”第298条第1款规定：“让与人已将债权之让与通知债务人者，纵未为让与或让与无效，债务人仍得以其对抗受让人之事由，对抗让与人。”《欧洲合同法原则》第11:304条规定：“依据上述第11:303条债务人向被确定为受让人的人依据通知为履行的，其业已清偿履行义务，但债务人无法不意识到该人并不是有权接受履行的人除外。”我国《民法典》并没有规定债权的表见让与规则，而这一规则旨在保护债务人，而在此场景中保护债务人就是保护交易安全或者善意第三人[3]。鉴于债权的表见让与在债权转让的理论和实务中具有的重要地位和作用，《民法典合同编通则解释》第49条第1款对此作了明确规定：“债务人接到债权转让通知后，让与人以债权转让合同不成立、无效、被撤销或者确定不发生效力为由请求债务人向其履行的，人民法院不予支持。但是，该债权转让通知被依法撤销的除外。”

应当说，《民法典合同编通则解释》第49条第1款构成了对《民法典》第546条的补充细化，即债务人只有接到通知才受债权转让事实的约束。由此引申出债务人的信赖保护问题，即债务人基于对该通知的信赖而为履行后，就应当发生债务清偿的效果。同样是基于对债务人对该通知之信赖的保护，《民法典》第546条第2款规定债权转让通知未经受让人同意不得撤销。债务人接到债权转让通知后，即受该通知约束，除非该通知经受让人同意而撤销。债权转让通知到达债务人的，债权转让即已对债务人发生法律效力，债务人依法对受让人负有履行债务的义务，而不受债权转让协议是否不成立、无效、被撤销或者确定不发生效力等情形的影响。

至于债权转让合同不成立、无效、被撤销或者确定不发生效力的问题，需要从三个方面把握。一是该债权转让协议本身的效力认定需要体系化适用

---

〔1〕 李永军：《合同法》（第5版），中国人民大学出版社2020年版，第198页。

〔2〕 参见崔建远：《关于债权让与的争论及其评论》，载《广东社会科学》2024年第1期。

〔3〕 参见韩世远：《合同法总论》（第4版），法律出版社2018年版，第624页。

《民法典》有关合同不成立、无效、被撤销或者确定不发生效力的规定。比如《民法典》第 144 条、第 146 条、第 153 条、第 156 条等条文对民事法律行为无效的情形作了规定，债权转让合同的无效当然也要适用这些规定。二是债权转让协议的效力要受债权转让特有规则的约束。《民法典》第 545 条对不得让与的债权作了规定，特别是第 1 款第 3 项规定了依照法律规定不得转让的情形。违反此禁止性规定转让债权的，应当根据《民法典》第 153 条及《民法典合同编通则解释》第 16 条至第 18 条的规定来认定该债权转让合同效力。[1] 三是债权转让协议的效力要受债权本身合法效力的影响。一般而言，债权转让须以债权本身合法有效存在为前提条件，比如合同之债本身是无效的，原则上不应认定该债权转让协议是有效的。此外，对债权的处分应当以其对该债权有处分权为前提，故有关法律适用规则可以类推适用《民法典》第 597 条[2]的规定。当然，从债权转让效果上讲，此还涉及受让人善意保护的问题，十分复杂，值得进一步探讨。

至于债务人对于债权转让合同的不成立、无效等情形不知情是否属于善意的问题，理论和实务中存有争议。"肯定说"认为，这样更有利于保护债权人利益，避免债权人因债权转让合同的效力瑕疵而受到损失。而且，表见让与规则的构建，应当遵循贯彻诚信原则，对于恶意债务人没有保护的必要。[3] "否定说"则认为，由于债权转让合同作为合同的一种类型，自然也具有相对性和不公开性的特征，债务人事实上很难进行审查，尤其是"应当知道"的要求会增加债务人的审查义务，必然会给其造成更多负担，影响交易安全和效率。而且，对于债务人善意要件的要求会造成对《民法典》第 546 条第 2 款规定的债权转让合同非经受让人同意不得撤销规则的不当限缩，即如果债务人知道或者应当知道债权转让合同存在不生效、无效等情形时，

---

〔1〕 参见最高人民法院民事审判第二庭、研究室编著：《最高人民法院民法典合同编通则司法解释理解与适用》，人民法院出版社 2023 年版，第 538 页。

〔2〕《民法典》第 597 条规定："因出卖人未取得处分权致使标的物所有权不能转移的，买受人可以解除合同并请求出卖人承担违约责任。法律、行政法规禁止或者限制转让的标的物，依照其规定。"

〔3〕 参见最高人民法院民事审判第二庭、研究室编著：《最高人民法院民法典合同编通则司法解释理解与适用》，人民法院出版社 2023 年版，第 539 页。

债务人就不能向受让人履行债务，这就会使债权让与规则的功能价值大打折扣。根据德国学术界通行的观点以及法院的判例，表见让与并不取决于债务人的信用与善意。〔1〕 经综合考量，《民法典合同编通则解释》第 49 条第 1 款最终没有明确将债务人善意作为债权表见让与的构成要件，此也系受让人、债务人以及债权人利益平衡考量的结果。当然，由于经济社会生活的复杂多样性，这一问题在实务中还有待进一步研究探索积累经验。

### （二）债务人确认债权真实存在的法律效果

依据《民法典》第 548 条的规定，债务人接到债权转让通知后，其对让与人的抗辩可以向受让人主张。但实践中受让人在受让债权之前一般会向债务人核实债权情况，以确保交易安全。所以存在债务人向债权人确认受让债权后，又以债权不存在为由主张抗辩的情形。这时是否允许债务人以债权不存在为由向受让人抗辩，值得研究。如上文所述，债权一般不具有对外公示性，原则上不适用善意取得，但是当债务人对该债权的真实性予以确认时，债务人的确认使受让人对债权存在产生合理的信赖，此时权利外观已经形成，受让人的信赖利益应当受到保护。〔2〕 而且，基于"禁反言"原则的基本考量，原则上债务人不得以债权不存在为由主张不承担债务。〔3〕 是故，《民法典合同编通则解释》第 49 条第 2 款规定："受让人基于债务人对债权真实存在的确认受让债权后，债务人又以该债权不存在为由拒绝向受让人履行的，人民法院不予支持。但是，受让人知道或者应当知道该债权不存在的除外。"该款规定适用的基本条件是债务人向受让人确认债权真实存在，而且此确认应该发生在债权转让前或者转让时。

该款中但书内容涉及实务中存在的该债权属于虚构的情形如何处理的问题。对此，比较法上主要有以下做法：第一种是明确规定通谋虚伪意思是表

---

〔1〕 参见［德］卡尔·拉伦茨：《德国民法通论》（下册），王晓晔等译，法律出版社2003 年版，第 898 页。

〔2〕 参见贾玉慧：《债权转让规则的具体适用及相关问题研究》，载《中国应用法学》2024 年第 1 期。

〔3〕 参见《民法典合同编通则解释》起草工作组：《〈最高人民法院关于适用《中华人民共和国民法典》合同编通则若干问题的解释〉重点问题解读》，载《法律适用》2024 年第 1 期。

示不得对抗善意第三人的一般规则，而此规则可以体系化适用于债权转让的具体情形，比如《日本民法典》第94条第2款规定：“虚伪意思：（一）与相对人通谋而进行虚伪意思表示者，其意思表示为无效。（二）前款意思表示的无效，不得以之对抗善意第三人。”第二种是针对债权转让的情形专门作出的规定。比如，《德国民法典》第405条规定：“债务人出具关于债务之文书者，如于文书提出时而为债权让与，债务人不得对新债权人主张债之关系之成立或者承认系出于虚伪，或者与原债权人曾有债权不得让与之约定。但新债权人于债权让与时明知或者可得而知其情事者，不在此限。”

立法机关编纂的《民法典》第763条释义认为，虚构债权的问题不仅在保理中存在，在其他债权转让中也同样存在，在其他债权转让中如果出现类似问题，可以参照适用《民法典》第763条规定予以处理。[1] 但是考虑到实务中相关情形的复杂性，简单承认虚假债权的转让抑或流通性的问题，会出现危害交易安全以及其他交易链条上的债权人的问题，比如债权人与债务人串通将此虚构的债权转让给受让人，这时债务人的履行相当于是无偿转让其财产，如此就可能构成对该债务人的其他债权人权益的损失，如果一概允许该受让人受领此履行则会出现与《民法典》第538条关于撤销权行使规则相冲突的问题。而且有关虚假债权的转让问题在保理合同中被依法承认，此毕竟属于保理这一特殊规则范围内的事项，能否将此作为一般规则值得审慎考虑。在综合各方意见的基础上，《民法典合同编通则解释》第49条第2款但书部分明确了受让人知道或者应当知道该债权为虚构的情况下，债务人可以以此为由提出相应的抗辩。

## 四、债权多重转让的法律适用规则

### （一）通知到达优先的一般规则及相应限制

现代交易之发达，债权的多重转让多有发生，如何体系化适用债权转让的规则，尤其是如何确定优先顺序，理论和实务中颇有争议，对此主要有三种观点：第一种观点是转让在先规则。理由是债权让与后，非属让与人财产，

〔1〕 参见黄薇主编：《中华人民共和国民法典释义》（中），法律出版社2020年版，第1407页。

"一人不能让与自己所无之物"，后受让人无从取得。[1] 比较法上，《德国民法典》第 408 条第 1 款[2]即采此观点。第二种观点是通知在先规则，即最先通知债务人的受让人权利优先于未通知或者在后通知的受让人，但附有善意条件，如果受让人知道或者应当知道该债权此前已经转让给他人的，亦不得优先于先受让人。《意大利民法典》第 1265 条规定："最初向债务人通知的转让，或者最初以有确定日期证书由债务人承诺的转让优先"[3]。第三种观点是登记在先规则。即债权转让有登记时，已登记的优先于未登记的。《美国统一商法典》第9－322条、《联合国国际贸易法委员会担保交易示范法》第 18 条等即采此观点。[4] 我国《民法典》第 768 条关于保理的规定体现了登记优先的思路，但在一般的债权转让中对此没有规定。有学者指出，在日常民事活动中，普通民事主体及一些非专业账款受让人进行的一般债权让与活动，如果也要求受让人遵循通常的登记规则作为债权让与公示的办法，就会使数量本来就不多的偶然从事指名债权让与或小额债权让与的受让人数量更少，甚至会把这些人逐出市场。[5]

《民法典》编纂过程中曾在一审稿中融合了登记优先与通知优先的规则，其第 336 条规定："债权人将同一债权转让给数人，债权转让可以登记的，最先登记的受让人优先于其他受让人；债权转让未登记或者无法登记的，债务人最先收到的债权转让通知中载明的受让人优先于其他受让人。"但是此方案受到了学界的批评，被认为与债权让与的一般理论相抵触。[6] 后来考虑到商事交易中交易安全的维护问题，这一融合式的规则最终写入《民法典》保理

---

〔1〕 参见李宇：《债权让与的优先顺序与公示制度》，载《法学研究》2012 年第 6 期。

〔2〕《德国民法典》第 408 条第 1 款规定："原债权人将一项已经让与的债权，又让与给一个第三人的，在债务人向该第三人给付时，或者在债务人与该第三人之间实施法律行为，或发生诉讼系属时，为债务人的利益，对于前受让人，相应地适用第 407 条的规定。"

〔3〕《意大利民法典》，陈国柱译，中国人民大学出版社 2010 年版，第 236 页。

〔4〕 参见王轶等：《中国民法典释评·合同编·典型合同》（下卷），中国人民大学出版社 2020 年版，第 25 页。

〔5〕 参见申建平：《债权让与制度研究——以让与通知为中心》，法律出版社 2008 年版，第 203 页。

〔6〕 参见龙俊：《债之保全和转让规则的发展与创新》，载《中国法律评论》2023 年第 6 期。

合同部分的第768条[1]。此后的《民法典担保制度司法解释》第66条第1款[2]适当拓展了《民法典》第768条的适用范围。在综合各方面意见的基础上，《民法典合同编通则解释》第50条第1款规定："让与人将同一债权转让给两个以上受让人，债务人以已经向最先通知的受让人履行为由主张其不再履行债务的，人民法院应予支持。债务人明知接受履行的受让人不是最先通知的受让人，最先通知的受让人请求债务人继续履行债务或者依据债权转让协议请求让与人承担违约责任的，人民法院应予支持；最先通知的受让人请求接受履行的受让人返还其接受的财产的，人民法院不予支持，但是接受履行的受让人明知该债权在其受让前已经转让给其他受让人的除外。"可见，这一规定原则上采取了通知优先的规则。此主要考虑的是：（1）通过确立通知优先规则，可以促使在先受让人积极督促让与人发出通知，或者自己提供能够证明债权转让的充分证据进行通知，从而巩固自己的优先地位，保障"先来后到"规则实质实现。（2）有利于合理分配风险。受让人不积极监督让与人履行通知的风险由其自身负担符合公平原则。（3）更加符合《民法典》的规定。由于债权转让只有通知后才对债务人发生效力，因此，最先通知的受让人当然有权依据《民法典》第546条向债务人主张权利以及对抗其他受让人。[3] 因此，后面的转让通知如果与先到达的转让通知全部或者部分冲突，则意味着要撤销或者部分撤销在先到达的转让通知，但是在先通知未经相应受让人同意不得撤销，故后到达的通知在与先到达通知冲突的范围内，不可能发生撤销的法律效力。[4] （4）这也是审判实践经验的体现，在廖某余与都

〔1〕《民法典》第768条规定："应收账款债权人就同一应收账款订立多个保理合同，致使多个保理人主张权利的，已经登记的先于未登记的取得应收账款；均已经登记的，按照登记时间的先后顺序取得应收账款；均未登记的，由最先到达应收账款债务人的转让通知中载明的保理人取得应收账款；既未登记也未通知的，按照保理融资款或者服务报酬的比例取得应收账款。"

〔2〕《民法典担保制度司法解释》第66条第1款规定："同一应收账款同时存在保理、应收账款质押和债权转让，当事人主张参照民法典第七百六十八条的规定确定优先顺序的，人民法院应予支持。"

〔3〕参见最高人民法院民事审判第二庭、研究室编著：《最高人民法院民法典合同编通则司法解释理解与适用》，人民法院出版社2023年版，第552－553页。

〔4〕参见贾玉慧：《债权转让规则的具体适用及相关问题研究》，载《中国应用法学》2024年第1期。

江堰市某投资经营公司债权转让合同纠纷案[1]中，法院生效裁判认为，重复转让债权情形下，债权转让通知债务人的时间先后顺序是解决多名债权受让人之间权利冲突的重要依据。在湖北某机电科技有限公司与襄阳市某粮食机械有限公司债权转让合同纠纷案[2]中，法院生效裁判认为，债权人将债权转让给多名受让人的，债务人应向转让通知先到达的受让人履行债务。在通知到达之前，债务人已经履行了部分债务的，仅就未履行部分承担履行义务。

同时，《民法典合同编通则解释》第50条第1款又对最先到达债务人的通知中载明的受让人的权利作了适当限制：一是在债务人对履行错误主观上为明知的情况下，由最先通知的受让人请求债务人继续履行。此要求“明知”而非“应当知道”，就是为了避免不当课以债务人审查义务，增加交易负担。据此，善意的债务人可以通过向通知中载明的受让人履行债务而消灭自己的债务，从而确保善意的债务人可以不用考虑过多的交易风险，保护其信赖。[3] 二是该最先通知的受让人不能依据不当得利等规则请求已经接受履行的受让人向其返还相应的财产，其只能依据合同相对性原理请求债务人继续履行债务或者依据债权转让协议请求让与人承担违约责任。但是在受让人明知的情况下，则最先通知的受让人有权请求接受履行的受让人返还其接受的财产。此受让人“明知”的限定，是为了反向保护善意受让人的受领，稳定相应的交易关系，使该受让人可以安心利用该受领的利益从事其他交易活动。关于“明知”的时间，根据一般法理，应当是受领该债权时。

### （二）关于债权多重转让中转让通知到达时间的认定

由于债权本身欠缺公示方法以及债的相对性问题，在债权多重转让中，转让协议签订的时间甚至通知的时间都比较容易串通作假而引发道德风险。针对这一问题，《民法典合同编通则解释》第50条第2款规定：“前款所称最先通知的受让人，是指最先到达债务人的转让通知中载明的受让人。当事人之间对通知到达时间有争议的，人民法院应当结合通知的方式等因素综合判

〔1〕 参见四川省都江堰市人民法院民事判决书，（2020）川0181民初4484号。

〔2〕 参见襄阳市襄州区人民法院民事判决书，（2017）鄂0607民初171号。

〔3〕 参见龙俊：《债之保全和转让规则的发展与创新》，载《中国法律评论》2023年第6期。

断，而不能仅根据债务人认可的通知时间或者通知记载的时间予以认定。当事人采用邮寄、通讯电子系统等方式发出通知的，人民法院应当以邮戳时间或者通讯电子系统记载的时间等作为认定通知到达时间的依据。”该款的基本思路是对通知到达时间实行综合判断，不能仅凭债务人的认可或者通知的记载；同时优先考虑将邮戳时间或者通讯电子系统记载的时间作为认定证据。[1] 在存在多种通知方式，且邮戳、通讯电子系统记载等以外的其他方式根据第2句的综合判断方法能够确认时间在先时，仍然应当按照在先时间认定。例如，受让人先采用口头通知的方式且有充分证据佐证，后又采用邮寄通知书的方式通知，或者某一受让人先采用口头通知且有充分证据佐证，另一受让人后采取邮寄通知书的方式通知，此时仍应当认定采用口头通知且有充分证据佐证的时间为在先通知到达时间。[2]

---

〔1〕 参见《民法典合同编通则解释》起草工作组：《〈关于适用民法典合同编通则若干问题的解释〉的理解与适用》，载《人民司法》2024年第1期。

〔2〕 参见最高人民法院民事审判第二庭、研究室编著：《最高人民法院民法典合同编通则司法解释理解与适用》，人民法院出版社2023年版，第556页。

# 第二十讲

## 债务加入人追偿权的体系化证成与适用

一、对债务加入人追偿权主要观点的梳理和认识

二、债务加入人追偿权在《民法典》体系内的逻辑证成

三、债务加入人追偿权的具体适用

四、承认债务加入人追偿权情形下对债务人权益的保护

《民法典》第552条新增了债务加入的规定，使得有关债务承担的规则更为科学完备，但是对于债务加入的法律后果，该条仅规定第三人在其愿意承担的债务范围内和债务人承担连带债务，而在第三人与债务人的关系上，对于第三人履行债务后是否对债务人享有追偿权以及第三人和债务人之间关于连带债务承担有无具体份额等问题未再作进一步规定，理论和实务中对此也有较大争议。这也给审判实务中正确理解和适用《民法典》第552条带来了一定困难。为了将债务加入这一《民法典》的新增亮点制度更好地落地落实，统一裁判尺度，《民法典合同编通则解释》在起草过程中一直将此作为重点问题进行调研分析。在广泛听取意见、系统总结理论和实务研究经验的基础上，《民法典合同编通则解释》第51条对债务加入人的追偿权及有关法律适用规则作了具体规定，该条第1款规定："第三人加入债务并与债务人约定了追偿权，其履行债务后主张向债务人追偿的，人民法院应予支持；没有约定追偿权，第三人依照民法典关于不当得利等的规定，在其已经向债权人履行债务的范围内请求债务人向其履行的，人民法院应予支持，但是第三人知道或者应当知道加入债务会损害债务人利益的除外。"第2款进一步规定："债务人

就其对债权人享有的抗辩向加入债务的第三人主张的，人民法院应予支持。”这一规定内容既涉及对债务加入人追偿权的规范基础问题的证成，又涉及其追偿权行使的合理限制，还包括债务人权益的平衡保护问题，发挥了司法解释在贯彻《民法典》规定精神的基础上，运用体系化适用以及利益衡量的方法在细化、配套、补充《民法典》新增规定的具体适用方面的应有作用。

## 一、对债务加入人追偿权主要观点的梳理和认识

就债务加入人的追偿权的问题，理论和实务上争议很大。但整体上都承认或者部分承认债务加入人的追偿权，只是在承认的理据以及是否有所限制方面有差异。概括起来主要有以下三种意见：

第一种意见可以概括为“法定代位说”。该意见认为，根据《民法典》的规定，加入债务的第三人与债务人为连带债务关系，按照这一立场，负有连带义务的每个债务人都对全部债务负有清偿义务。履行了清偿义务的一方，有权要求其他负有连带债务的人偿付其应当承担的份额。因此，加入债务的第三人向债权人履行债务后，可以根据《民法典》第519条第2款规定向原债务人追偿，并取得法定代位权，虽然该款规定仅有权就“超出部分”追偿，但是并不排除原债务人在内部关系中承担100%的责任。[1] 债务加入本质上与连带责任保证相似，都具有增信债权人债权实现的功能。依据《民法典》第700条的规定，保证人承担保证责任后，除当事人另有约定外，有权在其承担保证责任的范围内向债务人追偿，享有债权人对债务人的权利，但是不得损害债权人的利益。债务加入中第三人的追偿权应当类推适用保证的规定。[2] 也有观点认为，可以不当得利说、无因管理说，尤其是法定债权移转说，作为债务加入人的追偿依据。[3]

第二种意见可以概括为“尊重约定说”。该意见认为，追偿权的产生基于

---

〔1〕 参见夏昊晗：《债务加入法律适用的体系化思考》，载《法律科学（西北政法大学学报）》2021年第3期。

〔2〕 参见谷昔伟：《债务加入人追偿权实现的体系化解释》，载《人民法院报》2022年3月3日，第7版。

〔3〕 参见刘保玉、梁远高：《民法典中债务加入与保证的区分及其规则适用》，载《山东大学学报（哲学社会科学版）》2021年第4期。

法定或约定，既然《民法典》第552条没有规定追偿权，第三人只能与债务人约定追偿权，否则第三人不享有追偿权。[1]《民法典》第519条关于连带债务追偿权的规定明确限定为对超出相应份额的部分，有权向未足额履行的其他连带债务人追偿。而在债务加入的规定中，债务加入人系在其自愿承担的范围内履行债务，并无超出份额可言，故也就不能行使追偿权。

第三种意见可以概括为"综合折中说"。该意见认为，对于债务加入人的追偿权，如果债务人与债务加入人已经达成债务加入协议，按照协议约定处理；如果协议没有约定，应当以允许债务加入人对债务人进行追偿为原则。按照连带责任的追偿规则，应当认定连带责任人之间的份额是确定的，即对加入人实际清偿的债务份额可以全额进行追偿。如果债务加入以加入人单方意思表示进行，加入人能否向债务人追偿，考虑到对债务人私法自治的可能干预，应当对追偿权予以限制。对此，有人提出可以参照《民法典》第524条第三人代为清偿的限制适用，即对于合同约定、债务性质、法律规定不得代为清偿的情形，以排除债务加入人的追偿权为宜。对于其他情形，如债务人对第三人加入债务提出异议，债权人未拒绝其给付的，债务加入人在清偿债务后对债务人无代位追偿权，但可以依无因管理规则，以其清偿带给债务人之利益为限对债务人进行追偿，对于因其清偿而导致债务人受有损害，如履行准备费用、不能履行产生的费用和损失应当扣除。[2]

以上三种意见从不同视角对债务加入人与原债务人之间的内部关系作了分析探讨，为《民法典合同编通则解释》对这一问题作出规定提供了很好的参考和支持。法定代位说采用了体系分析的方法，回归《民法典》第519条连带责任的规定这一规范基础，特别是此观点提出的在债务人与债务加入人之间的内部关系上并不排除原债务人在内部关系中承担100%的责任较有道理。尊重约定说承认了约定情形下的追偿权，也没有排除加入债务的第三人基于其他法律关系对原债务人行使相应权利。综合折中说在区分情形承认债务加入人追偿权的基础上，对债务加入人追偿权予以合理限制的思路也较有

---

〔1〕参见最高人民法院民法典贯彻实施工作领导小组编著：《中国民法典适用大全·合同卷（一）》，人民法院出版社2022年版，第42–43页。

〔2〕参见杜万华主编：《中华人民共和国民法典实施精要》，法律出版社2021年版，第436页。

道理。综合折中说中对于债务加入人的追偿权的请求权基础问题作了体系化的分析。这些观点精神在《民法典合同编通则解释》起草中都或多或少被吸收或者重点考虑。但是，由于司法解释的起草必须以遵循法律规定精神为出发点，有些具有明显创设规则且又需要进一步理论研究支撑和实务经验积累的内容，并没有被专门吸收，比如上述有关法定代位权的情形等。在此基础上，本着凝聚最大共识、解决实际问题的思路，形成了上述《民法典合同编通则解释》第51条的内容。

## 二、债务加入人追偿权在《民法典》体系内的逻辑证成

应当说，就债务加入人的追偿权问题，在其与债务人有约定的情形下，遵循意思自治原则的要求，只要该约定合法有效，就应当予以支持，这应属于当然解释的范畴。审判实务中也通常如此处理。例如，在某银行西安分行、杨某等追偿权纠纷案〔1〕中，最高人民法院裁判认为，在债务加入法律关系中，债权人可以请求第三人在其愿意承担的债务范围内和债务人承担连带债务。又如，在四川某农业有限公司、肖某与陆某等债务转移合同纠纷案〔2〕中，最高人民法院裁判也认为，合同外的第三人向合同中的债权人承诺承担债务人义务的，如果没有充分的证据证明债权人同意原债务人退出合同关系，

〔1〕 参见最高人民法院民事裁定书，(2021) 最高法民申1642号。本案的基本案情：某银行西安分行向马某出具承诺书的行为构成债务加入。某银行西安分行向马某提出由其向甲公司借款，用于归还甲公司在某银行西安分行处的到期贷款，以实现其债权债务关系中的债权，并出具了承诺书。承诺书中记载有介绍马某给该企业借款2300万元归还了此笔贷款，某银行西安分行承诺贷款还清后7日内该行续做此笔业务，贷款发放后用于归还马某借款。若贷款不能按时发放则负责将甲公司此笔贷款的抵押物解押后转抵押给马某的内容。已经生效的（2017）陕民终174号民事判决结合承诺书的内容，认定某银行西安分行向马某做出的意思表示即为保证马某债权的实现，其愿意以第三人的身份加入案涉新债权债务关系。

〔2〕 参见最高人民法院民事裁定书，(2016) 最高法民申788号。本案的基本案情：2014年8月7日，陆某（出借方）与肖某（借款方）、兰某（担保方）签订借款协议，约定肖某以某农业公司房屋产权证作抵押向陆某借款1100万元，借款用于归还兰某原有借款账务。某农业公司在借款人栏加盖印章，肖某在借款人栏签名捺印，兰某在担保人栏签名捺印。2014年4月15日，兰某向陆某借款1100万元，陆某经兰某委托，将其中1000万元通过银行转账至曹某个人账户，并支付现金100万元给被告兰某。陆某提起诉讼。最高人民法院裁判认为，本案中，通过对合同目的进行分析，案涉借款协议的目的是使某农业公司、肖某成为兰某所欠1100万元借款的债务人。表面上兰某是担保人，实质上是兰某仍承担原债务关系，某农业公司、肖某为兰某的债务提供担保。因此，案涉借款协议通过某农业公司、肖某向陆某借款的形式，达成债的加入协议。

不宜轻易认定构成债务移转，一般应认定为债务加入。

但是在债务加入人与债务人之间对于追偿权没有明确约定的情形下，由于《民法典》对此没有明确规定，这时债务加入人是否享有追偿权需要进行法理层面的研究论证。在基本法理层面，债务加入后的法律效果，尤其是对于债务加入后原债务人和加入人二者对债权人的债务形态的认识，直接影响到对债务加入人追偿权的论证。对此，学界虽有不同观点，但通说认为，债务加入的法律效果是引起连带债务。〔1〕对并存的债务承担，债务承担人与债务人共同对债权人负担债务，更有利于保护债权人的利益，因为债权人可以请求债务加入人履行债务，也可以请求债务人履行债务，还可以请求二者共同履行债务。〔2〕但是，债权人仍然仅享有一个债权，而不是两个债权。〔3〕而且，我国《民法典》明确规定了连带债务，并未规定不真正连带债务，在此情况下，不宜从连带债务解释出不真正连带债务。所以对于债务加入内部效力的解释如无绝对的正当性和必要性，不宜引入不真正连带的法理。〔4〕

是故，无论从法理认识层面还是从《民法典》的基本文义出发，《民法典》第552条规定的连带债务意味着：一方面，第三人加入债务并不意味着原债务人从债务中解脱，原债务人仍然对全部债务负有清偿义务，这也是在实质意义上，抑或基于公平的考量，证成债务加入人履行债务后对债务人享有追偿权的基础；另一方面，对于此连带债务的适用要遵循《民法典》体系化逻辑的基本要求，适用连带债务的基本规则。由此，有关连带债务的规定，尤其是《民法典》第519条的规定就是证成债务加入人履行债务后对债务人享有追偿权的规范基础。这与审判实务中的通常做法是一致的。实践中，对于加入债务的第三人履行债务后向债务人追偿的，人民法院通常予以支持。

---

〔1〕参见王利明：《债法总则》，中国人民大学出版社2016年版，第327页；张广兴：《债法总论》，法律出版社1997年版，第249页；朱广新：《合同法总则研究》（下册），中国人民大学出版社2018年版，第504页；最高人民法院民事裁定书，(2018)民申1511号；最高人民法院民事裁定书，(2017)民申243号；最高人民法院民事判决书，(2016)民终621号。

〔2〕参见王利明：《合同法研究》（第2卷）（第2版），中国人民大学出版社2018年版，第233页。

〔3〕参见杨立新：《合同法》（第2版），北京大学出版社2022年版，第252页。

〔4〕参见高圣平、陶鑫明：《债务加入法律适用中的争议问题——以〈民法典合同编通则解释〉第51条为分析对象》，载《法律适用》2024年第1期。

例如，在广东达宝物业管理有限公司与广东中岱企业集团有限公司、广东中岱电讯产业有限公司、广州市中珊实业有限公司股权转让合作纠纷案〔1〕中，最高人民法院生效裁判认为，第三人向债权人表明债务加入的意思后，即使债权人未明确表示同意，但只要其未明确表示反对或未以行为表示反对，仍应当认定为债务加入成立，债权人可以依照债务加入关系向该第三人主张权利。又如，在四川某建设有限公司与李某建设工程合同纠纷案〔2〕中，生效裁判认为，四川某建设有限公司与李某签订合同，约定该公司对刘某某欠付李某的工程款240,000元进行承担，李某亦签字确认接受。李某只起诉该公司要求承担清偿责任，是否追加刘某某为当事人，不会对本案事实查明及责任承担产生影响。该公司履行上述债务之后，可以依法向原债务人刘某某进行追偿。

然而，依照连带债务理论，债务加入人自愿承担债务确实难以理解为其在连带债务中承担了具体份额，由此引发了以超出份额作为请求权基础的追偿权规则在解释债务加入的追偿权问题上可能出现误读，甚至出现对此无法

〔1〕 参见广东达宝物业管理有限公司与广东中岱企业集团有限公司、广东中岱电讯产业有限公司、广州市中珊实业有限公司股权转让合作纠纷案，最高人民法院民事判决书，(2010) 民提字第153号，载《最高人民法院公报》2012年第5期。本案的基本案情：2005年12月12日，广东达宝物业管理有限公司（以下简称达宝公司）与广东中岱电讯产业有限公司（以下简称中岱电讯公司）、广州市中珊实业有限公司（以下简称中珊公司）协议约定：三方以重组后的中珊公司作为经营平台，共同对目标地块进行房地产开发；合作的前提和基础为中岱电讯公司承诺，中岱电讯公司有权处置中珊公司100%的股权，中岱电讯公司和中珊公司承诺，中珊公司对外没有任何债权债务。股东夏某风、苏某无条件将目标地块使用权转入中珊公司名下。中珊公司股权作价为49,380万元（其中土地出让金46,000万元，注册资本2000万元，契税1380万元）。中岱电讯公司将其持有的中珊公司100%股权中的10%股权转让给达宝公司。中珊公司为中岱电讯公司在该协议中的责任和义务提供全面担保，如中岱电讯公司未能全面履行该协议，中珊公司同意为中岱电讯公司在该协议项下的全部责任和义务承担连带责任。同日，广东中岱企业集团有限公司（以下简称中岱集团公司）向达宝公司出具一份承诺书，内容为：由于急需在2005年12月13日交纳该地块的土地出让金，中岱集团公司希望达宝公司在双方未能谈妥有关合作事宜前，先行准备资金3000万元，以保证届时能按时向政府交纳土地出让金。如双方未能就合作事宜达成一致，达宝公司在准备该资金过程中的损失由中岱集团公司承担。2005年12月13日，达宝公司支付给中珊公司3000万元，中珊公司随即将该款用于支付夏某风、苏某交纳给政府的土地出让金。2006年2月23日，达宝公司向中岱电讯公司、中珊公司发函称目标地块由于未按期交付土地出让金被政府收回，故要求终止合作，并要求中岱电讯公司、中珊公司尽快退还达宝公司款项。2006年6月9日，中岱集团公司向达宝公司出具一份承诺函，内容为：达宝公司原已交付国有土地出让金3000万元，由中岱集团公司负责偿还，包括原达宝公司与中岱电讯公司签订的资金费用。后因中岱电讯公司、中岱集团公司、中珊公司未返还达宝公司款项，达宝公司提起诉讼。

〔2〕 参见天津市第三中级人民法院民事判决书，(2021) 津03民终7530号。

适用《民法典》第519条规定的困惑。对此，笔者倾向于认为，要充分认识《民法典》规定体系的科学性，准确把握《民法典》第519条规定的连带债务规则本身的逻辑自洽性，该条规定中并无例外情形，也无但书条款，从体系化适用的角度上看，《民法典》第552条既然规定连带债务，无论从语义表述还是适用场景上看，都没有充分理由否定此连带债务情形对《民法典》第519条的适用。而如果在《民法典》第519条第2款有关“超过自己份额”继续进行纠结，无疑会使债务人追偿权的解释陷入进退两难的窘境。特别是从价值导向上看，赋予债务加入人追偿权利于促进其更加愿意且放心地加入债务，充分发挥债务加入这一增信乃至促进融资的功能价值，而且也更加公平合理。否则在规则设计上，势必出现对债务加入人明显不公的问题，从而影响其选择债务加入的积极性，不可避免会影响这一制度的适用价值和空间。而且，对于份额问题，有观点认为，在加入债务的第三人与原债务人没有约定内部份额的情况下，应认定为《民法典》第519条第1款规定的“份额难以确定”，视为第三人与原债务人之间份额相等，即由第三人与原债务人各自承担一半。但这一观点导致的结果是第三人履行债务后，有一半份额的债务不能向原债务人追偿，实质上与该第三人全部不能追偿一样，都会对该第三人产生明显不公平的结果。因此，对于第三人与原债务人之间应承担债务的份额，不能笼统地认为双方没有约定就等同于“难以确定份额”。司法实践中同样支持这种观点，如在**中国某集团西安实业发展有限公司与许某、万某债务加入纠纷案**中，生效裁判认为，由于各连带债务人内部未约定债务分担比例，故依法平均分担。但万某作为借款人，对该笔债务应承担最终还款责任。[1]

基于上述考虑，《民法典合同编通则解释》在起草过程中，对没有约定时债务加入人追偿权的问题采取了明确支持但原则性表述的做法，其征求意见稿第52条第1款中规定了“没有约定，第三人在履行债务的范围内请求债务人返还所获利益的，人民法院依法予以支持”。但在此后的调研中，无论是权威学者还是一线法官代表都提出希望明确相应的请求权基础或者法律依据，

---

〔1〕 参见陕西省汉中市中级人民法院民事判决书，(2023) 陕07民终273号。

而且对在《民法典》体系下采用不当得利等路径实质上落实债务人追偿权的思路也是赞成的，这也为《民法典合同编通则解释》第 51 条的规定提供了有力支持。

通过查阅比较法资料，《奥地利民法典》对债务加入的法律后果采取了适用合同一般规则的做法，其第 1347 条规定："不享有作为保证人而享有的优惠条件，而作为共同债务人加入债务者，成立共同债务人间的共同关系；其法律后果，依关于契约的一般规定一章中的规定（第 888 条至第 896 条）确定之。"《日本民法典》也强调依照合同的规则处理，但特别强调适用第三人之合同的规定处理，其第 470 条规定："并存的债务承担之承担人，和债务人连带负担与债务人对债权人所负之债务同一内容之债务。并存的债务承担，得依债权人与成为承担人者间之合同而为之。于此情形，并存的债务承担，于债权人对成为承担人者作出承诺时，生其效力。依前款规定所作之并存的债务承担，按为第三人之合同相关规定。"这些做法对于《民法典合同编通则解释》的最终形成也起到了一定的参考借鉴作用。

以上述论证为基础，从体系化适用的角度来看，有必要再认真审视《民法典》第 519 条特别是其第 1 款的规定。其实，由《民法典》第 519 条第 1 款、第 2 款的规定看，第 2 款规定的连带债务人有权就"超过自己份额"行使追偿权，而此"份额"的规定，系来自第 1 款规定的"连带债务人之间的份额难以确定的，视为份额相同"，而对该款规定的"份额"进行反对解释时，能够确定具体份额的情形实际上包括两种情况：一是能确定具体比例，即每个连带债务人都要承担一定比例的情形；二是份额确定，但会是 100% 的份额的情形。由于实践中更多遇到的是第一种情况，第二种情况很少遇到而容易被忽视。而严格遵循《民法典》第 519 条第 1 款规定的文义，当然也包括第二种情况，而且此种情况也没有被限制在当事人明确约定或者法律直接规定的情形中。而且，在理论上，《民法典》第 552 条规定的连带责任的表述是否属于单向连带〔1〕，在理论上也有探讨的空间。由此，《民法典》第 519 条第 1 款中关于"份额难以确定"的规定就为审判实务中解决相关问题提供

〔1〕参见杨立新：《侵权法论》（第 5 版），人民法院出版社 2013 年版，第 843 页。

了解释依据和解释空间。这时再回到债务加入的具体场景，一个理性的第三人唯有在自身对债务履行具有直接和实际的经济利益之时，方有可能愿意加入债务[1]，即债务加入一定会涉及债务加入人与债务人之间的基础法律关系。通俗地讲，经济交往抑或社会生活中没有无缘无故的债务加入。朴素观念中，这种基础关系多会被认为是合同关系，上升为理性思考或者法理分析，则可以得出这种基础关系应属于债权债务关系。进言之，债务加入人为债务人承担债务后，除赠与外，都可以基于基础法律关系向原债务人主张相应的权利，该权利可以是费用偿还请求权、代偿请求权等，权利名称的不同并非否定追偿权的正当理由。比如，第三人系受债务人委托承担债务，其可以以《民法典》第921条请求原债务人（委托人）偿还（追偿）费用并支付利息；如第三人仅为了帮助原债务人先行承担债务，则属于无因管理，可依《民法典》第979条请求受益人（原债务人）偿还（追偿）必要的费用。该偿还请求权也可以称为追偿权。[2] 也正因上述考虑，加之目前理论上对于“追偿权”这一概念的认识并不一致，为防止理解上的混乱，《民法典合同编通则解释》第51条使用“在其已经向债权人履行债务的范围内请求债务人向其履行的，人民法院应予支持”的表述，以避免概念之争，突出问题导向。

## 三、债务加入人追偿权的具体适用

如上文所述，债务加入人履行债务后向债务人行使追偿权，可以区分为债务人与债务加入人有约定和没有约定两种情形。在债务加入人与债务人有约定时从其约定自属当然，对此约定之效力、内容、履行等自然也适用《民法典》合同编的有关规定。至于没有约定的，以请求权基础为出发点，主要有以下情形。

### （一）构成不当得利时的具体适用问题

《民法典》第985条规定：“得利人没有法律根据取得不当利益的，受损

---

〔1〕 参见黄薇主编：《中华人民共和国民法典释义》（上），法律出版社2020年版，第106页。

〔2〕 参见最高人民法院民法典贯彻实施工作领导小组编著：《中国民法典适用大全·合同卷（一）》，人民法院出版社2022年版，第42-43页。

失的人可以请求得利人返还取得的利益，但是有下列情形之一的除外：（一）为履行道德义务进行的给付；（二）债务到期之前的清偿；（三）明知无给付义务而进行的债务清偿。”关于不当得利的类型，理论上一般区分为给付型不当得利和非给付型不当得利。给付型不当得利，是指给付人在欠缺法律原因的情形下实施给付行为。基于给付而产生的不当得利的构成要件包括基于给付而取得利益、他方当事人受有损失、一方当事人取得的利益与他方当事人受到的损失之间具有因果关系、没有法律根据。可见，构成给付型不当得利，一个重要条件是基于给付而取得利益。第三人清偿，债务人所负的债务因之消灭，属于典型的基于给付而取得利益。[1] 第三人加入债务又对债务全部或者部分清偿的，当然使得原债务人的债务部分或者全部消灭，原债务人不必再行清偿。虽然第三人加入债务并予以清偿是债的消灭原因，但不能据此认为债务人就此获得不必清偿原债务这一利益有法律上的根据，除非该第三人明确表示无须债务人返还，即其放弃追偿，此类似于赠与的情形，否则对于债务人而言，应当构成不当得利，该第三人在其清偿范围内享有向债务人请求返还取得利益的权利。债务人与债务加入人约定债务加入但未约定追偿权的，债务人对债务加入人加入债务并履行债务已有预期，债务加入人依据《民法典合同编通则解释》第 51 条第 1 款后半段适用不当得利等规定向债务人追偿，不会有损债务人的利益。[2] 在**沈某、王某等追偿权纠纷案**[3]中，法院认为，王某向金业公司履行清偿义务，是基于金业公司诉沈某、王某等民间借贷、保证合同纠纷的生效判决书。判决书确认了原债务人沈某的偿还责任以及债务加入人王某一定比例的连带清偿责任。现王某代偿 10, 091. 16 元，原债务人沈某自然减少了债务金额，获得利益，且该种利益的获得是基于债权人金业公司与王某之间的承诺。对于沈某而言，其未作出任何努力即获利，符合不当得利的构成要件。

---

〔1〕 参见石宏主编：《〈中华人民共和国民法典〉释解与适用·合同编》（下册），人民法院出版社 2020 年版，第 933 – 936 页。

〔2〕《意大利民法典》第 1367 条规定：“在有疑问的情况下，不是将契约或个别条款解释为无任何效力，而是在得有一定效力的意思内进行解释。”《智利民法典》第 1562 条规定：“条款中能产生某种效力的含义优先于不能产生某种效力的含义。”

〔3〕 参见江苏省扬州市中级人民法院民事判决书，(2021) 苏 10 民终 334 号。

在此需要注意的是：一方面，第三人能否依据不当得利请求权实现其追偿的目的，关键要看该第三人清偿的行为是否符合不当得利的构成要件，对此，应当审查第三人与债务人有无相应的合同关系或者其他权利义务关系。如果存在其他基础权利义务关系，则要看该权利义务关系中其权利义务的具体内容，由此审查债务人获得利益有无法律上的根据。而且，《民法典》第985条第3项所称“明知无给付义务而进行的债务清偿”不影响第三人加入债务关系后依据不当得利的相关条款请求债务人返还所取得的利益。因为虽然第三人原本知道自己无给付义务，但是其通过意思表示表达其自愿加入原债权债务关系，从而产生了债务加入的法律效果，第三人也负有了给付义务。第三人基于债务加入后的给付义务而为清偿的，就不属于“明知无给付义务而进行的债务清偿”，因而并不适用该项规定。另一方面，要准确适用《民法典》第986条和第987条〔1〕的规定，区分善意不当得利和恶意不当得利，确定不同的利益返还范围。对于善意不当得利人来说，得利人实际取得的利益高于受损人的客观损失的，返还范围以客观损失额为限；得利人实际获利低于受损人的客观损失的，只需返还实际获利额。对于恶意不当得利，受损失的人可以请求得利人返还其取得的利益并依法赔偿损失。对于自始恶意，原则上得利人的返还范围为取得的全部利益以及该利益产生的孳息，无论该所受利益是否存在；对于嗣后恶意，则以知情的时间为节点，知情以前为善意，对不当得利的返还范围同善意得利人；知情后为恶意，不当得利的返还范围同自始恶意得利人。利益返还范围问题确定，《民法典》第519条所规定的连带债务人与其他连带债务人所承担的债务份额问题即明确。因此，对于原债务人被认定为善意不当得利人的，加入债务的第三人向原债务人进行“追偿”的份额是第三人客观损失额或原债务人的实际获利额，以较低者为限。原债务人被认定为恶意不当得利人的，则加入债务的第三人向原债务人进行“追偿”的份额为债务人取得的全部利益以及该利益产生的孳息。

〔1〕《民法典》第986条规定：“得利人不知道且不应当知道取得的利益没有法律根据，取得的利益已经不存在的，不承担返还该利益的义务。”第987条规定：“得利人知道或者应当知道取得的利益没有法律根据的，受损失的人可以请求得利人返还其取得的利益并依法赔偿损失。”

### （二）构成无因管理时的具体适用问题

《民法典》第979条规定："管理人没有法定的或者约定的义务，为避免他人利益受损失而管理他人事务的，可以请求受益人偿还因管理事务而支出的必要费用；管理人因管理事务受到损失的，可以请求受益人给予适当补偿。管理事务不符合受益人真实意思的，管理人不享有前款规定的权利；但是，受益人的真实意思违反法律或者违背公序良俗的除外。"无因管理制度的主要功能在于肯定并鼓励人们的友好互助行为，以实现本人和管理人之间利益关系的平衡。[1] 构成无因管理应当符合以下条件：首先，管理人对所管理的事务没有法定或者约定的义务。其次，管理人管理他人的事务，既可以是涉及他人经济利益的事务，又可以是涉及他人非经济利益的事务。最后，管理人具有管理他人事务的意思，即管理人有为他人谋取利益的意思或者有使管理行为所生的利益归于他人的意思。无因管理制度中的管理人客观上干涉了他人事务，若其主观上没有为他人利益进行管理的意思，必将损害他人权益，管理人也有可能从中获得利益，这违背了无因管理制度的设立目的，所以，管理人有无管理意思是区分无因管理与侵权行为、不当得利的重要标准。但是，即使符合前述要件，如果管理行为违背了受益人的真实意思，且管理人知道或者应当知道受益人的真实意思的，其管理行为就构成不适当的无因管理，其不享有向受益人请求偿还必要费用和请求补偿损失的权利，但是受益人的真实意思违反法律或者违背公序良俗的除外。[2] 在债务加入中，如果第三人和债务人约定加入债务，但是没有约定追偿权，由于债务加入人具有为债务人偿还债务的意思，即管理他人事务的意思，且实际进行了清偿，在符合无因管理构成要件的情况下，债务加入人可以依据《民法典》关于无因管理的规定向债务人请求偿还必要费用、补偿相应损失。

不当得利与无因管理之间存在一种相互补充的作用，两种请求权基础可能因当事人的意思变化而发生转化。在判断是适用无因管理规定还是不当得

〔1〕参见王利明主编：《中国民法典释评·合同编·通则》，中国人民大学出版社2020年版，第2104页。

〔2〕参见梁慧星：《民法总论》，法律出版社2017年版，第920－922页。

利规定来确定追偿依据时，应按照如下规则来判断：在管理人未经被管理人本人同意而管理其事务，并且不违反被管理人明示或者可以推知的意思的情况下，如果当事人之间不成立无因管理，则被管理人或管理人所得到的利益可能构成不当得利。在不适法无因管理的情形下，被管理人可以选择承认或不承认管理行为。在不适法无因管理对被管理人并无不利时，如果被管理人愿意承受管理行为的效果，则发生与适法无因管理相同的效果，进而成立无因管理关系；如果被管理人不予承认，则被管理人应依据不当得利的规定进行追偿。〔1〕

### （三）构成对债务履行具有合法利益的第三人代为履行时的具体适用问题

《民法典》第524条规定："债务人不履行债务，第三人对履行该债务具有合法利益的，第三人有权向债权人代为履行；但是，根据债务性质、按照当事人约定或者依照法律规定只能由债务人履行的除外。债权人接受第三人履行后，其对债务人的债权转让给第三人，但是债务人和第三人另有约定的除外。"依据这一规定，有合法利益的第三人代为履行后，债权人的债权得以实现，债权人与债务人之间的债权债务关系终止。对于第三人与债务人之间的关系，债权人接受第三人履行后，其对债务人的债权转让给第三人。〔2〕至于何为对债务履行具有合法利益，《民法典》第524条并没有明确规定，需要根据实际情况的需要和发展进行判断和归纳总结。传统民法对此一般认为是具有利害关系，即第三人会因债务人不履行合同而遭受利益上的损失，此种利益一般仅限于财产利益。〔3〕此第三人比较典型的如合伙人、继承人、强制执行标的物的权利人、次承租人等，也涉及存在近亲属关系的人。第三人代为履行的重心在于履行，第三人债务加入的重点在于加入债务的意思表示，但第三人加入债务后自然也涉及履行的问题，否则债务加入将毫无意义。因

〔1〕参见［德］维尔纳·弗卢梅：《法律行为论》，迟颖译，法律出版社2013年版，第167页。

〔2〕参见黄薇主编：《中华人民共和国民法典合同编释义》，法律出版社2020年版，第143页。

〔3〕参见朱广新、谢鸿飞主编：《民法典评注·合同编·通则》，中国法制出版社2020年版，第489－490页。

此，在加入债务的第三人属于对履行该债务具有合法利益的情形下，存在体系化适用《民法典》第524条规定的空间，即在债务加入的第三人符合《民法典》第524条规定情形时就要发生法定的债权转移，债权人接受第三人的履行后，其对原债务人的债权转让给第三人，除非债务人和第三人之间另有约定。债权转移给第三人的前提有二：一是该第三人对于履行该债务具有合法利益；二是第三人已经向债权人履行债务。满足上述条件后，该债权即由债权人转让给第三人，该第三人在其履行范围内当然就享有请求债务人履行相应债务的权利。

另外，第三人与债务人存在其他基础关系的，依照相应的权利义务规则处理。比如委托关系，则可以依据有关委托合同的规则处理。如果第三人明确表示无偿为债务人利益而加入债务，则不能再赋予第三人相应的追偿权。

## 四、承认债务加入人追偿权情形下对债务人权益的保护

在债务加入特别是在第三人向债权人表示愿意加入债务的场合，由于经济社会生活的复杂多样性，这时可能对债务人产生不利影响，如恶意第三人加入债务取得对债务人的追偿权后再通过暴力讨债等方式损害债务人利益。因此，第三人向债权人履行后向债务人的追偿问题不宜绝对化。为避免造成不公平，依据债务人的债务负担不应因第三人的债务加入而加重的基本法理，有必要衡平考量对债务人权益的保护。根据《民法典合同编通则解释》第51条的规定，主要包括以下两个方面。

### （一）对债务加入后第三人向债务人主张相应权利的限制

对于第三人的追偿权应当作必要限制，理论上通常有两种比较可行的路径：一是事先的程序保障，限制他人权利或者对他人权利造成不利影响时应征求该他人意见；二是对于第三人恶意加入债务的法律后果作一规定，明确否认其追偿权，从源头上避免第三人加入债务损害债务人利益的可能性。

对于第一种路径，理论上多有探讨，比如，对于债务加入的情形至少应当通知债务人，债务人也有权拒绝债权人和第三人之间签订的债务转移合同对其发生效力，这同样类似于《民法典》第522条第2款规定的真正利益第

三人合同的构建方案。[1] 王利明教授认为，在此种协议达成之后，应当允许债务人对第三人加入债务提出异议。一方面，第三人与债务人之间可能存在各种原因导致债务人认为第三人不宜加入债的关系，从尊重债务人的意思自由出发，应当允许其对第三人加入债的关系提出异议。另一方面，债务人可能不愿意第三人在履行债务后向其求偿。[2] 反对意见认为，因该种债务承担协议并不损害原债务人利益，故债务加入人与债权人签订协议不需要通知原债务人。[3]《民法典》最终没有规定第三人自愿加入债务时对债务人的通知义务，也就没有规定该债务人对此的异议权。笔者认为，虽然《民法典》对此没有规定，但也不能作绝对化理解，涉及具体法律事宜问题时有必要遵循诚信原则的要求，可以按照附随义务的思路来解释通知义务，此可在审判实践中作有益探索。

对于第二种路径，基于恶意不受保护的基本法理，充分考虑了第三人的债务加入会对债务人造成不利益的可能性。一方面，在第三人和债权人达成承担合意后，原债务人将继续受制于履行全部债务的约束，但由于第三人的加入，债务人对债务履行的掌控被削弱，而成为与一名非其所选的人构成的法律关系中的一方当事人，债务人可能不愿意受制于连带之债的规则。[4] 另一方面，在非金钱债务中，除了对待给付，债务人可能对履行有其他的利益期待。比如，希望通过履行来持续雇用一支技能熟练的劳动队伍，并由此吸引未来的业务，此时第三人与债权人形成合意的债务加入可能对原债务人的利益造成损害。[5]

正是基于这一考虑，《民法典合同编通则解释》第 51 条第 1 款专门规定

---

〔1〕 参见王利明主编：《中国民法典释评·合同编·通则》，中国人民大学出版社 2020 年版，第 423 页。

〔2〕 参见王利明：《民法典合同编通则中的重大疑难问题研究》，载《云南社会科学》2020 年第 1 期。

〔3〕 参见最高人民法院民事判决书，(2005) 民二终字第 155 号。

〔4〕《欧洲共同指导法》第Ⅲ-5：208 条的评注提到："原债务人的同意是必须的，原因是债务人的增加改变了原债务人的地位。"[德] 克里斯蒂安·冯·巴尔、[英] 埃里克·克莱夫主编：《欧洲私法的原则、定义与示范规则：欧洲示范民法典草案》(第 1、2、3 卷)，高圣平等译，法律出版社 2014 年版，第 957 页。

〔5〕 参见王利明主编：《中国民法典释评·合同编·通则》，中国人民大学出版社 2020 年版，第 950 页。

了“第三人知道或者应当知道加入债务会损害债务人利益的除外”，以避免第三人恶意加入债务造成对债务人的不利益。当然，在此情形下，在符合相应构成要件的前提下，仍有不当得利和无因管理规则适用的空间。比如，根据《民法典》第980条的规定，管理人没有法定的或者约定的义务，为避免他人利益受损失而管理他人事务，但不符合受益人真实意思的，此时不能仅以不符合受益人真实意思为由就完全否认管理人的权利。因受益人事实上享有了管理人在管理过程中所获得的管理利益，且考虑到这种管理的管理人仍有为受益人利益进行管理的意愿，受益人在享受管理利益的同时也有义务偿还管理人在管理事务中所支付的必要费用；管理人因管理事务受到损失的，也可以请求受益人给予适当补偿。但是，受益人向管理人偿还的费用和补偿的损失不能超过其在管理中获得的利益，对超出所得利益范围的费用和损失，其不承担偿还和补偿责任。[1] 在债务加入的场合，如果第三人加入债务不符合债务人的意思，虽可成立债务加入，但在债务人和第三人的关系上，应当按照不适当的无因管理处理。当然，如果第三人加入债务损害债务人利益，且第三人知道或者应当知道的，则此时，即使按照《民法典》第980条的规定，债务人也只有在受益的情况下，才应当在受益范围内向债务加入人承担相应的义务。如果债务人没有受益甚至受到损失，则不存在《民法典》第980条的适用空间，即债务加入人无权向债务人“追偿”。

由此引申，第三人向债务人行使相应的请求权导致债务人履行成本或者费用较其向债权人履行增加的，债务人有权请求第三人将此增加部分予以扣除。但此也要尊重债务人与第三人之间的约定，如果约定不予扣除，或者仅是约定了第三人履行后，债务人就第三人履行部分向第三人履行，这时就不宜再扣除相应的债务人向第三人履行增加的费用，这样既符合意思自治的要求，也可以避免增加不必要的纠纷，便于该制度功能作用的发挥。

### （二）债务人有关抗辩权的行使

依据《民法典合同编通则解释》第51条第2款的规定，债务人就其对债

---

〔1〕参见梁慧星：《民法总论》，法律出版社2017年版，第923－924页。

权人享有的抗辩向加入债务的第三人主张的，人民法院依法予以支持。该款的适用范围包括第三人与债务人约定加入债务的情形和第三人向债权人表示愿意加入债务的情形。《民法典》第519条第2款后段规定："其他连带债务人对债权人的抗辩，可以向该债务人主张。"此即为合理平衡享有追偿权的连带债务人与其他连带债务人之间的利益所进行的规则设计。例如，其他连带债务人对债权人的债权数额有异议的，本可以向债权人提出抗辩，现就可以向享有追偿权的连带债务人提出抗辩。又如，实际承担债务的连带债务人甲向其他连带债务人乙追偿，并行使债权人对连带债务人乙所享有的抵押权时，为债权人设定抵押的连带债务人乙认为抵押权未依法设立、已经变更或者消灭的，本可以向债权人提出抗辩，现就可以向进行追偿的连带债务人主张抗辩。[1] 在第三人取得向债务人主张履行相应债务的权利后，就债务加入体系化适用《民法典》第519条规定自然可以得出债务人对债权人的抗辩可以向第三人主张的结论，此亦符合债务人履行债务的负担不能因第三人加入债务而加重的基本法理。

此外，值得注意的是，为避免恶意第三人通过加入债务取得对债务人的追偿权后再通过暴力讨债等方式损害债务人利益，依据债务人的债务负担不应因第三人的债务加入而加重的基本法理，对于追偿时的利率确定亦应谨慎，对于第三人与债权人之间就利息约定过高的情形，人民法院在审理时应当予以调整酌减，以避免对债务人产生不公平后果。

---

〔1〕 参见石宏主编：《〈中华人民共和国民法典〉释解与适用·合同编》（上册），人民法院出版社2020年版，第106－108页。

# 第二十一讲

## 合同解除规则的细化完善与司法适用

一、协议解除与当事人行使解除权的衔接适用问题

二、通知解除合同时对合同解除权的审查问题

三、一方当事人撤诉后再次起诉时合同解除时间的确定问题

四、显著轻微违约情形下约定解除权行使的限制

合同解除是指合同有效成立以后，当具备合同解除条件时，因当事人一方或双方的意思表示而使合同关系自始消灭或向将来消灭的一种行为。[1] 解除合同是在特定情形下突破合同约束力的制度，是合同严守原则的例外和补充性制度。[2] 根据合同解除条件以及发生原因的不同，可以将合同解除分为：法定解除，即当事人基于法律的规定行使合同解除权致使合同发生解除效果[3]；约定解除，即当事人在订立的合同中约定合同解除的条件，当该条件成就时，有解除权的一方或者双方就可以行使解除权，使合同发生解除的效果[4]；协议解除，即在合同履行过程中双方当事人经过协商一致后决定终

〔1〕 参见王利明：《合同编解除制度的完善》，载《法学杂志》2018 年第 3 期。

〔2〕 参见杜万华主编：《中华人民共和国民法典实施精要》，法律出版社 2021 年版，第 463 页。

〔3〕 关于法定解除，《民法典》第 563 条第 1 款作了明确规定，包括因不可抗力致使不能实现合同目的；在履行期限届满前，当事人一方明确表示或者以自己的行为表明不履行主要债务；当事人一方迟延履行主要债务，经催告后在合理期限内仍未履行；当事人一方迟延履行债务或者有其他违约行为致使不能实现合同目的；法律规定的其他情形。只要符合该款规定的五种情形，对方当事人就可以行使法定解除权解除合同。

〔4〕 关于约定解除，《民法典》第 562 条第 2 款规定："当事人可以约定一方解除合同的事由。解除合同的事由发生时，解除权人可以解除合同。"

结合同的效力[1]。

合同解除是合同法律制度中的重要内容，底蕴深厚，不断发展。特别是随着经济社会的发展，一方面，理论研究不断深入、实务经验的积累逐渐丰富；另一方面，实务中也出现了一些具有普遍性的法律适用问题，亟须统一裁判尺度。为此，《民法典合同编通则解释》聚焦突出问题，凝聚最大共识，综合运用文义解释、目的解释、体系解释等法律解释方法，在第 52 条至第 54 条对协议解除与法定解除交织情形的场景化适用、通知解除合同时解除权条件的审查、撤诉后又再次起诉时的合同解除时间确定等问题作了细化规定。

## 一、协议解除与当事人行使解除权的衔接适用问题

所谓协议解除，是指合同成立以后，在未履行或者未完全履行之前，当事人双方通过协商解除合同，使合同效力消灭的行为。[2] 就协议解除的司法适用，目前实务中具有一定普遍性的问题主要有二：一是双方当事人就解除合同达成一致，但对于解除的后果没有约定时如何认定合同是否解除以及后续如何处理的问题；二是当事人一方虽然主张行使法定或者约定解除权但不符合相应条件而对方同意解除的情形下如何认定合同解除的问题。为统一裁判尺度，《民法典合同编通则解释》第 52 条分三款对上述问题的法律适用规则作了规定。其中第 1 款规定："当事人就解除合同协商一致时未对合同解除后的违约责任、结算和清理等问题作出处理，一方主张合同已经解除的，人民法院应予支持。但是，当事人另有约定的除外。"第 2 款规定："有下列情形之一的，除当事人一方另有意思表示外，人民法院可以认定合同解除：（一）当事人一方主张行使法律规定或者合同约定的解除权，经审理认为不符合解除权行使条件但是对方同意解除；（二）双方当事人均不符合解除权行使的条件但是均主张解除合同。"至于与违约责任、清理结算等事项的衔接适用问题，该条第 3 款规定："前两款情形下的违约责任、结算和清理等问题，人民法院应当依据民法典第五百六十六条、第五百六十七条和有关违约责任的

---

〔1〕 关于协议解除，《民法典》第 562 条第 1 款规定："当事人协商一致，可以解除合同。"

〔2〕 参见王利明：《合同法新问题研究》（修订版），中国社会科学出版社 2011 年版，第 544 页。

规定处理。”下面对此分别予以阐述。

### （一）双方达成解除合意而未就清理结算等作出约定情形下的协议解除认定

关于当事人就解除合同协商一致，但未就合同解除后的违约责任、结算和清理事项作出处理时合同是否解除的问题，实践中存在不同认识。在以往的实务中，一种观点认为，只有当事人对违约责任、清理结算的事项作了明确约定才能构成协议解除。[1] 另一种观点认为，只要双方当事人解除合同的意思表示一致，就可以解除合同，对违约责任、清理结算事项的约定，不影响合同解除的构成。至于解除合同的后果问题，可以由当事人协商，是否恢复原状、如何恢复原状可以由当事人协商决定。如果没有约定，则适用法律规定。[2]

《民法典合同编通则解释》第52条第1款采纳了第二种观点。此主要考虑是协商解除在本质上也属于双方的合同行为，当然也要遵循双方意思表示一致的基本规则。概言之，协商解除合同是对合同当事人意思自治的维护，旨在最大限度地鼓励当事人通过沟通、协商或事先约定合同解除事由的方式来解决合同履行中可能出现的各种主观、客观障碍，使当事人能够从合同的拘束中及时解脱出来，实现市场资源的有效再配置。[3] 在合同解除领域，若双方当事人已有明确的解除合同之意愿，却仍令合同关系维持，既违反意思自治，损伤当事人利益，亦不利于整体的、长远的社会效率，并不具有正当性。[4] 合意解除效力的核心单元，在于终结当事人基于特定交易目的而注入广义之债中的意定内容及与其相匹配的法律效果。当事人只要对合意解除效力之最小单元已有共识，即便未对解除后的清算问题明确达成合意，仍可成

---

〔1〕参见最高人民法院民法典贯彻实施工作领导小组主编：《中华人民共和国民法典合同编理解与适用（一）》，人民法院出版社2020年版，第633页。

〔2〕参见王利明主编：《中国民法典评注·合同编（一）》，人民法院出版社2021年版，第379页。

〔3〕参见最高人民法院民法典贯彻实施工作领导小组主编：《中华人民共和国民法典合同编理解与适用（一）》，人民法院出版社2020年版，第632页。

〔4〕参见于飞：《合同的权利义务终止、违约责任的重要发展及释评》，载《中国法律评论》2023年第6期。

立合意解除。[1] 立法机关的有关释义中也认为如果双方都明确同意解除，即使双方未就协商解除后的法律后果作出约定，只要双方解除合同的意思是一致的，一般也可以认为构成协商解除，除非协商解除的意思表示以对解除后果形成一致意见为前提。[2] 当然，同样是基于对意思自治原则的遵循，《民法典合同编通则解释》第 52 条第 1 款也作了但书规定，明确当事人另有约定的除外。也就是说，当事人约定就清理、结算等事项协商一致时合同方可解除的，应对该约定依法予以认可。如果协商解除违反了民事法律行为有效的条件，如违背公序良俗，则解除协议不发生法律效力，原合同未被解除，仍然需要继续履行。[3] 在认定协商解除时，最重要的是判断当事人是否已就解除合同达成一致的意思表示。有关意思表示可以是明示的，也可以是默示的；可以在诉讼外达成一致，也可以在诉讼中达成一致。[4]

### （二）解除权条件不能成就时协商解除的适用问题

对于这一问题，以往的实务对此同样存在认识不一的问题。有的认为这时应当适用法定解除或者约定解除的规则，如果不符合相应的解除权行使条件，则不能判决解除合同；有的则认为只要一方同意解除或者双方均主张解除的，可以不必审查解除权行使的条件，而径行适用《民法典》第 562 条第 1 款关于协商解除的规定，判决解除合同。为统一裁判尺度，《民法典合同编通则解释》第 52 条第 2 款明确了两种情形下的协议解除规则：

其一，当事人一方主张行使法律规定或者合同约定的解除权，对方也同意解除的情形。这时人民法院仍然要审查主张行使解除权的一方当事人是否享有法律规定或者合同约定的解除权。如果该解除权成立，则应当适用《民法典》第 563 条、第 564 条、第 565 条的规定，而不能直接适用协商解除的规定。特别是在解除合同的时间点上，行使解除权通过通知解除的，合同自通知到达时解除；通过起诉或者仲裁解除的，经人民法院或者仲裁机构审查

〔1〕 参见姚明斌：《基于合意解除合同的规范构造》，载《法学研究》2021 年第 1 期。
〔2〕 参见黄薇主编：《中华人民共和国民法典释义》（中），法律出版社 2020 年版，第 1073 页。
〔3〕 参见黄薇主编：《中华人民共和国民法典合同编释义》，法律出版社 2020 年版，第 221 页。
〔4〕 参见王利明主编：《中国民法典释评·合同编·通则》，中国人民大学出版社 2020 年版，第 467 页。

确认该解除合同主张的，合同自起诉状副本或者仲裁申请书副本送达对方时解除；而协商解除的，合同应是自达成合意时解除。但是如果经审查认为该解除权不成立，而对方又同意解除的，这时可以适用协商解除的规定。比如，在武某灿与吴某东合伙纠纷案中，法院生效裁判认为，武某灿在原审中诉请解除其与吴某东签订的《合伙协议》，吴某东对此明确表示同意。再审庭审中，双方亦再次确认同意解除《合伙协议》，故当事人协议一致，可以解除合同。[1] 此种情况下，双方所具有的解除合同的意愿是清晰明确的，故应尊重当事人之意愿发生合同解除的后果。[2]

需要注意的是，当法院经审理认为解除权不成立时，可以进行必要的释明，进一步明确当事人的诉求是解除合同还是行使解除权。经过释明，当事人仍然坚持解除合同的，则可以认为其提出了解除合同的要约，对方的同意构成承诺，解除协议成立。[3] 就释明的问题，实务中还存在当事人仅主张解除合同但对于赔偿损失或者恢复原状没有提出请求的情形，这时本着纠纷的一次性解决、减轻当事人诉累的考虑，不宜机械适用不告不理原则。经过释明，当事人仍然坚持不提出请求，可以在裁判文书中指出通过另行诉讼的方式予以解决，以便尊重当事人的民事诉讼权利。[4] 换言之，当事人请求解除合同的，原则上应当通过释明再结合当事人的诉请一并处理和解除后的责任承担等相关后果。

其二，双方当事人均不符合解除权行使条件但是均主张解除合同的情形。依法理，双方当事人均主张行使解除权的，人民法院同样应当审查当事人的主张是否符合解除权行使的条件。只要有一方的主张符合解除权行使的条件，就应当适用法定解除或者约定解除的规定。如果双方的主张都符合解除权行使的条件，这时解除合同的时间点应当以最先到达对方的解除合同通知的时

---

〔1〕 参见最高人民法院民事判决书，(2017) 最高法民再316号。

〔2〕 参见于飞：《合同的权利义务终止、违约责任的重要发展及释评》，载《中国法律评论》2023年第6期。

〔3〕 参见最高人民法院民事审判第二庭、研究室编著：《最高人民法院民法典合同编通则司法解释理解与适用》，人民法院出版社2023年版，第580页。

〔4〕 参见最高人民法院民事审判第二庭编著：《〈全国法院民商事审判工作会议纪要〉理解与适用》，人民法院出版社2019年版，第319页。

间为准。如果双方当事人均不符合解除权行使条件但是均主张解除合同时，表明双方都不希望继续受合同约束，故可以认为已经就解除合同达成一致。这时可以认定存在两个合意解除的要约，依交叉要约成立解除合意，成立时点以后到达之表示为准。[1]

此外，《民法典合同编通则解释》第 52 条第 3 款明确了《民法典》第 566 条关于合同解除的法律后果以及第 567 条关于合同权利义务终止不影响清理结算条款效力的规定对于协议解除同样适用的规则。这既是协议解除的一般规则，也是衔接该条前两款规定情形的细化规则，当然，对于有关协议解除后的清理结算以及违约责任承担的问题，当事人另有约定的，则依照其约定处理。有观点认为，当事人在合同中对违约责任作出约定的，如违约金的计算、约定违约定金等，也可以认为是合同中的结算、清理条款。[2] 此对于相关实务问题的处理具有指导参考意义。

## 二、通知解除合同时对合同解除权的审查问题

### （一）《民法典合同编通则解释》第 53 条规定的由来

对于合同一方当事人通知对方解除合同是否需要以其享有合同解除权为前提这一问题，是具有普遍适用性并且长期具有争议的问题。《合同法解释（二）》（已失效）第 24 条规定："当事人对合同法第九十六条、第九十九条规定的合同解除或者债务抵销虽有异议，但在约定的异议期限届满后才提出异议并向人民法院起诉的，人民法院不予支持；当事人没有约定异议期间，在解除合同或者债务抵销通知到达之日起三个月以后才向人民法院起诉的，人民法院不予支持。"对如何理解该司法解释的规定，司法实践中有不同看法，比如有观点认为，解除权人送达解除合同通知书后，合同相对方在收到解除合同通知书后应在异议期内请求人民法院确认解除合同的效力，但如果合同相对方没有在异议期内提起确认解除合同是否有效的确认之诉，而在合

〔1〕 参见姚明斌：《基于合意解除合同的规范构造》，载《法学研究》2021 年第 1 期。

〔2〕 参见王利明主编：《中国民法典释评·合同编·通则》，中国人民大学出版社 2020 年版，第 506 页。

同纠纷中法院再对解除合同是否符合法定情形进行实质性审查，将使《合同法解释（二）》第24条的规定形同虚设，导致解除合同的效力长期处于不确定和不稳定状态，这与合同法立法目的相违背。该观点的实质是，无论发出解除通知的一方是否享有法定或者约定的解除权，只要当事人在收到解除合同通知后，未在法定或者约定期限内提出异议，合同就直接解除。[1] 针对上述争议，《最高人民法院研究室对〈关于适用《中华人民共和国合同法》若干问题的解释（二）〉第24条理解与适用的请示的答复》对这一问题作了厘清，相关答复内容为："当事人根据合同法第九十六条的规定通知对方要求解除合同的，必须具备合同法第九十三条或者第九十四条规定的条件，才能发生解除合同的法律效力。"[2] 2019年《九民会议纪要》总结以往的经验做法，在第46条规定："审判实践中，部分人民法院对合同法司法解释（二）第24条的理解存在偏差，认为不论发出解除通知的一方有无解除权，只要另一方未在异议期限内以起诉方式提出异议，就判令解除合同，这不符合合同法关于合同解除权行使的有关规定。对该条的准确理解是，只有享有法定或者约定解除权的当事人才能以通知方式解除合同。不享有解除权的一方向另一方发出解除通知，另一方即便未在异议期限内提起诉讼，也不发生合同解除的效果。人民法院在审理案件时，应当审查发出解除通知的一方是否享有约定或者法定的解除权来决定合同应否解除，不能仅以受通知一方在约定或者法定的异议期限届满内未起诉这一事实就认定合同已经解除。"这一规则已为审判实践普遍遵循，比如，在**某力公司与某星公司买卖合同纠纷案**中，法

〔1〕 参见最高人民法院民事审判第二庭编著：《〈全国法院民商事审判工作会议纪要〉理解与适用》，人民法院出版社2019年版，第310页。

〔2〕 2014年最高人民法院有关部门作出的《关于如何理解与适用合同法解释（二）第24条问题的答复》，结合合同解除异议权的行使问题，指出："如果合同当事人一方在不具有解除权的情况下，向对方发出了解除通知，对方在本条规定的异议期经过后才向人民法院起诉提出异议的，人民法院是否支持，无论是在学术界还是在各地法院的审判实践中均存在争议。肯定的观点主张，本条适用的前提是主张解除合同的一方应具有解除权，否则，对方提出异议的权利不受异议期的限制，本条不适用，人民法院对解除异议的诉讼请求仍应支持；否定的观点主张，异议期限经过，异议权不再受法律保护，此时无论解除合同的一方是否具有解除权，对方当事人均无权再对合同解除提出异议，故对此种情形下的异议诉请，人民法院不应支持。以上两种观点，均具有一定的理论依据和现实基础，根本差别在于对异议权的性质、异议期限经过的后果等认识不同。对此，最高人民法院将在进一步研究论证的基础上，以司法解释、司法政策或典型案例等形式，明确提出相应的意见，以统一裁判尺度。"

院生效裁判认为："某力公司主张某星公司未对其发出的解除通知提出异议表明双方合同已经解除的观点能否成立，还应审查其解除合同的理由是否符合《合同法》第九十三条第二款、第九十四条规定的情形。《合同法》第九十三条第二款规定的是合同的约定解除，而本案合同并未对此作出约定，双方也未达成解除合同的新的合意，因此本案不存在约定解除的情形。《合同法》第九十四条规定的是合同的法定解除……从某力公司的主张看，其是以某星公司不按期交付货物致使其不能实现合同目的为由主张解除合同，因此本案应当审查该情形是否存在，以判断某力公司是否享有法定解除权……而原审查明并认定，某星公司从 2011 年 5 月初即开始多次通知某力公司交付第二批货物的发货款，而某力公司一直未支付，已构成违约，某星公司有权行使先履行抗辩权拒绝履行交付货物的合同义务，此种情况下某力公司无法定解除权，其向某星公司发出的解除通知不发生解除合同的法律效力。"[1] 在系统研究论证，特别是重点吸收了《九民会议纪要》第 46 条规定的基础上，《民法典合同编通则解释》第 53 条对通知解除合同是否必须以当事人享有解除权的问题作了明确规定："当事人一方以通知方式解除合同，并以对方未在约定的异议期限或者其他合理期限内提出异议为由主张合同已经解除的，人民法院应当对其是否享有法律规定或者合同约定的解除权进行审查。经审查，享有解除权的，合同自通知到达对方时解除；不享有解除权的，不发生合同解除的效力。"笔者认为，这一规定不仅是以往审判实践经验的结晶，同时也是依照法理逻辑得出的必然结果。

其 ，合同解除须以当事人享有解除权为条件是既有法律规定的题中应有之义。《民法典》第 562 条第 2 款规定了"解除合同的事由发生时，解除权人可以解除合同"，第 563 条也规定"有下列情形之一的，当事人可以解除合同"，这也就意味着不具备相应条件，当事人即不享有解除权，自然不能行使解除权而单方解除合同，即使解除通知到达对方，对方未提出异议，也不发生解除合同的效果。[2]

---

〔1〕 最高人民法院民事裁定书，（2016）最高法民申 1049 号。

〔2〕 参见黄薇主编：《中华人民共和国民法典合同编释义》，法律出版社 2020 年版，第 236 页。

其二，合同解除须以当事人享有解除权为条件是遵循诚信原则乃至维护合同正义的必然要求。合同解除权是形成权，合同一旦解除对双方当事人权利义务影响巨大，世界各国都不约而同地对合同解除权加以严格限制，以维护社会经济秩序的稳定。[1] 无论是法律规定的解除还是当事人事先约定解除权，都必须具备一定的条件。满足了这些条件，当事人才能行使解除权。[2] 如果不以上述《民法典》规定的解除合同的实质要件为要求，则当事人动辄以通知的形式解除合同，极易导致当事人滥用合同解除权。希望摆脱合同约束的一方当事人，无论是否明知自己缺乏解除权，都会在投机心理的驱使下更有动力发出解除通知，以求在异议期间经过后，解除原本无法解除的合同。[3] 这无异于纵容违约一方或不愿意继续履行的一方“通过合同解除的方法逃避责任”[4]，不仅严重违反了合同严守原则和诚实信用原则，还造成合同当事人之间权利义务的失衡，严重冲击合同关系的稳定性，危害交易安全。[5]

其三，合同解除须以当事人享有解除权为条件蕴含着权利义务平衡保护的基本理念。《民法典》第565条并未对发出通知的形式作出明确要求，但对受领通知的一方异议方式作出了严格的规定，那就是只能通过诉讼或者仲裁的方式提出异议。相比之下，发出解除通知成本很小，而以诉讼或者仲裁的方式提出异议，需要投入相对高昂的人力、物力、财力。为弥补此种权利义务的不均衡、不对等，有必要适当提高对发出通知一方的资格要求，这就要求其享有合同解除权这种实体权利。[6] 如果不享有法定或者约定解除权的一方当事人甚至违约方径行发出解除合同的通知，这时仍然要求受通知一方必须以诉讼或者仲裁方式就此提出异议，其结果只能是不当加重该方当事人的

---

〔1〕 参见姚宝华：《合同法解释（二）第24条的周延性适用》，载《人民司法》2011年第22期。

〔2〕 参见王利明：《合同法新问题研究》（修订版），中国社会科学出版社2011年版，第562页。

〔3〕 参见贺剑：《合同解除异议制度研究》，载《中外法学》2013年第3期。

〔4〕 王利明：《违约责任论》（修订版），中国政法大学出版社2003年版，第719页。

〔5〕 参见陈龙业、宋韦韦：《合同解除异议权制度适用中的争议问题探讨》，载《人民司法》2014年第15期。

〔6〕 参见最高人民法院民事审判第二庭编著：《〈全国法院民商事审判工作会议纪要〉理解与适用》，人民法院出版社2019年版，第311页。

负担，在政策导向上使得遵守合同约定的一方当事人利益受损。

## （二）人民法院对合同解除权的审查

当事人依照法律规定或者约定享有合同解除权时，不必经对方当事人同意，只需向对方作出解除合同的意思表示，就可以解除合同。当事人不享有解除权时，自然不能行使解除权单方解除合同，即使解除通知到达对方，对方未提出异议，也不发生合同解除的效果。[1] 换言之，通知解除合同时应行使约定解除权或者法定解除权。合同法对于解除合同有严格要求，绝非只要合同当事人一方发出解除通知且对方未以诉讼或仲裁方式提出异议，就可以发生合同解除的效果。[2] 当事人之间因合同解除发生争议时，无论对方是否在合理期限内提出异议，人民法院均应对主张解除的一方是否享有解除权进行审查。经审查确认其享有解除权的，即适用《民法典》第 565 条第 1 款的规定，合同自通知到达时解除。假如通知解除合同的一方并不享有解除权，则不得单纯以解除通知到达相对人而认定系争合同已被解除。[3] 人民法院对当事人是否享有解除权进行审查，主要就是审查是否符合《民法典》第 562 条规定的约定解除权、第 563 条规定的法定解除权以及《民法典》及其他法律规定的具体行使解除权的情形。

关于当事人没有法定或者约定解除权而向对方发出解除通知是否构成违约的问题，理论上有不同观点。一种观点认为，无解除权而发出的解除合同通知只能视为一方当事人要求解除合同的要约，只有经过对方的承诺才能达致双方解除合同的效果。[4] 另一种观点认为，当事人无解除权而单方发出解除合同通知即非法解除，构成违约，应承担违约责任。比如，在郭某军、雷某波等股权转让纠纷案中，法院生效裁判认为：“《合同法》第八条规定，依

---

〔1〕 参见石宏主编：《〈中华人民共和国民法典〉释解与适用·合同编》（上册），人民法院出版社 2020 年版，第 196 页。

〔2〕 参见杨立新：《〈合同编通则司法解释〉完善我国合同法规则的重大进展》，载《法律适用》2024 年第 1 期。

〔3〕 参见崔建远：《合同法》（第 6 版），法律出版社 2016 年版，第 201 页。

〔4〕 参见最高人民法院民事审判第二庭编著：《〈全国法院民商事审判工作会议纪要〉理解与适用》，人民法院出版社 2019 年版，第 311 页。

法成立的合同，对当事人具有法律约束力。当事人应当按照约定履行自己的义务，不得擅自变更或解除合同。《合同法》第一百零八条规定，当事人一方明确表示或者以自己的行为表明不履行合同义务的，对方可以在履行期限届满之前要求其承担违约责任。泓泽公司在不享有解除权的情况下，擅自向郭某军发出解除通知，明确表示不履行合同，有违法律规定，构成根本违约。"[1] 还有一种观点认为，对此应当区分具体情况，如果合同一方当事人明知或应知自己并无解除权而向对方发出解除合同通知，从而明确表明或以自己行为表明将不再履行合同，则无疑构成违约，应承担违约责任；但如果合同当事人一方有证据能证明其善意而合理地相信自己有单方解除权而发出解除合同通知，即便最终未得到法院认可，也不能轻易认定其承担违约责任。笔者认为，上述观点都有一定道理。但是，从维护契约精神、坚持有约必守的视角来看，对于通知解除合同一方当事人是否承担违约责任，应当以其行为是否违反合同约定即其没有履行或者不适当履行合同义务为基本判断条件，不能简单地认为当事人一方以其善意不知道自己没有解除权还行使解除权从而就可以不履行合同义务。

## 三、一方当事人撤诉后再次起诉时合同解除时间的确定问题

### （一）《民法典合同编通则解释》第54条规则的确立

《民法典》建构起通知解除和司法解除二元并存的合同解除权行使模式。[2] 当事人直接以起诉或者申请仲裁的方式行使合同解除权，对当事人而言，有利于及时确定当事人之间的关系，也能在一定程度上节约经济成本，而且在审判实践中具有一定的普遍性。比如，从以往的有关统计来看，在2012年至2016年全国法院审理的合同解除纠纷案件中，80%左右是未经过事先通知，直接向法院起诉解除合同的。[3] 在以往审判实践中，如果解除权人未通知对方而直接起诉或申请仲裁主张解除，人民法院在认定解除的时间方

〔1〕 最高人民法院民事判决书，（2017）最高法民终607号。

〔2〕 参见张海燕：《合同解除之诉的解释论展开》，载《环球法律评论》2022年第5期。

〔3〕 参见马世忠主编：《人民法院大讲堂：民法典重点问题解读》，人民法院出版社2021年版，第649页。

面有三种可能性：起诉时、诉状副本送达时或裁判作出时。本质上解除权的行使是一种意思表示，应按意思表示规则认定其生效时点，而将载有解除意思的诉状或申请书副本送达对方，构成了意思表示的达到，从而发生效力。[1]《民法典》第565条第2款即采取了这一做法。该款规定明确了公力救济时合同解除的时间节点，赋予送达起诉状副本或者仲裁申请书副本以解除通知到达的效力，使合同解除规则得到细化，殊值肯定。[2] 但是，对于当事人以起诉方式主张解除合同又撤诉，之后又再次诉请解除合同的，合同是自载有解除请求的前诉起诉状副本送达对方当事人时解除，还是自后诉的起诉状副本送达对方当事人时解除，理论和实务中普遍存在争议。有观点认为，原告撤诉不意味着撤销解除合同的意思表示。主要理由是，原告第一次起诉实际上主张了两个权利：一是通过起诉行使法定解除权，二是向被告行使要求返还财产、赔偿损失的权利。就形成权而言，解除通知一旦送达，解除权人是无权撤销的；就请求权而言，原告撤诉后仍可再行起诉。也就是说，就形成权范畴内的解除权行使而言，合同在前诉中已经因为解除而消灭。[3] 也有观点认为，这涉及形成权行使理论中的一个重要问题，即在诉讼中行使实体法上的形成权时，由于实体法与程序法（民事诉讼法）的不同规制，这种形成权之行使行为究竟应当依实体法或程序法（民事诉讼法）抑或兼采二者予以规范和评价，也即涉及诉讼中行使形成权的性质应当如何界定的问题。是故，对于原告以起诉方式主张解除合同等诉讼中合同解除权之行使的情形，性质上应认定为包括了实体法上行使合同解除权之意思表示与诉讼法上向法院主张合同解除之陈述，系法律行为与诉讼行为的合体。原告以起诉方式主张解除合同之后又撤诉的，其撤诉行为不影响解除合同之表示在实体法上的效力。[4] 还有观点认为，依照《民法典》第565条第2款的规定，合同是否发生解除的后果取决于起诉要求解除合同的当事人行使解除权的条件是否成就，原告撤回起诉表明解除条件是否成就处于不确定状态，故应当视为原告

〔1〕参见朱晓喆：《〈民法典〉合同法定解除权规则的体系重构》，载《财经法学》2020年第5期。

〔2〕参见刘凯湘：《民法典合同解除制度评析与完善建议》，载《清华法学》2020年第3期。

〔3〕参见郑倩：《解除权行使的疑难问题考析》，载《人民司法》2009年第19期。

〔4〕参见曹志勋：《论我国法上确认之诉的认定》，载《法学》2018年第11期。

撤回解除合同的意思表示。综合各方意见，《民法典合同编通则解释》第54条最终明确了以后诉的起诉状副本送达对方当事人的时间作为合同解除的时点的一般规则："当事人一方未通知对方，直接以提起诉讼的方式主张解除合同，撤诉后再次起诉主张解除合同，人民法院经审理支持该主张的，合同自再次起诉的起诉状副本送达对方时解除。但是，当事人一方撤诉后又通知对方解除合同且该通知已经到达对方的除外。"

依据《民法典》第565条第2款的规定，人民法院或者仲裁机构确认当事人一方解除合同的主张的，合同自起诉状副本或者仲裁申请书副本送达对方时解除。就撤诉后再次起诉的情形，《民法典合同编通则解释》第54条将再次起诉的起诉状副本送达对方时作为合同解除的时点，主要理由在于：一方面，这更符合《民法典》第565条第2款的文义；另一方面，从逻辑上讲，合同在起诉状副本送达对方时解除的前提是人民法院确认当事人解除合同的主张。因此，即使当事人一方请求解除合同的起诉状副本已经到达对方当事人，在未经人民法院审理确认其主张之前，并不产生合同解除的法律效果。当事人通过诉讼方式解除合同的，其前提是获得法院的确认，即享有法定或者约定的合同解除权。如果法院经审查认为其不享有解除权，合同当然不发生解除的法律效果。这样规定在实践中也较为便利：一是当事人一方起诉后又撤诉的，对方嗣后可能还有履行行为，或者两次起诉主张解除的理由不同，如规定第一次起诉状副本送达时解除，可能产生不必要的麻烦。二是在两次起诉的诉讼请求和理由不变的情况下，如果按第一次起诉状副本送达时解除，势必导致受理第二次起诉的法院须对第一次起诉的材料进行审查，导致撤诉权利的滥用，认定第二次起诉的起诉状副本送达时合同解除，也有利于减轻法院的负担。[1] 而且，实务中对此也积累了有益经验，比如，在**宋某明与某交通枢纽场站建设管理有限公司、某投资管理有限公司商品房预售合同纠纷案**中，法院生效裁判认为，对于合同解除时间，原告宋某明认为应以前诉的民事起诉状副本送达某交通枢纽场站建设管理有限公司的时间作为商品房买

〔1〕 参见最高人民法院民事审判第二庭、研究室编著：《最高人民法院民法典合同编通则司法解释理解与适用》，人民法院出版社2023年版，第600页。

卖合同及其补充协议的解除时间，其虽曾向法院提起过诉讼，可其在法院依法判决前自愿申请撤诉，其认为以前案起诉状副本送达时间作为本案认定合同解除时间于法无据。[1]

需要注意的是，原告起诉解除合同后又变更诉讼请求要求继续履行的，这时不能以起诉状副本已经送达对方当事人为由来认定合同已经解除。此理由也同于上述，合同在起诉状副本送达对方时解除的前提是人民法院确认当事人解除合同的主张。在原告起诉解除合同后又变更诉讼请求的情形下，其解除主张未经人民法院审理并确认，不发生解除效力。而且如果当事人的诉请已变更为继续履行，这时再以起诉状副本送达对方当事人来认定合同已经解除也明显与《民法典》第565条第2款规定的本意不符。

### （二）与通知解除规则的衔接适用

在当事人一方撤诉后又再次起诉前的期间内，如果存在该方当事人通知对方解除合同，这时应当适用《民法典》第565条第1款的规定确定合同解除的时间。若解除权人先发出解除通知，而后又向法院诉请解除合同，因通知作为解除之意思表示在先，合同解除时间仍为解除通知到达之时。[2] 对此，实务中还有两种情形需要注意：

一是当事人在第一次起诉主张解除合同前，已经在诉外自行通知对方解除合同且该通知到达对方的，那么其起诉仅是起到确认通知解除合同效力的效果，其撤诉后，合同仍自诉外通知达到对方时解除。

二是实务中还存在一种情形是解除权人直接诉请解除合同，后又直接向对方发出解除合同的通知，这时如何确定合同解除的时间也值得研究。对此笔者倾向于认为，从《民法典》第565条第2款的文义以及体系化理解此与该条第1款规定之间的关系来看，有必要以载有解除合同内容的起诉状或仲裁申请书送达对方时为合同解除的时间，因此，时间点要早于后续的通知时间点，也就是说，经人民法院审理后在一个更早的时间点上解除合同，自然

[1] 参见四川省成都高新技术产业开发区人民法院民事判决书，(2020) 川0191民初4635号。
[2] 参见最高人民法院民事判决书，(2010) 民一终字第45号。

就没有后续解除合同的可能。但是，如果在后诉过程中，双方当事人达成解除合同的合意，即使是诉讼外达成，这时就应当适用协议解除的规则。

## 四、显著轻微违约情形下约定解除权行使的限制

就合同解除而言，由于其适用的范围较广，实务中还有其他普遍适用的问题，有的在《民法典合同编通则解释》起草过程中也曾作过规定，但因种种原因最终没有规定，这并不妨碍实务中根据公平合理的思路，遵循基本的法理作有益探索，显著轻微违约情形下约定解除权是否应当受到限制的问题就是其中的典型一例。这一问题的实质涉及合同自由与合同正义价值理念的认识与协调问题。从世界范围来看，强调合同自由仅仅是一个短暂的时期。在现代，合同正义是与合同自由并列的基本原理。〔1〕尽管无法否认合同自由在合同法制基本原则序列中的优势地位，但合同正义的确在很多方面起到了对合同自由的修正作用。要客观、准确理解合同自由的制度内涵，必须要顾及各种管制性规则对合同自由的限制，认识到“自由”这一概念本身的边界。〔2〕作为合同严守的例外，解除权之行使必须严格按照明确严格的方式进行，以维护交易安全，防止其被滥用而危及合同之严肃性，同时避免合同当事人因不确定合同是否业已解除继续履行而造成损失，从而在意思自治与合同严守之间达致平衡。〔3〕

所谓“轻微违约”，是指不构成根本违约的违约行为。按照诚实信用原则，“轻微违约，视为不违约”〔4〕。在比较法上，《德国民法典》第323条第5款明确规定：“违约并非重大时不得解除合同。”《国际商事合同通则》第71.5条第4项也规定了如果合同一方当事人的行为属于“轻微违约”，则不适用有关解除合同的规定。如果当事人约定轻微违约甚至微不足道的违约作为一方解除合同的事由，则法庭应当根据诚实信用原则认定该约定无效。在

〔1〕参见［日］大村敦志：《近30年来日本的民法研究》，渠涛译，载《清华法学》2012年第3期。

〔2〕参见许德风：《合同自由与分配正义》，载《中外法学》2020年第4期。

〔3〕参见薄燕娜、李钟：《论合同解除权的行使——〈民法典〉合同编第565条评释》，载《法律适用》2021年第6期。

〔4〕梁慧星：《合同通则讲义》，人民法院出版社2021年版，第293页。

总结理论研究和实务经验的基础上，《民法典合同编通则解释》的征求意见稿第55条曾分两款就显著轻微违约（类似于上述的微不足道的违约）不得解除合同的一般规则作了规定，其中第1款规定："当事人一方以对方的违约行为符合约定的解除事由为由主张解除合同的，人民法院依法予以支持。但是，违约方的违约程度显著轻微，不影响非违约方合同目的的实现，解除合同对违约方显失公平的除外。"由此尽量实现合同自由与有约必守乃至鼓励交易、合同正义之间有机平衡。第2款进一步规定："有前款规定的除外情形，非违约方主张对方承担相应的违约责任或者采取其他补救措施的，人民法院依法予以支持。"由此明确了显著轻微违约虽不予解除合同但并不影响违约责任承担的规则。但由于这一规定涉及对当事人约定解除权的限制，存在与《民法典》第562条第2款规定的在确定解除情形下"解除合同的事由发生时，解除权人可以解除合同"的契合问题，也就存在统一设置这一规则与意思自治原则是否完全吻合的争议，《民法典合同编通则解释》最终对此没有予以规定。笔者认为，《民法典合同编通则解释》的征求意见稿第55条的整体思路是符合基本法理判断的，有实务经验的支持，值得在今后实务当中予以参考探索，这也有利于为相关适用规则的成熟完善提供助力。只是在个案裁判中必须吃透意思自治的基本原则和鼓励交易以及维护合同正义的基本价值导向，充分考虑各种具体因素来认定是否构成显著轻微违约，避免裁量权的不当运用，进而影响裁判尺度的统一和合同正义的实现。具体而言，就显著轻微违约对约定解除权的限制问题，在具体法律适用路径上，可以参考以下思路：

其一，把握好基本理念。从法理上讲，在一方仅存在显著轻微违约行为，也未对合同履行造成严重影响的情况下，倘若赋予另一方解除权将产生严重的利益失衡，一概固守意思自治的话，会产生僵化适用的后果，不利于纠纷的实质性解决。但也要遵循衡平的理念，要对显著轻微违约行为作从严认定，避免形成对权利不得滥用规则的滥用，而对意思自治原则造成过大冲击。对于约定解除权的限制只能是合同自由的例外，必须严格掌握对显著轻微违约的认定标准，否则会进入践踏意思自由与放纵肆意违约的两难窘境。[1]

[1] 参见王坤：《显著轻微违约对合同解除权的限制》，载《人民司法》2021年第26期。

其二，用足现有规定。一方面，在裁判说理中要遵循《九民会议纪要》第47条的既有规定处理。该条规定：“合同约定的解除条件成就时，守约方以此为由请求解除合同的，人民法院应当审查违约方的违约程度是否显著轻微，是否影响守约方合同目的实现，根据诚实信用原则，确定合同应否解除。违约方的违约程度显著轻微，不影响守约方合同目的的实现，守约方请求解除合同的，人民法院不予支持；反之，则依法予以支持。”另一方面，要采取体系化适用的思路，用足《民法典》的现有规定，包括有关基本原则的规定，比如对诚信原则、公平原则的适用，以及在理念上对鼓励交易的遵循。据此就不应轻易否定一个已经生效甚至已经作出大部分履行的合同，尤其是在合同约定的解除条件较为宽泛的情况下，这一限制尤为必要。[1] 特别是要根据案件具体情况直接适用《民法典》第132条关于权利滥用之禁止的规定。在违约方仅有显著轻微违约的场合，不解除合同对守约方没有实质影响，解除合同却会对违约方造成严重损害，如果审判实践中任由当事人约定的解除权事由发生即承认当事人行使合同解除权的效力，显然是对当事人意思自治的过度放任。而且，如果对当事人行使约定解除权的情形一概不作深入审查，极易产生变相鼓励解除权人滥用合同解除权，借机谋取不当利益或实施造成违约方过高损失的投机行为，诱发合同履行的道德风险。[2]

其三，用好动态系统论的方法。具体而言，就是在个案裁判中，综合考虑个案中的具体因素，比如轻微违约是否影响合同目的的实现、当事人的违约行为及过错程度、守约方是否存在以此不予解除合同来故意损害违约方利益的故意、此违约行为对守约方所造成的损害以及对此损害通过其他救济方式能否替代、解除合同对对方当事人造成的损失和对社会财富的浪费、违约方因此合同履行的获益情况、双方当事人的交易习惯以及行业惯例等，来判定合同是否应予解除的问题。这其中是否影响合同目的的实现是至关重要的因素，当然这也要结合其他因素，比如通过其他救济措施（通常是损害赔偿）

---

〔1〕 参见最高人民法院民事审判第二庭编著：《〈全国法院民商事审判工作会议纪要〉理解与适用》，人民法院出版社2019年版，第315页。

〔2〕 参见刘浩：《合同约定解除权行使的限制暨“显著轻微”的认定》，载微信公众号“天水中院”2022年3月16日。

予以替代能否实现合同目的来判断。比如，在**某个融资租赁合同纠纷案**中，法院生效裁判认为，出租人的交易目的是通过支付融资款获取利润，而承租人的主要目的则是支付租金获得租赁物的使用权，在承租人仅逾期不足两期且保证金足以冲抵欠付租金的情况下，其迟延履行行为并不妨碍某融资租赁公司合同目的的实现。[1]

比如，在当事人约定的一旦违反合同义务就要解除合同，甚至违反附随义务都可以解除合同的，在违约方仅有轻微过错或者仅是违反附随义务的情况下，就有必要慎重把握守约方解除合同的主张。但是如果守约方已经催告对方在合理期间内履行相应的合同义务，对方仍未履行的，而此合同义务的违反已属于当事人约定的因违约解除合同的事由，则另当别论。尤其是，如果违约方的违约行为显著轻微且给守约方造成的损害相对微小，比如一方已经履行了合同的主要义务（如已经支付了全部1亿元价款的9950万元，仅剩下50万元尾款未付），这时完全可以采取其他违约责任承担方式来救济守约方的损失，而一旦解除合同会给违约方造成巨大的损害，作为例外情形，这时有必要对守约方的解除权予以限制；如果守约方明知这一情形甚至就是以损害对方利益为目的而行使解除权的，这时更有必要予以限制。实务中不乏这方面的典型案例可以参考，例如，在**某贸易公司与上海某建筑装饰工程公司等房屋租赁合同纠纷案**中，法院生效裁判认为，当违约方的违约行为显著轻微时，应依诚实信用原则对合同约定解除权予以适当限制。是否构成显著轻微违约，可从违约方的主观过错、违约行为程度、违约行为后果三个方面分析，并结合守约方行使合同约定解除权的方式和时间、合同当事人对于违约行为的态度、违约行为与解约损失的关系等因素予以综合认定。[2] 又如，在**邓某华、文某英等诉某连锁酒店房屋租赁合同纠纷案**中，法院生效裁判认为，当事人有轻微违约行为导致合同约定的解除条件成就，但解除合同将导致缔约双方利益严重失衡的，人民法院可基于案件具体情形，运用公平原则，

〔1〕 参见刘永强、王浩：《显著轻微违约对合同解除权的限制——天津三中院判决某融资租赁公司诉宋某某融资租赁合同纠纷案》，载《人民法院报》2022年7月28日，第7版。

〔2〕 参见江苏省太仓市人民法院民事判决书，（2019）苏0585民初6492号。

限制约定解除权的行使，以维护正常的交易秩序。[1] 但是这也不意味着违约方存在显著轻微违约的情形下，守约方就一概不能解除合同，上述因素中当事人约定显著轻微违约能够解除合同的情形符合当事人之间以往的交易习惯、行业惯例，抑或在两个商主体之间，这一严格约定对应着违约方在这一合同履行中获得的高收益的情形，这时允许守约方行使解除权既符合合同严守原则，也符合实质意义上合同正义的维护。

其四，做好对守约方的救济。在违约方显著轻微违约的情形下，守约方在此情形下虽未能通过合同解除得到救济，但是这时并不影响其通过主张对方承担违约责任，比如损害赔偿、继续履行或者其他补救方式来弥补自己的损害。在具体个案中，还包括违约金的适用。笔者认为，这时如果存在违约金的调整问题，在幅度上应该更加适当体现违约金的惩罚性，在减少违约方更大损失的同时，更加衡平地体现对守约方适当有力的保护。

---

〔1〕 参见四川省南充市中级人民法院民事判决书，(2014) 南中法民终字第1411号。

# 第二十二讲

# 抵销规则的细化完善与司法适用

一、关于抵销权的行使有无溯及效力的问题

二、关于已过诉讼时效的债权能否抵销的问题

三、关于抵销对债务抵充规则的参照适用问题

四、关于侵权之债能否适用抵销规则的问题

抵销是指当事人双方互负债务，各以其债权充抵债务的履行，双方各自的债权和对应债务在对等额内消灭。[1] 以其产生的根据不同，可以将抵销分为法定抵销和协议抵销。前者即为符合法律规定的条件时，依当事人一方的意思表示即发生抵销的效力；后者则是指双方当事人协商一致，使自己的债务与对方的债务在对等额内消灭。《民法典》第568条、第569条分别就法定抵销和约定抵销作出了规定。其中，就法定抵销的条件，依据《民法典》第568条第1款的规定，当事人互负债务，该债务的标的物种类、品质相同的，任何一方可以将自己的债务与对方的到期债务抵销，此即为抵销适状的要求。但是，根据债务性质、按照当事人约定或者依照法律规定不得抵销的除外。

通常而言，抵销具有以下功能：一方面，通过抵销可以直接实现债权从而达到简化法律关系的效果。抵销是使清偿简化，节省给付的交换。[2] 通过抵销，债务人可以不进行现实交付，而是仅通过单方意思表示就能消灭债务，

[1] 参见黄薇主编：《中华人民共和国民法典合同编释义》，法律出版社2020年版，第245页。

[2] 参见崔建远、陈进：《债法总论》，法律出版社2021年版，第300页。

免除双方互相履行的时间、费用以及其他交易成本。[1] 另一方面，抵销具有担保的功能。当一方当事人只行使债权而不履行债务时，或者其财务状况恶化，无法履行债务时，对方当事人的债权将难以实现，这时若符合抵销条件，当事人即可向对方主张抵销，从而确保在对等额度内实现自己的债权。进言之，这时适用抵销使此债权人相较于债务人的其他普通债权人而言具有了优先受偿的效果。《企业破产法》第 40 条前段规定了“债权人在破产申请受理前对债务人负有债务的，可以向管理人主张抵销”。[2] 这也能更加直观地体现债权人通过依法适用抵销的规则，获得了相对于普通债权人而言的优先受偿地位。抵销的上述功能作用是细化完善抵销法律适用规则的重要考量因素，比如，就其担保功能而言，在抵销的具体规则上必须考虑其可能对债务人的其他债权人的利益可能造成的不测妨碍；而就其简化法律关系降低交易成本方面的功能，有必要结合《民法典》相关规定的精神予以充分彰显。

《民法典》第 568 条、第 569 条对于抵销的规定为实务中处理相关案件提供了基本法律依据。考虑到经济社会生活的复杂多样性，而抵销作为债的消灭领域中的重要制度，实务适用上具有一定的普遍性，基于统一裁判尺度、实现案件公平合理解决的考虑，有必要在遵循《民法典》规定精神的基础上，针对有关抵销的突出问题通过司法解释予以细化完善。正因如此，《民法典合同编通则解释》用了 4 个条文（第 55 条至第 58 条）对抵销权行使有无溯及效力、数项债务的抵销顺序、一方当事人债权不足以抵销其全部债务时的抵销顺序、侵权行为之债能否适用抵销、已过诉讼时效的债权如何适用抵销等问题作了细化规定。

## 一、关于抵销权的行使有无溯及效力的问题

抵销的溯及效力，是指抵销人作出意思表示后，抵销效力溯及债权得为抵销之时即抵销适状之时。《民法典》第 568 条第 2 款规定了抵销应当采用通

---

〔1〕 参见王利明：《合同法研究》（第 2 卷）（第 3 版），中国人民大学出版社 2015 年版，第 271 页。

〔2〕 参见最高人民法院民事审判第二庭、研究室编著：《最高人民法院民法典合同编通则司法解释理解与适用》，人民法院出版社 2023 年版，第 605 页。

知的方式，但未涉及抵销是否具有溯及力的问题。对此理论和实务中争议颇大。一种意见认为，应当明确抵销的溯及力。对于《民法典》第568条第2款的理解，应区分抵销的生效与债权消灭两个概念，抵销自抵销通知到达对方时生效，但抵销消灭债权的效果溯及自抵销条件成就之时而非抵销通知到达之时。[1] 传统大陆法系国家亦承认抵销溯及抵销条件成就时即溯及抵销适状之时。比如《德国民法典》第389条规定："抵销发生以下效力：在双方的债权彼此一致的范围内，在适合于抵销而互相对待之时，双方的债权视为已消灭。"我国的审判实务中也有这方面的裁判，比如，在**天津某棉纺织品物流公司与天津某实业发展公司委托合同纠纷案**中，法院生效裁判认为，抵销的意思表示一经到达对方，其效力就溯及抵销条件成就之日。[2] 在**厦门某地产开发有限公司与海南某集团有限公司委托合同纠纷案**中，对于主动债权在抵销条件成就时没有超过诉讼时效，但在抵销时已经超过诉讼时效的，法院生效裁判也认为不影响抵销。[3]《九民会议纪要》第43条规定了"抵销的意思表示自到达对方时生效，抵销一经生效，其效力溯及自抵销条件成就之时，双方互负的债务在同等数额内消灭"。另一种意见则认为，应当参考《国际商事合同通则》《欧洲合同法原则》《欧洲示范民法典草案》等域外示范法的做法，[4] 明确自通知到达时生效，这更有利于计算债权数额、查清案件事实，在一定程度上体现了现代合同法的发展趋势。而且，抵销具有溯及力可能带来一系列负面影响。不能当然得出抵销具有溯及力更有利于简化清偿的结论；抵销具有溯及力并不一定符合当事人的意愿，抵销不具有溯及力也不一定对当事人不利；抵销具有溯及力还可能损害交易安全性，毕竟当事人之间的法律关系越早消除不确定性，就越能提高交易安全性，降低交易成本；抵销具

---

〔1〕 参见崔建远：《论中国民法典上的抵销》，载《国家检察官学院学报》2020年第4期。

〔2〕 参见最高人民法院民事判决书，(2019) 民再12号。

〔3〕 参见最高人民法院民事判决书，(2018) 民再51号。

〔4〕《国际商事合同通则》第8.5条规定："(1) 抵销解除双方债务。(2) 如果债务的金额不等，则抵销以金额较小者为限解除债务。(3) 抵销自通知之时起生效。"《欧洲合同法原则》第13:106条规定："从通知之时起算通过抵销可清偿双方当事人彼此共存的债务。"《欧洲示范民法典草案》第Ⅲ-6:105条规定："依通知而抵销，抵销依通知对方当事人而生效。"第Ⅲ-6:107条进一步规定："抵销自通知时起，使债务在相互重叠的范围内消灭。"

有溯及力与实际清偿、诉讼时效以及不当得利等相关领域的规则不能融洽衔接。[1] 在不采取自动抵销的立法模式下，抵销的意思表示生效后方产生抵销效力的做法更符合抵销作为履行替代方式的法律地位，更符合当事人之间的利益状态；否则，基于抵销的溯及效力，抵销权人在抵销适状后既不履行债务也不行使抵销权，无须承担任何不利法律后果，甚至在主动债权时效经过时仍然可以抵销，置被动债权人利益于不顾，难谓公平。[2] 审判实务中也有此种做法，比如，在梅州市某科技公司与漳州某实业公司合同纠纷案中，法院生效裁判认为，当事人当庭提出抵销的，应认定抵销通知当庭到达对方时抵销生效。[3] 鉴于理论和实务上对这一问题的争议由来已久，明确抵销自通知到达时发生效力，就更显得意义重大，这必然会有助于从根本上解决自《合同法》施行以来长期困扰司法实践的难题。是故，经过反复研究论证，《民法典合同编通则解释》最终采纳了第二种意见，其第55条规定："当事人一方依据民法典第五百六十八条的规定主张抵销，人民法院经审理认为抵销权成立的，应当认定通知到达对方时双方互负的主债务、利息、违约金或者损害赔偿金等债务在同等数额内消灭。"[4] 《民法典合同编通则解释》采取这一做法除了上述理由外，还有以下几个原因：

其一，依照体系解释和目的解释，抵销自通知到达对方时生效符合《民法典》第568条第2款的立法本意。王利明教授认为，从《合同法》到《民法典》，我国立法一直以通知到达作为抵销效果发生的前提，这也是抵销权行使的必经程序。[5] 《民法典》第568条第2款规定："当事人主张抵销的，应当通知对方。通知自到达对方时生效。抵销不得附条件或者附期限。"应当说，抵销通知应遵循意思表示通知的一般规则，如果该款仅是为了规定抵销的"通知"自到达对方时生效，而对此《民法典》第137条已有明确规

〔1〕参见张保华：《抵销溯及力质疑》，载《环球法律评论》2019年第2期。

〔2〕参见朱广新、谢鸿飞主编：《民法典评注·合同编·通则》，中国法制出版社2020年版，第228页。

〔3〕参见福建省厦门市思明区人民法院民事判决书，(2021)闽0203民初2178号。

〔4〕需要注意的是，除了有关抵销溯及效力的问题外，《民法典合同编通则解释》第55条还吸收了《九民会议纪要》第43条的部分规定，明确了双方当事人互负的债务数额包括各自负担的包括主债务、利息、违约金、损害赔偿金等在内的全部债务数额。

〔5〕参见王利明：《罹于时效的主动债权可否抵销?》，载《现代法学》2023年第1期。

定，似无重复规定的必要。笔者认为，《民法典》第 568 条第 2 款之所以看似重复规定了《民法典》第 137 条规定的一般规则，主要是因为上述有关抵销是否有溯及力的问题无论是在比较法上还是在法理乃至实务上争议都颇大，采取了类似有意“留白”的做法，但是在体系上再次规定了“通知达到生效”的规则，具有对“通知”本身的强调之意，进而也有与比较法上的新近发展趋势接轨的倾向，由此也可体现《民法典》的现代性与发展性。

其二，立法机关在有关《民法典》的释义中也认为，对于有抗辩权相对抗的债权，不得用作抵销。抵销必须要求双方当事人互负有效的债务，互享有效的债权，对于附有抗辩权的债权，不得将之作为主动债权用于抵销，否则即为剥夺相对人的抗辩权。〔1〕 因此，对于通知抵销时已过诉讼时效的债权，因已经产生了抗辩权，故不得主张抵销，这实际上也就否定了抵销的溯及效力。

其三，承认抵销具有溯及力会产生较大的弊端。首先，承认抵销溯及力的最大弊病是带来债权债务的不确定性，比如抵销的条件何时成就，很容易引发一些新的纠纷。比如，当事人一方因另一方不履行债务而获得合同解除权时，另一方嗣后行使抵销权，按照溯及力，抵销自抵销适状时产生效力，另一方不存在债务不履行行为，这将导致当事人因另一方不履行债务所获的解除权丧失，使当事人法律地位极不确定。〔2〕 在涉及利息、迟延损害赔偿的计算，违约金的调整等问题时就更难以判断。当事人之间的法律关系的不确定性越早消除，对当事人及交易安全就越有利。抵销若具有溯及力，当事人就会认为有抵销权也不必尽快行使，反正未来行使会产生同样的效果，徒增当事人的懈怠之心，拖延法律关系确定的时间。〔3〕 其次，此种做法将会损害当事人之间的合理信赖。如果认可抵销溯及既往的效力，将使抵销权行使前

---

〔1〕 参见黄薇主编：《中华人民共和国民法典合同编解读》（上册），中国法制出版社 2020 年版，第 349 页。

〔2〕 参见杨勇：《法定抵销溯及力的反思与限缩》，载《华东政法大学学报》2023 年第 6 期。

〔3〕 参见于飞：《合同的权利义务终止、违约责任的重要发展及释评》，载《中国法律评论》2023 年第 6 期。

的债权债务完全处于不确定状态，也会损害被动债权人的合理信赖。[1] 此外，这一做法也容易导致法官的裁量权行使空间过大抑或增加法官认定相应事实的难度。反之，采取通知到达时抵销方可发生效力的规则，不仅可以更加清晰地判断相应的法律关系，确定可以抵销的债务范围，而且更加符合当事人的真实意愿，因为是否予以抵销其可以通过是否进行通知来予以主动把握，如此也就更加符合意思自治原则。

## 二、关于已过诉讼时效的债权能否抵销的问题

已过诉讼时效的债权能否抵销的问题与抵销的溯及效力密切相关。对此理论和实务上的不同认识也都始于对抵销溯及效力的认识问题。比如，有观点认为，按照民法原理，诉讼时效的届满不影响时效届满前已经适于抵销的债权的抵销。[2] 盖因抵销不以诉讼为必要，诉讼时效的届满仅产生抗辩权，进而导致胜诉权消灭，并不导致债权本身消灭，因此，诉讼时效届满前抵销条件已经成就的，人民法院应当认定抵销成立。[3] 一般认为，允许已过时效债权主动抵销是抵销溯及力的必然结果。[4] 在诉讼时效届满前，如果两个债权已经具备抵销条件，只是当事人在此期间没有提出抵销，而是在诉讼时效届满以后才主张抵销，此时由于抵销具有溯及力，抵销适状时的债权可以自动抵销。[5] 比较法上，《德国民法典》第 215 条、《意大利民法典》第 1242 条、《日本民法典》第 508 条、《土库曼斯坦民法典》第 453 条，以及《澳门

---

〔1〕 参见王利明：《罹于时效的主动债权可否抵销?》，载《现代法学》2023 年第 1 期。

〔2〕 参见梁慧星：《合同通则讲义》，人民法院出版社 2021 年版，第 328 页。

〔3〕 参见黄勤武：《超过诉讼时效的债权可以行使抵销权》，载《人民司法》2011 年第 4 期；张素华：《〈民法总则草案〉（三审稿）的进步与不足》，载《东方法学》2017 年第 2 期；韩世远：《合同法总论》（第 4 版），法律出版社 2018 年版，第 711 页。

〔4〕 参见［德］迪特尔·梅迪库斯：《德国民法总论》，邵建东译，法律出版社 2000 年版，第 103 页。

〔5〕 参见邱聪智：《新订民法债编通则》（下），中国人民大学出版社 2004 年版，第 472 页。

民法典》第841条、我国台湾地区“民法”第337条，对此均有明文规定。[1] 按照上述观点，主动债权在通知抵销时虽已罹于诉讼时效，但抵销适状时诉讼时效尚未经过的，仍然发生抵销效力。甚至有观点进一步认为，即使自抵销适状发生后再发生一些变化，比如，债权让与、主动债权罹于诉讼时效、被动债权被扣押，均不妨碍抵销权人主张抵销。[2] 就这一问题，另一种观点则认为，主动债权在抵销通知到达对方时已过诉讼时效的，不能主动予以抵销。理由主要包括：一方面，罹于时效的主动债权可以抵销不符合诉讼时效的制度功能和相关规则，该观点以承认抵销具有溯及力为前提，而承认抵销具有溯及力会造成债权债务关系的不确定，损害当事人的合理信赖。另一方面，罹于时效的主动债权可以抵销也不符合《民法典》所规定的抵销通知必须到达才能生效的规则。[3] 抵销溯及效力规则实际上意味着只要主动债权与被动债权曾经符合抵销要件，无论主动债权诉讼时效期间届满多久，主动债权的债权人在逻辑上都可以主张抵销发生溯及效力，这不符合诉讼时效制度的宗旨，缺乏正当性。对比而言，抵销无溯及力能够更好地与诉讼时效制度衔接。[4]

以往的审判实务中也存在对这一问题裁判尺度不统一的问题。比如，在**厦门某地产开发有限公司与海南某集团有限公司委托合同纠纷案**中，法院生效裁判认为，法定抵销权作为形成权，只要符合法律规定的条件，任何一方都可以将自己的债务与对方的债务抵销，包括诉讼时效已经届满的债权。[5] 在**江阴市某针纺有限公司与江苏江阴某管理委员会房屋拆迁安置补偿合同纠纷案**中，法院生效裁判认为，法律对超过诉讼时效的债权能否抵销并未作禁

---

〔1〕《德国民法典》第215条规定：“若请求权在第一次可为抵销或可为拒绝履行时，时效尚未届满，则请求权时效届满后，义务人仍可行使抵销权或留置权。”《日本民法典》第508条规定：“因时效而消灭的债权，如于其消灭之前适于抵销，其债权人可以实行抵销。”《土库曼斯坦民法典》第453条规定：“时效完成的债权，在其时效期间未届满时适合抵销者，亦得为抵销。”《澳门民法典》第841条规定：“债权之时效虽完成，但在该债权与另一债权可相互抵销之日尚未能主张该时效之完成者，则仍可做抵销。”我国台湾地区“民法”第337条规定：“债之请求权虽经时效而消灭，如在时效未完成之前，其债务亦适于抵销者，亦得为抵销。”

〔2〕参见韩世远：《合同法总论》（第4版），法律出版社2018年版，第711页。

〔3〕参见王利明：《罹于时效的主动债权可否抵销?》，载《现代法学》2023年第1期。

〔4〕参见张保华：《抵销溯及力质疑》，载《环球法律评论》2019年第2期。

〔5〕参见最高人民法院民事判决书，（2018）民再51号。

止性规定，因此，时效届满的债权在先前出现抵销适状时，可以自动抵销。[1] 而在成都某制药厂与四川某置业有限责任公司合资、合作开发房地产合同纠纷案中，法院生效裁判则认为，如果允许以超过诉讼时效的债权行使抵销权，无异于赋予超过诉讼时效的债权法律强制力，不符合抵销权和诉讼时效制度的法律精神。[2] 同样，在深圳市某建设集团有限公司与重庆某实业有限公司装饰装修合同纠纷案中，法院生效裁判也认为，诉讼时效届满的，义务人可以提出不履行义务的抗辩，当然也可以提出不同意抵销的抗辩，重庆某实业有限公司主张即使反诉超过了诉讼时效期间，其也可以直接行使抵销权，无法律依据。[3] 在刘某庭与浙江某农村商业银行南城支行储蓄存款合同纠纷案中，法院生效裁判也认为，若债权人以超过诉讼时效的债权行使抵销权，无异于强迫债务人履行自然之债，势必会损害债务人的利益。[4]

基于《民法典合同编通则解释》第55条不承认抵销溯及效力的统一思路，对于当事人一方就其通知时已过诉讼时效的债权能否适用抵销规则的问题，《民法典合同编通则解释》第58条最终也采纳了上述的第二种意见，明确规定："当事人互负债务，一方以其诉讼时效期间已经届满的债权通知对方主张抵销，对方提出诉讼时效抗辩的，人民法院对该抗辩应予支持。一方的债权诉讼时效期间已经届满，对方主张抵销的，人民法院应予支持。"除了上述与不承认抵销具有溯及力相一致的理由之外，从诉讼时效制度的适用方面，还有以下法理考量：

其一，允许时效届满的债权作为主动债权抵销既背离诉讼时效制度的功能目的，对债务人而言也有失公平。一方面，诉讼时效本身就是针对债权而设，其目的是督促债权人积极行使权利，防止其"躺在权利上睡觉"，同时有利于及时结清债务，使债务人从悬而不决的状态中解脱。[5] 债权人在诉讼时效期间内不积极行使其权利，还允许其在时效届满后予以抵销，就意味着诉讼时效制度的立法目的难以实现，这在事实上也保护了"躺在权利上睡觉"

---

〔1〕 参见江苏省高级人民法院民事裁定书，(2019) 苏民申5556号。
〔2〕 参见最高人民法院民事裁定书，(2017) 最高法民申854号。
〔3〕 参见最高人民法院民事判决书，(2018) 最高法民终282号。
〔4〕 参见丽水市莲都区人民法院民事判决书，(2019) 浙1102民初2770号。
〔5〕 参见朱庆育：《民法总论》(第2版)，北京大学出版社2016年版，第535页。

的人，损害了对方当事人的时效利益。[1] 另一方面，时效届满的债务在性质上属于自然债务，债权人对自然债务所享有的债权并不具有强制执行力，属于效力不齐备的债权。[2] 即在债权人诉请债务人清偿债务时，法院不得强制债务人清偿债务。[3] 从一个理性人的角度来看，已过时效债权的债权人实在没有理由认为在时效届满之后依然可以通过抵销这种私力救济方式实现自己无法强制实现的债权。[4] 故允许不具备强制执行力的自然债权主动去抵销具有强制执行力的债务，在双方当事人之间就有失公平。而且，从债务人角度言之，债权诉讼时效期间届满后，债务人享有时效抗辩权，这时如果还允许债权人主动抵销，直接构成了对债务人时效抗辩权的剥夺，对债务人更无公平可言。进言之，如此也会诱发道德风险，债权人可以通过低价购买他人对债务人已过诉讼时效的债权而与债务人相应的债权进行抵销，恶意损害债务人的合法权益。

其二，基于抵销所具有的担保及优先受偿功能，允许时效届满的债权作为主动债权抵销也会给与之相对应的债务人的其他债权人以不测妨碍，从而影响交易安全。如上文所述，抵销本身具有公平清偿和相互担保的功能，但这些功能能够发挥的前提是发生抵销的两个债务相互间具有可互换性，也就是要在属性、价值上具有同等性。虽然《民法典》第 192 条采取的是抗辩发生主义而非权利消灭主义，即便经过了诉讼时效，债权人的债权依然存在，但是，此时债务人行使抗辩权将使债权人的债权不再具有完整的效力，主动债权人和被动债权人的债权在效力上并不对等。[5] 这时再赋予其可以与具有完整效力的被动债权抵销的效力，不仅在双方当事人之间有违公平清偿原则，对于被动债权的债权人的其他债权人而言，更无公平可言，因为如此操作会使一个自然债权获得了比普通债权优先受偿的权利，甚至会出现该自然债权

---

〔1〕 参见魏振瀛主编：《民法学》，北京大学出版社 2006 年版，第 385 页。

〔2〕 参见魏振瀛主编：《民法学》，北京大学出版社 2006 年版，第 385 页。

〔3〕 参见崔建远主编：《合同法》（第 7 版），法律出版社 2021 年版，第 193 页。

〔4〕 参见夏昊晗：《〈民法典〉中抵销权与时效抗辩权的冲突及其化解》，载《暨南学报（哲学社会科学版）》2021 年第 5 期。

〔5〕 参见最高人民法院民事审判第二庭、研究室编著：《最高人民法院民法典合同编通则司法解释理解与适用》，人民法院出版社 2023 年版，第 651 页。

可以全额受偿而其他普通债权分文不能获得清偿的局面。如果被动债权的债权人进入了破产程序，由于抵销权可以获得类似优先受偿的效果，此时时效届满的债权人将取得比具有完整效力债权的债权人更为优越的地位，对其他债权人不利，甚至使已经申报的债权极具不确定性。[1] 而保护债权人利益和保障公平受偿是破产法的主要目的，如果抵销权被不适当扩大或被滥用，必然导致损害大多数债权人的利益，破坏公平受偿原则。[2]

当然，基于诉讼时效制度的基本构架，虽然主动债权已过诉讼时效，但并不意味着债权人不能提出抵销的诉讼请求，只是这时也要体系化适用《民法典》第192条的规定，[3] 相对人可以在合理期限内提出诉讼时效抗辩，即遵循抗辩权发生的一般规则。这时如果债务人同意抵销或者放弃抗辩权，也可以抵销。[4] 此系基于私法自治精神，自无必要禁止已过时效债权作为主动债权抵销。依此逻辑，已过诉讼时效的债权自然也可以作为被动债权抵销。这时相当于主动发起抵销的债权人放弃了其作为债务人所享有的时效利益。对此，学界并无争议。[5] 但是，一旦相对人提出时效抗辩，已过时效债权的债权人的抵销主张则不生抵销之效力。[6]

## 三、关于抵销对债务抵充规则的参照适用问题

抵销可以产生清偿的效果，但在主动债权数额不足以抵销其对应的数项债务，或者包括费用、利息和主债务在内的全部债务时，就会面临与清偿类似的抵充顺序确定问题。比如，这时抵销人仅简单发出抵销的通知，并未指明具体抵销哪项债务，这时被抵销债务就有必要予以具体明确。但是《民法

---

〔1〕 参见王利明：《罹于时效的主动债权可否抵销?》，载《现代法学》2023年第1期。

〔2〕 参见胡鹏翔、李祖艳：《论破产法上的抵销权》，载《暨南学报（哲学社会科学版）》2000年第6期。

〔3〕《民法典》第192条规定："诉讼时效期间届满的，义务人可以提出不履行义务的抗辩。诉讼时效期间届满后，义务人同意履行的，不得以诉讼时效期间届满为由抗辩；义务人已经自愿履行的，不得请求返还。"

〔4〕 参见吴兆祥：《论民法典抵销制度的修改与适用》，载《中国检察官》2020年第11期。

〔5〕 参见朱广新：《合同法总则研究》（下册），中国人民大学出版社2018年版，第534页；陈甦主编：《民法总则评注》（下册），法律出版社2017年版，第1387页。

〔6〕 参见张素华：《〈民法总则草案〉（三审稿）的进步与不足》，载《东方法学》2017年第2期。

典》对于抵销的抵充顺序问题并未规定。有观点认为，在此情形下，应当通过法定抵充的规则确定被抵销的债务，且须遵循先抵销费用、次抵销利息、最后抵销主债务的顺序。[1] 对此，《九民会议纪要》第 43 条有相关规定。《民法典合同编通则解释》第 56 条结合司法实践经验和民法理论，在该条的基础上，按照《民法典》第 560 条和第 561 条关于债务抵充的规定，作出了抵销参照适用债务抵充规则的规定，确定抵销债务的先后顺序。[2] 其中，就一方当事人的债权不足以抵销数项种类相同的债务时如何确定抵充顺序的问题，《民法典合同编通则解释》第 56 条规定："行使抵销权的一方负担的数项债务种类相同，但是享有的债权不足以抵销全部债务，当事人因抵销的顺序发生争议的，人民法院可以参照民法典第五百六十条的规定处理。行使抵销权的一方享有的债权不足以抵销其负担的包括主债务、利息、实现债权的有关费用在内的全部债务，当事人因抵销的顺序发生争议的，人民法院可以参照民法典第五百六十一条的规定处理。"

### （一）关于债务清偿抵充的一般规则

所谓清偿抵充，是指债务人对于同一债权人负担数项同种类债务，债务人的给付不足以清偿其全额债务时，确定该给付抵充这些债务中的某一项或者某几项债务；或者债务人在履行主债务外还应当支付利息和实现债权的有关费用，其给付不足以清偿全部债务时，确定该给付抵充该项债务中的某个或者某几个部分。[3] 据此，清偿抵充包括两种情形：一是数项债务的清偿抵充，《民法典》第 560 条对此作了规定；二是一项债务中主债务与利息、实现债权的费用的清偿抵充，《民法典》第 561 条对此作了规定。《民法典》第 560 条规定的数项债务的清偿抵充又可以分为意定抵充和法定抵充。其中意定抵充又包括约定抵充和指定抵充两种情形。依照该条规定，确定清偿抵充顺序须遵循有约定依约定，无约定依指定，无指定依法定的规则。在适用约定

---

〔1〕 参见黄文煌：《清偿抵充探微　法释〔2009〕5 号第 20 条和第 21 条评析》，载《中外法学》2015 年第 4 期。

〔2〕 参见杨立新：《〈合同编通则司法解释〉完善我国合同法规则的重大进展》，载《法律适用》2024 年第 1 期。

〔3〕 参见黄薇主编：《中华人民共和国民法典释义》（中），法律出版社 2020 年版，第 1069 页。

抵充时要注意此约定在当事人之间发生效力，不能影响担保人等利害关系人的利益。[1] 约定抵充的意思表示可以明示也可以默示。例如，债权人请求清偿特定债务，债务人未反对而予以支付的；或者债务人明确给付系为清偿特定债务，债权人未反对而受领的。[2] 《民法典》第560条第2款规定了法定抵充顺序，即债务人未作指定的，应当优先履行已经到期的债务；数项债务均到期的，优先履行对债权人缺乏担保或者担保最少的债务；均无担保或者担保相等的，优先履行债务人负担较重的债务；负担相同的，按照债务到期的先后顺序履行；到期时间相同的，按照债务比例履行。这一顺序的确定更多地考量了债权人的利益，采取了债权人利益优先、兼顾债务人利益的原则。[3] 这还体现了鼓励交易的精神，以尽快了结双方当事人的债权债务关系。[4]

关于费用、利息和主债务的清偿抵充，依据《民法典》第561条的规定，包括约定抵充和法定抵充两种情形。而且在确定抵充顺序时也要遵循有约定依约定，无约定依法定的规则，就法定抵充顺序而言，要按照实现债权的有关费用、利息、主债务的顺序来确定。

### （二）数项种类相同债务发生抵销时对债务抵充顺序的参照适用

依据《民法典合同编通则解释》第56条第1款的规定，在行使抵销权的一方当事人享有的债权不足以抵销其对另一方当事人所负担的全部数项同种类债务的情况下可以参照适用《民法典》第560条的规定确定抵充顺序。在具体参照适用时，首先要参照上述有约定依约定，无约定依指定，无指定依法定的一般规则。在参照适用法定抵充的顺序时，要明确：一是优先抵销主张抵销一方已到期的债务。己方主张抵销时，对方的债务应当已经到期，但己方的债务可能既有已到期债务，也有未到期债务，此时应当优先清偿已到

〔1〕 参见黄薇主编：《中华人民共和国民法典释义》（中），法律出版社2020年版，第1070页。
〔2〕 参见王利明主编：《中国民法典释评·合同编·通则》，中国人民大学出版社2020年版，第454页。
〔3〕 参见黄薇主编：《中华人民共和国民法典释义》（中），法律出版社2020年版，第1070页。
〔4〕 参见朱广新、谢鸿飞主编：《民法典评注·合同编·通则》，中国法制出版社2020年版，第156页。

期的债务。二是数项债务均已到期时优先抵销缺乏担保或者担保最少的债务。三是数项债务均已到期且均无担保或者担保均相同的债务时，优先抵销债务人负担较重的债务。四是数项债务均已到期且债务人负担相同的，应优先抵销先到期的债务。五是对于均已到期、债务人负担相同，且履行期同时届至的债务，根据各项债务的数额按比例进行抵销。值得探讨的是，在债权人对债务人所负担的数项债务中，有的债务已经到期，有的债务没有到期，这时依据《民法典》第568条的规定，适用法定抵销的前提条件是债权人对债务人的债权已到期，即使债务人对债权人享有的债权（债权人向债务人负担的债务）尚未到期，也可以发生抵销。如此一来，实务中也会出现己方所负担债务有的到期而有的没有到期，而对方所负担债务已经到期又不能全部抵销需要确定抵销顺序的问题。这时优先抵销己方已经到期的债务既符合《民法典》第568条规定的条件也符合第560条第2款的规定精神。

### （三）费用、利息和主债务发生抵销时对债务抵充顺序的参照适用

依据《民法典合同编通则解释》第56条第2款的规定，在参照适用《民法典》确定对主债务、利息和实现债权的费用的抵销顺序时也要遵循有约定依约定，无约定依法定的一般规则。没有约定时应当按照费用、利息、主债务的顺序进行抵销，当然这要以主动提起抵销的债权人的债权数额小于其所负担的债务数额为前提条件。如双方当事人均存在主债务、利息、费用，债权总额较小的一方应当以其全部债权额按顺序抵销其负担的费用、利息和主债务，而不是径行以利息抵充利息，以主债务抵充主债务。

## 四、关于侵权之债能否适用抵销规则的问题

### （一）区分不同侵权行为确定能否抵销的一般规则

《民法典》第568条第1款后段明确规定了根据债务性质不得抵销的问题，但是对于具体哪些债务属于根据债务性质不得抵销的情形没有具体规定，特别是对于因侵权行为产生的债务能否适用抵销的问题没有明确规定，而这一问题又具有一定的普遍性，理论和实务中对此争议很大。概括起来，主要争点如下：

其一，提出抵销的主体是否应予以限定以及如何限定。第一种观点认为，因侵权行为产生的债务，侵权人和被侵权人均不得主张抵销。主要理由是这样最有利于保护被侵权人利益，避免轻易通过抵销消灭被侵权人的债权，尤其是人身遭受损害的被侵权人的债权，使其陷入困境。同时这也有利于避免被侵权人在意思表示不自由的情况下“被动”提出抵销。第二种观点认为，因侵权行为产生的债务，限于侵权人不得主张抵销。主要理由包括：一是禁止侵权人主张抵销足以防范债权人在无法获得清偿时通过故意损害债务人人身、财产权利来获得心理平衡并借助抵销制度免责的道德风险。二是抵销权作为一种权利，不宜过多限制。允许被侵权人主张抵销，赋予其选择自由，尊重了被侵权人对自己最佳利益的判断，符合意思自治原则。[1] 每个人都是自己利益的最佳判断者，法律应当尊重个人依法作出的选择。[2] 因此，只要被侵权人的选择不违背公序良俗，应当予以尊重。《民法典合同编通则解释》第57条采纳了上述第二种观点。当然，如果被侵权人系因被胁迫、欺诈等情形主张抵销，此应属于意思表示不自由抑或意思表示不真实，可以统一由可撤销法律行为规则予以解决。

其二，有无必要限制侵害权益类型来限定抵销。第一种观点认为，不必区分被侵害的权益是财产权益还是人身权益，均一概禁止侵权人主张抵销；第二种观点认为，应突出对生命权、健康权、身体权的优先保护，对侵犯此类权利的侵权行为产生的债务，无论主观上是故意还是过失，一律不得抵销；第三种观点则认为，物质性人格权以外的其他人身权利被侵害也可能产生严重后果，在抵销规则上不宜再作区分对待。《民法典合同编通则解释》第57条采纳了第三种观点，彰显了对人格权的尊重与保护，也契合公序良俗原则的要求。

其三，侵权人过失侵权与故意侵权对于侵权人行使抵销权有无区别。这实际上是上述两个观点问题的细化。第一种观点认为，对于侵害财产权利的情形，应限于故意侵权时禁止侵权人主张抵销；第二种观点认为，应限于故

〔1〕 参见最高人民法院民事审判第二庭、研究室编著：《最高人民法院民法典合同编通则司法解释理解与适用》，人民法院出版社2023年版，第630－631页。

〔2〕 参见王利明：《民法要扩张　刑法要谦抑》，载《中国大学教学》2019年第11期。

意或者重大过失侵权时禁止侵权人主张抵销。应当说，故意侵权不得抵销，此系按照公序良俗原则得出的必然结果，而重大过失视为故意，重大过失的侵权行为之债不得抵销自然也符合民法的基本原理。但是，对于一般过失侵害财产权利的情形，应当以允许侵权人主张抵销为宜，以免对抵销权造成过度限制影响其简便易行降低成本方面制度功能的发挥。

值得注意的是，从比较法的角度来看，对于侵权行为所产生的债务，多数国家及地区限制其抵销，主要考虑是侵权人应当现实且迅速地填补受害人的损失。[1] 我国台湾地区“民法”第339条规定：“因故意侵权行为而负担之债，其债务人不得主张抵销。”依据《日本民法典》第509条的规定，基于恶意侵权行为之损害赔偿、因侵害人之生命或身体之损害赔偿债务之债务人，不得以抵销对抗债权人。《俄罗斯民法典》第411条规定，关于生命或健康的损害赔偿之债禁止抵销。《欧洲示范民法典草案》第Ⅲ-6：108条也规定了“被抵销的权利基于故意不法行为而发生”时，要排除抵销权的适用。

综合上述意见并参考比较法上的做法，《民法典合同编通则解释》最大限度地凝聚了各方共识，综合抵销主体、侵害权益类型、侵权人的主观过错三个方面细化规定了侵权人对其侵权行为产生的损害赔偿之债不得抵销的一般规则。其第57条规定：“因侵害自然人人身权益，或者故意、重大过失侵害他人财产权益产生的损害赔偿债务，侵权人主张抵销的，人民法院不予支持。”当然，这一规定还隐含着被侵权人可以依法行使抵销权以及侵权人因其一般过失造成他人财产损失产生的债务可以依法主张抵销的规则。这一规则采取了与《民法典》第506条相同的评价方式，对侵害人身与侵害财产进行了区分。也即在人身权益保护上，采取与《日本民法典》相同的做法，一律禁止侵权人主张抵销，优先实现对受害人的救济。在财产权益保护上，采取与我国台湾地区“民法”相似的做法，侵权人为故意、重大过失时不得主张抵销，而允许一般过失侵权之债的抵销并不会诱发更多的侵权行为，从而在合同领域和侵权领域都贯彻了人身权益保护强于财产权益保护这一法律

---

〔1〕 参见韩世远：《合同法总论》（第4版），法律出版社2018年版，第705页。

评价。[1]

### （二）侵权之债抵销规则的具体适用

依据《民法典合同编通则解释》第 57 条的规定，有关侵权之债的抵销问题，应当区分以下情形分别处理：

其一，实施侵权行为造成对方人身损害的，侵权人不能行使抵销权。侵害他人造成人身损害的，根据《民法典》第 1179 条的规定，应当赔偿医疗费、护理费、交通费、营养费、住院伙食补助费等为治疗和康复支出的合理费用，以及因误工减少的收入。造成残疾的，还应当赔偿辅助器具费和残疾赔偿金；造成死亡的，还应当赔偿丧葬费和死亡赔偿金。关于精神损害赔偿，根据《民法典》第 1183 条第 1 款的规定，侵害自然人人身权益造成严重精神损害的，被侵权人有权请求精神损害赔偿。上述两条规定的赔偿项目，无论侵权人在主观过错上是故意还是过失，皆不能作为主动债务予以抵销。此外，对于《民法典》第 1183 条第 2 款所规定的故意或者重大过失侵害自然人具有人身意义的特定物的情形，也涉及精神损害赔偿的问题，由于该款已经将有关精神损害赔偿的构成要件限定于侵权人的故意或者重大过失，有关抵销的规则可以适用《民法典合同编通则解释》第 57 条关于侵权人不能就其故意或者重大过失侵权产生的债务主张抵销的规则。

至于被侵权人能否适用抵销的问题，笔者倾向于认为，根据文义解释、目的解释及反对解释，此种情形下应当允许被侵权人主动抵销，这有利于尊重被侵权人的意思自治，也有利于发挥抵销规则的功能价值。但在适用逻辑上，对此有必要在《民法典》第 568 条第 1 款所要求的种类相同方面作从宽解释，即此债务均系给付金钱的范畴，这样就可以与对方给付金钱的债务予以抵销，侵权行为仅是债的发生原因，不宜将此作为给付类型对待，否则将陷入具有专属性权利能否主张抵销的争议。

其二，故意或者重大过失侵害财产权益产生的债务侵权人不得主张抵销。

---

〔1〕 参见于飞：《合同的权利义务终止、违约责任的重要发展及释评》，载《中国法律评论》2023 年第 6 期。

在构成要件上，这里要求有二：一是实施侵权行为造成对方财产权益损害。此财产权益包括法律规定的财产权利，如物权、知识产权等，还有合法的财产性利益等。侵害财产权益产生的赔偿债务本质上是金钱债务，且此金钱债务不涉及人身保护的有关问题，如果被侵权人对侵权人也负担着金钱债务，自然也就符合法定抵销的条件。二是限于故意或者重大过失时侵权人不得主张抵销。因为如果允许侵权人故意或者重大过失实施的侵权行为产生的债务予以抵销，同样会诱发道德风险。比如，债权人在债务无法获得清偿的情况下，通过故意毁坏债务人的财物来泄私愤，反而可以通过抵销来免除赔偿责任，就会于常理不合，甚至背离公序良俗的要求。而且对于侵害人身权益以及故意或者重大过失造成对方财产损失产生的损害赔偿债务限制适用抵销规则在体系上也与《民法典》第506条关于相应免责条款无效的规定精神具有内在一致性。[1] 由此引申并进行反对解释，在侵权人因一般过失的侵权行为造成被侵权人财产损害的情形，通常不涉及道德风险问题，否定其行使抵销权反而于法无据，也不利于抵销规则功能作用的发挥。

值得探讨的是，《民法典》第1182条规定的侵害人身权益造成财产损失时侵权人能否主张抵销的问题。立法机关的相关释义中指出，侵害他人人身权益造成财产损失包括两种情形：一是侵害生命权、身体权、健康权等物质性人格权造成财产损失；二是侵害名誉权、荣誉权、姓名权、肖像权、隐私权等精神性人格权造成财产损失。[2] 对于侵害自然人的人身权益产生的包括精神损害赔偿在内的债务，侵权人不得主张抵销，对此应当适用《民法典合同编通则解释》第57条有关侵害自然人人身权益不得抵销的规则。但是侵害法人的名称权、名誉权、荣誉权时，并不产生自然人的人身伤害和精神损害问题，而仅是对法人造成相应的财产损失。故有关侵权人能否主张抵销的问题，应当适用该条关于故意或者重大过失侵害财产权益侵权人方不得抵销的规则。

---

〔1〕《民法典》第506条规定："合同中的下列免责条款无效：（一）造成对方人身损害的；（二）因故意或者重大过失造成对方财产损失的。"

〔2〕参见黄薇主编：《中华人民共和国民法典释义》（下），法律出版社2020年版，第2278－2279页。

# 第二十三讲

## 合同僵局的化解规则

一、司法终止情形下合同终止时间的确定

二、司法终止的适用条件

三、金钱债务合同僵局的化解

《民法典》第580条规定了非金钱债务司法终止制度，这通常被称为“打破合同僵局”，甚至以往将此称为违约方的单方解除权，2018年12月提交审议的《民法典合同编（草案二次审议稿）》第353条第3款即规定：“合同不能履行致使不能实现合同目的，有解除权的当事人不行使解除权，构成滥用权利对对方显失公平的，人民法院或者仲裁机构可以根据对方的请求解除合同，但是不影响违约责任的承担。”后来几经讨论，将这一内容规定在《民法典》第580条第2款，以原《合同法》第110条规定的要件作为打破合同僵局的司法终止的重要情形予以规定。之所以增加该款是因为原《合同法》第110条虽然规定了继续履行及其例外，但是并没有终局性地解决此问题。当债务人依据原《合同法》第110条提出继续履行的抗辩之后，合同本身的命运如何，原《合同法》并没有作安排。那么在合同不能履行、债务不适于强制履行、履行费用过高等场合，在债务人虽已构成违约，债权人本有解除权却有意不行使的情形之下，虽然债务人可以抗辩债权人的履行请求，但是合同却仍然存在，形成僵局。此时债务人仍持续性地负担给付义务乃至违约责任，可能会发生极其不公平的结果。在这一背景下，《民法典》第580条增加第2

款，赋予违约方申请终止合同权利义务关系的权利。[1] 换言之，在债权人无法请求债务人继续履行主要债务，致使不能实现合同目的时，债权人拒绝解除合同而主张继续履行，由于债权人已经无法请求债务人继续履行，合同继续存在并无实质意义。当事人均可以申请人民法院或者仲裁机构终止合同，最终由人民法院或者仲裁机构结合案件的实际情况根据公平原则决定终止合同的权利义务关系，在保障债权人合理利益的前提下，有利于双方当事人重新获得交易的自由，提高整体的经济效益。[2] 从比较法上看，《德国民法典》第 275 条第 1 款和第 326 条第 1 款明确规定此时给付义务可以被排除且对待给付义务消灭。《法国民法典》第 1218 条第 2 款也规定了永久不能履行时合同自动终止。合同自动终止后，债务人可被免除原给付义务，无须进行原给付，债权人的对待给付义务也随之消灭。

应当说，《民法典》第 580 条第 2 款关于合同僵局打破规则的规定对于解决实务中的相关案件具有重要指导意义，属于《民法典》中新增的亮点制度，在制度设计上较具先进性。但是，《民法典》第 580 条第 2 款并未对司法终止的时间作出规定，而这一时间的确定往往对当事人利益影响甚巨，尤其在履行费用过高或者债权人在合理期限内未请求履行导致不能请求继续履行的情形，将此完全交给法官在具体案件中裁量，会出现裁量空间过大乃至影响同案同判的问题。是故，为细化法律适用规则、统一裁判尺度，《民法典合同编通则解释》对这一问题作了明确。其第 59 条规定："当事人一方依据民法典第五百八十条第二款的规定请求终止合同权利义务关系的，人民法院一般应当以起诉状副本送达对方的时间作为合同权利义务关系终止的时间。根据案件的具体情况，以其他时间作为合同权利义务关系终止的时间更加符合公平原则和诚信原则的，人民法院可以以该时间作为合同权利义务关系终止的时间，但是应当在裁判文书中充分说明理由。"结合这一规定，下文就有关合同僵局打破规则的细化适用，包括金钱债务中合同僵局的化解问题作一释解。

---

〔1〕 参见最高人民法院民法典贯彻实施工作领导小组主编：《中华人民共和国民法典合同编理解与适用（二）》，人民法院出版社 2020 年版，第 740 页。

〔2〕 参见黄薇主编：《中华人民共和国民法典合同编释义》，法律出版社 2020 年版，第 273 页。

## 一、司法终止情形下合同终止时间的确定

关于司法终止中合同终止时间的确定问题，主要有以下观点：第一种观点认为，当法院支持当事人关于合同权利义务终止的诉讼请求时，合同权利义务关系自判决生效之日终止，主要理由是，人民法院在适用《民法典》第580条第2款时所作判决为形成判决，故合同一般自判决生效时终止。[1] 第二种观点认为，应由人民法院在判项中根据具体情况特别是《民法典》第580条第1款规定的情形发生的时间确定合理的终止时间，主要理由是，《民法典》第580条第2款属于特别的司法解除权，不能参照适用一般解除权的规定，既然司法解除权属于司法机构应判断的事情，那么司法机构就可以在裁判文书中确定合同解除的时间。[2] 第三种观点认为，应当参考合同解除规则，以起诉状副本送达的时间为合同权利义务关系终止时间。[3] 在综合上述意见的基础上，《民法典合同编通则解释》第59条最终确立了以起诉状副本送达时间为终止时间的一般规则，同时，根据案件的具体情况，以其他时间作为合同权利义务关系终止的时间更加符合公平原则和诚信原则的，人民法院可以以该时间作为合同权利义务关系终止的时间，但是应当在裁判文书中充分说明理由。以起诉状副本送达时间作为确定合同权利义务关系终止时间的一般规则，主要是基于以下考虑：第一，起诉状副本送达的时间较为明确，而其他时点不仅难以确定，而且易被人为干扰。第二，请求司法终止是法律赋予当事人的权利，以起诉状副本送达的时间作为终止时间有利于鼓励当事人及时主张，尽快了结无效率的合同关系。第三，以起诉状副本送达的时间作为终止时间不等于保护违约方，因为有权申请终止的当事人既包括违约方，也包括已经丧失解除权的非违约方，而且《民法典》第580条第2款已经为申请司法终止设置了严格的条件，[4] 进言之，以起诉状副本送达对方的时点

---

〔1〕 参见武腾：《民法典实施背景下合同僵局的化解》，载《法学》2021年第3期。

〔2〕 参见朱晓喆：《〈民法典〉合同法定解除权规则的体系重构》，载《财经法学》2020年第5期。

〔3〕 参见刘承韪：《论演艺经纪合同的解除》，载《清华法学》2019年第4期。

〔4〕 参见《民法典合同编通则解释》起草工作组：《〈关于适用民法典合同编通则若干问题的解释〉的理解与适用》，载《人民司法》2024年第1期。

为合同终止的时点，更符合当事人的预期。通常而言，在当事人提起诉讼请求司法终止时，合同僵局已经发生，当事人往往已经经过协商沟通，其采用诉讼这种更加正式、由国家公权力主持的活动形式请求终止合同权利义务关系，体现了其欲终止合同权利义务关系的意思，该意思到达对方后，对方亦知道或者应当知道终止合同的请求，故双方当事人对合同权利义务关系终止均有预期。将当事人之间的合同权利义务关系终止的时间交由当事人自己确定，更能体现合同自由和意思自治的理念。即使对方不同意终止合同权利义务关系，但人民法院审查后认为符合司法终止条件，实际上代表了人民法院认可申请方的主张。[1] 以判决作出时间作为终止时间受到多种不确定因素的影响，比如，一方当事人可能为了延后合同权利义务关系终止的时间，滥用管辖权异议、申请回避、申请调查取证、申请自行和解、提起上诉等诉讼权利，在合同已经产生僵局的情况下，使当事人之间的权利、义务、责任处于不确定状态。由人民法院完全通过行使裁量权的方式确定终止时间既容易超出当事人预期，也会引发同案不同判的问题。当然，究其实质，司法终止时间的确定涉及裁量权的行使问题，这一规定的实质是以司法解释的形式统一规范裁量权行使的尺度。

对于这一规则的适用，需要注意以下两点：

一是要做好与解除权行使的衔接适用。通常而言，如果《民法典》第580条第1款规定的情形属于当事人约定行使解除权的情形，或者存在符合《民法典》第563条第1款规定的行使法定解除权的情形，守约方可以径行主张行使合同解除权，人民法院也可以对此予以释明。由此，就要适用有关合同解除的规则，如《民法典》第565条第1款[2]规定的通知解除时的时间确定规则。

二是要考虑经济社会生活的复杂多样性，对于司法终止的时间确定不能

---

〔1〕 参见最高人民法院民事审判第二庭、研究室编著：《最高人民法院民法典合同编通则司法解释理解与适用》，人民法院出版社2023年版，第568－569页。

〔2〕《民法典》第565条第1款规定："当事人一方依法主张解除合同的，应当通知对方。合同自通知到达对方时解除；通知载明债务人在一定期限内不履行债务则合同自动解除，债务人在该期限内未履行债务的，合同自通知载明的期限届满时解除。对方对解除合同有异议的，任何一方当事人均可以请求人民法院或者仲裁机构确认解除行为的效力。"

“一刀切”式地认定以起诉状副本送达时间为准，特别是要避免以起诉状副本送达时间为合同终止时间可能被违约方不当利用的情形。例如，出现《民法典》第580条第1款规定的情形且违约方并非故意违约，而合同又约定了按违约行为持续时间连续计算较高的违约金，双方都明确知道合同不能继续履行，合同目的已经不能实现，违约方希望解除合同并愿意承担相应的责任，但非违约方既不主张解除合同，也不与对方协商，而是企图靠收取高额违约金获利，且违约方由于各种原因没有申请司法解除。此时，以起诉状副本送达时间为合同终止时间对违约方而言确实不公平。另外，这一规则也可能会被违约方利用，例如，出现《民法典》第580条第1款规定的情形时，特别是该情形还是由于违约方故意违约导致，违约方不与对方协商，而是径行向人民法院起诉请求司法终止，如果僵化地以起诉状副本送达非违约方的时间为合同终止时间，可能对非违约方不公平。因此，在特定情形下，如果以其他时间作为合同权利义务关系终止的时间更加符合公平原则和诚信原则，人民法院可以以该时间作为合同终止的时间。[1] 这时就需要在当事人积极举证的基础上，法官依法行使裁量权来合理确定合同终止的时间。根据案件具体情况有其他更好的时点时，也可以按照该时点终止合同，有利于实现原则性与灵活性的统一。[2]

对于其他时间点的确定，通常需要考虑当事人的协商情况、履行困难情况以及及时止损的必要性等因素。有观点认为，除了《民法典》第580条文义上体现的构成要件外，在长期性合同中，还应当补充“合同继续履行不可合理期待”这一要件。司法机关依据《民法典》第580条第2款处理长期性合同权利义务关系终止纠纷时，必须审慎地确定合同终止的时间点，一般应当在当事人最后一次主张终止合同权利义务的时间点进行通盘考量，就“此时”能否期待当事人继续履行合同得出结论，如果得出的结论为否，那便应

〔1〕 参见最高人民法院民法典贯彻实施工作领导小组主编：《中华人民共和国民法典合同编理解与适用（二）》，人民法院出版社2020年版，第659－660页。

〔2〕 参见《民法典合同编通则解释》起草工作组：《〈关于适用民法典合同编通则若干问题的解释〉的理解与适用》，载《人民司法》2024年第1期。

认定合同权利义务在此时终止。[1] 这一见解较有道理，可供在个案裁判中参考。

至于双方当事人的协商情况这一因素，在《民法典》框架下情势变更与合同僵局在发生原因上有根本区别，情势变更要求合同基础条件发生重大变化，且这种重大变化发生在合同成立后至履行完毕前的期间内；合同僵局司法终止的构成要件不强调合同成立后发生基础条件方面的重大变化，且合同僵局可能由一方的违约行为引起。情势变更的发生原因是客观原因，产生合同僵局的原因大多不是当事人在合同订立时无法预见的客观原因，而可能是当事人一方的主观原因。[2] 情势变更中的重大变化应当属于当事人在订立合同时无法预见的内容，不包括商业风险。对于合同履行中的商业风险，按照独立决定、独立负责的原则，遭受不利的当事人应当自行承担不利后果。[3] 但是在后果上都涉及双方权利义务关系解除抑或终止的问题时，从尊重意思自治、鼓励交易的角度出发，情势变更制度中的再交涉义务即使不能硬性地作为合同僵局情形下当事人的义务，但客观上当事人处理合同僵局也会出现进行协商的情形，而这一情形也是有利于僵局打破或者及时止损的。因此，当事人之间的协商情况，特别是协商取得相应效果的情况，可以作为确定合同权利义务终止时间的参考因素。而且，出现《民法典》第 580 条第 1 款规定的情形致使不能实现合同目的的，基于诚信原则以及合同约定，相关当事人负有通知对方的义务，基于诚信原则，守约方应当与违约方协商采取补救措施或者变更交易内容，这种为挽回合同关系而进行的协商是在合同关系仍然存续的情况下进行的。如果双方协商的内容是终止合同关系后的违约责任，则应当进一步审查当事人是否有终止合同的意思。当然，在协商过程中，解除权人通知解除合同的，合同解除时点为通知到达时点。[4] 当事人对于合同

〔1〕 参见王利明主编：《中国民法典释评·合同编·通则》，中国人民大学出版社 2020 年版，第 591－592 页。

〔2〕 参见王利明：《论合同僵局中违约方申请解约》，载《法学评论》2020 年第 1 期。

〔3〕 参见石宏主编：《〈中华人民共和国民法典〉释解与适用·合同编》（上册），人民法院出版社 2020 年版，第 132 页。

〔4〕 参见最高人民法院民事审判第二庭、研究室编著：《最高人民法院民法典合同编通则司法解释理解与适用》，人民法院出版社 2023 年版，第 661 页。

权利义务终止时间另有约定的，如果该约定不违背法律、行政法规的强制性规定，自应予以认可。

## 二、司法终止的适用条件

依据《民法典》第580条的规定，司法终止的适用需要注意以下问题。

### （一）适用司法终止的几种情形

**1. 法律上或者事实上不能履行**

所谓法律上不能履行，是指基于法律规定而不能履行，或者履行将违反法律的强制性规定。比如，甲将其房屋卖给乙，但未交付和办理移转登记，之后甲又将同一个房屋卖给丙，并将房屋交付给丙，并且办理了移转登记，此时由于甲已经丧失了所有权，因此在法律上无处分权，无法履行对乙所负有的移转房屋所有权的合同义务，这即属于法律上不能履行，乙此时不能请求甲继续履行，而只能请求甲赔偿损失。所谓事实上不能履行，是指依据自然法则已经不能履行。比如，合同标的物是特定物，该特定物已经毁损、灭失。[1] 需要注意的是，这时的履行不能并不包括不可抗力引起的情形，因为如果发生不可抗力，不可抗力构成免责事由，在合同履行方面则会涉及情势变更规则的适用，不能适用合同僵局打破规则。有观点认为，如果仅仅是暂时不能履行，或者债务人作出一定的努力仍可以履行合同义务，合同仍然可以继续履行。[2] 这种情形就不符合《民法典》第580条第1款规定的条件，当事人不能申请司法终止。

**2. 债务标的不适于强制履行或者履行费用过高**

所谓债务标的不适于强制履行，主要是指债务的性质不宜强制履行的情形。在诸如咨询合同、演出合同、绘画合同等合同中，受托人处理咨询事务的债务、演员表演的债务、画家依约完成绘画的债务等具有人身专属性，不能够由其他人代替履行，这些债务在性质上决定了不适于强制履行。如果对

---

〔1〕 参见黄薇主编：《中华人民共和国民法典合同编释义》，法律出版社2020年版，第271页。

〔2〕 参见石宏主编：《〈中华人民共和国民法典〉释解与适用·合同编》（上册），人民法院出版社2020年版，第223页。

债务人人身施以强制，将使违约责任恢复其原始的人身责任性质，显然与现代社会人格、人身自由受到保护的基本价值相违背。[1]

履行费用过高不宜强制履行，是指以诚实信用原则作为审查实际履行是否构成不合理负担的标准，同时，基于节约资源、注重效率的价值理念，在对标的物进行强制履行的代价过高的情况下，允许债务人拒绝债权人的继续履行请求。[2] 由于债务人的履行费用相较于债权人的给付利益（自履行中所获得的利益）的显不相称性，在债务人表示拒绝履行的情况下，合同已经失去积极意义，形成履行不能，需要打破合同僵局。例如，为履行合同专门进口一台设备，运输的代价远超过履行合同产生的利益，由于这样会使债务人为了履行合同付出很高代价，而直接支付违约金对违约方而言负担并非很重，因此，考虑到平衡双方的利害关系，规定了履行费用过高的也不适于强制履行。[3]

**3. 债权人在合理期限内未请求履行**

履行合同义务需要债务人进行相应的准备和努力，如果合同义务履行期限已过，并且债权人未在合理期限内请求债务人继续履行，债务人则可能会推定债权人不再坚持继续履行。若债权人在很长时间之后才请求继续履行，如果支持债权人的继续履行请求，会使债务人长期处于不确定状态之中，随时准备履行，且会诱使债权人的投机行为。因此，如果债权人在合理期限内未请求继续履行，则不能再请求继续履行。[4] 当然，这里的合理期限首先要依照当事人的事先约定来确定。如果没有约定或者约定不明确，依据《民法典》第510条的规定，当事人可以协议补充；不能达成补充协议的，按照合同有关条款或者交易习惯确定，这需要在个案中结合合同的类型、订立合同的目的和交易习惯等因素予以综合判断。

---

〔1〕 参见崔建远：《论强制履行》，载《法治研究》2023年第4期。

〔2〕 参见冀放：《给付不能之履行费用过高问题探析》，载《政法论坛》2016年第6期。

〔3〕 参见最高人民法院民法典贯彻实施工作领导小组主编：《中华人民共和国民法典合同编理解与适用（二）》，人民法院出版社2020年版，第738页。

〔4〕 参见黄薇主编：《中华人民共和国民法典合同编释义》，法律出版社2020年版，第272页。

## （二）合同目的不能实现的限定条件

就司法终止的适用而言，毕竟其属于有约必守的例外，因此不仅在适用情形上要有严格限制，在适用条件上也要有“不能实现合同目的”的限定。《民法典》第580条第2款对这一构成要件也作了明确规定。就其与第1款规定的关系而言，二者不是相等关系而是包含关系。如果非金钱债务的债务人满足第1款规定的任意要件，便享有拒绝债权人履行请求的抗辩权利。但如果想要借此诉请终止合同，还要满足“合同目的不能实现”的要件。〔1〕“合同目的”可以分为两个层次：一是某类典型合同的当事人均追求的相同的私法效果，这通常又是以主合同义务为标准界定的。如买卖合同的双方当事人分别以取得标的物和金钱的所有权为目的。二是合同当事人不同的动机，即促使当事人缔结合同的不同经济动机、社会动机和其他动机。司法终止通常不关注第二层次的目的。除了维护公序良俗等个别例外的情形，法律无权干预当事人的缔约动机并对其作出评价，这不仅是为了维护交易安全，也是为了保卫契约自由。〔2〕有争议的是，此处的合同目的究竟是双方的合同目的还是债务人或者债权人单方的合同目的。

笔者认为，从逻辑上讲，守约方主张司法终止与守约方主张解除合同所要求的合同目的有必要具有一致性，但违约方主张司法终止的合同目的如果与守约方解除合同之合同目的不能实现采取同一标准，确实可能存在对守约方不公的问题。但是考虑到《民法典》第580条有关合同终止不影响违约责任承担的规定，合同终止后，守约方的损失可以通过违约方承担违约责任来实现，在规则设计上已经考虑到对守约方的救济。

因此，在适用合同僵局打破规则时，首先，应当在价值导向上明确对有约必守原则的遵循是基础，合同僵局的化解是例外，由此避免对意思自治以及交易秩序冲击过大，避免滥用这一规则。其次，就“合同目的不能实现”

〔1〕参见肖建国、宋史超：《〈民法典〉合同司法解除规则的程序法解读》，载《浙江社会科学》2020年第12期。

〔2〕参见谢鸿飞：《〈民法典〉法定解除权的配置机理与统一基础》，载《浙江工商大学学报》2020年第6期。

这一要件而言，遵循法律规范统一性的要求，对“合同目的”不宜作扩大解释，同时要综合考虑相关因素，可以考虑债务人是否已经进行了部分履行、债务人是否恶意违约、不能继续履行的原因、债务人是否因合同不终止而遭受了严重损失、债权人是否能够以合理成本获得替代履行、债务人是否对他人有赔偿请求权、债权人拒绝解除合同是否为获得不相当的利益而违反诚信原则、合同不终止是否会导致双方的权利义务或者利益关系明显失衡等因素。比如，要考虑不能继续履行的原因，在甲乙双方的古董花瓶和名画互易合同中，甲在交付古董花瓶前，因乙的过错行为而导致古董花瓶毁损，虽然此时也构成了不能请求继续履行的情形，但因为不能继续履行的原因是乙的行为，此时不宜因乙的申请而终止合同，进而免除乙交付名画并移转名画所有权的义务。[1] 最后，在合同终止后要以不影响违约责任的承担来断后。从《民法典》第580条第2款中“但是不影响违约责任的承担”的规定可知，该款主要是为守约方提供终止合同的救济。

## 三、金钱债务合同僵局的化解

在司法终止的适用范围上，《民法典》第580条第1款的表述为“当事人一方不履行非金钱债务或者履行非金钱债务不符合约定”，这是否意味着合同僵局打破规则仅适用于非金钱债务，而将金钱债务排除在外呢？笔者认为，《民法典》第580条第1款之所以采取上面的表述，主要是基于传统民法上金钱债务不发生履行不能这一法理。但究其实质，这与合同僵局存在的客观事实是两回事。在我国司法实践中，也常常出现金钱债务不适合于继续履行的情形，主要集中在继续性合同和分期付款合同的情形。原因在于这些合同并非一订立就马上履行完毕，合同履行期间往往跨度较长，其间常常发生各种情况导致强制要求继续履行对当事人一方极为不公平。也许有人会认为此时可以适用情势变更规则，但是情势变更要求非常严格，而实践中的这些情形常常达不到触发情势变更的程度。此时如果不对当事人进行救济，有违民法的公平原则。因此实践中法院常常以履行费用过高等为理由，支持了违约方

[1] 参见黄薇主编：《中华人民共和国民法典合同编释义》，法律出版社2020年版，第274页。

拒绝继续履行并终止合同的主张。当然，这里所谓的履行费用过高并不是指传统意义上的履行费用过高，而是指从经济角度看继续履行合同不效率或者从公平角度看继续履行不合理的情形。[1]

有观点认为，就持续性合同而言，法律虽未规定金钱债务强制履行的例外，但根据减损规则及诚信原则所体现的精神，不妨类推适用《民法典》第580条第1款第2项“债务的标的不适于强制履行或者履行费用过高”的规定，赋予债务人拒绝继续履行原金钱债务的抗辩权，并如同在非金钱债务场合下一样，准许其主动承担赔偿责任以使原合同消灭。这一类推适用的道理在于：其一，对于房屋这类租赁合同的标的，法律不能强迫承租人受领并强求其继续居住或经营；其二，由于租赁合同的长期性，租金具有按期持续支付的特点，若要求人民法院连续不断地监督每一期租金的支付，则对人民法院而言负担过重且难以操作。[2] 支持金钱债务参照适用《民法典》第580条第2款的观点还认为，如果履行不能的本质是债务人在客观上已经没有履行能力，给付的本旨已难以实现，在这个意义上，金钱债务也同样可能构成广义上的履行不能，关于其法律效果的规则与非金钱债务具有相通之处，故《民法典》第580条第2款的扩张适用具有正当性。[3] 笔者赞成这一观点，同时，在具体法律适用上，《九民会议纪要》第48条的贡献更应予以肯定。该条规定：“违约方不享有单方解除合同的权利。但是，在一些长期性合同如房屋租赁合同履行过程中，双方形成合同僵局，一概不允许违约方通过起诉的方式解除合同，有时对双方都不利。在此前提下，符合下列条件，违约方起诉请求解除合同的，人民法院依法予以支持：（1）违约方不存在恶意违约的情形；（2）违约方继续履行合同，对其显失公平；（3）守约方拒绝解除合同，违反诚实信用原则。人民法院判决解除合同的，违约方本应当承担的违约责任不能因解除合同而减少或者免除。”司法实践中，人民法院应当正确把

---

〔1〕 参见最高人民法院民法典贯彻实施工作领导小组编著：《中国民法典适用大全·合同卷（二）》，人民法院出版社2022年版，第1024页。

〔2〕 参见蔡睿：《吸收还是摒弃：违约方合同解除权之反思——基于相关裁判案例的实证研究》，载《现代法学》2019年第3期。

〔3〕 参见石佳友：《履行不能与合同终止——以〈民法典〉第580条第2款为中心》，载《现代法学》2021年第4期。

握和理解前述规定的精神实质，《民法典》施行后，《九民会议纪要》并未废止。由于《民法典》第580条将违约方请求终止合同限制于非金钱债务的场合，从而导致在金钱债务中，违约方无法依据该条请求终止合同。考虑到《九民会议纪要》第48条的规定与《民法典》的精神并无冲突，且实践中因长期性合同发生合同僵局引起纠纷的可能性仍然存在，因此如果出现《九民会议纪要》第48条规定的情形，而当事人又无法依据《民法典》第580条第2款请求终止合同，仍然可以将《九民会议纪要》第48条作为裁判说理的依据。例如，当事人约定的租期是10年，但承租人因经营发生困难请求提前终止租赁关系，自然无法根据《民法典》第580条第2款请求终止合同，但如果人民法院驳回承租人的诉讼请求，则不符合物尽其用的原则，从而造成资源浪费。在此情形下，人民法院可以将《九民会议纪要》第48条作为裁判说理的依据，并据此支持承租人所提出的终止合同的请求。当然，无论是依据《民法典》第580条第2款，还是将《九民会议纪要》第48条作为裁判说理的依据，违约方请求终止合同，都不应影响其承担违约损害赔偿责任。[1]

值得注意的是，《九民会议纪要》第48条的适用也有限定条件，即长期性合同，由此金钱债务合同僵局的化解问题，适用这一规定自然也是要受这一限定条件的约束。在金钱债务合同僵局打破的案件中，可以继续根据《九民会议纪要》第48条规定的精神进行论理，但在处理方式上则应当类推适用《民法典》第580条第2款所规定的司法终止规则，而不宜再表述为“违约方起诉请求解除合同的，人民法院依法予以支持”。同时，在有关限定条件的问题上，如上文所述，应采用动态系统论的方法，综合考量各种因素，在此基础上还应当考虑有无替代规则的适用，即通过其他规则能够解决相应问题的，就应当适用相应的规则处理，比如发生情势变更，这时就不能适用僵局打破规则。在法律后果即违约责任的承担问题上，也要类推适用《民法典合同编通则解释》第61条的规定，根据当事人的主张，参考合同主体、交易类型、

---

〔1〕 参见刘贵祥、吴光荣：《〈民法典〉合同编法律适用中的思维方法——以合同编通则解释为中心》，载《法学家》2024年第1期。

市场价格变化、剩余履行期限等因素确定非违约方寻找替代交易的合理期限，并按照该期限对应的价款、租金等扣除非违约方应当支付的相应履约成本确定合同履行后可以获得的利益，由此公平合理地确定违约方的损害赔偿数额。

# 第二十四讲

## 替代交易法与市场价格法

一、替代交易法在《民法典合同编通则解释》中的确立
二、替代交易法的基本适用规则
三、替代交易法在具体场景中的适用
四、市场价格法的法律适用规则
五、替代交易法和市场价格法的适用关系

替代交易法的司法适用是违约损害赔偿的难点，也是司法解释起草过程中的难点，更是《民法典合同编通则解释》的亮点。由于缺乏相应的规则支持，这一方法在以往的审判实践中并未被普遍适用，甚至不少从事法律工作的人对其还处于比较陌生的状态。与之相对应的，学理上对于替代交易法的研究也相对匮乏，甚至缺乏对替代交易法的基本内容、适用条件、规则衔接等系统、科学、权威的阐述。在比较法上，替代交易法已被广泛采用且被证明是便捷可行、行之有效的违约损害赔偿计算方法。有鉴于此，为了更加公平科学地解决违约损害赔偿认定难的问题，出于进一步细化完善相关规则，实现违约损害赔偿计算方法的现代化和与国际接轨的需要，最高人民法院在广泛调研的基础上，借鉴比较法的做法，在《民法典合同编通则解释》中对替代交易法的基本内容以及与市场价格法的衔接适用作了规定。这是我国首次在司法解释层面明确替代交易法的适用规则，必将在细化完善违约损害赔偿法律规则、统一相关案件法律适用标准方面发挥重要作用。市场价格法也是计算违约损害赔偿的重要方法，这两种方法既相互衔接又相互伴生、相互

补充，很好地发挥了公平合理计算可得利益损失的功能作用。就这两个方法的适用，《民法典合同编通则解释》第60条第2款、第3款规定："非违约方依法行使合同解除权并实施了替代交易，主张按照替代交易价格与合同价格的差额确定合同履行后可以获得的利益的，人民法院依法予以支持；替代交易价格明显偏离替代交易发生时当地的市场价格，违约方主张按照市场价格与合同价格的差额确定合同履行后可以获得的利益的，人民法院应予支持。非违约方依法行使合同解除权但是未实施替代交易，主张按照违约行为发生后合理期间内合同履行地的市场价格与合同价格的差额确定合同履行后可以获得的利益的，人民法院应予支持。"鉴于可得利益计算本身的抽象性以及由此带来的计算难度，而替代交易法与市场价格法对于缓解这一困难具有重要作用，加之这两种方法属于《民法典合同编通则解释》较以往规定新增的规则，下面笔者将其法律适用作详细释解。

## 一、替代交易法在《民法典合同编通则解释》中的确立

所谓替代交易，是指在特定条件下，当合同的一方当事人违约时，另一方当事人通过另一交易取代原合同的交易。替代交易包括替代购买（亦称补进）和替代销售，其法律实质相当于履行或准履行。〔1〕也就是说，在债权人因债务人重大违约解除了合同并为了获得与原合同相同的标的而与他人缔约的情况下，若该合同的价格与原合同相比不利于债权人，其可以请求债务人赔偿原合同与替代交易的价格差。〔2〕美国学者艾森伯格将替代交易称为"虚拟的特定履行"（virtual specific performance）〔3〕替代交易法是目前国际上比较常用的违约损害赔偿计算方法，《联合国国际货物销售合同公约》《国际商事合同通则》《欧洲合同法原则》《欧洲示范民法典草案》均对此作了规定。比如，《联合国国际货物销售合同公约》第74条规定："一方当事人违反合同

---

〔1〕参见王怡聪、孙良国：《作为违约损害赔偿计算方法的替代交易研究》，载《中国人民大学学报》2021年第2期。

〔2〕参见张金海：《论作为违约损害赔偿计算方法的替代交易规则》，载《法学》2017年第9期。

〔3〕参见［美］梅尔文·A. 艾森伯格：《合同法基础原理》，孙良国、王怡聪译，北京大学出版社2023年版，第368页。

应负的损害赔偿额，应与另一方当事人因他违反合同而遭受的包括利润在内的损失额相等。这种损害赔偿不得超过违反合同一方在订立合同时，依照他当时已知道或理应知道的事实和情况，对违反合同预料到或理应预料到的可能损失。”第 75 条规定：“如果合同被宣告无效，而在宣告无效后一段合理时间内，买方已以合理方式购买替代货物，或者卖方已以合理方式把货物转卖，则要求损害赔偿的一方可以取得合同价格和替代货物交易价格之间的差额以及按照第七十四条规定可以取得的任何其他损害赔偿。”《国际商事合同通则》第 7.4.5 条规定：“受损害方已终止合同并在合理时间内以合理方式进行了替代交易的，该方当事人可对合同价格与替代交易价格之间的差额以及任何进一步的损害要求赔偿。”《欧洲合同法原则》第 9：506 条规定：“如果受害方当事人已解除合同并已在一合理的时间内以合理的方式完成了一笔替代交易，它可以主张合同价格与替代交易的价格之间的差额以及依本节规定可以获取的其他损失的损害赔偿。”

我国以往的法律、司法解释甚至有关的规范性文件对于涉及违约损害赔偿的替代交易法均没有明确规定。理论界对这个问题的研究也很少，而且通常仅是将此融入抽象的计算方法和具体的计算方法的分类当中一带而过，甚至就替代交易法到底在哪一种方法中发挥作用这一基本问题都存在认识偏差。比如，有观点认为，抽象的计算方法也称客观的计算方法，是指仅考虑市场中的替代性交易价格进行计算；具体的计算方法又称主观的计算方法，着眼于交易的具体情况，根据受损方具体遭受的损失进行计算。[1] 另有观点则直接将替代交易法称为可得利益的具体计算方法，将市场价格法称为可得利益的抽象计算方法。[2] 在出卖人没有交付货物的场合，具体的计算方法考虑的是买受人进行替代交易时实际支出的费用，而抽象的计算方法则是以可以获取的替代品的市场价格为基础。[3] 至于替代交易法的基本定位、适用条件、主要内容、法律效果、规则衔接等，更是缺乏系统全面的研究和阐述。

---

〔1〕 参见王利明：《合同法研究》（第 2 卷）（第 3 版），中国人民大学出版社 2015 年版，第 648－649 页。

〔2〕 参见张金海：《违约损害赔偿中的抽象计算方法研究》，载《法律科学（西北政法大学学报）》2016 年第 3 期。

〔3〕 参见韩世远：《合同法总论》（第 4 版），法律出版社 2018 年版，第 819 页。

由于法律规范层面没有明确规定，加之理论研究的相对匮乏等原因，替代交易法在我国审判实务中的探索适用也比较少见，在“法信”数据库中以“替代交易”作为关键词按照“标题或者全文”的路径进行精准查询，查到的案例仅有98件。[1] 这虽然不能准确地反映全貌，但也能在很大程度上说明替代交易法在实务中的适用十分有限。从检索到的案例中还能进一步发现，一方面，有的判决虽然并未适用替代交易法，但一定程度上体现了替代交易法在违约损害赔偿计算方面的积极作用。例如，在**长春市成捷汽车销售服务有限公司、吉林省陆辉投资咨询有限公司合同纠纷案**中，最高人民法院生效裁判认为，在判断履行费用是否过高时，需要对比履行的费用与债权人通过履行所可能获得的利益、履行的费用与采取其他补救措施的费用，还需要考量守约方从其他渠道获得履行进行替代交易的合理性和可能性。[2] 又如，在**渣打银行（中国）有限公司诉张家口联合石油化工有限公司金融衍生品交易纠纷案**中，法院生效裁判认为，在张家口联合石油化工有限公司要求提前终止交易后，为确定合同约定的提前终止款项金额，渣打银行（中国）有限公司向行业内数家第三方机构咨询了有关替代交易的报价，并结合其他市场信息计算出了提前终止款项金额，该询价方法具有合理性。[3] 这些案例中提到的替代交易虽然并未实际发生，应属于上述抽象的计算方法的范畴，都是将能否进行替代交易作为一个计算损失的酌定因素，实质上具备了与替代交易法密切对应的市场价格法的元素，对于更加科学公平地计算可得利益的大小作了有益的探讨。

另一方面，也有一些案例明确适用了替代交易法，积累了可资参考总结的经验做法。例如，在**吉林森工露水河石材开发有限公司（原抚松县得利采石有限公司）与抚松县富达石材有限公司买卖合同纠纷案**中，最高人民法院生效裁判认为，案涉价格是富达石材有限公司在得利采石有限公司违约后如采取替代交易的方法再购得每立方米同等质量的石料所需要支出的费用，这

---

〔1〕“法信”数据库，http：//www. faxin. cn/alllibsearch/SearchResult. aspx？usersearchtype = 1&keyword = % E6% 9B% BF% E4% BB% A3% E4% BA% A4% E6% 98% 93&isAdvSearch = 0，最后访问日期：2023 年 10 月 23 日。

〔2〕参见最高人民法院民事判决书，（2020）最高法民再 102 号。

〔3〕参见上海金融法院民事判决书，（2020）沪 74 民终 533 号。

是富达石材有限公司因违约遭受的损失。[1] 又如，在江苏金硕冶金科技有限公司与中钢设备有限公司买卖合同纠纷案中，法院生效裁判认为，中钢设备有限公司的替代交易履行时间短于2个月，新卖方要重新做模具，价格高于本案双方的合同为正常现象。金硕冶金科技有限公司未能举证证明中钢冶金科技有限公司另行采购的价格高于市场价格，应当承担举证不利的后果。[2] 这些案例不仅支持了替代交易法的适用，而且在有关替代交易中的举证责任、合理价格的认定等关键要素方面作了有益探索，为在制度构建方面明晰替代交易法的具体法律适用规则提供了宝贵的可复制经验。

鉴于替代交易法所具有的制度优势，为了其在违约损害赔偿方面发挥更好的作用，使我国违约损害赔偿的规则更加科学，在全球一体化的背景下更好地向国际接轨，在广泛调研的基础上，《民法典合同编通则解释》充分研究并适当借鉴比较法上的做法，总结我国既有的审判实践经验，规定了替代交易法的一般规则，对其适用条件、适用方法和限定要求等作了规定。

## 二、替代交易法的基本适用规则

替代交易法是在市场条件下准确计算违约损害赔偿的重要方法，其适用当然要遵循违约损害赔偿的一般规则，受填平原则和禁止得利原则的约束。同时，替代交易法作为前述的具体的计算方法，必须是实际已经发生了相应的替代交易，在司法评价上当然也有其自身具体适用的特点和要求。

### （一）适用替代交易法的基本条件

替代交易法的适用应当符合以下条件：

其一，替代交易法的适用必须以解除合同为前提。这不仅是比较法上的通行做法，在法理上也符合诚信原则的要求，避免当事人滥用这一规则，在对方没有违约时，径行选择替代交易，从而引发交易秩序的混乱。当然，学理上也有意见认为，绝对化否认在解除合同前可进行替代交易对债权人拘束

〔1〕 参见最高人民法院民事裁定书，（2014）民申字第195号。
〔2〕 参见北京市第一中级人民法院民事判决书，（2021）京01民终8340号。

过紧，有可能使其错失缔约良机，最终的结果也不利于债务人，故对此应当进行限缩，将可进行替代交易的时间提前至债权人知道主观履行不能时。[1]笔者认为，这一见解有一定道理，毕竟交易形式复杂多样，但是基本的交易规则不可随意改变，否则必然会冲击交易秩序的稳定。上述情形可作为例外情形在现有规则体系下进行解释，比如，体系化适用不安抗辩权的规则，如果构成预期违约，则按照预期违约的规则，守约方可以不待合同履行期到来即选择替代交易。而且，从尊重当事人意思自治的角度，如果双方当事人都同意以合同解除前的替代交易作为计算差额的依据则属于当事人行使自身处分权的问题，自不必过度干预。

其二，替代交易法的适用要以合同标的物为种类物、可替代物为前提。如果该合同标的物为特定物，自不存在替代可能性，也就失去了通过替代交易进行损失计算的可操作性。但是，如上文所述，如果双方当事人均同意用其他物品来替代，只要不损害他人合法权益，自不必干预，当然这在纠纷处理中比较少见。

其三，替代交易法的适用通常是守约方与他人已经进行了替代原有合同标的的交易。一方面，此意味着，债权人自己替代履行了相应的合同义务不能构成替代交易；另一方面，此也要求替代交易的实际发生，否则很容易引发道德风险。考虑到经济社会中交易形式的复杂多样性，仍有必要仅在例外情形承认已订立合同尚没有实际履行的替代交易。当然，对于替代交易是否必须以实际履行为前提，在世界范围内一直都存有争议。笔者认为，在此情形下，对于纠纷处理的场景，有必要通过调整举证责任的杠杆来实现公平。如果仅是订立了替代交易合同，守约方应负有更重的举证责任，其应当对替代交易方的资质信用、履行能力等进行举证，同时人民法院也要加大依职权调查取证的力度，必要时要依法通知该替代交易方出庭作证，以防止出现恶意串通损害违约方权益的情形。

其四，替代交易法的适用要以存在根本违约为前提，或者在合同标的可

〔1〕 参见张金海：《论作为违约损害赔偿计算方法的替代交易规则》，载《法学》2017 年第 9 期。

分的情况下，针对根本违约部分的合同标的适用。对于不存在根本违约的情形，则应慎用替代交易法。如上文所述，替代交易法系以合同解除为前提的违约责任计算方式，其落脚点通常在法定解除权上（当然也不排除约定的违约解除权），而法定解除权的行使又围绕合同目的不能实现而展开，因此对于其他违约形态，只要存在合同目的不能实现的情形，也就存在适用替代交易法的空间，如当事人就此违约形态约定了解除权或者某一违约行为导致不能实现合同目的的特定情形。

### （二）合理的价格是适用替代交易法的关键要素

实务中，替代交易法的适用离不开对其公平合理性的判断，这既需要在实体规则上对替代交易的关键要素予以把握，又需要在程序规则上合理分配举证责任来认定替代交易本身的合理性。在此基础上，还需要人民法院依法行使裁量权来进行兜底。

综观上述国际公约等的规定，价格因素通常会被认为是替代交易的关键因素，如《联合国国际货物销售合同公约》秘书委员会的评论认为，为使替代交易是以合理的方式进行的，必须使重售在具体情事中以具有合理可能性的最高价格进行，或者使补购以具有合理可能性的最低价格进行。〔1〕适格替代交易要求必须采取合理的方式，其中价格合理是合理方式的核心内容。〔2〕在实务操作中，替代交易往往发生在违约方已经违约而使守约方面临现实损失或者损失扩大的情形，因此对于没有过错或者至少是相对无辜的守约方而言，对其选择的替代交易价格不能要求过苛，特别是对于守约方而言从止损角度具有现实紧迫性的交易更是如此。这时只能要求此替代交易的价格在一个合理区间即可，否则将不利于鼓励守约方积极进行替代交易来及时修复交易链条。换言之，实务中对于已经发生的替代交易的价格要求不能采取“一刀切”的态度，要综合考虑替代交易标的物的紧缺程度、替代交易的必要程

〔1〕 See Honnold ed. , *Documentary History of the Uniform Law for International Sales*, Kluwer Law and Taxation Publishers, 1989, p. 450. 转引自张金海：《论作为违约损害赔偿计算方法的替代交易规则》，载《法学》2017 年第 9 期。

〔2〕 参见王怡聪、孙良国：《作为违约损害赔偿计算方法的替代交易研究》，载《中国人民大学学报》2021 年第 2 期。

度、守约方的主观过错等因素。正因如此，《民法典合同编通则解释》第60条第2款后段明确了只有在替代交易价格明显偏离替代交易发生时当地的市场价格时，才按照相应的市场价格与合同价格的差额确定合同履行后可以获得的利益，如果价格变化属于市场交易中正常的变化，且此变化不构成明显偏离，则可以按照替代交易价格与合同价格的差额确定可得利益。在诉讼程序方面，上述规则的适用对于违约方还有两个方面的限制：其一，价格明显偏离的举证责任要由违约方承担。其二，即使存在价格明显偏离的事实，非违约方能够证明不进行替代交易将导致损失扩大的，即不进行替代交易所造成的损失要大于此替代交易价格与替代交易发生时当地的市场价格的差额的，也应当用替代交易的价格计算可得利益。显然，这要受可预测性规则、过失相抵规则、减损规则的约束。

## 三、替代交易法在具体场景中的适用

### （一）一般场景下的具体适用规则

就替代交易规则的场景化适用，在此先设定这样一个案情：在甲向乙供货、乙向甲支付价款的买卖合同中，依照约定，甲应于6月10日交货，但甲拒绝交货或者有其他根本违约的情形，而乙还要将这批货物加工后向丙交付，与丙签订的合同的交货日期是同年的7月10日。就替代交易法的适用而言，如果在6月10日至7月10日这一合理期限内乙找到了另外的供货方丁，此后能够如期向丙交货，这时应当理解为甲违约导致的被破坏的交易链条得到了修复。假定有关交易价格和相关费用支出都比较合理的情况下，这时有关违约损害赔偿数额的确定需要注意以下问题。

#### 1. 关于实际损失的认定问题

在上述场景中，首先需要赔偿的就是乙向丙购买与乙原本向甲购买的差价损失。至于乙与丙交易的成本是否需要赔付的问题，有必要区分订约成本和履约成本。订约成本是因为甲违约导致的乙另寻交易伙伴产生的费用支出，即如果甲不违约就不会产生的支出，其属于纯粹的额外费用，应当予以赔付。但履约成本则属于如果甲不违约也要支出的费用，因此这应当属于《民法典合同编通则解释》第60条第1款所规定的计算损失时应当扣除的成本。这在逻辑上也可以理解为，虽然履约费用也属于甲不违约时乙要支出的费用，但因甲违约，乙正好省下了这笔费用，从损益相抵的角度看，在计算损失时也要相应地减去这笔费用。但是这笔费用如果是相对于甲没有违约的情形增加的费用，那么也应当作为实际损失而由甲来承担。如果乙为了向丙履约而与丁进行替代交易的价格与甲乙之间买卖合同的价格相等，则乙因为甲违约而增加的费用支出应当作为实际损失予以赔偿。如果乙与丁的替代交易价格更低，也就是说，就替代交易本身而言，乙这时不但没有受到损害，相反还会获益，这时就要考虑其差价获益部分与费用支出的折抵问题。如果费用支出小于收益，基于填平原则的考虑，此费用支出无须再行赔付；如果费用支出大于收益，此超出部分也应列入赔付范畴。

**2. 替代交易标的物及品质不同一时的处理规则**

上述为常态替代交易情形下的赔偿，现实中的替代交易往往会有所变化，如履行期限、交付方式、货物品质的变化等，此在上述案例中已有体现，这时如何适用替代交易规则需要再作具体分析。对此，笔者倾向于认为，考虑到现实交易的复杂性，有关替代交易的同一性应采实质认定的方法。涉及合同标的物改变的，原则上不宜认为是适格的替代交易。但如果是在标的物规格、型号、品质等方面存在差异，可以通过评估、鉴定方式确定相应的差额，考虑到毕竟是违约方的违约行为在先，守约方的替代交易在后，从鼓励交易以及充分发挥替代交易功能作用的角度出发，也有对此差价予以认可的必要。对此，一方面要发挥对专门性问题的评估鉴定的作用；另一方面也要赋予法官一定的裁量权，根据案件具体情况予以酌定，如由于标的物型号变化导致履行费用的变化，交付时间变化导致守约方租赁仓库费用的变化等，应当在遵循填平原则的情况下进行抵扣。在无法准确计算时，则有必要采用酌定的方式公平确定损害赔偿数额。当然，合同标的物发生变化，违约方同意以此为基础计算损害赔偿数额的，不在此限。

### （二）特殊场景下替代交易法的适用

替代交易法的适用本身具有复杂性，为了使替代交易法的规则更加科学合理，有必要对一些特殊场景下的具体适用问题作进一步的分析研究。

**1. 预期违约的情形**

关于预期违约，《民法典》第578条规定："当事人一方明确表示或者以自己的行为表明不履行合同义务的，对方可以在履行期限届满前请求其承担违约责任。"依据《民法典》第563条第1款第2项的规定，在履行期限届满前，当事人一方明确表示或者以自己的行为表明不履行主要债务，对方当事人可以解除合同。《民法典》第566条第2款进一步规定了合同因违约解除的，解除权人可以请求违约方承担违约责任，但是当事人另有约定的除外。对这三个条款进行体系化适用，根据前述替代交易法的适用条件，再结合市场交易具有复杂性这一事实，自然能够得出替代交易法能够在预期违约情形下适用的结论。预期违约与根本违约在违约损害赔偿的计算方面，如可得利益的计算、实际损失的认定等具有同质性，仅是因为违约时间的不同会影响造成损害的大小，进而影响违约损害赔偿的数额以及守约方的止损义务。通常而言，在根本违约中可能出现的违约损害赔偿计算的特殊情形，在预期违约中也同样会出现。比如，同根本违约一样，预期违约也会出现守约方选择了替代交易但仍不能全部实现合同目的的问题，这时除了按照上述规则计算替代交易中的差价损失及其他实际损失外，守约方还可以就未实现的利益获得赔偿。对此，**区某诉北京中农研科技服务中心有限公司合同纠纷案**[1]的处理颇具典型性。在本案中，审理法院的生效裁判认为，在守约方选择了替代性交易的情况下，如果该替代性交易能够完全实现原合同目的，则其因为选择替代性交易而增加的合理支出就是其能够获得的赔偿数额。但区某实际租住的房间与原合同约定的三星级宾馆有差距，即该替代性交易并未完全实现合同目的，因此仍然需要对其未实现的预期利益进行合理赔偿。但是由于本案所涉预期利益是一种具有高度差异性的居住服务，而非有明确可比价格的同质化商品，对于如何计算其价值，没有明确依据，需要法院依法行使裁量权，酌定相应的损害赔偿数额。

---

〔1〕参见北京市第一中级人民法院民事判决书，(2008)一中民终字第15749号。

### 2. 守约方进行了多个替代交易的情形

守约方在发出解除通知后订立了多个与原合同标的相同的合同，这在持续经营与合同标的相关的业务时多有发生。这时如何认定替代交易价格容易引发争议。一种观点主张，合同解除后进行的第一次交易应当被当作替代交易。另一种观点主张，应当以多个交易的平均价格为计算根据。〔1〕 目前学界多认为应当以债权人在解除合同后进行的第一次交易为替代交易，而不应采平均价格说。这有利于鼓励守约方及时进行替代交易，且可以防止不必要的道德风险，避免给违约方带来过重的负担。笔者认为，这一观点较有道理，但也要根据实际情况区别对待，如标的物可分的情形下，多次的替代交易才构成了原合同的替代，这时采取平均价格的标准就具有合理性，在标的物不可分或者已经对原合同关系形成完全替代的情况下，以通知合同解除后的第一次交易为准比较妥当。实践中仍有争议的是，如果第一次的替代交易仅处于订立合同或者部分履行的阶段，而第二次的替代交易已经履行完毕，这时应如何确定替代交易价格。对此，第一，应当尊重当事人意思自治，以当事人约定或者同意的为准。第二，要充分运用举证责任的杠杆，加大人民法院依职权调查取证力度，综合考虑第一替代交易方的履行能力等情况，在第一次替代交易中守约方与替代交易方没有恶意串通损害原合同违约方、替代交易价格较为合理的情况下，应当还是以第一次替代交易为准。第三，关于前述举证责任分配问题，应当对双方都课以一定的举证责任，至少是行为意义上的举证责任，以便更好地查明案件事实。

### 3. 替代交易行为本身存在违约的情形

对此，首先应该遵循债的相对性原理，按照基本的法律关系来确定相应的法律责任，不宜使法律关系过于复杂甚至影响公平。具体而言，如果该替代交易存在违约情形，应该是由此交易中的违约方向守约方承担违约责任，这也并不影响原交易关系中的违约责任的承担。比如，上述替代交易关系中丁对原交易关系中的守约方乙违约，则丁应当依据其与乙的合同关系向乙承

---

〔1〕 参见［美］杰弗里·费里尔、迈克尔·纳文：《美国合同法精解》，陈彦明译，北京大学出版社2009年版，第551页。转引自张金海：《论作为违约损害赔偿计算方法的替代交易规则》，载《法学》2017年第9期。

担违约责任，此违约责任不能转嫁给原交易关系中的甲，因为这时甲对于乙在替代交易中的损失并无过错，也无因果关系。如果对此违约行为通过了丁的继续履行或者修理、重作等违约责任承担方式进行补救，这时守约方乙的损失实际上已经在此交易关系内部得到了补救，即使仍有损失，也应当依据《民法典》第583条，由该替代交易中的违约方承担责任。如果丁采用损害赔偿的方式来承担违约责任，此损害赔偿也与乙和甲之间的损害赔偿属于两个法律关系，乙也不能将此违约责任转嫁给原合同关系中的甲。概言之，后续替代交易中的违约责任仅限于该交易本身由于违约行为引发的损害赔偿问题，此损害赔偿仅是为了填平或者恢复此替代交易本身的圆满状态，无涉该圆满状态下的替代交易价格与原合同关系价格的差价损失。只要该替代交易的价格合理，仍可以据此计算相应的损失。也就是说，后续替代交易违约与否原则上并不影响上述采取替代交易差价赔偿方式承担原合同关系违约责任的规则。

但是也有一些例外情形，尤其是在从给付义务或者标的物受领涉及有关费用支出时，如由于甲的违约行为，乙终止了与他人的仓库保管合同，此后乙又寻找替代交易方丁，丁的履行期届至后乙仍然没有找到合适的仓库接收货物，这时如果乙终止与他人的仓库保管合同没有过错（这时乙可能非但没有过错，还在一定程度上履行了止损义务），乙后来由于没有找到仓库而导致其对丁承担了违约损害赔偿责任，应该理解为乙为履行该替代交易而增加的支出，由甲承担相应的赔偿责任，再根据案件具体情况适用与有过失规则减少甲的赔偿金额。同样，如果乙在替代交易中出于防止其与甲的交易中因甲的违约行为导致的损失扩大而支出的合理费用，也有必要根据上述阐述，由甲承担相应的赔偿责任。

## 四、市场价格法的法律适用规则

就市场价格法，比较法上已有较为成熟的做法，比如《联合国国际货物销售合同公约》第76条规定："（1）如果合同被宣告无效，而货物又有时价，要求损害赔偿的一方，如果没有根据第七十五条规定进行购买或转卖，则可以取得合同规定的价格和宣告合同无效时的时价之间的差额以及按照第七十四条规定可以取得的任何其他损害赔偿。但是，如果要求损害赔偿的一方在接收货物之后宣告合同无效，则应适用接收货物时的时价，而不适用宣告合同无效时的时价。（2）为上一款的目的，时价指原应交付货物地点的现行价格，如果该地点没有时价，则指另一合理替代地点的价格，但应适当地考虑货物运费的差额。”《国际商事合同通则》第 7.4.6 条规定：“（1）在受损害方当事人已终止合同但未进行替代交易的情况下，如果对于合同约定的履行存在时价，则该方当事人可对合同价格与合同终止时的时价之间的差额以及任何进一步的损害要求赔偿。（2）时价是指在合同应当履行的地点，对应交付之货物或应提供之服务在可比情况下通常所收取的价格，或者如果该地无时价，时价为可合理参照的另一地的时价。”《欧洲合同法原则》第 9：507 条规定：“如果受害方当事人已解除合同且没有从事替代交易，但对于约定的履行存有时价，它可以主张合同解除时合同价格与时价之间的差额以及依本节规定可以获取的其他损失的损害赔偿。”《民法典合同编通则解释》第 60 条也是在比较借鉴域外做法的基础上在第 3 款规定了市场价格法的一般规则，明确了“非违约方依法行使合同解除权但是未实施替代交易，主张按照违约行为发生后合理期间内合同履行地的市场价格与合同价格的差额确定合同履行后可以获得的利益的，人民法院应予支持”，由此赋予了非违约方不选择替代交易法而选择市场价格法的自主权，进而明确了市场价格法的适用方法。

在该条规定中，“合理期间内”确定了计算市场价格和合同价格之差额的时间点，“合理期间内”一方面赋予非违约方接受合同违约情况并寻求相关救济措施的合理时间，另一方面又对这一时间作出必要的限制。在起草过程中，该款曾规定以违约行为发生时为确定市场价格的时点，而域外规则多以合同解除时为确定市场价格的时点。实务中，也有意见认为以违约行为发生时为确定时点对守约方过于苛刻，因为违约行为发生后，应当允许其与违约方沟通协商解决方案，而不是立即要求赔偿。而且有时违约行为发生时往往难以确定。同时，一概以合同解除时为确定时点可能与我国经济较为活跃、价格容易持续上涨的情况不符。此时非违约方可以拖延行使解除权以牟利。因此，《民法典合同编通则解释》最终以违约行为发生后“合理期间内”作为确定市场价格的时点。该时点可以涵盖合同解除时，但又不至于过于绝对。

关于确定价格的地点，地点对于损害赔偿计算的影响主要是通过影响价格来实现的。不同地点的市场价格可能差异甚大，国外的判例、学说大多以债务履行地的价格作为计算标准。依债务履行地来确定价格的理由主要在于：一方面，从交付人的意思来看，当事人订立合同转让财产需将财产运至履行地交付，而损害最终是因标的物没有运至履行地或没有在履行地接收货物而引起的，也就是说，损害的发生是因为没有在履行地完成交易行为而造成的，所以应当根据履行地的市场价格来计算损害赔偿额。另一方面，既然当事人希望在履行地完成交易行为而又没有在该地完成，那么以该地价格计算损害赔偿额对非违约方有利，对违约方也公平合理。[1]

当然，《民法典合同编通则解释》第60条第3款规定的市场价格法的规则内容具有一定原则性，这主要是因为合同纠纷案件数量庞大、千差万别，有必要赋予法官相应的裁量权；同时这一规则在以往也没有明确的法律规定，有必要进一步探索，积累经验。就该款的适用，需要把握的关键点是：其一，尊重当事人的意思自治，该款赋予守约方更大的选择空间，既没有硬性地将市场价格法与替代交易法规定为必须适用或者必须择一的方法，又为当事人提供了一个可以选择的主张违约损害赔偿的方法。其二，在计算可得利益的问题上，一旦选择了其中一个方法，原则上不能再并用其他方法，否则将有违填平原则的要求。至于其他损害的赔偿问题，也应当遵循填平原则的要求，区分不同计算方法所自然蕴含的成本扣除与正常交易之外的额外成本作为实际损失的赔偿。其三，从某种意义上讲，市场价格法属于替代交易法的"替代"，甚至可以称为拟制的替代交易法。也就是说，其在适用条件方面与替代交易法具有很大的相似性。其四，对于法官根据案件具体情况判断"合理期间"的裁量权行使问题，一方面要与举证责任规则的适用相结合，原被告双方均有义务提供相应证据来支持自己的主张；另一方面法官要考虑价格变动情况、标的物稀缺程度、守约方对此的知晓程度及其专业能力、以往的交易习惯或者行业习惯等因素进行综合判断。

---

〔1〕参见王利明：《合同法研究》（第2册）（第3版），中国人民大学出版社2018年版，第653页。

## 五、替代交易法和市场价格法的适用关系

从某种意义上讲，市场价格法属于替代交易法的“替代”，甚至可以称为拟制的替代交易法，它们都属于差额计算方法，都需要具备市场交易条件及标的物可流通的要求，在基本规则层面具有同质性，只是替代交易法着眼于具体、实在的替代交易价格与合同价格之间的差额，而市场价格法着眼于抽象、客观的市场交易中的替代交易价格来计算相应的差额。整体而言，基于填平原则的要求，两种方法不能共存，只能择一适用，但深层次分析，二者之间在功能作用方面还具有配合、互补的关系，特别是市场交易法能够起到弥补替代交易法不足的功能作用。一方面，替代交易法更能体现守约方的意愿，在守约方从事了替代交易的情况下，替代交易法作为具体计算方法更能精确、直观地反映守约方的损失；另一方面，替代交易法的适用又有明显的条件限制，要以替代交易为可能且守约方选择了替代交易为前提，否则就无法适用，在此情况下市场交易法的作用就被凸显。特别是在替代交易价格不合理的情况下，市场价格法也是衡量替代交易是否合理的重要依据，由此在人民法院酌定损害赔偿额的场景中，市场价格法也是其重要参考。另外，《民法典合同编通则解释》第 60 条第 2 款规定替代交易价格明显偏离替代交易发生时当地的市场价格的，应按照市场价格与合同价格的差额计算履行利益，此时替代交易法和市场价格法又构成补充关系。

在具体适用时，首先，要尊重当事人尤其是守约方的选择。对此争议很大的是，在守约方已经进行了具体的替代交易时其能否选择按照市场价格法来计算其损失。笔者倾向于认为，应当以尊重当事人的选择为原则，从具体适用场景上看，此争议点之所以出现就是因为替代交易价格与市场交易价格存在差异，但此价格差异与市场波动、守约方的缔约能力、守约方替代交易的意愿等密切相连，而且后续诉讼中又涉及当事人的举证能力、诉讼风险等问题，从鼓励守约方积极开展替代交易的角度讲，不应对此设过多限制。至于因上述价格差异而可能出现的不公平问题，要考虑通过填平原则的总阀门来进行调节，如选择市场价格法，这时仅是以客观合理价格为标准，那么守约方为寻找具体的替代交易对象而额外支出的费用应当排除在外。其次，在

诉讼场景中，对于这两种方法的选择，法官应当更加注重释明权的行使，明确告知此二者的利弊，使守约方选取计算方法时既考虑到其证明的难度，也考虑到对守约方进行救济的充分性。如果守约方难以对主观因素进行证明，那便要选择客观的计算方法；如果缺少市场中可供比较的替代性交易，那么可能只能适用主观的计算方法。[1] 最后，人民法院要依法行使裁量权。这是由市场交易的复杂性和对案件处理的妥当性所决定的。特别是在替代交易价格存在明显不公平或者上述市场价格与替代交易价格存在明显差异的情形下，人民法院就要遵循填平原则的要求，根据此两种计算方法的特点，依法酌定相关赔偿数额。由于交易的复杂性和损害认定的不确定性，对此可参照违约金调整的有关规则[2]，综合考虑具体交易中的合同主体、交易类型、合同履行情况、当事人过错程度、履约背景等因素来进行酌定。另外，在确定适用某一种计算方法时，对于实际损害的赔偿，也应当遵循填平原则的要求，区分不同计算方法所自然蕴含的成本支出的扣除以及正常交易之外的额外支出能否作为实际损失进行赔偿的问题，如在适用市场价格法时，不宜再将相应的进行替代交易的额外支出作为实际损害进行赔偿，甚至在具体计算价格差额时还要进一步考虑此市场价格是否包含正常应当支出的履约成本而再作进一步扣除的问题。

对于此二者之间的适用关系，实务中还有争议的是，能否就违约损害中的一部分适用替代交易法来计算，另一部分适用市场价格法来计算。有观点认为，就一个整体损失而言，原则上不能部分选择具体计算，部分选择抽象计算。[3] 笔者认为，这一观点有一定道理，但同样是考虑市场交易的复杂性，且为公平合理计算违约损害赔偿，对于合同标的可分，一部分已经进行替代交易而另一部分没有进行替代交易的情形，似无禁止对未进行替代交易

〔1〕参见王利明主编：《中国民法典释评·合同编·通则》，中国人民大学出版社2020年版，第606页。

〔2〕《民法典合同编通则解释》第65条第1款规定："当事人主张约定的违约金过分高于违约造成的损失，请求予以适当减少的，人民法院应当以民法典第五百八十四条规定的损失为基础，兼顾合同主体、交易类型、合同履行情况、当事人过错程度、履约背景等因素，遵循公平原则和诚信原则进行衡量，并作出裁判。"

〔3〕参见朱广新、谢鸿飞主编：《民法典评注·合同编·通则》，中国法制出版社2020年版，第395页。

部分适用市场价格法的必要，而且，若对该部分一概按照替代交易价格计算，因此替代交易并未实际发生，可能也有违公平。此外，对于守约方已经进行了具体的替代交易时其能否选择按照市场价格法来计算其损失的问题，有必要以尊重当事人的选择为原则，这也符合鼓励守约方积极开展替代交易的价值导向。如果选择市场价格法，这时仅是以客观合理价格为标准，那么为寻找具体的替代交易对象而额外支出的费用就应当排除在外。

# 第二十五讲

## 可得利益计算方法的体系化适用

一、关于利润计算的方法

二、持续性定期合同中可得利益的赔偿

三、综合多种因素酌定的兜底方法

违约损害赔偿责任的承担离不开违约损害赔偿的计算问题。至于数额的大小，虽然应尽量与数学原则相符合，但在特别情况下考虑未来利益衡量等因素，并无绝对与数学原则相一致的必要，有时也无法遵循数学原则。[1] 因为违约损害赔偿既是事实问题，又是法律问题，对其计算离不开填平原则的要求，离不开违约损害赔偿限制规则的要求，更离不开对市场交易复杂多样的客观情况的尊重。也正因如此，公平合理确定违约损害赔偿的数额就需要行之有效的计算方法。由于可得利益在违约损害赔偿上的重要地位和其复杂性，有关违约损害赔偿的计算方法主要也是聚焦于可得利益的计算之上。

在以往的审判实践中，由于法律并没有规定可得利益的具体计算标准，导致法院以原告主张的可得利益损失不具备“确定性”为由不支持原告的赔偿请求。有观点认为，所谓“确定性”并非可得利益损失赔偿在实体法上的构成要件，而是程序法中的证明标准问题。[2] 如果要求守约方证明可得利益具有“确定性”，一方面增加了受损方的负担，另一方面不当加强了对违约方

〔1〕 参见韩世远：《合同法总论》（第 3 版），法律出版社 2011 年版，第 818 页。

〔2〕 参见朱广新、谢鸿飞主编：《民法典评注·合同编·通则》，中国法制出版社 2020 年版，第 393 页。

的保护。但是由于可得利益本身并非如现实已经存在的直接损失那样可以直接量化，当事人举证证明其具体数额往往存在难度。然而，违约行为必然导致守约方可得利益的损失。也正因如此，越来越多的判决逐渐采取了“合理性”的标准，在降低守约方的证明标准的同时，通过法官行使裁量权进行酌定。但这一做法仍然会存在法官裁量权过大的问题。正因如此，《民法典合同编通则解释》从发挥统一法律适用功能作用的角度出发，遵循《民法典》第584条等规定，在总结审判实践经验、吸收学术研究成果、参考借鉴域外做法的基础上，用了3个条文细化规定了可得利益的计算方法。由于替代交易法与市场价格法作为可得利益计算方法第一次在司法解释中予以规定，加之二者之间的紧密关系，故本书用了单独一个专题予以阐述，对于其他可得利益的计算方法以及各个方法之间的关系在此统一予以释解。

## 一、关于利润计算的方法

可得利益即是合同履行后债权人所能够获得的利益，通常认为是纯利润。[1]《民法典合同编通则解释》第60条第1款规定，计算可得利益损失应当扣除成本，即明确了可以将利润作为可得利益损失的计算依据。这一规定参考了《民商事合同纠纷指导意见》第9条的规定。该条规定，可得利益损失可以分为以下三种类型：（1）生产利润损失，如在生产设备和原材料等买卖合同中，买受人本应依托该生产设备和原材料获得的生产利润就属于因出卖人违约而造成的买受人的可得利益损失。（2）经营利润损失，如在承包经营、租赁经营合同以及提供服务或劳务的合同中，因一方违约所造成的相应的经营利润损失就属于此类合同纠纷的可得利益损失。（3）转售利润损失，如在先后系列买卖合同中，因前合同出卖方违约而造成的其后的转售合同出售方可能获得的差价丧失即为其可得利益损失。实际上，完全赔偿原则也要求赔偿不能超过受害人的损失，且受害人不能因此获利。受害人损失的是可得利益，当然不应当包含其为了获得这些利益所必须付出的成本。笔者认为，这一规则是对理论研究成果和审判实务经验的总结，为保持法律适用上的连

---

〔1〕 参见黄薇主编：《中华人民共和国民法典合同编释义》，法律出版社2020年版，第283页。

续性、稳定性，《民法典合同编通则解释》对此予以了吸收和归纳。对利润计算方法的理解需要把握以下两个方面。

其一，计算可得利益需扣除相应成本。《民法典》第584条中的“合同履行后可以获得的利益”或者可得利益损失总额中不应再包含必要成本。原因在于，可得利益损失可能与信赖利益损失存在重合。虽然在合同履行后，当事人可以合理期待收回其成本和相关费用，但就性质而言，当事人为履行合同而付出的成本和费用与其获得合同履行相应的利益之间具有对价关系。此二者不可同时主张，否则就构成了重复赔偿。因此，在计算可得利益时，必须将非违约方为订立、履行合同所支付的成本扣除。

其二，具体的利润计算方法。根据交易的性质、合同的目的等因素，可得利益损失主要分为生产利润损失、经营利润损失和转售利润损失等类型。在计算生产经营利润时，可以考虑以客观的、能够证明的守约方可以获得的上一年度或近几年平均净利润，或者同类同区域同行业的经营者所能够获得的净利润为标准进行计算。如果守约方主张其利润比按照客观方法计算的利润高，此时守约方应承担举证责任；如果违约方主张对方利润比按照客观方法计算所得出的利润低，此时违约方应承担举证责任。[1] 对于经营利润损失和转售利润损失，大致也应当遵循上述规则计算。

## 二、持续性定期合同中可得利益的赔偿

持续性定期合同的违约损害赔偿问题在实务中分歧较大，这其中有对持续性定期合同的认识不到位的问题，也有法律适用规则不明确的原因，从而导致对填平原则的把握不准，在具体裁量时有失公平的问题。正因如此，《民法典合同编通则解释》将此作为一个重点问题进行攻关，遵循《民法典》的规定精神进一步明确了相关的法律适用规则。

### （一）持续性定期合同概述

所谓继续性合同，是指合同的内容并非一次履行即可终止，而是继续履

〔1〕 参见黄薇主编：《中华人民共和国民法典合同编释义》，法律出版社2020年版，第283页。

行以实现合同目的的合同；一时性合同又称一次给付合同，是指合同的内容因一次履行即可实现合同目的的合同。[1] 根据构成要素的不同，继续性合同分为三种类型，即固有的继续性合同、继续性供给合同和继续性交易关系。固有的继续性合同是指在一定期间内持续履行的合同，如租赁合同、雇佣合同、使用借贷合同、保管合同等。这类合同的义务不是一次给付可以完结的，而是表现为一种持续性的状态。继续性供给合同则是指当事人约定在一定期间内一方向他方连续供给定量或不定量的一定种类、品质之物，而由他方按一定标准支付价金的合同。在这类合同中，应交付物品的数量在开始时并不确定，而是随时间连续地增加，具有继续性债务关系的特点，性质上也属于继续性合同。继续性交易关系则是非严格意义上的法律用语，可以视作一种交易关系模式，比如，买卖合同本来是典型的一时性合同，但实际上企业之间的买卖交易在相同当事人之间可能会持续反复地进行，从而产生继续性交易关系。[2] 根据履行期间是否固定的标准，继续性合同又可分为继续性定期合同和继续性不定期合同。这一分类在《民法典》的规定中有相应体现。具体而言，《民法典》规定了不定期租赁合同、不定期合伙合同、不定期保管合同、不定期物业服务合同等。比如，《民法典》第707条规定："租赁期限六个月以上的，应当采用书面形式。当事人未采用书面形式，无法确定租赁期限的，视为不定期租赁。"

《民法典》中没有规定继续性合同的概念，但对其内容作了相应规定。《民法典》第563条第2款规定："以持续履行的债务为内容的不定期合同，当事人可以随时解除合同，但是应当在合理期限之前通知对方。"概言之，以持续履行的债务为内容的合同、非一次履行就会使债务消灭的合同，例如，租赁合同、保管合同、合伙合同等，又被称为继续性合同。[3] 《民法典合同编通则解释》第61条根据《民法典》第563条第2款的规定，将继续性定期合同通过"以持续履行的债务为内容的定期合同"的方式进行表述。虽然学

---

[1] 参见王利明：《合同法研究》（第1卷），中国人民大学出版社2015年版，第33页。

[2] 参见屈茂辉、张红：《继续性合同：基于合同法理与立法技术的多重考量》，载《中国法学》2010年第5期。

[3] 参见黄薇主编：《中华人民共和国民法典合同编释义》，法律出版社2020年版，第232页。

理上对持续性定期合同有所研究，但是由于《民法典》对此没有明确规定，因此，就《民法典合同编通则解释》第 61 条规定的“以持续履行的债务为内容的定期合同”的外延如何理解存有不同认识。笔者倾向于对此作广义理解。这也符合《民法典合同编通则解释》第 61 条的起草目的，该条规定是为了解决实务中长期履行的合同出现违约解除而在确定违约责任时裁判尺度不一致的问题，重在统一法律适用的基础上解决实际问题，不宜过分介入概念上的认识分歧。

同时，应当说，《民法典》明确规定了继续性定期合同和继续性不定期合同的分类。此二者在法律适用方面存在较大不同：其一，在合同解除方面，就继续性不定期合同的解除，根据《民法典》第 563 条第 2 款，继续性不定期合同的当事人有任意解除权，但应当在合理期限之前通知对方。当事人没有在合理期限之前通知对方的，解除通知并非无效，不影响合同解除的效力，但是需要赔偿因未在合理期限前通知对方从而给对方造成的损失，或者解除通知延至合理期限之后才发生效力。[1] 就继续性定期合同的解除，《民法典》未作特殊规定，故应适用合同解除的一般规则，包括法定解除、约定解除及协议解除等。其二，关于解除后的剩余期限问题，继续性不定期合同因为存在任意解除权，故合同解除后不存在剩余期限问题，而继续性定期合同在合同解除后通常会存在剩余期限问题，而且实务中因剩余期限较长引发的纠纷比较突出，如何裁量违约损害赔偿的争议很大。因此，《民法典合同编通则解释》专门对此作了明文规定。至于继续性不定期合同纠纷中有关违约损害赔偿的计算也可能存在裁量的问题，但这整体上属于违约损害赔偿的一般性问题，按照相应的一般性规则解决即可。

关于合同解除的法律后果，依据《民法典》第 566 条第 1 款的规定，合同解除后，尚未履行的，终止履行；已经履行的，根据履行情况和合同性质，当事人可以请求恢复原状或者采取其他补救措施，并有权请求赔偿损失。继续性定期合同解除后，根据履行情况和合同性质通常不能恢复原状，而只能通过向后终止履行并采取违约损害赔偿的方式进行救济。

---

〔1〕 参见黄薇主编：《中华人民共和国民法典合同编释义》，法律出版社 2020 年版，第 233 页。

### （二）继续性定期合同解除后可得利益的计算

**1.《民法典合同编通则解释》采取的基本做法**

在继续性定期合同中，合同当事人面临合作时间长、资源投入大、合同履行的不确定性等明显的困难，可得利益损失的计算一直以来是理论研究和审判实践中的难点问题。对此，主要的分歧点在于剩余期限对于违约损害赔偿的影响问题。一种观点认为，可以以剩余履行期限对应的价款、报酬、租金等为基础计算。主要理由为按照意思自治和有约必守原则的要求，合同明确约定了履行期限，对双方当事人均有约束力，提前解约属于违约行为，剩余履行期限对应的金钱债务属于守约方正常履行合同可以获得的利益，且未超过一方订立合同时预见到或者应当预见到的损失范围。另一种观点则认为，不应简单以剩余履行期限对应的价款、报酬、租金等为基础计算可得利益。主要理由是因一方不履行支付租金等金钱债务导致合同解除的，另一方也负有减损的义务，应在合理期限内寻找替代交易，否则无权就扩大的损失要求赔偿，故应以非违约方寻找替代交易的合理期限对应的租金等为基础计算可得利益。笔者认为，因继续性定期合同履行期限较长，一方不履行支付价款、报酬、租金等金钱债务导致合同解除的，以剩余履行期限对应的金钱债务为基础计算可得利益有违公平原则；按照剩余履行期限计算可得利益，非违约方在能够及时采取替代交易进行减损的情况下也会怠于减损，变相鼓励当事人放任损失的扩大，不利于社会整体交易效率的提升；按照剩余履行期限计算可得利益，还可能造成非违约方双重获益，也不符合诚信原则。故可以确定非违约方寻找替代交易的合理期限，以此期限对应的价款、报酬、租金等为基础计算可得利益。应当说，后一种观点更加符合《民法典》的规定精神，属于适用可预见规则和减损规则的必然逻辑结果。在继续性定期合同中，有的合同解除后剩余履行期限可能长达数年，按照剩余履行期限对应的租金等计算可得利益有悖常理，自然也会超出当事人订立合同时的预见范围。同时，《民法典》第 591 条第 1 款对减损规则作了规定，当事人一方违约后，对方应当采取适当措施防止损失的扩大；没有采取适当措施致使损失扩大的，不得就扩大的损失请求赔偿。换言之，根据减损规则，非违约方必须采取合理的行动以减少损失，及时安排替代交易或采取补救措施。[1] 如果非违约方不及时进行替代交易或采取其他补救措施，而任由损失的扩大，比如，承租人违约后出租人将租赁房屋长期空置，就损失扩大的部分无权请求违约方赔偿，也因此不能以剩余履行期限对应的租金等为基础计算可得利益。实务中也多采这一做法。比如，在**大连市中山区亨得利眼镜专卖店、大连市中山区宜美多眼镜超市房屋租赁合同纠纷案**[2]中，最高人民法院生效裁判认为，在经营性租赁合同中，承租人的损失主要表现为寻找替代性租赁场所期间因不能正常经营而导致的损失，即使有关鉴定意见等证据可以认定守约方在合同约定的整个剩余租期内的可得利益，但依照原《合同法》第119条之规定，非违约方负有减损义务，作为承租人的非违约方应当积极寻找替代性租赁场所，不能坐等违约损失进一步扩大。如果自合同解除之日起至合同约定的租赁期届满之日的时间较长，该期间的经营损失不应得到全额赔偿。

在综合各方面意见和总结审判实践经验的基础上，《民法典合同编通则解释》第61条采纳了后一种观点，采取了以寻找替代交易的合理期限作为基准并综合考量各种因素计算可得利益损失的做法，该条第1款规定："在以持续履行的债务为内容的定期合同中，一方不履行支付价款、租金等金钱债务，对方请求解除合同，人民法院经审理认为合同应当依法解除的，可以根据当事人的主张，参考合同主体、交易类型、市场价格变化、剩余履行期限等因素确定非违约方寻找替代交易的合理期限，并按照该期限对应的价款、租金等扣除非违约方应当支付的相应履约成本确定合同履行后可以获得的利益。"第2款进一步规定："非违约方主张按照合同解除后剩余履行期限相应的价款、租金等扣除履约成本确定合同履行后可以获得的利益的，人民法院不予支持。但是，剩余履行期限少于寻找替代交易的合理期限的除外。"这一规定有利于避免双方当事人权利义务明显失衡，也有利于鼓励当事人及时进行替代交易、防止一方恶意放任损失的扩大，从而能够避免资源的闲置浪费，促进交易的繁荣活跃和资源的有效利用。

---

〔1〕 参见张梓萱：《替代交易与继续履行请求权》，载《南大法学》2022年第1期。
〔2〕 参见最高人民法院民事裁定书，（2021）最高法民申1914号。

### 2. 寻找替代交易合理期限的确定

《民法典合同编通则解释》第 60 条第 2 款明确规定了替代交易法和市场价格法的一般规则。就继续性定期合同中有关违约损害赔偿的计算而言，因履行期限长、当事人投入大、市场风险不确定、后续履行不确定等因素，适用替代交易法或者市场价格法的有关规则无疑更有优势。正因如此，《民法典合同编通则解释》第 61 条第 1 款采取了以“非违约方寻找替代交易的合理期限”作为计算可得利益的基准的做法。有观点认为，这一规则实际是替代交易规则在继续性定期合同中适用的具体化。笔者认为，这一理解具有一定的片面性，因为替代交易法的适用需以已经实际发生替代交易为前提，即替代交易的发生是真实具体的。该条规定的仅是参考合同主体、交易类型、市场价格变化、剩余履行期限等因素来确定非违约方寻找替代交易的合理期限。

具体而言，在继续性定期合同中，非违约方应当在对方拒绝履行合同后的合理期间内开始行动，寻找替代交易，而不能拖延不决，以对方的利益为代价进行市场投机，或利用剩余履行期限绑架合同相对方的利益，甚至意图双重获利。以租赁合同为例，承租方提前解约的，违约损失不能按照剩余履行期限对应的租金计算，否则可能会导致出租方怠于另行寻租，或者将标的物另租后双重获利；出租方提前解约的，承租人不能要求出租人赔偿其剩余租期内全部经营利润亏损，否则将使承租人在不需要继续投入任何经营成本的情况下，直接获取经营利润。因此，有必要由人民法院为非违约方指定一个寻找替代交易的合理期限。[1] 在确定这个合理期限的问题上，《民法典合同编通则解释》明确了合同主体、交易类型、市场价格变化、剩余履行期限等参考因素，进而应按照该期限对应的价款、报酬、租金等确定非违约方在合同履行后可以获得的利益。就合同主体的问题，主要要考虑民商事主体抑或普通自然人与商人在缔约能力尤其是寻找替代交易的能力方面的差异。交易类型既涉及不同合同类型，也涉及相同合同类型中的不同情况，这是市场交易复杂性的自然体现，当然属于酌定上述合理期限的重要参考因素。而且，

---

〔1〕 参见最高人民法院民事审判第二庭、研究室编著：《最高人民法院民法典合同编通则司法解释理解与适用》，人民法院出版社 2023 年版，第 690 页。

交易类型也蕴含着替代交易的市场活跃程度等因素，这里又会与相应交易本身的复杂程度、替代的可能性以及交易对象的资质条件密切相关，替代对象越稀少、替代交易越困难，此合理期限自然要更长一些，否则会对守约方有失公平。此外，按照常理，市场价格的变化、剩余履行期限的长短都会影响当事人寻找替代交易的积极性，比如，在剩余履行期限较短的情况下，当事人解除合同而另寻交易对象的积极性自然会降低。在此基础上，再根据该合理期限对应的价款、租金等扣除非违约方应当支付的相应履约成本，确定合同履行后可以获得的利益。

需要注意的是，由于该条确定的综合各种因素来确定寻找替代交易的合理期限的做法的法理基础是守约方的止损义务，而守约方的止损义务系以违约方的违约行为为前提。换言之，毕竟是违约方的违约行为在先，由此才引发了守约方的后续寻找替代交易的义务，这时合理期限不宜界定过苛。有必要将违约方的违约行为甚至是过错情况作为基础性因素予以考量，对上述合理期限采取适当从宽的认定，由此才能真正发挥违约损害赔偿中救济损害与预防违约、鼓励交易方面的功能作用。

对于《民法典合同编通则解释》第 61 条第 2 款的适用，一方面，要注意其中明确的“非违约方主张按照合同解除后剩余履行期限相应的价款、租金等扣除履约成本确定合同履行后可以获得的利益的，人民法院不予支持”，意在对实践中的争议问题予以回应，与第 1 款的内容形成了呼应。另一方面，对此也不能作绝对化理解，从而将“剩余履行期限少于寻找替代交易的合理期限”的情形排除在外。也就是说，当事人主张按照剩余履行期限相应的价款、报酬、租金等扣除履约成本后计算可得利益，经法院审查该剩余履行期限不超过寻找替代交易的合理期限的，人民法院应尊重当事人的处分权，支持当事人的请求。而且从价值导向上看，这种情况下已经不存在守约方通过拖延进行替代交易的时间来获得不当利益的可能。

### （三）其他需要注意的问题

就继续性定期合同的违约损害赔偿问题，还要注意的是：

其一，《民法典合同编通则解释》第 61 条规定的综合各种因素确定寻找替代交易的合理时间进而确定违约损害赔偿数额的做法需以合同解除为前提，同时也要遵循替代交易（无论是抽象还是具体的替代交易）的基本规则。比如，交易标的本身具有可替代性，市场中存在可替代的对象。而且，通常而言，此替代交易的进行不能成本过巨，如果成本过巨，如超过守约方本来的可得利益，这时不能认为该替代交易为合理，进而也就难言寻找此替代交易的时间为合理。

其二，该条规定的继续性定期合同违约损害赔偿的计算方法，不宜理解为司法解释对此的特别规定而径行适用这一规定。一方面，对于该条规定的适用，要以当事人主张为前提，如果当事人没有主张以替代交易法（已具体进行了替代交易）、市场价格法（没有具体进行替代交易而是按照市场中可替代的交易的价格）或者以违约后的剩余期限来计算违约损害赔偿的数额，则该条规定的规则并无适用空间，当然若经过人民法院释明后当事人对相应的诉讼请求作了变更，则另当别论；另一方面，《民法典合同编通则解释》第61条虽然是直接针对继续性定期合同作出的规定，但其与第60条的规定不构成特别规定与一般规定的关系，第61条仅是针对继续性定期合同有关违约损害赔偿方面存在的突出问题作出的规定，意在解决问题，而无限制当事人选择权利的目的。实务中，当事人主张以第60条规定的一般方法计算违约损害赔偿的，人民法院自无否定之理，但当事人应当按照此方法，特别是第60条第1款规定的利润计算法进行计算，这时应当构成违约损害赔偿计算方法的择一适用关系。只是在涉及具体的替代交易以及运用市场价格法时，需要综合运用第60条第2款和第61条规定的内容。

其三，继续性定期合同的解除要充分考虑合同能否继续履行的问题。这主要是因为继续性定期合同中往往存在履行非金钱义务一方当事人前期投入比较大的情况，一旦解除造成的破坏也比较大，而且，依照法理，金钱债务不存在法律上或事实上不能继续履行的问题。但是，这时也要考虑此合同中有关人身信任或者合作关系对合同履行的影响，因为如果继续履行，在双务合同中意味着守约方也要继续履行相应的义务；还要考虑市场环境或者客观条件的变化等因素，避免衍生出更多的纠纷，由此来综合判断守约方提出的继续履行的诉讼请求。不适宜继续履行的，人民法院应当依法行使好释明权，释明其中的利害，告知相应的风险，引导当事人对其诉讼请求作出合理判断。

其四，要注意法律、司法解释的特殊规定。作为对《民法典》合同编通则相应规定的解释，相较于《民法典》合同编分则部分以及其他法律或者司法解释的规定，《民法典合同编通则解释》第61条是对继续性定期合同违约损害赔偿计算的一般规定，如果《民法典》合同编分则或者其他法律、司法解释有特别规定，当然要依照该规定处理。比如，依据《民法典》第915条，储存期限届满，存货人或者仓单持有人应当凭仓单、入库单等提取仓储物。存货人或者仓单持有人逾期提取的，应当加收仓储费；提前提取的，不减收仓储费。在仓储合同订立过程中，对保管人而言其已经为保管行为做了履行准备，且合同履行过程中已经占有了其仓储条件，为保护保管人对于合同履行完毕之后所获得收益的预期，保管人在此种情况下无须减收仓储费。当然，由于存货人或仓单持有人提前提取仓储物且不减收仓储费，对于保管人而言并无不利益，相反节省了保管人的保管支出，故此种情况下也不应认定存货人或仓单持有人不构成违约。[1]

### 三、综合多种因素酌定的兜底方法

由于合同案件的复杂多样性以及可得利益本身的抽象性，仅仅从损失的角度通过有关的计算方法和举证责任规则的安排，仍然会因当事人举证能力不足而出现不公平的后果，还可能存在法官裁量缺乏依据的问题。为此《民法典合同编通则解释》明确了用违约方所获利益作为计算守约方可得利益损失的一个路径，同时考虑到经济社会生活的复杂性，并没有将违约方所获利益作为计算违约损害赔偿的基本标准，而是作为一个参考因素，旨在从统一裁判尺度和公平救济守约方权益方面给予指引。

〔1〕 参见最高人民法院民法典贯彻实施工作领导小组主编：《中华人民共和国民法典合同编理解与适用（四）》，人民法院出版社2020年版，第2439－2450页。

## （一）违约获利标准的引入

### 1. 以所获利益作为赔偿损失标准的实践

以所获利益作为赔偿损失的标准，在侵权领域，特别是知识产权侵权领域已经存在。早在2001年，原《最高人民法院关于确定民事侵权精神损害赔偿责任若干问题的解释》第10条中规定的关于确定精神损害的赔偿数额的因素中，“侵权人的获利情况”就是重要参考因素之一。[1] 由此，在侵害他人人身权益的情况下，可将侵权人的获利情况作为司法实践中确定赔偿数额的重要因素。以所获利益来赔偿受害人损失，在知识产权领域也早有实践，如《专利法》（2000年修正）第60条规定：“侵犯专利权的赔偿数额，按照权利人因被侵权所受到的损失或者侵权人因侵权所获得的利益确定；被侵权人的损失或者侵权人获得的利益难以确定的，参照该专利许可使用费的倍数合理确定。”现行《专利法》（2020年修正）第71条规定：“侵犯专利权的赔偿数额按照权利人因被侵权所受到的实际损失或者侵权人因侵权所获得的利益确定；权利人的损失或者侵权人获得的利益难以确定的，参照该专利许可使用费的倍数合理确定。对故意侵犯专利权，情节严重的，可以在按照上述方法确定数额的一倍以上五倍以下确定赔偿数额。权利人的损失、侵权人获得的利益和专利许可使用费均难以确定的，人民法院可以根据专利权的类型、侵权行为的性质和情节等因素，确定给予三万元以上五百万元以下的赔偿。赔偿数额还应当包括权利人为制止侵权行为所支付的合理开支。人民法院为确定赔偿数额，在权利人已经尽力举证，而与侵权行为相关的账簿、资料主要由侵权人掌握的情况下，可以责令侵权人提供与侵权行为相关的账簿、资料；侵权人不提供或者提供虚假的账簿、资料的，人民法院可以参考权利人的主张和提供的证据判定赔偿数额。”《著作权法》第54条第1款中规定：“侵犯著作权或者与著作权有关的权利的，侵权人应当按照权利人因此受到的实际损失或者侵权人的违法所得给予赔偿；权利人的实际损失或者侵权人的违法

---

〔1〕 2020年修正的《最高人民法院关于确定民事侵权精神损害赔偿责任若干问题的解释》第5条对此作了保留。

所得难以计算的，可以参照该权利使用费给予赔偿。”原《侵权责任法》在总结有关经验的基础上明确了以侵权人获利为标准的赔偿方式。

在此后的审判实践中，原《最高人民法院关于审理利用信息网络侵害人身权益民事纠纷案件适用法律若干问题的规定》（法释〔2014〕11号）第18条又对有关可得利益的赔偿问题在利用信息网络侵害人身权益领域作了细化，该条前两款规定：“被侵权人为制止侵权行为所支付的合理开支，可以认定为侵权责任法第二十条规定的财产损失。合理开支包括被侵权人或者委托代理人对侵权行为进行调查、取证的合理费用。人民法院根据当事人的请求和具体案情，可以将符合国家有关部门规定的律师费用计算在赔偿范围内。被侵权人因人身权益受侵害造成的财产损失或者侵权人因此获得的利益无法确定的，人民法院可以根据具体案情在50万元以下的范围内确定赔偿数额。”《民法典》第1182条在总结以往实践、综合有关方面意见的基础上将“所获利益标准”提升到与所受损失标准并列的高度，作为计算被侵权人损害的一般标准，该条规定：“侵害他人人身权益造成财产损失的，按照被侵权人因此受到的损失或者侵权人因此获得的利益赔偿；被侵权人因此受到的损失以及侵权人因此获得的利益难以确定，被侵权人和侵权人就赔偿数额协商不一致，向人民法院提起诉讼的，由人民法院根据实际情况确定赔偿数额。”〔1〕此主要考虑是，对于一些侵害人身权益的行为，被侵权人的财产损失难以确定，尤其是在被侵权人的名誉受损、知识产权被侵权等情况下，很难确定财产损失。在此情形下，侵权人如何赔偿，怎样确定赔偿数额是困扰司法实践的难题。这时采取“所获利益标准”，赋予被侵权人一定的选择权，在被侵权人因侵权行为受到的损失和侵权人因侵权行为获得的利益赔偿中进行选择，这样既能使被侵权人有效获得赔偿，实现公平正义，又能有效遏制与震慑侵权行为。〔2〕

**2. 违约获利标准对解决违约损害赔偿的难题具有积极作用**

与上述情形类似，实践中大量存在当事人的可得利益损失难以计算，而

---

〔1〕本条后段对于法官在确定损失时裁量权的规定，即是对损失多少举证到达“合理性”的承认，对于违约损失的认定也具有参考意义。

〔2〕参见黄薇主编：《中华人民共和国民法典侵权责任编释义》，法律出版社2020年版，第54页。

违约方却可以利用违约获得巨额利益的情形，特别是恶意违约的违约方认识到非违约方不能证明损失的存在或者难以证明损失的存在，以及传统合同法“以损害为中心”的合同救济方式不能威慑违约行为，进而实施违约行为。如果这种现象得到放任，合同就不能得到尊重，合同制度的功能将难以发挥。[1] 针对实践中存在违约方因为合同违约而获利的情况，在实务中也存在采取其他的违约计算方法仍无法确定非违约方因合同违约所遭受的可得利益损失的情形下，采用获利标准进行裁判的案例，积累了一定的经验。比如，在武汉市某房地产开发有限责任公司与潘甲、张某、潘乙房屋买卖合同纠纷案[2]中，法院生效裁判认为，本案导致房屋买卖合同目的不能实现的主要原因是出卖方违背诚实信用原则，为谋取更大的利益而一房二卖，出卖方应当承担民事法律责任，除返还买受方已支付的购房款外，还应当按照出卖方的违约获利情况（房屋现有价格扣除原购房价）赔偿买受方可得利益损失。

针对实务中普遍存在的违约损害赔偿数额举证难、认定难以及由此导致的裁判尺度不一的问题，按照违约方禁止获利原则的要求，《民法典合同编通则解释》在总结审判实践经验的基础上规定了人民法院可以根据当事人的主张，违约方的获利作为确定守约方损失的一个重要因素。其第 62 条规定：“非违约方在合同履行后可以获得的利益难以根据本解释第六十条、第六十一条的规定予以确定的，人民法院可以综合考虑违约方因违约获得的利益、违约方的过错程度、其他违约情节等因素，遵循公平原则和诚信原则确定。”

### （二）违约获利是计算违约损害赔偿的兜底方法中的一个重要酌定因素

如上文所述，《民法典合同编通则解释》第 62 条引入了违约获利标准。在《民法典合同编通则解释》起草过程中，曾专门将违约获利标准作为一个后位标准，即兜底规则予以规定。但对此的分歧较大，有意见认为，这种损害赔偿计算方法的适用可能会造成社会资源的浪费。另外，以违约方的获利确定守约方的损失对于人民法院的判断具有很强的依赖性，容易使法官滥用

---

〔1〕 参见孙良国：《违约责任中的所获利益赔偿研究》，载《法制与社会发展》2008 年第 1 期。
〔2〕 参见湖北省武汉市中级人民法院民事判决书，（2014）鄂武汉中民终字第 00047 号。

裁量权。因此，对违约获利标准的适用还有必要作进一步限制或者降格。最终《民法典合同编通则解释》第 62 条仅是将违约获利标准作为计算违约损害赔偿的兜底方法中的一个重要酌定因素，而没有将其上升为一般规则，更没有赋予守约方可以就因违约行为遭受的损失或者违约方因此获得的利益进行选择的权利。主要理由在于：

其一，《民法典》对此并无明文规定。从《民法典》规定的内容上看，《民法典》在侵权责任编中明确规定了被侵权人的这一选择权，但在合同编中有关违约损害赔偿部分对此并没有规定。对此，不能简单认为构成法律漏洞，而是要考虑立法者对此有专门的考量。但从《民法典》并未规定损害赔偿的一般规则，侵权责任编有关损害赔偿的规定实质上能够发挥损害赔偿一般规则功能的角度出发，在合同编可以探索将违约方所获利益作为计算守约方损失的一个重要因素。特别是，侵权责任编将“获利标准”作为一般规则也是经历了大量的立法实践经验总结，原《侵权责任法》长时间将此作为后位规则，而《民法典》最终将此上升为一般规则。在合同编没有明确规定“获利标准”的情况下，不宜直接将其作为一般性的计算可得利益的方法，但有必要给予其一定的探索适用空间。

其二，《民法典》第 1182 条专门针对的是侵害人身权益造成财产损害的情形，而合同编针对的是交易流转关系，其指向的基本上是财产权益，从权利属性甚至权利位阶上讲，二者有本质不同，由此决定了就违约损害赔偿案件不能简单参照适用《民法典》第 1182 条的规定。但是，此二者又具有很强的相似性，即都存在损失难以认定或者量化的问题，而且最终都指向财产损失，故又有共通之处。

其三，从合同案件本身的复杂性上看，合同案件数量庞大、类型复杂，本身采取“获利标准”是为了公平，“一刀切”式地允许守约方选择适用，可能会出现另外的不公平。因为获利毕竟不是直接损失，而违约方获利的原因是复杂的，涉及其自身人力、智力、物力、财力方面的付出，且涉及对社会财富增加的激励等问题。因此，将获利标准直接上升为一般规则，允许当事人选择，容易引起新的不公平，增加不必要的纠纷。但是，如果对于违约获利一概不予剥夺，又会出现严重违反诚实信用原则甚至给人以鼓励“效率违约”的误解。

其四，从价值导向上看，交易的开展、财产的流转通常是对经济社会发展有益的。在资源有限的背景下，确实会存在违约后合同标的物发挥更大效用的可能，而且有些效用是有利于经济社会发展甚至公益的，一概将违约方对此的获利剥夺，必然会影响上述资源效用的发挥。但是，不加限制地适用这种损害赔偿计算方法可能会在长远上妨碍合同订立和合同进入，降低合同效率。[1] 因此，在当前情况下将“获利标准”作为计算违约损害赔偿的兜底方法中的一个重要参考因素的做法更加符合实践需要，也能够更好地平衡各方利益，促进公平与效率。

最终在综合各方面意见的基础上，《民法典合同编通则解释》第 62 条将有关违约酌定因素整合为违约方因违约获得的利益、违约方的过错程度以及其他违约情节等。由此，也将违约方所获利益明确为人民法院酌定违约损害赔偿的一个重要因素，而非作为单独的损害赔偿计算方法来进行规定，既回应违约获利本身具有复杂性的现实，又可为复杂的违约损害赔偿提供一个公平合理的解决路径，也为审判实务的进一步探索留下了空间。

### （三）适用计算违约损害赔偿的兜底方法应注意的问题

#### 1. 需要综合考虑的因素

依据《民法典合同编通则解释》第 62 条的规定，人民法院可以综合考虑违约方因违约获得的利益、违约方的过错程度、其他违约情节等因素，遵循公平原则、诚信原则确定在合同履行后可以获得的利益。

其中，过错虽然不是违约责任成立的要件，但是过错大小对违约责任的承担尤其是结合违约获利因素来酌定违约损害赔偿数额应当有一定影响。尤其是在恶意违约的情况下，比如，卖方签订买卖合同后遇市场价格上涨，为谋求更大利益将标的物卖给第三方，这时基于其恶意的主观状态对其获利进行剥夺也符合诚信原则的要求。但是在违约方并非恶意的情况下，或者仅是过失的情况下，对其获利进行剥夺就有失公平，这时综合各种因素确定守约

[1] 参见孙良国：《违约责任中的所获利益赔偿研究》，载《法制与社会发展》2008 年第 1 期。

方的可得利益损失较为妥当。而对于违约情节，将其作为酌定违约损害赔偿的重要因素也属于审判实践经验的总结，比如，《第八次全国法院民事商事审判工作会议（民事部分）纪要》使用了“违约情节”的表述，其第33条规定：“发包人不履行告知变更后的施工方案、施工技术交底、完善施工条件等协作义务，致使承包人停（窝）工，以至难以完成工程项目建设的，承包人催告在合理期限内履行，发包人逾期仍不履行的，人民法院视违约情节，可以依据合同法第二百五十九条、第二百八十三条规定裁判顺延工期，并有权要求赔偿停（窝）工损失。”概言之，违约情节具体包括违约行为的类型、方式、次数、程度等。

此外，《民法典合同编通则解释》起草过程中曾将违约方的资质信誉、专业技术能力对获得该利益的作用等因素也作为酌定非违约方在合同履行后可以获得的利益的因素。如此规定的理由在于，违约方获得利益可能是违约方自身的能力或者努力等因素使然，此种利益并不能一概归属于非违约方。此时违约方的获利情况只能作为确定非违约方可得利益损失的参考因素。

**2. 几个方法之间的适用关系**

通过对上述方法的概括可以知道，此兜底计算违约损害赔偿的方法当然是在难以根据《民法典合同编通则解释》第60条、第61条的规定来确定非违约方在合同履行后可以获得的利益时方可适用。也就是说，这种损害赔偿计算方法在各类损害赔偿计算方法的适用顺位上是殿后的。《民法典合同编通则解释》第60条、第61条、第62条共同组成了可得利益的计算方法规则体系。综合这三条的规定，从体系解释的角度看，可得利益计算方法和适用顺位如下：首先，《民法典合同编通则解释》第61条属于计算继续性定期合同中可得利益的专门规定，根据守约方的主张，可以在相应案件中优先适用，但是这并不能排除守约方选择适用第60条有关违约损害赔偿计算的一般方法的规定。其次，《民法典合同编通则解释》第60条的规定对于全部类型的合同均适用。但是具体到该条内部，几个计算方法之间仍然是择一适用的关系。具体而言，守约方可以根据实际情况，如举证方面的难易程度，选择适用不同的计算方法。但就替代交易法和市场价格法而言，守约方的选择权体现在其是否进行了替代交易。如果进行了替代交易，则可以按照替代交易法计算，这时也并未排除当事人的选择权；但是，如果没有进行替代交易，则应当按照市场价格法计算。从这个角度讲，市场价格法与替代交易法之间既存在选择关系，又存在补充适用的关系。最后，《民法典合同编通则解释》第 62 条规定的可得利益计算方法为兜底的方法，只有在难以根据前面两个条文确定非违约方在合同履行后可以获得的利益的情况下才能适用。

# 第二十六讲

## 违约损害赔偿确定规则的细化完善与司法适用



违约损害赔偿，是指行为人违反合同约定造成对方损失时，行为人向受害人支付一定数额的金钱以弥补其损失，是运用较为广泛的一种责任承担方式。赔偿的最基本的目的是补偿损害，使受到损害的权利得到救济，使受害人能恢复到受到损害前的状态。[1] 就违约损害赔偿的计算问题，除了可得利益与实际损失一并计算的要求之外，在责任限额以及最终损害赔偿数额的确定上，还需要体系化适用可预见性规则、与有过失规则、损益相抵规则以及损害扩大至防免规则。《民法典合同编通则解释》第 63 条在《民法典》第 584 条、第 591 条的基础上，对上述这些规则的具体适用作了规定。该条分 3 款规定："在认定民法典第五百八十四条规定的'违约一方订立合同时预见到或者应当预见到的因违约可能造成的损失'时，人民法院应当根据当事人订立合同的目的，综合考虑合同主体、合同内容、交易类型、交易习惯、磋商

〔1〕 参见黄薇主编：《中华人民共和国民法典合同编释义》，法律出版社 2020 年版，第 281 页。

过程等因素，按照与违约方处于相同或者类似情况的民事主体在订立合同时预见到或者应当预见到的损失予以确定。”“除合同履行后可以获得的利益外，非违约方主张还有其向第三人承担违约责任应当支出的额外费用等其他因违约所造成的损失，并请求违约方赔偿，经审理认为该损失系违约一方订立合同时预见到或者应当预见到的，人民法院应予支持。”“在确定违约损失赔偿额时，违约方主张扣除非违约方未采取适当措施导致的扩大损失、非违约方也有过错造成的相应损失、非违约方因违约获得的额外利益或者减少的必要支出的，人民法院依法予以支持。”

## 一、可预见性规则的细化适用

### （一）可预见性规则概述

可预见性规则要求在确定损害赔偿的范围时应将不可预见的损害从赔偿的范围中扣除，以可预见的损害作为对赔偿责任的限制。这对于合理地确定赔偿范围和交易风险、鼓励当事人从事交易活动、维护当事人利益具有十分重要的作用。[1]

《民法典》第584条后段规定了可预见性规则的基本内容，即违约损害赔偿额不得超过违约一方订立合同时预见到或者应当预见到的因违约可能造成的损失。掌握这个限额，可以按照违约一方当事人在订立合同时的预期利益来考虑。[2] 依据这一规定，可预见性规则的主要内容如下：

第一，预见的主体是违约方，而不是非违约方。之所以将预见的主体确定为违约方，是因为可预见性规则限制的是违约方的赔偿责任，违约方承受的不利益必然受到其合理预见范围的限制。

第二，预见的时间为“订立合同时”。因为订立合同时，当事人正在磋商确定交易条件，这直接受当事人所掌握的信息影响，而违约方掌握的信息是确定其预见范围的基础。订立合同后违约方获取的信息会扩展其预见的范围，

---

〔1〕参见王利明：《违约责任论》（修订版），中国政法大学出版社2000年版，第449－451、453页。

〔2〕参见杨立新：《合同法》（第2版），北京大学出版社2022年版，第321页。

但新获取的信息与交易条件的确定无关，让违约方的责任随订立合同后获取的信息量的增加而扩张，会破坏当事人的利益平衡。

第三，预见的判断标准采客观说。依据《民法典》第584条的规定，法官应当将自己放到此缔约场景中，按照与违约方处于相同或类似情况的理性人的标准来确定违约方预见能力。但是，在特殊情形下，如果违约方的预见能力高于一般人的预见能力，就应当按照其实际的预见能力来确定损害赔偿的范围。不过，对于违约方的特殊预见能力，非违约方应负举证责任。如果非违约方不能证明违约方具有高于一般人的预见能力，则应当以社会一般人的预见能力为准。[1] 应当说，即使是客观标准，也并非所有合同类型均适用同一标准。对于不同的交易领域、不同的交易主体、不同的交易类型，应适用该领域（民事合同与商事合同）、该类主体（消费者与经营者）、该交易类型（日常性合同与投机性合同）的客观标准。因此，客观标准也是具体化的，可以区分为老百姓式的标准、一般理性人标准、专家式的标准，甚至投机性标准。[2]

由于可预见性规则本身较为抽象，如何准确理解适用可预见性规则，在实践中是一个难点，有必要根据相关审判实践经验予以细化，以尽量给予法官明确、具体的指引。正因如此，《民法典合同编通则解释》在总结审判实务经验、学习理论研究成果的基础上，对适用可预见性规则的具体考量因素和预见的内容作了规定。

### （二）适用可预见性规则的具体考量因素

对于可预见损失的判断，《民法典合同编通则解释》第63条第1款采用了动态系统论的方法，规定了几个重要参考因素。这是在可预见性规则本身的抽象性和社会实践本身的复杂性的背景下，能够采取的尽可能可行的做法。从法理上讲，可预见性规则是一个复合价值构造，其背后存在不同的限制责任的价值，各种价值通过派生出具体因素来影响对可预见性的判断，这决定

〔1〕参见王利明：《违约责任论》（修订版），中国政法大学出版社2000年版，第498页。

〔2〕参见杜万华主编：《中华人民共和国民法典实施精要》，法律出版社2021年版，第442页。

了可预见性规则无法直接给出定型化的标准。有观点指出，可预见性规则蕴含三重价值：第一，私法自治。可预见损失表明违约方在缔约时默示承担的损失赔偿范围。第二，给付均衡。可预见性判断与合同风险平均分配的思想相关联。第三，交易效率。可预见性规则意在鼓励交易和提高经济效率。[1]鉴于市场交易的复杂性和可预见性规则本身的抽象性，有必要运用动态系统论的思维，为可预见性规则提供一个相对明确又富有弹性的判断标准，给法官一个相对可操作的指引。为此，《民法典合同编通则解释》第63条列明了判断可预见性的具体参考因素，即以合同目的、合同主体、合同内容为基础，结合交易类型、交易习惯、磋商过程等因素。这些参考因素又可分为两个层次：

**1. 基本判断因素**

基本判断因素包括合同目的、合同主体、合同内容。合同当事人是专业的商事主体还是普通的民事主体对当事人的预见能力、注意义务有很大影响。比如，守约方是生产企业，那么通常违约方应当预见到生产利润损失，而不应预见到转售利润损失。旅客因飞机误点错过了一笔买卖，要求赔偿其因该笔买卖所获得的利益，但航空公司在售票时无法预见到此损失，故此损失不应予以赔偿。一个清洁公司向制造商订购了一台最新的大型清洁机器，但该机器延迟半年交货，制造商应当赔偿因延迟交货给清洁公司造成的利润损失，因为制造商能够预见到清洁公司打算立即使用该机器。但是，该机器如果按时交付，清洁公司本来能够和他人订立一个高额合同，制造商就此损失不应予以赔偿，因为制造商无法预见到该损失。[2] 又如，在**大连市甘井子区革镇堡镇其村村民委员会与大连某实业总公司合同纠纷案**[3]中，最高人民法院生效裁判认为，案涉“三新”工程及前期土地整理工作整体工程浩大，资金缺口较大，某村村民委员会对于该情况应有合理的预判，在其违约导致合同不

---

〔1〕 参见李亮：《违约损害可预见性判断标准的动态体系论》，载梁慧星主编：《民商法论丛》（第72卷），社会科学文献出版社2021年版，第27－45页。

〔2〕 参见黄薇主编：《中华人民共和国民法典合同编释义》，法律出版社2020年版，第284－285页。

〔3〕 参见最高人民法院民事判决书，（2019）最高法民终1998号。

能履行的情况下，守约方为履行合同支付款项产生必要的利息损失，在该村民委员会可预见范围内，应属其赔偿范围。同样，合同是否载明了一方的合同目的，以及当事人是否在订约时通过其他途径知悉对方订立合同的目的也直接影响预见范围。上面所提到的例子中，清洁公司明确告知了制造商，其购买机器是为了转卖，则该制造商就不能以其对此不能预见为由否认自身违约责任的承担。甚至在交易双方都是商事主体的情况下，双方应当相互对另一方的经营、转售获利情况有所预见。这也应当被纳入是否为违约方所预见的考虑因素中，而不能动辄以其不能预见来抗辩不承担责任。

**2. 参考判断因素**

参考判断因素包括交易类型、交易习惯、磋商过程等。比如，某些交易类型本来就是高风险、高收益的，或者有相应的行业惯例、交易习惯，有关可预见性规则自然要体现此行业领域或者交易类型的特点。还有，当事人磋商过程中的有关事项，即使没有被当事人明确约定为合同条款，也应当作为可预见性规则适用的参考因素，如当事人之间存在长期交易合作关系的情况。例如，零件供应商与生产商之间存在长期供货关系，如果长期以来违约方对守约方的经营模式以及订约目的和获益情况都十分了解，则违约方对其违约行为给守约方正常经营造成的损失具有更强的预见能力，也有相应的预见义务。有关风险的类型不同，风险本身的预见可能性差别很大。最高人民法院生效裁判认为，国家行政法规明确禁止在风景区采矿，即便地方政策执行宽松，矿业公司对政策的走向也应当有所预见，之后当地政策逐步收紧导致探矿权不能延续，对于矿业公司而言不属于意外风险，而是商业风险。[1] 在法律已经有明确规定时，即使地方政策发生变化，该类风险也是应当预见的。[2] 尤为重要的是，对于当事人的明示或者特别约定，在不违反法律强制性规定或者公序良俗的情况下，在适用可预见性规则时需要予以尊重。这一方面是意思自治原则的要求，另一方面也符合违约方可预见范畴的本质要求。既已明知，又有对价，还以不能预见为由否认自身责任的承担，也是严重违

〔1〕 参见最高人民法院民事判决书，(2019) 最高法民终827号。

〔2〕 参见杜万华主编：《中华人民共和国民法典实施精要》，法律出版社2021年版，第442页。

反诚信原则的。[1]

（三）预见的内容

对于预见的内容，目前的争议主要在于预见的内容是仅限于损失的类型，还是也包括损失的程度（数额）。支持纳入损失的程度（数额）的观点认为：其一，从《民法典》第584条的表述来看，不得超过预见到或者应当预见到的损失限制的是该条前半句的“损失赔偿额”，预见内容应包括损失额度。其二，违约造成的损失从本质上看就是经济损失。经济损失必然有额度，没有额度无法操作。其三，将损失程度纳入预见范围可以更好地契合意思自治的精神。反对将损失的程度（数额）纳入的观点则认为：其一，我国法律条文没有指明预见对象，宜解释为仅需预见损失的类型。其二，当事人难以精准预见违约将造成的损失数额，在一切案件中均要求预见损害程度会给被告过多免于承担责任的机会。《国际商事合同通则》仅承认可预见损害的性质或类型，而不包括损害的程度。《国际商事合同通则》第7.4.4条规定的“不履行方当事人仅对在合同订立时他能预见到或理应预见到的、可能因其不履行而造成的损失承担责任”的注释中就“预见的内容”表述为：“可预见性与损害的性质或类型有关，但与损害的程度无关，除非这种程度使损害转化为另一不同类型的损害。”[2] 考虑到这一问题分歧较大，《民法典合同编通则解释》第63条并没有明确规定预见的具体内容，审判实践中可进一步积累经验。对此，笔者倾向于认为，在考虑违约方应当预见的内容时，应根据各种具体情况作出不同的判断。如当事人本身是否以某一交易为业、双方当事人之间的关系、当事人对对方的了解程度、标的物的种类和用途等情况。比如，买受人购买机器设备通常会获得利润，那么对于通常的利润损失的金额，违约方应当预见。买受人购买该设备以后，以不寻常的方式加以利用，从而获取很多利润的，出卖人一般是不能预见的。但如果出卖人对买受人的使用目

〔1〕 参见最高人民法院民事审判第二庭、研究室编著：《最高人民法院民法典合同编通则司法解释理解与适用》，人民法院出版社2023年版，第710页。

〔2〕 韩世远：《合同法总论》（第4版），法律出版社2018年版，第796页。

的和方法十分了解，则此种利润损失也可属于出卖人的预见范围。[1]

此外，对于连环交易中守约方因违约方的违约行为又向其合同相对方承担违约损害赔偿责任的情形，守约方的这一支出能否向违约方主张的问题，在实务中存有很大争议。对此，一方面，应当遵循损害赔偿的填平原则，不能使守约方因违约方的违约行为而额外获利，此属于审理此类案件的一般规则。这其中就要考虑有没有采取替代性措施，如替代交易，如果进行了相应的替代交易，在此替代交易所恢复的交易范围内，有关额外支出不应列入赔偿范围，对此部分只需要按照替代交易的合理价格差额进行赔偿，但是此替代交易所不能弥补的额外损失则应当作为实际损失予以赔偿。另一方面，应当遵循可预见性规则的限制。概言之，此作为实际损失也要受可预见性规则的制约。守约方主张其向第三人承担违约责任所支出的额外费用等其他因违约所造成的损失，并请求违约方赔偿，经审理认为该损失系违约方订立合同时预见到或者应当预见到的，人民法院应予支持。进言之，这笔费用即使还没有实际支出，如果有证据证明属于违约方订立合同时已预见或者应当预见的情形，也应当列入其向违约方主张赔偿损失的范围。

### （四）适用可预见性规则时的举证责任分配

对此，《民商事合同纠纷指导意见》第11条规定："人民法院认定可得利益损失时应当合理分配举证责任。违约方一般应当承担非违约方没有采取合理减损措施而导致损失扩大、非违约方因违约而获得利益以及非违约方亦有过失的举证责任；非违约方应当承担其遭受的可得利益损失总额、必要的交易成本的举证责任。对于可以预见的损失，既可以由非违约方举证，也可以由人民法院根据具体情况予以裁量。"这一规则在相关问题的处理方面发挥了积极的指导作用。虽然这一规定并非司法解释，但是人民法院可以在裁判说理的过程中予以援引适用。通常而言，适用可预见性规则时，守约方主张违约方承担的损害赔偿范围属于其可以预见的损失类型及大小或者数额等，应当遵循"谁主张，谁举证"的一般规则，由守约方承担举证责任。至于违约

---

〔1〕 参见王利明：《违约责任论》（修订版），中国政法大学出版社2000年版，第500页。

方属于特定行业、此前有无交易习惯等，也应当由守约方举证。违约方抗辩有关损害赔偿责任超出上述规则下的违约方的预见范围时，也应当提供证据予以证明。

需要注意的是，对于可预见的损害数额问题，不能对守约方科以过重的举证责任。守约方应当举证证明有关损害的存在，但在具体数额难以举证的情况下，不能简单认定守约方举证不能而判决其败诉。对此，人民法院应当根据双方当事人的证据材料，结合具体案情依法行使裁量权，纳入违约损害赔偿的体系中整体考量，合理确定损失大小。

### （五）可预见性规则对违约精神损害赔偿的适用

对此，《民商事合同纠纷指导意见》第 10 条中规定了“存在合同法第一百一十三条第二款规定的欺诈经营、合同法第一百一十四条第一款规定的当事人约定损害赔偿的计算方法以及因违约导致人身伤亡、精神损害等情形的，不宜适用可得利益损失赔偿规则”。笔者认为，这一规定的内容多已因为法律规定的改变而发生根本改变，对此有必要具体问题具体分析。例如，对于欺诈经营的问题，原《合同法》第 113 条第 2 款规定了“经营者对消费者提供商品或者服务有欺诈行为的，依照《中华人民共和国消费者权益保护法》的规定承担损害赔偿责任”，但这一规定已经被《民法典》第 584 条删除。删除理由主要是该规定精神已经在《消费者权益保护法》中有明确体现，无须在《民法典》中重复规定。对此不适用可预见性规则有其合理性，因为这时应当遵循特别法优先适用的规则，在符合《消费者权益保护法》第 55 条规定的情形下，就应当依法适用该惩罚性规则，而无须再适用一般法意义上的可预见性规则。而且，由于这一惩罚性赔偿规则系基于法律的明确规定，当事人不能以不知法为由将法律明确规定的内容用可预见性规则来排除掉。又如，原《合同法》第 114 条第 1 款规定的当事人约定损害赔偿的计算方法已被《民法典》第 585 条第 1 款所沿袭，该款规定：“当事人可以约定一方违约时应当根据违约情况向对方支付一定数额的违约金，也可以约定因违约产生的损失赔偿额的计算方法。”既然具体内容并未发生改变，有关可预见性规则对于违约损害赔偿计算能否适用的问题，也不应发生改变，而且在法理上仍然是当事人不能以其不知道法律规定为由而免责。同样的道理，对于人身伤亡问题，此属于法定赔偿责任的范围，从加害给付导致守约方固有利益损失的角度言之，应当依法予以赔偿，至少也应当认为其与可预见性规则的适用是一致的。

精神损害赔偿的问题则具有一定的复杂性，也有一定争议，这主要是因为《民法典》人格权编对违约精神损害赔偿作出了明确规定，而这相较于原《合同法》仅是规定违约责任与侵权责任的竞合而言，是一重大改变，所以要与时俱进地看待。在《民商事合同纠纷指导意见》出台的时候，精神损害的问题属于责任竞合的范畴，如果当事人选择适用违约责任，则依据当时的法律规定，当事人的精神损害是不能获得赔偿的，自然无须适用可预见性规则。在《民法典》施行后，由于《民法典》除了沿袭原《合同法》第122条的做法规定了违约责任和侵权责任的竞合之外，还在第996条规定了违约精神损害赔偿，该条规定："因当事人一方的违约行为，损害对方人格权并造成严重精神损害，受损害方选择请求其承担违约责任的，不影响受损害方请求精神损害赔偿。"在《民法典》已经明确规定违约精神损害赔偿的前提下，此精神损害赔偿已属于法定赔偿的范畴，故也应适用上述法定赔偿的相关规则，即在法律对此作出规定的情况下，违约方自然应当预见这一损害属于其应当赔偿的范围，违约方就不能以其不知道法律规定为由主张其无法预见而抗辩免责。

## 二、减损规则的细化适用

减损规则即关于当事人一方违约后，守约方负有的防止损失扩大的减损义务的规定。对此，《民法典》第591条规定："当事人一方违约后，对方应当采取适当措施防止损失的扩大；没有采取适当措施致使损失扩大的，不得就扩大的损失请求赔偿。当事人因防止损失扩大而支出的合理费用，由违约方负担。"通说认为，减损规则是依据诚信原则而产生的，受损害方未尽到减轻损失义务，已构成对诚信原则的违反。[1] 而且，规定守约方的减损义务，

〔1〕参见最高人民法院民法典贯彻实施工作领导小组主编：《中华人民共和国民法典合同编理解与适用（二）》，人民法院出版社2020年版，第829页。

有助于激励其采取措施减少损失，避免社会资源的浪费从而增进整体效益。减损规则在实务中也得到了普遍认可和适用，如在**岳阳某置业有限公司与周某锋租赁合同纠纷案**[1]中，最高人民法院生效裁判认为，根据原《合同法》第113条第1款的规定，合同守约方请求违约方赔偿损失的范围既包括直接损失，也包括可得利益损失。本案中，周某锋要求岳阳某置业有限公司赔偿的内容包括装修费损失和剩余租赁期内的预期经营利润损失，前者属于直接损失，后者属于可得利益损失。本案为房屋租赁合同纠纷，租赁合同本身通常无法给作为承租人的周某锋带来收益，一般只有承租案涉房屋后所开展的经营活动才能产生收益。周某锋承租案涉商铺用于品牌家居经营活动，岳阳某置业有限公司是清楚的。由于岳阳某置业有限公司的原因导致案涉租赁合同原定的5年和8年的租期在履行1年多后就终止履行，使周某锋投入人力、物力开展的品牌家居经营活动无法继续进行，原审判定岳阳某置业有限公司向周某锋赔偿预期经营利润损失是正确的，但是原审支持剩余全部租期范围内的经营利润损失不妥。虽然本案房屋租赁合同无法继续履行，但本合同的履行是可替代的，即周某锋可以重新寻找同类型的场地开展案涉经营活动，以减少损失。本案应进一步查明如果周某锋在当地重新寻找类似的场地开展相关经营活动所需的时间、投入的成本等情况，再酌定合理的计算预期经营利润损失的期间，公平合理地保护双方当事人的权益。通过这一裁判可以看出，如果案涉租赁合同的履行并非不可替代，则作为承租人的非违约方应当通过重新寻找同类型的场地等方式减少损失，以公平合理地保护双方当事人的合法权益。概言之，就减损规则的适用需要注意以下问题：

### （一）一般规则

#### 1. 适用减损规则的前提条件

根据《民法典》第591条第1款的规定，适用减损规则的前提条件包括：（1）债务人违反义务导致损失的发生；（2）债权人没有采取适当措施，以限制损失的程度或者避免损失的增加；（3）损失扩大；（4）债权人未采取适当

〔1〕参见最高人民法院民事裁定书，（2018）最高法民再243号。

措施与损失的扩大具有因果关系。[1] 符合上述条件时，守约方就产生了避免损害扩大的减损义务。

**2. 守约方减损义务的具体内容**

减损义务的具体内容主要有：（1）停止后续履行。一旦一方当事人有证据证明其知道对方的对待给付将不会作出，该当事人通常应以停止履行来避免进一步的花费。停止后续履行是减损义务最基本的要求。（2）合理的替代交易。债权人能够在合理期限内以合理的方式进行替代交易的，应当进行此种替代交易避免损失扩大。债权人本无须付出重大努力或花费高额费用即可进行合理的替代交易，而仍然坚持不合理的实际履行的，不得要求债务人赔偿因此而增加的损失。[2] （3）变更合同或者接受新要约。为避免或减少违约造成的损失，违约方提出变更，只有相对方接受变更要约时，变更合同才可成为减轻损失的合理措施。此外，继续履行在特殊情况下也可以成为减损措施，如买方有权退货，但考虑到货物是生鲜产品而接受交付并处置。[3]

此外，依据《民法典》第591条第2款的规定，当事人因防止损失扩大而支出的合理费用，由违约方负担。需要注意的是，此费用需是债权人为防止损失扩大而支出的合理费用。至于费用是否合理的问题，也应该根据当时当地支付此费用的一般情况、止损义务履行的紧迫程度、替代交易合同标的的稀缺程度以及履行止损义务本身是否合理等因素综合考量后认定。

### （二）“适当措施”的认定

减损规则的适用，最关键的就是债权人采取的防止损失扩大的措施是否适当的问题。该措施是否适当，主要考虑债权人是否按照诚信原则的要求尽自己的努力采取措施避免损失扩大，如果采取的措施将严重损害债权人自身的利益，或者有悖于商业道德，或者所支付的代价过高，不应认为债权人采

---

〔1〕 参见黄薇主编：《中华人民共和国民法典合同编释义》，法律出版社2020年版，第303页。

〔2〕 参见黄薇主编：《中华人民共和国民法典合同编释义》，法律出版社2020年版，第303页。

〔3〕 参见王利明主编：《中国民法典评注·合同编（一）》，人民法院出版社2021年版，第534页。

取了适当的措施。措施是否适当，还要考虑采取措施的期限是否合理。[1] 比如，在**徐某诉杨某、吴某租赁合同纠纷案**中，法院生效裁判认为，杨某自2009年1月10日起即欠付租金，其行为已构成违约，其应承担给付租金并按约支付滞纳金的责任。但在长达两年有余的期间内，徐某明知杨某未生产经营且分文未缴，仅数次发函催缴租金，直至2012年提起诉讼，始终未采取解除合同、收回房屋、另行出租等措施，其履约行为有违减损规则和诚实信用原则。对于超出合理期限后未采取减损措施造成的租金损失，徐某无权主张。在综合考虑了徐某等待对方履约的合理期间，以及徐某收回租赁物并另行出租所需时间和金钱支出后，法院支持了徐某一年半的租金以及滞纳金的主张。[2]

同时，考虑到在减损规则的适用中，毕竟是违约方违约在先，故不宜对守约方要求过苛，这也是理论上多将减损义务称为不真正义务的原因。比如，在**河南省偃师市某建安工程有限公司与洛阳某学院、河南省某建筑工程公司索赔及工程欠款纠纷案**中，最高人民法院生效裁判认为，因发包人提供错误的地质报告致使建设工程停工，当事人对停工时间未作约定或未达成协议的，承包人不应盲目等待而放任停工状态的持续以及停工损失的扩大，应根据案件事实综合确定合理期间作为停工时间。[3]

在综合有关学理研究和实务经验的基础上，以下因素可以作为判断守约方采取措施是否适当的参考：一是要在其行为时或应为行为时加以判断，而不应以事后的情况来衡量先前的行为是否合理；二是要看受损害方的主观方面而不应局限于行为的客观结果，只要受损害方在当时已尽心尽力了，即使客观上并没有减轻损失甚或增加了损失，仍然可以获得全部赔偿。[4] 当然，在实务中，鉴于市场交易的复杂性，对于措施的合理性的确定，必须根据具

---

〔1〕 参见黄薇主编：《中华人民共和国民法典合同编释义》，法律出版社2020年版，第303页。

〔2〕 参见江苏省扬州市中级人民法院民事判决书，（2013）扬民终字第0437号。

〔3〕 参见最高人民法院民事判决书，（2011）民提字第292号，河南省偃师市鑫龙建安工程有限公司与洛阳理工学院、河南省第六建筑工程公司索赔及工程欠款纠纷案，载《最高人民法院公报》2013年第1期。

〔4〕 参见最高人民法院民法典贯彻实施工作领导小组编著：《中国民法典适用大全·合同卷（二）》，人民法院出版社2022年版，第1123页。

体情况进行具体分析，依法作出公平裁量。

## 三、与有过失规则

一般认为，与有过失是侵权法上的规则，是指受害人对于损害的发生或者扩大也有过错时，依法减轻或者免除侵权人损害赔偿责任的规则。《民法典》第1173条规定："被侵权人对同一损害的发生或者扩大有过错的，可以减轻侵权人的责任。"其实，与有过错在本质上属于损害赔偿的共通性规则，既可以适用于侵权责任亦可适用于违约责任。从大陆法系有代表性的国家或地区的立法来看，多数将与有过错规定在债法总则，将这一制度既适用于侵权责任，也适用于违约责任。例如，《德国民法典》第254条规定：损害的发生被害人与有过失者，损害赔偿的义务与赔偿的范围，视当时的情况特别是损害的原因主要在何方而决定之。该条规定在《德国民法典》第二编"债的关系法"中。另外，也有就合同领域适用与有过失规则专门作出规定的做法，《国际商事合同通则》第7.4.7条关于部分归咎于受损害方的损害的规定即明确："如果损害部分归咎于受损害方的作为或不作为，或是部分归咎于由该方当事人承担风险的其他事件，在考虑到各方当事人行为的基础上，损害的赔偿金额应扣除因上述因素所导致的损害部分。"由于我国《民法典》没有债法总则，有关与有过错规则在合同领域的适用，《民法典》也作了明确规定，其第592条第2款规定："当事人一方违约造成对方损失，对方对损失的发生有过错的，可以减少相应的损失赔偿额。"在具体适用中，需要注意以下问题：

### （一）与有过失规则的基本内容

与有过失，又称过失相抵、混合过错，是指在违约方违约时，守约方对于损害结果的发生也存在过错，从而在计算损失赔偿额时予以相应减少的规则。

与有过失与双方违约不同，在前者，因违约方造成的损害与守约方的过错造成的损害是同一的，只是对该损害的发生，守约方也有过错；在双方违约的情形，双方当事人违反了各自的合同义务，故存在两个违约行为，由此在实质上是发生了两个损害。与有过失与减损义务也有不同，区别两者的关键在于时间阶段不同，前者系在损失发生阶段，后者则是在损失扩大阶段。而且此二者对于守约方的要求也不同，在前者，守约方所负的义务并非以违约方违约为前提，而后者系以违约方的违约行为发生为前提，故这时对于守约方的要求或者说守约方的注意义务原则上要低于合同履行阶段。

### （二）与有过失规则的细化适用

根据《民法典》第592条第2款的规定，与有过失的适用条件主要有：（1）守约方因违约方的违约遭受损害。（2）守约方对此损害的发生也有过错。违约方的违约行为引起了损害的发生，但守约方的过错也是导致损害发生的原因。（3）守约方的过错行为与损害的发生有因果关系。即损害的发生是由于违约方的违约行为引起的，但守约方的过错行为对损害的发生也起到了一定的作用。[1] 至于守约方的行为是作为还是不作为则在所不问。

实务中，存在与有过失规则在合同领域适用与在侵权领域适用发生混淆的问题。笔者认为，在侵权领域，特别是在适用过错责任原则的侵权行为中，与有过失的适用确实存在比较侵权人与被侵权人过错的问题，但是在合同领域，具体到违约责任，由于其适用的是严格责任抑或无过错责任原则，违约责任的承担并不以违约方存在过错为要件，故实质上并不存在比较双方当事人过错的问题。因此，违约责任中适用与有过失规则的本质在于以守约方的过错行为对损害发生影响的大小来减少违约方的损害赔偿数额。当然，在具体适用中可以参考侵权法上的比较过错与比较原因力的做法，但需要重点考察守约方的过错大小以及其过错行为对造成损害后果的原因力的大小，通常要区分守约方的过错是故意、重大过失抑或一般过失、轻微过失并结合其对损害后果的原因力大小对最终裁决结果进行酌定。

需要注意的是，若守约方存在故意行为且对损害后果发生具有百分之百的原因力，这时就不是一般意义上的适用与有过错来减轻违约方的损害赔偿额而是要免除违约方的违约责任了，当然这一情形在实务中相对比较少见，

---

〔1〕 参见朱广新、谢鸿飞主编：《民法典评注·合同编·通则》，中国法制出版社2020年版，第488页。

因为这通常会与守约方订立该合同意图获得的利益相反。实务中更多存在的是守约方对损害的发生仅有过失的情形，这时就要区分其过失的大小进而确定减少的损害赔偿数额。当然，这需要结合案件的具体情况，科学合理作出裁量。比如，最高人民法院指导案例168号**中信银行股份有限公司东莞分行诉陈某华等金融借款合同纠纷案**即明确了这样的裁判要旨，以不动产提供抵押担保，抵押人未依抵押合同约定办理抵押登记的，不影响抵押合同的效力。债权人依据抵押合同主张抵押人在抵押物的价值范围内承担违约赔偿责任的，人民法院应予支持。抵押权人对未能办理抵押登记有过错的，相应减轻抵押人的赔偿责任。本案中，陈某华等三人尚未取得案涉房屋所占土地使用权证，因房地权属不一致，案涉房屋未能办理抵押登记，抵押权未依法设立，陈某华等三人构成违约，应依据前述约定赔偿由此给中信银行东莞分行造成的损失。本案抵押权因未办理登记而未设立，中信银行东莞分行无法实现抵押权，损失客观存在，其损失范围相当于在抵押财产价值范围内华丰盛公司未清偿债务数额部分，并可依约直接请求陈某华等三人进行赔偿。同时，根据本案查明的事实，中信银行东莞分行对《最高额抵押合同》无法履行亦存在过错。中信银行东莞分行在知晓案涉房屋无法办理抵押登记后，没有采取降低授信额度、要求提供补充担保等措施防止损失扩大，可以适当减轻陈某华等三人的赔偿责任。综合考虑双方当事人的过错程度以及本案具体情况，法院酌情认定陈某华等三人以抵押财产价值为限，在华丰盛公司尚未清偿债务的1/2范围内，向中信银行东莞分行承担连带赔偿责任。

### 四、损益相抵规则的细化适用

对违约赔偿数额的确定抑或限制，除了上述规则之外，还有损益相抵规则，即当守约方因导致损失发生的违约行为而获有利益时，应当从违约方须支付的损失赔偿额中扣除该部分利益。作为损害赔偿的一项重要规则，损益相抵规则在比较法上多有体现，比如，依据《德国民法典》第324条的规定，在确定损害赔偿时，“因免除给付义务所节省的或由其劳力移作他用而取得的，或故意怠于取得的利益，应扣除之”。第615条规定：“劳务义务人因不付劳务所节省的或因转向他处付劳务所取得的价值应予扣除。”我国台湾地区

“民法”第216条规定：“基于同一原因事实受有损害并受有利益者，其请求之赔偿金额，应扣除所受之利益。”《美国统一商法典》也在第2.708条、第2.712条中规定，在考虑赔偿数额时，应当“减去因卖方违约而使买方节约的支出”。

对于损益相抵规则，我国《民法典》并没有规定，《民商事合同纠纷指导意见》第10条提到了损益相抵规则的运用。《买卖合同司法解释》在司法解释层面对此作了规定，其第23条规定：“买卖合同当事人一方因对方违约而获有利益，违约方主张从损失赔偿额中扣除该部分利益的，人民法院应予支持。”由于买卖合同在有名合同中的典型示范作用，其规则对于其他有偿合同具有参照适用的作用。进言之，损益相抵规则有必要作为违约损害赔偿的一般规则而广泛适用于整个合同领域的违约损害赔偿当中。

适用损益相抵规则的法理依据是禁止得利原则。损害赔偿的目的在于填补损害，赔偿的多少应与损害的大小相一致。故赔偿损害后的结果不得优越于损害未发生之时。因而，凡是因同一原因而受损害，并获有利益时，实际损害仅为损害与利益二者之间的差额。若利益大于或等于损害，则无损害可言。若利益小于损害，则在计算实际损害时应扣除所获利益。[1] 是故，损益相抵是确定受害人因对方违约而遭受的“净损失”的规则，是计算受害人所受真实损失的规则，而不是减轻违约方本应承担的责任的规则。[2]

适用损益相抵规则，应当满足以下构成要件：（1）损害赔偿之债成立。在合同中，违约方违反了合同的约定或法律的规定，应承担违约损害赔偿责任。（2）受害人受有利益，也即受害人因违约行为的发生而获得一定的利益。这种利益既包括积极利益，如委托合同中的受托人逾期抛售有价证券，委托人后因有价证券涨价而获益；也包括消极利益，如因合同违约一方当事人中止投资而给非违约方节省的材料、人工等费用。既可以是已经取得的利益，也可以是本来应该取得的利益。对于本来应该取得的利益，如果因为受害人的故意或重大过失而怠于取得，则该利益应从损失中扣除。即该部分受害人

〔1〕 参见最高人民法院民事审判第二庭编著：《最高人民法院关于买卖合同司法解释理解与适用》，人民法院出版社2012年版，第476页。

〔2〕 参见韩世远：《合同法总论》（第4版），法律出版社2018年版，第814页。

本未取得的利益应计算在其取得的利益范围之内。（3）损害事实的发生与利益的获得之间有因果关系。或者说损害和利益是基于同一违约行为所产生，获得利益与违约行为之间有因果关系。[1] 至于因果关系的认定，通常采相当因果关系说，“在具体判断因果关系的构成时，基于同一损害原因所生直接结果之损益，成为不可分离或合一关系者；基于同一赔偿原因所生间接结果，彼此之间可与直接结果为不可分离或合一关系者，均为有相当因果关系”[2]。

通常而言，适用损益相抵规则可以扣除的利益包括中间利息、因违约实际减少的受害人的某些税负、商业保险金、社会保险金、以新替旧中的差额、毁损物件的残余价值、原应支付却因损害事故而免于支付的费用、原本无法获得却因损害事故的发生而获得的利益等。[3] 但对此要作具体分析，如上述的税收负担主要是指商业性的税收，加害人若为其占有的房屋缴纳房屋及土地税款，可将此部分在被害人请求损害赔偿时予以扣除。[4] 至于毁损物件，则主要是针对合同标的物，不限于动产，如房屋毁损后所剩的木板、钢材等，皆为毁损事故所产生的其他利益，自应从损害赔偿额中扣除。

## 五、违约损害赔偿确定规则的体系化适用

违约损害赔偿的确定规则是一个完备的规则体系，必须把握体系化适用的逻辑。《民法典合同编通则解释》第 63 条第 3 款明确了违约损害赔偿在具体计算时除了要适用可预见性规则之外，还要适用减损规则、与有过失规则和损益相抵规则。一方面，在特定制度规则上要做到司法解释条文与《民法典》条文的配套适用；另一方面，要做到不同制度规则的衔接适用。比如，对于相同合同主体而言，有关违约损害赔偿的问题，除了适用《民法典》第 584 条外，还要衔接适用其他条文，如第 591 条和第 592 条第 2 款。这两个条款分别规定了在违约行为发生后，对方当事人的损失扩大防免义务和与有过

〔1〕 参见最高人民法院民事审判第二庭编著：《最高人民法院关于买卖合同司法解释理解与适用》，人民法院出版社 2012 年版，第 477 页。

〔2〕 杨立新：《论损益相抵》，载《中国法学》1994 年第 3 期。

〔3〕 参见黄薇主编：《中华人民共和国民法典合同编释义》，法律出版社 2020 年版，第 285 页。

〔4〕 参见最高人民法院民事审判第二庭编著：《最高人民法院关于买卖合同司法解释理解与适用》，人民法院出版社 2012 年版，第 480 页。

失规则。对此，《民商事合同纠纷指导意见》第10条规定："人民法院在计算和认定可得利益损失时，应当综合运用可预见规则、减损规则、损益相抵规则以及过失相抵规则等，从非违约方主张的可得利益赔偿总额中扣除违约方不可预见的损失、非违约方不当扩大的损失、非违约方因违约获得的利益、非违约方亦有过失所造成的损失以及必要的交易成本。存在合同法第一百一十三条第二款规定的欺诈经营、合同法第一百一十四条第一款规定的当事人约定损害赔偿的计算方法以及因违约导致人身伤亡、精神损害等情形的，不宜适用可得利益损失赔偿规则。"《民法典合同编通则解释》即是吸收了《民商事合同纠纷指导意见》第10条的规定精神，明确在确定违约损害赔偿额时，既要受到可预见性规则的约束，又要适用减损规则、与有过失规则和损益相抵规则进行计算。以房屋买卖合同为例，房屋买卖合同履行期间，房屋市场价格上涨，出卖人拒不履行交付房屋的合同义务，致买受人的合同目的无法实现，由此造成的房屋市场价格与合同约定价格之间的差价损失属于买受人的可得利益损失范畴。但是，个案中在确定具体损失数额时，还应考虑可预见性规则、减损规则、损益相抵规则、与有过失规则，斟酌合同约定、违约原因、时间长短等因素，不能简单地以价格之差确定买受人的损失数额。〔1〕因此，"可得利益的法定损害赔偿数额 = 可得利益损失总额 - 不可预见的损失 - 扩大的损失 - 受害方自身过错造成的损失 - 受害方因违约获得的利益 - 必要的成本"。〔2〕除此之外，有关违约损害赔偿的确定，还需要体系化适用《民法典》第590条关于不可抗力的规定、第593条关于第三人原因造成违约的规定等。

〔1〕参见最高人民法院民法典贯彻实施工作领导小组编著：《中国民法典适用大全·合同卷（二）》，人民法院出版社2022年版，第1066页。

〔2〕黄薇主编：《中华人民共和国民法典合同编释义》，法律出版社2020年版，第285页。

# 第二十七讲

## 违约金调整的启动、举证与释明

一、当事人请求调整违约金的方式

二、当事人以违约金过高为由主张调整时的举证责任分配

三、关于预先放弃调整违约金条款的效力问题

四、违约金调整中的释明问题

五、二审程序中的释明及裁判问题

违约金是当事人在合同中约定或者由法律直接规定一方违反合同时应向对方支付一定数额的金钱，这是违反合同可以采用的承担民事责任的方式，只适用于当事人有违约金约定或者法律规定违反合同应支付违约金的情形。[1] 违约金具有预先确定损害赔偿数额、简化当事人举证责任、有效救济守约方损失的功能，同时还具有担保和督促债务履行、对违约行为否定和惩罚等方面的作用，既鲜明体现了意思自治原则，又深刻融入了维护交易安全和便捷的价值导向，在违约责任乃至合同领域居于十分重要的地位。《民法典》第585条继承了原《合同法》第114条的规定，但对有关表述进行了调整，该条第2款规定："约定的违约金低于造成的损失的，人民法院或者仲裁机构可以根据当事人的请求予以增加；约定的违约金过分高于造成的损失的，人民法院或者仲裁机构可以根据当事人的请求予以适当减少。"这一表述更加

〔1〕 参见黄薇主编：《中华人民共和国民法典合同编释义》，法律出版社2020年版，第287页。

明确了违约金的调整系以当事人的请求为基础进行增加或者适当减少。《民法典合同编通则解释》在遵循《民法典》第585条规定精神的基础上，一方面吸收了《合同法解释（二）》有关规定的内容，同时保持与2009年《民商事合同纠纷指导意见》、2019年《九民会议纪要》以及2021年《民法典会议纪要》相关规定的连续性；另一方面针对审判实践中的突出问题，经广泛征求各方面意见，最终用了三个条文（第64条、第65条、第66条）对当事人主张违约金调整的方式、举证责任、违约金的司法酌减以及实体权益保护与诉讼程序规则的有机衔接作了规定，进一步细化完善了违约金的法律适用规则。鉴于违约金的适用在审判实践中的普遍性和重要性，以及涉及的法律适用问题的复杂性，笔者拟分两个专题对违约金规则进行阐述。在这一专题首先介绍违约金调整的启动方式、举证责任分配、人民法院释明权的行使以及涉及违约金的裁判等内容。

## 一、当事人请求调整违约金的方式

关于违约金的调整方式问题，在原《合同法》第114条的背景下即已存在，当事人请求人民法院或者仲裁机构调整违约金数额时通过什么程序主张，以往实务中有不同认识。有观点认为，应当通过反诉或反请求方式请求减少违约金。理由在于，减少违约金作为一种与违约金请求权有直接联系的独立的请求权，目的是抵销、动摇或者吞并原告或者申请人的违约金请求权，完全符合《民事诉讼法》和《仲裁法》关于反诉和反请求的规定。也有观点认为，当事人既可以通过反诉或者反请求的方式来申请减少违约金，也可以通过抗辩的方式来主张。《合同法解释（二）》（已失效）第27条明确了可以通过抗辩的方式主张调整违约金。该条规定："当事人通过反诉或者抗辩的方式，请求人民法院依照合同法第一百一十四条第二款的规定调整违约金的，人民法院应予支持。"主要理由在于，反诉或者反请求的专业性较强，若要求法律素质不高的普通当事人必须弄清其只能通过反诉或者反请求的方式来请求减少违约金的数额，委实有些苛刻。有鉴于此，司法解释既认可反诉的请求方式，也允许以抗辩的方式主张。[1] 这一规则在实践中适用效果较好，《民法典合同编通则解释》第 64 条沿用了这一规则。就该条规定的适用，需要注意以下问题：

其一，债务人提出调整违约金的请求须以违约金请求权的存在为前提。只有债务人的行为构成违约，而且该违约行为恰恰是违约金所担保的情况，违约金请求权才产生效力。违约金调整规则修正的是违约金生效的情况，而非违约金约定本身，是一种事后的矫正手段。[2] 债务人无法事先主张违约金是否合适，而只能在违约金请求权发生效力之后主张。

其二，当事人在违约发生后协商确定的违约金一般不得请求人民法院调整。当然，如果当事人有证据证明违约金的达成存在重大误解、欺诈、胁迫等情形，可以依照相关规定主张权利。

其三，应当注意合同解除是否影响违约金条款的适用。第一种观点认为，因违约解除合同的，合同中的违约金条款不再适用。理由是合同解除的法律后果是合同关系归于消灭，违约金条款也应归于无效，应当由双方恢复原状，因不能恢复原状造成的损失由违约方负责赔偿。第二种观点认为，因违约解除合同的，合同中的违约金条款仍继续有效。理由在于：一方面，违约金条款在性质上属于“合同中结算和清理条款”，效力并不因合同的权利义务终止而受到影响；另一方面，违约金是当事人通过约定而预先确定，在违约后生效的独立于履行行为之外的给付。第二种观点已经为理论和实践普遍接受，采用这一做法，符合违约金制度的实质，也有利于发挥其制度功能，同时也是最高人民法院的一贯立场。例如，《民商事合同纠纷指导意见》第 8 条中规定，“合同解除后，当事人主张违约金条款继续有效的，人民法院可以根据合同法第九十八条的规定进行处理”。2020 年《买卖合同司法解释》第 20 条规定：“买卖合同因违约而解除后，守约方主张继续适用违约金条款的，人民法院应予支持；但约定的违约金过分高于造成的损失的，人民法院可以参照民法典第五百八十五条第二款的规定处理。”《九民会议纪要》第 49 条第 1 款规

〔1〕 参见最高人民法院研究室编著：《最高人民法院关于合同法司法解释（二）理解与适用》，人民法院出版社 2009 年版，第 206 页。

〔2〕 参见王洪亮：《违约金酌减规则论》，载《法学家》2015 年第 3 期。

定："合同解除时，一方依据合同中有关违约金、约定损害赔偿的计算方法、定金责任等违约责任条款的约定，请求另一方承担违约责任的，人民法院依法予以支持。"

## 二、当事人以违约金过高为由主张调整时的举证责任分配

举证责任分配事关当事人利益，直接涉及当事人的胜诉与败诉问题。法律并无针对这一问题的具体规定，以往的司法解释对此规定得也不明确，导致实务上对此认识存在分歧。通常而言，在非违约方主张约定的违约金低于违约造成的损失请求予以增加，或者违约方主张约定的违约金过分高于违约造成的损失请求予以适当减少的情况下，由非违约方和违约方各自承担举证责任，这也符合"谁主张，谁举证"的基本举证规则。《九民会议纪要》第50条明确了"主张违约金过高的违约方应当对违约金是否过高承担举证责任"的规则。但实践中仍然存在较大争议的是，在违约方主张约定的违约金过分高于违约造成的损失时，若非违约方对此有异议，是否也要承担举证责任的问题。一般来说，违约方很难举证证明守约方因自己违约而受有多少损失。[1] 对此，《民商事合同纠纷指导意见》第8条在违约金调整的举证责任分配问题上规定，"非违约方主张违约金约定合理的，亦应提供相应的证据"。《合同法解释（二）》（已失效）起草过程中，起草者也倾向于认为，违约方需要提供足以让法官对违约金约定公平性产生怀疑的证据，然后法官可将举证责任分配给非违约方。理由是违约方提出调整违约金的主张必须承担举证责任，这符合"谁主张，谁举证"的一般规则，但考虑到证据掌握情况，如违约方不可能举出关于非违约方损失的全部证据等因素，因此非违约方举出让法官对违约金约定公平性产生怀疑的证据即可。这时法官可以进行举证责任的分配，将证明违约金约定合理的举证责任分配给守约方。[2] 反对意见认为，让非违约方承担举证责任并不合理，理由是非违约方依照约定主张违约金具有合同上的合理性，不应当再要求非违约方承担对违约金约定合理的举

---

〔1〕 参见崔建远：《合同法》（第4版），北京大学出版社2021年版，第417页。

〔2〕 参见最高人民法院研究室编著：《最高人民法院关于合同法司法解释（二）理解与适用》，人民法院出版社2009年版，第210－211页。

证责任。

经过反复研究论证，《民法典合同编通则解释》第64条延续了《民商事合同纠纷指导意见》第8条的规定精神，在过高违约金调整的举证责任分配上，明确了违约方承担举证责任的原则。其一，守约方承担自己所受损失的举证责任，而违约金"过分高于"违约所造成的损失的举证责任应当由违约方承担。其二，由于认定违约金"过分高于"的参照点是违约造成的损失，因此违约金过高的证明实际上就落脚于对违约损失的证明上。虽然对违约金过高提出抗辩并要求调整的是违约方，但要违约方证明守约方的损失，在客观上也是勉为其难。在合同履行过程中，相对于违约方来说，守约方更清楚违约带来的损失情况，理应承担相应的举证责任。反对由守约方承担一部分举证责任的一个重要理由是，违约方所负担的举证责任究竟如何把握，本身也是灵活而模糊的。举证责任需违约方证明到何种程度才发生转移，而转移后守约方又需要证明到何种程度才能调减违约金等问题仍然难有固定的标准。[1] 这一观点有一定道理，正因如此，《民法典合同编通则解释》起草过程中，曾以此为基础，作了一定探索，明确了守约方的举证义务并不是无条件的，只有在"违约方举证证明约定的违约金过分高于造成的损失具有较大可能性"的情况下，守约方才承担相应的举证责任。这里的"较大可能性"对违约方提出的证明要求要低于《民诉法解释》第108条规定的"高度可能性"。这意味着，如果违约方举证达到了"较大可能性"的标准，而守约方不能提供相应的证据证明违约金并未"过分高于"违约造成的损失，那么违约方的举证责任就已完成，即此时法院可以认为约定的违约金过分高于造成的损失具有"高度可能性"。但也有意见认为，这一证明标准的降低并没有法律依据，属于在现行法律和司法解释的规定上作了突破，且在实务操作上仍然具有抽象性。《民法典合同编通则解释》第64条第2款最终没有采纳这一做法，而是仍然沿用了《民商事合同纠纷指导意见》第8条的规定。一方面，这一规则符合证据法上的结果意义上的举证责任与行为意义上的举证责任的二元区分理论。另一方面，由违约方承担结果意义上的举证责任（案件事实

〔1〕 参见谭启平、张海鹏：《违约金调减权及其行使与证明》，载《现代法学》2016年第3期。

真伪不明时承担相应不利后果的责任）与由守约方承担行为意义上的举证责任（提交相应证据的义务）相结合的做法能够很好地解决上述的两难问题。守约方如果掌握相应证据而不提供，尤其是人民法院责令其提交其仍不提交，也要承担相应的不利后果，此亦符合《民诉法解释》第112条关于证明妨碍规则的规定。当然，这一举证责任的分配规则是基于违约金的性质和功能而由立法者在实体法中作出的客观证明责任分配。从实践的情况看，还要求法官在具体案件中进行主观证明责任的分配，即只要违约方举出初步证据使法官产生违约金过高的合理怀疑，法官就应将主观证明责任移转给守约方，由守约方举证推翻这一合理怀疑，如果守约方不能举证推翻，法官将产生违约金过高的内心确信。不能将证明违约金过高的责任完全分配给违约方，因为损失毕竟发生在守约方，让违约方举证证明守约方的损失且达到高度可能性，实属难为当事人。[1] 而且，这一举证责任规则的适用，实践中也已普遍接受，比如，在北京某房地产开发有限公司与王某、林某强房屋买卖合同纠纷案[2]中，法院生效裁判认为，违约方主张约定的违约金过高请求予以适当减少的，违约方应承担证明违约金过分高于非违约方实际损失的举证责任。非违约方已就其损失进行了合理说明，违约方以非违约方未因其违约行为遭受任何损失为由主张酌减违约金，但未举证证明合同约定的违约金过分高于非违约方实际损失的，不予酌减。

## 三、关于预先放弃调整违约金条款的效力问题

在实践中，对于预先放弃调整违约金条款的效力问题，存在不同的认识。有效说认为，当事人有权处分其所享有的实体权利，在合同中约定放弃向法院请求调整违约金数额的权利属于意思自治的范畴，法院不应该否定该约定的效力。违约金数额的高低是商事主体参与市场竞争、作出商业决策的条件之一，对此司法干预应当保持克制。如果合同双方作出了“违约后不得请求人民法院减少违约金”的特别约定，说明违约方对其应承担的违约后果已有

〔1〕 参见最高人民法院民事审判第二庭、研究室编著：《最高人民法院民法典合同编通则司法解释理解与适用》，人民法院出版社2023年版，第27页。

〔2〕 参见北京市第三中级人民法院民事判决书，（2021）京03民终17003号。

充分认知，此应属于意思自治的范畴，而非法律规定的违约金约定过高应予调整的情形。而且，事先作出放弃调整违约金的承诺后，又在诉讼中反悔，也是对“禁反言”规则乃至诚信原则的违反。无效说则认为，事先约定放弃违约金调整请求权，将可能使《民法典》第585条规定的具有强制性规范性质的违约金调整规则所赋予民事主体请求司法保护的法定权利被合同约定剥夺，这不利于平等保护当事人的合法权益，有违公平正义。〔1〕主张该约定无效的理由还有，承认该权利的事先放弃可能系对当事人自由的过度放任。再者，违约金调整规则旨在保护不特定债务人，为了实质公平，关乎公共利益，具有强烈的公共利益属性。〔2〕

有意见认为，违约金调整的预先放弃可能是公平的，也可能是不公平的，建议补充限制性条件“如此约定违反公平原则的”。换言之，原则上认定违约金调整的预先放弃有效，但是，认定有效将会明显违反公平原则的除外。经反复论证，《民法典合同编通则解释》最终采取了无效说的基本立场，但也将有关意思自治原则和公平原则的精神有机融入，在第64条第3款规定：“当事人仅以合同约定不得对违约金进行调整为由主张不予调整违约金的，人民法院不予支持。”主要理由如下：

其一，违约金的调整是法律赋予民事主体的一项权利，其程序虽是由于当事人的请求而启动，但其终归属于司法调整的范畴，不能由当事人通过约定排除，否则将不利于维护法律确定的秩序和保护民事主体请求司法调整违约金的法定权利。对于违反公平原则的预先放弃调整违约金条款，法院不应当承认其效力。〔3〕反之，如果认可预先放弃请求调整违约金权利的约定以及不得对违约金进行调整的约定的效力，可能导致《民法典》规定的违约金司法酌增和酌减规则被普遍约定排除适用。

其二，当事人预先放弃请求调整违约金权利的约定以及不得对违约金进行调整的约定通常并非意思自治的产物。在违约行为发生之前，当事人并不

〔1〕参见贺小荣主编：《最高人民法院第二巡回法庭法官会议纪要》（第3辑），人民法院出版社2022年版，第197－220页。

〔2〕参见叶名怡：《论事前弃权的效力》，载《中外法学》2018年第2期。

〔3〕参见最高人民法院民事审判第二庭、研究室编著：《最高人民法院民法典合同编通则司法解释理解与适用》，人民法院出版社2023年版，第721－722页。

能充分估计违约发生的可能性以及可能造成的损害的大小，因而可能在这种心理的影响下贸然选择预先放弃请求调整违约金的权利。当事人除了会受到过分自信的影响之外，还可能会面临来自强势对方的压力。在这双重作用之下，作出不理性决定的概率将大幅增加。有鉴于此，以自愿为由认可预先放弃调整违约金的约定的效力就显得有些欠缺说服力。

其三，预先放弃调整违约金的约定以及不得对违约金进行调整的约定违背立法本意。我国法律中违约金以补偿性为主、惩罚性为辅，当事人请求调整违约金符合法律规定。如果允许当事人通过约定排除将违背立法本意。基于公共利益的考量，法律会对当事人的意思自治进行限制，通常规定预先放弃权利的行为是无效的。例如，《民法典》第 197 条第 2 款规定，当事人对诉讼时效利益的预先放弃无效。又如，预先放弃人身、财产损害求偿权无效，预先放弃法定解除权无效等，调整违约金请求权同样属于不得预先放弃的权利。

其四，如果允许当事人预先约定放弃调整违约金，或者约定不得对违约金进行调整，会出现违约金畸高的情况，因为当事人订立合同时并不能充分预见到此种约定的后果。例如，合同标的 5 万元却约定 200 万元甚至更高违约金，如果因为当事人预先约定放弃调整违约金，法院就不再予以调整，明显违背公平原则，背离人民群众对公平正义的朴素认知，也会影响司法的公信力和权威性。

此外，《民法典合同编通则解释》第 64 条第 3 款在表述上强调“仅以”，实际上是为了强调当事人约定了不得对违约金进行调整不能阻却违约方依法请求调整。最终法院是否对违约金作出调整，关键在于当事人是否通过法定方式主张以及约定的违约金是否低于或者过分高于所造成的损失。

## 四、违约金调整中的释明问题

### （一）违约金调整中的释明权规则的确立

所谓释明权，是指在民事诉讼中，当事人的主张或陈述不明确、不充分、不适当，或者提交的证据材料不充分而其却在不知情的情形下，人民法院对当事人进行发问、提醒、启发，以引导当事人充分行使诉讼权利的行为。释明权的行使属于人民法院的一种诉讼引导行为，有利于实现实体与程序公正，也有利于提高诉讼效率。[1] 从以往的司法政策特别是司法解释层面看，都是承认对违约金调整方面的释明的，如《民商事合同纠纷指导意见》第 8 条规定："为减轻当事人诉累，妥当解决违约金纠纷，违约方以合同不成立、合同未生效、合同无效或者不构成违约进行免责抗辩而未提出违约金调整请求的，人民法院可以就当事人是否需要主张违约金过高问题进行释明。人民法院要正确确定举证责任，违约方对于违约金约定过高的主张承担举证责任，非违约方主张违约金约定合理的，亦应提供相应的证据。合同解除后，当事人主张违约金条款继续有效的，人民法院可以根据合同法第九十八条的规定进行处理。"2012 年《买卖合同司法解释》第 27 条（2020 年修正后为第 21 条）规定："买卖合同当事人一方以对方违约为由主张支付违约金，对方以合同不成立、合同未生效、合同无效或者不构成违约等为由进行免责抗辩而未主张调整过高的违约金的，人民法院应当就法院若不支持免责抗辩，当事人是否需要主张调整违约金进行释明。一审法院认为免责抗辩成立且未予释明，二审法院认为应当判决支付违约金的，可以直接释明并改判。"上述规定对于违约金的司法调整问题，特别是释明权在合同领域最为典型的买卖合同中的适用作出了规定，既很好地平息了争议，又有力地指导了审判实践。但是，如上文所述，《民法典》第 585 条第 2 款规定人民法院或仲裁机构可以"根据当事人的请求"调整违约金，实际采取了当事人主义的立场，[2] 相较原《合同法》的规定，更加强调"根据当事人的请求"。但是实务中仍然存在的当事人的抗辩主张有时往往难以并存，如主张合同无效与主张违约金过高请求予以调整就存在明显冲突，特别是一些当事人诉讼的专业能力明显不足的情况，这时基于纠纷实质性公正解决的需要，法官依法予以释明就具有必要性和可行性。鉴于违约金释明在合同领域的普遍性，《民法典合同编通则解释》第 66 条在总结吸收上述规定精神的基础上，根据《民法典》第 157 条的规定精神和各方面意见作了修改调整，针对法官的释明权行使以及二审法院能否直

---

〔1〕 参见人民法院出版社编：《司法解释理解与适用全集·民事诉讼卷 5》，人民法院出版社 2019 年版，第 3221 - 3222 页。

〔2〕 参见韩世远：《合同法总论》（第 4 版），法律出版社 2018 年版，第 828 页。

接改判调整违约金的问题作了规定，同时新增规定了“被告因客观原因在第一审程序中未到庭参加诉讼，但是在第二审程序中到庭参加诉讼并请求减少违约金的，第二审人民法院可以在当事人就是否应当调整违约金充分举证、质证、辩论后，依法判决适当减少违约金”的情形，旨在实现纠纷的一次性解决，切实减轻当事人诉累，实现公平与效率的有机统一。

### （二）释明权行使的一般规则

相较于《买卖合同司法解释》第21条的规定，《民法典合同编通则解释》第66条第1款根据《民法典》第157条的规定，增加了合同“确定不发生效力”的情形，同时根据实际情况，增加了“非违约方不存在损失”的抗辩事由，使条文内容与时俱进、针对性更强。关于释明的内容，人民法院应当就法院若不支持上述免责抗辩，当事人是否需要主张调整违约金进行释明。至于释明权的行使，需要注意把握以下规则：

第一，遵循程序公正的基本要求。坚持双方当事人诉讼权利义务平等原则，坚持程序公开，避免“暗箱操作”。法官在向一方释明时，必须告知另一方，否则可能引起对方当事人的合理怀疑，有损司法的公正性。

第二，准确把握释明权行使的前提。就违约金司法酌减而言，违约金的调整须以合同约定的违约金过分高于违约造成的损失为前提。而且，人民法院一般应当尊重当事人关于违约金的约定，只有发现合同约定的违约金有可能过分高于违约造成的损失时，才有必要进行释明。需要注意的是，对于一方当事人诚实守信而另一方当事人明显恶意违约的情形，《民法典合同编通则解释》第65条第3款新增规定：“恶意违约的当事人一方请求减少违约金的，人民法院一般不予支持。”

第三，严格限制释明权行使的边界。根据《民法典合同编通则解释》第66条的规定，法官在当事人提出合同不成立、无效、被撤销、确定不发生效力、不构成违约或者非违约方不存在损失等关于合同效力的抗辩或免责抗辩时应当行使释明权。当事人未提出上述抗辩，或者其抗辩明显不含有无责、免责的意思的，一般不宜主动进行释明。当然，按照约定的违约金标准判决将导致严重违反公序良俗、诚信和公平原则，造成当事人利益严重失衡的，人民法院也可以主动释明或按照《民法典》第585条第2款的规定酌情调整违约金，[1] 但这种依职权进行的调整也应当属于绝对的例外情形。[2]

第四，充分尊重当事人的处分权。在符合《民法典合同编通则解释》第66条第1款的规定的情形下，在法官释明了相关事项后，是否请求人民法院调整违约金，属于当事人自己予以判断并作出决定的事项，人民法院不可越俎代庖。

第五，合理把握释明权行使的尺度，避免影响程序公正。一方面，法官在释明中应当客观地向违约方表达法律上有关违约金调整制度的规定，如果违约方的抗辩不成立，是否需要结合相应法律规定进行其他的抗辩等，不宜表达出本案中违约金已经过分高于损失的倾向性意见。另一方面，法官的言辞也不宜过分简单直接，既要避免给一方当事人以不良引导，也要防止另一方当事人产生人民法院偏离中立裁判的不良观感。

按照场景化思维，法官释明后必然涉及后续有关情形的处理问题。这其中比较典型的情形有二：一是当事人在释明后仍然没有提出调整违约金的请求，这时应当认定其放弃了减少违约金的请求，而仅主张上述的免责抗辩，如果该抗辩不成立，法官不宜依职权主动调整违约金。二是当事人提出了违约金过高的主张，由此自然就引出有关违约事实的认定问题，这就涉及案件基本事实的认定，包括当事人双方的举证责任分配问题，也会带来人民法院是否要重新确定举证期间的问题。笔者认为，在现行《民事诉讼法》对于举证期间作出了弹性规定[3]的前提下，可以根据案件情况灵活延长举证期间或者另行确定举证期间。

---

〔1〕 参见最高人民法院民法典贯彻实施工作领导小组主编：《中华人民共和国民法典合同编理解与适用（二）》，人民法院出版社2020年版，第782页。

〔2〕 参见王闯：《当前人民法院审理商事合同案件适用法律若干问题》，载《法律适用》2009年第9期。

〔3〕《民事诉讼法》第68条第2款规定："人民法院根据当事人的主张和案件审理情况，确定当事人应当提供的证据及其期限。当事人在该期限内提供证据确有困难的，可以向人民法院申请延长期限，人民法院根据当事人的申请适当延长。当事人逾期提供证据的，人民法院应当责令其说明理由；拒不说明理由或者理由不成立的，人民法院根据不同情形可以不予采纳该证据，或者采纳该证据但予以训诫、罚款。"

## 五、二审程序中的释明及裁判问题

实务中与前述内容紧密相连的一个突出问题是，对于一审法院因客观原因未行使释明权或者主观上未能依法行使释明权等情形，二审法院可否直接释明并根据当事人的请求改判适当减少违约金数额。相关问题较为复杂，以下按具体情形分述之。

### （一）一审法院认为当事人抗辩成立的情形

一审法院认为当事人以合同无效、不成立、未生效、无效、确定不发生效力，不构成违约或者非违约方不存在损失等为由抗辩成立，二审法院认为当事人该抗辩不成立而应承担违约责任，但约定的违约金过高，应如何处理。有观点认为，在司法解释规定法院应当就该问题进行释明的前提下，如果一审法院对此未予释明，当事人就违约金过高提起上诉，对此未能达成调解协议的，二审法院应当发回重审。否则将剥夺当事人的上诉权，损害其审级利益。[1] 另有观点认为，即便一审法院未予释明，对于当事人的实体权利其可以通过上诉、申诉方式来救济，诉讼权利则可以通过抗辩、申请调取证据等方式进行补正，因此不应以此为由发回重审。《买卖合同司法解释》起草过程中，曾规定："一审法院未予释明，当事人就违约金过高提起上诉，对此未能达成调解协议的，二审法院应当发回重审。"当时审判委员会就该款争论比较激烈，有观点认为，法官释明的不是事实问题，因此发回重审有欠妥当，特别是《民事诉讼法》修改的价值取向中重要的一项就是限制发回重审，因此将该款删除，不予规定。从这一过程来看，应当理解为：一审法院未就违约金调整问题予以释明的，二审法院不宜以此为由发回重审，可以参照"一审法院认为免责抗辩成立且未予释明，二审法院认为应当判决支付违约金的，可以直接释明并改判"的规定处理。[2] 在《民法典合同编通则解释》起草过程中，部分学者也针对这一问题提出，一审法院没有进行释明，二审法院进

〔1〕 参见谭启平、张海鹏：《违约金调减权及其行使与证明》，载《现代法学》2016 年第 3 期。

〔2〕 参见最高人民法院民事审判第二庭编著：《最高人民法院关于买卖合同司法解释理解与适用》，人民法院出版社 2016 年版，第 439 页。

行释明并且酌减违约金，可能涉嫌违背程序正义，因为这会使二审法院的释明和酌减没有上级法院的监督和审查，违背程序正义；被告在一审程序中没有参加庭审的，应当承担不利后果，不能在二审中再次请求减少违约金。也有观点提出，一审法院在应当释明时未进行释明，显然违反程序正义。对此种情形，基于诉讼经济与尊重当事人处分权的考虑，二审法院在释明之后，首先应该在自愿与合法的基础上进行调解，调解不成的，裁定发回原审法院审理。相反，如果法院在释明后直接改判，则对于一审中提出免责抗辩且得到一审法院支持的一方当事人而言，判决会超出其合理的预期，属于突袭性裁判；另外，由于二审判决一经作出即发生法律效力，当事人无权上诉，剥夺了其应有的审级利益。在一定程度上，二审法院对是否需要调整过高的违约金进行释明之后，相当于在当事人之间就一项新的诉讼事项进行争辩，应该给予当事人充分的时间与机会进行辩论。[1] 另有观点认为，有必要延续《买卖合同司法解释》的思路，保持法律适用上的连续性、稳定性。

在综合上述意见的基础上，《民法典合同编通则解释》第66条第1款规定了第一审人民法院认为抗辩成立且未予释明，第二审人民法院认为应当判决支付违约金的，可以直接释明，并根据当事人的请求，在当事人就是否应当调整违约金充分举证、质证、辩论后，依法判决适当减少违约金。此规定的主要考虑是：首先，在基本内容上延续《买卖合同司法解释》的思路，尽量推动纠纷的一次性解决，减轻当事人诉累。其次，依据《民事诉讼法》第177条，原判决、裁定认定事实错误或者适用法律错误的，以判决、裁定方式依法改判、撤销或者变更；原判决认定基本事实不清的，裁定撤销原判决，发回原审人民法院重审，或者查清事实后改判；原判决遗漏当事人或者违法缺席判决等严重违反法定程序的，裁定撤销原判决，发回原审人民法院重审。原审人民法院对发回重审的案件作出判决后，当事人提起上诉的，第二审人民法院不得再次发回重审。从《民事诉讼法》的规定精神看，除严重违反法定程序的情形，不管是事实认定错误还是法律适用错误，理念上都是限制发

〔1〕参见王杏飞：《论释明的具体化：兼评〈买卖合同解释〉第27条》，载《中国法学》2014年第3期。

回重审，损害审级利益的观点缺乏诉讼法上的明确依据。再次，该款已经对在二审程序酌减违约金的程序作出规定，即二审法院释明后是否调整违约金仍然要遵循意思自治原则，根据当事人的请求来确定。最后，《民法典合同编通则解释》在《买卖合同司法解释》的基础上，明确指出应当尊重当事人充分辩论的程序权利，进一步完善了对当事人程序权利的保护和对程序正义的维护。

### （二）一审法院认为抗辩事由不成立但未予释明的情形

《买卖合同司法解释》仅规定了对于合同不成立、未生效、无效或者不构成违约等抗辩理由成立且一审法院未予释明的，二审法院可以直接释明并改判，但对于一审法院认为抗辩理由不成立且未予释明时，二审法院能否直接释明并改判的问题未作规定。对此，《民法典合同编通则解释》明确了对于一审法院认为抗辩理由成立且未予释明的情形，二审法院也可以直接释明并予以改判。一方面，这是对审判实践经验的总结，如在**北京某律师事务所诉白某某合同纠纷案**[1]中，法院生效裁判认为，当事人在一审中主张不构成违约，但未提出违约金过高抗辩的，一审法院应当就若不支持免责抗辩当事人是否需要主张调整违约金进行释明。如果一审法院未释明但判令被告承担违约金，二审法院可以直接释明并改判。另一方面，这也符合基本的法理判断。因为在违约方抗辩理由不成立的情况下，案件自然进入对当事人的行为是否构成违约、违约损失的大小以及违约金调整等问题的审理阶段。在此种情形下法院行使释明权的问题在上述第一部分已经探讨，应属于应有之义。如果一审法院没有释明而径行判决违约方承担相应的违约金赔偿责任，会有违实质公平。在一审法院未正确行使释明权的情形下，如坚持一概发回重审，既不能保障当事人的实体权利，也会进一步增加当事人诉累，不利于纠纷的一次性解决。故在二审期间，在法院予以释明并保障当事人举证和辩论权利的情况下，可以根据当事人的请求改判调整违约金。这里的“可以”其实也蕴含着给二审法院根据案件情况采取不同的处理方式的空间，并非对发回重审

〔1〕 参见北京市第二中级人民法院民事判决书，（2012）二中民终字第10572号。

的完全排除，如在符合《民事诉讼法》第177条规定的情形下，就可以发回重审。但是，也有不同意见认为《民事诉讼法》第177条规定缺乏法律依据，也会损害当事人程序权利。应当说，这一问题在本质上属于第一审人民法院是否存在释明权行使不当或者应当释明而没释明的问题，与人民法院认为抗辩理由成立时客观上无法行使释明权的情形属于不同的情形，一并规定容易引起歧义，且释明权的行使问题直接涉及当事人程序权利维护问题，鉴于实务中可能存在多种复杂情形，最终《民法典合同编通则解释》对这一问题未作规定。实践中可以参考上述经验做法，在不损害当事人程序权利的前提下，继续作有益探索。当然，在一审诉讼中法院已向当事人释明是否主张违约金调整，当事人明确表示不要求调整违约金，在一审宣判后该当事人又以合同约定的违约金标准过高为由提出上诉的，二审法院可不予支持。[1]

### （三）当事人未参加诉讼的释明问题

关于《民法典合同编通则解释》第66条第2款的适用问题，实务中普遍存在一种情况：一部分被告在一审到庭参加了诉讼，那么其赔付的违约金可以依法予以减少；另一部分被告因为一审未到庭参加诉讼，其违约金因此而未能调减。在这种情况下，一方面会出现同案不同判的问题，另一方面也导致在类似案情甚至同一案情下对不同当事人产生实质不公，有碍司法公信。特别是对于一方当事人众多的案件或者系列案件，有的当事人确因客观原因没有到庭的情况，如果不给予其调整违约金的机会将明显有失公平。

对此，各地法院在实践中进行了探索，北京市高级人民法院认为："一审中违约方未答辩、未出庭，其在二审中提出违约金调整请求的，法院应当分情况决定是否对违约金调整请求进行审查。若当事人在一审中因客观原因未能到庭的，二审法院应当对其违约金调整请求进行审查；若当事人在一审中无正当理由拒不到庭，二审法院对其违约金调整请求可以不予审查。"[2]《上

〔1〕参见最高人民法院民法典贯彻实施工作领导小组编著：《中国民法典适用大全·合同卷（二）》，人民法院出版社2022年版，第1079页。

〔2〕参见刘某昊与陈某斌合同纠纷案，北京市第三中级人民法院民事判决书，（2016）京03民终13939号。

海市高级人民法院关于商事审判中规范违约金调整问题的意见》则明确：“当事人无正当理由拒不到庭参加庭审，在二审期间提出违约金数额过高的，法院不予支持。”

综合各方意见，本着便民、高效且实质性解决纠纷的考虑，《民法典合同编通则解释》第 66 条第 2 款规定被告因客观原因在第一审程序中未到庭参加诉讼的，二审法院可以依法判决适当减少违约金数额。之所以限定为“因客观原因”，是因为实践中经常出现债务人恶意不参加一审诉讼，在一审判决后为了拖延给付又提起上诉并以违约金过高为由提出抗辩，司法解释对此类情形予以规制，防止债务人采用恶意不参加诉讼的方式取得不正当利益。需要注意的是，对“因客观原因”的限制也利于司法解释的内部体系协调。《民法典合同编通则解释》加强了诚信原则和善意保护规则的适用，如《民法典合同编通则解释》第 65 条第 3 款新增了恶意违约一般不调整违约金的规定等。在当事人因主观原因不参加诉讼的情形下，继续赋予其请求调整违约金的权利显然不利于保护善意当事人的利益，实质上放任乃至鼓励了当事人故意不参加诉讼的不诚信行为。有意见认为直接改判可能会损害非违约方的审级利益，发回重审更为合适。笔者认为，《民事诉讼法》第 177 条的理念是限制发回重审、鼓励直接改判，故一概发回重审的法律依据不充分。但是，考虑到可能会出现影响基本事实认定的情况，故司法解释规定为“可以”改判，目的是为需要发回重审的情形预留空间。还有意见主张对于被告不到庭的情形，一审或者二审人民法院可以依职权对违约金是否过高进行审查并直接调整。主要理由是此类情况十分普遍，不调整对违约方不公平。《民法典合同编通则解释》最终未采纳该意见，因为根据《民法典》第 585 条第 2 款的规定，调整违约金的前提是“根据当事人的请求”，人民法院在当事人未请求时直接调整违约金不符合立法意旨。当然，前述的如按照约定的违约金标准作出判决将导致判决结果严重违反公序良俗、诚信和公平原则，造成当事人利益严重失衡等特殊情形除外。

进言之，对于一审、二审中当事人均因客观原因未能到庭的情况下，能否据此申请再审乃至再审中能否直接改判的问题，需要遵循《民事诉讼法》关于再审程序的规定。比如，当事人申请再审的，必须符合《民事诉讼法》

第211条关于法定再审事由的规定，方可启动再审程序。在进入再审审理阶段后，当然也应当遵循纠纷的一次性解决、减轻当事人诉累与实现公正与效率有机统一的思路，能够通过根据当事人的请求改判调整违约金解决的，尽量采取依法改判的方式。此外，从维护程序公正的角度出发，人民法院也有必要给予双方当事人相应的释明，充分听取双方当事人的意见，尊重当事人的辩论权利，在维护程序公正的基础上，避免对当事人的程序权利造成实质性损害。

# 第二十八讲

# 违约金调整的酌增与酌减

一、违约金司法酌减规则的具体适用

二、违约金的司法酌增

三、违约金调整与其他违约责任承担方式之间的关系

违约金具有预先确定损害赔偿数额、担保和督促债务履行、简化当事人举证责任等功能，既鲜明体现了意思自治原则，又深刻融入了维护交易安全与便捷的价值导向，在违约责任乃至合同领域居于十分重要的地位。从法律适用乃至纠纷解决的角度讲，违约金的司法调整是违约金制度中最为重要的问题。对此，《民法典》第 585 条在基本沿用原《合同法》第 114 条的规定的同时，对有关内容进行了调整，该条第 2 款规定："约定的违约金低于造成的损失的，人民法院或者仲裁机构可以根据当事人的请求予以增加；约定的违约金过分高于造成的损失的，人民法院或者仲裁机构可以根据当事人的请求予以适当减少。"由此可以看出，相对于原《合同法》第 114 条第 2 款〔1〕的表述，《民法典》第 585 条第 2 款更加准确地描述了违约金司法酌定系基于司法评价的技术特征，明确了人民法院或者仲裁机构的裁量权，更进一步地明确了违约金并非只要当事人请求就必须调整。从基本分类上讲，违约金的司法调整包括司法酌减和司法酌增两种情形，此在《合同法解释（二）》（已失

〔1〕 原《合同法》第 114 条第 2 款规定："约定的违约金低于造成的损失的，当事人可以请求人民法院或者仲裁机构予以增加；约定的违约金过分高于造成的损失的，当事人可以请求人民法院或者仲裁机构予以适当减少。"

效）中均有规定。但是，《民法典合同编通则解释》在规范层面对此作了改变，主要是遵循《民法典》第585条的规定精神，在《合同法解释（二）》第29条[1]规定的基础上，一方面，保持与2009年《民商事合同纠纷指导意见》、2019年《九民会议纪要》以及2021年《民法典会议纪要》第11条第1款和第3款[2]规定的连续性，在第65条[3]对审判实务中普遍适用的违约金的司法酌减规则作了规定，同时新增了“合同主体”“交易类型”“履约背景”等酌定因素，更加符合审判实践需要；另一方面，在总结理论研究和实务经验的基础上在该条新增了“恶意违约的当事人一方请求减少违约金的，人民法院一般不予支持”的规定，删除了《合同法解释（二）》第28条[4]关于违约金司法酌增的规定，既坚持了问题导向，突出普遍性问题的解决，又进一步完善了违约金司法调整的法律适用规则。而且，违约金的司法调整问题在审判实务中普遍存在，《民法典合同编通则解释》也不可能对所有问题都作出规定，有些问题也是基于其普遍适用的范围等因素而未作规定，但这也并不意味着这些问题在实务中并不存在，对相关法律适用规则的研究细化对于实务中促进法律适用统一和学理上不断完善相应规则的知识体系都具有

---

〔1〕《合同法解释（二）》（已失效）第29条规定：“当事人主张约定的违约金过高请求予以适当减少的，人民法院应当以实际损失为基础，兼顾合同的履行情况、当事人的过错程度以及预期利益等综合因素，根据公平原则和诚实信用原则予以衡量，并作出裁决。当事人约定的违约金超过造成损失的百分之三十的，一般可以认定为合同法第一百一十四条第二款规定的‘过分高于造成的损失’。”

〔2〕《民法典会议纪要》第11条第1款规定：“民法典第五百八十五条第二款规定的损失范围应当按照民法典第五百八十四条规定确定，包括合同履行后可以获得的利益，但不得超过违约一方订立合同时预见到或者应当预见到的因违约可能造成的损失。”第3款规定：“当事人请求人民法院减少违约金的，人民法院应当以民法典第五百八十四条规定的损失为基础，兼顾合同的履行情况、当事人的过错程度等综合因素，根据公平原则和诚信原则予以衡量，并作出裁判。约定的违约金超过根据民法典第五百八十四条规定确定的损失的百分之三十的，一般可以认定为民法典第五百八十五条第二款规定的‘过分高于造成的损失’。当事人主张约定的违约金过高请求予以适当减少的，应当承担举证责任；相对人主张违约金约定合理的，也应提供相应的证据。”

〔3〕《民法典合同编通则解释》第65条规定：“当事人主张约定的违约金过分高于违约造成的损失，请求予以适当减少的，人民法院应当以民法典第五百八十四条规定的损失为基础，兼顾合同主体、交易类型、合同的履行情况、当事人的过错程度、履约背景等因素，遵循公平原则和诚信原则进行衡量，并作出裁判。约定的违约金超过造成损失的百分之三十的，人民法院一般可以认定为过分高于造成的损失。恶意违约的当事人一方请求减少违约金的，人民法院一般不予支持。”

〔4〕《合同法解释（二）》（已失效）第28条规定：“当事人依照合同法第一百一十四条第二款的规定，请求人民法院增加违约金的，增加后的违约金数额以不超过实际损失额为限。增加违约金以后，当事人又请求对方赔偿损失的，人民法院不予支持。”

重要意义。有鉴于此，诸如违约金的司法酌增等问题虽然未在《民法典合同编通则解释》中规定，但仍然需要在《民法典》体系下理解相应的法律适用规则，而且这些内容在该解释起草过程中也都是作为重点问题进行论证的。下面笔者结合个人对《民法典合同编通则解释》第65条规定的理解，就违约金司法调整的有关法律适用问题，特别是对照该条与《合同法解释（二）》及其他规范性文件有关规定内容的沿用、细化、修改以及删除情形的具体适用问题做一探讨。

## 一、违约金司法酌减规则的具体适用

### （一）《民法典合同编通则解释》违约金司法酌减规则的由来

违约金酌减规则是应对违约金数额过高而产生的特殊规则，赋予了法官一定的裁量权，可以对当事人达成的协议进行干预，这是契约自由的一个例外，其目的在于恢复契约实质自由。为了规范违约金的调整，统一裁判标准，最高人民法院曾多次出台批复、司法解释。就逾期付款违约金计算标准问题，最高人民法院先后以批复形式作出规定。[1] 原《合同法》颁布后，2003年《商品房买卖合同解释》针对商品房买卖合同纠纷中违约金的标准作出了规定。[2] 在此基础上，《合同法解释（二）》（已失效）第29条规定了一般意义上的违约金调整规则。同年，最高人民法院发布的《民商事合同纠纷指导意见》专门就“依法合理调整违约金数额，公平解决违约责任问题”提出了具

〔1〕 参见《最高人民法院关于逾期付款违约金应当依据何种标准计算问题的批复》（法复〔1996〕7号，已失效）、《最高人民法院关于逾期付款违约金应当按照何种标准计算问题的批复》（法释〔1999〕8号，已失效）、《最高人民法院关于修改〈最高人民法院关于逾期付款违约金应当按照何种标准计算问题的批复〉的批复》（法释〔2000〕34号，已失效）。

〔2〕 2003年《商品房买卖合同解释》第16条规定：“当事人以约定的违约金过高为由请求减少的，应当以违约金超过造成的损失30%为标准适当减少；当事人以约定的违约金低于造成的损失为由请求增加的，应当以违约造成的损失确定违约金数额。”第17条规定：“商品房买卖合同没有约定违约金数额或者损失赔偿额计算方法，违约金数额或者损失赔偿额可以参照以下标准确定：逾期付款的，按照未付购房款总额，参照中国人民银行规定的金融机构计收逾期贷款利息的标准计算。逾期交付使用房屋的，按照逾期交付使用房屋期间有关主管部门公布或者有资格的房地产评估机构评定的同地段同类房屋租金标准确定。”第18条第2款规定：“合同没有约定违约金或者损失数额难以确定的，可以按照已付购房款总额，参照中国人民银行规定的金融机构计收逾期贷款利息的标准计算。”

体的指导意见。2012年《买卖合同司法解释》第24条[1]规定了逾期付款违约金的调整规则，第26条[2]则规定了合同解除后的违约金调整标准。2015年发布的《民间借贷规定》第29条[3]就民间借贷迟延还款的违约金作了规定。此后的《九民会议纪要》第50条又对此作了进一步细化。可以看出，最高人民法院通过司法解释、司法政策等形式对违约金调整问题规定了比较详细的规则，积累了较为丰富的经验，这些规则在实践中也发挥了积极作用。为保持法律适用的连续性、稳定性，《民法典合同编通则解释》沿袭了《合同法解释（二）》第29条的基本做法并吸收了《九民会议纪要》第50条、《民法典会议纪要》第11条的内容，同时参考了以往的相关案件裁判经验，借鉴了一些域外做法[4]，进一步明确了违约金数额司法酌减的基本规则。

### （二）违约金司法酌减规则对以往规则的沿用及细化

《民法典合同编通则解释》第65条关于违约金司法酌减的规则对于《合同法解释（二）》第29条及《九民会议纪要》有关规定的沿用及细化的情形主要包括以下三个方面：

---

〔1〕现对应2020年《买卖合同司法解释》第18条，该条第4款规定，买卖合同没有约定逾期付款违约金或者该违约金的计算方法，出卖人以买受人违约为由主张赔偿逾期付款损失，违约行为发生在2019年8月19日之前的，人民法院可以中国人民银行同期同类人民币贷款基准利率为基础，参照逾期罚息利率标准计算；违约行为发生在2019年8月20日之后的，人民法院可以违约行为发生时中国人民银行授权全国银行间同业拆借中心公布的一年期贷款市场报价利率（LPR）标准为基础，加计30%～50%计算逾期付款损失。

〔2〕现对应2020年《买卖合同司法解释》第20条，该条规定，买卖合同因违约而解除后，守约方主张继续适用违约金条款的，人民法院应予支持；但约定的违约金过分高于造成的损失的，人民法院可以参照《民法典》第585条第2款的规定处理。

〔3〕现对应2020年修正的《民间借贷规定》第28条，其规定："借贷双方对逾期利率有约定的，从其约定，但以不超过合同成立时一年期贷款市场报价利率四倍为限。未约定逾期利率或者约定不明的，人民法院可以区分不同情况处理：（一）既未约定借期内的利率，也未约定逾期利率，出借人主张借款人自逾期还款之日起参照当时一年期贷款市场报价利率标准计算的利息承担逾期还款违约责任的，人民法院应予支持；（二）约定了借期内的利率但未约定逾期利率，出借人主张借款人自逾期还款之日起按照借期内的利率支付资金占用期间利息的，人民法院应予支持。"

〔4〕比如，《法国民法典》第1152条规定："在契约规定不履行契约的人应支付一定数额的款项作为损害赔偿时，给予另一方当事人的款项数额不得高于也不得低于规定的数额。但是，在原约定的数额明显过高或过低时，法官可以，甚至得依职权减少或增加此种违约金的数额，任何相反之条款规定均视为未予订立。"我国台湾地区"民法"第252条（违约金额过高之酌减）规定："约定之违约金额过高者，法院得减至相当之数额。"

**1. 关于司法酌减违约金的计算基础问题**

实务中，一种意见主张沿用《合同法解释（二）》第29条，仍表述为以实际损失为基础。另一种意见主张吸收《九民会议纪要》第50条精神，规定“以民法典第五百八十四条规定的损失为基础”。实际上，《合同法解释（二）》规定的应当综合衡量的多种相关因素中包含预期利益，该预期利益的考量与原《合同法》第113条规定的可得利益损失的赔偿的精神是一致的，说明在衡量违约造成的损失时，《合同法解释（二）》第29条也是将可得利益的损失考虑在内的。进而，考虑到《民法典》第584条规定的损失包括可得利益损失，故《民法典合同编通则解释》第65条第1款明确了以《民法典》第584条规定的损失作为司法酌减违约金的计算基础，并相应地在其综合考虑因素中删去了预期利益。据此，可以说违约金调整所对应的损失基数应当包括实际损失和可得利益的损失。

**2. 关于违约金司法酌减综合考虑因素的沿用**

对此，《民法典合同编通则解释》第65条主要沿用了《合同法解释（二）》第29条规定的“合同的履行情况”“当事人的过错程度”等。关于合同的履行情况，如仅是轻微违约或者履行行为已经基本完成，仅有很小一部分未履行，这时让违约方仍然承担全部的违约金责任有失公平，有必要根据当事人的请求予以调整。至于当事人的过错程度，首先要关注的是违约方的过错程度，违约方是故意违约还是过失违约，直接决定违约金补偿性功能和惩罚性功能的此消彼长。在违约金过高之情形中，惩罚性违约金的目的在于给债务人心理上制造压力，促使其积极履行债务；在债务不履行之场合，表现为对过错的惩罚，因此债务人的过错自应成为适用惩罚性违约金的要件。[1] 这里的当事人还包括非违约方，由此涉及有关过失相抵规则的适用，在此情形下违约金的调整不应过多体现惩罚色彩。此外，应考虑当事人缔约时对可得利益损失的预见、当事人之间的交涉能力是否平等、是否适用格式合同条款、是否存在适用减损规则以及损益相抵规则的情况等因素，根据诚

〔1〕 参见最高人民法院民事审判第二庭编著：《〈全国法院民商事审判工作会议纪要〉理解与适用》，人民法院出版社2019年版，第327页。

实信用原则和公平原则，结合案件的实际情况，综合衡量。[1] 换言之，基于体系化适用的基本要求，有关违约损害赔偿的一般规则，如可预见性规则、损益相抵规则、过失相抵规则、减损规则对于违约金的调整同样适用。

**3. 关于违约金酌减幅度的问题**

债务人提出酌减违约金的请求后，法官须判断应否酌减以及酌减到何种程度。关于应否酌减，法官将依照《民法典》第585条第2款判断，即判断约定的违约金是否“过分高于造成的损失”。《合同法解释（二）》第29条关于约定的违约金超过造成的损失的30%一般可以认为是“过分高于造成的损失”的规定，经过多年实践对于统一相关案件的裁判尺度发挥了积极作用，也已得到学界的认可。在《民法典合同编通则解释》起草过程中曾考虑对此规则作进一步细化明确，以进一步增强违约金司法酌减的可操作性，避免实务中出现违约金酌减幅度较大以及调整不均衡等问题；同时在尊重当事人约定的基础上，考虑违约金的惩罚性，督促当事人有约必守，曾设计了“人民法院可以根据当事人的请求将违约金调整至造成的损失的百分之一百三十”的规则。但有意见认为这与通常认为的违约金补偿性为主、惩罚性为辅的属性不符，一概调整至损失的130%会使违约金在功能上完全体现为惩罚性，这将增加当事人之间的违约成本进而增加交易成本，而这当然要在整个宏观经济形势乃至经济社会发展的大背景下考虑，尤其是要与营造良好的法治化营商环境结合起来。《民法典合同编通则解释》采纳了这一意见，就违约金的酌减幅度仍然沿用了《合同法解释（二）》第29条的规定，在保持法律适用的连续性、稳定性的同时，彰显违约金补偿性为主、惩罚性为辅的属性，而且这也符合经济社会复杂性背景下合同案件的特点，“一刀切”式的规定不符合纷繁复杂的合同案件的具体情况。至于酌减幅度裁量方面的统一，要根据《民法典合同编通则解释》第65条第1款规定的综合考量因素来限定，同时要发挥有关法律适用统一的工作机制的作用，如做好类案检索，特别是发挥专业法官会议、审判委员会等工作机制的作用。当然，对此也要有客观理性

---

〔1〕 参见最高人民法院民事审判第二庭编著：《〈全国法院民商事审判工作会议纪要〉理解与适用》，人民法院出版社2019年版，第327页。

的认识，不可把统一裁判尺度理解为简单绝对的幅度相等，仍然要把握好每一个案件的具体情况，既要看到其与此类型案件的类似抑或相同之处，也要以具体案件事实认定为基础，看到其特殊之处。

### （三）违约金司法酌减规则中新增酌定因素的考虑及适用

相较于《合同法解释（二）》第29条的规定，在违约金司法酌减的综合考虑因素中，《民法典合同编通则解释》第65条第1款明确增加了“合同主体”“交易类型”“履约背景”等。

#### 1. 合同主体

理论和实务中一直都有呼声，希望在违约金司法酌减的问题上考虑此交易行为双方是民事主体还是商事主体而有所区分，这既体现了民事、商事领域的不同特点与规律，也充分考虑了民事主体和商事主体在预见能力、缔约能力方面的不同。在比较法上，《德国商法典》第348条规定了商人在其营业中约定的违约金不得依《德国民法典》的规定减少。虽然这一规定可能过于绝对，但至少说明在商事主体从事商事交易时，违约金酌减应当更为审慎。在经营者和消费者之间以格式合同为载体的交易关系之中，如果违约金债务人是消费者，当事人缔约地位、是否适用格式合同也是可以斟酌考虑的因素。[1] 在我国的审判实务中，**北京隆昌伟业贸易有限公司诉北京城建重工有限公司合同纠纷案**（最高人民法院指导案例第166号）即体现了对合同主体因素（违约方作为商事主体）的考量。至于格式合同适用的领域往往涉及当事人地位不对等的情形，《民法典合同编通则解释》起草过程中曾单独规定了“以格式条款约定的违约金，当格式条款提供方违约时，其无权要求调减违约金，但是违约金不足以填补损失时对方可以请求增加违约金。当格式条款提供方的相对方违约时，可以请求酌减违约金”。由于格式合同的适用不仅限于生活消费领域，在双方都是商事主体的情况下也会大量适用，作出上述规定会存在争议。但考虑到以格式条款约定违约金的现象并非个案，而《民法典》

---

〔1〕 参见黄薇主编：《中华人民共和国民法典合同编释义》，法律出版社2020年版，第291－292页。

第 585 条第 2 款并未作出例外规定，故可将以格式条款约定违约金的情况纳入合同主体的范畴中作为酌定情形予以考虑，将上述内容限缩在一方当事人作为商事主体并提供格式合同而另一方是自然人尤其是消费者的情形下予以适用，具有合理性，可资在实务中借鉴探索。

**2. 交易类型**

市场交易形态多样，特别是有的收益相对平均稳定，但有的收益高风险也大。实务中也多有意见认为对于高风险、高回报领域的违约金的酌减应当秉持更加慎重的态度，因为这时当事人对于违约金的数额约定更有预见，且与其追求的预期收益具有一致性。这一点在**上海熊猫互娱文化有限公司诉李岑、昆山播爱游信息技术有限公司合同纠纷案**（最高人民法院指导案例第 189 号）中也有体现。该案裁判要点指出，网络主播违反约定的排他性合作条款，未经直播平台同意在其他平台从事类似业务的，应当依法承担违约责任。网络主播主张合同约定的违约金明显过高请求予以减少的，在实际损失难以确定的情形下，人民法院可以根据网络直播行业特点，以网络主播从平台中获取的实际收益为参考基础，结合平台前期投入、平台流量、主播个体商业价值等因素合理酌定。这一裁判充分尊重了互联网直播行业的特点，并且综合考量了合同主体、双方交易情况等因素，取得了较好效果，对于类似问题的处理具有积极指导意义。

**3. 履约背景**

在《民法典合同编通则解释》起草过程中，有意见指出，酌减违约金时有必要综合考虑经济社会发展整体形势，某个行业、领域的交易发展情况等。《民法典合同编通则解释》在吸收这一意见的基础上，增加了履约背景这一调整违约金的酌定因素。就履约背景的适用而言，在具体案件裁判中就要综合考虑宏观经济形势以及价值导向上如何促进交易的开展乃至市场经济发展的问题。对此，《民商事合同纠纷指导意见》第 6 条规定："在当前企业经营状况普遍较为困难的情况下，对于违约金数额过分高于违约造成损失的，应当根据合同法规定的诚实信用原则、公平原则，坚持以补偿性为主、以惩罚性为辅的违约金性质，合理调整裁量幅度，切实防止以意思自治为由而完全放任当事人约定过高的违约金。”这一规定对于相关案件的处理仍具有积极的指导意义。

### （四）明确对恶意违约当事人请求减少违约金一般不予支持的规则

关于当事人请求酌减违约金是否一概都要支持的问题，存在不同认识。特别是在有多个酌定因素的前提下，再有其他方面的一些原因，在个案裁判上违约金的司法酌减往往会被支持，但这也会带来在一些案件中特别是在一方当事人恶意违约的情形下出现有失公平的问题，也会影响违约金功能作用的发挥。有学者指出，在故意甚或恶意违约的情况下，通常即不再酌减违约金，因为恶意或故意的侵害人不值得免受严格惩罚。[1] 这一观点较有道理，而且在以往的审判实践中，也有恶意违约不调整违约金的典型案例，如在**史某培与甘肃某酿造（集团）有限责任公司、北京某商贸有限责任公司互易合同纠纷案**[2]中，生效裁判就认为，在当事人恶意违约的情况下，如果没有证据证明合同约定的违约金过分高于造成的损失，当事人请求减少违约金的，人民法院可不予支持。特别是在**北京隆昌伟业贸易有限公司诉北京城建重工有限公司合同纠纷案**（最高人民法院指导案例第166号）中法院也明确指出，违约金的调整需要考虑当事人遵循诚信原则的情况。该案明确了当事人双方就债务清偿达成和解协议，约定解除保全措施及违约责任，一方当事人依约申请人民法院解除保全措施后，另一方当事人违反诚实信用原则不履行和解协议，并在和解协议诉讼中请求减少违约金，人民法院不予支持。另外，该案例也说明了判断违约方是否恶意其实与合同主体这一考量因素有一定的联系。实务中，对于当事人在自愿基础上达成的损失赔偿条款，除存在无效或可撤销的情形外，一方当事人以损失赔偿金数额过高或过低为由请求调整的，人民法院应当区分当事人是一般民事主体还是商事主体。商事主体与一般民事主体在违约金酌减问题上应有所区别。在总结理论和实务经验的基础上，

---

〔1〕 参见王洪亮：《违约金酌减规则论》，载《法学家》2015年第3期。

〔2〕 参见最高人民法院民事判决书，（2007）民二终字第139号。在本案中，最高人民法院生效裁判认为，违约方存在恶意拖延乃至拒绝履约的嫌疑，加之没有证据能够证明日万分之四的违约金属于过高情形，因此案涉《易货协议》约定的日万分之四的违约金不能被认为过高。本案引自《最高人民法院公报》2008年第7期。

经过广泛征求意见，《民法典合同编通则解释》第 65 条第 3 款明确规定了“恶意违约的当事人一方请求减少违约金的，人民法院一般不予支持”的规则。从该规定的内容看，一方面应当明确的是，恶意违约属于严重违约的情形，对约定的违约金要以不酌减为原则，即使该违约金约定数额较高，超过了上述的 30% 的标准。另一方面在例外情形下确实也存在可以酌减违约金的空间，这也是基于市场交易复杂多样性的客观考虑，但在适用上也必须从严把握。在这一基调下，应审慎考量《民法典合同编通则解释》第 65 条第 1 款规定的各个因素，而且对此也有必要采取明显严于一般情形的违约金调整幅度，甚至即便要予以调整，调整的幅度也可不必受上述 30% 比例的限制，以彰显对诚信原则、意思自治原则乃至合同正义的维护。

## 二、违约金的司法酌增

### （一）《民法典合同编通则解释》未就违约金司法酌增再作规定

《民法典》第 585 条第 2 款第一分句确立了约定违约金的司法酌增规则，体现了对守约方或债权人的保护目的。关于违约金的司法酌增问题，制定《民法典合同编通则解释》时曾考虑沿袭《合同法解释（二）》（已失效）第 28 条的做法，遵循上述思路对违约金司法酌增的规则作了规定，明确“当事人依照民法典第五百八十五条第二款的规定，请求人民法院增加违约金的，增加后的违约金数额以不超过民法典第五百八十四条规定的损失为限。增加违约金后，当事人又请求对方赔偿损失的，人民法院不予支持”。虽然继续规定这一规则有利于明晰相关案件的法律适用规则，但是由于这些具体适用规则在实质层面存在与司法酌减规则的重复，特别是实务中当事人对于违约金的约定通常会发生过高的问题，而违约金司法酌增案件相对较少，而且违约金的酌增与违约损害赔偿是否存在重复、能否并用等问题还存在一定争议，《民法典合同编通则解释》最终主要针对审判实践中更为普遍存在的违约金的司法酌减问题作了明确，而未再就司法酌增问题予以规定。如此一来，对于违约金的司法酌增问题就要直接依据《民法典》第 585 条第 2 款的规定来进行处理。

就违约金司法酌增的具体适用，要在严格遵循《民法典》第 585 条第 2

款规定精神的基础上，参照适用《民法典合同编通则解释》第 65 条第 1 款有关损失范围、酌定因素的规定，在论证时也可以参考借鉴上述未在《民法典合同编通则解释》中体现的内容。比如，对于损失的范围，应当按照《民法典》第 584 条规定的赔偿损失范围和数额予以认定，包括实际损失和可得利益损失。同时，基于违约金的司法酌增与酌减之间的逆向关系，对于有关因素的考虑特别是有关违约方恶意违约的情形，要按照逆向思维的逻辑或者说参考反对解释的思路来参照适用《民法典合同编通则解释》第 65 条第 1 款和第 3 款的规定，但要遵循填平原则的要求，以不超过因违约给其造成的损害为限。

### （二）违约金的司法酌增与违约损害赔偿之间的关系

欲谈违约金的司法酌增与违约损害赔偿之间的关系，必须首先探讨违约金与违约损害赔偿之间的关系，而这也是实践中一直存有争议的问题。一般而言，依照损害赔偿的原理，损害赔偿的目的在于填补损害，因而不允许当事人基于一个损害获得两次赔偿，否则将违背损害填平原则和禁止获利原则。[1] 据此，原则上违约金与法定的违约损害赔偿责任不可并用，此二者在本质上都指向对非违约方损害的救济，只是路径方式不同，都要遵循填平原则的要求，否则就可能使守约方双重获益。

但是，基于对意思自治的尊重和市场交易复杂多样性的考量，违约金和损害赔偿责任能否并用的问题需要遵循上述原则根据具体情况具体分析，尤其是要区分违约行为类型的不同以及由此造成的损害是否同一的问题。简言之，当违约金与损害赔偿责任所指向的利益损失相同时，债权人不能同时主张损害赔偿和违约金。在此情形下，如果允许守约方在请求违约金的同时继续主张损害赔偿，必然会使其双重获益。比如，违约金的约定是为了弥补违约而造成的履行利益的损失，当根本违约发生时，无论债权人主张损害赔偿还是主张违约金，其都是为了弥补履行利益的损失，因而两者无法并用。又如，合同为担保附随义务的履行而设定违约金，当该附随义务被违反时，由

〔1〕 参见王利明：《合同法研究》（第 2 卷），中国人民大学出版社 2011 年版，第 601 页。

于违约金与损害赔偿责任都是为了使债权人恢复到附随义务没有被违反的状况之下（补偿其完整性利益损失），因而损害赔偿责任与违约金不能并用。[1] 当违约金请求权与损害赔偿请求权所指向的损害不是同一损害，比如，一个指向给付本身的损害，另一个则指向迟延损害或者固有利益的损害，二者目的不同，不但并行不悖，而且相得益彰。[2]

当违约金与违约损害赔偿责任不能并用时，关于守约方是否有权选择一种责任形式获得救济的问题，学界一般认为，应按照交易的需要允许当事人自由选择补偿方式，不能完全以违约金取代损害赔偿。[3] 对于违约金司法酌增与损害赔偿的关系问题，有观点认为，约定的违约金低于实际损失时，司法酌增和法定损害赔偿也是选择性竞合关系，由债权人选择。[4] 但以往的司法实务多是从尊重当事人的意思自治出发，认为法院应首先支持违约金的支付请求，然后再对违约金过高或低于损失的情况依法进行调整，如此就不必再将违约金的司法酌增与损害赔偿责任并用。[5] 这一做法有利于避免违约损害赔偿的计算过于复杂，而且此所遵循的基本思路就是运用一种方法使守约方的损失在遵循填平原则的前提下得到相应的救济。换言之，违约金的司法酌增与违约金之外另行主张损害赔偿在本质上是一致的，都是旨在对守约方能够证明的违约金不能涵盖的损害部分予以赔偿。由此引申，在法律没有明确限制当事人选择权且当事人对此也没有特别约定的情形下，守约方可以在约定的违约金数额的基础上另行请求违约损害赔偿和约定违约金的差额，从而达到救济的目的。这也符合损害救济的填平原则的要求，似也无过度干预的必要，这在实质意义上也就是对约定违约金的司法酌增。同理，当事人如果既约定了违约金，又约定了损害赔偿的计算方法，也有必要尊重当事人的选择权，但要受上述填平原则和禁止双重获利原则的约束。另外，在迟延支

---

〔1〕 参见王洪亮：《违约金请求权与损害赔偿请求权的关系》，载《法学》2013 年第 5 期。

〔2〕 参见韩世远：《合同法总论》（第 4 版），法律出版社 2018 年版，第 838 页。

〔3〕 参见王利明：《合同法》，中国人民大学出版社 2021 年版，第 303 页。

〔4〕 参见朱广新、谢鸿飞主编：《民法典评注·合同编·通则》，中国法制出版社 2020 年版，第 414 页。

〔5〕 参见最高人民法院民事审判第二庭编著：《最高人民法院关于买卖合同司法解释理解与适用》，人民法院出版社 2016 年版，第 430 页。

付价款的情形，当事人既约定了逾期付款违约金[1]，又约定了逾期付款利息，此两者实际所指向的违约行为及造成的损害相同，当事人可以选择适用，即使允许违约金酌增与损害赔偿的并用，也要受上述原则的约束。

## 三、违约金调整与其他违约责任承担方式之间的关系

有关违约金的调整在具体案件的处理中还普遍存在当事人同时请求违约金责任与其他违约责任承担方式时如何处理的问题，这其中也不乏能否并用以及如何具体适用的争议。对此有必要结合不同案件的具体场景来进行分析探讨。

### （一）违约金调整与继续履行的并用问题

实务中容易与违约金责任发生关联的违约责任承担方式以继续履行为典型。根据《民法典》第585条第3款的规定，迟延履行违约金可以和继续履行并用。依据该款规定，当事人就迟延履行约定违约金的，违约方支付违约金后，还应当履行债务。当事人专门就迟延履行约定违约金的，除另有约定外，此违约金仅针对违约方对其迟延履行所承担的赔偿责任，违约方支付违约金后还应当继续履行义务。但请求继续履行应当是针对迟延后履行尚属可能且对债权人有意义的情形，如果继续履行因对债权人无意义而被拒绝，或者在履行迟延后陷于履行不能，债权人可转而要求替代给付的赔偿，该替代给付的赔偿数额一般大于迟延履行的赔偿数额，其作为继续履行的转化形态，

---

〔1〕 关于逾期付款违约金的适用，2020年《买卖合同司法解释》第18条规定："买卖合同对付款期限作出的变更，不影响当事人关于逾期付款违约金的约定，但该违约金的起算点应当随之变更。买卖合同约定逾期付款违约金，买受人以出卖人接受价款时未主张逾期付款违约金为由拒绝支付该违约金的，人民法院不予支持。买卖合同约定逾期付款违约金，但对账单、还款协议等未涉及逾期付款责任，出卖人根据对账单、还款协议等主张欠款时请求买受人依约支付逾期付款违约金的，人民法院应予支持，但对账单、还款协议等明确载有本金及逾期付款利息数额或者已经变更买卖合同中关于本金、利息等约定内容的除外。买卖合同没有约定逾期付款违约金或者该违约金的计算方法，出卖人以买受人违约为由主张赔偿逾期付款损失，违约行为发生在2019年8月19日之前的，人民法院可以中国人民银行同期同类人民币贷款基准利率为基础，参照逾期罚息利率标准计算；违约行为发生在2019年8月20日之后的，人民法院可以违约行为发生时中国人民银行授权全国银行间同业拆借中心公布的一年期贷款市场报价利率（LPR）标准为基础，加计30－50%计算逾期付款损失。"

可与迟延履行违约金并行主张。[1] 但是，如果迟延履行已导致不能实现合同目的或者此迟延履行的合同主要债务经催告后在合理期限内仍未履行，这时守约方就可以主张解除合同，并依据《民法典》第566条第2款的规定，向违约方主张违约责任。此违约责任在性质上已经转化为根本违约情形下的违约责任，上述仅就迟延履行约定的违约金已经无法涵盖守约方的全部损失。这时守约方就可以选择违约损害赔偿或者以其遭受的损失为基础就有关违约金的约定请求司法酌增来实现救济。

如果有关违约金的约定并非专为迟延履行而设，而是针对不履行合同或者根本违约情形预设了违约损害赔偿，在可能的情况下，仍然存在守约方主张继续履行时还能否主张违约金责任的问题。对此，笔者倾向于认为，从解释论角度，这一场景下违约方的履行行为也已处于迟延状态，继续履行能够实现合同约定的目的，但此并不能弥补迟延履行给守约方带来的损失。这一损失的弥补可以与违约金的调整相结合，达到充分救济守约方的目的。由此就转化为上述的继续履行与迟延履行违约金并存的状态，只是此场景下要根据当事人的请求以迟延履行造成守约方的损失为基数对违约金进行调整，这在实务中通常体现为酌减的情形。但是，如果当事人就全部的违约金进行主张，这时基于填平原则的要求，此违约金在本质上属于根本违约情形下的损害赔偿的转化形式，与继续履行属于相互替代的关系，这时守约方只能主张违约金责任，并结合违约金调整方式来进行救济，而不能一并主张继续履行。

由此引申，实务中又会存在当事人能否主张部分继续履行、部分违约金责任的问题。笔者认为，继续履行有利于实现合同目的，对于交易链条的修复乃至促进交易是有利的，此道理同样可以适用于守约方主张部分履行，而就其他部分主张违约金责任的情形，尤其是在其中一部分已经不可能履行而只能部分履行的情形下，就显得更有实益。这无非增加的是在违约金调整方面的精细计算或者裁量问题，在法律没有作禁止性规定的情况下，对此不宜作否定性评价。进而实务中还会出现这样的场景，违约方主张部分履行，而

---

〔1〕 参见黄薇主编：《中华人民共和国民法典合同编释义》，法律出版社2020年版，第292－293页。

守约方主张全部违约金责任，这时如何处理，不乏争议。笔者倾向于认为，对此需要根据案件具体情况来进行分析，既不能单纯采用类似于债务人的救助权[1]优先的理论，但又必须考虑对债务人损害的填平。具言之，如果这时继续履行已对守约方无实际意义，比如，守约方此时已经通过替代交易获得相应合同标的、继续履行已无法实现合同目的等，债务人继续履行的主张在客观上已无实益；但如果不存在前述情形，债务人的这一主张对合同目的的实现是有利的，也有利于维护契约精神和诚信原则，在实务中可以探索适用。在具体适用时，又涉及与守约方诉讼请求的衔接以及法院行使释明权的问题，同时还会引出由此是否会增加守约方受领成本以及上述的以守约方损失为基础精准调整违约金的问题。基于填平原则的要求，这里的守约方损失当然要扣除违约方部分履行所对应的部分，但要将其增加的受领成本以及其他由此带来的损失计算在内。

### （二）其他履行合同义务不符合约定的情况下违约金调整与相关违约责任承担方式的并用问题

至于其他履行合同义务不符合约定即一般意义上的瑕疵履行以及加害给付的情形，就违约金与其他违约责任承担形式之间的关系，虽然《民法典》并未作具体规定，但仍可以参照上述有关迟延履行时的违约金与继续履行的并用规则处理。违约金如果是针对不完全履行约定的，只要当事人未特别言明，宜推定为对于因不完全履行所造成的损害的赔偿额的约定。在不完全履行的债务尚可能履行的场合，可以比照迟延履行处理，这时的违约金可推定为对于迟延履行损害的赔偿额的约定，甚至更进一步，推定为对于迟延履行损害、因不完全履行（加害给付）造成的债权人固有利益的损害的概括的赔偿额的约定。[2] 由此，守约方主张违约金的同时，仍然可以主张继续履行、修理、更换、重作等责任形式，也就可以与违约金责任并用。但是，如果不完全履行的违约行为已经客观上转化为履行不能的情形或者继续履行对于守

---

〔1〕 参见韩世远：《合同法总论》（第4版），法律出版社2018年版，第856页。
〔2〕 参见韩世远：《合同法总论》（第4版），法律出版社2018年版，第836页。

约方已无实益，则不存在上述责任形式的并用问题，而应以根本违约造成的损害为基础通过违约金的司法酌增或者违约损害赔偿的规则来处理。反之，对于当事人约定违约金系针对根本违约的情形，这时如果存在履行可能或者此履行有利于实现合同目的，应允许违约金的调整与修理、重作、更换等责任形式的并用。

笔者认为，综合上述内容，对于违约金调整与其他违约责任承担方式能否并用的问题，需要结合案件的具体场景，分层次考虑以下因素：首先，要注意是否是同一违约行为导致违约金和其他违约责任形式的产生；其次，要注意当事人是否存在特别约定，有特别约定的要依照该约定处理，此当然要以该约定成立且生效为前提；再次，要注意约定的违约金是否是替代给付的违约金，以及其与其他违约责任承担方式之间的有机衔接；最后，要注意约定的违约金可以与其他违约责任形式并用时，需要考量债权人损失的大小，在不同情形中对违约金予以适当调整。[1] 概言之，在当事人没有特别约定的情况下，针对同一违约行为，债权人有权要求债务人支付违约金，由于此支付违约金的责任承担方式实际上与违约损害赔偿具有同质性，在此情况下非违约方当然可以要求违约方继续履行。这时如果通过继续履行仍然无法弥补非违约方的损失，守约方可以同时主张通过违约金赔偿相应的损失。支付违约金和继续履行所针对的违约行为并不相同时，非违约方可以同时主张，但不得超过合同正常履行时非违约方所获利益，也不得超出违约方在订立合同时应当预见的范围。在并用违约金规则时，也会发生对违约金进行相应调整的问题，但在通常情形下往往是在违约金约定框架内对其数额进行酌减的问题，由此也就需要适用《民法典合同编通则解释》第65条的规定。

### （三）对于不履行合同义务时违约金调整与继续履行的并用问题的再探讨

由于在实务中不完全履行或者迟延履行的情形以合同目的能否实现作为

---

〔1〕 参见石宏主编：《〈中华人民共和国民法典〉释解与适用·合同编》（上册），人民法院出版社2020年版，第238页。

衔接，往往与根本违约具有密切联系，甚至存在转化为根本违约的问题。这就有必要进一步探讨根本违约情形下违约金与继续履行能否并用的问题。通常而言，违约金属于损害赔偿的替代形式，与实际履行不能兼得，否则就会使债权人双重获益，这在拒绝履行的情形比较明显。但就拒绝履行而言，在个案的具体场景中仍然会存在继续履行与迟延履行违约金责任并存的问题，这其实就会转化为迟延履行情形下的违约金与继续履行的关系问题，此种情形的有关法律适用规则前面已经阐述。

对于履行不能的情形，在违约责任承担的框架内，也不可简单认为守约方的履行请求权归于消灭而只能主张违约责任乃至违约金责任。比如，对于嗣后履行不能的情形，即在合同订立后债务到期之前，因为不可归责于债务人的原因而履行不能的，不产生违约金请求权，但债权人的履行请求权到期后发生履行不能的，违约金请求权在主债务到期时产生，并且与主债务彼此分离，因此违约金请求权不受履行不能的影响。〔1〕对于合同订立前就已客观存在的履行不能的情形是否涉及根本违约的问题，由于这一问题影响合同成立这一前提条件，而《民法典》对此没有具体规定，在实践中存在探索空间。有观点认为，即使自始客观不能也并非合同无效的原因，而仅仅是违约的原因。〔2〕这一见解较有道理，对于自始客观不能的情形，需要考虑善意相对人的保护问题，这也是维护交易秩序和交易安全所必须。如果对此情形相对人不知道也不应当知道且无重大过失，应当对此善意相对人予以保护，在双方当事人意思表示一致的情况下，应当认为合同成立，在没有其他影响合同效力的事由的前提下，该相对人应当有权主张违约责任乃至违约金责任，但因这时已经履行不能，其也只能主张违约损害赔偿责任，而不能再主张继续履行。但如果不存在相对人善意的情形，或者须交付标的物一方当事人存在重大误解等使合同可撤销甚至存在合同无效的情形，则有关违约金责任的主张失去了合同成立生效的前提条件，故应在缔约过失责任框架下解决相关问题。

---

〔1〕参见朱广新、谢鸿飞主编：《民法典评注·合同编·通则》，中国法制出版社2020年版，第412页。

〔2〕参见黄薇主编：《中华人民共和国民法典合同编释义》，法律出版社2020年版，第264页。

# 第二十九讲

# 定金规则的细化完善与具体适用



## 一、定金规则概述

### （一）定金的界定与特征

所谓定金，是指当事人约定的，为保证债权的实现，由一方在履行前预先向对方给付的一定数量的货币或者其他替代物。[1] 定金制度是一项有悠久历史传统的民事法律制度，其基本功能是担保，而此担保功能的发挥是通过惩罚性规则即定金罚则来实现的。从立法例看，惩罚性规定是德国、法国、日本等大陆法系国家有关定金立法的通例，也是定金制度的本质特征。定金作为一种担保方式，其所担保的对象就是合同双方当事人的履行合意，并以适用定金罚则为手段实现担保目的。[2] 此外，定金还具有在一方当事人违约

---

〔1〕 参见黄薇主编：《中华人民共和国民法典合同编释义》，法律出版社 2020 年版，第 294 页。

〔2〕 参见王利明主编：《中国民法典释评 · 合同编 · 通则》，中国人民大学出版社 2020 年版，第 622 页。

时填补对方最低损失的功能。

关于定金的客体，《民法典》未作规定。通常而言，定金的客体为金钱，但对于定金能否为其他替代物，一直存有争议。否定说认为定金应当仅限于金钱，其他替代物的边界难以界定，容易使定金与动产质押发生混淆。但多数观点认为金钱的其他替代物可以作为定金的客体。定金的功能与违约金类似，都是保证债务履行，在违约时赔偿损失。无论是金钱还是其他有价值的物，都可以实现起到担保履行和赔偿的目的。因此，定金的客体可以包括具有价值的可替代金钱之物。但不可替代物不能作为定金的客体，因为无法根据定金罚则请求接受定金方双倍返还不可替代物。[1] 笔者认为，从发挥定金功能、促进交易的角度讲，允许其他可替代物作为定金客体是可行的，但还是有必要结合定金之词义，按照人们日常生活观念，倡导定金以交付金钱为原则，这样也有利于稳定当事人预期，减少一些不必要的纠纷。

关于定金合同的特征，通常而言包括以下三个方面：

其一，定金合同是具有担保功能的合同。如前文所述，此担保功能主要通过定金罚则实现。定金作为一种担保方式，其所担保的对象是合同双方当事人的履行合意，并以适用定金罚则为手段实现担保目的。定金之所以能起到担保合同当事人履约的作用，乃是因为定金体现了对违约者的惩罚，没有定金罚则，定金难以发挥担保作用。[2]

定金罚则具有双重担保性，也即定金惩罚性的法律效果不仅适用于交付定金的一方当事人，也适用于收取定金的一方当事人。对于交付定金的当事人来说，在收取定金的当事人不履行债务或履行债务不符合约定致使合同目的落空时，交付定金一方有权要求收取定金方返还收取的定金的同时再给付与定金相同额度的金钱，即交付定金方有权要求双倍返还定金，这样会给收取定金方造成心理压力，促使其按照约定履行债务。对于收取定金的当事人来说，在交付定金的当事人不履行债务或者履行债务不符合约定致使合同目的落空时，收取定金的一方可保有定金，不再返还交付定金的当事人，也不得进行折抵，这样

〔1〕 参见朱广新、谢鸿飞主编：《民法典评注·合同编·通则》，中国法制出版社 2020 年版，第 428 页。

〔2〕 参见王利明：《合同法研究》（第 2 卷），中国人民大学出版社 2011 年版，第 739 页。

也给交付定金的一方造成心理压力，促使其履行约定的债务。因此定金的担保功能是通过定金罚则的适用来实现的，定金罚则是定金担保的效力基础。

其二，定金合同为实践合同。定金合同以定金实际交付为有效成立要件，这也被称为定金合同的要物性。《民法典》第586条第1款明确规定，定金合同自实际交付定金时成立，与原《担保法》第90条中关于“定金合同从实际交付定金之日起生效”的规定一脉相承，延续了定金合同为实践合同或要物合同的立法模式，只不过将生效要件改为成立要件。基于定金合同要物性的特点，当事人仅达成定金约定的，定金合同并没有有效成立，不能产生约束力，当事人没有交付定金的义务。〔1〕实践中还会出现定金在定金合意达成前交付的情形，此时则应当以合意达成时作为定金合同有效成立的时间。至于定金在定金合意达成后交付的，定金合同在定金交付时成立并生效。

其三，定金合同为从合同。定金合同是主债权债务合同的从合同。定金合同的有效成立以主合同的有效成立为前提，在主合同无效时，定金合同亦无效，除非担保合同另有约定。在**孙某荣与杨某香、廊坊愉景房地产开发有限公司公司增资纠纷案**〔2〕中，最高人民法院即认为，定金罚则的适用以定金担保存在为前提。如果定金担保并未设立，也就不存在因违约而适用定金罚则的问题……该定金条款为《股权（土地使用权）转让意向书》的从合同，目的在于保障意向书的履行，类型上属于违约定金，具有担保性、从属性……根据定金的从属性特征，《股权（土地使用权）转让意向书》消灭后，前述定金合同亦相应消灭，孙某荣有权要求杨某香返还已经支付的定金。当然，这里是指违约定金在所担保的合同消灭后亦相应消灭。

关于定金合同从属性的问题，有观点认为，在主从合同效力的关系上，当担保方式为保证、抵押、质押和留置时，若主合同无效担保合同亦无效。但对于定金担保而言，则存在例外。在主合同依法被确认无效时，对作为从合同的定金合同效力的认定不能一概适用主从合同效力的原则性规定。在一般情况下，主合同无效，定金合同无效。该原则适用于定金类型为违约定金、

---

〔1〕 参见朱广新、谢鸿飞主编：《民法典评注·合同编·通则》，中国法制出版社2020年版，第427页。

〔2〕 参见最高人民法院民事判决书，（2015）民二终字第191号。

成约定金、解约定金和证约定金等四种情况。在特殊情况下，主合同无效，定金合同并不必然无效，这主要是指定金类型为立约定金（或称订约定金）的情况。由于立约定金的独特属性，其合同效力并非当然地受主合同效力的影响，即如果定金性质被认定为立约定金，纵然主合同无效，若能再排除其他定金合同无效的情形，定金合同仍然有效，可适用定金罚则，此为定金罚则适用的特殊情况。[1] 还有观点认为，成约定金作为主合同成立或者生效之要件，其并不具备依附于主合同的从属性。主合同一旦成立或者生效，成约定金的功能即告实现，立刻发生抵作价款或者收回的法律效果，因此其在消灭上亦不具有从属性。[2]

### （二）定金规则在《民法典》及《民法典合同编通则解释》中的确立及主要规定

鉴于定金的担保功能，原《担保法》对定金作出了规定，《民法典》吸收了其有关定金的规定，在体例结构上规定在违约责任部分。主要考虑是：一方面，定金合同是合同的一种，应当适用合同的一般规则，在设立上可以在合同的主文中载明，也可以单独设立；另一方面，定金在制度内涵上具有惩罚性，既与违约责任具有相似性且密切相连，有些规则也需要厘清，而定金与保证以及担保物权又相距较远，无法在一起规定。《民法典》分两条对定金担保以及定金罚则作了规定。其中，第 586 条规定：“当事人可以约定一方向对方给付定金作为债权的担保。定金合同自实际交付定金时成立。定金的数额由当事人约定；但是，不得超过主合同标的额的百分之二十，超过部分不产生定金的效力。实际交付的定金数额多于或者少于约定数额的，视为变更约定的定金数额。”第 587 条规定：“债务人履行债务的，定金应当抵作价款或者收回。给付定金的一方不履行债务或者履行债务不符合约定，致使不能实现合同目的的，无权请求返还定金；收受定金的一方不履行债务或者履行债务不符合约定，致使不能实现合同目的的，应当双倍返还定金。”

---

〔1〕 参见王鸿晓：《定金合同效力的从属性原则及其例外情形》，载《人民司法》2011 年第 5 期。

〔2〕 参见李贝：《定金功能多样性与定金制度的立法选择》，载《法商研究》2019 年第 4 期。

鉴于经济社会生活的复杂多样性以及定金规则本身具有丰富的内容，而原《担保法解释》对此作了大量细化规定经过实践证明发挥了积极作用，获得了各界认可，且又与《民法典》精神不冲突，在《民法典》将定金规定在违约责任部分，在《民法典担保制度司法解释》未对定金制度进行规定的情况下，基于体系上的一致性和适用上的必要性，《民法典合同编通则解释》将原《担保法解释》有关定金的规则予以整合，以继续发挥其效用，保持规则的延续性和稳定性，同时根据实践需要予以适当修改完善。其中《民法典合同编通则解释》第67条系由原《担保法解释》第115条至第118条4个条文修改合并而成，主要规定了定金的性质，对违约定金、立约定金、成约定金和解约定金等不同类型定金的适用方式也作了规定。特别是明确了依照合同约定交付留置金、担保金、保证金、订约金、押金或者订金等金钱的，没有约定为定金性质，不能适用《民法典》第587条规定的定金罚则；如果约定为定金性质，但未约定定金类型或者约定不明，可以按照一方当事人的主张确定为违约定金。《民法典合同编通则解释》第68条则是根据审判实践需求，结合原《担保法解释》第115条、第120条、第122条等的规定精神，对定金罚则的适用规则进行细化规定：一是当事人一方仅有轻微违约，对方具有致使不能实现合同目的的违约行为，轻微违约方主张适用定金罚则，对方以轻微违约方也有违约行为为由抗辩的，对此抗辩不予支持。二是定金罚则可以根据合同部分履行的具体情形，按相应比例适用，但是部分未履行致使不能实现合同目的的除外。三是因不可抗力致使合同不能履行，非违约方主张适用定金罚则的，不予支持。

## 二、定金规则与实务中相关规则的厘清

实务中有不少与定金相近似的提法，如订金、押金、预付款等，有必要厘清它们之间的区别。而且，定金责任与违约责任之间的关系也必须厘清。

### （一）定金与相关概念的区别

#### 1. 定金和订金

定金和订金二者之间仅有一字之差，但含义并不相同。对它们进行区分

的关键是看当事人之间是否约定了定金的性质。如果当事人仅约定了“订金”，而未约定其具有定金性质的，不能认定为定金；如果当事人约定了“订金”的同时又约定其具有定金性质，应认定为定金。至于此“订金”属于定金的何种具体类型，应依照上述规则认定，约定不明的，应当认定为违约定金。比如，**在长春某房地产开发有限公司与某建筑设计院有限责任公司建设用地使用权出让合同纠纷案**[1]中，最高人民法院生效裁判认为，双方当事人在合同中虽然将“定金”中的“定”字写为“订”字，但是对“订金”内容的理解与原《担保法》、原《合同法》规定的定金的性质是一致的，双方明确约定适用定金罚则，意思表示真实、清楚，不违背法律规定，应认定为有效，即应当适用定金罚则。

**2. 定金和押金**

定金和押金二者均属于金钱担保的范畴，都是当事人一方按约定给付相对人的金钱或其他替代物。但二者系不同的担保方式。第一，定金的交付通常是在合同订立时或履行前，具有预先给付的特点；押金的交付或与履行主合同同时，或与履行主合同相继进行，不是预付。第二，定金担保的对象是主合同中的主给付；押金担保的对象往往是主合同中的从给付。第三，定金的数额低于主合同的标的额，且不得超过法定的比例；押金的数额往往高于或等于被担保的债权额。第四，定金具有在一方违约时丧失或双倍返还的效力；押金没有双倍返还的法律效果，这一点是定金和押金的根本区别。[2]

此外，在建设工程、租赁、期货交易等合同或法律关系中，经常出现保证金。但其种类和性质复杂，对合同的担保作用亦不尽相同。学理上通常认为，保证金合同属于非典型合同，或曰无名合同。保证金等非典型担保方式不得类推适用定金罚则，除非当事人明确约定了定金罚则的效力。[3] 比如，**在梅州市某实业发展有限公司诉梅州某投资有限公司商品房代理销售合同纠**

---

〔1〕 参见最高人民法院民事判决书，(2006) 民一终字第9号。

〔2〕 参见最高人民法院民法典贯彻实施工作领导小组编著：《中国民法典适用大全·合同卷(二)》，人民法院出版社2022年版，第1091页。

〔3〕 参见最高人民法院民法典贯彻实施工作领导小组编著：《中国民法典适用大全·合同卷(二)》，人民法院出版社2022年版，第1091页。

**纷案**[1]中，法院生效裁判认为，当事人在合同中约定的一方向另一方交纳的一定金额的履约保证金虽与定金相似，但因其不符合定金的法律属性而不属于原《担保法》意义上的法定担保方式。至于其是否具有违约金的法律属性，应视当事人在合同中的约定而定。如在约定履约保证金的同时还约定了违约责任条款，则一般应视为预付款性质，不能与违约金并用。

**3. 定金和预付款**

定金和预付款二者都要求一方当事人向另一方交付一定的金钱，但二者的法律性质和效力却存在很大差别。预付款属于价金支付债务的一部分，并且是提前履行部分债务，其作用在于使接受预付款的一方获得期限利益，支付预付款只是客观上起到了保障相应债权实现的作用。实践中应当加以甄别，即使是当事人在合同文本中使用“定金”的表述，也应当依法对合同使用文字进行全面解释，考察当事人约定的“定金”是否产生定金的法律效力。尤其是在当事人对于“定金”性质约定不明，且又没有补充约定的情况下，不宜将此约定理解为关于定金的约定，从而适用定金罚则。比如，在**襄阳某金属制品有限公司与襄阳某新材料有限公司等定金合同纠纷案**[2]中，最高人民法院生效裁判认为，双方当事人虽然明确约定了违约责任，但就有关款项的支付并未约定适用定金罚则。因此，上述款项虽名为“定金”，但并不具有定金的性质，应将其理解为预付款。如果双方当事人在合同中已经明确约定了定金的性质，则合同中约定且在结算中将定金折抵货款或者守约方在诉前未提出双倍返还定金均不改变定金的性质。在**天津某冶金集团有限公司与沙河市某矿业有限公司等定金合同纠纷案**[3]中，最高人民法院生效裁判认为，双方在《合作协议》、《担保协议书》及三份《补充协议》中已经明确约定交付款项为定金而非预付款，则定金的性质不因折抵货款而改变，不因权利人诉前从未提出双倍返还而改变。

---

〔1〕 参见广东省梅州市中级人民法院民事判决书，(2010) 梅中法民三终字第14号。

〔2〕 参见最高人民法院民事裁定书，(2015) 民申字第469号。

〔3〕 参见最高人民法院民事判决书，(2014) 民二终字第197号。

### （二）定金与违约责任之间的关系

关于定金与违约责任的关系，通常都会提到违约定金与违约金的选择适用以及与损害赔偿的衔接问题。对此，《民法典》第588条已有明确规定，该条规定："当事人既约定违约金，又约定定金的，一方违约时，对方可以选择适用违约金或者定金条款。定金不足以弥补一方违约造成的损失的，对方可以请求赔偿超过定金数额的损失。"除此之外，实践中往往容易忽视但又十分重要的问题是，违约定金的适用是以违约责任的承担为前提条件的，也就是说，违约定金在具体适用上属于体系化适用违约责任的一个有机组成部分。同样，有关违约责任的免责、减责事由对于违约定金也同样适用。比如，依照《民法典》第566条第2款的规定，合同因违约解除的，解除权人可以请求违约方承担违约责任，但是当事人另有约定的除外；依照《民法典》第580条第2款的规定，人民法院或者仲裁机构可以根据当事人的请求在符合特定情形下终止合同权利义务关系，但是不影响违约责任的承担。也就是说，在合同解除时、合同僵局情形下合同权利义务终止时，如果当事人之间存在违约定金的约定，有关违约定金的规则也要适用。又如，根据《民法典》第590条第1款的规定，当事人一方因不可抗力不能履行合同的，根据不可抗力的影响，部分或者全部免除责任，但是法律另有规定的除外。这意味着，在因不可抗力免除违约责任的情况下，同样也要免除定金罚则的适用。这自然能够得出定金返还而非双倍返还的结论。对此，《商品房买卖合同解释》第4条中规定，"因不可归责于当事人双方的事由，导致商品房买卖合同未能订立的，出卖人应当将定金返还买受人"。其第19条中也规定，"因不可归责于当事人双方的事由未能订立商品房担保贷款合同并导致商品房买卖合同不能继续履行的，当事人可以请求解除合同，出卖人应当将收受的购房款本金及其利息或者定金返还买受人"。《最高人民法院关于依法妥善审理涉新冠肺炎疫情民事案件若干问题的指导意见（二）》第1条第2款规定："疫情或者疫情防控措施导致出卖人不能按照约定的期限完成订单或者交付货物，继续履行不能实现买受人的合同目的，买受人请求解除合同，返还已经支付的预付款或者定金的，人民法院应予支持；买受人请求出卖人承担违约责任的，人民法院不予支持。”这些规则对于其他领域中类似案件的处理也具有参考借鉴意义。

此外，关于定金罚则的适用与违约行为发生在合同的不同履行阶段是否有关联的问题，笔者认为，在预期违约的情形下，如果构成根本违约，这时可以适用定金罚则。但是对于双方当事人已经约定一方当事人交付的定金抵作价款后，对方出现严重违约，这时还能否适用定金罚则的问题，实务中有不同认识。一种观点认为，定金抵作价款后，其作为定金的性质已经变生了变化，此后发生的违约行为不再适用定金罚则。另一种观点认为，定金作为合同债务履行之担保，其作用应贯穿合同履行的全部阶段，在合同履行完毕之前均可适用，除非当事人明确约定不再作为定金。上述两种观点都有一定道理，但第二种观点更具合理性，理由是：如果认定定金抵作价款后即不能再适用定金罚则，那么对于买受人支付价款义务在先、出卖人交付货物义务在后的买卖合同而言，定金基本上不具有任何约束出卖人的功能，这对买受人显然有失公平，也不符合当事人约定定金作为双方履行合同担保的本意。从文义解释角度分析，《民法典》第587条亦采纳了这一观点，即交付定金的一方履行债务后，收受定金的一方不履行债务或者履行债务不符合约定，致使不能实现合同目的的，应当双倍返还定金。[1]

## 三、《民法典合同编通则解释》第67条规定的主要内容及具体适用

如上文所述，《民法典合同编通则解释》第67条是由原《担保法解释》第115条至第118条的规定修改合并而来，分四款对定金的性质、不同类型定金的适用方式等基本规则作了规定。

### （一）关于定金的性质

定金的性质一般应当由当事人明确约定。当事人交付留置金、担保金、保证金、订约金、押金或者订金等，但没有约定定金性质的，不构成定金合

〔1〕参见最高人民法院民事审判第二庭、研究室编著：《最高人民法院民法典合同编通则司法解释理解与适用》，人民法院出版社2023年版，第764页。

同。审判实践中，关于交付钱款是否具有定金属性以及属于何种类型的定金，引发了大量的诉讼纠纷。原《担保法解释》第118条规定："当事人交付留置金、担保金、保证金、订约金、押金或者订金等，但没有约定定金性质的，当事人主张定金权利的，人民法院不予支持。"从该条规定看，当事人在合同中未使用"定金"一词的，需要对定金性质作出明确的约定；相反，若当事人已在合同中使用"定金"一词，在适用定金罚则时，对其性质的认定也应予以严格审查。《民法典合同编通则解释》第68条第1款沿用了原《担保法解释》第118条的规定。实践中定金的种类非常多，适用最为普遍、最能发挥定金功能的是违约定金。但是，由于实务中的情形复杂多样，有的也涉及当事人对定金本身的认识问题，不少约定都没有直接采用"定金"的表述。如果当事人没有采用"定金"的表述，但是约定符合法律规定的定金性质，也应当适用定金规则。

### （二）关于定金类型约定不明时的认定

关于定金的类型，按照定金设立的目的及效力的不同，一般可将定金分为立约定金、证约定金、成约定金、违约定金、解约定金等五种。（1）立约定金即为保证订立合同而交付的定金。这种定金不是合同成立的要件，也不是合同成立的证明。它的作用只是保证当事人有诚意建立合同关系。如果当事人无故拒绝签订合同，则要承担丧失定金或者双倍返还定金的后果。在其他的司法解释中也有关于立约定金的规定，如《商品房买卖合同解释》第4条规定："出卖人通过认购、订购、预订等方式向买受人收受定金作为订立商品房买卖合同担保的，如果因当事人一方原因未能订立商品房买卖合同，应当按照法律关于定金的规定处理；因不可归责于当事人双方的事由，导致商品房买卖合同未能订立的，出卖人应当将定金返还买受人。"（2）证约定金即为了证明合同关系的存在而交付的定金。证约定金不是合同有效成立的要件，仅是合同关系存在的证明。也就是说，订立合同时，当事人一方为防止对方悔约而给付定金，以此定金证明和维护合同关系。（3）成约定金即作为合同关系成立要件而交付的定金。合同是否成立，是否发生法律效力，取决于定金是否交付。所以，成约定金与证约定金不同，前者是合同关系成立的要件，后者仅是合同关系存在的证明。（4）违约定金即由当事人一方过错造成合同不能履行时得没收或加倍返还的定金。也就是说，在交付定金的当事人不履行合同的情况下，收受定金的一方当事人可没收定金；收受定金的一方当事人不履行合同的，则要加倍返还定金。因此，违约定金与违约金都具有间接强制合同履行的作用。（5）解约定金即为保留解除合同的权利而交付的定金。解约定金的交付人可放弃定金而解除合同，收受人得加倍返还定金而解除合同。这种定金的最大特点在于，它给予合同当事人在放弃或加倍返还定金的条件下，单方面解除合同的权利。[1] 概言之，立约定金可以被认为是预约的违约定金；成约定金可以被认为是合同的生效条件；证约定金仅是证明合同成立的方式之一；解约定金可以被认为是一种约定解除权。[2]

原《担保法》主要规定了违约定金，《民法典》也主要规定了违约定金，原《担保法解释》则规定了立约定金、成约定金和解约定金。通常认为，我国现行法律体系中的定金概念主要是围绕着违约定金展开的，其他类型的定金作为例外存在。实务中有所谓违约定金优先的司法裁判规则：解约定金、立约定金、成约定金、证约定金的认定通常以当事人之间的明确约定为前提条件，如果当事人未对定金性质作出说明，将认定该定金为违约定金。[3] 合同当事人约定定金条款时未明确约定定金性质，一方主张为违约定金的，应解释为违约定金；明确约定定金性质或从约定内容能够直接判断出定金性质的，定金性质从其约定。[4] 例如，在**海口某置业有限公司、霍尔果斯某股权投资有限公司股权转让纠纷案**[5]中，最高人民法院生效裁判认为："在《担保法》规定的是以违约定金作为原则型定金。解约定金须在合同中作出约定，否则应将其视为违约定金。《股权转让框架合同》第 4 条第 2 项（1）定金约定，一方未按本协议履行导致另一方无法实现合同目的的，适用定金法则，

---

〔1〕 参见李国光、高圣平主编：《担保法及配套规定新释新解》，人民法院出版社 2006 年版，第 865－866 页。

〔2〕 参见黄薇主编：《中华人民共和国民法典合同编释义》，法律出版社 2020 年版，第 294 页。

〔3〕 参见朱广新、谢鸿飞主编：《民法典评注·合同编·通则》，中国法制出版社 2020 年版，第 424－425 页。

〔4〕 参见最高人民法院民事审判第二庭编著：《最高人民法院关于买卖合同司法解释理解与适用》，人民法院出版社 2016 年版，第 442 页。

〔5〕 参见最高人民法院民事判决书，（2019）民终 120 号。

对于另一方遭受的实际损失，违约方承担赔偿责任；如后者未按本合同履行应尽义务的（包括但不限于绿地公司未能如期取得项目公司100%股权、取得《建设工程规划许可证》、配合办理外滩中心二期地块预售许可证），后者应向前者双倍返还定金。从合同内容看，双方并未就收取定金一方双倍返还定金即可解除合同作出明确约定。后者主张本案定金的性质是解约定金，缺乏事实和法律依据。”

### （三）不同类型定金的适用规则

《民法典合同编通则解释》第67条第2款至第4款基本沿用原《担保法解释》第115条至第117条的规定，对立约定金、成约定金和解约定金分别作出规定。具体而言：

#### 1. 立约定金的适用规则

《民法典合同编通则解释》第67条第2款对立约定金作了规定。该款源于原《担保法解释》第115条，该条规定：“当事人约定以交付定金作为订立主合同担保的，给付定金的一方拒绝订立主合同的，无权要求返还定金；收受定金的一方拒绝订立合同的，应当双倍返还定金。”本条将“收受定金的一方拒绝订立合同的”变更为“一方拒绝订立合同或者在磋商订立合同时违背诚信原则导致未能订立合同”。立约定金具有合同和金钱的双重性质，即立约定金可以被视为为主合同的订立而签订的从合同。从发生法律效力的角度看，立约定金的特点是，其法律效力的发生与主合同是否发生法律效力没有关系。立约定金的效力是独立于主合同的，其在主合同之前就成立并生效。凡在协议中设定立约定金的，其法律效力自当事人实际交付定金时就发生，在其所担保的定约行为没有发生时，违反约定的当事人就要受到处罚，立约定金对此发挥担保作用。

#### 2. 成约定金的适用规则

《民法典合同编通则解释》第67条第3款对成约定金作了规定。该款源于原《担保法解释》第116条，该条规定：“当事人约定以交付定金作为主合同成立或者生效要件的，给付定金的一方未支付定金，但主合同已经履行或者已经履行主要部分的，不影响主合同的成立或者生效。”《民法典合同编通则解释》第 67 条第 3 款对此的主要修改是将“主合同已经履行或者已经履行主要部分的”变更为“合同主要义务已经履行完毕并为对方所接受的”。成约定金的法律意义在于，当事人在约定成约定金后，定金未交付的，合同当然不成立或不生效，当事人在合同中设定的权利义务也不发生法律拘束力。关于成约定金与合同履行之间的关系，在当事人约定有成约定金的情况下，定金的交付是合同成立与否或生效与否的关键，但也不绝对，如果当事人自愿履行完毕合同主要义务并为对方所接受，该合同就不再以定金的交付作为成立或生效的标志。

**3. 解约定金的适用规则**

《民法典合同编通则解释》第 67 条第 4 款对解约定金作了规定。该款源于原《担保法解释》第 117 条，该条规定：“定金交付后，交付定金的一方可以按照合同的约定以丧失定金为代价而解除主合同，收受定金的一方可以双倍返还定金为代价而解除主合同。对解除主合同后责任的处理，适用《中华人民共和国合同法》的规定。”《民法典合同编通则解释》第 67 条第 4 款对该条并未作太多修改，只是改变了表述方式。解约定金为担保方式之一，其功能是担保当事人不轻易解除合同。当事人在合同中约定解约定金条款后，如果提出解除合同的当事人属于交付定金的一方，则其无权要求对方返还定金；如果属于接受定金的一方，则应当双倍返还定金。由此，当事人为了不至于损失定金或承担双倍返还定金的损失，会在一定程度上降低解除合同的概率，促使合同顺利履行。另外，当事人通过约定解约定金，事先约定了合同解除时的赔偿额，这既能够作为合同履行的担保，也解决了合同解除时的赔偿问题。应当注意的是，合同解除后，虽然适用了定金罚则，主张解除合同的当事人承担了定金损失，但这并不影响有损失的一方继续就其损失请求对方承担损害赔偿责任。《民法典》第 588 条规定：“当事人既约定违约金，又约定定金的，一方违约时，对方可以选择适用违约金或者定金条款。定金不足以弥补一方违约造成的损失的，对方可以请求赔偿超过定金数额的损失。”当事人可以依据该条规定主张权利。

## 四、《民法典合同编通则解释》第 68 条规定的主要内容及具体适用

《民法典》第 587 条规定了定金罚则的一般规则。所谓定金罚则，即是指定金利益的法定得丧规则，即定金合同生效后，在法律规定或定金合同约定的条件成就时，由收取定金的当事人进行双倍返还定金或让给付定金的当事人不得请求返还定金的惩罚性规则。定金罚则是定金制度中最为重要的规则，在实务中适用具有普遍性和复杂性，有些规则还有细化的必要。特别是对于具体适用场景中一方根本违约、另一方仅是轻微违约的情形能否适用定金罚则，定金罚则能否根据违约情况按比例适用以及不可抗力能否作为定金罚则的免责事由等实务中具有普遍性的问题，《民法典》并没有明确规定。这些规定在原《担保法解释》中都有相应体现，且与《民法典》第 587 条的规定精神并不冲突，有必要沿用并根据实际发展需要予以适当修改完善。

### （一）双方违约情形下定金罚则的适用

定金罚则属于惩罚性较强的一种违约责任，定金罚则是针对违约行为而设定的，体现了对违约一方当事人的惩罚，这种惩罚的适用会给违约一方经济上带来不利后果，特别是定金罚则也可与赔偿损失等责任承担方式并用，因此定金罚则的适用应当严格限定在特定的范围内，而不是对于任何违约行为都可以适用。

《民法典合同编通则解释》第 68 条第 1 款前段明确了双方根本违约不适用定金罚则的规则。依据《民法典》第 592 条第 1 款的规定，当事人都违反合同的，应当各自承担相应的责任。对于双方均存在根本违约的情形，如果将两个违约行为分开来看，任意一方的根本违约行为均足以导致定金罚则的适用，其后果是对双方均适用定金罚则，即给付定金的一方失去定金、收取定金的一方双倍返还定金，两者相抵后，给付定金的一方仍可收回定金，等同于定金罚则对双方当事人均不适用。换言之，定金罚则的适用应当限于一方根本违约的情形，当双方当事人均存在根本违约情形时，定金罚则没有适

用空间。[1] 这时双方应该根据自身的违约情况分别承担相应的违约责任。有关定金的处理，可以参考以下案例的处理思路。在**霍某与张某买卖合同纠纷案**[2]中，霍某支付定金后不能在合理时间内提货，系迟延履行；张某收取定金后不能按照约定价格交付货物，也系不能履行主要合同义务。人民法院生效裁判认为，原告虽向被告支付了定金，但双方并未就违约时定金责任的承担进行约定。双方既均有违约行为，就应当分担造成的损失。因此，原告适用定金罚则的请求法院不予支持，被告应退还定金并酌情赔偿原告的损失。笔者倾向于认为，如果合同当事人未对双方违约情况下违约定金规则作出约定，而在对待给付义务方面双方都存在违约，且违约程度大致相当，则有必要参照适用抵销的规则，免除相应的定金罚则的适用，收取定金方应返还其定金。如一方违约程度高于对方，则法院应在判决返还定金的情况下，酌情判定其承担相应的损害赔偿责任。

关于当事人一方轻微违约而对方根本违约时如何适用定金罚则的问题，《民法典合同编通则解释》第 68 条第 1 款后半段规定："当事人一方仅有轻微违约，对方具有致使不能实现合同目的的违约行为，轻微违约方主张适用定金罚则，对方以轻微违约方也构成违约为由抗辩的，人民法院对该抗辩不予支持。"实务中这种情形比较常见，比如，甲乙双方签订房屋买卖合同，甲向乙支付定金 20 万元，此后甲须向乙支付全部购房款，乙在收款后应交付房屋、办理权属证明，同时约定乙应按照甲的要求对房屋进行清理，其后甲逾期多日仍未交付房款，并以乙未按要求清理房屋为由诉请退还定金。对于这一情形，虽然双方均存在违反合同约定的行为，但甲的违约行为系不履行主合同义务，此义务的不履行足以导致合同目的不能实现，而乙仅是轻微违约，并不影响合同目的的实现。这时对甲乙双方等同视之，皆适用定金罚则，无疑会使双方权利义务严重失衡。故对此应当体系化理解《民法典》第 587 条和第 592 条，对于根本违约的一方依法适用定金罚则，即轻微违约方可以向对方主张适用定金罚则，轻微违约的一方则应依照《民法典》第 592 条的规

---

〔1〕 参见最高人民法院民事审判第二庭、研究室编著：《最高人民法院民法典合同编通则司法解释理解与适用》，人民法院出版社 2023 年版，第 759 页。

〔2〕 参见山东省淄博市临淄区人民法院民事判决书，(2021) 鲁 0305 民初 1632 号。

定承担相应的违约责任。将两个违约行为分开来评判，对于存在根本违约的一方当事人来说，适用定金罚则对其进行制裁符合《民法典》第587条的规定；但对于轻微违约方来说，由于其违约行为未达到《民法典》第587条规定的适用定金罚则的条件，因此无法对其适用定金罚则，但不影响其主张对根本违约方适用定金罚则。这一理念在司法实践中也得到了广泛认可，因此《民法典合同编通则解释》第68条第1款后半段明确一方有根本违约而另一方仅有轻微违约的，轻微违约方仍可主张适用定金罚则。

### （二）关于定金罚则的按比例适用问题

定金罚则根据合同履行情况按比例适用的规则符合公平原则的要求，且在实务中已经长时间适用，效果较好，基于法律适用前后连续性、稳定性的考虑，有必要沿用。而且在《民法典》体系内，第632条〔1〕和第633条〔2〕规定的标的物可分的情况下可就部分标的物解除合同的规则对此有参考意义，也能体现类似情形类似处理的统一评价标准。是故，《民法典合同编通则解释》第68条第2款沿袭了原《担保法解释》第120条第2款的规定，明确了当事人一方已经部分履行合同，且对方接受的，可以按照未履行部分所占比例适用定金罚则，但是如果部分未履行致使不能实现合同目的的，非违约方可主张按照合同整体适用定金罚则。

### （三）不可抗力致使合同不能履行时不适用定金罚则

《民法典合同编通则解释》第68条第3款吸收了原《担保法解释》第122条的规定精神，明确规定了因不可抗力致使合同不能履行时不适用定金罚则。所谓不可抗力，是指独立于人的行为之外，并且不受当事人意志所支配

〔1〕 参见《民法典》第632条规定："标的物为数物，其中一物不符合约定的，买受人可以就该物解除。但是，该物与他物分离使标的物的价值显受损害的，买受人可以就数物解除合同。"

〔2〕 参见《民法典》第633条规定："出卖人分批交付标的物的，出卖人对其中一批标的物不交付或者交付不符合约定，致使该批标的物不能实现合同目的的，买受人可以就该批标的物解除。出卖人不交付其中一批标的物或者交付不符合约定，致使之后其他各批标的物的交付不能实现合同目的的，买受人可以就该批以及之后其他各批标的物解除。买受人如果就其中一批标的物解除，该批标的物与其他各批标的物相互依存的，可以就已经交付和未交付的各批标的物解除。"

的不可预见、不可避免的客观情况。从分类上讲，既有自然原因的不可抗力，如地震、台风、海啸等，也有社会原因的不可抗力，如战争、动乱等。[1] 不可抗力是法定的免责事由。《民法典》第590条进一步明确了不可抗力作为免责事由在违约责任中的适用，该条规定："当事人一方因不可抗力不能履行合同的，根据不可抗力的影响，部分或者全部免除责任，但是法律另有规定的除外。因不可抗力不能履行合同的，应当及时通知对方，以减轻可能给对方造成的损失，并应当在合理期限内提供证明。当事人迟延履行后发生不可抗力的，不免除其违约责任。"定金责任属于违约责任的一种，不可抗力免责的规则自然也要适用于定金责任。这既包括因不可抗力导致合同全部不能履行，也包括因不可抗力导致合同部分不能履行或迟延履行但是合同目的已不能实现的情形。当然，不可抗力并不影响合同继续履行的，并不存在根本违约的问题，并不符合定金罚则的适用条件，也就不能适用定金罚则。

需要注意的是，与原《担保法解释》的规定相比，该款规定根据调研意见删除了"意外事件"，主要考虑到《民法典》仅规定不可抗力作为违约免责事由，未对"意外事件"作出规定。

〔1〕参见最高人民法院民法典贯彻实施工作领导小组主编：《中华人民共和国民法典总则编理解与适用》（下），人民法院出版社2020年版，第905页。

# 第三十讲

## 《民法典合同编通则解释》的时间效力

一、《民法典》能否溯及适用的一般规则

二、司法解释的溯及适用问题

三、《民法典合同编通则解释》具体规定的溯及适用问题

四、违约责任规定的溯及适用问题

法律规定的溯及力问题涉及在处理相关纠纷时应当适用新法还是旧法的基础问题，直接关乎选法用法是否正确的问题。当前，理论和实务中对于民事法律规范的溯及力问题日益重视，特别是《民法典时间效力规定》的施行很好地解决了《民法典》与原《合同法》、原《物权法》等法律的新旧衔接适用问题，在助力《民法典》贯彻实施、统一法律适用尺度的同时，也为理论上进一步研究民事法律的溯及力问题提供了有力支撑。但是由于以往对民事法律溯及力问题的研究较为薄弱，在一些具体的场景有些民事法律规定能否溯及适用的问题仍需要进一步研究论证和积累实务经验，其中违约责任规则的溯及适用问题就较为典型。与此同时，民事司法解释的溯及适用问题也少有深入研究，理论和实务中都有不同认识。这两个问题相结合，就会使《民法典合同编通则解释》有关违约责任的规定在溯及适用问题上更有审慎论证研究的必要。下面笔者不揣浅陋，拟从民事法律溯及力的一般规则出发，结合《民法典合同编通则解释》第 69 条第 2 款的规定与《民法典时间效力规定》的相关规定精神，按照体系化适用的逻辑，对《民法典合同编通则解释》

的具体规定乃至违约责任有关规定的溯及适用问题进行探讨，以期为有关法律适用问题的厘清贡献微薄之力。

## 一、《民法典》能否溯及适用的一般规则

### （一）法不溯及既往的一般原则

《立法法》第104条规定：“法律、行政法规、地方性法规、自治条例和单行条例、规章不溯及既往，但为了更好地保护公民、法人和其他组织的权利和利益而作的特别规定除外。”这是法律溯及力问题的基本依据。法不溯及既往是一项基本的法治原则，其法理基础在于对信赖利益的保护。一般而言，“昨天的行为不能适用今天的法律”，如果人们按照昨天的法律作出行为，由此形成的各种法律关系却被今天的法律所否定，不利于信赖利益保护，不利于社会关系稳定，更不利于维护法律权威。《民法典时间效力规定》是我国第一部系统规定民事法律时间效力的司法解释，该规定以法律事实的发生时间作为确定法律适用的基本依据，该司法解释在遵循《立法法》第104条的规定精神的基础上，以法律事实发生时间作为判断是否适用《民法典》的基准点，明确规定了法不溯及既往的基本原则以及溯及既往的有限例外。

法律事实，也称民事法律事实，是指依法能够引起民事法律关系产生、变更或消灭的客观现象。[1]《民法典时间效力规定》将法律事实发生时间分为三类情形：第一类是法律事实发生在《民法典》施行后；第二类是法律事实发生在《民法典》施行前；第三类是法律事实发生在《民法典》施行前并持续至《民法典》施行后。对于《民法典》施行后的法律事实引起的民事纠纷案件，适用《民法典》的规定，这是《民法典》施行后其效力的当然解释；对于《民法典》施行前的法律事实引起的民事纠纷案件，原则上适用当时的法律、司法解释的规定，这是法不溯及既往基本原则的体现。当然，这也有例外，即“法律、司法解释另有规定的除外”，此系基于社会生活复杂性的考虑。此可实现与其他法律、司法解释规定的衔接保持相应的前瞻性，为将来的规定预留空间。《民法典时间效力规定》第2条有利溯及适用规则以及

〔1〕参见王利明：《民法总则》，中国人民大学出版社2017年版，第84页。

后面与之衔接的具体规定和第 3 条新增规定溯及规则即是典型。对于第三类情形，也即跨越《民法典》施行前后的持续性法律事实，《民法典时间效力规定》予以明确，一般要统一适用《民法典》的规定。这是因为：一是持续性法律事实的法律适用需要考虑法律事实发生的时间节点和保护当事人合理预期两个因素。保护当事人预期存在一个假设的前提即当事人知道法律的规定，并根据法律规定形成对行为后果的预期，任何人不得以不知道法律规定进行抗辩。二是适用新法是贯彻实施《民法典》的必然要求。《民法典》施行后对其所有的调整对象均发生效力，而持续性的法律事实自然就落入《民法典》生效后要调整的范围之内，这是《民法典》时间效力的当然解释。[1] 比如，就合同履行行为"跨法"的情形，《民法典时间效力规定》第 20 条规定："民法典施行前成立的合同，依照法律规定或者当事人约定该合同的履行持续至民法典施行后，因民法典施行前履行合同发生争议的，适用当时的法律、司法解释的规定；因民法典施行后履行合同发生争议的，适用民法典第三编第四章和第五章的相关规定。"

对于跨越《民法典》施行前后的持续性法律事实，实践中要科学把握。民事法律事实可按其发生的形态分为瞬间性法律事实和持续性法律事实，瞬间性法律事实发生的时间是一个"点"，持续性法律事实发生的时间是一条不断延伸的"线"。[2] 比如，简单的交付行为就属于瞬间性法律事实，而持续一定时间的拘禁就是持续性法律事实。当然，持续性法律事实不同于重复发生的相同法律事实，持续性法律事实是一个法律事实，而重复发生的相同法律事实是多个法律事实。比如，侵权人在一定时间内实施了多次殴打行为，这些侵权行为并非一个持续性的侵权法律事实，而是多个间隔很短的反复性侵权法律事实。

---

〔1〕 参见最高人民法院民法典贯彻实施工作领导小组办公室：《〈最高人民法院关于适用《中华人民共和国民法典》时间效力的若干规定〉的理解与适用》，载《人民司法·应用》2021 年第 10 期。

〔2〕 参见杨登峰：《新旧法的适用原理与规则》，法律出版社 2008 年版，第 122－123 页。

### （二）有利溯及适用规则

《民法典时间效力规定》第 2 条[1]主要规定了《民法典》有利溯及适用规则。《立法法》第 104 条明确将“为了更好地保护公民、法人和其他组织的权利和利益而作的特别规定”作为法不溯及既往的例外情形，即为有利溯及的规则。这一规则在刑法领域的适用比较明确，即“从旧兼从轻”，但在民事领域往往涉及双方乃至多方当事人的利益平衡，有的还涉及公序良俗的遵循问题，如何确定有利溯及的具体标准就显得更为复杂。此前司法解释、规范性文件对民事法律具体的有利溯及规定并不多。一般认为，《合同法解释（一）》第 3 条[2]、《九民会议纪要》第 4 条[3]关于无效合同转换为有效合同的规定意味着国家对法律行为效力干预的减少，更加符合当事人的意思自治，属于有利溯及的典型情形。从法理上讲，某一法律规范的有利溯及改变了当事人的预期但仍然让其溯及适用，其理由应在于此溯及适用更加有利于保护当事人利益。但是，有利溯及的标准必须严格限定，以避免对法不溯及既往的基本原则造成冲击，防止给对方当事人利益乃至交易秩序的稳定、法律秩序的统一造成不测妨害。

---

〔1〕 参见《民法典时间效力规定》第 2 条规定：“民法典施行前的法律事实引起的民事纠纷案件，当时的法律、司法解释有规定，适用当时的法律、司法解释的规定，但是适用民法典的规定更有利于保护民事主体合法权益，更有利于维护社会和经济秩序，更有利于弘扬社会主义核心价值观的除外。”

〔2〕《合同法解释（一）》（已失效）第 3 条规定：“人民法院确认合同效力时，对合同法实施以前成立的合同，适用当时的法律合同无效而适用合同法合同有效的，则适用合同法。”

〔3〕《九民会议纪要》第 4 条规定：“根据‘法不溯及既往’的原则，民法总则原则上没有溯及力，故只能适用于施行后发生的法律事实；民法总则施行前发生的法律事实，适用当时的法律；某一法律事实发生在民法总则施行前，其行为延续至民法总则施行后的，适用民法总则的规定。但要注意有例外情形，如虽然法律事实发生在民法总则施行前，但当时的法律对此没有规定而民法总则有规定的，例如，对于虚伪意思表示、第三人实施欺诈行为，合同法均无规定，发生纠纷后，基于‘法官不得拒绝裁判’规则，可以将民法总则的相关规定作为裁判依据。又如，民法总则施行前成立的合同，根据当时的法律应当认定无效，而根据民法总则应当认定有效或者可撤销的，应当适用民法总则的规定。在民法总则无溯及力的场合，人民法院应当依据法律事实发生时的法律进行裁判，但如果法律事实发生时的法律虽有规定，但内容不具体、不明确的，如关于无权代理在被代理人不予追认时的法律后果，民法通则和合同法均规定由行为人承担民事责任，但对民事责任的性质和方式没有规定，而民法总则对此有明确且详细的规定，人民法院在审理案件时，就可以在裁判文书的说理部分将民法总则规定的内容作为解释法律事实发生时法律规定的参考。”

据此，经过广泛调研、反复研究，《民法典时间效力规定》以不打破当事人合理预期、不减损当事人既存权利、不冲击既有社会秩序为出发点，严格遵循《立法法》第104条“但书”的规定，充分依据《民法典》第1条关于立法宗旨的规定，结合审判实际作了进一步细化解释，将更有利于保护民事主体合法权益、更有利于维护社会和经济秩序、更有利于弘扬社会主义核心价值观的“三个更有利于”作为判断《民法典》有利溯及的标准。在具体适用时，只有符合“三个更有利于”标准的规则才能作为有利溯及的规则予以适用。

### （三）新增规定的溯及适用规则

《民法典时间效力规定》第3条规定了新增规定的溯及适用规则。新增规定的溯及适用是在长期审判实践和一系列司法解释的基础上发展而来的溯及适用类型，有学者称之为“空白溯及”[1]。比如，依据《合同法解释（一）》第1条的规定，原《合同法》实施以前成立的合同发生纠纷起诉到人民法院，当时没有法律规定的，可以适用原《合同法》的有关规定。这一规定经过了多年司法实践的检验，已经为社会公众和广大法官接受和认同。《民法典》编纂过程中，在总结以往审判实践经验的基础上新增加了一些规定。对于《民法典》施行前发生的法律事实引起的民事纠纷案件，在当时法律、司法解释没有规定的情况下，适用《民法典》的新增规定，可以为相应案件的司法裁判提供明确法律依据，可以规范自由裁量权的行使，切实维护裁判尺度统一。

《民法典时间效力规定》中的“新增规定”主要指法律规则层面的新增，比如，合同编关于债权债务类型、保理合同的规定等，即属于《民法典时间效力规定》第3条所调整的范围。看起来在条文语句或者文字表述上具有“新增”的外形，但实际上是法律规范的构成要件、法律后果等增加的规定，属于修改了原有法律规定的“改变规定”，以及原有司法解释已有规定而后上升为《民法典》规定的情形，则不属于《民法典时间效力规定》第3条所调

〔1〕王利明：《一部及时配合民法典实施的重要司法解释——评〈最高人民法院关于适用《中华人民共和国民法典》时间效力的若干规定〉》，载《人民法院报》2021年1月2日，第3版。

整的范围。比如，《民法典》第495条[1]关于预约合同的规定，在2012年《买卖合同司法解释》第2条[2]已经作了规定。虽然从《民法典》与原《合同法》的规定看属于“新增”，但是因原有司法解释已有规定，对此应当适用原来的规定，即使新的规定对原来内容有改变，也应属于“改变规定”而非“新增规定”。

为了进一步明确新增规定的溯及适用标准，便于司法审判，《民法典时间效力规定》明确了新增规定不能溯及适用的情形。对于新增规定的溯及适用，虽然不再要求对当事人“有利”，但是明显减损当事人合法权益、增加当事人法定义务或者背离当事人合理预期的新增规定仍然不能溯及适用，避免严重损害当事人的权益和预期。有意见认为，新增规定溯及适用可能会破坏当事人的合理预期。一方面，对于明显背离当事人合理预期的新增规定，《民法典时间效力规定》第3条已经通过但书条款排除；另一方面，对于大部分新增规定而言，溯及适用不但不会破坏当事人的合理预期，还会起到统一裁判尺度、稳定社会秩序的作用。第一，法律所保护的当事人预期，是当事人基于对行为时法律的信赖所形成的预期，如果当时并没有相关法律规定，当事人和社会公众不存在明确的、统一的对法律后果的预期，也就无所谓形成基于原有法律规定的预期，更谈不上破坏当事人的预期。第二，法律所要保护的当事人预期是当事人的合理预期。因缺乏法律的规定，当事人可能形成错误的预期或者不合法、不合理的预期，这些预期当然是不受法律保护的。第三，在没有法律规定的情况下，往往会存在规则适用不统一的问题，《民法典》的新增规定是对过去合理经验做法的立法确认，而当事人“合理预期”的要求当然就是符合公平正义和人们日常经验法则的认知，这正好与总结以往经验而形成的新法具体规则高度契合。第四，《民法典》具有较高的权威性和公信力，对于《民法典》施行前发生的法律事实，本应适用当时的法律、司法解

[1]《民法典》第495条规定：“当事人约定在将来一定期限内订立合同的认购书、订购书、预订书等，构成预约合同。当事人一方不履行预约合同约定的订立合同义务的，对方可以请求其承担预约合同的违约责任。”

[2] 2012年《买卖合同司法解释》第2条规定：“当事人签订认购书、订购书、预订书、意向书、备忘录等预约合同，约定在将来一定期限内订立买卖合同，一方不履行订立买卖合同的义务，对方请求其承担预约合同违约责任或者要求解除预约合同并主张损害赔偿的，人民法院应予支持。”

释，在缺乏具体规则的情况下，适用《民法典》的新增规定无疑是统一裁判尺度、实现公平正义的最佳选择，也有利于促进社会秩序的和谐稳定。[1] 此外，还要遵循《民法典时间效力规定》第5条[2]关于既判力优于溯及力的规定。

## 二、司法解释的溯及适用问题

### （一）关于司法解释是否具有溯及力的探讨

关于司法解释的溯及力问题，理论和实务中都有不同认识。一种观点认为，司法解释属于裁判规范而非行为规范，其适用于被解释法律施行后的法律事实引起的纠纷属于司法解释的当然效力，与溯及力无关。[3] 另一种观点认为，根据《立法法》的规定，法律、行政法规、地方性法规、自治条例和单行条例、规章均涉及溯及力问题，司法解释是审判工作中具体应用法律的有权解释，适用于其施行后尚未终审的案件意味着司法解释具有溯及力。[4] 还有观点认为，司法解释具有引导、规范人们行为的作用，影响当事人行为预期和实体权利义务，甚至存在弥补法律空白、法律滞后等功能，应当纳入法不溯及既往基本原则规制的范畴。[5] 笔者认为，上述观点都有一定道理，其中第一种、第二种观点角度并不相同，并无实质冲突。司法解释适用于被解释法律施行后的法律事实引起的、其施行时尚未终审的民事纠纷案件并非因为司法解释属于裁判规范，而是属于司法解释作为被解释法律的有权解释的适用效力问题，并非司法解释本身溯及力的范畴。综合考虑已有司法解释

〔1〕 参见最高人民法院民法典贯彻实施工作领导小组办公室：《〈最高人民法院关于适用《中华人民共和国民法典》时间效力的若干规定〉的理解与适用》，载《人民司法·应用》2021年第10期。

〔2〕《民法典时间效力规定》第5条规定："民法典施行前已经终审的案件，当事人申请再审或者按照审判监督程序决定再审的，不适用民法典的规定。"

〔3〕 参见麻锦亮：《论民法典〈担保制度司法解释〉的时间效力》，载《法律适用》2021年第6期。

〔4〕 参见最高人民法院研究室编著：《最高人民法院民法典时间效力司法解释理解与适用》，人民法院出版社2021年版，第86页。

〔5〕 参见张新宝、王伟国：《最高人民法院民商事司法解释溯及力问题探讨》，载《法律科学（西北政法大学学报）》2010年第6期；刘哲玮：《论民事司法解释的时间效力规则——从〈民间借贷司法解释〉的两次修订展开》，载《现代法学》2021年第2期。

的规定、司法解释的功能属性、当事人行为预期的保护、法律秩序统一等因素，笔者倾向于认为，司法解释属于根据法律授权的有权解释，是对法律的有权解释，同时司法解释又具有行为规范和裁判规范的双重效力，故也会涉及溯及力问题，这其中既有其在规则属性上与法律本身的共通之处，又有其自身与解释对象密切相连的特点。对此，《最高人民法院、最高人民检察院关于适用刑事司法解释时间效力问题的规定》第1条的规定具有很好的参考借鉴意义。依据该条规定，司法解释是最高人民法院对审判工作中具体应用法律问题和最高人民检察院对检察工作中具体应用法律问题所作的具有法律效力的解释，自发布或者规定之日起施行，效力适用于法律的施行期间。在民事司法解释领域，尤其是《民法典》施行后，已有司法解释规定的先例可循。比如，《民法典总则编解释》第39条第2款规定："民法典施行后的法律事实引起的民事案件，本解释施行后尚未终审的，适用本解释；本解释施行前已经终审，当事人申请再审或者按照审判监督程序决定再审的，不适用本解释。"由此以《民法典》施行之日作为溯及既往截止的基本时间，该司法解释的有关规定可以溯及适用至《民法典》施行之时，由此承认了司法解释的有限溯及适用。

### （二）司法解释溯及力问题的一般规则

概言之，就司法解释的溯及适用问题，需要区分以下情况：

一是从司法解释所解释的法律言之，司法解释的内容属于其解释的法律规范本身的细化完善或者说是题中应有之义，在该法律施行以后，司法解释应具有溯及该法律施行之日的效力，但不能简单认为可以溯及该法律施行之前，即司法解释可以有限溯及其所解释法律的施行之日。但是，在个别情况下，如出于填补漏洞需要而创设规则的情形，则涉及是否背离当事人合理预期的问题，基于对当事人信赖利益的保护，也有必要考虑法不溯及既往原则的适用。比较典型的例子就是《最高人民法院关于建设工程价款优先受偿权问题的批复》（已失效）第5条规定："本批复第一条至第三条自公布之日起施行，第四条自公布之日起六个月后施行。"第4条即为建设工程承包人行使优先权6个月期限的规定，这实际上是限制了该优先受偿权期限规定的溯及适用，考虑的就是对当事人合理预期的保护。

二是不能一概否认该司法解释对其解释法律生效以前法律事实的适用，这一溯及情形应当与其解释的具体法律规范能否溯及既往的问题同规则、共命运。同时，考虑到《民法典》编纂这一情形，原《合同法》、原《物权法》中大量规则被《民法典》所沿用，如果司法解释所解释的《民法典》中的条文规则与以往规则相同，这时虽然在裁判援引时不能承认该司法解释条文的溯及力，但仍可以将其作为裁判说理的重要参考依据。由此，对于司法解释能否溯及该法律施行以前的情形就不能再一揽子地说某个司法解释整体的溯及力问题，而是要区分司法解释的某个具体条文来确定其溯及力。具言之，其一，如果新司法解释涉及的是《民法典》没有变化的规则，则新司法解释原则上有溯及力，即溯及该规则施行之时，但如果适用的是旧法，就只能将新司法解释的规定作为裁判说理的依据，不能作为裁判依据。比如，《民法典合同编通则解释》第 60 条、第 61 条有关可得利益损失的计算以及持续性定期合同中可得利益的赔偿问题的规定，但此作为违约损害赔偿的计算问题在原《合同法》第 113 条中就有规定，因此，尽管《民法典合同编通则解释》是根据《民法典》制定的，但这两条规定也可以作为理解和适用原《合同法》关于违约损害赔偿计算问题的依据。其二，如果新司法解释涉及的是《民法典》有变化的规则，则新司法解释是否有溯及力，应取决于《民法典》这一规则本身是否有溯及既往的效力，只有在《民法典》这一新规则有溯及力时，新司法解释的相应规定才有溯及力，否则就没有溯及力。例如，《民法典担保制度司法解释》第 13 条关于共同担保人之间相互追偿的规定，就应区分共同保证和混合共同担保：如果是共同保证，因原《担保法》及其司法解释与《民法典》的规定不一致，且《民法典》就这一问题的规定不具有溯及力，故《民法典担保制度司法解释》的相关规定就不具有溯及力；但是对于混合共同担保，因原《物权法》与《民法典》的规定并不冲突，《民法典担保制度司法解释》的相关规定自然可以溯及原《物权法》施行之时。[1]

---

〔1〕 参见刘贵祥：《关于当前民商事审判工作的几点思考》，载《中国应用法学》2023 年第 6 期。

三是准确把握既判力优于溯及力的规则。既判力优于溯及力规则强调的是新法可以溯及适用的情形不能适用于已经终审的案件，即使新法溯及适用的情形只是一种例外，这一例外规则也不能适用于已经终审的案件。其实，已经终审的案件不适用新法是民事司法解释的一贯立场，如果允许再审案件适用新法，一方面将会导致再审案件的大量出现，不利于纠纷的化解和社会关系的稳定；另一方面将造成判决毫无稳定性可言，也不利于维护司法的权威性和公信力。溯及既往的必须是尚未终审的案件，如果是已经终审、产生既判力的裁判，即便当事人对此提起了再审，亦应按照既判力优于溯及力的原则，不能让《民法典》溯及既往。这是因为审结的案件已经产生了既判力，如果由于《民法典》有新规定就要重新审理，则势必会在一定程度上动摇法的安定性和生效裁判的权威性、公信力。[1] 因此，《民法典时间效力规定》第5条明确了裁判的既判力优先于溯及力的原则，即不得以判决的个案解释不同于《民法典》的规定为由推翻已经生效的判决。而且如果承认《民法典》的溯及力优于既判力，还可能会引起大量的生效判决被推翻，从而给司法判决的权威性带来负面影响。[2]

四是程序从新的规则。法谚云："实体从旧、程序从新。"学界也通常认为，"实体法以不溯及既往为原则之一。但程序法无此原则，与此相反的是，在新程序法生效时尚未处理的案件，均应采取程序从新原则，依照新程序法处理"。[3] 实体法溯及既往会影响法的安定性和人民对于旧法的信赖，而程序法溯及既往反而可能有助于新法迅速妥适地适用。[4] 《最高人民法院关于修改后的民事诉讼法施行时未结案件适用法律若干问题的规定》即按照"程序从新"的要求作出一般性规定，对2013年1月1日修改后的《民事诉讼法》施行时未结的民事案件，适用修改后的《民事诉讼法》。

---

〔1〕 参见最高人民法院研究室编著：《最高人民法院民法典时间效力司法解释理解与适用》，人民法院出版社2021年版，第74页。

〔2〕 参见王利明：《一部及时配合民法典实施的重要司法解释——评〈最高人民法院关于适用《中华人民共和国民法典》时间效力的若干规定〉》，载《人民法院报》2021年1月2日，第3版。

〔3〕 卓泽渊主编：《法学导论》，法律出版社2000年版，第20页。

〔4〕 参见胡建淼、杨登峰：《有利法律溯及原则及其适用中的若干问题》，载《北京大学学报（哲学社会科学版）》2006年第6期。

## 三、《民法典合同编通则解释》具体规定的溯及适用问题

在总结以往经验、综合各方面意见的基础上，《民法典合同编通则解释》第69条第1款规定了该司法解释的施行日期，即自2023年12月5日起施行。第2款则对该司法解释的溯及力及溯及力与既判力之间的关系作了规定："民法典施行后的法律事实引起的民事案件，本解释施行后尚未终审的，适用本解释；本解释施行前已经终审，当事人申请再审或者按照审判监督程序决定再审的，不适用本解释。"根据该规定，结合上面的论述，就《民法典合同编通则解释》的溯及适用问题，需要注意以下几个方面：

一是《民法典》施行后的法律事实引起的民事案件，《民法典合同编通则解释》施行后尚未终审的，适用《民法典合同编通则解释》的相应规定。对此需要把握的是，有关溯及的时间限制问题和上述规则一致，即限定在《民法典》施行后的法律事实引起的民事案件，在案件类型上强调的是尚未终审的案件，这也符合通例。比如关于违约金的司法调整问题，《民法典》第585条第2款将原《合同法》第114条第2款规定的"当事人可以请求人民法院或者仲裁机构"修改为"人民法院或者仲裁机构可以根据当事人的请求"，更加突出了违约金司法调整的启动来自当事人的请求，属于改变了原有规则的内容，对于《民法典》施行前的法律事实引发的此类纠纷在《民法典》施行后尚未受理或者审结的，应当适用原《合同法》的规定。

二是对于《民法典合同编通则解释》施行前已经终审的案件，当事人申请再审或者按照审判监督程序决定再审的，不适用《民法典合同编通则解释》的规定。这就属于上述的既判力优于溯及力的范畴。[1] 法院就当事人之间有争议的民事权利义务关系或法律关系作出判决后，一经生效，当事人原则上不得就该诉讼标的重新向法院提出争议，这种判决的不可争性也就是所谓的既判力。[2] 已经终审的案件不适用新的司法解释是民事司法解释的一贯立场。司法解释某些情况下有溯及力，但针对的必须是尚未终审的案件，如果

---

〔1〕 参见最高人民法院研究室编著：《最高人民法院民法典时间效力司法解释理解与适用》，人民法院出版社2021年版，第74页。

〔2〕 参见刘颖：《既判力标准时后的形成权行使的规制路径》，载《现代法学》2022年第2期。

是已经终审、产生既判力的裁判，即便当事人对此提起了再审，也应按照既判力优于溯及力的原则，适用当时法律和司法解释的规定。[1]

三是关于《民法典》施行前发生的法律事实能否适用的问题。对此，应当依据《民法典时间效力规定》，明确法不溯及既往的一般原则。同时，《民法典合同编通则解释》与其解释条文相配套可以溯及适用《民法典》施行前发生的法律事实引起的纠纷案件。具体如下：

首先，对有利溯及规则的适用。如上文所述，《民法典时间效力规定》第2条规定了有利溯及，其第8条作为典型的有利溯及情形，规定："民法典施行前成立的合同，适用当时的法律、司法解释的规定合同无效而适用民法典的规定合同有效的，适用民法典的相关规定。"对于《民法典时间效力规定》第8条的情形，在溯及适用《民法典》相关规定的同时可以溯及适用本解释有关合同效力的规定。需要说明的是，有利溯及的适用有严格的限制，《民法典会议纪要》第18条规定了有利溯及的层报程序，人民法院在审理有关民事纠纷案件时，认为符合《民法典时间效力规定》第2条有利溯及情形的，应当做好类案检索，经本院审判委员会讨论后层报高级人民法院。高级人民法院审判委员会讨论后认为符合该条规定的"三个更有利于"标准的，报最高人民法院备案。

其次，对新增规定溯及适用规则的适用。对于符合《民法典时间效力规定》第3条及相应具体规定的情形，在溯及适用《民法典》相关规定的同时可以溯及适用本解释对相应条文的解释规定。比如，依据《民法典时间效力规定》第10条的规定，《民法典》施行前，当事人一方未通知对方而直接以提起诉讼方式依法主张解除合同的，适用《民法典》第565条第2款的规定。如果某案件可以溯及适用《民法典》第565条关于合同解除的规定，《民法典合同编通则解释》第54条关于撤诉后再次起诉时合同解除时间确定的规定也可以一并溯及适用。

再次，个别涉及衔接适用的情形。严格来说，衔接适用不完全属于溯及

〔1〕参见最高人民法院民事审判第二庭、研究室编著：《最高人民法院民法典合同编通则司法解释理解与适用》，人民法院出版社2023年版，第772－773页。

适用的范畴，属于有关衔接过渡的规定。就《民法典》合同编而言，最为典型的是《民法典时间效力规定》第20条，该条规定：“民法典施行前成立的合同，依照法律规定或者当事人约定该合同的履行持续至民法典施行后，因民法典施行前履行合同发生争议的，适用当时的法律、司法解释的规定；因民法典施行后履行合同发生争议的，适用民法典第三编第四章和第五章的相关规定。”对于合同的履行持续至《民法典》施行后的民事纠纷案件，在分段适用《民法典》有关规定的同时，可以一并适用《民法典合同编通则解释》对相应条款的解释规定。

最后，要遵循程序从新的规则。如上文所述，诉讼程序并不直接为当事人创设实体上的权利义务关系，也不存在影响当事人对实体权利义务的合理预期的问题，而且新的诉讼程序往往更有利于诉讼质量、效率的提升。[1]《民法典合同编通则解释》的一些条文属于典型的诉讼程序规则，比如第35条关于债权人代位权诉讼管辖的规定，第37条关于代位权诉讼中的当事人及合并审理的规定，第47条关于债权债务转让纠纷中的第三人的规定等，对于尚未审结的民事纠纷案件，可以直接适用。

## 四、违约责任规定的溯及适用问题

### （一）一般规则

就违约责任相关规定的溯及适用问题，应以上述规则为一般遵循。以下实体法规则的溯及适用问题需要特别注意：

一是《民法典》合同编有关违约责任的规定能否溯及《民法典》施行前的问题，对此应当直接适用《民法典时间效力规定》的具体规定来确定，如遵循上述法不溯及既往的基本原则和有利溯及、新增规定溯及适用等具体规则。比如，《民法典》第580条第2款[2]有关合同僵局的规定、《民法典》

〔1〕参见［日］新堂幸司：《新民事诉讼法》，林剑锋译，法律出版社2008年版，第47页。

〔2〕《民法典》第580条第2款规定：“有前款规定的除外情形之一，致使不能实现合同目的的，人民法院或者仲裁机构可以根据当事人的请求终止合同权利义务关系，但是不影响违约责任的承担。”

第581条[1]关于替代履行的规定、《民法典》第589条[2]关于拒绝受领和受领迟延的规定等都属于较原《合同法》新增的规定，可以适用新增规定溯及适用的规则，但必须遵循《民法典时间效力规定》第5条关于既判力优于溯及力的规定。至于合同僵局的问题，《九民会议纪要》第48条[3]也有规定，在涉及《民法典》第580条第2款的溯及适用时，此二者并不冲突，《九民会议纪要》第48条当然可以作为裁判说理的重要依据予以援引。

二是《民法典合同编通则解释》有关违约责任的规定作为对《民法典》合同编通则中有关违约责任的规定的解释，自然可以溯及适用至《民法典》施行时，但基于既判力优于溯及力的规则，溯及适用也仅限于尚未终审的案件，对于再审案件不能适用该解释的相关内容，可以适用《民法典》合同编的有关规定。对于《民法典》施行前发生的法律事实其能否溯及适用的问题，则要与《民法典》合同编关于违约责任的具体规定能否溯及适用相一致。

### （二）关于违约事实持续至《民法典》施行后的法律适用问题

就违约责任规定的溯及适用问题，实务中较有争议的是有关违约行为持续至《民法典》施行后如何适用法律的问题。对此，一种观点认为，应当直接适用履行行为跨越《民法典》施行前后的合同的衔接适用规则。《民法典时间效力规定》第1条第3款规定："民法典施行前的法律事实持续至民法典施行后，该法律事实引起的民事纠纷案件，适用民法典的规定，但是法律、司法解释另有规定的除外。"需要注意的是，在合同领域，对于履行行为跨越《民法典》施行前后的合同，适用《民法典时间效力规定》第1条第3款的但

---

〔1〕《民法典》第581条规定："当事人一方不履行债务或者履行债务不符合约定，根据债务的性质不得强制履行的，对方可以请求其负担由第三人替代履行的费用。"

〔2〕《民法典》第589条规定："债务人按照约定履行债务，债权人无正当理由拒绝受领的，债务人可以请求债权人赔偿增加的费用。在债权人受领迟延期间，债务人无须支付利息。"

〔3〕《九民会议纪要》第48条规定："［违约方起诉解除］违约方不享有单方解除合同的权利。但是，在一些长期性合同如房屋租赁合同履行过程中，双方形成合同僵局，一概不允许违约方通过起诉的方式解除合同，有时对双方都不利。在此前提下，符合下列条件，违约方起诉请求解除合同的，人民法院依法予以支持：(1) 违约方不存在恶意违约的情形；(2) 违约方继续履行合同，对其显失公平；(3) 守约方拒绝解除合同，违反诚实信用原则。人民法院判决解除合同的，违约方本应当承担的违约责任不能因解除合同而减少或者免除。"

书条款，[1] 即不能适用《民法典》，而应适用《民法典时间效力规定》第20条的规定，即："民法典施行前成立的合同，依照法律规定或者当事人约定该合同的履行持续至民法典施行后，因民法典施行前履行合同发生争议的，适用当时的法律、司法解释的规定；因民法典施行后履行合同发生争议的，适用民法典第三编第四章和第五章的相关规定。"笔者认为，这一规定已明确限定为履行合同的情形，在文义上并不涉及违约责任的问题；在体系上也明确要适用《民法典》合同编第四章和第五章的规定，不涉及第八章违约责任的内容。因此，对于违约状态持续至《民法典》施行之后的情形不宜适用该条规定。

另一种观点认为，合同订立在《民法典》施行前，但违约行为持续到《民法典》施行后，应当适用《民法典》还是原来的《合同法》，涉及对《民法典时间效力规定》第1条的理解与适用。笔者认为，合同成立是发生合同关系的法律事实，而违约并非发生合同关系的法律事实，因此合同纠纷案件的审理原则上还是应当适用合同成立时的法律。当然，根据《民法典时间效力规定》，如果《民法典》的相应规定具有溯及力，则应当适用《民法典》的规定。[2] 笔者认为，这一观点较有道理，对于履行跨越的合同纠纷，还需要强调的是，因履行行为发生的争议包括拒不履行、迟延履行、瑕疵履行等，这些作为或者不作为一般会伴随合同解除和承担违约责任的法律后果，因履行产生的合同解除和违约责任承担争议属于履行合同发生的争议。但是，不能将拒不履行、承担违约责任视为一种"状态"的持续或者跨越。拒不履行是一种不作为，从开始拒不履行法律后果就已经产生和确定，不能认为一直处于拒不履行的状态。违约责任从违约行为发生时就已经确定，也不能认为一直处于违约状态。[3] 简言之，从违约责任构成的角度讲，对于合法有效的合同，当事人违反该合同约定即要承担违约责任。也就是说，违约行为发生，

---

〔1〕 参见最高人民法院民法典贯彻实施工作领导小组办公室：《〈最高人民法院关于适用《中华人民共和国民法典》时间效力的若干规定〉的理解与适用》，载《人民司法·应用》2021年第10期。

〔2〕 参见刘贵祥：《关于当前民商事审判工作的几点思考》，载《中国应用法学》2023年第6期。

〔3〕 参见最高人民法院民事审判第二庭、研究室编著：《最高人民法院民法典合同编通则司法解释理解与适用》，人民法院出版社2023年版，第777页。

违约责任既已构成，而该违约责任一直持续到《民法典》施行后，在本质上系该当事人一直没有承担应当承担的责任，此系法律适用意义上的责任持续没有承担，而非法律事实方面的违约状态持续。故就有关违约责任的承担所适用的新旧法问题，应当适用违约责任构成时即违约行为发生时的法律。当然，对于分段履行跨越《民法典》施行前后的，则应分段适用原《合同法》或者《民法典》的规定。

# 附　录

## 中华人民共和国民法典（节录）

（2020年5月28日第十三届全国人民代表大会第三次会议通过）

### 第六章　民事法律行为

#### 第一节　一般规定

**第一百三十三条**　民事法律行为是民事主体通过意思表示设立、变更、终止民事法律关系的行为。

**第一百三十四条**　民事法律行为可以基于双方或者多方的意思表示一致成立，也可以基于单方的意思表示成立。

法人、非法人组织依照法律或者章程规定的议事方式和表决程序作出决议的，该决议行为成立。

**第一百三十五条**　民事法律行为可以采用书面形式、口头形式或者其他形式；法律、行政法规规定或者当事人约定采用特定形式的，应当采用特定形式。

**第一百三十六条**　民事法律行为自成立时生效，但是法律另有规定或者当事人另有约定的除外。

行为人非依法律规定或者未经对方同意，不得擅自变更或者解除民事法律行为。

#### 第二节　意思表示

**第一百三十七条**　以对话方式作出的意思表示，相对人知道其内容时生效。

以非对话方式作出的意思表示，到达相对人时生效。以非对话方式作出的采用数据电文形式的意思表示，相对人指定特定系统接收数据电文的，该数据电文进入该特定系统时生效；未指定特定系统的，相对人知道或者应当知道该数据电文进入其系统时生效。当事人对采用数据电文形式的意思表示的生效时间另有约定的，按照其约定。

**第一百三十八条** 无相对人的意思表示，表示完成时生效。法律另有规定的，依照其规定。

**第一百三十九条** 以公告方式作出的意思表示，公告发布时生效。

**第一百四十条** 行为人可以明示或者默示作出意思表示。

沉默只有在有法律规定、当事人约定或者符合当事人之间的交易习惯时，才可以视为意思表示。

**第一百四十一条** 行为人可以撤回意思表示。撤回意思表示的通知应当在意思表示到达相对人前或者与意思表示同时到达相对人。

**第一百四十二条** 有相对人的意思表示的解释，应当按照所使用的词句，结合相关条款、行为的性质和目的、习惯以及诚信原则，确定意思表示的含义。

无相对人的意思表示的解释，不能完全拘泥于所使用的词句，而应当结合相关条款、行为的性质和目的、习惯以及诚信原则，确定行为人的真实意思。

### 第三节　民事法律行为的效力

**第一百四十三条** 具备下列条件的民事法律行为有效：

（一）行为人具有相应的民事行为能力；

（二）意思表示真实；

（三）不违反法律、行政法规的强制性规定，不违背公序良俗。

**第一百四十四条** 无民事行为能力人实施的民事法律行为无效。

**第一百四十五条** 限制民事行为能力人实施的纯获利益的民事法律行为或者与其年龄、智力、精神健康状况相适应的民事法律行为有效；实施的其他民事法律行为经法定代理人同意或者追认后有效。

相对人可以催告法定代理人自收到通知之日起三十日内予以追认。法定代理人未作表示的，视为拒绝追认。民事法律行为被追认前，善意相对人有撤销的权利。撤销应当以通知的方式作出。

**第一百四十六条** 行为人与相对人以虚假的意思表示实施的民事法律行为无效。

以虚假的意思表示隐藏的民事法律行为的效力，依照有关法律规定处理。

**第一百四十七条** 基于重大误解实施的民事法律行为，行为人有权请求人民法院或者仲裁机构予以撤销。

**第一百四十八条** 一方以欺诈手段，使对方在违背真实意思的情况下实施的民事法律行为，受欺诈方有权请求人民法院或者仲裁机构予以撤销。

**第一百四十九条** 第三人实施欺诈行为，使一方在违背真实意思的情况下实施的民事法律行为，对方知道或者应当知道该欺诈行为的，受欺诈方有权请求人民法院或者仲裁机构予以撤销。

**第一百五十条** 一方或者第三人以胁迫手段，使对方在违背真实意思的情况下实施的民事法律行为，受胁迫方有权请求人民法院或者仲裁机构予以撤销。

**第一百五十一条** 一方利用对方处于危困状态、缺乏判断能力等情形，致使民事法律行为成立时显失公平的，受损害方有权请求人民法院或者仲裁机构予以撤销。

**第一百五十二条** 有下列情形之一的，撤销权消灭：

（一）当事人自知道或者应当知道撤销事由之日起一年内、重大误解的当事人自知道或者应当知道撤销事由之日起九十日内没有行使撤销权；

（二）当事人受胁迫，自胁迫行为终止之日起一年内没有行使撤销权；

（三）当事人知道撤销事由后明确表示或者以自己的行为表明放弃撤销权。

当事人自民事法律行为发生之日起五年内没有行使撤销权的，撤销权消灭。

**第一百五十三条** 违反法律、行政法规的强制性规定的民事法律行为无效。但是，该强制性规定不导致该民事法律行为无效的除外。

违背公序良俗的民事法律行为无效。

**第一百五十四条** 行为人与相对人恶意串通，损害他人合法权益的民事法律行为无效。

**第一百五十五条** 无效的或者被撤销的民事法律行为自始没有法律约束力。

**第一百五十六条** 民事法律行为部分无效，不影响其他部分效力的，其他部分仍然有效。

**第一百五十七条** 民事法律行为无效、被撤销或者确定不发生效力后，行为人因该行为取得的财产，应当予以返还；不能返还或者没有必要返还的，应当折价补偿。有过错的一方应当赔偿对方由此所受到的损失；各方都有过错的，应当各自承担相应的责任。法律另有规定的，依照其规定。

### 第四节 民事法律行为的附条件和附期限

**第一百五十八条** 民事法律行为可以附条件，但是根据其性质不得附条件的除外。附生效条件的民事法律行为，自条件成就时生效。附解除条件的民事法律行为，自条件成就时失效。

**第一百五十九条** 附条件的民事法律行为，当事人为自己的利益不正当地阻止条件成就的，视为条件已经成就；不正当地促成条件成就的，视为条件不成就。

**第一百六十条** 民事法律行为可以附期限，但是根据其性质不得附期限的除外。附生效期限的民事法律行为，自期限届至时生效。附终止期限的民事法律行为，自期限届满时失效。

## 第七章 代 理

### 第一节 一般规定

**第一百六十一条** 民事主体可以通过代理人实施民事法律行为。

依照法律规定、当事人约定或者民事法律行为的性质，应当由本人亲自实施的民事法律行为，不得代理。

**第一百六十二条** 代理人在代理权限内，以被代理人名义实施的民事法律行为，对被代理人发生效力。

**第一百六十三条** 代理包括委托代理和法定代理。

委托代理人按照被代理人的委托行使代理权。法定代理人依照法律的规定行使代理权。

**第一百六十四条** 代理人不履行或者不完全履行职责，造成被代理人损害的，应当承担民事责任。

代理人和相对人恶意串通，损害被代理人合法权益的，代理人和相对人应当承担连带责任。

## 第二节 委托代理

**第一百六十五条** 委托代理授权采用书面形式的，授权委托书应当载明代理人的姓名或者名称、代理事项、权限和期限，并由被代理人签名或者盖章。

**第一百六十六条** 数人为同一代理事项的代理人的，应当共同行使代理权，但是当事人另有约定的除外。

**第一百六十七条** 代理人知道或者应当知道代理事项违法仍然实施代理行为，或者被代理人知道或者应当知道代理人的代理行为违法未作反对表示的，被代理人和代理人应当承担连带责任。

**第一百六十八条** 代理人不得以被代理人的名义与自己实施民事法律行为，但是被代理人同意或者追认的除外。

代理人不得以被代理人的名义与自己同时代理的其他人实施民事法律行为，但是被代理的双方同意或者追认的除外。

**第一百六十九条** 代理人需要转委托第三人代理的，应当取得被代理人的同意或者追认。

转委托代理经被代理人同意或者追认的，被代理人可以就代理事务直接指示转委托的第三人，代理人仅就第三人的选任以及对第三人的指示承担责任。

转委托代理未经被代理人同意或者追认的，代理人应当对转委托的第三人的行为承担责任；但是，在紧急情况下代理人为了维护被代理人的利益需要转委托第三人代理的除外。

**第一百七十条** 执行法人或者非法人组织工作任务的人员，就其职权范围内的事项，以法人或者非法人组织的名义实施的民事法律行为，对法人或者非法人组织发生效力。

法人或者非法人组织对执行其工作任务的人员职权范围的限制，不得对抗善意相对人。

**第一百七十一条** 行为人没有代理权、超越代理权或者代理权终止后，仍然实施代理行为，未经被代理人追认的，对被代理人不发生效力。

相对人可以催告被代理人自收到通知之日起三十日内予以追认。被代理人未作表示的，视为拒绝追认。行为人实施的行为被追认前，善意相对人有撤销的权利。撤销应当以通知的方式作出。

行为人实施的行为未被追认的，善意相对人有权请求行为人履行债务或者就其受到的损害请求行为人赔偿。但是，赔偿的范围不得超过被代理人追认时相对人所能获得的利益。

相对人知道或者应当知道行为人无权代理的，相对人和行为人按照各自的过错承担责任。

**第一百七十二条** 行为人没有代理权、超越代理权或者代理权终止后，仍然实施代理行为，相对人有理由相信行为人有代理权的，代理行为有效。

## 第三节 代理终止

**第一百七十三条** 有下列情形之一的，委托代理终止：

（一）代理期限届满或者代理事务完成；

（二）被代理人取消委托或者代理人辞去委托；

（三）代理人丧失民事行为能力；

（四）代理人或者被代理人死亡；

（五）作为代理人或者被代理人的法人、非法人组织终止。

**第一百七十四条** 被代理人死亡后，有下列情形之一的，委托代理人实施的代理行为有效：

（一）代理人不知道且不应当知道被代理人死亡；

（二）被代理人的继承人予以承认；

（三）授权中明确代理权在代理事务完成时终止；

（四）被代理人死亡前已经实施，为了被代理人的继承人的利益继续代理。

作为被代理人的法人、非法人组织终止的，参照适用前款规定。

**第一百七十五条** 有下列情形之一的，法定代理终止：

（一）被代理人取得或者恢复完全民事行为能力；

（二）代理人丧失民事行为能力；

（三）代理人或者被代理人死亡；

（四）法律规定的其他情形。

# 第三编 合 同

## 第一分编 通 则

### 第一章 一 般 规 定

**第四百六十三条** 本编调整因合同产生的民事关系。

**第四百六十四条** 合同是民事主体之间设立、变更、终止民事法律关系的协议。

婚姻、收养、监护等有关身份关系的协议，适用有关该身份关系的法律规定；没有规定的，可以根据其性质参照适用本编规定。

**第四百六十五条** 依法成立的合同，受法律保护。

依法成立的合同，仅对当事人具有法律约束力，但是法律另有规定的除外。

**第四百六十六条** 当事人对合同条款的理解有争议的，应当依据本法第一百四十二条第一款的规定，确定争议条款的含义。

合同文本采用两种以上文字订立并约定具有同等效力的，对各文本使用的词句推定具有相同含义。各文本使用的词句不一致的，应当根据合同的相关条款、性质、目的以及诚信原则等予以解释。

**第四百六十七条** 本法或者其他法律没有明文规定的合同，适用本编通则的规定，并可以参照适用本编或者其他法律最相类似合同的规定。

在中华人民共和国境内履行的中外合资经营企业合同、中外合作经营企业合同、中外合作勘探开发自然资源合同，适用中华人民共和国法律。

**第四百六十八条** 非因合同产生的债权债务关系，适用有关该债权债务关系的法律规定；没有规定的，适用本编通则的有关规定，但是根据其性质不能适用的除外。

## 第二章 合同的订立

**第四百六十九条** 当事人订立合同，可以采用书面形式、口头形式或者其他形式。

书面形式是合同书、信件、电报、电传、传真等可以有形地表现所载内容的形式。

以电子数据交换、电子邮件等方式能够有形地表现所载内容，并可以随时调取查用的数据电文，视为书面形式。

**第四百七十条** 合同的内容由当事人约定，一般包括下列条款：

（一）当事人的姓名或者名称和住所；

（二）标的；

（三）数量；

（四）质量；

（五）价款或者报酬；

（六）履行期限、地点和方式；

（七）违约责任；

（八）解决争议的方法。

当事人可以参照各类合同的示范文本订立合同。

**第四百七十一条** 当事人订立合同，可以采取要约、承诺方式或者其他方式。

**第四百七十二条** 要约是希望与他人订立合同的意思表示，该意思表示应当符合下列条件：

（一）内容具体确定；

（二）表明经受要约人承诺，要约人即受该意思表示约束。

**第四百七十三条**　要约邀请是希望他人向自己发出要约的表示。拍卖公告、招标公告、招股说明书、债券募集办法、基金招募说明书、商业广告和宣传、寄送的价目表等为要约邀请。

商业广告和宣传的内容符合要约条件的，构成要约。

**第四百七十四条**　要约生效的时间适用本法第一百三十七条的规定。

**第四百七十五条**　要约可以撤回。要约的撤回适用本法第一百四十一条的规定。

**第四百七十六条**　要约可以撤销，但是有下列情形之一的除外：

（一）要约人以确定承诺期限或者其他形式明示要约不可撤销；

（二）受要约人有理由认为要约是不可撤销的，并已经为履行合同做了合理准备工作。

**第四百七十七条**　撤销要约的意思表示以对话方式作出的，该意思表示的内容应当在受要约人作出承诺之前为受要约人所知道；撤销要约的意思表示以非对话方式作出的，应当在受要约人作出承诺之前到达受要约人。

**第四百七十八条**　有下列情形之一的，要约失效：

（一）要约被拒绝；

（二）要约被依法撤销；

（三）承诺期限届满，受要约人未作出承诺；

（四）受要约人对要约的内容作出实质性变更。

**第四百七十九条**　承诺是受要约人同意要约的意思表示。

**第四百八十条**　承诺应当以通知的方式作出；但是，根据交易习惯或者要约表明可以通过行为作出承诺的除外。

**第四百八十一条**　承诺应当在要约确定的期限内到达要约人。

要约没有确定承诺期限的，承诺应当依照下列规定到达：

（一）要约以对话方式作出的，应当即时作出承诺；

（二）要约以非对话方式作出的，承诺应当在合理期限内到达。

**第四百八十二条**　要约以信件或者电报作出的，承诺期限自信件载明的日期或者电报交发之日开始计算。信件未载明日期的，自投寄该信件的邮戳日期开始计算。要约以电话、传真、电子邮件等快速通讯方式作出的，承诺期限自要约到达受要约人时开始计算。

**第四百八十三条** 承诺生效时合同成立，但是法律另有规定或者当事人另有约定的除外。

**第四百八十四条** 以通知方式作出的承诺，生效的时间适用本法第一百三十七条的规定。

承诺不需要通知的，根据交易习惯或者要约的要求作出承诺的行为时生效。

**第四百八十五条** 承诺可以撤回。承诺的撤回适用本法第一百四十一条的规定。

**第四百八十六条** 受要约人超过承诺期限发出承诺，或者在承诺期限内发出承诺，按照通常情形不能及时到达要约人的，为新要约；但是，要约人及时通知受要约人该承诺有效的除外。

**第四百八十七条** 受要约人在承诺期限内发出承诺，按照通常情形能够及时到达要约人，但是因其他原因致使承诺到达要约人时超过承诺期限的，除要约人及时通知受要约人因承诺超过期限不接受该承诺外，该承诺有效。

**第四百八十八条** 承诺的内容应当与要约的内容一致。受要约人对要约的内容作出实质性变更的，为新要约。有关合同标的、数量、质量、价款或者报酬、履行期限、履行地点和方式、违约责任和解决争议方法等的变更，是对要约内容的实质性变更。

**第四百八十九条** 承诺对要约的内容作出非实质性变更的，除要约人及时表示反对或者要约表明承诺不得对要约的内容作出任何变更外，该承诺有效，合同的内容以承诺的内容为准。

**第四百九十条** 当事人采用合同书形式订立合同的，自当事人均签名、盖章或者按指印时合同成立。在签名、盖章或者按指印之前，当事人一方已经履行主要义务，对方接受时，该合同成立。

法律、行政法规规定或者当事人约定合同应当采用书面形式订立，当事人未采用书面形式但是一方已经履行主要义务，对方接受时，该合同成立。

**第四百九十一条** 当事人采用信件、数据电文等形式订立合同要求签订确认书的，签订确认书时合同成立。

当事人一方通过互联网等信息网络发布的商品或者服务信息符合要约条件的，对方选择该商品或者服务并提交订单成功时合同成立，但是当事人另有约定的除外。

**第四百九十二条** 承诺生效的地点为合同成立的地点。

采用数据电文形式订立合同的，收件人的主营业地为合同成立的地点；没有主营业地的，其住所地为合同成立的地点。当事人另有约定的，按照其约定。

**第四百九十三条** 当事人采用合同书形式订立合同的，最后签名、盖章或者按指印的地点为合同成立的地点，但是当事人另有约定的除外。

**第四百九十四条** 国家根据抢险救灾、疫情防控或者其他需要下达国家订货任务、指令性任务的，有关民事主体之间应当依照有关法律、行政法规规定的权利和义务订立合同。

依照法律、行政法规的规定负有发出要约义务的当事人，应当及时发出合理的要约。

依照法律、行政法规的规定负有作出承诺义务的当事人，不得拒绝对方合理的订立合同要求。

**第四百九十五条** 当事人约定在将来一定期限内订立合同的认购书、订购书、预订书等，构成预约合同。

当事人一方不履行预约合同约定的订立合同义务的，对方可以请求其承担预约合同的违约责任。

**第四百九十六条** 格式条款是当事人为了重复使用而预先拟定，并在订立合同时未与对方协商的条款。

采用格式条款订立合同的，提供格式条款的一方应当遵循公平原则确定当事人之间的权利和义务，并采取合理的方式提示对方注意免除或者减轻其责任等与对方有重大利害关系的条款，按照对方的要求，对该条款予以说明。提供格式条款的一方未履行提示或者说明义务，致使对方没有注意或者理解与其有重大利害关系的条款的，对方可以主张该条款不成为合同的内容。

**第四百九十七条** 有下列情形之一的，该格式条款无效：

（一）具有本法第一编第六章第三节和本法第五百零六条规定的无效情形；

（二）提供格式条款一方不合理地免除或者减轻其责任、加重对方责任、限制对方主要权利；

（三）提供格式条款一方排除对方主要权利。

**第四百九十八条** 对格式条款的理解发生争议的，应当按照通常理解予以解释。对格式条款有两种以上解释的，应当作出不利于提供格式条款一方的解释。格式条款和非格式条款不一致的，应当采用非格式条款。

**第四百九十九条** 悬赏人以公开方式声明对完成特定行为的人支付报酬的，完成该行为的人可以请求其支付。

**第五百条** 当事人在订立合同过程中有下列情形之一，造成对方损失的，应当承担赔偿责任：

（一）假借订立合同，恶意进行磋商；

（二）故意隐瞒与订立合同有关的重要事实或者提供虚假情况；

（三）有其他违背诚信原则的行为。

**第五百零一条** 当事人在订立合同过程中知悉的商业秘密或者其他应当保密的信息，无论合同是否成立，不得泄露或者不正当地使用；泄露、不正当地使用该商业秘密或者信息，造成对方损失的，应当承担赔偿责任。

## 第三章 合同的效力

**第五百零二条** 依法成立的合同，自成立时生效，但是法律另有规定或者当事人另有约定的除外。

依照法律、行政法规的规定，合同应当办理批准等手续的，依照其规定。未办理批准等手续影响合同生效的，不影响合同中履行报批等义务条款以及相关条款的效力。应当办理申请批准等手续的当事人未履行义务的，对方可以请求其承担违反该义务的责任。

依照法律、行政法规的规定，合同的变更、转让、解除等情形应当办理批准等手续的，适用前款规定。

**第五百零三条** 无权代理人以被代理人的名义订立合同，被代理人已经开始履行合同义务或者接受相对人履行的，视为对合同的追认。

**第五百零四条**　法人的法定代表人或者非法人组织的负责人超越权限订立的合同，除相对人知道或者应当知道其超越权限外，该代表行为有效，订立的合同对法人或者非法人组织发生效力。

**第五百零五条**　当事人超越经营范围订立的合同的效力，应当依照本法第一编第六章第三节和本编的有关规定确定，不得仅以超越经营范围确认合同无效。

**第五百零六条**　合同中的下列免责条款无效：

（一）造成对方人身损害的；

（二）因故意或者重大过失造成对方财产损失的。

**第五百零七条**　合同不生效、无效、被撤销或者终止的，不影响合同中有关解决争议方法的条款的效力。

**第五百零八条**　本编对合同的效力没有规定的，适用本法第一编第六章的有关规定。

## 第四章　合同的履行

**第五百零九条**　当事人应当按照约定全面履行自己的义务。

当事人应当遵循诚信原则，根据合同的性质、目的和交易习惯履行通知、协助、保密等义务。

当事人在履行合同过程中，应当避免浪费资源、污染环境和破坏生态。

**第五百一十条**　合同生效后，当事人就质量、价款或者报酬、履行地点等内容没有约定或者约定不明确的，可以协议补充；不能达成补充协议的，按照合同相关条款或者交易习惯确定。

**第五百一十一条**　当事人就有关合同内容约定不明确，依据前条规定仍不能确定的，适用下列规定：

（一）质量要求不明确的，按照强制性国家标准履行；没有强制性国家标准的，按照推荐性国家标准履行；没有推荐性国家标准的，按照行业标准履行；没有国家标准、行业标准的，按照通常标准或者符合合同目的的特定标准履行。

（二）价款或者报酬不明确的，按照订立合同时履行地的市场价格履行；依法应当执行政府定价或者政府指导价的，依照规定履行。

（三）履行地点不明确，给付货币的，在接受货币一方所在地履行；交付不动产的，在不动产所在地履行；其他标的，在履行义务一方所在地履行。

（四）履行期限不明确的，债务人可以随时履行，债权人也可以随时请求履行，但是应当给对方必要的准备时间。

（五）履行方式不明确的，按照有利于实现合同目的的方式履行。

（六）履行费用的负担不明确的，由履行义务一方负担；因债权人原因增加的履行费用，由债权人负担。

**第五百一十二条**　通过互联网等信息网络订立的电子合同的标的为交付商品并采用快递物流方式交付的，收货人的签收时间为交付时间。电子合同的标的为提供服务的，生成的电子凭证或者实物凭证中载明的时间为提供服务时间；前述凭证没有载明时间或者载明时间与实际提供服务时间不一致的，以实际提供服务的时间为准。

电子合同的标的物为采用在线传输方式交付的，合同标的物进入对方当事人指定的特定系统且能够检索识别的时间为交付时间。

电子合同当事人对交付商品或者提供服务的方式、时间另有约定的，按照其约定。

**第五百一十三条**　执行政府定价或者政府指导价的，在合同约定的交付期限内政府价格调整时，按照交付时的价格计价。逾期交付标的物的，遇价格上涨时，按照原价格执行；价格下降时，按照新价格执行。逾期提取标的物或者逾期付款的，遇价格上涨时，按照新价格执行；价格下降时，按照原价格执行。

**第五百一十四条**　以支付金钱为内容的债，除法律另有规定或者当事人另有约定外，债权人可以请求债务人以实际履行地的法定货币履行。

**第五百一十五条**　标的有多项而债务人只需履行其中一项的，债务人享有选择权；但是，法律另有规定、当事人另有约定或者另有交易习惯的除外。

享有选择权的当事人在约定期限内或者履行期限届满未作选择，经催告后在合理期限内仍未选择的，选择权转移至对方。

**第五百一十六条** 当事人行使选择权应当及时通知对方，通知到达对方时，标的确定。标的确定后不得变更，但是经对方同意的除外。

可选择的标的发生不能履行情形的，享有选择权的当事人不得选择不能履行的标的，但是该不能履行的情形是由对方造成的除外。

**第五百一十七条** 债权人为二人以上，标的可分，按照份额各自享有债权的，为按份债权；债务人为二人以上，标的可分，按照份额各自负担债务的，为按份债务。

按份债权人或者按份债务人的份额难以确定的，视为份额相同。

**第五百一十八条** 债权人为二人以上，部分或者全部债权人均可以请求债务人履行债务的，为连带债权；债务人为二人以上，债权人可以请求部分或者全部债务人履行全部债务的，为连带债务。

连带债权或者连带债务，由法律规定或者当事人约定。

**第五百一十九条** 连带债务人之间的份额难以确定的，视为份额相同。

实际承担债务超过自己份额的连带债务人，有权就超出部分在其他连带债务人未履行的份额范围内向其追偿，并相应地享有债权人的权利，但是不得损害债权人的利益。其他连带债务人对债权人的抗辩，可以向该债务人主张。

被追偿的连带债务人不能履行其应分担份额的，其他连带债务人应当在相应范围内按比例分担。

**第五百二十条** 部分连带债务人履行、抵销债务或者提存标的物的，其他债务人对债权人的债务在相应范围内消灭；该债务人可以依据前条规定向其他债务人追偿。

部分连带债务人的债务被债权人免除的，在该连带债务人应当承担的份额范围内，其他债务人对债权人的债务消灭。

部分连带债务人的债务与债权人的债权同归于一人的，在扣除该债务人应当承担的份额后，债权人对其他债务人的债权继续存在。

债权人对部分连带债务人的给付受领迟延的，对其他连带债务人发生效力。

**第五百二十一条** 连带债权人之间的份额难以确定的，视为份额相同。

实际受领债权的连带债权人，应当按比例向其他连带债权人返还。

连带债权参照适用本章连带债务的有关规定。

**第五百二十二条** 当事人约定由债务人向第三人履行债务，债务人未向第三人履行债务或者履行债务不符合约定的，应当向债权人承担违约责任。

法律规定或者当事人约定第三人可以直接请求债务人向其履行债务，第三人未在合理期限内明确拒绝，债务人未向第三人履行债务或者履行债务不符合约定的，第三人可以请求债务人承担违约责任；债务人对债权人的抗辩，可以向第三人主张。

**第五百二十三条** 当事人约定由第三人向债权人履行债务，第三人不履行债务或者履行债务不符合约定的，债务人应当向债权人承担违约责任。

**第五百二十四条** 债务人不履行债务，第三人对履行该债务具有合法利益的，第三人有权向债权人代为履行；但是，根据债务性质、按照当事人约定或者依照法律规定只能由债务人履行的除外。

债权人接受第三人履行后，其对债务人的债权转让给第三人，但是债务人和第三人另有约定的除外。

**第五百二十五条** 当事人互负债务，没有先后履行顺序的，应当同时履行。一方在对方履行之前有权拒绝其履行请求。一方在对方履行债务不符合约定时，有权拒绝其相应的履行请求。

**第五百二十六条** 当事人互负债务，有先后履行顺序，应当先履行债务一方未履行的，后履行一方有权拒绝其履行请求。先履行一方履行债务不符合约定的，后履行一方有权拒绝其相应的履行请求。

**第五百二十七条** 应当先履行债务的当事人，有确切证据证明对方有下列情形之一的，可以中止履行：

（一）经营状况严重恶化；

（二）转移财产、抽逃资金，以逃避债务；

（三）丧失商业信誉；

（四）有丧失或者可能丧失履行债务能力的其他情形。

当事人没有确切证据中止履行的，应当承担违约责任。

**第五百二十八条** 当事人依据前条规定中止履行的，应当及时通知对方。

对方提供适当担保的，应当恢复履行。中止履行后，对方在合理期限内未恢复履行能力且未提供适当担保的，视为以自己的行为表明不履行主要债务，中止履行的一方可以解除合同并可以请求对方承担违约责任。

**第五百二十九条**　债权人分立、合并或者变更住所没有通知债务人，致使履行债务发生困难的，债务人可以中止履行或者将标的物提存。

**第五百三十条**　债权人可以拒绝债务人提前履行债务，但是提前履行不损害债权人利益的除外。

债务人提前履行债务给债权人增加的费用，由债务人负担。

**第五百三十一条**　债权人可以拒绝债务人部分履行债务，但是部分履行不损害债权人利益的除外。

债务人部分履行债务给债权人增加的费用，由债务人负担。

**第五百三十二条**　合同生效后，当事人不得因姓名、名称的变更或者法定代表人、负责人、承办人的变动而不履行合同义务。

**第五百三十三条**　合同成立后，合同的基础条件发生了当事人在订立合同时无法预见的、不属于商业风险的重大变化，继续履行合同对于当事人一方明显不公平的，受不利影响的当事人可以与对方重新协商；在合理期限内协商不成的，当事人可以请求人民法院或者仲裁机构变更或者解除合同。

人民法院或者仲裁机构应当结合案件的实际情况，根据公平原则变更或者解除合同。

**第五百三十四条**　对当事人利用合同实施危害国家利益、社会公共利益行为的，市场监督管理和其他有关行政主管部门依照法律、行政法规的规定负责监督处理。

## 第五章　合同的保全

**第五百三十五条**　因债务人怠于行使其债权或者与该债权有关的从权利，影响债权人的到期债权实现的，债权人可以向人民法院请求以自己的名义代位行使债务人对相对人的权利，但是该权利专属于债务人自身的除外。

代位权的行使范围以债权人的到期债权为限。债权人行使代位权的必要费用，由债务人负担。

相对人对债务人的抗辩，可以向债权人主张。

**第五百三十六条** 债权人的债权到期前，债务人的债权或者与该债权有关的从权利存在诉讼时效期间即将届满或者未及时申报破产债权等情形，影响债权人的债权实现的，债权人可以代位向债务人的相对人请求其向债务人履行、向破产管理人申报或者作出其他必要的行为。

**第五百三十七条** 人民法院认定代位权成立的，由债务人的相对人向债权人履行义务，债权人接受履行后，债权人与债务人、债务人与相对人之间相应的权利义务终止。债务人对相对人的债权或者与该债权有关的从权利被采取保全、执行措施，或者债务人破产的，依照相关法律的规定处理。

**第五百三十八条** 债务人以放弃其债权、放弃债权担保、无偿转让财产等方式无偿处分财产权益，或者恶意延长其到期债权的履行期限，影响债权人的债权实现的，债权人可以请求人民法院撤销债务人的行为。

**第五百三十九条** 债务人以明显不合理的低价转让财产、以明显不合理的高价受让他人财产或者为他人的债务提供担保，影响债权人的债权实现，债务人的相对人知道或者应当知道该情形的，债权人可以请求人民法院撤销债务人的行为。

**第五百四十条** 撤销权的行使范围以债权人的债权为限。债权人行使撤销权的必要费用，由债务人负担。

**第五百四十一条** 撤销权自债权人知道或者应当知道撤销事由之日起一年内行使。自债务人的行为发生之日起五年内没有行使撤销权的，该撤销权消灭。

**第五百四十二条** 债务人影响债权人的债权实现的行为被撤销的，自始没有法律约束力。

## 第六章　合同的变更和转让

**第五百四十三条** 当事人协商一致，可以变更合同。

**第五百四十四条** 当事人对合同变更的内容约定不明确的，推定为未变更。

**第五百四十五条** 债权人可以将债权的全部或者部分转让给第三人，但是有下列情形之一的除外：

（一）根据债权性质不得转让；

（二）按照当事人约定不得转让；

（三）依照法律规定不得转让。

当事人约定非金钱债权不得转让的，不得对抗善意第三人。当事人约定金钱债权不得转让的，不得对抗第三人。

**第五百四十六条** 债权人转让债权，未通知债务人的，该转让对债务人不发生效力。

债权转让的通知不得撤销，但是经受让人同意的除外。

**第五百四十七条** 债权人转让债权的，受让人取得与债权有关的从权利，但是该从权利专属于债权人自身的除外。

受让人取得从权利不因该从权利未办理转移登记手续或者未转移占有而受到影响。

**第五百四十八条** 债务人接到债权转让通知后，债务人对让与人的抗辩，可以向受让人主张。

**第五百四十九条** 有下列情形之一的，债务人可以向受让人主张抵销：

（一）债务人接到债权转让通知时，债务人对让与人享有债权，且债务人的债权先于转让的债权到期或者同时到期；

（二）债务人的债权与转让的债权是基于同一合同产生。

**第五百五十条** 因债权转让增加的履行费用，由让与人负担。

**第五百五十一条** 债务人将债务的全部或者部分转移给第三人的，应当经债权人同意。

债务人或者第三人可以催告债权人在合理期限内予以同意，债权人未作表示的，视为不同意。

**第五百五十二条** 第三人与债务人约定加入债务并通知债权人，或者第三人向债权人表示愿意加入债务，债权人未在合理期限内明确拒绝的，债权人可以请求第三人在其愿意承担的债务范围内和债务人承担连带债务。

**第五百五十三条** 债务人转移债务的，新债务人可以主张原债务人对债权人的抗辩；原债务人对债权人享有债权的，新债务人不得向债权人主张抵销。

**第五百五十四条** 债务人转移债务的，新债务人应当承担与主债务有关的从债务，但是该从债务专属于原债务人自身的除外。

**第五百五十五条** 当事人一方经对方同意，可以将自己在合同中的权利和义务一并转让给第三人。

**第五百五十六条** 合同的权利和义务一并转让的，适用债权转让、债务转移的有关规定。

## 第七章 合同的权利义务终止

**第五百五十七条** 有下列情形之一的，债权债务终止：

（一）债务已经履行；

（二）债务相互抵销；

（三）债务人依法将标的物提存；

（四）债权人免除债务；

（五）债权债务同归于一人；

（六）法律规定或者当事人约定终止的其他情形。

合同解除的，该合同的权利义务关系终止。

**第五百五十八条** 债权债务终止后，当事人应当遵循诚信等原则，根据交易习惯履行通知、协助、保密、旧物回收等义务。

**第五百五十九条** 债权债务终止时，债权的从权利同时消灭，但是法律另有规定或者当事人另有约定的除外。

**第五百六十条** 债务人对同一债权人负担的数项债务种类相同，债务人的给付不足以清偿全部债务的，除当事人另有约定外，由债务人在清偿时指定其履行的债务。

债务人未作指定的，应当优先履行已经到期的债务；数项债务均到期的，优先履行对债权人缺乏担保或者担保最少的债务；均无担保或者担保相等的，优先履行债务人负担较重的债务；负担相同的，按照债务到期的先后顺序履行；到期时间相同的，按照债务比例履行。

**第五百六十一条** 债务人在履行主债务外还应当支付利息和实现债权的

有关费用，其给付不足以清偿全部债务的，除当事人另有约定外，应当按照下列顺序履行：

（一）实现债权的有关费用；

（二）利息；

（三）主债务。

**第五百六十二条** 当事人协商一致，可以解除合同。

当事人可以约定一方解除合同的事由。解除合同的事由发生时，解除权人可以解除合同。

**第五百六十三条** 有下列情形之一的，当事人可以解除合同：

（一）因不可抗力致使不能实现合同目的；

（二）在履行期限届满前，当事人一方明确表示或者以自己的行为表明不履行主要债务；

（三）当事人一方迟延履行主要债务，经催告后在合理期限内仍未履行；

（四）当事人一方迟延履行债务或者有其他违约行为致使不能实现合同目的；

（五）法律规定的其他情形。

以持续履行的债务为内容的不定期合同，当事人可以随时解除合同，但是应当在合理期限之前通知对方。

**第五百六十四条** 法律规定或者当事人约定解除权行使期限，期限届满当事人不行使的，该权利消灭。

法律没有规定或者当事人没有约定解除权行使期限，自解除权人知道或者应当知道解除事由之日起一年内不行使，或者经对方催告后在合理期限内不行使的，该权利消灭。

**第五百六十五条** 当事人一方依法主张解除合同的，应当通知对方。合同自通知到达对方时解除；通知载明债务人在一定期限内不履行债务则合同自动解除，债务人在该期限内未履行债务的，合同自通知载明的期限届满时解除。对方对解除合同有异议的，任何一方当事人均可以请求人民法院或者仲裁机构确认解除行为的效力。

当事人一方未通知对方，直接以提起诉讼或者申请仲裁的方式依法主张解除合同，人民法院或者仲裁机构确认该主张的，合同自起诉状副本或者仲裁申请书副本送达对方时解除。

**第五百六十六条** 合同解除后，尚未履行的，终止履行；已经履行的，根据履行情况和合同性质，当事人可以请求恢复原状或者采取其他补救措施，并有权请求赔偿损失。

合同因违约解除的，解除权人可以请求违约方承担违约责任，但是当事人另有约定的除外。

主合同解除后，担保人对债务人应当承担的民事责任仍应当承担担保责任，但是担保合同另有约定的除外。

**第五百六十七条** 合同的权利义务关系终止，不影响合同中结算和清理条款的效力。

**第五百六十八条** 当事人互负债务，该债务的标的物种类、品质相同的，任何一方可以将自己的债务与对方的到期债务抵销；但是，根据债务性质、按照当事人约定或者依照法律规定不得抵销的除外。

当事人主张抵销的，应当通知对方。通知自到达对方时生效。抵销不得附条件或者附期限。

**第五百六十九条** 当事人互负债务，标的物种类、品质不相同的，经协商一致，也可以抵销。

**第五百七十条** 有下列情形之一，难以履行债务的，债务人可以将标的物提存：

（一）债权人无正当理由拒绝受领；

（二）债权人下落不明；

（三）债权人死亡未确定继承人、遗产管理人，或者丧失民事行为能力未确定监护人；

（四）法律规定的其他情形。

标的物不适于提存或者提存费用过高的，债务人依法可以拍卖或者变卖标的物，提存所得的价款。

**第五百七十一条** 债务人将标的物或者将标的物依法拍卖、变卖所得价款交付提存部门时，提存成立。

提存成立的，视为债务人在其提存范围内已经交付标的物。

**第五百七十二条** 标的物提存后，债务人应当及时通知债权人或者债权人的继承人、遗产管理人、监护人、财产代管人。

**第五百七十三条** 标的物提存后，毁损、灭失的风险由债权人承担。提存期间，标的物的孳息归债权人所有。提存费用由债权人负担。

**第五百七十四条** 债权人可以随时领取提存物。但是，债权人对债务人负有到期债务的，在债权人未履行债务或者提供担保之前，提存部门根据债务人的要求应当拒绝其领取提存物。

债权人领取提存物的权利，自提存之日起五年内不行使而消灭，提存物扣除提存费用后归国家所有。但是，债权人未履行对债务人的到期债务，或者债权人向提存部门书面表示放弃领取提存物权利的，债务人负担提存费用后有权取回提存物。

**第五百七十五条** 债权人免除债务人部分或者全部债务的，债权债务部分或者全部终止，但是债务人在合理期限内拒绝的除外。

**第五百七十六条** 债权和债务同归于一人的，债权债务终止，但是损害第三人利益的除外。

## 第八章 违约责任

**第五百七十七条** 当事人一方不履行合同义务或者履行合同义务不符合约定的，应当承担继续履行、采取补救措施或者赔偿损失等违约责任。

**第五百七十八条** 当事人一方明确表示或者以自己的行为表明不履行合同义务的，对方可以在履行期限届满前请求其承担违约责任。

**第五百七十九条** 当事人一方未支付价款、报酬、租金、利息，或者不履行其他金钱债务的，对方可以请求其支付。

**第五百八十条** 当事人一方不履行非金钱债务或者履行非金钱债务不符合约定的，对方可以请求履行，但是有下列情形之一的除外：

（一）法律上或者事实上不能履行；

（二）债务的标的不适于强制履行或者履行费用过高；

（三）债权人在合理期限内未请求履行。

有前款规定的除外情形之一，致使不能实现合同目的的，人民法院或者仲裁机构可以根据当事人的请求终止合同权利义务关系，但是不影响违约责任的承担。

**第五百八十一条** 当事人一方不履行债务或者履行债务不符合约定，根据债务的性质不得强制履行的，对方可以请求其负担由第三人替代履行的费用。

**第五百八十二条** 履行不符合约定的，应当按照当事人的约定承担违约责任。对违约责任没有约定或者约定不明确，依据本法第五百一十条的规定仍不能确定的，受损害方根据标的的性质以及损失的大小，可以合理选择请求对方承担修理、重作、更换、退货、减少价款或者报酬等违约责任。

**第五百八十三条** 当事人一方不履行合同义务或者履行合同义务不符合约定的，在履行义务或者采取补救措施后，对方还有其他损失的，应当赔偿损失。

**第五百八十四条** 当事人一方不履行合同义务或者履行合同义务不符合约定，造成对方损失的，损失赔偿额应当相当于因违约所造成的损失，包括合同履行后可以获得的利益；但是，不得超过违约一方订立合同时预见到或者应当预见到的因违约可能造成的损失。

**第五百八十五条** 当事人可以约定一方违约时应当根据违约情况向对方支付一定数额的违约金，也可以约定因违约产生的损失赔偿额的计算方法。

约定的违约金低于造成的损失的，人民法院或者仲裁机构可以根据当事人的请求予以增加；约定的违约金过分高于造成的损失的，人民法院或者仲裁机构可以根据当事人的请求予以适当减少。

当事人就迟延履行约定违约金的，违约方支付违约金后，还应当履行债务。

**第五百八十六条** 当事人可以约定一方向对方给付定金作为债权的担保。定金合同自实际交付定金时成立。

定金的数额由当事人约定；但是，不得超过主合同标的额的百分之二十，超过部分不产生定金的效力。实际交付的定金数额多于或者少于约定数额的，视为变更约定的定金数额。

**第五百八十七条** 债务人履行债务的，定金应当抵作价款或者收回。给付定金的一方不履行债务或者履行债务不符合约定，致使不能实现合同目的的，无权请求返还定金；收受定金的一方不履行债务或者履行债务不符合约定，致使不能实现合同目的的，应当双倍返还定金。

**第五百八十八条** 当事人既约定违约金，又约定定金的，一方违约时，对方可以选择适用违约金或者定金条款。

定金不足以弥补一方违约造成的损失的，对方可以请求赔偿超过定金数额的损失。

**第五百八十九条** 债务人按照约定履行债务，债权人无正当理由拒绝受领的，债务人可以请求债权人赔偿增加的费用。

在债权人受领迟延期间，债务人无须支付利息。

**第五百九十条** 当事人一方因不可抗力不能履行合同的，根据不可抗力的影响，部分或者全部免除责任，但是法律另有规定的除外。因不可抗力不能履行合同的，应当及时通知对方，以减轻可能给对方造成的损失，并应当在合理期限内提供证明。

当事人迟延履行后发生不可抗力的，不免除其违约责任。

**第五百九十一条** 当事人一方违约后，对方应当采取适当措施防止损失的扩大；没有采取适当措施致使损失扩大的，不得就扩大的损失请求赔偿。

当事人因防止损失扩大而支出的合理费用，由违约方负担。

**第五百九十二条** 当事人都违反合同的，应当各自承担相应的责任。

当事人一方违约造成对方损失，对方对损失的发生有过错的，可以减少相应的损失赔偿额。

**第五百九十三条** 当事人一方因第三人的原因造成违约的，应当依法向对方承担违约责任。当事人一方和第三人之间的纠纷，依照法律规定或者按照约定处理。

**第五百九十四条** 因国际货物买卖合同和技术进出口合同争议提起诉讼或者申请仲裁的时效期间为四年。

# 最高人民法院关于适用《中华人民共和国民法典》合同编通则若干问题的解释

（2023年5月23日最高人民法院审判委员会第1889次会议通过 2023年12月4日公布 法释〔2023〕13号 自2023年12月5日起施行）

为正确审理合同纠纷案件以及非因合同产生的债权债务关系纠纷案件，依法保护当事人的合法权益，根据《中华人民共和国民法典》、《中华人民共和国民事诉讼法》等相关法律规定，结合审判实践，制定本解释。

## 一、一 般 规 定

**第一条** 人民法院依据民法典第一百四十二条第一款、第四百六十六条第一款的规定解释合同条款时，应当以词句的通常含义为基础，结合相关条款、合同的性质和目的、习惯以及诚信原则，参考缔约背景、磋商过程、履行行为等因素确定争议条款的含义。

有证据证明当事人之间对合同条款有不同于词句的通常含义的其他共同理解，一方主张按照词句的通常含义理解合同条款的，人民法院不予支持。

对合同条款有两种以上解释，可能影响该条款效力的，人民法院应当选择有利于该条款有效的解释；属于无偿合同的，应当选择对债务人负担较轻的解释。

**第二条** 下列情形，不违反法律、行政法规的强制性规定且不违背公序良俗的，人民法院可以认定为民法典所称的“交易习惯”：

（一）当事人之间在交易活动中的惯常做法；

（二）在交易行为当地或者某一领域、某一行业通常采用并为交易对方订立合同时所知道或者应当知道的做法。

对于交易习惯，由提出主张的当事人一方承担举证责任。

## 二、合同的订立

**第三条** 当事人对合同是否成立存在争议，人民法院能够确定当事人姓名或者名称、标的和数量的，一般应当认定合同成立。但是，法律另有规定或者当事人另有约定的除外。

根据前款规定能够认定合同已经成立的，对合同欠缺的内容，人民法院应当依据民法典第五百一十条、第五百一十一条等规定予以确定。

当事人主张合同无效或者请求撤销、解除合同等，人民法院认为合同不成立的，应当依据《最高人民法院关于民事诉讼证据的若干规定》第五十三条的规定将合同是否成立作为焦点问题进行审理，并可以根据案件的具体情况重新指定举证期限。

**第四条** 采取招标方式订立合同，当事人请求确认合同自中标通知书到达中标人时成立的，人民法院应予支持。合同成立后，当事人拒绝签订书面合同的，人民法院应当依据招标文件、投标文件和中标通知书等确定合同内容。

采取现场拍卖、网络拍卖等公开竞价方式订立合同，当事人请求确认合同自拍卖师落槌、电子交易系统确认成交时成立的，人民法院应予支持。合同成立后，当事人拒绝签订成交确认书的，人民法院应当依据拍卖公告、竞买人的报价等确定合同内容。

产权交易所等机构主持拍卖、挂牌交易，其公布的拍卖公告、交易规则等文件公开确定了合同成立需要具备的条件，当事人请求确认合同自该条件具备时成立的，人民法院应予支持。

**第五条** 第三人实施欺诈、胁迫行为，使当事人在违背真实意思的情况下订立合同，受到损失的当事人请求第三人承担赔偿责任的，人民法院依法予以支持；当事人亦有违背诚信原则的行为的，人民法院应当根据各自的过错确定相应的责任。但是，法律、司法解释对当事人与第三人的民事责任另有规定的，依照其规定。

**第六条**　当事人以认购书、订购书、预订书等形式约定在将来一定期限内订立合同，或者为担保在将来一定期限内订立合同交付了定金，能够确定将来所要订立合同的主体、标的等内容的，人民法院应当认定预约合同成立。

当事人通过签订意向书或者备忘录等方式，仅表达交易的意向，未约定在将来一定期限内订立合同，或者虽然有约定但是难以确定将来所要订立合同的主体、标的等内容，一方主张预约合同成立的，人民法院不予支持。

当事人订立的认购书、订购书、预订书等已就合同标的、数量、价款或者报酬等主要内容达成合意，符合本解释第三条第一款规定的合同成立条件，未明确约定在将来一定期限内另行订立合同，或者虽然有约定但是当事人一方已实施履行行为且对方接受的，人民法院应当认定本约合同成立。

**第七条**　预约合同生效后，当事人一方拒绝订立本约合同或者在磋商订立本约合同时违背诚信原则导致未能订立本约合同的，人民法院应当认定该当事人不履行预约合同约定的义务。

人民法院认定当事人一方在磋商订立本约合同时是否违背诚信原则，应当综合考虑该当事人在磋商时提出的条件是否明显背离预约合同约定的内容以及是否已尽合理努力进行协商等因素。

**第八条**　预约合同生效后，当事人一方不履行订立本约合同的义务，对方请求其赔偿因此造成的损失的，人民法院依法予以支持。

前款规定的损失赔偿，当事人有约定的，按照约定；没有约定的，人民法院应当综合考虑预约合同在内容上的完备程度以及订立本约合同的条件的成就程度等因素酌定。

**第九条**　合同条款符合民法典第四百九十六条第一款规定的情形，当事人仅以合同系依据合同示范文本制作或者双方已经明确约定合同条款不属于格式条款为由主张该条款不是格式条款的，人民法院不予支持。

从事经营活动的当事人一方仅以未实际重复使用为由主张其预先拟定且未与对方协商的合同条款不是格式条款的，人民法院不予支持。但是，有证据证明该条款不是为了重复使用而预先拟定的除外。

**第十条**　提供格式条款的一方在合同订立时采用通常足以引起对方注意的文字、符号、字体等明显标识，提示对方注意免除或者减轻其责任、排除或者限制对方权利等与对方有重大利害关系的异常条款的，人民法院可以认定其已经履行民法典第四百九十六条第二款规定的提示义务。

提供格式条款的一方按照对方的要求，就与对方有重大利害关系的异常条款的概念、内容及其法律后果以书面或者口头形式向对方作出通常能够理解的解释说明的，人民法院可以认定其已经履行民法典第四百九十六条第二款规定的说明义务。

提供格式条款的一方对其已经尽到提示义务或者说明义务承担举证责任。对于通过互联网等信息网络订立的电子合同，提供格式条款的一方仅以采取了设置勾选、弹窗等方式为由主张其已经履行提示义务或者说明义务的，人民法院不予支持，但是其举证符合前两款规定的除外。

## 三、合同的效力

**第十一条** 当事人一方是自然人，根据该当事人的年龄、智力、知识、经验并结合交易的复杂程度，能够认定其对合同的性质、合同订立的法律后果或者交易中存在的特定风险缺乏应有的认知能力的，人民法院可以认定该情形构成民法典第一百五十一条规定的“缺乏判断能力”。

**第十二条** 合同依法成立后，负有报批义务的当事人不履行报批义务或者履行报批义务不符合合同的约定或者法律、行政法规的规定，对方请求其继续履行报批义务的，人民法院应予支持；对方主张解除合同并请求其承担违反报批义务的赔偿责任的，人民法院应予支持。

人民法院判决当事人一方履行报批义务后，其仍不履行，对方主张解除合同并参照违反合同的违约责任请求其承担赔偿责任的，人民法院应予支持。

合同获得批准前，当事人一方起诉请求对方履行合同约定的主要义务，经释明后拒绝变更诉讼请求的，人民法院应当判决驳回其诉讼请求，但是不影响其另行提起诉讼。

负有报批义务的当事人已经办理申请批准等手续或者已经履行生效判决确定的报批义务，批准机关决定不予批准，对方请求其承担赔偿责任的，人民法院不予支持。但是，因迟延履行报批义务等可归责于当事人的原因导致合同未获批准，对方请求赔偿因此受到的损失的，人民法院应当依据民法典

第一百五十七条的规定处理。

**第十三条** 合同存在无效或者可撤销的情形，当事人以该合同已在有关行政管理部门办理备案、已经批准机关批准或者已依据该合同办理财产权利的变更登记、移转登记等为由主张合同有效的，人民法院不予支持。

**第十四条** 当事人之间就同一交易订立多份合同，人民法院应当认定其中以虚假意思表示订立的合同无效。当事人为规避法律、行政法规的强制性规定，以虚假意思表示隐藏真实意思表示的，人民法院应当依据民法典第一百五十三条第一款的规定认定被隐藏合同的效力；当事人为规避法律、行政法规关于合同应当办理批准等手续的规定，以虚假意思表示隐藏真实意思表示的，人民法院应当依据民法典第五百零二条第二款的规定认定被隐藏合同的效力。

依据前款规定认定被隐藏合同无效或者确定不发生效力的，人民法院应当以被隐藏合同为事实基础，依据民法典第一百五十七条的规定确定当事人的民事责任。但是，法律另有规定的除外。

当事人就同一交易订立的多份合同均系真实意思表示，且不存在其他影响合同效力情形的，人民法院应当在查明各合同成立先后顺序和实际履行情况的基础上，认定合同内容是否发生变更。法律、行政法规禁止变更合同内容的，人民法院应当认定合同的相应变更无效。

**第十五条** 人民法院认定当事人之间的权利义务关系，不应当拘泥于合同使用的名称，而应当根据合同约定的内容。当事人主张的权利义务关系与根据合同内容认定的权利义务关系不一致的，人民法院应当结合缔约背景、交易目的、交易结构、履行行为以及当事人是否存在虚构交易标的等事实认定当事人之间的实际民事法律关系。

**第十六条** 合同违反法律、行政法规的强制性规定，有下列情形之一，由行为人承担行政责任或者刑事责任能够实现强制性规定的立法目的的，人民法院可以依据民法典第一百五十三条第一款关于“该强制性规定不导致该民事法律行为无效的除外”的规定认定该合同不因违反强制性规定无效：

（一）强制性规定虽然旨在维护社会公共秩序，但是合同的实际履行对社会公共秩序造成的影响显著轻微，认定合同无效将导致案件处理结果有失公平公正；

（二）强制性规定旨在维护政府的税收、土地出让金等国家利益或者其他民事主体的合法利益而非合同当事人的民事权益，认定合同有效不会影响该规范目的的实现；

（三）强制性规定旨在要求当事人一方加强风险控制、内部管理等，对方无能力或者无义务审查合同是否违反强制性规定，认定合同无效将使其承担不利后果；

（四）当事人一方虽然在订立合同时违反强制性规定，但是在合同订立后其已经具备补正违反强制性规定的条件却违背诚信原则不予补正；

（五）法律、司法解释规定的其他情形。

法律、行政法规的强制性规定旨在规制合同订立后的履行行为，当事人以合同违反强制性规定为由请求认定合同无效的，人民法院不予支持。但是，合同履行必然导致违反强制性规定或者法律、司法解释另有规定的除外。

依据前两款认定合同有效，但是当事人的违法行为未经处理的，人民法院应当向有关行政管理部门提出司法建议。当事人的行为涉嫌犯罪的，应当将案件线索移送刑事侦查机关；属于刑事自诉案件的，应当告知当事人可以向有管辖权的人民法院另行提起诉讼。

**第十七条**　合同虽然不违反法律、行政法规的强制性规定，但是有下列情形之一，人民法院应当依据民法典第一百五十三条第二款的规定认定合同无效：

（一）合同影响政治安全、经济安全、军事安全等国家安全的；

（二）合同影响社会稳定、公平竞争秩序或者损害社会公共利益等违背社会公共秩序的；

（三）合同背离社会公德、家庭伦理或者有损人格尊严等违背善良风俗的。

人民法院在认定合同是否违背公序良俗时，应当以社会主义核心价值观为导向，综合考虑当事人的主观动机和交易目的、政府部门的监管强度、一定期限内当事人从事类似交易的频次、行为的社会后果等因素，并在裁判文书中充分说理。当事人确因生活需要进行交易，未给社会公共秩序造成重大影响，且不影响国家安全，也不违背善良风俗的，人民法院不应当认定合同无效。

**第十八条** 法律、行政法规的规定虽然有“应当”“必须”或者“不得”等表述，但是该规定旨在限制或者赋予民事权利，行为人违反该规定将构成无权处分、无权代理、越权代表等，或者导致合同相对人、第三人因此获得撤销权、解除权等民事权利的，人民法院应当依据法律、行政法规规定的关于违反该规定的民事法律后果认定合同效力。

**第十九条** 以转让或者设定财产权利为目的订立的合同，当事人或者真正权利人仅以让与人在订立合同时对标的物没有所有权或者处分权为由主张合同无效的，人民法院不予支持；因未取得真正权利人事后同意或者让与人事后未取得处分权导致合同不能履行，受让人主张解除合同并请求让与人承担违反合同的赔偿责任的，人民法院依法予以支持。

前款规定的合同被认定有效，且让与人已经将财产交付或者移转登记至受让人，真正权利人请求认定财产权利未发生变动或者请求返还财产的，人民法院应予支持。但是，受让人依据民法典第三百一十一条等规定善意取得财产权利的除外。

**第二十条** 法律、行政法规为限制法人的法定代表人或者非法人组织的负责人的代表权，规定合同所涉事项应当由法人、非法人组织的权力机构或者决策机构决议，或者应当由法人、非法人组织的执行机构决定，法定代表人、负责人未取得授权而以法人、非法人组织的名义订立合同，未尽到合理审查义务的相对人主张该合同对法人、非法人组织发生效力并由其承担违约责任的，人民法院不予支持，但是法人、非法人组织有过错的，可以参照民法典第一百五十七条的规定判决其承担相应的赔偿责任。相对人已尽到合理审查义务，构成表见代表的，人民法院应当依据民法典第五百零四条的规定处理。

合同所涉事项未超越法律、行政法规规定的法定代表人或者负责人的代表权限，但是超越法人、非法人组织的章程或者权力机构等对代表权的限制，相对人主张该合同对法人、非法人组织发生效力并由其承担违约责任的，人民法院依法予以支持。但是，法人、非法人组织举证证明相对人知道或者应当知道该限制的除外。

法人、非法人组织承担民事责任后，向有过错的法定代表人、负责人追偿因越权代表行为造成的损失的，人民法院依法予以支持。法律、司法解释对法定代表人、负责人的民事责任另有规定的，依照其规定。

**第二十一条** 法人、非法人组织的工作人员就超越其职权范围的事项以法人、非法人组织的名义订立合同，相对人主张该合同对法人、非法人组织发生效力并由其承担违约责任的，人民法院不予支持。但是，法人、非法人组织有过错的，人民法院可以参照民法典第一百五十七条的规定判决其承担相应的赔偿责任。前述情形，构成表见代理的，人民法院应当依据民法典第一百七十二条的规定处理。

合同所涉事项有下列情形之一的，人民法院应当认定法人、非法人组织的工作人员在订立合同时超越其职权范围：

（一）依法应当由法人、非法人组织的权力机构或者决策机构决议的事项；

（二）依法应当由法人、非法人组织的执行机构决定的事项；

（三）依法应当由法定代表人、负责人代表法人、非法人组织实施的事项；

（四）不属于通常情形下依其职权可以处理的事项。

合同所涉事项未超越依据前款确定的职权范围，但是超越法人、非法人组织对工作人员职权范围的限制，相对人主张该合同对法人、非法人组织发生效力并由其承担违约责任的，人民法院应予支持。但是，法人、非法人组织举证证明相对人知道或者应当知道该限制的除外。

法人、非法人组织承担民事责任后，向故意或者有重大过失的工作人员追偿的，人民法院依法予以支持。

**第二十二条** 法定代表人、负责人或者工作人员以法人、非法人组织的名义订立合同且未超越权限，法人、非法人组织仅以合同加盖的印章不是备案印章或者系伪造的印章为由主张该合同对其不发生效力的，人民法院不予支持。

合同系以法人、非法人组织的名义订立，但是仅有法定代表人、负责人或者工作人员签名或者按指印而未加盖法人、非法人组织的印章，相对人能够证明法定代表人、负责人或者工作人员在订立合同时未超越权限的，人民法院应当认定合同对法人、非法人组织发生效力。但是，当事人约定以加盖印章作为合同成立条件的除外。

合同仅加盖法人、非法人组织的印章而无人员签名或者按指印，相对人能够证明合同系法定代表人、负责人或者工作人员在其权限范围内订立的，人民法院应当认定该合同对法人、非法人组织发生效力。

在前三款规定的情形下，法定代表人、负责人或者工作人员在订立合同时虽然超越代表或者代理权限，但是依据民法典第五百零四条的规定构成表见代表，或者依据民法典第一百七十二条的规定构成表见代理的，人民法院应当认定合同对法人、非法人组织发生效力。

**第二十三条** 法定代表人、负责人或者代理人与相对人恶意串通，以法人、非法人组织的名义订立合同，损害法人、非法人组织的合法权益，法人、非法人组织主张不承担民事责任的，人民法院应予支持。法人、非法人组织请求法定代表人、负责人或者代理人与相对人对因此受到的损失承担连带赔偿责任的，人民法院应予支持。

根据法人、非法人组织的举证，综合考虑当事人之间的交易习惯、合同在订立时是否显失公平、相关人员是否获取了不正当利益、合同的履行情况等因素，人民法院能够认定法定代表人、负责人或者代理人与相对人存在恶意串通的高度可能性的，可以要求前述人员就合同订立、履行的过程等相关事实作出陈述或者提供相应的证据。其无正当理由拒绝作出陈述，或者所作陈述不具合理性又不能提供相应证据的，人民法院可以认定恶意串通的事实成立。

**第二十四条** 合同不成立、无效、被撤销或者确定不发生效力，当事人请求返还财产，经审查财产能够返还的，人民法院应当根据案件具体情况，单独或者合并适用返还占有的标的物、更正登记簿册记载等方式；经审查财产不能返还或者没有必要返还的，人民法院应当以认定合同不成立、无效、被撤销或者确定不发生效力之日该财产的市场价值或者以其他合理方式计算的价值为基准判决折价补偿。

除前款规定的情形外，当事人还请求赔偿损失的，人民法院应当结合财产返还或者折价补偿的情况，综合考虑财产增值收益和贬值损失、交易成本的支出等事实，按照双方当事人的过错程度及原因力大小，根据诚信原则和公平原则，合理确定损失赔偿额。

合同不成立、无效、被撤销或者确定不发生效力，当事人的行为涉嫌违法且未经处理，可能导致一方或者双方通过违法行为获得不当利益的，人民法院应当向有关行政管理部门提出司法建议。当事人的行为涉嫌犯罪的，应当将案件线索移送刑事侦查机关；属于刑事自诉案件的，应当告知当事人可以向有管辖权的人民法院另行提起诉讼。

**第二十五条** 合同不成立、无效、被撤销或者确定不发生效力，有权请求返还价款或者报酬的当事人一方请求对方支付资金占用费的，人民法院应当在当事人请求的范围内按照中国人民银行授权全国银行间同业拆借中心公布的一年期贷款市场报价利率（LPR）计算。但是，占用资金的当事人对于合同不成立、无效、被撤销或者确定不发生效力没有过错的，应当以中国人民银行公布的同期同类存款基准利率计算。

双方互负返还义务，当事人主张同时履行的，人民法院应予支持；占有标的物的一方对标的物存在使用或者依法可以使用的情形，对方请求将其应支付的资金占用费与应收取的标的物使用费相互抵销的，人民法院应予支持，但是法律另有规定的除外。

## 四、合同的履行

**第二十六条** 当事人一方未根据法律规定或者合同约定履行开具发票、提供证明文件等非主要债务，对方请求继续履行该债务并赔偿因怠于履行该债务造成的损失的，人民法院依法予以支持；对方请求解除合同的，人民法院不予支持，但是不履行该债务致使不能实现合同目的或者当事人另有约定的除外。

**第二十七条** 债务人或者第三人与债权人在债务履行期限届满后达成以物抵债协议，不存在影响合同效力情形的，人民法院应当认定该协议自当事人意思表示一致时生效。

债务人或者第三人履行以物抵债协议后，人民法院应当认定相应的原债务同时消灭；债务人或者第三人未按照约定履行以物抵债协议，经催告后在合理期限内仍不履行，债权人选择请求履行原债务或者以物抵债协议的，人民法院应予支持，但是法律另有规定或者当事人另有约定的除外。

前款规定的以物抵债协议经人民法院确认或者人民法院根据当事人达成的以物抵债协议制作成调解书，债权人主张财产权利自确认书、调解书生效时发生变动或者具有对抗善意第三人效力的，人民法院不予支持。

债务人或者第三人以自己不享有所有权或者处分权的财产权利订立以物抵债协议的，依据本解释第十九条的规定处理。

**第二十八条** 债务人或者第三人与债权人在债务履行期限届满前达成以物抵债协议的，人民法院应当在审理债权债务关系的基础上认定该协议的效力。

当事人约定债务人到期没有清偿债务，债权人可以对抵债财产拍卖、变卖、折价以实现债权的，人民法院应当认定该约定有效。当事人约定债务人到期没有清偿债务，抵债财产归债权人所有的，人民法院应当认定该约定无效，但是不影响其他部分的效力；债权人请求对抵债财产拍卖、变卖、折价以实现债权的，人民法院应予支持。

当事人订立前款规定的以物抵债协议后，债务人或者第三人未将财产权利转移至债权人名下，债权人主张优先受偿的，人民法院不予支持；债务人或者第三人已将财产权利转移至债权人名下的，依据《最高人民法院关于适用〈中华人民共和国民法典〉有关担保制度的解释》第六十八条的规定处理。

**第二十九条** 民法典第五百二十二条第二款规定的第三人请求债务人向自己履行债务的，人民法院应予支持；请求行使撤销权、解除权等民事权利的，人民法院不予支持，但是法律另有规定的除外。

合同依法被撤销或者被解除，债务人请求债权人返还财产的，人民法院应予支持。

债务人按照约定向第三人履行债务，第三人拒绝受领，债权人请求债务人向自己履行债务的，人民法院应予支持，但是债务人已经采取提存等方式消灭债务的除外。第三人拒绝受领或者受领迟延，债务人请求债权人赔偿因此造成的损失的，人民法院依法予以支持。

**第三十条** 下列民事主体，人民法院可以认定为民法典第五百二十四条第一款规定的对履行债务具有合法利益的第三人：

（一）保证人或者提供物的担保的第三人；

（二）担保财产的受让人、用益物权人、合法占有人；

（三）担保财产上的后顺位担保权人；

（四）对债务人的财产享有合法权益且该权益将因财产被强制执行而丧失的第三人；

（五）债务人为法人或者非法人组织的，其出资人或者设立人；

（六）债务人为自然人的，其近亲属；

（七）其他对履行债务具有合法利益的第三人。

第三人在其已经代为履行的范围内取得对债务人的债权，但是不得损害债权人的利益。

担保人代为履行债务取得债权后，向其他担保人主张担保权利的，依据《最高人民法院关于适用〈中华人民共和国民法典〉有关担保制度的解释》第十三条、第十四条、第十八条第二款等规定处理。

**第三十一条** 当事人互负债务，一方以对方没有履行非主要债务为由拒绝履行自己的主要债务的，人民法院不予支持。但是，对方不履行非主要债务致使不能实现合同目的或者当事人另有约定的除外。

当事人一方起诉请求对方履行债务，被告依据民法典第五百二十五条的规定主张双方同时履行的抗辩且抗辩成立，被告未提起反诉的，人民法院应当判决被告在原告履行债务的同时履行自己的债务，并在判项中明确原告申请强制执行的，人民法院应当在原告履行自己的债务后对被告采取执行行为；被告提起反诉的，人民法院应当判决双方同时履行自己的债务，并在判项中明确任何一方申请强制执行的，人民法院应当在该当事人履行自己的债务后对对方采取执行行为。

当事人一方起诉请求对方履行债务，被告依据民法典第五百二十六条的规定主张原告应先履行的抗辩且抗辩成立的，人民法院应当驳回原告的诉讼请求，但是不影响原告履行债务后另行提起诉讼。

**第三十二条** 合同成立后，因政策调整或者市场供求关系异常变动等原因导致价格发生当事人在订立合同时无法预见的、不属于商业风险的涨跌，继续履行合同对于当事人一方明显不公平的，人民法院应当认定合同的基础条件发生了民法典第五百三十三条第一款规定的“重大变化”。但是，合同涉及市场属性活跃、长期以来价格波动较大的大宗商品以及股票、期货等风险投资型金融产品的除外。

合同的基础条件发生了民法典第五百三十三条第一款规定的重大变化，当事人请求变更合同的，人民法院不得解除合同；当事人一方请求变更合同，对方请求解除合同的，或者当事人一方请求解除合同，对方请求变更合同的，人民法院应当结合案件的实际情况，根据公平原则判决变更或者解除合同。

人民法院依据民法典第五百三十三条的规定判决变更或者解除合同的，应当综合考虑合同基础条件发生重大变化的时间、当事人重新协商的情况以及因合同变更或者解除给当事人造成的损失等因素，在判项中明确合同变更或者解除的时间。

当事人事先约定排除民法典第五百三十三条适用的，人民法院应当认定该约定无效。

## 五、合同的保全

**第三十三条** 债务人不履行其对债权人的到期债务，又不以诉讼或者仲裁方式向相对人主张其享有的债权或者与该债权有关的从权利，致使债权人的到期债权未能实现的，人民法院可以认定为民法典第五百三十五条规定的“债务人怠于行使其债权或者与该债权有关的从权利，影响债权人的到期债权实现”。

**第三十四条** 下列权利，人民法院可以认定为民法典第五百三十五条第一款规定的专属于债务人自身的权利：

（一）抚养费、赡养费或者扶养费请求权；

（二）人身损害赔偿请求权；

（三）劳动报酬请求权，但是超过债务人及其所扶养家属的生活必需费用的部分除外；

（四）请求支付基本养老保险金、失业保险金、最低生活保障金等保障当事人基本生活的权利；

（五）其他专属于债务人自身的权利。

**第三十五条** 债权人依据民法典第五百三十五条的规定对债务人的相对人提起代位权诉讼的，由被告住所地人民法院管辖，但是依法应当适用专属管辖规定的除外。

债务人或者相对人以双方之间的债权债务关系订有管辖协议为由提出异议的，人民法院不予支持。

**第三十六条** 债权人提起代位权诉讼后，债务人或者相对人以双方之间的债权债务关系订有仲裁协议为由对法院主管提出异议的，人民法院不予支持。但是，债务人或者相对人在首次开庭前就债务人与相对人之间的债权债务关系申请仲裁的，人民法院可以依法中止代位权诉讼。

**第三十七条** 债权人以债务人的相对人为被告向人民法院提起代位权诉讼，未将债务人列为第三人的，人民法院应当追加债务人为第三人。

两个以上债权人以债务人的同一相对人为被告提起代位权诉讼的，人民法院可以合并审理。债务人对相对人享有的债权不足以清偿其对两个以上债权人负担的债务的，人民法院应当按照债权人享有的债权比例确定相对人的履行份额，但是法律另有规定的除外。

**第三十八条** 债权人向人民法院起诉债务人后，又向同一人民法院对债务人的相对人提起代位权诉讼，属于该人民法院管辖的，可以合并审理。不属于该人民法院管辖的，应当告知其向有管辖权的人民法院另行起诉；在起诉债务人的诉讼终结前，代位权诉讼应当中止。

**第三十九条** 在代位权诉讼中，债务人对超过债权人代位请求数额的债权部分起诉相对人，属于同一人民法院管辖的，可以合并审理。不属于同一人民法院管辖的，应当告知其向有管辖权的人民法院另行起诉；在代位权诉讼终结前，债务人对相对人的诉讼应当中止。

**第四十条** 代位权诉讼中，人民法院经审理认为债权人的主张不符合代位权行使条件的，应当驳回诉讼请求，但是不影响债权人根据新的事实再次起诉。

债务人的相对人仅以债权人提起代位权诉讼时债权人与债务人之间的债权债务关系未经生效法律文书确认为由，主张债权人提起的诉讼不符合代位权行使条件的，人民法院不予支持。

**第四十一条**　债权人提起代位权诉讼后，债务人无正当理由减免相对人的债务或者延长相对人的履行期限，相对人以此向债权人抗辩的，人民法院不予支持。

**第四十二条**　对于民法典第五百三十九条规定的“明显不合理”的低价或者高价，人民法院应当按照交易当地一般经营者的判断，并参考交易时交易地的市场交易价或者物价部门指导价予以认定。

转让价格未达到交易时交易地的市场交易价或者指导价百分之七十的，一般可以认定为“明显不合理的低价”；受让价格高于交易时交易地的市场交易价或者指导价百分之三十的，一般可以认定为“明显不合理的高价”。

债务人与相对人存在亲属关系、关联关系的，不受前款规定的百分之七十、百分之三十的限制。

**第四十三条**　债务人以明显不合理的价格，实施互易财产、以物抵债、出租或者承租财产、知识产权许可使用等行为，影响债权人的债权实现，债务人的相对人知道或者应当知道该情形，债权人请求撤销债务人的行为的，人民法院应当依据民法典第五百三十九条的规定予以支持。

**第四十四条**　债权人依据民法典第五百三十八条、第五百三十九条的规定提起撤销权诉讼的，应当以债务人和债务人的相对人为共同被告，由债务人或者相对人的住所地人民法院管辖，但是依法应当适用专属管辖规定的除外。

两个以上债权人就债务人的同一行为提起撤销权诉讼的，人民法院可以合并审理。

**第四十五条**　在债权人撤销权诉讼中，被撤销行为的标的可分，当事人主张在受影响的债权范围内撤销债务人的行为的，人民法院应予支持；被撤销行为的标的不可分，债权人主张将债务人的行为全部撤销的，人民法院应予支持。

债权人行使撤销权所支付的合理的律师代理费、差旅费等费用，可以认定为民法典第五百四十条规定的“必要费用”。

**第四十六条** 债权人在撤销权诉讼中同时请求债务人的相对人向债务人承担返还财产、折价补偿、履行到期债务等法律后果的，人民法院依法予以支持。

债权人请求受理撤销权诉讼的人民法院一并审理其与债务人之间的债权债务关系，属于该人民法院管辖的，可以合并审理。不属于该人民法院管辖的，应当告知其向有管辖权的人民法院另行起诉。

债权人依据其与债务人的诉讼、撤销权诉讼产生的生效法律文书申请强制执行的，人民法院可以就债务人对相对人享有的权利采取强制执行措施以实现债权人的债权。债权人在撤销权诉讼中，申请对相对人的财产采取保全措施的，人民法院依法予以准许。

## 六、合同的变更和转让

**第四十七条** 债权转让后，债务人向受让人主张其对让与人的抗辩的，人民法院可以追加让与人为第三人。

债务转移后，新债务人主张原债务人对债权人的抗辩的，人民法院可以追加原债务人为第三人。

当事人一方将合同权利义务一并转让后，对方就合同权利义务向受让人主张抗辩或者受让人就合同权利义务向对方主张抗辩的，人民法院可以追加让与人为第三人。

**第四十八条** 债务人在接到债权转让通知前已经向让与人履行，受让人请求债务人履行的，人民法院不予支持；债务人接到债权转让通知后仍然向让与人履行，受让人请求债务人履行的，人民法院应予支持。

让与人未通知债务人，受让人直接起诉债务人请求履行债务，人民法院经审理确认债权转让事实的，应当认定债权转让自起诉状副本送达时对债务人发生效力。债务人主张因未通知而给其增加的费用或者造成的损失从认定的债权数额中扣除的，人民法院依法予以支持。

**第四十九条** 债务人接到债权转让通知后，让与人以债权转让合同不成立、无效、被撤销或者确定不发生效力为由请求债务人向其履行的，人民法院不予支持。但是，该债权转让通知被依法撤销的除外。

受让人基于债务人对债权真实存在的确认受让债权后，债务人又以该债权不存在为由拒绝向受让人履行的，人民法院不予支持。但是，受让人知道或者应当知道该债权不存在的除外。

**第五十条** 让与人将同一债权转让给两个以上受让人，债务人以已经向最先通知的受让人履行为由主张其不再履行债务的，人民法院应予支持。债务人明知接受履行的受让人不是最先通知的受让人，最先通知的受让人请求债务人继续履行债务或者依据债权转让协议请求让与人承担违约责任的，人民法院应予支持；最先通知的受让人请求接受履行的受让人返还其接受的财产的，人民法院不予支持，但是接受履行的受让人明知该债权在其受让前已经转让给其他受让人的除外。

前款所称最先通知的受让人，是指最先到达债务人的转让通知中载明的受让人。当事人之间对通知到达时间有争议的，人民法院应当结合通知的方式等因素综合判断，而不能仅根据债务人认可的通知时间或者通知记载的时间予以认定。当事人采用邮寄、通讯电子系统等方式发出通知的，人民法院应当以邮戳时间或者通讯电子系统记载的时间等作为认定通知到达时间的依据。

**第五十一条** 第三人加入债务并与债务人约定了追偿权，其履行债务后主张向债务人追偿的，人民法院应予支持；没有约定追偿权，第三人依照民法典关于不当得利等的规定，在其已经向债权人履行债务的范围内请求债务人向其履行的，人民法院应予支持，但是第三人知道或者应当知道加入债务会损害债务人利益的除外。

债务人就其对债权人享有的抗辩向加入债务的第三人主张的，人民法院应予支持。

## 七、合同的权利义务终止

**第五十二条** 当事人就解除合同协商一致时未对合同解除后的违约责任、结算和清理等问题作出处理，一方主张合同已经解除的，人民法院应予支持。但是，当事人另有约定的除外。

有下列情形之一的，除当事人一方另有意思表示外，人民法院可以认定合同解除：

（一）当事人一方主张行使法律规定或者合同约定的解除权，经审理认为不符合解除权行使条件但是对方同意解除；

（二）双方当事人均不符合解除权行使的条件但是均主张解除合同。

前两款情形下的违约责任、结算和清理等问题，人民法院应当依据民法典第五百六十六条、第五百六十七条和有关违约责任的规定处理。

**第五十三条** 当事人一方以通知方式解除合同，并以对方未在约定的异议期限或者其他合理期限内提出异议为由主张合同已经解除的，人民法院应当对其是否享有法律规定或者合同约定的解除权进行审查。经审查，享有解除权的，合同自通知到达对方时解除；不享有解除权的，不发生合同解除的效力。

**第五十四条** 当事人一方未通知对方，直接以提起诉讼的方式主张解除合同，撤诉后再次起诉主张解除合同，人民法院经审理支持该主张的，合同自再次起诉的起诉状副本送达对方时解除。但是，当事人一方撤诉后又通知对方解除合同且该通知已经到达对方的除外。

**第五十五条** 当事人一方依据民法典第五百六十八条的规定主张抵销，人民法院经审理认为抵销权成立的，应当认定通知到达对方时双方互负的主债务、利息、违约金或者损害赔偿金等债务在同等数额内消灭。

**第五十六条** 行使抵销权的一方负担的数项债务种类相同，但是享有的债权不足以抵销全部债务，当事人因抵销的顺序发生争议的，人民法院可以参照民法典第五百六十条的规定处理。

行使抵销权的一方享有的债权不足以抵销其负担的包括主债务、利息、实现债权的有关费用在内的全部债务，当事人因抵销的顺序发生争议的，人民法院可以参照民法典第五百六十一条的规定处理。

**第五十七条** 因侵害自然人人身权益，或者故意、重大过失侵害他人财产权益产生的损害赔偿债务，侵权人主张抵销的，人民法院不予支持。

**第五十八条** 当事人互负债务，一方以其诉讼时效期间已经届满的债权通知对方主张抵销，对方提出诉讼时效抗辩的，人民法院对该抗辩应予支持。

一方的债权诉讼时效期间已经届满，对方主张抵销的，人民法院应予支持。

## 八、违约责任

**第五十九条** 当事人一方依据民法典第五百八十条第二款的规定请求终止合同权利义务关系的，人民法院一般应当以起诉状副本送达对方的时间作为合同权利义务关系终止的时间。根据案件的具体情况，以其他时间作为合同权利义务关系终止的时间更加符合公平原则和诚信原则的，人民法院可以以该时间作为合同权利义务关系终止的时间，但是应当在裁判文书中充分说明理由。

**第六十条** 人民法院依据民法典第五百八十四条的规定确定合同履行后可以获得的利益时，可以在扣除非违约方为订立、履行合同支出的费用等合理成本后，按照非违约方能够获得的生产利润、经营利润或者转售利润等计算。

非违约方依法行使合同解除权并实施了替代交易，主张按照替代交易价格与合同价格的差额确定合同履行后可以获得的利益的，人民法院依法予以支持；替代交易价格明显偏离替代交易发生时当地的市场价格，违约方主张按照市场价格与合同价格的差额确定合同履行后可以获得的利益的，人民法院应予支持。

非违约方依法行使合同解除权但是未实施替代交易，主张按照违约行为发生后合理期间内合同履行地的市场价格与合同价格的差额确定合同履行后可以获得的利益的，人民法院应予支持。

**第六十一条** 在以持续履行的债务为内容的定期合同中，一方不履行支付价款、租金等金钱债务，对方请求解除合同，人民法院经审理认为合同应当依法解除的，可以根据当事人的主张，参考合同主体、交易类型、市场价格变化、剩余履行期限等因素确定非违约方寻找替代交易的合理期限，并按照该期限对应的价款、租金等扣除非违约方应当支付的相应履约成本确定合同履行后可以获得的利益。

非违约方主张按照合同解除后剩余履行期限相应的价款、租金等扣除履约成本确定合同履行后可以获得的利益的，人民法院不予支持。但是，剩余履行期限少于寻找替代交易的合理期限的除外。

**第六十二条** 非违约方在合同履行后可以获得的利益难以根据本解释第六十条、第六十一条的规定予以确定的，人民法院可以综合考虑违约方因违约获得的利益、违约方的过错程度、其他违约情节等因素，遵循公平原则和诚信原则确定。

**第六十三条** 在认定民法典第五百八十四条规定的“违约一方订立合同时预见到或者应当预见到的因违约可能造成的损失”时，人民法院应当根据当事人订立合同的目的，综合考虑合同主体、合同内容、交易类型、交易习惯、磋商过程等因素，按照与违约方处于相同或者类似情况的民事主体在订立合同时预见到或者应当预见到的损失予以确定。

除合同履行后可以获得的利益外，非违约方主张还有其向第三人承担违约责任应当支出的额外费用等其他因违约所造成的损失，并请求违约方赔偿，经审理认为该损失系违约一方订立合同时预见到或者应当预见到的，人民法院应予支持。

在确定违约损失赔偿额时，违约方主张扣除非违约方未采取适当措施导致的扩大损失、非违约方也有过错造成的相应损失、非违约方因违约获得的额外利益或者减少的必要支出的，人民法院依法予以支持。

**第六十四条** 当事人一方通过反诉或者抗辩的方式，请求调整违约金的，人民法院依法予以支持。

违约方主张约定的违约金过分高于违约造成的损失，请求予以适当减少的，应当承担举证责任。非违约方主张约定的违约金合理的，也应当提供相应的证据。

当事人仅以合同约定不得对违约金进行调整为由主张不予调整违约金的，人民法院不予支持。

**第六十五条** 当事人主张约定的违约金过分高于违约造成的损失，请求予以适当减少的，人民法院应当以民法典第五百八十四条规定的损失为基础，兼顾合同主体、交易类型、合同的履行情况、当事人的过错程度、履约背景等因素，遵循公平原则和诚信原则进行衡量，并作出裁判。

约定的违约金超过造成损失的百分之三十的，人民法院一般可以认定为过分高于造成的损失。

恶意违约的当事人一方请求减少违约金的，人民法院一般不予支持。

**第六十六条** 当事人一方请求对方支付违约金，对方以合同不成立、无效、被撤销、确定不发生效力、不构成违约或者非违约方不存在损失等为由抗辩，未主张调整过高的违约金的，人民法院应当就若不支持该抗辩，当事人是否请求调整违约金进行释明。第一审人民法院认为抗辩成立且未予释明，第二审人民法院认为应当判决支付违约金的，可以直接释明，并根据当事人的请求，在当事人就是否应当调整违约金充分举证、质证、辩论后，依法判决适当减少违约金。

被告因客观原因在第一审程序中未到庭参加诉讼，但是在第二审程序中到庭参加诉讼并请求减少违约金的，第二审人民法院可以在当事人就是否应当调整违约金充分举证、质证、辩论后，依法判决适当减少违约金。

**第六十七条** 当事人交付留置金、担保金、保证金、订约金、押金或者订金等，但是没有约定定金性质，一方主张适用民法典第五百八十七条规定的定金罚则的，人民法院不予支持。当事人约定了定金性质，但是未约定定金类型或者约定不明，一方主张为违约定金的，人民法院应予支持。

当事人约定以交付定金作为订立合同的担保，一方拒绝订立合同或者在磋商订立合同时违背诚信原则导致未能订立合同，对方主张适用民法典第五百八十七条规定的定金罚则的，人民法院应予支持。

当事人约定以交付定金作为合同成立或者生效条件，应当交付定金的一方未交付定金，但是合同主要义务已经履行完毕并为对方所接受的，人民法院应当认定合同在对方接受履行时已经成立或者生效。

当事人约定定金性质为解约定金，交付定金的一方主张以丧失定金为代价解除合同的，或者收受定金的一方主张以双倍返还定金为代价解除合同的，人民法院应予支持。

**第六十八条** 双方当事人均具有致使不能实现合同目的的违约行为，其中一方请求适用定金罚则的，人民法院不予支持。当事人一方仅有轻微违约，对方具有致使不能实现合同目的的违约行为，轻微违约方主张适用定金罚则，对方以轻微违约方也构成违约为由抗辩的，人民法院对该抗辩不予支持。

当事人一方已经部分履行合同，对方接受并主张按照未履行部分所占比例适用定金罚则的，人民法院应予支持。对方主张按照合同整体适用定金罚则的，人民法院不予支持，但是部分未履行致使不能实现合同目的的除外。

因不可抗力致使合同不能履行，非违约方主张适用定金罚则的，人民法院不予支持。

## 九、附　　则

**第六十九条**　本解释自2023年12月5日起施行。

民法典施行后的法律事实引起的民事案件，本解释施行后尚未终审的，适用本解释；本解释施行前已经终审，当事人申请再审或者按照审判监督程序决定再审的，不适用本解释。

# 最高人民法院民二庭、研究室负责人<br>就民法典合同编通则司法解释答记者问

民法典颁布后，最高人民法院废止了根据原合同法制定的《合同法解释一》和《合同法解释二》，司法实践急需出台关于民法典合同编通则的司法解释。为此，最高人民法院在清理相关司法解释的基础上，结合审判实践中遇到的疑难问题，制定了《关于适用〈中华人民共和国民法典〉合同编通则若干问题的解释》（以下简称解释），于2023年12月5日公告公布，并自公布之日起施行。为准确理解解释的内容，记者采访了最高人民法院民二庭、研究室负责人。

**问：能否请您们简要介绍一下解释的起草背景、指导思想和过程？**

**答：**2020年5月28日民法典颁布。5月29日中共中央政治局就“切实实施民法典”举行第二十次集体学习。习近平总书记强调，要充分认识颁布实施民法典的重大意义，推动民法典实施，以更好推进全面依法治国、建设社会主义法治国家，更好保障人民权益。最高法院为贯彻落实习近平总书记

的重要讲话精神，对当时有效的591件司法解释进行了清理，废止116件，修改111件，继续有效适用364件。废止的116件司法解释中，包括根据原合同法制定的《合同法解释一》和《合同法解释二》。考虑到这两件废止的司法解释中的一些内容对统一裁判尺度仍有指导意义，一些内容需要根据民法典的新的规定作出调整，特别是民法典合同编通则规定的有些内容在审判实践中仍需细化标准，最高法院决定制定解释。解释的制定，以习近平新时代中国特色社会主义思想为指导，深入学习贯彻习近平法治思想及习近平总书记关于切实实施民法典的重要讲话精神，紧密结合人民法院审判工作实际，广泛征求各方面意见特别是全国人大常委会法工委意见，反复研究论证，力争形成最大共识，保证解释的条文既符合立法原意，又能解决审判实践中的问题，还与学界通说吻合。

解释起草的过程是，2020年6月，根据最高法院党组的统一部署，我们开展了《合同法解释一》《合同法解释二》等司法解释的清理工作，并通过在杭州、武汉等地进行调研，形成了初稿。此后，我们先后在上海、成都、南通、深圳、北京等地进行调研，并在清华大学、中国人民大学、中国社科院法学所召开了专家讨论会，在进一步充实初稿的基础上形成了司法解释草案。为确保起草工作的科学性，我们就司法解释草案又书面征求了十个高院有关业务庭室的意见，在国家法官学院召开了由部分地方法院法官参加的座谈会，与中华全国律协联合举行了由各地律师代表参加的座谈会，与中国法学会民法学研究会联合举办了由知名学者和实务专家参加的研讨会，充分听取了实务界、理论界和立法机关的意见。

2022年10月，我们结合立法机关、司法实务部门和法学理论界的意见，对司法解释草案进行了逐条研究，再次对草案进行了全面修改，形成了征求意见稿，同时向中央政法委、最高人民检察院、国务院有关部门、全国各高院征求意见。在此基础上，我们于2022年11月向全社会征求意见，共收到各方面意见2000余条。与此同时，我们还委托了二十多家法学院校和科研机构就征求意见稿进行研究并提出意见。2022年12月至2023年2月，在充分吸收各方面意见的基础上，我们又先后两次向全国人大常委会法工委书面征求意见，并在此基础上形成了提请最高人民法院审判委员会讨论的解释。此后，经最高人民法院审判委员会第1889次会议审议，解释获得通过。

**问：请问制定该司法解释遵循了哪些工作思路？**

**答：**为做好起草工作，确保调研充分，接地气、有实效，我们采取了以下工作思路：

一是尊重立法原意。起草工作始终将准确理解贯彻民法典的立法意图作为最高标准，特别注重听取吸收全国人大常委会法工委民法室有关同志的意见，坚决避免规则设计偏离立法原意。严格依照立法法赋予的司法解释制定权限，坚守不创设新规则的基本立场，坚决做到根据民商事审判执行工作的实际需要作配套补充细化，确保民法典合同编的优秀制度设计在司法审判中准确落实落地。例如民法典相对于原合同法，进一步强化了债的保全制度，其目的是防止债务人“逃废债”，即通过赋予债权人代位权和撤销权，防止债务人的责任财产该增加的不增加，不该减少的却人为减少。为充分保障这一制度功能的实现，解释针对实践中存在的疑难问题，就代位权诉讼、撤销权诉讼的管辖、当事人等作了大量具体操作性规定。特别是对理论界、实务界热切期盼解决的代位权诉讼与仲裁协议的关系、撤销权行使的法律效果等问题作了明确回应，进一步统一了法律适用标准。

二是坚持问题导向。党的二十大报告在谈到“开辟马克思主义中国化时代化新境界”时指出，“必须坚持问题导向”。这一指导思想同样适用于司法解释的制定。在司法解释的起草过程中，我们始终坚持以问题为导向，在内容上要求所有条文必须具有针对性，要有场景意识，致力于解决实际问题，所提出的方案要具有可操作性。在形式上不追求大而全，尽可能做到小而精。例如，预约合同是运用较多的一类特殊合同，虽然民法典吸收原《买卖合同司法解释》的规定，对预约合同的内涵和外延都作出了明确规定，但实践中的问题还是很多，涉及到预约合同的认定（包括预约和交易意向的区分、预约与本约的区分）、违反预约合同的认定以及违反预约合同的违约责任等。为此，解释在“合同的订立部分”，将预约合同作为重点予以规定，而没有对要约、承诺等一般规则再作具体规定。又如，民法典合同编通则部分就无权代理所订合同的效力作了规定，但实践中较为突出的问题是法人或者非法人组织的工作人员（如项目经理）在以法人或者非法人组织的名义订立合同时，何时构成职务代理，何时构成无权代理，常常发生认识上的分歧。为此，解释就职务代理的认定进行了规定。再如，关于抵销有无溯及效力的问题，司法实践中形成两种截然相反的裁判观点，亟需统一裁判尺度。为此，解释综合实务界、理论界的多数意见并征求全国人大常委会法工委意见后，明确抵销自通知到达时发生效力，有助于从根本上解决自原合同法施行以来长期困扰司法实践的难题。

三是保持司法政策的延续性。在起草司法解释的过程中，对于原《合同法解释一》《合同法解释二》《担保法解释》中与民法典并无冲突且仍然行之有效的规定，尽可能保留或者在适当修改后予以保留。此外，对于《全国法院民商事审判工作会议纪要》《最高人民法院关于当前形势下审理民商事合同纠纷案件若干问题的指导意见》等的相关规定，也根据实施情况及时总结经验，将被实践证明既符合民法典精神又切实可行的规定上升为司法解释，从而对实践发挥更重要的指导作用。例如在违约金、定金等法律适用问题上，解释尽量做到保持司法政策的延续性，原则上保留了原司法解释或者司法政策性文件的基本精神，并根据时代发展作出相应调整。

四是坚持系统观念和辩证思维。党的二十大报告指出："万事万物是相互联系、相互依存的。只有用普遍联系的、全面系统的、发展变化的观点观察事物，才能把握事物发展规律。"在司法解释的起草过程中，我们始终坚持系统观念，重视制度之间的联系，做到全面解决问题。例如，无权处分所订合同效力问题就涉及与民法典物权编的衔接与适用，债务加入则涉及到与保证合同和不当得利等制度之间的协调。在司法解释的起草过程中，我们还十分注意辩证思维的运用。例如，关于格式条款的认定以及格式条款提供方对格式条款的提示义务和说明义务，就涉及平等保护和倾斜保护的辩证关系；"阴阳合同"和"名实不符"的认定与处理，则要求法官在民商事审判过程中要做到透过现象看本质；此外，在认定价格变化是否构成情势变更以及合同是否因违反强制性规定或者违背公序良俗而无效时，都涉及从量变到质变的辩证关系。

**问：在较为复杂的交易中，当事人先签订意向书再签订正式合同的情况较为常见。实践中，人民法院对于各种各样的意向书、备忘录等究竟是交易的意向还是预约合同，往往难以作出判断，解释就预约合同的认定是否提供**

**了更加明确的裁判规则？此外，实践中究竟应如何判断当事人是否违反预约合同？当事人一方违反预约合同，对方是否有权请求强制其订立本约合同？**

**答：**民法典第495条第1款规定了预约合同及其表现形式，但这并不意味着所有认购书、订购书、预订书等都能构成预约合同。预约合同为合同的一种，自应具备合同的一般成立要件，即内容具体确定且表明当事人受意思表示的约束。关于内容具体确定的程度，考虑到预约合同是为将来订立本约而订立的合同，不能完全以本约内容的具体明确程度来要求预约的内容。因此，如果能够确定将来所要订立合同的主体、标的等内容，即可认定意思表示的内容已经具体确定。此外，如果当事人在协议中明确约定不受意思表示的约束，或者明确约定该文件不具有法律约束力，则即使当事人意思表示的内容具体确定，也不能认为构成预约合同。从实践的情况看，意向书、备忘录等通常情形下仅仅表明当事人有订立合同的意向，不构成预约合同。但是，如果意向书、备忘录等具备前述预约合同的成立要件，也应认定构成预约合同。此外，当事人虽然没有签订认购书、订购书、预订书、意向书、备忘录等书面文件，但为将来订立合同交付了定金，也应认为当事人之间已经成立预约合同关系。

当事人之所以先订立预约而不直接订立本约，是因为当事人一方面想将阶段化的谈判成果固定下来并赋予其法律约束力，另一方面又想将未能协商一致的内容留待将来进一步磋商，从而保留最终是否完成交易的决策权。尽管当事人对是否将交易推进到订立本约享有决策权，但预约合同生效后，当事人一方拒绝订立本约合同或者在磋商订立本约合同时违背诚信原则导致未能订立本约合同，都属于违反预约合同，应承担违反预约合同的违约责任。至于如何判断当事人在磋商订立本约合同时是否违背诚信原则导致未能订立本约合同，则应当综合考虑该当事人在磋商订立本约合同时提出的条件是否明显背离预约合同的内容以及是否已尽合理努力进行协商等因素。

关于违反预约合同的违约责任，历来存在“应当磋商说”和“必须缔约说”两种不同的观点。前者旨在落实意思自治，认为预约合同仅产生继续磋商义务，不能强制当事人订立本约；后者则旨在防止不诚信行为，认为预约合同可产生意定强制缔约的效力，可由法院的判决代替当事人的意思表示，并赋予强制执行的效力。解释仅规定当事人一方违反预约合同须承担损失赔偿的责任，没有规定当事人违反预约合同是否可以采取强制履行的救济方式，主要是考虑到民事强制执行法仍在起草过程中，现行法并无对意思表示进行强制执行的规定，且既然当事人在签订预约合同后仍然保留了对是否订立本约的决策权，从合同自由的原则出发，也不应以法院判决的方式来代替当事人的意思表示。如果今后通过的民事强制执行法对此有新的规定，当然按新的规定处理，自不待言。

**问：违反强制性规定哪些情形下导致合同无效，哪些情形下合同仍然有效，是一直困扰司法实践的疑难问题。解释对民法典第 153 条第 1 款规定是如何解释的？**

**答：**这一问题是民商法学界公认的世界性难题。起草小组在院领导带领下对此问题进行了 30 多次专题讨论。继原合同法第 52 条将影响合同效力的强制性规定严格限定为法律、行政法规的强制性规定后，原《合同法解释二》第 14 条又进一步将导致合同无效的强制性规定限制在效力性强制性规定。这对于确立违反法律、行政法规的强制性规定并不必然导致合同无效的观念具有重要意义。民法典第 153 条第 1 款虽然没有采用效力性强制性规定的表述，但在规定法律行为因违反法律、行政法规的强制性规定而无效的同时，明确规定“但是，该强制性规定不导致该民事法律行为无效的除外”。在解释的起草过程中，考虑到效力性强制性规定的表述已被普遍接受，不少同志建议继续将效力性强制性规定作为判断合同是否因违反强制性规定而无效的标准。经过反复研究并征求各方面的意见，解释没有继续采用这一表述。一是因为，虽然有的强制性规定究竟是效力性强制性规定还是管理性强制性规定十分清楚，但是有的强制性规定的性质却很难区分。问题出在区分的标准不清晰，没有形成共识，特别是没有形成简便易行、务实管用的可操作标准，导致审判实践中有时裁判尺度不统一。二是因为，在有的场合，合同有效还是无效，是裁判者根据一定的因素综合进行分析的结果，而不是其作出判决的原因。三是因为，自效力性强制性规定的概念提出以来，审判实践中出现了望文生义的现象，即大量公法上的强制性规定被认为属于管理性强制性规定，不是效力性强制性规定。根据民法典第 153 条第 1 款的表述，我们没有采取原

《合同法解释二》第14条将强制性规定区分为效力性强制性规定和管理性强制性规定的做法，而是采取了直接对民法典第153条第1款规定的“但书”进行解释的思路，回应广大民商事法官的现实需求。

需要指出的是，解释这样规定，不妨碍民商法学界继续对效力性强制性规定和管理性强制性规定区分标准的研究。我们也乐见优秀研究成果服务审判实践，共同解决这一世界难题，共同助力司法公正。

解释具体列举了违反强制性规定不影响合同效力的五种情形：

其一，强制性规定虽然旨在维护社会公共秩序，但是合同的实际履行对社会公共秩序造成的影响显著轻微，且认定合同无效将导致案件处理结果有失公平公正。这是比例原则在民法上的适用，也与刑法第13条关于“情节显著轻微危害不大的，不认为是犯罪”的规定具有内在的一致性。

其二，强制性规定旨在维护政府的税收、土地出让金等国家利益或者其他民事主体的合法利益而非合同当事人的民事权益，认定合同有效不会影响该规范目的的实现。例如，开发商违反城市房地产管理法第39条第1款规定未按照出让合同约定已经支付全部土地使用权出让金即签订转让土地使用权的协议。该规定并非为了保护当事人的民事权益而是为了维护政府的土地出让金利益，且即使认定合同有效，通常也不会影响这一规范目的的实现。

其三，强制性规定旨在要求当事人一方加强风险控制、内部管理等，对方无能力或者无义务就合同是否违反强制性规定进行审查，认定合同无效将使其承担不利后果。例如银行违反商业银行法第39条规定的资产负债比例发放贷款，因该规定旨在要求银行加强内部管理和风险控制，借款人无从获知银行是否违反该规定，自然不应仅因银行违反该规定就认定合同无效，否则借款人的交易安全将无法获得有效保障。

其四，当事人一方虽然在订立合同时违反强制性规定，但是在合同订立后其已经具备补正违反强制性规定的条件却违背诚信原则不予补正。例如开发商未取得预售许可证明即签订商品房买卖合同，但在合同订立后，其已经具备申请预售许可证明的条件却违背诚信原则不向行政管理部门提交申请，而是因房价上涨受利益的驱动主张合同无效，就不应获得支持。

其五，法律、司法解释规定的其他情形。例如当事人订立房屋租赁合同后，未依法办理备案登记，依据民法典第706条的规定，不应影响房屋租赁合同的效力。

**问：民法典第533条规定了情势变更原则。实践中，较难处理的是如何区分情势变更与商业风险。在很多人看来，凡是价格的波动都应该认定为商业风险而不能认定为情势变更。这种观点对不对？此外，在发生情势变更的情况下，人民法院究竟是变更合同还是解除合同？当事人事先能否约定排除情势变更原则的适用？**

**答：**根据民法典第533条的规定，情势变更是不同于商业风险的重大变化。一般认为，正常的价格变动是商业风险，但因政策变动或者供求关系的异常变动导致价格发生当事人在订立合同时无法预见的涨跌，按照原定价格履行合同将带来显失公平的结果，则应当认定发生了情势变更。这里有一个从量变到质变的过程。正常的价格变动是量变，是商业风险，但如果超出了量的积累，达到了质的变化，则应当认定为情势变更。所谓质的变化，要求价格的变化必须异常，从而使当事人一方依照合同的约定履行将导致明显不公平。当然，合同涉及市场属性活跃、长期以来价格波动较大的大宗商品以及股票、期货等风险投资型金融产品的除外。另外，根据民法典第533条的规定，在发生情势变更的情形下，人民法院可以根据当事人的请求变更或者解除合同。问题是，如果当事人请求变更合同，人民法院能否解除合同；如果当事人请求解除合同，人民法院能否变更合同？对此，解释规定，当事人请求变更合同的，人民法院不得解除合同；当事人一方请求变更合同，对方请求解除合同的，或者当事人一方请求解除合同，对方请求变更合同的，人民法院应当结合案件的实际情况，根据公平原则判决变更或者解除合同。人民法院依据情势变更原则变更或者解除合同，不同于当事人一方行使合同变更权或者解除权导致合同变更或者解除，而是通过裁判来变更或者解除合同。因此，在确定具体的变更或者解除合同的时间时，人民法院应综合考量合同基础条件发生重大变化的时间、当事人重新协商的情况以及因合同变更或者解除给当事人造成的损失等因素确定。最后，情势变更原则体现了国家通过司法权对合同自由的干预，因此，当事人事先约定排除情势变更原则适用的约定应被认定无效。

**问：合同的保全制度对于维护债权人利益，防止债务人不当减少财产具有重要作用。我们注意到，解释第五部分以较大篇幅对合同的保全问题作了规定，能否具体介绍一下本部分的主要考虑?**

**答：**民法典合同编通则第五章“合同的保全”完善了债权人代位权、撤销权制度，进一步强化对债权人的保护。解释第五部分紧扣民法典的立法精神，在传承原《合同法解释一》《合同法解释二》既有规则的基础上对合同的保全制度作了配套、补充、细化。本部分的主要考虑是：

一是贯彻产权保护政策精神，为债权人合法权益提供更加充分的保护。例如，民法典适当扩大了代位权的行使范围，因此解释第33条对原《合同法解释一》第13条作了修改，对于债权人可以代位行使的债务人的债权不再限定为“具有金钱给付内容的到期债权”，同时根据民法典的规定相应增加“与该债权有关的从权利”为可以代位行使的权利。又如，解释第41条规定，债权人提起代位权诉讼后，债务人对其债权的处分行为应当受到相应限制，如不能无正当理由减免相对人的债务等；第43条在民法典第539条规定的基础上进一步补充了债权人可以行使撤销权的不合理交易的类型，包括以明显不合理的价格实施互易财产、以物抵债等。这些规定有利于进一步织密防止债务人“逃废债”的法网，指导司法实践更好地贯彻产权保护政策要求，使民法典的制度价值通过司法审判充分转化为保护产权的治理效能。

二是统一裁判尺度，积极回应合同保全制度法律适用中的突出问题。原《合同法解释一》《合同法解释二》施行以来，人民法院在适用合同保全制度时遇到了一些新的突出问题。典型例子是，债务人与相对人订有仲裁协议时债权人能否对相对人提起代位权诉讼。解释紧扣“公正与效率”的工作主题，综合各方意见，对这些新问题作了回应。对于前述例子，解释第36条规定，债务人或者其相对人不能以双方之间的债权债务关系订有仲裁协议为由对法院主管提出异议，但是债务人或者其相对人在首次开庭前申请仲裁的，人民法院可以依法中止代位权诉讼。这一规定既有利于统一裁判尺度，又能满足债权人保护的需求，最大限度尊重仲裁协议，兼顾各方利益。

三是坚持为人民司法，尽可能方便债权人行使代位权和撤销权。便利人民群众进行诉讼，是本章起草时的一个重要考虑因素。例如，本章总体延续了原《合同法解释一》中有关管辖、合并审理等程序性规则，原因在于：民法典规定代位权和撤销权应当通过诉讼方式行使，只有设置相应的配套程序规则，做好实体法与程序法的衔接，才能保证民法典赋予的权利有效实现。同时，沿用这些规则也有利于保持司法政策延续性，方便法官和人民群众找法用法，并尽可能减少诉累，促进纠纷一次性解决。又如，如何实现撤销权诉讼的胜诉权益，是各方普遍关注的问题。为此，解释第46条规定通过执行程序实现债权人的胜诉权益，有利于让债权人少“走程序”，更加快捷地获得救济。

**问：解释在合同的变更和转让部分重点解决了哪些问题？体现了什么价值导向？**

**答：** 解释第六部分主要针对司法实践中以下三个方面的问题进行规定：

一是债权债务转让纠纷的诉讼第三人问题。原《合同法解释一》第27条至第29条规定了债权债务转让纠纷中诉讼第三人的列明问题。这一规定有利于人民法院准确查明案件事实，依法作出公正裁判。因此，解释沿用了上述规则，并根据民法典的规定作了修改完善，分3款在第47条中规定。

二是债权转让中的有关法律适用问题。解释重点针对债权转让中的债务人保护和受让人保护问题作了规定。对于前者，解释明确：债务人在接到转让通知前向债权人履行的，可以产生债务消灭效果；债务人接到转让通知后，让与人不能以债权转让合同无效等为由要求债务人向其履行；多重转让情形下，债务人已经向最先通知的受让人履行的，产生债务消灭效果。对于后者，解释明确：未经通知受让人直接起诉债务人的，债权转让自起诉状副本送达时对债务人发生效力；债务人确认债权真实存在后不能再以债权不存在为由进行抗辩。由于缺乏有效公示方法，债权转让在实践中容易出现多重转让，影响债务人、受让人利益，引发纠纷后往往成为人民法院适用法律的难点问题，亟需明确相关处理规则。对此，起草小组在院领导带领下进行了10多次专题研究，并广泛征求专家学者意见，最终就已经达成共识的债务人已经履行的情形做出了规定。对于债务人尚未履行的情形，考虑到未完全形成共识，暂不作规定，留待司法实践进一步积累经验，必要时可通过指导性案例等形式解决。

三是债务加入的细化适用问题。民法典第552条新增了债务加入规则，实践中对债务加入人履行债务后能否向债务人追偿问题认识不完全统一。解释第 51 条对此予以明确，即约定了追偿权或者符合民法典有关不当得利等规定的，人民法院应当支持债务加入人的求偿请求，旨在充分发挥债务加入制度的增信功能。

总体而言，本部分鲜明体现了以下指导思想：一是贯彻诚信原则，依法保护善意当事人权益。二是维护交易安全，避免债务人因债权转让承受不合理负担，避免债务人、受让人因多重转让蒙受不测风险。三是促进纠纷解决，通过细化规则确保民法典的制度功能经由司法实践充分释放，有效定分止争。这些指导思想，最终都统一于为市场主体提供更加充分司法保护，为优化营商环境提供更加有力司法支持的政策导向。

**问：合同的权利义务终止是合同法律制度的重要组成部分，请问解释在该部分就哪些问题统一了裁判思路？**

**答：**解释在第七部分“合同的权利义务终止”中重点规定合同解除和抵销两方面内容。其中第 52 条至第 54 条是关于合同解除的规定，第 55 条至第 58 条是关于抵销的规定。这些规定系针对司法实践中认识不一致的突出问题而作出，主要目的是为了进一步统一法律适用标准，为打造稳定公平透明、可预期的法治化营商环境提供更加有力的司法保障。

在合同解除部分，解释重点作了以下规定：一是细化协商解除的法律适用问题。包括协商解除是否应当对结算、清理等问题达成一致，不享有解除权的一方主张解除合同在何种条件下构成协商解除。二是明确通知解除合同欲发生解除合同的效果，需以通知方享有解除权为前提。因此，不论对方是否在约定或者合理期限内提出异议，人民法院均应当对通知方是否享有解除权进行审查。三是明确当事人在撤诉后再次起诉解除合同的，合同自再次起诉的起诉状副本送达对方当事人时解除。

在债的抵销部分，解释重点作了以下规定：一是规定抵销自通知到达时发生效力，有利于解决司法实践中长期存在的抵销是否具有溯及力的认识分歧。二是明确债权不足以抵销全部债务时，可以参照适用民法典有关清偿抵充的规定，补充完善了抵销的法律适用规则。三是规定了侵权行为人不得主张抵销的情形，有利于加强对自然人人身权益的保护，打击故意或者重大过失的侵权。四是明确已过诉讼时效的债权作为主动债权主张抵销时，对方可以援引诉讼时效抗辩，有利于平息司法实践中对此问题的争议。

**问：违约损害赔偿的认定是合同纠纷案件中经常遇到的问题。能否介绍一下有关情况？**

**答：**解释第八部分是关于违约责任的规定，共计 10 条，主要涉及四个方面的内容。其中，第 59 条是关于合同司法终止的时间的规定，第 60 条至第 63 条是关于违约损害赔偿的计算规则，第 64 条至第 66 条是关于违约金司法调整的规定，第 67 条、第 68 条是关于定金的规定。

在解释的起草过程中，我们对违约损害赔偿的计算问题进行了重点调研，目的是深入贯彻以习近平同志为核心的党中央提出的关于“以保护产权、维护契约、统一市场、平等交换、公平竞争、有效监管为导向”的政策要求，通过完善违约损害赔偿计算规则，强化对守约方的保护，旗帜鲜明地体现保护交易安全、弘扬契约精神、促进公平交易的工作思路。解释第 60 条至第 63 条以 2009 年《最高人民法院关于当前形势下审理民商事合同纠纷案件若干问题的指导意见》中的相应内容为基础，针对司法实践中急需解决的突出问题，综合吸收司法案例、学术观点、域外经验等，从三个层次健全完善违约损害赔偿的计算规则：第一，确定违约损失范围。解释积极弘扬诚信精神，贯彻完全赔偿原则，明确非违约方因违约所造成的损失的计算方式为可得利益损失加其他损失。其中，第 60 条规定可得利益损失可以采取利润法、替代交易法、市场价格法等方法进行计算。第 63 条第 2 款明确除可得利益损失外还有其他因违约所造成的损失，经审理认为该损失系违约一方订立合同时预见到或者应当预见到的，也应当予以赔偿。第二，适用可预见性规则。第 63 条第 1 款对可预见性规则的适用作了进一步细化，引导法官在根据前述方法确定违约损失范围时要接受可预见性规则的检验。第三，确定违约损害赔偿金额。第 63 条第 3 款进一步规定要综合运用损益相抵规则、与有过失规则、防止损失扩大规则等确定违约方最终应当承担的违约损害赔偿数额。

**问：我们注意到，最高人民法院在公布解释的同时，还配套发布了十个典型案例，能否简要谈谈此次配套发布的典型案例的情况？**

**答：**制定解释和发布典型案例，都是最高人民法院指导全国法院正确适用法律，统一裁判尺度的重要抓手。典型案例更加生动、形象、直观，能够很好地发挥指引、评价、示范作用，与解释具有很强的互补性。因此，我们在公布解释的同时，还配套发布了十个典型案例，从而形成指导合同纠纷审判实践的"组合拳"。具体而言，配套发布典型案例可以发挥两个方面的作用：

一是帮助大家更好地理解解释的具体规定。解释涉及合同纠纷案件审判实践中的大量疑难复杂问题，配发相应的典型案例，可使相关裁判规则更加具体、形象地呈现在社会公众面前，从而帮助大家准确理解掌握规则的含义。同时，这些案例的生效裁判都是在解释发布前就已经作出，是我们制定解释的重要参考。因此，发布这些案例也可以帮助大家更好地了解我们制定相应规则的主要目的。例如，案例二的裁判要点不仅明确了预约和本约的区分标准，而且明确当事人签订预约合同后，已经实施交付标的物或者支付价款等履行行为的，应当认定其以行为方式订立了本约。该案例对于帮助大家正确理解适用本解释第 6 条具有积极意义。

二是可以和解释确定的裁判规则形成有效互补。合同纠纷的具体情况纷繁复杂，解释确定的裁判规则不可能完全涵盖所有情形，只能针对司法实践中更为典型、突出的问题进行规定。通过配发相关典型案例，对类似情形的处理进行指引，就可以起到相互配合、相得益彰的效果。例如，本解释第 61 条明确，持续性定期合同解除后，非违约方主张按照合同解除后剩余履行期限相应的价款、租金等扣除履约成本确定合同履行后可以获得的利益的，人民法院原则上不予支持。实践中，对于持续性定期合同，除依法解除外，还存在人民法院判决终止的情形。对于后者，原则上也不能按照合同终止后剩余履行期限相应的价款、租金等扣除履约成本来确定合同履行后可以获得的利益。考虑到有关司法终止的一些问题在理论上还未完全形成共识，但在司法实践中又确实存在，故解释暂时只对解除的情形作出规定，而对于司法判决终止的情形，我们选择了案例十作为配套案例，供司法实践参考。

需要说明的是，为了突出典型案例的针对性，我们在发布这些典型案例时对案件事实和判决理由都进行了简化处理，仅将涉及解释具体规定且与解释具体规定没有冲突的案件事实和判决理由予以保留。这就意味着，只有保留下来的案件事实和判决理由具有典型意义，未保留下来的案件事实和判决理由并不当然具有典型意义。

# 最高人民法院关于认真学习、贯彻《最高人民法院关于适用〈中华人民共和国民法典〉合同编通则若干问题的解释》的通知

（2023 年 12 月 19 日）

各省、自治区、直辖市高级人民法院，解放军军事法院，新疆维吾尔自治区高级人民法院生产建设兵团分院：

《最高人民法院关于适用〈中华人民共和国民法典〉合同编通则若干问题的解释》（以下简称《解释》）已于 2023 年 12 月 5 日起实施。为在审判工作中正确适用《解释》，现就学习、贯彻《解释》有关问题通知如下。

**一、充分认识《解释》出台的意义**

民法典合同编的切实实施，对于在法治轨道上发展社会主义市场经济、巩固社会主义基本经济制度具有重大意义。《解释》以习近平新时代中国特色社会主义思想为指导，坚持人民至上、问题导向、系统思维、守正创新，根据民法典规定和司法实践经验，在广泛征求各方面意见的基础上，就长期困扰民商事审判的疑难问题作出了规定。《解释》的出台，对正确、切实实施民法典，统一裁判思路，规范法官自由裁量权，提高人民法院实质性化解纠纷的能力，抓实“公正与效率”工作主题，稳定社会对司法裁判的预期，引导当事人诉前自行协商化解纠纷，推进新时代能动司法，推动经济高质量发展，均具有重要作用。为使各级人民法院尽快准确理解掌握民法典合同编及《解释》的精神和内容，在案件审理中正确理解适用，各级人民法院要在妥善处理好工学关系的前提下，通过多种形式组织学习培训，做好宣传工作。

**二、准确把握《解释》的时间效力**

《解释》第 69 条第 2 款就民法典施行后的法律事实引起的民事案件是否

适用《解释》作出了规定。对于民法典施行前的法律事实引起的民事案件，依据《最高人民法院关于适用〈中华人民共和国民法典〉时间效力的若干规定》的规定，如果民法典合同编通则的条文具有溯及既往的效力，则《解释》就该条的法律适用进行的规定也应具有溯及力。此外，如果审理的案件应适用原合同法的规定，而民法典对该规定并无实质性修改，则《解释》施行后，人民法院在审理一、二审案件时，可以在裁判文书"本院认为"部分，将《解释》对该规定的理解作为裁判说理的依据。

**三、关于情势变更制度的适用**

原《最高人民法院关于适用〈中华人民共和国合同法〉若干问题的解释(二)》(以下简称《合同法解释二》)第二十六条规定情势变更制度后，最高人民法院发布了《关于正确适用〈中华人民共和国合同法〉若干问题的解释(二)服务党和国家的工作大局的通知》(法〔2009〕165号)，要求各级人民法院审慎适用情势变更制度，根据案件的特殊情况，确需在个案中适用的，应当由高级人民法院审核；必要时应报请最高人民法院审核。考虑到民法典第五百三十三条已就情势变更制度作了明确规定，《解释》施行后，上述审核制度不再施行。各级人民法院应正确理解民法典及《解释》关于情势变更制度的规定，妥善处理实现个案公平与维护合同稳定之间的关系。

# 最高人民法院发布《关于适用〈中华人民共和国民法典〉合同编通则若干问题的解释》相关典型案例

## 目　录

五、某控股株式会社与某利公司等债权人代位权纠纷案
六、周某与丁某、薛某债权人撤销权纠纷案
七、孙某与某房地产公司合资、合作开发房地产合同纠纷案
八、某实业发展公司与某棉纺织品公司委托合同纠纷案
九、某石材公司与某采石公司买卖合同纠纷案
十、柴某与某管理公司房屋租赁合同纠纷案

## 案例一：某物业管理有限公司与某研究所房屋租赁合同纠纷案

**【裁判要点】**

招投标程序中，中标通知书送达后，一方当事人不履行订立书面合同的义务，相对方请求确认合同自中标通知书到达中标人时成立的，人民法院应予支持。

**【简要案情】**

2021年7月8日，某研究所委托招标公司就案涉宿舍项目公开发出投标邀请。2021年7月28日，某物业管理有限公司向招标公司发出《投标文件》，表示对招标文件无任何异议，愿意提供招标文件要求的服务。2021年8月1日，招标公司向物业管理公司送达中标通知书，确定物业管理公司为中标人。2021年8月11日，研究所向物业管理公司致函，要求解除与物业管理公司之间的中标关系，后续合同不再签订。物业管理公司主张中标通知书送达后双方租赁合同法律关系成立，研究所应承担因违约给其造成的损失。研究所辩称双方并未签订正式书面租赁合同，仅成立预约合同关系。

**【判决理由】**

法院生效裁判认为，从合同法律关系成立角度，招投标程序中的招标行为应为要约邀请，投标行为应为要约，经评标后招标人向特定投标人发送中标通知书的行为应为承诺，中标通知书送达投标人后承诺生效，合同成立。预约合同是指约定将来订立本约合同的合同，其主要目的在于将来成立本约合同。《中华人民共和国招标投标法》第四十六条第一款规定："招标人和中标人应当自中标通知书发出之日起三十日内，按照招标文件和中标人的投标

文件订立书面合同。招标人和中标人不得再行订立背离合同实质性内容的其他协议。”从该条可以看出，中标通知书发出后签订的书面合同必须按照招投标文件订立。本案中招投标文件对租赁合同内容已有明确记载，故应认为中标通知书到达投标人时双方当事人已就租赁合同内容达成合意。该合意与主要目的为签订本约合同的预约合意存在区别，应认为租赁合同在中标通知书送达时成立。中标通知书送达后签订的书面合同，按照上述法律规定其实质性内容应与招投标文件一致，因此应为租赁合同成立后法律要求的书面确认形式，而非新的合同。由于中标通知书送达后租赁合同法律关系已成立，故研究所不履行合同义务，应承担违约责任。

**【司法解释相关条文】**

**《最高人民法院关于适用〈中华人民共和国民法典〉合同编通则若干问题的解释》第四条** 采取招标方式订立合同，当事人请求确认合同自中标通知书到达中标人时成立的，人民法院应予支持。合同成立后，当事人拒绝签订书面合同的，人民法院应当依据招标文件、投标文件和中标通知书等确定合同内容。

采取现场拍卖、网络拍卖等公开竞价方式订立合同，当事人请求确认合同自拍卖师落槌、电子交易系统确认成交时成立的，人民法院应予支持。合同成立后，当事人拒绝签订成交确认书的，人民法院应当依据拍卖公告、竞买人的报价等确定合同内容。

产权交易所等机构主持拍卖、挂牌交易，其公布的拍卖公告、交易规则等文件公开确定了合同成立需要具备的条件，当事人请求确认合同自该条件具备时成立的，人民法院应予支持。

## 案例二：某通讯公司与某实业公司房屋买卖合同纠纷案

**【裁判要点】**

判断当事人之间订立的合同是本约还是预约的根本标准应当是当事人是否有意在将来另行订立一个新的合同，以最终明确双方之间的权利义务关系。即使当事人对标的、数量以及价款等内容进行了约定，但如果约定将来一定期间仍须另行订立合同，就应认定该约定是预约而非本约。当事人在签订预约合同后，已经实施交付标的物或者支付价款等履行行为，应当认定当事人以行为的方式订立了本约合同。

**【简要案情】**

2006 年 9 月 20 日，某实业公司与某通讯公司签订《购房协议书》，对买卖诉争房屋的位置、面积及总价款等事宜作出约定，该协议书第三条约定在本协议原则下磋商确定购房合同及付款方式，第五条约定本协议在双方就诉争房屋签订房屋买卖合同时自动失效。通讯公司向实业公司的股东某纤维公司共转款1000 万元，纤维公司为此出具定金收据两张，金额均为 500 万元。次年 1 月 4 日，实业公司向通讯公司交付了诉争房屋，此后该房屋一直由通讯公司使用。2009 年 9 月 28 日，通讯公司发出《商函》给实业公司，该函的内容为因受金融危机影响，且房地产销售价格整体下调，请求实业公司将诉争房屋的价格下调至6000 万元左右。当天，实业公司发函给通讯公司，要求其在 30 日内派员协商正式的房屋买卖合同。通讯公司于次日回函表示同意商谈购房事宜，商谈时间为同年 10 月 9 日。2009 年 10 月 10 日，实业公司发函致通讯公司，要求通讯公司对其拟定的《房屋买卖合同》作出回复。当月 12 日，通讯公司回函对其已收到上述合同文本作出确认。2009 年 11 月 12 日，实业公司发函给通讯公司，函件内容为双方因对买卖合同的诸多重大问题存在严重分歧，未能签订《房屋买卖合同》，故双方并未成立买卖关系，通讯公司应支付场地使用费。通讯公司于当月 17 日回函，称双方已实际履行了房屋买卖义务，其系合法占有诉争房屋，故无需支付场地占用费。2010 年 3 月 3 日，实业公司发函给通讯公司，解除其与通讯公司签订于2006 年9 月20 日的《购房协议书》，且要求通讯公司腾出诉争房屋并支付场地使用费、退还定金。通讯公司以其与实业公司就诉争房屋的买卖问题签订了《购房协议书》，且其已支付 1000 万元定金，实业公司亦已将诉争房屋交付给其使用，双方之间的《购房协议书》合法有效，且以已实际履行为由，认为其与实业公司于 2006 年 9 月 20 日签订的《购房协议书》已成立并合法有效，请求判令实业公司向其履行办理房屋产权过户登记的义务。

**【判决理由】**

法院生效裁判认为，判断当事人之间订立的合同系本约还是预约的根本标准应当是当事人的意思表示，即当事人是否有意在将来订立一个新的合同，以最终明确在双方之间形成某种法律关系的具体内容。如果当事人存在明确的将来订立本约的意思，那么，即使预约的内容与本约已经十分接近，且通过合同解释，从预约中可以推导出本约的全部内容，也应当尊重当事人的意思表示，排除这种客观解释的可能性。不过，仅就案涉《购房协议书》而言，虽然其性质应为预约，但结合双方当事人在订立《购房协议书》之后的履行事实，实业公司与通讯公司之间已经成立了房屋买卖法律关系。对于当事人之间存在预约还是本约关系，不能仅凭一份孤立的协议就简单地加以认定，而是应当综合审查相关协议的内容以及当事人嗣后为达成交易进行的磋商甚至具体的履行行为等事实，从中探寻当事人的真实意思，并据此对当事人之间法律关系的性质作出准确的界定。本案中，双方当事人在签订《购房协议书》时，作为买受人的通讯公司已经实际交付了定金并约定在一定条件下自动转为购房款，作为出卖人的实业公司也接受了通讯公司的交付。在签订《购房协议书》的三个多月后，实业公司将合同项下的房屋交付给了通讯公司，通讯公司接受了该交付。而根据《购房协议书》的预约性质，实业公司交付房屋的行为不应视为对该合同的履行，在当事人之间不存在租赁等其他有偿使用房屋的法律关系的情形下，实业公司的该行为应认定为系基于与通讯公司之间的房屋买卖关系而为的交付。据此，可以认定当事人之间达成了买卖房屋的合意，成立了房屋买卖法律关系。

**【司法解释相关条文】**

**《最高人民法院关于适用〈中华人民共和国民法典〉合同编通则若干问题的解释》第六条** 当事人以认购书、订购书、预订书等形式约定在将来一定期限内订立合同，或者为担保在将来一定期限内订立合同交付了定金，能够确定将来所要订立合同的主体、标的等内容的，人民法院应当认定预约合同成立。

当事人通过签订意向书或者备忘录等方式，仅表达交易的意向，未约定在将来一定期限内订立合同，或者虽然有约定但是难以确定将来所要订立合同的主体、标的等内容，一方主张预约合同成立的，人民法院不予支持。

当事人订立的认购书、订购书、预订书等已就合同标的、数量、价款或者报酬等主要内容达成合意，符合本解释第三条第一款规定的合同成立条件，未明确约定在将来一定期限内另行订立合同，或者虽然有约定但是当事人一方已实施履行行为且对方接受的，人民法院应当认定本约合同成立。

### 案例三：某甲银行和某乙银行合同纠纷案

**【裁判要点】**

案涉交易符合以票据贴现为手段的多链条融资交易的基本特征。案涉《回购协议》是双方虚假意思表示，目的是借用银行承兑汇票买入返售的形式为某甲银行向实际用资人提供资金通道，真实合意是资金通道合同。在资金通道合同项下，各方当事人的权利义务是，过桥行提供资金通道服务，由出资银行提供所需划转的资金并支付相应的服务费，过桥行无交付票据的义务，但应根据其过错对出资银行的损失承担相应的赔偿责任。

**【简要案情】**

票据中介王某与某甲银行票据部员工姚某等联系以开展票据回购交易的方式进行融资，2015 年 3 月至 12 月间，双方共完成 60 笔交易。交易的模式是：姚某与王某达成票据融资的合意后，姚某与王某分别联系为两者之间的交易提供资金划转服务的银行即过桥行，包括某乙银行、某丙银行、某丁银行等。所有的交易资金最终通过过桥行流入由王某控制的企业账户中；在票据的交付上，王某从持票企业收购票据后，通过其控制的村镇银行完成票据贴现，并直接向某甲银行交付。资金通道或过桥的特点是过桥行不需要见票、验票、垫资，没有资金风险，仅收取利差。票据回购到期后，由于王某与姚某等人串通以虚假票据入库，致使某甲银行的资金遭受损失，王某与姚某等人亦因票据诈骗、挪用资金等行为被判处承担刑事责任。之后，某甲银行以其与某乙银行签订的《银行承兑汇票回购合同》（以下简称《回购合同》）为据，以其与某乙银行开展票据回购交易而某乙银行未能如期交付票据为由提起诉讼，要求某乙银行承担回购合同约定的违约责任。

**【判决理由】**

生效判决认为：《回购合同》系双方虚假合意，该虚假合意隐藏的真实合意是由某乙银行为某甲银行提供资金通道服务，故双方之间的法律关系为资金通道合同法律关系。具体理由为：第一，某甲银行明知以票据回购形式提供融资发生在其与王某之间，亦明知是在无票据作为担保的情况下向王某融出资金，而某乙银行等过桥行仅凭某甲银行提供的票据清单开展交易，为其提供通道服务。因此，本案是以票据贴现为手段，以票据清单交易为形式的多链条融资模式，某甲银行是实际出资行，王某是实际用资人，某乙银行是过桥行。第二，某甲银行与某乙银行之间不交票、不背书，仅凭清单交易的事实可以证明，《回购合同》并非双方当事人的真实合意。第三，案涉交易存在不符合正常票据回购交易顺序的倒打款，进一步说明《回购合同》并非双方的真实意思表示。《回购合同》表面约定的票据回购系双方的虚假意思而无效；隐藏的资金通道合同违反了金融机构审慎经营原则，且扰乱了票据市场交易秩序、引发金融风险，因此双方当事人基于真实意思表示形成的资金通道合同属于违背公序良俗、损害社会公共利益的合同，依据《中华人民共和国民法总则》第一百五十三条第二款及《中华人民共和国合同法》第五十二条第四项的规定，应为无效。在《回购合同》无效的情形下，某甲银行请求某乙银行履行合同约定的义务并承担违约责任，缺乏法律依据，但某乙银行应根据其过错对某甲银行的损失承担相应的赔偿责任。

**【司法解释相关条文】**

**《最高人民法院关于适用〈中华人民共和国民法典〉合同编通则若干问题的解释》第十五条** 人民法院认定当事人之间的权利义务关系，不应当拘泥于合同使用的名称，而应当根据合同约定的内容。当事人主张的权利义务关系与根据合同内容认定的权利义务关系不一致的，人民法院应当结合缔约背景、交易目的、交易结构、履行行为以及当事人是否存在虚构交易标的等事实认定当事人之间的实际民事法律关系。

## 案例四：某旅游管理公司与某村村民委员会等合同纠纷案

**【裁判要点】**

当事人签订具有合作性质的长期性合同，因政策变化对当事人履行合同产生影响，但该变化不属于订立合同时无法预见的重大变化，按照变化后的政策要求予以调整亦不影响合同继续履行，且继续履行不会对当事人一方明显不公平，该当事人不能依据《中华人民共和国民法典》第五百三十三条请求变更或者解除合同。该当事人请求终止合同权利义务关系，守约方不同意终止合同，但双方当事人丧失合作可能性导致合同目的不能实现的，属于《中华人民共和国民法典》第五百八十条第一款第二项规定的“债务的标的不适于强制履行”，应根据违约方的请求判令终止合同权利义务关系并判决违约方承担相应的违约责任。

**【简要案情】**

2019年初，某村村委会、村股份经济合作社（甲方）与某旅游管理有限公司（乙方）就某村村域范围内旅游资源开发建设签订经营协议，约定经营期限50年。2019年底，某村所在市辖区水务局将经营范围内河沟两侧划定为城市蓝线，对蓝线范围内的建设活动进行管理。2019年11月左右，某旅游管理有限公司得知河沟两侧被划定为城市蓝线。2020年5月11日，某旅游管理有限公司书面通知要求解除相关协议。经调查，经营协议确定的范围绝大部分不在蓝线范围内，且对河道治理验收合格就能对在蓝线范围内的部分地域进行开发建设。

**【判决理由】**

生效判决认为，双方约定就经营区域进行民宿与旅游开发建设，因流经某村村域的河道属于签订经营协议时既有的山区河道，不属于无法预见的重大变化，城市蓝线主要是根据江、河、湖、库、渠和湿地等城市地标水体来进行地域界限划定，主要目的是为了水体保护和控制，某旅游管理有限公司可在履行相应行政手续审批或符合政策文件的具体要求时继续进行开发活动，故城市蓝线划定不构成情势变更。某村村委会、村股份经济合作社并不存在违约行为，某旅游管理有限公司明确表示不再对经营范围进行民宿及旅游资源开发，属于违约一方。某旅游管理有限公司以某村村委会及村股份经济合作社根本违约为由要求解除合同，明确表示不再对经营范围进行民宿及旅游资源开发，某村村委会及村股份经济合作社不同意解除合同或终止合同权利义务，双方已构成合同僵局。考虑到双方合同持续履行长达50年，须以双方自愿且相互信赖为前提，如不允许双方权利义务终止，既不利于充分发挥土地等资源的价值利用，又不利于双方利益的平衡保护，案涉经营协议已丧失继续履行的现实可行性，合同权利义务关系应当终止。

**【司法解释相关条文】**

**《最高人民法院关于适用〈中华人民共和国民法典〉合同编通则若干问题的解释》第三十二条** 合同成立后，因政策调整或者市场供求关系异常变动等原因导致价格发生当事人在订立合同时无法预见的、不属于商业风险的涨跌，继续履行合同对于当事人一方明显不公平的，人民法院应当认定合同的基础条件发生了民法典第五百三十三条第一款规定的“重大变化”。但是，合同涉及市场属性活跃、长期以来价格波动较大的大宗商品以及股票、期货等风险投资型金融产品的除外。

合同的基础条件发生了民法典第五百三十三条第一款规定的重大变化，当事人请求变更合同的，人民法院不得解除合同；当事人一方请求变更合同，对方请求解除合同的，或者当事人一方请求解除合同，对方请求变更合同的，人民法院应当结合案件的实际情况，根据公平原则判决变更或者解除合同。

人民法院依据民法典第五百三十三条的规定判决变更或者解除合同的，应当综合考虑合同基础条件发生重大变化的时间、当事人重新协商的情况以及因合同变更或者解除给当事人造成的损失等因素，在判项中明确合同变更或者解除的时间。

当事人事先约定排除民法典第五百三十三条适用的，人民法院应当认定该约定无效。

## 案例五：某控股株式会社与某利公司等债权人代位权纠纷案

**【裁判要点】**

在代位权诉讼中，相对人以其与债务人之间的债权债务关系约定了仲裁条款为由，主张案件不属于人民法院受理案件范围的，人民法院不予支持。

**【简要案情】**

2015年至2016年，某控股株式会社与某利国际公司等先后签订《可转换公司债发行及认购合同》及补充协议，至2019年3月，某利国际公司欠付某控股株式会社款项6400余万元。2015年5月，某利公司与其母公司某利国际公司签订《贷款协议》，由某利国际公司向某利公司出借2.75亿元用于公司经营。同年6月，某利国际公司向某利公司发放了贷款。案涉《可转换公司债发行及认购合同》及补充协议、《贷款协议》均约定了仲裁条款。某控股株式会社认为某利国际公司怠于行使对某利公司的债权，影响了某控股株式会社到期债权的实现，遂提起代位权诉讼。一审法院认为，虽然某控股株式会社与某利公司之间并无直接的仲裁协议，但某控股株式会社向某利公司行使代位权时，应受某利公司与某利国际公司之间仲裁条款的约束。相关协议约定的仲裁条款排除了人民法院的管辖，故裁定驳回某控股株式会社的起诉。某控股株式会社不服提起上诉。二审法院依据《最高人民法院关于适用〈中华人民共和国合同法〉若干问题的解释（一）》第十四条的规定，裁定撤销一审裁定，移送被告住所地人民法院审理。

**【判决理由】**

生效裁判认为，虽然案涉合同中均约定了仲裁条款，但仲裁条款只约束签订合同的各方当事人，对合同之外的当事人不具有约束力。本案并非债权转让引起的诉讼，某控股株式会社既非《贷款协议》的当事人，亦非该协议权利义务的受让人，一审法院认为某控股株式会社行使代位权时应受某利公司与某利国际公司之间仲裁条款的约束缺乏依据。

**【司法解释相关条文】**

**《最高人民法院关于适用〈中华人民共和国民法典〉合同编通则若干问题的解释》第三十六条** 债权人提起代位权诉讼后，债务人或者相对人以双方之间的债权债务关系订有仲裁协议为由对法院主管提出异议的，人民法院不予支持。但是，债务人或者相对人在首次开庭前就债务人与相对人之间的债权债务关系申请仲裁的，人民法院可以依法中止代位权诉讼。

## 案例六：周某与丁某、薛某债权人撤销权纠纷案

**【裁判要点】**

在债权人撤销权诉讼中，债权人请求撤销债务人与相对人的行为并主张

相对人向债务人返还财产的，人民法院依法予以支持。

**【简要案情】**

周某因丁某未能履行双方订立的加油卡买卖合同，于2020年8月提起诉讼，请求解除买卖合同并由丁某返还相关款项。生效判决对周某的诉讼请求予以支持，但未能执行到位。执行中，周某发现丁某于2020年6月至7月间向其母亲薛某转账87万余元，遂提起债权人撤销权诉讼，请求撤销丁某无偿转让财产的行为并同时主张薛某向丁某返还相关款项。

**【判决理由】**

生效裁判认为，丁某在其基于加油卡买卖合同关系形成的债务未能履行的情况下，将名下银行卡中的款项无偿转账给其母亲薛某的行为客观上影响了债权人周某债权的实现。债权人周某在法定期限内提起撤销权诉讼，符合法律规定。丁某的行为被撤销后，薛某即丧失占有案涉款项的合法依据，应当负有返还义务，遂判决撤销丁某的行为、薛某向丁某返还相关款项。

**【司法解释相关条文】**

**《最高人民法院关于适用〈中华人民共和国民法典〉合同编通则若干问题的解释》第四十六条第一款** 债权人在撤销权诉讼中同时请求债务人的相对人向债务人承担返还财产、折价补偿、履行到期债务等法律后果的，人民法院依法予以支持。

## 案例七：孙某与某房地产公司合资、合作开发房地产合同纠纷案

**【裁判要点】**

合同一方当事人以通知形式行使合同解除权的，须以享有法定或者约定解除权为前提。不享有解除权的一方向另一方发出解除通知，另一方即便未在合理期限内提出异议，也不发生合同解除的效力。

**【简要案情】**

2014年5月，某房地产开发有限公司（以下简称房地产公司）与孙某签订《合作开发协议》。协议约定：房地产公司负有证照手续办理、项目招商、推广销售的义务，孙某承担全部建设资金的投入；房地产公司拟定的《项目

销售整体推广方案》，应当与孙某协商并取得孙某书面认可；孙某投入 500 万元（保证金）资金后，如果销售额不足以支付工程款，孙某再投入 500 万元，如不到位按违约处理；孙某享有全权管理施工项目及承包商、施工场地权利，房地产公司支付施工方款项必须由孙某签字认可方能转款。

同年 10 月，房地产公司向孙某发出协调函，双方就第二笔 500 万元投资款是否达到支付条件产生分歧。2015 年 1 月 20 日，房地产公司向孙某发出《关于履行的通知》，告知孙某 5 日内履行合作义务，向该公司支付 500 万元投资款，否则将解除《合作开发协议》。孙某在房地产公司发出协调函后，对其中提及的需要支付的工程款并未提出异议，亦未要求该公司提供依据，并于 2015 年 1 月 23 日向该公司发送回复函，要求该公司近日内尽快推出相关楼栋销售计划并取得其签字认可，尽快择期开盘销售，并尽快按合同约定设立项目资金管理共同账户。房地产公司于 2015 年 3 月 13 日向孙某发出《解除合同告知函》，通知解除《合作开发协议》。孙某收到该函后，未对其形式和内容提出异议。2015 年 7 月 17 日，孙某函告房地产公司，请该公司严格执行双方合作协议约定，同时告知“销售已近半月，望及时通报销售进展实况”。后孙某诉至法院，要求房地产公司支付合作开发房地产收益分红总价值 3000 万元；房地产公司提出反诉，要求孙某给付违约金 300 万元。一审、二审法院认为，孙某收到解除通知后，未对通知的形式和内容提出异议，亦未在法律规定期限内请求人民法院或者仲裁机构确认解除合同的效力，故认定双方的合同已经解除。孙某不服二审判决，向最高人民法院申请再审。

**【判决理由】**

生效裁判认为，房地产公司于 2015 年 3 月 13 日向孙某发送《解除合同告知函》，通知解除双方签订的《合作开发协议》，但该《解除合同告知函》产生解除合同的法律效果须以该公司享有法定或者约定解除权为前提。从案涉《合作开发协议》的约定看，孙某第二次投入 500 万元资金附有前置条件，即房地产公司应当对案涉项目进行销售，只有在销售额不足以支付工程款时，才能要求孙某投入第二笔 500 万元。结合《合作开发协议》的约定，能否认定房地产公司作为守约方，享有法定解除权，应当审查该公司是否依约履行了己方合同义务。包括案涉项目何时开始销售，销售额是否足以支付工程款；

房地产公司在房屋销售前后，是否按照合同约定，将《项目销售整体推广方案》报孙某审批；工程款的支付是否经由孙某签字等一系列事实。一审、二审法院未对上述涉及房地产公司是否享有法定解除权的事实进行审理，即以孙某“未在法律规定期限内请求人民法院或者仲裁机构确认解除合同的效力”为由，认定《合作开发协议》已经解除，属于认定事实不清，适用法律错误。

**【司法解释相关条文】**

**《最高人民法院关于适用〈中华人民共和国民法典〉合同编通则若干问题的解释》第五十三条** 当事人一方以通知方式解除合同，并以对方未在约定的异议期限或者其他合理期限内提出异议为由主张合同已经解除的，人民法院应当对其是否享有法律规定或者合同约定的解除权进行审查。经审查，享有解除权的，合同自通知到达对方时解除；不享有解除权的，不发生合同解除的效力。

## 案例八：某实业发展公司与某棉纺织品公司委托合同纠纷案

**【裁判要点】**

据以行使抵销权的债权不足以抵销其全部债务，应当按照实现债权的有关费用、利息、主债务的顺序进行抵销。

**【简要案情】**

2012 年 6 月 7 日，某实业发展公司与某棉纺织品公司签订《委托协议》，约定某实业发展公司委托某棉纺织品公司通过某银行向案外人某商贸公司发放贷款 5000 万元。该笔委托贷款后展期至 2015 年 6 月 9 日。某商贸公司在贷款期间所支付的利息，均已通过某棉纺织品公司支付给某实业发展公司。2015 年 6 月 2 日，某商贸公司将 5000 万元本金归还某棉纺织品公司，但某棉纺织品公司未将该笔款项返还给某实业发展公司，形成本案诉讼。另，截至 2015 年 12 月 31 日，某实业发展公司欠某棉纺织品公司 8296517. 52 元。某棉纺织品公司于 2017 年 7 月 20 日向某实业发展公司送达《债务抵销通知书》，提出以其对某实业发展公司享有的 8296517. 52 元债权抵销案涉 5000 万元本金债务。某实业发展公司以某棉纺织品公司未及时归还所欠款项为由诉至法院，要求某棉纺织品公司归还本息。在本案一审期间，某棉纺织品公司又以抗辩的形式就该笔债权向一审法院提出抵销，并提起反诉，后主动撤回反诉。

**【判决理由】**

生效裁判认为，某棉纺织品公司据以行使抵销权的债权不足以抵销其对某实业发展公司负有的全部债务，参照《最高人民法院关于适用〈中华人民共和国合同法〉若干问题的解释（二）》第二十一条的规定，应当按照实现债权的有关费用、利息、主债务的顺序进行抵销，即某棉纺织品公司对某实业发展公司享有的8296517.52元债权，先用于抵销其对某实业发展公司负有的5000万元债务中的利息，然后再用于抵销本金。某棉纺织品公司有关8296517.52元先用于抵销5000万元本金的再审申请缺乏事实和法律依据，故不予支持。

**【司法解释相关条文】**

**《最高人民法院关于适用〈中华人民共和国民法典〉合同编通则若干问题的解释》第五十六条第二款** 行使抵销权的一方享有的债权不足以抵销其负担的包括主债务、利息、实现债权的有关费用在内的全部债务，当事人因抵销的顺序发生争议的，人民法院可以参照民法典第五百六十一条的规定处理。

## 案例九：某石材公司与某采石公司买卖合同纠纷案

**【裁判要点】**

非违约方主张按照违约行为发生后合理期间内合同履行地的市场价格与合同价格的差额确定合同履行后可以获得的利益的，人民法院依法予以支持。

**【简要案情】**

某石材公司与某采石公司签订《大理石方料买卖合同》，约定自某采石公司在某石材公司具备生产能力后前两年每月保证供应石料1200立方米至1500立方米。合同约定的大理石方料收方价格根据体积大小，主要有两类售价：每立方米350元和每立方米300元。自2011年7月至2011年9月，某采石公司向某石材公司供应了部分石料，但此后某采石公司未向某石材公司供货，某石材公司遂起诉主张某采石公司承担未按照合同供货的违约损失。某采石